목회서신
우리에게 무엇을 교훈하는가?

필립 타우너 지음
이한수 교수 옮김

신교횃불

목회서신
우리에게 무엇을 교훈하는가?

차 례

머리말 ··· 10
전체요약 ··· 12

제 1 장 기독교 소시민 윤리? /15
제 2 장 배경적인 이야기들 /24

1. 거짓 교사의 정체와 가르침들 /25

  1) 직접적인 데이터들 /30
     신화와 족보
     그노시스와 그릇된 부활 교리
     금욕적인 경향들
  2) 간접적인 데이터들 /45
     믿음을 저버린 공동체 구성원들
     거짓 교사들의 전략
     거짓 교사들과 해방의 경향들
     다른 증거들?

2. 거짓 교사들의 성격 /56
     마귀적인 사람들
     탐욕적인 사람들
     부도덕한 자들

요약하기

3. 논쟁 /62
　　바울의 논쟁의 일반적인 성격
　　목회서신의 논쟁 성격

제 3 장 목회서신은 어떤 신학적 교훈을 주는가? /82

　1. 종말론과 현세대 /83
　　시간에 관한 술어들과 범주들
　　시대전환 도식들
　　"말세"로서 현세대
　　신현(神顯) 도식들
　　재림의 소망

　2. 하나님, 그리스도, 성령: 그 칭호들과 행위들 /103
　　하나님
　　그리스도
　　성령

　3. 구원론: 신학의 중심축 /122

　　'구원' 단어 계열
　　케류그마 진술들에 나타난 그리스도 사건과 구원 /128
　　(1) 디모데전서 1:15 (11-16절)
　　(2) 디모데전서 2장3-6절
　　(3) 디모데전서 3장 16절
　　(4) 디모데후서 1장 9-10절

   (5) 디모데후서 2:8-13
   (6) 디도서 2:11-14
   (7) 디도서 3:4-7
  요약하기
 4. 메시지와 그 선포 /223
  술어와 구분들
  전승을 보존하기: 파라떼케
  선포의 역할
 5. 교회와 그 사명 /243
  교회에 대한 묘사들
  하나님의 구원계획에서 본 교회
 6. 결론적 관찰 /266

제 4 장 목회서신은 어떤 윤리적 교훈을 주는가? /271

1. 원리의 관점에서 본 그리스도인 존재 /273
 1) 전체에서 본 그리스도인 존재 /274
  피스티스 단어 그룹
  유세베이아 단어 그룹
  선행 (善行)
 2) 부분에서 본 그리스도인 존재 /295
  (1) 내면적인 구성요소들 /295
   ① '양심' (suneidesis)
   ② '깨끗한 마음' (Kathara kardia)
   ③ '마음' (Nous)

(2) 외적인 구성요소들 /306
① '소프로수네' (sophrosune) 단어 그룹
② '사랑' (agape)
③ '의로운' (dikaios)
④ '단정한/단정함' (Zemnos/zemnotes)
⑤ '인내, 오래참음, 온유, 소망' (Hypomone, Makrothumia, Praupathia/prautes, Elpis)
⑥ '믿음-사랑' 의 조합
요약하기

2. 실천의 관점에서 본 그리스도인 존재 /323
1) 목회서신에서 가훈윤리 형식과 구체적인 권면들 /326
목회서신의 권면형식 확인하기
신약 가훈윤리 전승의 의도
가훈윤리 전승에 관한 결론들과 검증 표준들
2) 다양한 사회 계층들에 대한 권면 /342
공동체의 사회경제적 구조 /342
① 부자들
② 궁핍한 자들
③ 노예들
사회 계층들을 위한 권면 /351
① 노예들을 위한 권면
② 과부들을 위한 권면
㉠ 본문의 구조
㉡ "참 과부" 의 신분

　　　　ⓒ 권면의 윤리적 성격
　　③ 부자들을 위한 권면
　　④ 나머지 여러 사회 계층들을 위한 권면
　　요약하기
3) 회중 속에서의 행위 /398
　　모든 사람들과 국가를 위한 기도
　　회중 속에서의 남자와 여자의 행실(딤전 2:8-15)
　　① 남자에 대한 권면(8절)
　　② 여자에 대한 권면(9-15절)
　　　ⓐ 적절한 단장(9-10절)
　　　ⓛ 여성에 대한 순종의 명령(11-15절)
　　　　ⓐ 최근에 토론되는 구절과 이 연구에 대한 접근
　　　　ⓑ 디모데전서 2장 11-15절의 주해
　　요약하기
4) 지도자에 대한 권면 /472
　　(1) 교회의 공식적인 구조 /472
　　① 감독과 장로
　　　ⓐ 배경
　　　ⓛ 문제의 주요 해법
　　　ⓒ 교부들 및 다른 신약 저작물들의 증거
　　　ⓔ 목회서신에서의 감독과 장로
　　② 장로
　　③ 집사
　　④ 디모데와 디도의 입장

요약하기
　(2) 교회 직원들에 대한 권면 /506
　　　① 디모데전서 3장 1-7절
　　　② 디도서 1장 6-9절
　　　③ 디모데전서 3장 8-13절(집사 규약)
　　요약하기
　(3) 디모데에게 권면함 /521
　　　① 개인적인 품행
　　　② 특별히 목회와 관련된 가르침
　　　　㉠ 이단에 대한 대항
　　　　㉡ 도덕적 의무로서의 목회사역에 있어서의 신실함
　　　　　ⓐ 믿음, 양심 그리고 사역의 불가피한 협력(딤전 1:18-19)
　　　　　ⓑ 임직 구절
　　　　㉢ 고난으로의 부름과 사명
　　요약하기
　　3. 결 론 /558

제5장 결 론 /562

1. 결과물의 요약 /562
　1) 목회서신의 배경
　2) 목회서신의 신학적 구조
　3) 목회서신의 윤리적 구조
　4) 목회서신에서의 신학과 윤리의 통합
2. 함축된 의미와 그 중요성 /574

참고문헌 /578

머리말

본서는 필립 타우너(Philip Towner)의 영국 아버딘 대학교 신약학 박사학위 논문을 번역한 것이다. 공관복음이나 바울서신에 관한 저서들의 번역서는 최근 한국 신약학계에 많이 쏟아져 나오고 있는 반면, 목회서신에 관한 저서나 영문 저술들의 번역서는 상대적으로 드물게 출판되고 있다. 금번에 타우너의 학위 논문을 번역하여 출간함으로써 우리는 목회서신에 담긴 신학과 윤리 사상에 대하여 보다 심층적인 탐구를 할 수 있게 될 것으로 확신한다.

타우너는 자신의 학위 논문에서 최근 신약학계에서 유행하고 있는 "기독교 소시민 윤리" 이론을 격파하고 새로운 해석 모델을 제시하고자 시도하였다. 말하자면 초대교회가 재림의 지연으로 인해 겪게 된 혼란을 돌파하기 위해서 주변 사회와의 대립과 갈들을 도모하기보다는 그것과 평화로운 공존을 모색하기 위해 바울 사도가 본래 넘겨준 신학 사상의 구조를 여러 면에서 심대하게 변경시켰다는 것이 기독교 소시민 윤리론 주장자들의 기본적인 논조이다.

이것은 목회서신의 신학이 사도 바울의 주요 서신들의 신학과 여러 면에서 다르다고 전제하고 목회서신의 바울 저작권을 부인하는 것을 함축한다. 목회서신에 담긴 구원론, 교회론, 종말론, 윤리 등이 초기 바울 서신의 것과 많은 차이를 나타낸다는 것이 바로 기독교 소시민 윤리설의 출발점인 것이다.

하지만 타우너는 이러한 최근 학설이 목회서신의 본문들을 주의 깊게 살핀 것이 아니라는것을 세심한 본문 주석을 통해서 논증하고자 시도하였다. 오히려 그는 목회서신의 구원론, 교회론, 종말론, 윤리 등이 초기 바울서신의 것과 그렇게 크게 다르지 않으며, 차이가 존재하는 것처럼 보이는 본문 현상은 저자가 다르기 때문에 생겨난 것도 아니고 재림의 지연으로 인해 발생한 혼란 때문에 생겨난 것도 아니라, 오히려 사도 바울의 선교적 동기나 강조점 때문에 야기된 것이라는 것이다. 이렇게 해서 타우너는 목회서신의 다양한 신학적, 윤리적 주제들을 새로운 전망에서 보다 심도 있게 읽을 수 있는 길을 터놓은 것이 분명하다.

아무쪼록 본서의 출판으로 인해서 목회서신을 바로 이해하고자 원하는 모든 목회자와 학생들에게 큰 도움이 되기를 바랄 뿐이다. 본서의 출판을 흔쾌하게 수락한 도서출판 선교햇불에게 감사를 드리며 번역을 부분적으로 돕고 원고를 인내심을 가지고 꼼꼼히 살핀 박종훈 목사님에게 심심한 감사를 드리는 바이다.

상도동 우거에서
역자 이한수 교수

전체요약

5장의 앞부분에서 이 논문의 두드러진 특징을 요약한 것을 볼 수 있으며, 그리고 보다 상세한 내용 조회를 할 수 있다. 주요 사항들은 계속되는 방식으로 항목별로 구성되어 있다. 디벨리우스 이래로, 목회서신의 윤리적인 가르침은 '무엇보다 이 세상에서의 평화로운 공존을 추구하는 그리스도인 존재의 개념'을 명시하는 것으로 줄곧 해석되었다. 그렇기 때문에, 소위 말하는 기독교 소시민 윤리는 재림의 지연에 의한 실망감이 주요한 원인이 되어 발생된 (초기 바울적인 그리스도인의 삶의 개념에서부터 생긴) 피할 수 없는 사태의 진전으로 생각되어졌다. 이러한 해석을 판단하고 목회서신의 가르침을 긍정적으로 평가하기 위하여, 우리는 세 가지의 기본적인 요소를 조사하였다.

첫째, 주요한 배경적 측면인 세 개의 서신 속에서 명백히 보이는 이단적 운동은 신학과 윤리의 관점에서 볼 때에 그 공동체에 아주 극적인 영향을 주었다는 것으로 판명된다. 사실상 목회서신의 저자의 진술은 거짓 가르침의 본성과 영향을 이해하는 것과 상관이 없는 것으로 생각될 수 없다.

둘째, 서신들의 논리적 구조는 '쇠퇴하지 않는' 종말론을 드러낸다. 즉, 그것은 그리스도의 과거와 미래의 모습과 연관된 것으로 '이미 언었으나 아직 도래하지 않은' (already-not yet) 구원의 개념과 선교적인 사명 수행에 있어서 교회의 역할에 대한 분명한 이해를 강조하는 것이다. 기독교 소시민 윤리를 주장하는 자들의 전제는 이러한 균형감이 있는 주해에 맞서지 못한다.

셋째, 메시지의 윤리적 구조는 그리스도인의 삶에 있어 '관찰 가능한' 측면에 집중하는 것으로 판명되는데, 그것은 그리스도 사건과 회심 그리고 사명에 의하여 동기를 부여받는 일과 면밀하게 연결되어 있다. 이러한 근본적인 동기는 '기독교 소시민 윤리'의 주요한 주장에 반대한다; 세상에서의 평화로운 공존은 저자의 윤리적인 목적이 아니라, 오히려 선교라는 보다 큰 목적을 위한 수단이다. 현시대의 구원과 이단자의 왜곡된 개념을 정확히 이해한다는 관점에서, 목회서신의 신학과 윤리는 신앙과 행위 사이의 균형을 회복시키기 위하여 (바울적인 방식으로) 신중하게 통합되고 있다.

제1장

기독교 소시민 윤리?

　바울의 편지들 중에서 '목회서신' 만큼 교회사적으로 수많은 논쟁의 대상이 되어온 편지들은 아마 없을 것이다. 목회서신의 어휘, 그 안에 담겨진 신학들, 교회 조직 형태들 등이 바울의 초기 편지들의 것과 다르거나 좀 더 발전된 형태라는 생각에서 목회서신의 저작자가 사도 바울이 아니라 후대의 어떤 익명의 저자일 것이라는 생각이 신약 학계에 널리 퍼져 있다.

　20세기 초엽에 독일의 신약학자 디벨리우스(M. Dibelius)는 이러한 생각을 가지고 목회서신을 비평적으로 접근한 대표적인 학자인데, 그는 특별히 목회서신의 윤리적 교훈의 목표를 설명하기 위해서 처음으로 "기독교 소시민"(christiliche Bügerlichkeit)이란 술어를 주조해내었다.[1] 이것은 흔히 '중산층 기독교 시민' 또는 '부르조아 기독교'란 말로 번역되곤 했는데, 일반적으로 세상의 다양한 질서와 평화 공존을 지향하는 기독교인의 삶의 모습을 지칭하곤 하였다. 디벨리우스에 따르면, 원시 기독교회는 사회 속에서 소수자로서 자신들이 전하는 독특한 메시지와 차별화된 삶의 태도로 인해 주변 사회로부터 공격을 받거나 핍박을 받기 일쑤였는데, 시간이 지나가면서 점차 사회에 뿌리를 내리기 시작한 후대의 교회가 주변 사회와 대립하기보다는 세상 질서에 편입되어 평화 공존을 원하는 부르조아적 소시민들의 모습을 띠기 시작하였다. 말하자면 그는 목회서신의 신학과 윤리가 후대 교회의 이러한 기독교 소시민적 삶의 상황을 그리고 있다고 판단하기 때문에 바울의 초기 신학의 특징을 저버린 목회서신은 바울의 저작일 수 없다고 결론짓고 말았다.

디벨리우스 이후로 수많은 학자들이 그의 뒤를 따랐으며 진보적인 신약학계의 해석을 주도하는 학설이 되었다.[2] 이런 입장을 따르는 사람들은 천편일률적으로 목회서신이 변화된 종말론적 전망으로 인해서 바울의 초기 신학사상에서 떠났다는 생각들을 갖고 있다. 사회의 주변 환경이 바뀌었고 교회가 그러한 환경에 적응을 모색하는 시기에, 기독교인들의 새로운 삶의 목표는 세상과의 평화적 공존을 위해 헬라적 윤리 교훈들을 채용하기 시작하였다. 예를 들면, 경건, 양심, 충성, 의로움, 단정함 등과 같은 헬라적 덕목들이 목회서신의 윤리 교훈에 등장한다는 것이다. 이러한 윤리 덕목들 이외에도 가족 윤리에 대한 점증하는 관심이 헬라적인 '가훈윤리' (Haustafel)의 채용에서도 나타난다. 어떤

---

1) M. Dibelius, *Die Pastoralbriefe*, Tübingen 1931, 24-25.
2) Cf. G. W. Kümmel, *Introduction to the New Testament*, London 1975, 384; P. Stuhlmacher, "christliche Verantwortung bei Paulus und seinen Schülern," *EvT* 28 (1968), 181-84; M. Hengel, *Property and Riches in the Early Church*, Philadlelphia 1974, 57-59; J. T. Sander, *Ethics in the New Testament*, London 1975, 87-90; W. Schrage, *Ethik des Neuen Testament*, Göttingen 1982, 244-55 등.

학자들은 이러한 가훈윤리는 기독교 윤리가 헬라화 된 것으로 보거나,[3] 소시민화 된 것 또는 심지어 세속화된 것으로 보기도 한다.[4] 정체되고 세속화된 형태의 윤리를 시사하는 술어들과 표현들이 등장한다는 것은 세상에서 구원을 받은 자로서 살아가도록 고무하는 복음의 종말론적인 영감 대신에 세상과 타협하는 형태의 세속화된 윤리가 목회서신에 등장한다는 것을 함축한다는 것이다.[5]

기독교 소시민 윤리라는 가정 속에서 목회서신을 해석하고자 하는 학자들은 실제로 그들의 논지 배후에 또 다른 가정들이 숨어있다. 시간이 지나면서 초대교회 내에서 신학적인 변동이 생겨난 것은 목회서신의 교회가 이미 재림의 지연(parousia delay)을 통해 혼란을 겪고 구원 개념에 변화를 경험하는 "제2세대 교회"인 것을 시사한다는 그런 가정이다.

과연 목회서신이 보내진 교회들은 이들 진보적인 학자들이 주장하듯이 재림의 지연으로 인한 혼란을 겪으면서 이러한 새로운 상황에 적응하기 위해 자신들이 본래 가지고 있던 신학적 개념들을 상당 부분 변화를 시키지 않으면 안 되었는가? 신약 학자들 중에는 초대교회가 시간이 지나면서 재림에 대한 기대를 점차 잃어가고 있었다고 주장하는 경향이 많았다. 임박한 미래에 그리스도의 재림이 있을 것을 열광적으

---

3) R. Schnackenburg, *The Moral Teaching of the New Testament*, London 1965, 306.
4) M. Dibelius and H. Greeven, *An die Kolosser, Epheser, an Philemon*, Tübingen 1953.
5) 이런 식의 주장은 소시민적 윤리가 목회서신 도처에 나타난다고 주장하기는 하지만 대부분의 학자들은 실제로는 딤전 2:2, 딛 2:11-14과 같은 몇 안 되는 본문들에 의존하여 이런 신빙성이 없는 주장을 펼친다.

로 기대했던 것이 실망이나 적어도 온건한 현실주의로 바뀌면서, 재림이 상당할 정도로 지연될 것이라는 생각이 초대 교회에 떠오르기 시작했다는 것이다. 만일 이러한 실망이 실제로 일어났었다면, 기독교인의 삶에 대한 이해는 그러한 상황에 적응하기 위해서 불가피하게 변화를 겪었을 것이다. 재림의 지연으로 인하여 그러한 변화에 적응하고자 했던 사람들은 그들의 현실적인 삶과는 너무도 멀리 떨어져 있는 재림에 매달리기보다는 세상과의 현실적인 관계를 재조정하지 않으면 안 되었을 것이다. 왜냐하면 교회나 세상이나 상당한 기간에 걸쳐서 공존하지 않으면 안 되었기 때문이다.[6] 온다던 재림은 오지 않고 시간만 진행되면서 재림의 지연에 실망하던 초대 기독교인들은 극단적인 경우에는 교회를 떠나던지, 아니면 신앙을 포기하기보다는 세상과의 공존을 모색하는 방식으로 자신들의 정체성과 사고를 적응시키기 위해서 소위 말하는 "기독교 소시민 윤리"(christliche Bügerlichkeit)를 만들어냈다는 것이다. 초대교회는 악한 세상으로부터 핍박을 자주 직면하면서도 세상에 대한 선교적 의무를 힘겹게 담당하고 있었는데, 재림이 예상보다 지연되면서 제2세대 교회들은 적대적인 세상과 대결할 것인지 아니면 공존할 것인지를 결정해야만 했다. 극단적인 영적 열광주의자들은 비의적이거나 금욕적인 신앙에 매몰되어 세상과 아예 등을 지기도 하고, 기독교 소시민 윤리를 따르는 자들은 세상과의 공존의 길을 택하기도 하였는데, 목회서신의 저자는 세상에서 오래 살아남는 최선의 방식으로서 후자의 길을 선택하였다고 생각되었다. 임박한 재림의 기대를 포기하는 대신 이완된 종말론적인 전망이 자리를 잡게 되고, 교회의

---

6) M. Dibelius and H. Conzelmann, *The Pastoral Epistle,* Philadelphia 1972, 10; S. G. Wilson, "The Portrait of Paul in Acts and the Pastorals, " in: *SBL 1976 Seminar Papers* (ed. G. MacRae), Missoula 1976, 12-19.

예배는 적절한 은사들을 지닌 교회 관리들이 담당하게 되었다. 그리고 기적들은 점차 덜 나타나게 되고, 세상과 평화 공존의 길을 찾은 교회들은 외적인 핍박의 압력들을 피할 수 있게 되었으며, 선교도 세상에서 교회가 담당하는 빛과 소금의 효과 정도로 희미하게 해석되었다. 승인을 받은 새로운 윤리 속에서 기독교인의 태도를 동기부여하는 것은 일차적으로 선교가 아니라 변호였다.[7] 결국 기독교 소시민 윤리를 추종하는 학자들은 목회서신이야말로 누가행전이나 요한복음에서처럼 희미해져가는 재림의 기대로 인해 야기되는 기독교인 삶의 새로운 위기들을 대처하기 위해서 그리스도 사건을 철저하게 재해석하는 분명한 증거로 간주한다.

만일 재림이 먼 미래로 옮겨간다면, 교회는 자연히 현세대에 관심을 주목하게 될 것이 분명하다. 기독교 소시민 윤리 해석을 받아들이는 큄멜(G. W. Kümmel)은 "목회서신 어디에도 '말세'에 살고 있다는 어떤 의식도 발견되지 않는다"[8]고 결론짓기까지 한다. 목회서신에는 재림이나(딛 2:13; 딤전 6:14 등) 말세를(딤후 3:1; 딤전 4:1) 분명하게 지칭하는 구절들이 존재하기는 하지만, 그는 이들 구절들이 기껏해야 초기의 열광주의적 기대가 퇴색하고 저자가 다른 목적으로 채택한 전통적인 형식문이나 송영들을 나타낼 뿐이라고 주장한다.[9] 이제 교회의 관심은 언제 올지 모르는 미래 재림이 아니라 현시대적인 삶이다. 따라서 세상과 그 질서들은 신자들이 새롭게 평가하지 않으면 안 되었다. 만일 현세대가 불확정적으로 계속 지속이 된다면, 교회는 소멸이나 없어지

---

7) F. J. Schierse, " Eschatologische Existenz und christliche Bürgerlichkeit," *GL* 32 (1959), 289-90.
8) *Ibid.*, 379.
9) S. G. Wilson, *Luke and the Pastoral Epistles*, London 1979, 17-18; G. W. Kümmel, *op.cit.*, 379.

는 일을 피하기 위해서 자신의 독특한 면모를 지탱하면서도 세상 속에서 공존할 수 있는 길을 모색해야만 한다. 초대교회가 직면한 이러한 딜레마를 해소하는 길은 한편으로는 세상 속에서 존경스러운 삶을 살도록 고무하는 기독교 소시민 윤리를 채택하는 것이고, 다른 한편으로는 사도적 전승을 조심스럽게 보존하고 전수하는 것이다(딤후 2:2; 1:13-14; 딤전 6:20 등). 이런 의미에서 목회서신의 기독교 소시민 윤리는 변화된 종말론적 이해가 가져온 자연적 결과라고 할 수 있다.

재림의 지연과 그로 인해서 대두된 현세대에 대한 관심은 초대교회의 구원론 이해에도 불가피하게 영향을 미쳤다고 사료되었다. 초기의 바울신학에서 구원이란 미래의 사건이나 또는 '이미와 아직(already-not yet)'이란 구도 속에서 이해된 반면에, 목회서신에서 구원은 과거에 발생한 사건이 되었다: "미래의 구원은 과거 사건의 그림자에 불과한 것으로 보인다."[10] 구원은 현재에 이미 소유된 실재이며 그것은 세례 의식 속에서 각인이 되었다. 미래 재림에 대한 기대가 희미해져 가면서 교회는 그리스도의 과거 사건에 초점을 두기 시작하였다. 따라서 윤리는 더 이상 미래의 심판에 영향을 받지 않게 되었다. 왜냐하면 신자의 영원한 신분은 과거에 경험한 세례 사건과 과거 그리스도 사건의 확실성에 의해서 보장되기 때문이다. 이제 교회가 적대적인 세상에서 살아남기 위해 필요한 것은 보다 세속적인 어떤 것, 즉 세상에서 조화롭게 살라는 기독교 소시민 윤리를 채용하는 것이었다. 초기의 바울서신에서 선한 시민으로 산다는 요소들이 있기는 했어도 종말론적으로 동기

---

10) M. Dibelius and H. Conzelmann, *The Pastoral Epistles*, 10; U. Luz, " Rechtfertigung bei den Paulusschülern, " in: *Rechtfertigung*, Tübingen 1976, 376-82.

부여된 교훈들인데 반하여(롬 13:1ff; 살전 4:11), 목회서신에서 평화적인 공존을 요청하는 것은 선교적인 명령이 아니라 세상에서 교회의 생존이란 요인이었다. 따라서 목회서신의 저자는 자연히 세상을 부정적으로 묘사하지 않고 긍정적으로 바라보게 되었고, 이로 인해서 구원의 보편성 개념도 등장하게 되었다는 것이다(딤전 2:3; 4:10).

오늘날 많은 학자들이 목회서신을 바울 저작으로 보지 않고 바울 이후의 제2세대 저자에 의해 쓰였다고 생각하는 경향이 많다보니, 자연히 목회서신에 묘사된 이단들도 허구적인 것으로 생각되었다. 물론 어떤 학자들은 목회서신의 저자가 이단들의 대두로 인해 기독교 소시민 윤리를 채택하게 되었다고 주장하기도 하지만,[11] 이단들이 채택한 금욕적이고 영지주의적인 삶의 유형을 부적절한 대안으로 보려는 경향도 있다. 동시에 기독교 소시민 윤리가 왜 적절한지 묻지도 않고 그것을 적절한 대안으로 간주하려는 경향도 학자들 사이에 존재한다. 말하자면 그것은 기독교 윤리의 목적 자체가 되어버렸다.

필자는 목회서신을 이런 방식으로 해석하려는 최근 학자들의 견해가 과연 정당한 것인지 본문에 대한 조심스러운 분석을 통해서 비평적으로 평가하고자 한다. 겉보기에 그럴 듯하게 보이는 해석들이라 할지라도 사실은 본문의 진의를 비켜가는 왜곡된 해석들인 경우가 적지 않다. 재림의 지연이 초대교회의 보편적인 위기적 상황이었다고 전제하고 그 위에 여러 가지 그럴듯한 추론들의 누각을 세워 목회서신 전반을 재구성하려는 시도는 여러 면에서 허점들을 드러내고 있다. 따라서 최

---

11) F. J. Schierse, "Eschatologische Existenz und christliche Bürgerlichkeit," *GL* 32 (1959), 287; M. Dibelius and H. Conzelmann, *The Pastoral Epistles*, 8-9.

근에 목회서신의 윤리를 기독교 소시민 윤리로 해석하려는 최근 학자들의 시도에 도전하는 학자들이 대두하게 되었다.[12] 그의 연구의 중심 부분은 감독과 집사에 대한 검토로 구성되어 있는 반면에, 간단한 한 장에서 목회서신의 윤리도 다룬다. 마지막 장에서는 교회의 제도적 구조와 윤리의 다른 측면들을 다루면서 마지막에 가서 목회서신에 등장한다고 주장되는 기독교 소시민 윤리란 것은 "희미해져 가는 종말론적 기대의 결과가 아니라 예수 그리스도의 현현에 직면하여 요청되는 삶의 방식일 뿐이라"[13]고 결론짓는다. 그는 목회서신은 초기 바울서신에서처럼 윤리적 삶의 명령법을 예수 그리스도 안에 나타난 구원의 직설법에 닻을 내린다고 주장한다. 그리고 목회서신이 요청하는 삶의 유형도 디모데전서 2장2절에서 요약된 것이다: 분쟁과 부자유가 아니라 고요하고 평안한 생활이 바로 그것이다. 이것은 거짓 교사들에 의해 야기된 무질서와 싸움에 반대되는 생활을 뜻한다. 슈바르츠의 논지는 때로 너무 간략하여 많은 부분에서 보다 정확한 평가가 필요하다. 필자는 어쨌든 최근 신약 학자들 사이에 편만하게 유행하고 있는 기독교 소시민적 윤리 해석이 과연 목회서신의 본문 해석에 정당성을 기하고 있는지 본문에 대한 조심스러운 분석을 통해 살펴보고자 한다.

---

12) 예를 들면, R. Schwarz, *Bürgerliches Christentum im Neuen Testament? Eine Studie zu Ethik, Amt und Recht in den Pastoralbriefen*, Klosterneubrug 1983.
13) *Ibid.*, 173: 목회서신의 기독교 소시민 윤리란 "ist keine Konsequenz fehlender eschatologischer Erwartung, sondern eine Art der Lebensführung angesichts der Epiphanie Jesu Christi."

제 2 장

배경적인 이야기들

이제 우리가 살필 문제는 목회서신이 보내진 교회들의 '삶의 정황' (Sitz im Leben)에 대해서 살펴보는 일이다. 바울의 다른 편지들의 경우에서처럼 목회서신도 일종의 상황적 서신으로서 교회 내의 특정한 상황을 다루기 위해 디모데와 디도에게 보낸 편지들이다. 따라서 목회서신이 저술된 교회 내의 상황에 대해서 잘 알지 못하면 바울의 메시지를 제대로 이해하기가 어렵게 된다. 우리의 초점은 교회에 침투한 '이단'에 있다. 교회를 어지럽게 하는 이단적 운동에 대해서 저자가 집요하게 관심을 가졌다는 것은 저자가 자신의 편지들을 쓰지 않으면 안 되게 만든 결정적인 요인이었음을 시사해준다. 더구나, 앞장에서 제시한 소위 '기독교 소시민 윤리'라는 학설을 제안했던 사람들은 목회서신에 나타난 바울의 신학과 윤리를 찾아내는 일에 있어서 이단이 미친 결과나 잠정적인 효과를 과소평가하거나 오해해 온 것도 사실이다. 따라서 에베소 교회와 그레데 교회에 침투한 이단의 특징들을 잘 살피는 것이야말로 저자의 메시지의 구조를 재구성하는 일에 있어서 불가피한 일이라 할 수 있다. 왜냐하면 바울은 왜곡된 교리를 전파하는 자들에 대한 교정책으로 자신의 신학적 메시지를 작성했을 것이 분명하기 때문이다.[1] 동시에 우리는 바울의 모든 신학적 진술들이 다 특정한 거짓 가르침에 대한 비평에서 나왔다고 성급하게 추론해서도 안 된다.[2] 목회서신의 본문에서 거짓 교사들이 문제가 되고 있을 때, 저자의 글쓴 동기를 암시하는 실마리들을 찾기 위해서 각 신학적 표현의 근접문맥을 조심스럽게 검토해야 한다.

1. 거짓 교사의 정체와 가르침들

거짓 교사들이 가르친 교훈들의 구체적 사항들을 살피기 전에 우리는 우선 그들의 정체가 누구인지에 대해서 개괄적인 접근을 할 필요가 있다. 목회서신의 바울 저작권을 가장 먼저 의문시했던 사람들 가운데 한 사람은 독일의 신약학자 바우르(F. C. Baur)이다. 그는 목회서신에 묘사된 이단을 2세기에 활동했던 말씨온(Marcion)과 동일시하면서 저자가 바울이 아니라 2세기의 어떤 익명의 저자였다고 추정하였다. 그의 이러한 추론은 주로 디모데전서 6장 20절에 근거하고 있는데, 이 구절에서 아마도 말씨온의 '반론들'(antitheses)을 지칭하는 것으로 보이

---

1) 이런 입장을 취하는 학자들은 W. Schmithals, U. Wilckens, H. Köster, W. Lütgert, G. Bornkamm, E. Käsemann 등 대다수이다.
2) 심지어 극단적인 경우에는 바울의 긍정적인 진술에서도 반대자들의 교리를 재구성하려는 시도는 무분별할 수 있다. 이에 대한 올바른 비평으로는, S. G. Wilson, *Luke and the Pastoral Epistles*, London 1979, 17; E. E. Ellis, " Paul and His Opponents: Trends in Research," in: *Christianity, Judaism, and Other Greco-Roman Cults*, ed. J. Neusner, Vol. 1, Leiden 1975, 280.

는 '변론'(antitheseis)이 '지식'(gnosis)과 긴밀하게 연관되어 등장한다.[3] 가장 최근에 이와 비슷한 주장을 펼치는 학자는 캄펜하우센(H. von Campenhausen)이다. 그도 역시 2세기의 소아시아 감독이었던 폴리캅의 저술들과 목회서신들 사이에 존재하는 문헌적 관계에 기초해서 목회서신이 말씨온 이단을 반박하려는 목적으로 폴리캅에 의해 작성되었다고 주장하였다.[4]

하지만 오늘날 학자들이 일반적으로 동의하는 견해는 목회서신이 말씨온 이단의 가르침 때문에 생긴 것이 아니라고 보는 것이다. 첫째로, 말씨온 이단의 가르침의 특징이라고 할 수 있는 특정한 요소들이 목회서신에 묘사된 이단에 관한 진술들 중에서는 나타나지 않는다.[5] 목회서신의 이단이 '율법'과 연관되어 있다든가(딤전 1:7; 딛 3:9), "신화와 족보"와 연관되어 있다든가(이 점은 오히려 말씨온의 문자주의적 경향과는 반대가 되는 것 같다), 또는 모종의 영적 또는 "영지주의적인" 경향들과 연관된다는 점 등은 이런 식의 설명을 거부하게 만든다.[6] 또한 캄펜하우센의 이론도 신빙성이 없는 것은 폴리캅이 바울의 권위를 의지해서 그의 편지들을 정규적으로 인용을 했을 뿐만 아니라, 폴리캅의 저술과 목회서신들 사이에는 문체상의 두드러진 차이점들이 존재한다는 사실 때문이다.[7]

---

3) F. C. Baur, *Die Sogenannten Pastoralbriefe des Apostels Paulus aufs neue kritisch untersucht*, Stuttgart / Tübingen 1835; 비슷하게, W. Bauer, *Orthodoxy and Heresy in Earliest Christianity*, London 1972, 226.

4) H. von Campenhausen, "Polykarp von Smyrna und die Pastoralbriefe," in: *Aus der Frühzeit des Christentums*, Tübingen 1963, 197-252. 그의 이런 주장을 추종하는 또 다른 학자는 H. Köster, *Einführung in das Neue Testament*, Berlin / New York 1980, 746.

5) M. Dibelius and H. Conzelmann, *The Pastoral Epistles*, Philadelphia 1972, 2.

거짓 교사들의 정체에 관한 이전 시대의 추론들은 이제까지 확실한 것으로 논증된 것이 없다. 오히려 최근에 와서 일치된 의견이 등장하고 있다. 대부분의 학자들은 목회서신의 이단이 유대적인 요소들과 초기 영지주의적인 요소들이 혼합된 형태의 이단으로 동일시하려는 경향이 있다.[8] 주로 이런 의견일치는 거짓 교사들과 관련된 가장 두드러진 진술들에 제한되어 제시되는데, 예를 들면, 유대적인 요소들은 거짓 교사들이 '율법교사들' (딤전 1:7), '할례자들' (딛 1:10), '유대인들의 신화들' (딛 1:14), 그리고 '율법에 대한 다툼' (딛 3:9) 등과 같은 표현들 속에서 암시되고 있고, 반면에 영지주의적인 경향들을 암시하는 요소들은 부활 교리의 오류(딤후 2:18), 금욕적 요구들(딤전 4:3), 해방을 주장하는 경향들(딤전 2:11-15) 등으로서 달리 해석할 가능성도 열려 있기는 하다. 따라서 학자들 사이에는 목회서신의 이단이 유대 영지주의를 주장하는 거짓 교사들이라는 의견일치가 존재하기는 하지만 각 요소들에 대한 해석에 들어가면 학자들마다 견해가 갈라지곤 한다.

어떤 다른 학자들은 목회서신의 전면에서 공격당하는 자들은 유대

---

6) Cf. J. N. D. Kelly, *A Commentary on the Pastoral Epistles*, London 1963, 12; W. G. Kümmel, *Introduction to the New Testament*, Grand Rapids 1975, 379; N. Brox, *Die Pastoralbriefe*, Regensburg 1969, 32, etc.

7) E. Käsemann, " Ein neutestamentliche Überblick, " *VF* (1949), 215. 케제만의 견해는 후일에 M. Ford, G. W. Kümmel 등에 의해서 발전되었다.

8) 이들 학자들 중에는 G. Haufe, "Gnostische Irrlehre und ihre Abwehr in den Pastoralbriefe," in: *Gnosis und Neues Testament*, ed. by K.-W. Tröger, Mohn 1973, 332; K. Rudolph, *Die Gnosis*, Göttingen 1977, 321-22; W. Schmithals, "Pastoralbriefe, " *RGG* V (1961), 144-48; E. M. Yamauchi, *Pre-Christian Gnosticism: A Survey of the Proposed Evidences*, London 1973, 49-50; E. Haenchen, "Gnosis und NT: Pastoralbriefe und Gnosis, " *RGG* II (1958), 1654-55; R. M. Grand, *Gnosticism and Early Christianity*, New York 1959, 161; R. Bultmann, *Theology of the New Testament*, 2 Vols, London 1952-55, 1; R. M. Wilson, *Gnosis and the New Testament*, Oxford 1968, 42-3, 59 등.

주의적 또는 유대 기독교적인 거짓 교사들을 지칭하기까지 한다.[9] 키텔(G. Kittel)과 같은 학자들은 목회서신 시대에는 영지주의가 아직 대두가 되지 못했고, 후대의 이레니우스나 터툴리안이 묘사한 영지주의 운동과 자꾸 비교하는 것은 이들의 역사적 상황이 목회서신의 것과 꼭 일치하지 않기 때문에 별로 도움이 되지 않는다고 주장한다. 따라서 그는 거짓교훈을 퍼뜨리는 자들의 정체가 유대주의적인 성격을 띠고 있다고 결론짓는다. 물론 이런 결론을 내리면서도 그는 거짓 교사들이 초기 영지주의적 특징들을 지닐 수 있다는 가능성을 허용하기는 한다. 사실 목회서신의 이단이 유대적인 성격을 띤다고 주장하는 대부분의 학자들은 적어도 초기 영지주의적 성격을 띨 수 있다는 어떤 여지를 남겨놓기도 한다. 군터(J. J. Gunther) 같은 학자들은 에센파와 쿰란 문헌들 속에서도 이런 초기 영지주의적인 성향들이 발견된다고 주장한다.

다른 학자들은 목회서신의 이단이 어떤 지역교회의 역사적인 운동이라기보다는 언제 어디서든지 대두됨직한 이단을 분쇄하기 위한 본보기를 제시하기 위해서 목회서신이 쓰였을 뿐이라는 주장을 펼치기도 한다.[10] 이들이 이런 입장을 취하는 것은 목회서신이 바울 자신에 의해서 쓰인 것이 아니라 익명의 어떤 사람에 의해 쓰였다는 견해와 연관되어 있다. 만일 이런 입장을 받아들이게 되면, 목회서신의 저자는 이단을 단지 가설적으로만 제기하면서 앞으로 언제 어디서 나타날지 모

---

9) Cf. J. J. Gunther, *St. Paul's Opponents and their Background*, Leiden 1973, 315; C. Spicq, *St. Paul: Les E pres Pastorales*, Paris 1969, 91; G. Kittel, " Die genealogiai der Pastoralbriefe," *ZNW* 20 (1921), 49-69 등.

10) P. Trummer, *Die Paulustradition der Pastoralbriefe*, Frankfurt 1978, 163-64; H. Köster, *Einführung in das Neue Testament*, Berlin/New York 1980, 743.

르는 거짓 교사들을 어떻게 분별하고 논박해야 하는지를 교훈하고 있다고 보아야 한다. 트럼머(P. Trummer)는 이단이 목회서신에서 현재와(딤전 1:3; 딤후 2:20; 딛 1:10ff)와 미래 현상으로(딤전 4:1; 딤후 3:1) 묘사된 사실, 교회에 침투한 거짓 교사들의 묘사가 획일적이지 못하다는 사실, 그리고 정형화된 논쟁의 형태가 바울 이후 시대 교회의 개념과 신학에 일치한다는 사실 등을 거론하면서 이런 견해를 피력한다. 그러면서도 그는 여러 구체적인 경향들 중에서 어떤 것은 유대적인 것이라고 시인하고 있고, 유대교에서 유래되지 않은 것처럼 보이는 다른 요소들에 대해서 "영지주의적인" 것이라고 설명하기를 꺼려한다. 우리는 다음 섹션에서 트럼머 같은 학자들이 제기한 이단의 가설적 설명 이론을 보다 자세히 평가할 필요가 있다.

본문에 근거해서 이단의 정체를 검토할 때 우리는 다음 두 가지 기본적인 범주들을 고려할 필요가 있다. 거짓 교사들이나 그들의 가르침을 직접 지칭하는 본문들과 간접적으로 암시하는 본문들이 그것이다. 첫 번째 범주에 속한 데이터를 검토하는 것이 가장 효과적이고 타당성이 있다는 점이 널리 인정을 받고 있지만, 두 번째 범주에 속한 정보는 훨씬 논란을 빚을 공산이 많다. 우리는 근접 또는 원접 문맥을 조심스럽게 고려하여 자칫 저자의 논쟁적인 모든 진술들 속에서 자신이 찾고 싶어 하는 결론을 끌어내는 오류를 피할 필요가 있다. 그러면 이제부터 거짓 교사들의 특징들을 세심한 본문 분석을 통해서 일일이 확인하는 작업을 해보자.

1) 직접적인 데이터들

목회서신의 저자는 현대의 저술가들의 일반적인 습관처럼 자신이 공격하는 거짓 교사들의 정체를 처음부터 분명하게 정의하거나 지목하지 않는다. 그는 사실 거짓 교사들이 누구이고 그들의 가르침이 무엇인지 명시적인 분명한 정보를 잘 주지 않는다. 그가 넌지시 제공하는 정보도 또한 충분히 상세하게 주지도 않는다. 그럼 그들의 가르침을 직접 거명하는 부분들을 살펴보자.

신화와 족보

거짓 교사들의 가르침을 명시적으로 지칭하는 첫 번째 진술은 디모데전서 1장 4절에서 "신화와 끝없는 족보들"[11]이란 표현에서 등장한다. 신약에서 '신화'(mythos)란 술어는 단지 다섯 번만 나타난다(딤전 1:4; 4:7; 딤후 4:4; 딛 1:14; 벧후 1:16). 각 경우마다 그것은 "허구적 이야기" 또는 "우화"란 일반적인 뜻을 담고 있고 이것이 당대의 평상적인 용법이기도 하다.[12] 신약에서 이 술어가 별로 잘 등장하지도 않고 또 신약 저자들이 그 의미를 설명하지도 않기 때문에 술어의 정확한 내용에 대해서 평가하는 일은 어려운 일이다. 하지만 한가지 분명한 것은 그것이 등장할 때마다 신약 저자들은 부정적이며 비판적으로 지칭한다는 점이다.

---

11) 한글 개정판의 이 번역어는 "끝없는 신화와 족보들"로 달리 번역될 수도 있다. "끝없는"이란 수식어가 두 술어를 다 수식하든지 아니면 뒤에 나오는 족보만 수식하든지에 따라 달리 번역된다.

12) G. Stählin, *TDNT* 4: 782, 783 n. 124; cf. also *BAG*, 530-31.

그것이 등장할 때마다 '신화'는 사도적 교리와 반대되는 위치에서 나타난다. 따라서 디모데전서 1장 3-4절에서 "다른 교훈"을 특기하는 맥락에서 "신화와 끝없는 족보들"을 언급하는 것이 분명하다. 더욱이, 디모데전서 4장 1절과 디모데후서 4장 4절에서 미래의 시점이 시사되기는 하지만, 편지 수신자들은 이들 구절에 암시된 신화들이 현재 가르쳐지고 있는 거짓교훈들과 유사하다는 점을 자연스럽게 추론하게 되었을 것이다.[13]

신약에서 '족보'(genealogiai)란 말은 오직 두 번만 등장하는데, 디모데전서 1장 4절에서 '신화'와 연결되어 함께 등장하고 디도서 3장 9절에서 독립적으로 등장한다. 일반적으로 이 술어는 어떤 사람의 조상 이름들을 나열한 목록을 뜻한다.[14] 디모데전서 1장 4절에 나오는 "신화와 족보들"이란 술어가 헬레니즘 문헌에 거의 정형화된 표현이라는 점이 널리 주목받고 있기는 하지만, 목회서신에서는 항상 그런 것은 아니다. 같이 연결되어 등장하기도 하지만 이 두 술어들은 독립적으로도 나타나기 때문이다. 그럼에도 불구하고 이들 술어가 함께 연결되어 이해될 필요가 있는 것은 "신화와 족보들"(딤전 1:4), "유대인의 신화"(딛 1:14),[15] 그리고 "족보들"(딛 3:9)이 모두 율법에 관한 변론들 또는 거짓 교사들의 율법에 대한 이해들에 다 연관되어 있다. 디모데전서 4장 7절에 나오는 "망령되고 허탄한 신화들"도 아마 이런 유형과 일치할 것이

---

13) J. N. D. Kelly, A *Commentary on the Pastoral Epistles*, London 1963, 207. 그는 여기서 실제적인 미래를 염두에 두면서도 미래는 이미 존재하는 현재를 심화시키는 것이라고 시사한다.
14) R. Morgenthaler, *NIDNTT* 2: 38; F. Büchsel, *TDNT* 1: 662-65.
15) 한역 개정판 성경에서는 "유대인의 허탄한 이야기들"로 번역되었다.

다. 왜냐하면 그런 것들은 3절에서 금욕적인 요구들을 지칭하기 때문인데, 이런 금욕적 요구들은 구약에 관한 사변들에 근거해서 나왔을 것이다.[16] 저자는 이들 술어가 서로 밀접하게 연관된 개념들로 본 것이 분명하다. 그렇다면 '신화'는 거짓 교사들이 구약에서 억지로 비꼬아 만들어놓은 이야기들의 잘못된 측면을 시사한다면, '족보'는 그들의 사변이 담고 있는 구체적인 구약 자료들을 지칭할 수도 있다 (Kelly, 45).

그러면 이들 신화와 족보의 구체적인 내용은 어떤 것일까? 아마도 세 가지 범주들이 이들 신화와 족보들의 내용을 구성하였을 것이다. 첫째로, 그것들은 특별히 구약의 족보들에 관한 유대 랍비적인 사변적 주석을 지칭하거나, 또는 창조 이야기와 같은 초기 역사에 관한 다른 측면들을 지칭할 가능성도 있다.[17] 둘째로, 이레니우스와 터툴리안이 디모데전서 1장 4절을 사용하면서 시사한 것처럼, 그리고 골로새 교회의 천사숭배가 뒷받침하는 것처럼, 그것들은 영지주의자들의 '에이온과 아르콘' (aeon, archon) 사변을 지칭한다.[18] 중도적인 세 번째 입장으로서, 그것들은 구약의 족보들과 초기 역사에 관한 다른 측면들에 관한 유대 영지주의적인 해석을 지칭한다.[19] 세 번째 견해는 거짓교훈의 유대적 성격을 인정하면서도 동시에 유대적인 사변들을 영지주의적으로 적용하는 측면이 있음을 인정한다. 하지만 그들 사이에서도 우주적 사변이 여기에 포함되는지에 대해서는 분명한 입장을 피력하지는 않는다.

신화와 족보가 어떤 내용으로 확인하든지간에 이들 술어가 등장하

---

16) J. Jeremias, *Der Brief an Timotheus und Titus*, Göttingen 1975, 32; J. N. D. Kelly, *op.cit.*, 99.
17) Cf. Gunther 1973, 78; Büchsel, *TDNT* 1: 664-65.
18) Kelly, 45.

는 문맥이 유대적 특징들을 나타낸다는 사실을 밝혀야만 한다. 첫째로, 디도서 1장 14절에서 신화는 '유대인의' 신화로 묘사된다. 동일한 문맥에서 어떤 이단들은 '할례당'과 연관되어 있는데 아마도 이것은 유대주의적인 기독교인들을 지칭하는 것으로 보인다.[20] 둘째로, 15절에 근거해서 이 '유대인의 신화들'의 내용과 그것에 동반되는 '사람들의 명령들'은 아마도 구약에서 쉽게 끌어온 계율주의적인 음식법 또는 정결법 규정들과 연관된 것으로 보인다(cf. 딤전 4:3과 4:7의 연관성). 그렇다면 디도서 3장 9절의 '족보들'은 "율법에 대한 다툼", 즉 모세 율법에 관한 변론들과 연관되어 있다.[21] 셋째로, 디모데전서 1장 14절에 나오는 "신화와 족보들"은 문맥의 흐름이 시사해 주듯이 구약에 관한 사변들과 연계되어 있다. 사변을 불러일으키는 "신화와 족보들"은(4절) 율법 선생들이 되기를 원하는 거짓 교사들의 "헛된 말"(6절)과 평행을 이룬다. 또한 그것이 율법의 목적에 관련된 변론과 밀접하게 연관되어 있다는 것은(8절 이하) "신화와 족보"가 거짓 교사들 편에서 율법을 오용하고 있는 어떤 방식을 시사해준다. 사실 구약의 족보와 창세기

---

19) 대부분의 학자들이 이 세 번째 범주에 속한다. W. Lütgert, *Die Irrlehrer der Pastoralbriefe*, Gütersloh 1909, 65; cf. also Jeremias, 13, 16; Kelly, 44, 45; U. B. Müller, *Zur frühchristlicher Theologiegeschichte Judenchristentum und Paulismus in Kleinasien an der Wende vom ersten zum zweiten Jahrhundert*, Gütersloh 1976, 59; F. J. Schierse, Kennzeichen gesunder und kranker Lehre. Zur Ketzer-polemic der Pastoralbriefe," *Diakonia* 4 (1973), 79-80; G. Stählin, *TDNT* 4: 783; Brox, 102-03; M. Dibelius and H. Conzelmann, *The Pastoral Epistles*, 17 등.

20) S. Sandmel, "Myths, Genealogies, and Jewish Myths and the Writing of the Gospels," *HUCA* 27 (1956), 205; C. K. Barrett, "Pauline Controversies in the Early Church," *NTS* 20 (1974), 242. 이들은 할례당이란 술어를 적절하게 주목하는데 실패하고 있다. 이 술어가 신약에서 쓰일 때는 유대주의적인 기독교인들을 자주 지칭한다(행 10:45; 11:2; 갈 2:12; 골 4:11).

21) Büchsel, *TDNT* 1: 664; Jeremias, 13; Dibelius and Conzelmann, 17.

이야기에 관한 우화적이며 사변적인 주석이 당대의 유대 공동체들 가운데서 실행되었다는 사실을 주목하는 것이 중요하다. 그리고 비슷한 관심이 쿰란 저술들 가운데서도 확인되고 있다(cf. 1QS 3.13ff). 이런 유대적인 주석 습관이 에베소 교회나 그레데 교회에 침투해 들어왔을 가능성은 많다.

특별히 주목할 것은 영지주의자들이 발전된 어떤 우주론적인 사변에 관심을 나타낸 것은 사실이지만, '족보들'에 대한 관심이 그들의 문헌에서는 등장하지 않기 때문에 목회서신에 나오는 거짓 교사들을 단순히 영지주의자들이라고 단정하는 데는 난점들이 많다(Kelly, 44). 그렇다고 이것은 구약에 대한 이런 사변적 사용 방식이 어떤 의미에서 영지주의적인 성격이 있을 가능성을 배제하지는 않는다. 그렇다면 결론적으로 우리는 목회서신에 나오는 정보들에 기초해서 다음과 같은 잠정적인 결론을 내려야 할 것으로 보인다: 거짓 교사들은 일차적으로 유대인들의 사변적인 주석 관습을 사용하였으며 그 과정 속에서 점차 그것을 영지주의적인 내용으로 뒤바꾸어 놓았다는 것이다. 이제 다음 섹션에서 살피는 것처럼 이러한 사변은 거짓 교사들의 '지식'과(딤전 6:20) 그것과 관련된 금욕적 규정들과 연관된 것이 분명하다.

그노시스와 그릇된 부활 교리

여기서 우리는 이단 교리의 두 측면들을 함께 고려하는 것이 필요하다. 왜냐하면 그것들이 등장하는 구절들이 두드러질 정도로 서로 평행을 이루고 있기 때문이다. 디모데전서 6장 20절에서 저자는 디모데에게 마지막 훈계를 준다. 디모데는 "부탁한 것", 즉 사도적 전승의 핵심을 지켜야 한다. 이러한 과제를 수행하기 위해서 그는 또한 "거짓되이 일컫는 지식의 망령되고 허한 말과 변론"을 피해야 한다. '피하라' (ektrepesthai)는 단어는 본래 '돌아서라'(turn away)는 뜻을 가진 술어로서 목회서신에서 4회 등장하는데(딤전 1:6; 5:15; 6:20; 딤후 4:4), 모든 경우에서 이 술어는 이단적인 가르침과 연관되어 있다: 첫째, 거짓 교사들은 진리를 변론과 신화로 바꾸는 일에서 '돌아서야' 한다(딤전 1:6; 딤후 4:4); 둘째, 디모데전서 5장 15절도 비슷한 개념을 가진 것으로 보인다. 어떤 젊은 과부들이 꾀임에 빠져 거짓 교사들과 한 무리가 되었는데, 그들은 "사단에게 돌아간" 자들이다; 셋째, 디모데는 "거짓되이 일컫는 지식"을 포함하는 "망령되고 허한 말"에서 돌아서야 한다(딤전 6:20).

'지식'(gnosis)은 이단들의 교리 체계를 가리키는 기술적인 술어인 것이 거의 분명하다.[22] 하지만 후대의 발전된 영지주의에서처럼 이단이 특정한 영지주의적 교리들을 가지고 있었는지는 논쟁이 되고 있다. 어떤 학자들은 '지식'이란 술어가 단순히 초보단계의 영지주의의 체계를 뜻한다고 이해하기도 한다.[23] 하지만 영지주의적인 성격도 없으면서 '지식'이란 말을 즐겨 쓰는 단체들이 존재하였기 때문에 목회서신의 거짓 교사들이 후대의 영지주의 교리체계들과 접촉을 가졌다고 너무 섣불리 추론해서는 안 된다. 영지주의자들에게 '지식'은 우주론적

---

22) Dibelius and Conzelmann, 328; Müller (1976), 60; W. Metzger, *Der Christushymnus. 1 Timotheus 3,16 Fragment einer Homologie der paulinischen Gemeinde*, Stuttgart 1979, 37-38; Bultmann, *TDNT* 1: 709; Jeremias, 47 등.

23) W. Schmithals, "Pastoralbriefe," *RGG V* (1961), 145; G. Haufe, " Gnostische Irrlehre und ihre Abwehr in den Pastoralbriefen, " in: *Gnosis und Neues Testament*, ed. by K.-W. Tröger, Mohn 1973, 328; Bultmann, *TDNT* 1: 709, etc.

이며 신학적인 지식을 가지고 인간 존재가 무엇인지를 가르치려고 했다면, 구약이나 신약에서 '지식'은 하나님과 그가 요구하는 것에 대한 지식을 가리키며 그러한 지식은 하나님의 행위들과 요구들에 대해서 순종하고 감사하는 마음으로 인정하는 태도와 연관되어 있다. 전자의 지식은 소수 엘리트 그룹에만 배타적이고 비의적인 지식이지만, 후자의 지식은 그러한 성격이 없다. 전자는 인간에 초점을 둔 지식이라면, 후자는 하나님 지향적인 지식이다. 거짓 교사들은 기독교 신앙에 대한 참된 지식을 거부했던 것이 분명하다. 목회서신의 저자가 그것을 "허한 말과 변론"으로 거부한 것은 바로 그러한 대조를 드러내준다. 그는 '에피그노시스'(epignosis)란 말을 사용하여 참 믿음에 대한 "지식"을 묘사한 것과는 반대로(딤전 2:4; 딤후 2:25; 3:17; 딛 1:11), "거짓되이 일컫는 지식"에 대해서는 단호하게 거부한다(딤전 6:20). 이런 술어 사용 자체가 거짓 교사들의 사상이 영지주의 방향으로 움직이고 있었다는 것을 나타내준다. 하지만 얼마나 그쪽 방향으로 움직였는지는 분명치 않다. 디모데전서 6장 20-21절을 살펴보면, 어떤 사람들이 이런 거짓된 지식을 고백함으로써 "믿음에서 벗어났다"는 사실을 주목할 필요가 있다. 개역성경의 '좇는'(epangelomenoi)이란 술어는 본래 동사 분사형인데 "고백하다" 또는 "주장하다"는 뜻을 가질 수 있다. 하지만 어떤 경우이든 간에 거짓된 가르침에 헌신하는 것을 함축한다 (BAG, 280).

어떤 학자들은 '지식'에 대한 비슷한 관심 또는 자신들만이 '지식'을 가졌다는 특별한 주장이 "저희가 하나님을 시인하나 행위로는 부인하니"라는 디도서 1장 16절의 표현 속에 함축되어 있다고 생각하기도 한다.[24] 아마도 이런 표현은 율법을 계속해서 의지하던 유대주의적 기독교인들에게 한 말일 수 있으며(롬 2:17ff 참조), 문맥은 거짓 교사들의 가르침에 유대적 요소가 강하게 남아 있음을 보여주기도 한다. 그들이 자신들의 교리를 '그노시스'로 생각했을 수 있고 또 그레데 교회 내에 소수 엘리트주의를 가진 유대주의자들이 있을 수도 있다. 하지만 우리는 에베소와 그레데 교회에서 활동하던 거짓 교사들 사이에 차이점들도 존재한다는 사실에 주목해야 한다. 두 지역 교회의 이단적 운동은 비슷하면서도 얼마간의 독특한 특징들을 나타내주고 있다.[25]

디모데후서 2장 15-18절에서 잘못된 부활 교리에 대해서 언급된다. 근접문맥을 조심스럽게 살펴보면, 저자는 디모데에게 "진리의 말씀"을 올바로 분변하라고 교훈하고 있다. 반면에 [반의접속사 '데'(de)가 쓰임] 디모데는 "망령되고 헛된 말"을 피해야 한다. 이런 말은 17절에서 "저희 말"(그들의 메시지나 말)로 묘사된다. 저자는 "진리"에 관하여 "벗어난"(과녁을 비켜갔다, estochesan) 자들로서 후메내오와 빌레도란 두 인물을 거명하는데, 이들은 소위 부활이 이미 지나갔다고 가르치던 자들이었다. 그들의 메시지가 교회 내의 어떤 사람들의 믿음을 흔들어놓았다. 저자는 "진리의 말씀"(15절)과 "망령되고 헛된 말"(16절)을 날카롭게 대조하고 있음이 분명하다. 흥미로운 사실은 디모데후서 2장 15-18절과 디모데전서 6장 20-21절을 비교할 때 이 두 구절들 사이에 아주 두드러진 어떤 접촉점들이 발견된다는 사실이다.[26]

---

24) Cf. Kelly, 237; Jeremias, 71; Schmithals (1961), 145.
25) B. Reicke, "Chronologie der Pastoralbriefe," *TLZ* 101 (1976), 88. 이러한 차이점들에 대해서는 후에 상세하게 다루게 될 것이다.
26) Cf. W. Michaelis, Pastoralbriefe und Gefangenschaftsbriefe, Gütersloh 1930, 115, 118.

디모데전서 6:20-21	디모데후서 2:15-18
1) 디모데는 부탁한 것을 지키고 (20절)	1) 디모데는 진리의 말씀을 옳게 분변하고 (15절)
2) 망령되고 허한 말을 피하라	2) 망령되고 헛된 말을 버리라 (16절)
3) 이것을 좇는 사람들이 있어 믿음에서 벗어났느니라(21절)	3) 그 중에 후메내오와 빌레도가 있느니라 진리에 관하여는 저희가 그릇되었도다 부활이 이미 지나갔다 하므로…(17-18절)

두 구절에서 '벗어났다'(astochein)는 동사는 그런 일이 일어나게 된 수단이나 방식을 묘사하는 부사적 분사의 수식을 받는다. 두 구절에서 모두 "망령되고 헛된 말"이 등장한다는 사실은 중요하다. 왜냐하면 이런 표현은 신약 어디에서도 나오지 않기 때문이다. 디모데전서의 구절에서 이 문구는 '변론'(antitheseis)이란 술어와 함께 거짓 교사들의 '지식'(gnosis)의 내용을 묘사한다면, 디모데후서의 구절에서 그것은 "저희의 말"과 부활이 이미 지나갔다는 그들의 신앙에 연결되어 있다. 또 다른 유사점은 거짓 교훈을 좇아가든지 가르치는 일은 결국 "믿음"과 "진리"에 관하여 "벗어나는" 행위라고 본다는 점이다.

상기 두 평행구절이 시사하는 점이 있다면 부활이 이미 지나갔다는 신앙이 디모데전서 6장 20절에 언급된 '지식'(gnosis)의 핵심 내용으로 이해되어야 한다는 사실이다. 이것은 이런 거짓된 부활 신앙이 "망령되고 헛된 말"(딤후 2:15-18)과 연결되어 있다는 점에 의해서도 확인된다. 후메내오와 빌레도는 그런 헛된 말, 즉 거짓된 부활 신앙을 좇는 사람들의 실례이다. 그리고 디모데전서 6장 20절에 언급된 '변론'(antitheseis)도 부활이 이미 지나갔다고 주장하는 거짓 교사들의 반대 주장들을 지칭할 개연성이 많다. 디모데전서 1장 20절에서 일찍이 후메내오와 빌레도가 언급된 바 있었는데, 그들은 "믿음과 착한 양심"을 버림으로써 "믿음에 관하여 파선한" 자들이었다. 이런 식의 표현도 그들이 그릇된 부활 신앙을 가지게 된 사실을 염두에 두고 한 것이 분명하다. 20절은 바울이 '훼방하지'(blasphemy, 딤전 1:20) 못하게 하려고 그들을 사단에게 넘겨주었다고 말하는데, 여기서 '훼방'이란 말도 역시 "그들의 잘못된 가르침"[27]을 지칭하는 것이 거의 분명하다. 디모데후서 2장 18절의 "그릇되었다"는 동사는 부정과거 시제를 나타내는데(estochesan), 이것은 이런 거짓된 교훈이 어느 기간 동안에 가르쳐졌을 가능성을 시사할 수 있다.

거짓 교사들의 가르침에 관하여 가장 구체적인 정보를 제공하는 구절은 방금 전에 살핀 디모데후서 2장 18절뿐이다. 저자는 거짓 교사들의 가르침을 체계적으로 비판하지는 않지만, 그 기초가 무엇이고 에베소 교회에서 어떤 영향을 미쳤는지에 대해서는 어느 정도 확인할 수도 있다. 잘못된 부활 교리의 기초에 대해서는 두 가지 질문을 던질 필요가 있다. 첫째는 어떤 종류의 신학적 오류가 그 밑에 놓여 있는가 하는 질문이고, 둘째는 영지주의적인 신앙이 나타나 있는가 하는 질문이다. 많은 학자들은 이단들의 부활 신앙이 바울의 가르침을 잘못 해석한 데

---

27) Metzger (1979), 40; Kelly, 58.

서 나왔다고 생각하여 왔다. 신자들이 이미 그리스도와 함께 죽고 함께 부활했다는 바울의 가르침이(롬 6:3-8; 엡 2:5; 골 2:12) 오해되었다는 것이다.[28] 디모데후서 2장 18절의 경우에 그렇게 오해되었을 개연성은 높다. 왜냐하면 8절의 전승 속에 나타난 구원사건의 순서라든가(죽음 다음에 부활), 11절에서 그리스도와 함께 산다는 바울의 가르침 등은 18절에 나타나는 "과도하게 실현된"(over-realized) 종말론을 교정하려고 의도된 것이기 때문이다.[29] 하지만 이것은 우리의 두 번째 질문, 즉 거짓 교사들이 얼마나 영지주의적 성향을 나타냈는가에 대해서는 말해주지 않는다. 에베소 교회와 고린도 교회의 상황이 비록 평행을 이룬다고 해도, 디모데 서신들과 고린도전서를 비교한다고 해서 디모데후서 2장 18절에서 영지주의적 영향을 확인할 수는 없다. 최근에 띠슬턴(A. Thieselton)은 한 영향력이 있는 논문에서 고린도전서에 묘사된 "열광주의"가 영지주의 이단으로 증명된 바 없다고 주장하면서 오히려 신자가 현재 그리스도의 부활에 참여한다는 바울의 진술들이 고린도에서 오해되었을 가능성을 설득력이 있게 제시하였다(cf. 고전 5:7; 고후 5:17). 말하자면, "이미"와 "아직 아니" 사이의 종말론적 긴장의 균형을 잃어버린 고린도 교인들이 그들의 영적인 생활에서 강조점을 "이미" 쪽으로 옮겨놓았다는 것이다.[30] 이런 전망에서 보면 고린도인들의 이원론적 경향은 영지주의에서 나온 오류가 아니라 부활이 "이미" 실현되었다고 보는 그들의 실현된 종말의 오류에서 생겨난 것이다.

우리가 밝혀야 할 것이 여전히 남아 있다. 이단들의 부활 교리가 과

---

28) Lütgert (1909), 58.
29) W. L. Lane, "1 Tim iv.1-3: An Instance of Over-Realized Eschatology?" *NTS* 11 (1964), 164-67. 하지만 그는 과도하게 실현된 종말론이 이단 교리의 한 요소인 것을 인정하면서도 예수 자신의 부활 자체로서 부활은 끝났다고 생각하는 다른 제안을 내어놓는다.

연 고린도 교회에서처럼 실현된 종말이 에베소 교회에 침투한 것을 시사하는가? 레인(W. L. Lane)과 같은 학자는 영지주의 이원론보다 "과도하게 실현된" 종말론의 영향이 디모데전서 4장 3절의 금욕적 경향들을 더 잘 설명해준다고 제안한다.[31] 고린도 교회에서 이러한 실현된 종말론의 영향으로 노예나 여성 해방을 주장하는 경향들이 존재했던 것이 사실이다. 디모데 서신들의 경우에도 상황은 아주 유사하다. 이단들이 결혼을 금지한 것을 제외하고(딤전 4:3), 여성(딤전 2:11-15)이나 노예(딤전 6:1-2; 딛 2:9-10)의 해방 경향들이 에베소 교회에도 존재한다. 아마도 이런 경향들은 바울 자신의 평등 전승들(갈 3:28) 자체에 의해서 영향을 받았을 가능성도 높다.[32] 결론적으로, 우리는 에베소 교회의 상황을 이해하려고 할 때 실현된 종말론의 오류가 침투해 들어왔다는 점을 유념할 필요가 있다. 이러한 오류는 여인들과 노예들에게 영향을 끼쳐 약속된 사회적 평등을 즉각적으로 쟁취하려고 바울의 평등 전승을 이용하게 만들었을 것이다.

금욕적인 경향들

거짓 교사들의 행습을 암시하는 얼마간의 직접적인 정보들 가운데 하나는 그들이 금욕적인 요구들을 했다는 것이다. 이것을 가장 분명하게 함축하는 구절은 디모데전서 4장 3절인데, 이 구절에서 거짓 교사들은 결혼을 금하고 어떤 음식들을 먹지 말도록 요구한 것으로 나온다. 1

---

30) A. Thieselton, "Realized Eschatology at Corinth," NTS 24 (1978), 524.
31) W. L. Lane (1964), 164-67.
32) W. A. Meeks, "The Image of the Androgyne: Some Uses of a Symbol in Earliest Christianity," HR 13 (1974), 165-208.

절의 서두를 보면 이단들의 배도와 그들의 금욕적 요구들은 '예언'의 형태로 묘사된다: "성령이 밝히 말씀하시기를." 이것이 예수 자신의 말씀을 지칭하는지(막 13:33), 아니면 바울이나 지방의 기독교 예언자가 전한 어떤 특정한 예언을 가리키는지 분명치는 않지만, 바울의 교훈의 요점은 당시 일어나고 있던 일이 "후일" 또는 말세의 도래를 시사해 주고 있고 또한 성취되고 있는 과정에 있다는 것이다.

금욕적인 요구들에 관해서는 다른 특정한 정보가 없다. 동기가 무엇인지 근거가 무엇인지 분명하지 않고 또 어떤 음식들이 부정하다고 생각되는지도 나타나 있지 않다. 어떤 학자들은 디모데전서 5장 23절에 기초해서 연결점을 찾으려고 한다: 이단들은 포도주는 금하고 물만 마셨다는 것이다. 이런 행습은 영지주의 자료나 유대 자료에까지 추적이 되곤 했다. 하지만 바울이 디모데에게 준 이 명령이 무슨 도움이 되는지는 의심스럽다. 디모데가 거짓 교사들의 행습을 받아들여 포도주를 금하고 물만 마셨을 가능성이 있다고 해도, 거짓 교사들이 실제로 포도주를 금하고 물만 마셨는지, 또 왜 그렇게 했는지를 확인할 길이 없다.

하지만 "깨끗하고 부정한" 음식들에 대한 금욕적이고 계율주의적인 관심이 디모데전서와 디도서에 나타나는 것은 분명하다. 디모데전서 4장 3-5절에서 선하고 나쁜 음식들을 구분하는 태도가 시사되고 있고, 이것은 바울이 그레데 교회에서 "유대인의 신화"와 깨끗한 것과 더러운 것을 구분하는 "사람들의 명령"에 대해서 비판하는 디도서 1장 14-15절과도 평행을 이룬다. 왜 음식들을 이런 식으로 구분하는지는 설명하고 있지 않기 때문에, 학자들이 여러 다양한 해석들을 제안하고 있다. 어떤 학자들은 금욕적인 경향들이 영지주의 이원론에서 나온 것이라고 보기도 하고,[33] 다른 학자들은 이러한 경향이 우상에게 바쳐진 것들에 대한 유대인들의 두려움에서 기인한 것이라고 보기도 한다.[34] 하지만 대부분의 학자들은 그러한 금욕적 경향들이 유대교의 정결법 행습에서 나온 것이라고 보는데 의견일치를 본다.[35]

거짓 교사들이 율법을 강조한다든가(딤전 1:3-11; 딛 3:9), 율법에 대한 그들의 사변과 그들의 금욕적 요구들 사이에 연관성이 있을 가능성이(딛 1:14-15; 딤전 4:7) 있다는 점 등은 유대주의적 계율주의가 에베소와 그레데 교회에서 작용하고 있음을 시사해줄 수 있다. 하지만 부활이 이미 지나갔다고 생각하면서 물질계보다 영계를 치켜세우는 경향을 고려할 때 우리는 유대적 행습들이 거짓 교사들의 가르침 가운데서 영지주의적 동기를 얻게 되었을 가능성을 배제할 수는 없다. 그레데 교회에 등장하는 금욕주의는 아마도 유대적 동기를 가졌을 가능성이 있다.

그러면 왜 거짓 교사들은 결혼을 금지하였을까? 그들의 결혼 금지가 영지주의적 경향이라든가, 에센파의 관습에서 왔다든가, 바울 자신의 이상에서 왔다든가, 심지어는 예수 자신의 독신 모델이나 그의 가르침에서 왔다는 다양한 제안들이 제시되어 왔다. 하지만 이런 제안들은 문제의 본질을 파헤치는 데 별 도움이 되지 않는다.[36] 그들이 결혼을 금지한 근거와 이유를 찾는 일은 추론 대상일 뿐이다. 아마도 그것은 여러 영향들이 혼합한 결과가 아닐까 여겨진다. 이미 주목한 유대적 요소뿐

---

33) Metzger (1979), 35; Trummer (1978), 166-68; E. Haenchen, "Gnosis und NT: Pastoralbriefe und Gnosis," *RGG* II (1958), 1654.
34) Müller (1976), 60-61; Trummer (1978), 166-67.
35) Haufe (1973), 327; Gunther (1973), 101-02; Jeremias, 30f, etc.

만 아니라, 거짓 교사들은 주변 환경에서 다양한 행습들을 끌어다가 기독교의 가르침까지 혼합시켜 왜곡시켰을 것이다. 그리고 후기 영지주의의 경향들 속에서 감지되는 영향들까지 끌어들였을 수 있다. 그들은 예수의 모델을 통해 자신들의 입장을 뒷받침하였을 수도 있고(마 22:30), 에센파에 이미 나타나는 경향을 뒷받침하기 위해서 바울이 혼자 지내는 것이 좋다고 한 말씀까지 끌어들였을 수 있다(고전 7:1). 사실 종말이 이미 완전한 형태로 도래하였고, 예수와 바울도 그러한 변화가 새 시대에 일어나게 될 것을 가르쳤기 때문에, 거짓 교사들이 결혼과 같은 현세대의 제도에 매달리지 말라고 가르쳤을 가능성은 있다. 여기에 초기의 형태이나마 영지주의적 사고에 물들어 있었다면, 거짓 교사들은 영지주의적인 어떤 이유들 때문에 결혼과 같은 육신적인 관계를 금해야 한다는 이원론적인 생각을 받아들였을 수 있다. 위의 두 대안들 중에서 한 쪽으로만 설명을 해야할지 아니면 두 대안이 내면적으로 연계되어 있는 것인지 정확하게 알 수는 없다.

결론적으로, 금욕적인 경향들이 이단들의 가르침 속에 작용하고 있다는 것은 분명하다. 음식에 대한 금욕은 에베소 교회와 그레데 교회에서 모두 나타나지만, 결혼에 대한 금욕은 후자의 교회에서는 언급되고 있지 않다. 이단의 이러한 요소들 속에서 너무나 많은 영지주의적 영향을 추론해내는 것은 바람직하지 않지만, 영지주의적인 방향으로 움직이는 경향은 어느 정도 감지될 수도 있다. 이들 거짓 교사들의 가르침에 가장 큰 영향을 미친 것은 아마도 "과도하게 실현된" 종말론의 오류일 것이다. 그것이 그들로 하여금 음식만 아니라 결혼까지도 금욕할 것

---

36) 이에 대한 자세한 분석으로는 P. Towner, *The Theological, Ethical Structure of the Pastoral Epistles*, Ph.D dissertation, Aberdeen 1986, 41-42를 참조하라.

을 요구하게 만들었을 것이다.

2) 간접적인 데이터들

이제는 저자가 단지 스쳐 지나가면서 한 진술들을 중심으로 거짓 교사들의 정체와 그들의 주장을 재구성할 차례가 되었다. 이러한 간접적인 정보들은 목회서신 도처에서 발견되는데 문제는 이러한 정보들로부터 너무 섣불리 거짓 교사들의 주장이나 논거를 추론해내는 일에 대해서 조심해야 한다는 것이다.

믿음을 저버린 공동체 구성원들

거짓 교사들이 공동체 내의 구성원들이었지만 배교하였다는 것을 시사하는 여러 구절들이 존재한다. 디모데전서 1장 3절 이하의 구절이 그 대표적인 본문인데, 여기서 바울은 디모데에게 "어떤 사람들을 명하여 다른 교훈을 가르치지 말라"고 권면한다. 후속되는 구절들이 보여주듯이, 이들 거짓 교사들은 사도적 가르침에서 "벗어나"(astochesantes) "헛된 말에 빠졌다." '벗어나다'(astochein)라는 동사가 등장하는 다른 두 구절들은(딤전 6:21; 딤후 2:18) 한 때 "믿음"[37]을 고백한 적이 있으나 사도적 가르침에서 벗어난 사실을 지칭하고 있다. 바울이 디모데에게 "명했다"(parangellomai)는 것은 자신이 목회하는 에베소 교인들에 대해 특정한 권위가 있었다는 것을 뜻한다. 디모데전서 4장 1절에 언급된 성령의 예언도 거짓 교사들이 믿음에서 벗어난 자들이었다는 것을 함축한다. 잘못된 부활 교리를 전했던 자들, 예를 들면, 후메내오와 빌레도와 같은 사람들도 한 때 고백했던 자신들의 믿음에서 벗어난 자들이었다(딤후 2:18). 만일 징계를 받도록 사단에게 넘겨 준 사람이 동일한 후메내오라면, 그도 역시 공동체 구성원 중의 한 사람이었다는 것을 한층 더 분명하게 보여준다.

저자가 거짓 교사들에 관한 자신의 교훈을 강화하기 위해서 구약을 사용한 것은 이 사실을 뒷받침해준다. 그가 디모데후서 2장 19절에서 인용한 구약 구절은 민수기 16장 5절에서 나온 것인데, 이 곳의 문맥은 이스라엘 속에서 모세에게 반기를 들었던 고라 사건의 장면이다. 민수기 구절의 인용은 분명히 에베소 교회 내에서 반기를 들었다는 생각을 강조하기 위해 의도된 것이다:[38] "주께서 자기 백성을 아신다." 교회를 "큰 집"으로 비유하는 후속되는 은유는(20-21절) 공동체 내에 거룩한 자와 거룩하지 못한 자가 나란히 존재한다는 동일한 생각을 나타내준다.

디모데후서 3장 8절에서 전통적인 자료를 사용한 것도 비슷한 함축들을 가질 수도 있다. 불트만(R. Bultmann)은 "목회서신의 논쟁을 보면 영지주의가 교회 내부의 현상이라는 것을 분명히 보여준다"[39]는 자신의 논제를 뒷받침하기 위해서 이 구절을 인용한다. 전승에 따르면, 얀네와 얌브레는 바로 앞에서 모세를 대적했던 애굽의 마술사들이었는데, 그들을 지칭하는 주된 목적은 "대적"의 개념을 예증하기 위한 것이다. 그것을 극단적으로 적용하면, 이 구절은 공동체 "밖의" 대적을 뜻할 수도 있다. 하지만 8절 하반절의 묘사는 대적자들이 공동체 내부의

---

37) 이것은 "믿음에 관하여"(딤전 6:20) 또는 "진리에 관하여"(딤후 2:18) 등과 일치하는 술어이다.
38) Trummer (1978), 169 ; Dibelius and Conzelmann, 113; Schlatter, 244.

사람들이었다는 것을 뜻한다. 왜냐하면 그들이 "믿음에 관하여는 버리운 자들"이라고 한 것은 그들이 한 때 공동체 내에서 믿음을 고백하던 자들이었다는 것을 시사하기 때문이다.

디도서 1장 10절 이하의 구절도 그레데의 거짓 교사들도 공동체 내부에 있었던 사람들이었다는 것을 보여준다. 에피메니데스(Epimenides)의 글을 인용한 것이 이단들에게 한 것이지 그들의 말에 휩쓸린 게으른 그레데인들에게 한 말이 아닐 것이다. 그렇다면 만일 어떤 학자들이 추정하듯이 이들 거짓 교사들이 시리아-팔레스틴 지역에서 온 방랑 유대 기독교인들이었다면, 상기 인용구는 초점이 없는 표현이 되었을 것이다.[40] 디도서 3장 10절에서 "이단에 속한 사람"(hairetikos)이란 말은 "분파적인 사람"이란 뜻을 가질 수 있는데, 바울이 디도에게 그런 사람을 "훈계하라"고 한 권면도 역시 공동체 내부에서 발생한 반대자의 영향력을 보여준다. 결론적으로, 이제까지 한 우리의 관찰은 거짓 교사들이 공동체 내부에서 한 때 믿음을 고백했다가 배교한 사람들이라는 결론에 도달하게 만든다.

거짓 교사들의 전략

이제 공동체 내에서 활동하는 거짓 교사들의 활동 방식과 그들의 전략을 암시하는 구절들을 살필 차례다. 저자는 그들의 활동에 대해서 체계적으로 다루지 않기 때문에 어떤 부분에 대해서는 조심스럽게 추론

---

39) R. Bultmann, *TNT* 1, 171.
40) 이런 추론을 하는 학자로는 Müller (1976), 60-63을 보라.

해야 할 때가 많다. 디모데후서 3장 6절과 디도서 1장 11절은 거짓 교사들이 특별히 가정이란 영역 안에서 효과적으로 활동하고 있었다는 것을 시사해준다(oikos, 딤후 3:6; 딛 1:11). 후자의 구절은 "마땅치 아니한 것을 가르쳐 집들을 온통 엎드러치는도다"라고 말한다. 좀 모호한 진술이다. 그것은 거짓 교사들이 야기한 어떤 불안정 상태를 가리킬 수 있는데, 아마도 자연 질서를 부정하는 경향이 그들 중에 있다는 것을 말할 수도 있다.⁴¹⁾ 그레데에서 발생한 상황을 밝히기 위해 흔히 디모데후서 3장 6절에 호소하기도 한다. 이 구절에서는 거짓 교사들을 "남의 집에 가만히 들어가 어리석은 여자를 유인하여 죄를 중히 지게 하는" 자들로 지칭하는데, 이것은 디도서 1장 11절에 언급된 "집들을 엎드러치는" 행위에 적용되곤 하였다.⁴²⁾ 하지만 이런 식으로 연결짓는 것은 추론일 뿐이다. 왜냐하면 디도서 어디에서도 여자들이 거짓 교사들의 꾀임에 넘어갔다는 명시적 언급이 없기 때문이다.

디모데후서 3장 6절도 흔히 에베소의 상황을 밝히려는 생각에서 너무 과도한 추론의 대상이 되곤 했다. 한편에서 보면, 과연 거짓 교사들이 여자들을 택하여 죄에 빠지도록 한 것인지 아니면 죄진 여자들이 거짓 교사들의 활동에 쉽게 휘말린 것인지 분명하지가 않다. 다른 편에서 보면, 저자는 어떤 경향이라기보다는 여자들이 에베소에서 "붙잡힌" 여러 특정한 경우들을 염두에 두었을 가능성이 높다. 이것은 "어리석은 여자"(gunikaria)라는 부정적 뉘앙스의 술어를 사용한 점에서 나타나는데, 모든 여자가 다 그렇다는 식으로 일반화하기에는 지나치다고 하겠다.⁴³⁾ 평행을 이룰 수 있는 구절은 디모데전서 5장 15절이다. 이 구

---

41) Schmithals, 131; Haufe (1973), 330.
42) Barrett, 131; Brox, 287; Holtz, 212.

절은 저자가 염두에 둔 특별한 종류의 경우들을 이해하는데 있어서 도움을 줄 수도 있다. 여기서 어떤 젊은 과부들은 "사단에게 돌아간 (exetrapesan) 자들도 있다"고 말한다.

이제까지의 관찰을 통해서 추론하건데, 저자는 거짓 교사들의 어떤 체계적인 선교전략을 말하기보다 여인들을 "붙잡는" 특정한 경우들을 염두에 두었을 가능성이 있다. 만일 여자들에게 강조점을 둔 것으로 생각되는 진술들이 모든 사람 또는 남자들도 거짓 교사들의 전략에 취약했을 수 있음을 시사하는 구절들과 균형을 이룬다면, 방금 전에 우리가 추론한 가능성을 한층 더 높여줄 수 있다(cf. 딤전 1:10; 딤후 2:17-18). 분명한 것은 거짓 교사들이 적어도 에베소에서 어떤 여자 회심자들을 붙잡는데 어느 정도 성공했다는 사실이다. 왜 그랬을까? 여인들은 주로 낮 시간 동안에 집에 혼자 있었고 또한 그들에게 쉽게 접근할 수 있었기 때문에 그들이 가정집을 주로 공략했다면 그런 성공을 거둘 수도 있었을 것이다.[44] 저자가 어떤 특정한 경우들을 부각시킨 것에 불과한 일을 가지고 여기서 거짓 교사들의 무슨 위대한 선교 전략이란 것을 추론해내는 것은 좀 지나친 일이 될 것이다. 그렇다면 이단들은 선교 활동을 하기는 했으나 그들의 주된 대상은 일반적인 가정이었다고 결론짓는 것이 정당하게 보인다.

거짓 교사들과 해방의 경향들

바울과 데글라(Thecla) 행전이나 후대의 다른 영지주의 문헌을 살펴

---

43) Kelly, 195; cf. S. B. Clark, *Man and Women in Christ*, Ann Arbor, MI 1980, 203.
44) Kelly, 195.

보면 여인들이 영지주의 분파 내에서 높은 존경을 받을 때가 자주 있었던 것 같다. 어떤 여인들은 교사와 같은 권위있는 직책을 가졌고, 처녀들은 특권 계층 가운데서 발견된다.[45] 이 모든 것은 그들이 성적인 차별을 무시한 그들의 교리로 말미암아 해방의 경향을 나타낸 실례로 이해되어 왔다. 목회서신의 몇몇 구절들은 거짓 교사들이 여성 해방 교리를 가르쳤다는 뜻으로 해석되었다.[46] 우리는 위에서 이미 거짓 교사들이 여인들을 주로 공략했다는 가정에 대해서 의심스럽다고 판단을 한 바 있다. 하지만 그런 가정을 받아들이는 학자들은 거짓 교사들이 여인들을 해방시켜 남성들을 가르치고 그들을 주관하는 권세를 갖게 했다는 점을 논증하려고 디모데전서 2장 11-15절을 끌어다가 디모데후서 3장 6-7절의 비평을 보충하곤 하였다:[47] "어리석은 여자... 항상 배우나 마침내 진리의 지식에 이를 수 없느니라." 거짓 교사들의 준동으로 야기된 교회의 혼란은 디모데전서 2장 11-15절의 금지 교훈을 하게 만들었고 디모데후서 3장 6-7절의 비판 배후에 놓여 있다고 할 수 있다. 더욱이 이러한 경향은 반대파의 영지주의적 요소와 자주 연계되곤 한다. 왜냐하면 여성 해방은 유대인들이나 유대 기독교인들에게 혐오스러웠을 것이기에 영적인 부활 신앙과 연계되거나[48] 그리스도 안의 성적 평등성에 관한 바울의 가르침을 채용한 영지주의와[49] 연계되곤 했기 때문

---

45) 영지주의에서 여인들의 역할에 대해서는 K. Rudolph, *Die Gnosis*, Göttingen 1977, 225, 229-30, 291-93; G. Quispel, *Gnosis als Weltreligion*, Zürich 1972, 97-111; P. Perkins, *The Gnostic Dialogue*, New York 1980, 39, 134, 142.
46) Haufe (1973), 331-32; Müller (1976), 62; Metzger (1979), 31, 35; O. Michel, "Grundfragen der Pastoralbriefe," in: *Auf dem Grunde der Apostel und Propheten*, ed. by M. Loeser, Stuttgart 1948, 90-94; R. Schwarz, *Bürgerliches Christentum im Neuen Testament? Eine Studie zu Ethik, Amt und Recht in den Pastoralbriefen*, Klosterneuburg 1983, 162.
47) 특별히 Müller (1976), 61; Schmithals (1961), 145; Schwarz (1983), 162.

이다. 위에서 이미 인용한 구절 이외에, 여성의 종속적 역할을 가르치는 구절들도 흔히 이런 해방 경향을 나타내는 것으로 설명되었다(cf. 딛 2:4-5; 딤전 3:11; 5:14).

하지만 이런 해석은 앞서 우리가 발견한 점들에 비추어 수정될 필요가 있다. 우선 이단자들이 여인들을 얻으려고 특별한 노력을 기울였다는 증거가 목회서신에 나오지 않는다. 본문들을 균형 있게 살펴보면 그들은 남자들에게도 큰 위협이었다는 점이 드러난다. 둘째로, 여인들이 가르치고 있었다는 암시가 없다. 디모데전서 2장 11-15절에 근거해서 그런 추론을 하는 것은 지나치다. 이 두 관찰 모두 디모데전서 2장 11-15절에 암시된 문제와 거짓 교사들의 활동 사이에 어느 정도 거리가 있다는 것을 보여줄 수 있다. 여인들 중에서 왜 해방 경향이 나타났는가에 대해 말할 수 있는 유일한 점은 거짓 교사들이 끌어들인 실현된 종말론이 여인들의 해방을 부추겼다는 것이다. 따라서 그들이 신자들을 꼬이는 가운데(딤전 4:1-3; 딤후 3:6) 여인들이 여기에 휘말렸을 수 있다. 그렇다면 여인들의 해방 경향은 거짓 교사들이 가르친 실현된 종말론의 간접적인 결과라고 볼 수 있기 때문에 그들에게 간접적인 책임만을 돌릴 수 있을 것이다.

이제는 노예들 문제를 다룰 시간이다. 에베소 노예들의 불만도 이와 비슷한 방식으로 설명하는 것이 나을 것 같다(딤전 6:1-2). 노예들도 해방을 소원했다는 사실을 인정한다면, 거짓 교사들이 그것을 직접적으로 선동했다는 증거는 없다. 크리스천 주인들을 가진 노예들은 그리스

---

48) W. Foerster, *TDNT* 7: 183; Haenchen (1958), 1655.
49) Haufe (1973), 332. 이런 신빙성이 없는 주장을 펼친다.

도 안에서 한 "형제"(6:2)가 되었다는 사실에 호소함으로 자신들의 행위를 정당화하였다. 그들이 이런 논리를 펴는 배후에 실현된 종말론이 그들의 행동에 영향을 미쳤을 가능성을 소홀히 해서는 안 된다. 여인들의 경우에서처럼, 일단 그들의 행동의 기초가 받아들여진다면, 그들은 쉽사리 갈라디아서 3장 28절에 약속된 평등에 대해서 생각하고 추구하기 시작했을 것이다. 말하자면, 그들은 평등에 관한 바울의 전승을 알고 있었을 것이 분명하다. 결론적으로, 거짓 교사들은 노예 해방을 직접 부추겼다기보다 자신들이 끌어들인 실현된 종말론의 가르침 때문에 노예들이 간접적이나마 영향을 받아 자신들의 해방을 추구하였을 가능성이 높다.

어떤 학자들은 거짓 교사들이 또 다른 종류의 해방 경향을 부추겼다고 주장하기도 한다. 말하자면 디모데전서 2장 1절 이하와 디도서 3장 1절 이하의 긍정적 권면 배후에는 국가의 권위를 부정하는 거짓 교사들의 선동이 있었다는 것이다.[50] 하지만 이런 결론은 확실한 것이 아니다. 공동체가 이런 저런 이유로 국가 지도자들을 위해 기도하지 않았으며(딤전 2:1f.), 심지어 통치자들의 권위에 도전하는 일을 했다고 인정한다고 해도(딛 3:1), 왜 그런 행동을 했는지에 대한 이유가 어디에서도 기술되지 않는다. 하우페(C. Haufe)는 이원론적인 전제에 따라 국가의 권위에 도전했다고 알려진 실례들은 2세기까지 발견되지 않는다는 점을 인정한다.[51] 따라서 근접문맥은 침묵을 행하는데 2세기에나 발견되는 증거를 가지고 목회서신의 관련 구절들의 동기를 추정하는 것은 방법론적으로 온당치 못하다. 더욱이, 국가에 대한 교회의 태도에 관한 비슷한 권면이 로마서 13장 1절 이하와 베드로전서 2장 13절 이하에 등

---

50) Haufe (1973), 332; cf. Schmithals (1961), 145; Foerster (1959), 215; Müller (1976), 74.

장하는데, 여기서는 초기 유대 영지주의의 영향이 감지되지 않는다. 이들 구절의 경우에 아마도 교회를 "이 세상에 속하지 않은"(cf. 엡 2:6) 것으로 생각했던 기독교 "열광주의자들"이 사회적 제도들을 부정적으로 평가했을 가능성이 있다.[52] 에베소 교회에 침투한 실현된 종말론이 아마도 국가에 대한 이런 부정적 평가에 기여했을 수도 있다.

슈미탈스(W. Schmithals)는 거짓 교사들이 부추긴 또 다른 종류의 해방 경향을 제안하는데, 그들이 가족 제도를 거부했다는 것이다.[53] 하지만 그의 제안은 최근 학자들에 의해서 심한 비판을 받고 있다. 가족을 거부하는 해방 경향이 당대에 유행했다면, 바울은 분명히 그것을 명시적으로 비판했을 텐데 아무런 언급이 없다. 슈미탈스는 가정에 관한 바울의 긍정적 가르침 배후에(딤전 3:4, 12; 5:8; 딛 2:4-5) 그러한 해방 경향을 추론하거나, 집을 무너뜨리는 거짓 교사들의 행동을 지칭하는 구절도 그것을 암시한다고 추정한다(딛 1:11). 하지만 이것은 그러한 결론을 끌어낼 만한 충분한 증거가 되지 못한다. 우리가 추론할 수 있는 것은 기껏해야 거짓 교사들이 가정을 중심으로 활동을 했고, 그들의 이러한 활동이 파괴적인 영향을 미쳐서 저자가 가족 제도의 중요성을 강조하는 긍정적 가르침을 하게 만들었다고 보는 것이다.

다른 증거들?

목회서신에는 전통적인 신앙 형식문들이 자주 등장하는데, 학자들은 거짓 교사들의 이단적 가르침의 요소들을 결정할 때 이런 형식문들

---

51) Haufe (1973), 332.
52) H. Ridderbos, *Paul: An Outline of His Theology*, Grand Rapids 1975, 323; E. Käsemann, *Commentary on Romans*, Grand Rapids 1980, 351.
53) Schmithals (1961), 145.

을 끌어다 쓸 수 있는지에 대해서 의견이 갈라져 있다. 한편에서 디벨리우스와 콘첼만과 같은 학자들은 디모데전서 2장 5절 이하와 3장 16절과 같은 형식문들을 가지고 이단들의 기독론적인 오류들에 관한 결론을 끌어낼 수 있는지에 대해 의문을 제기한다.[54] 만일 역사적인 그리스도 사건에 관심을 피력하는 이러한 케류그마적 진술들이 이단의 특정한 오류들을 논박하려는 의도를 가졌다면, 형식문들의 어떤 측면이 그런 오류를 논박하는가? 사실 전통적인 신학 표현이 논쟁적인 방식으로 사용될 수 있기는 하지만, 그것은 문맥에서 검증을 받아야 한다.

디모데전서 2장 5절("사람이신 그리스도 예수"), 3장 16절("육신으로 나타나신 분"), 그리고 6장 13절("본디오 빌라도 앞에서 선한 증거를 증거하심") 등은 거짓 교사들의 가현설적인(docetic) 경향들을 나타내는 것으로 생각되었다.[55] 하지만 이런 주장들은 처음부터 공통된 문제에 봉착한다. 왜냐하면 목회서신에는 가현설(假現說)의 존재를 지칭하는 어떤 결정적인 증거도 나타나지 않기 때문이다. 위에 인용된 구절들은 가현설을 원용하지 않아도 충분히 다른 설명을 할 수도 있다. 예수께서 빌라도 앞에서 선한 증거를 하셨다는 진술도(딤전 6:13) 예수의 행동을 디모데가 본받아야 할 본보기로 제시하는 권면적 기능을 담당한다. 디모데전서 2장 5절과 3장 16절도 특정한 기독론적 오류들을 논박하기 위해 제시되었다는 점을 시사할 만한 어떤 문맥적 뒷받침도 나타나지 않는다. 왜 이런 형식문들이 작성되었는지 그 배후에 놓인 동기가 무엇이든지 간에 그리스도의 인성을 지칭하는 이런 구절들은 과거의 그리스도 사건에 대한 케류그마적 묘사의 일부를 형성할 뿐이다.

---

54) Dibelius and Conzelmann, 66; 또한 Haufe (1983), 330.
55) R. M. Wilson (1968), 42; Lütgert (1909), 57, 60-61; Gunther (1973), 130 등.

다른 학자들은 저자가 디모데전서 2장 1-4절에서 소수 엘리트만의 구원을 논박하고 있다고 주장하기도 한다: "하나님은 모든 사람이 구원을 받으며 진리를 아는데 이르기를 원하시느니라"(4절). 이런 소수 엘리트주의를 뒷받침하는 증거로서 디모데전서 4장 10절을 원용하기도 한다: "모든 사람 특히 믿는 자들의 구주시라." 이런 구절들에 기초해서 이단자들은 자신들의 그룹에 속한 사람들만 구원을 받는다는 잘못된 구원론을 옹호했다는 추론을 끌어낸 것이다. 예들 들면, '육체의 훈련'(somatike gumnasia)과 '경건'(eusebeia) 사이의 대조가 시사하듯이 (8절) 이단자들은 육신적 금욕을 통해서 '경건'(eusebeia)에 이를 수 있는 것처럼 생각했다는 것이다.[56] 적어도 어느 정도의 영적 엘리트주의가 있었던 것은 사실인 것 같다. 금욕적인 엄격주의가 거짓 교사들의 '그노시스'의 두드러진 일부분이었고 그것은 흔히 그들의 '신화' 이야기들을 동반하였기 때문이다(4:17). 하지만 이들 구절에 나타난 '보편주의'는 단지 우연적인 것은 아니기는 하지만, 4장 10절의 강조점은 금욕을 행하는 인간의 노력의 무익성을 비판하고 구원을 위한 믿음의 충족성을 부각시키는 데 있다. 근접 문맥은 논쟁적이지 않고 공적인 예배의 상황을 다룬다. "모든 사람이 구원 받기를" 원하는 하나님의 소원은 모든 사람들과 심지어 국가 권력자들을 위해 기도하라는 교훈의 기초를 제공해준다. 따라서 상기 본문에 소수 엘리트주의가 있었다고 해도 그것은 영지주의적인 것이 아니라 자신들만이 선택자이며 천상적인 존재이기 때문에 지상적인 것을 돌볼 필요도 없고 그런 의무도 없다고 생각한 크리스천 열광주의의 경향이었을 것이다.

마지막으로 미헬(O. Michel)은 하나님도 "하나"요 중보자도 "하나"라고 진술하는 디모데전서 2장 5절에 기초해서 여러 중보자들을 내세

---

56) V. C. Pfitzner, *Paul and the Agon Motif*, Leiden 1967, 172-74.

웠던 영지주의 사상이 상기 구절 배후에 놓여 있다고 주장한다. 그가 이렇게 생각하는 것은 이 구절이 유대교와 영지주의 사이의 차이점을 부각시키는 목적을 가졌다고 보기 때문이다.[57] 하지만 이 해석의 가능성은 그리 높지 않다. 왜냐하면 목회서신에는 영지주의 사상에서 말하는 '에이온'(aeon)과 '아르콘'(archon) 신앙을 지시할 만한 어떤 증거도 없기 때문이다. 목회서신에서 거짓 교훈의 줄곧 대조를 이루는 형식적인 신학 술어들은 단지 '바른 교훈,' '믿음,' '진리,' 그리고 '부탁한 것' 등과 같이 보다 추상적인 개념들만 등장한다. 전통적인 형식문들이 직접적으로 논쟁적이지는 않지만 교정적인 성격을 지닌 어떤 주제를 표현해 준다. 그것들은 바로 역사적인 그리스도 사건을 재확증해주고, 그것을 구원과 연계시키며, 잘못된 것을 교정해주는 현재적인 구원의 모습을 제시해준다. 우리가 관찰한 것 이상으로 추론하는 것은 사변적인 작업일 뿐이다.

2. 거짓 교사들의 성격

지금까지 우리는 거짓 교사들의 정체와 그들의 주장을 본문의 직, 간접 정보를 통해 추적해 왔는데, 이제부터는 목회서신의 저자가 어떻게 그들의 사악한 성격을 묘사하는지 살펴보는 것이 도움이 될 것이다.

마귀적인 사람들

바울은 적어도 에베소에 있는 이단적 운동이 어떤 의미에서 마귀적인 성격이 있다고 생각하고 있다. 디모데전서 4장 1절에서 그것은 "미

---

57) Michel (1948), 86; cf. Metzger (1979), 39; Barrett, 51; Brox, 127-28.

혹케 하는 영들"(pneumat plana)과 "귀신들의 가르침"(didaskaliai daimonion)과 연관되어 있는데, 그런 것들을 좇게 되면 결국 신자들은 배교하게 된다. 이 구절에서 어떤 다른 것을 추론해내든지 간에 저자가 이단을 사단의 활동에 귀속시킨다는 것은 분명하다.[58] 그는 또한 미혹케 하는 영들과 귀신의 가르침이 거짓말하는 자들의 위선 속에서[59] 구체화되고 있다고 시사한다: "외식함으로 거짓말하는 자들이라"(2절). 우리가 목회서신의 반대자들을 '거짓교사들'로 표현하는 것은 바로 이 구절에 기초한다. 그들에 대한 후속되는 묘사는 "자기 양심이 화인 맞아서"란 표현인데, 이것은 아마도 그들이 사단에 속해 있다는 것을 뜻할지도 모르지만,[60] 그것은 오히려 그들이 "도덕적인 분별력이 없는"[61] 사람들이라는 것을 시사하는 것이 분명하다. 그들은 "선한 양심" (agatha suneidesis, 딤전 1:5,19)과 "깨끗한 양심"(kathara suneidesis, 딤전 3:9; 딤후 1:3)을 가진 신자들과는 선명한 대조 속에서 묘사된다.

어떤 학자들은 디모데전서 4장 1-3절에 기초해서 이단들이 그들의 '지식'과 능력의 원천으로서 성령을 소유하고 있다는 특별난 주장을 했다고 추론하지만,[62] 이런 주장이 본절에 암시되어 있는 것 같지 않다. 오히려 저자의 의도는 오직 거짓 교사들을 사단과 연관시키는 것인데, 이것은 자신의 반대자들을 사단의 '사자'로 불렀던 초기 바울을 상기

---

58) G. Dautzenburg, *Urchristliche Prophetie*, Stuttgart 1975, 135-36, 그리고 대부분의 주석가들이 이런 견해를 좇는다.
59) W. Hendriksen, *A Commentary on I and II Timothy and Titus*, London 1964, 146; cf. Dibelius and Conzelmann, 64.
60) Martin, *NIDNTT* 2: 574; Kelly, 94.
61) Martin, *NIDNTT* 2: 575.

시키는 방식이라 할 수 있다(cf. 고전 10:20-21; 고후 4:4; 11:3). 3절에 뒤따라오는 금욕적인 요구들은 부분적으로 그러한 귀신의 가르침을 묘사해준다.[63]

학자들은 이단의 마귀적 성격을 뒷받침해 주는 또 다른 증거를 얀네와 얌브레를 지칭하는 구절과(딤후 3:8) '속이는 자들'(goetes)이란 술어의 사용에서(딤후 3:13) 찾곤 했다. 이 두 구절을 함께 연결하면 이들 술어들은 거짓 교사들이 모종의 마술을 행했다는 뜻으로 생각되었다.[64] 유대 전승에 따르면, 얀네와 얌브레는 바로 앞에서 모세를 대적했던 마술사들이었다고 한다. 여기서 그들의 행동은 거짓 교사들의 것과 비교되고 있다: 그들이 "진리"를 대변하는 모세를 대적했던 것처럼, 에베소의 이단들도 사도적 "진리"를 대적하였다. '대적'이란 개념은 비교를 통해서 강조되고 있는 것은 사실이지만, 그렇다고 마술적인 행습이 여기에 암시되고 있다고 보는 것은 본문의 직유를 과잉 해석한 것일 수 있다.

디모데후서 3장 13절에서 '속이는 자들'(goetes)이란 술어는 8절을 거슬러 올라가 얀네와 얌브레를 지칭할 가능성도 있다. 하지만 이 술어 자체는 "겉으로 경건한 말로써 불경건한 행동을 하도록 부추기는

---

62) Contra Lütgert (1909), 67, 86. 이와는 반대로 R. J. Karris, "The Background and Significance of the Polemic of the Pastoral Epistles," *JBL* 92 (1973), 557을 보라.
63) A. Schlatter, *Die Kirche der Griechen im Urteil des Paulus*, Stuttgart 1962, 118; Kelly, 95; Brox, 168.
64) Dibelius and Conzelmann, 66, 119; Gunther (1973), 12; C. Brown, *NIDNTT* 2: 558.
65) G. Delling, *TDNT* 1: 738.

자"⁶⁵⁾, 즉 협잡꾼을 시사하는 말로 번역될 수 있다. 그것이 마술적 행습을 뜻할 가능성은 없지 않으나 문맥 속에서 일차적인 의미는 아닌 것 같다. 더욱이, '속이는 자들'이란 말이 새로운 계시를 – 3장 13-16절에 있는 하나님의 말씀과 대조된다– 받았다고 주장하는 이단자들의 주장을 나타낼 가능성도 희박하다.⁶⁶⁾ 결과적으로, 디모데후서 3장 8절과 13절에 있는 요소들은 하나님을 대적하는 거짓 교사들의 사악한 성격을 드러내준다.

탐욕적인 사람들

목회서신의 저자는 거짓 교사들이 마귀적인 성격을 가지고 있을 뿐만 아니라 "탐욕적인 사람들"이라고 규정한다. 특별히 그레데의 거짓 교사들은 디도서 1장 11절이 보여주듯이 물질적인 이익을 얻으려는 욕망에서 활동을 하고 있는 것이 분명하다: "이런 자들이 더러운 이를 취하려고 마땅치 아니한 것을 가르쳐..." 디모데전서 6장 3-10절은 방금 전에 인용한 디도서 1장 11절에 비추어 볼 때 에베소의 이단들의 가르침 배후에도 비슷한 동기들이 있음을 시사해준다: "경건을 이익의 재료로 생각하는 자들"(5절), 그리고 "부하려 하는 자들"(9절). 3절의 "다른 교훈을 하며"라는 구절이 시사해주듯이, 저자는 분명히 반대자들을 염두에 두고 있다. 따라서 에베소와 그레데에서 거짓 교사들의 두드러진 동기는 물질적인 이익을 얻으려는 욕심이었던 것으로 보인다.⁶⁷⁾

부도덕한 자들

---

66) Contra Lütgert (1909), 65-67. Delling, *TDNT* 1: 738을 보라.

거짓 교사들이 도덕폐기론을 좇아서 얼마나 부도덕한 생활을 했는지는 분명치는 않다. 어려운 점은 이단들을 정죄하는 일이 주로 악목(惡目)들에 국한되어 있다는 사실이다(딤전 1: 9-10; 딤후 3:2-5). 이런 악행의 목록은 전통적인 권면에 자주 등장하는 형식으로서 세부적인 악행에는 특별히 주목하지 않고 반대자들에게 효과적으로 적용될 수 있었을 것이다.[67]

부도덕한 행위에 대한 비난을 나타낼 수 있는 두 개의 목록들은 특별히 거짓 교사들을 특징화하려는 목적을 지닌다. 디모데전서 1장 9-10절은 죄인들 중에서 가장 중죄인들을 거명하는데 이들 가운데는 살인자들, 사람 납치범들, 음행자들, 성범죄자들을 포함되어 있다. 하지만 거짓 교사들이 율법을 오용하여 그 참 목적을 왜곡시킴으로 다른 사람들로 하여금 도덕적 해이를 부추겼을 가능성은 있지만, 그들이 실제로 여기에 나열된 죄악들을 범했다는 시사는 존재하지 않는다. 디모데후서 3장 2-5절은 보다 직접적으로 거짓 교사들을 염두에 두고 있다. 대부분의 이런 악행 목록들은 행동들보다는 태도들을 지칭하는데, 목회서신의 다른 곳에서도 비슷한 것들이 존재한다. 따라서 그런 태도들은 아무 어려움이나 과장이 없이 에베소나 그레데의 거짓 교사들에게 적용될 수 있다. 그들이 심한 부도덕한 생활을 했음을 희미하게나마 암시할 가능성은 악목들 중에서 '아크라테스' (akrates)와 '필레도노스' (philedonos) 같은 술어들에서 찾을 수도 있다. 이런 악행 목록을 제시하는 목적은 거짓 교사들을 대강 "말세"에 있게 될 죄인들과 동등시하

---

67) Contra Karris (1973), 552, 558. 하지만 L. Cranford, "Encountering Heresy: Insight from the Pastoral Epistles," *SJT* 22 (1980), 23-40을 보라.
68) Karris (1973), 557; Kelly, 193-95, 49-50; Haufe (1973), 336.

는 것이다.[69] 에베소와 그레데의 이단자들이 심한 부도덕을 저질렀을 가능성이 없지 않지만, 그들이 실제 그러한 비난을 받고 있는지는 불분명하다.

요약하기

이단에 관한 직접적인 정보에 기초해 볼 때 우리는 '지식'(gnosis)이란 술어가 거짓 교훈 전체를 요약하는 핵심적인 요소를 지칭한다고 추정할 수 있다. 저자가 분명히 거론한 한 가지 요소가 있다면 부활이 이미 지나갔다는 신앙과 금욕적인 행습들이다. 아마도 실현된 종말론이 부활 이단 교리를 통해 침투해 들어왔을 것이며, 그것은 여자들과 노예들이 갈라디아서 3장 28절에 보존된 평등 전승에 호소하여 해방을 갈구하는 방식으로 에베소 교회에 영향을 미쳤을 것이다. 이단들의 결혼관도 그들의 부활 교리에 의해 영향을 받았을 개연성이 많다. "신화와 족보들"은 구약에 대한 유대인들의 사변적인 주석 형태인 것이 거의 분명한데, 그런 것들은 이단들의 '지식'을 채우는 내용이었든지 아니면 그것을 뒷받침하는 것이었던 것 같다. 거짓 교사들이 환상을 통해서 그들의 '지식'을 얻었다는 시사는 존재하지 않는다.[70] 직접적인 정보에 기초할 때 에베소와 그레데의 상황이 정확하게 동일한 것은 아닌 것으로 보인다. 디도서는 이단적인 부활 교리나 결혼 금지와 같은 것을 지칭하는 구절들이 없고 대신에 이단들의 가르침에 훨씬 유대적인 요

---

69) Dibelius and Conzelmann, 115; N. J. McEleney, "The Vice Lists of the Pastoral Epistles," *CBQ* 36 (1974), 211-12; I. H. Marshall, *Kept by the Power of God*, London 1969, 120-21.
70) Contra Lütgert (1909), 65-66. 그의 입장에 대한 비판으로는 Haufe (1973), 329을 참조하라.

소가 더 강하다.

간접적인 정보를 통해서 우리는 목회서신에 묘사된 이단 운동의 성격에 대해서 한층 더 밝힐 수 있었다. 거짓 교사들은 엄격하게 외부자들이 아니라 공동체 내부의 배교자들이었다. 그들은 선교적 활동 무대를 특별히 가정에 집중하였고, 낮 시간 동안에 집에 머물러 있었던 여인들이 그들의 선동에 넘어가기 쉬웠다. 목회서신의 저자는 그의 반대자들을 악한 시각에서 묘사한다. 그들은 귀신들과 연관되어 있었을 뿐만 아니라 그들의 활동은 주로 개인적인 물질적 이익을 얻으려는 욕망에 뿌리를 두고 있었다. 그들이 직접적으로 부도덕한 심한 죄에 연루가 되었는지는 분명하지 않지만, 그러한 삶이 그들의 잠재적 가능성이었을 가능성은 있다.

3. 논쟁

이단의 모습을 완성하기 위해서 우리는 저자가 그것을 반대하는 방식에 주목할 필요성이 있다. 목회서신의 논쟁은 얼핏 보기에 바울의 주요 서신에 나타난 것과 많이 다른 것처럼 보인다. 초기 바울과는 달리 목회서신의 논쟁은 소피스트들과 변론했던 철학자들의 논쟁과 여러 평행점들을 나타낸다고 생각되어 왔다. 논쟁은 매우 간접적이고, 신학적인 논박보다는 이단들과 그들의 가르침을 거부하고 폄하하는 일에 더 의존한다. 그렇기 때문에 이단 교리에 관한 직접적인 정보를 얻기가 힘들다. 거짓 교사들이 보다 분명하게 묘사되지 않았다는 사실 때문에 어떤 학자들은 목회서신이 바울이 아닌 익명의 어떤 다른 저자가 저술했다고 추정하게 만들기도 했다. 그들은 저자의 모호한 어법은 그의 반대자들을 가능한 포괄적으로 규정하려는 의도를 지녔다고 주장한다.[71] 하지만 이단에 대한 간접적인 접근은 다른 방식으로 설명할 수도 있고, 목회서신과 그 상황의 역사성을 여전히 주장할 만한 논거들이 존재한다.

비록 어떤 구절들은 이단과의 논쟁을 지향한 것인지 의문이 들기도 하지만, 이단에 대하여 분명한 접근을 취하는 경우도 존재한다. 신학적인 근거들을 들어 직접적으로 이단을 논박하는 경우는 적어도 한 곳에서 등장한다. 대조의 방식이 특별하게 눈에 띤다. 이단자들과 그들의 거짓된 메시지는 대조의 방식을 통해서 말씀의 참 일꾼들과 그들의 메시지와 자주 구분된다. 거짓 교사들이 어디에서도 직접적으로 이름이 거명되지는 않는다. 오히려 논쟁은 거짓 교사들을 대상으로 삼아 직접적으로 수행되지 않고 목회서신의 직접적인 수신자들인 디모데와 디도를 통해 중개된다.

바울의 논쟁의 일반적인 성격

바울이 초기 서신들 가운데서 어떤 성격의 논쟁을 하는지 살피는 것은 목회서신의 논쟁을 이해할 때 도움이 될 수 있다. 바울의 초기 서신들에 암시된 반대자들 중에는 기본적인 통일성이 존재하는 것 같다.[72] 그들의 공통된 자료는 기본적으로 유대적 또는 유대주의적인 성격을 지닌 자료였는데 개별 서신이 보내진 공동체의 주변 환경에 따

---

71) Dibelius and Conzelmann, 66; cf. Trummer (1978), 161-72.

라서 여러 혼합주의적인 요인들이 개입이 되어 발전하고 변화된다는 것이다. 유대적 또는 유대주의적인 경향들이 가장 두드러진 서신은 갈라디아서, 빌립보서, 골로새서 등이고, 금욕주의가 간헐적으로 나타나는 서신은 골로새서이며, 신적인 '지식'(gnosis)을 가졌다는 영적인 주장은 고린도전후서가 있다. 이들 서신에 묘사된 움직임은 그렇게 독특한 것이 아니기 때문에 디아스포라 유대교의 새로운 주변 환경 속에서 점진적인 변화와 혼합이 다양성을 갖게 만들었다는 주장은 반대자들 사이의 근본 차이점들을 제대로 설명할 수 없다. 아무튼 우리는 엘리스(E. E. Ellis)의 견해를 일단 작업가설로 받아들여 반대자들을 논박할 때 바울이 취한 접근방식을 관찰해 볼 필요가 있다.

대부분의 경우에 반대자들은 외부에서 침투해 들어와 교회들에 영향을 미쳤던 것으로 보인다(고후 11:4; 갈 3:1ff; 빌 3:2; 특히 골로새서). 로마서와 에베소서의 상황은 그렇게 분명하지 않지만, 고린도전서의 상황은 교회 내부의 분파들로 인해 먼저 문제가 생긴 것으로 보이고 고린도후서 10-13장에 등장하는 거짓 교사들이 나중에 끼어든 것으로 보인다. 그의 서신들 전체에 걸쳐서 우리는 바울이 반대파들과 연관된 문제들을 직접적으로 대면하여 다룬다는 것을 알게 된다. 우리의 관심사는 어떻게 그가 이런 문제들을 다룰까를 살피는 데 있다.

첫째로, 바울의 논쟁의 첫 번째 성격은 거짓된 교리를 신학적으로 논박할 때 역사적인 그리스도 사건에 자주 호소한다는 사실이다.[73] 이

---

72) E. E. Ellis, "Paul and His Opponents: Trends in Research," in: *Christianity, Judaism, and Other Greco-Roman Cults*, ed. by J. Neusner, Vol. I, Leiden 1975, 285-98. Cf. Schmithals (1972), 242-45.

점은 그의 서신들의 여러 구절들 가운데서 자명하다(cf. 고전 1:10-3:4; 고전 15장; 갈 2-3장; 골 2장).

둘째로, 신학적인 논쟁을 하는 과정에서 바울은 자주 자신의 논적들의 슬로건이나 술어를 끌어다 사용한다. 하지만 주목해야 할 것은 그대로 사용하기보다는 그것에 새로운 내용을 채우거나 오히려 그것을 가지고 역으로 그들을 공격할 때 사용한다는 사실이다. 첫 번째의 경우가 고린도전서 1-3장의 경우인데, 여기서 고린도 인들은 '지혜'(sophia)에 대한 그들의 왜곡된 이해로 인해 책망을 받는다. 그들은 이 술어를 어떤 특정한 기술적 의미로 사용하였지만 바울 사도는 지혜의 참된 성격을 강조함으로 그들의 잘못된 이해를 교정한다.[74] '지식'(gnosis)이란 술어도 절대적인 의미를 지니고 사용되는 것을 보면[75] 고린도전서에서 비슷한 기술적 의미로 사용되었을 것이다. 음식 문제가 거론되는 고린도전서 8장에서 바울은 그들의 잘못된 '지식' 이해와는 반대로(2절),[76] 참 지식은 사랑으로 나타난다는 점을 분명히 밝힌다.

또 다른 훌륭한 실례는 골로새서에서도 찾을 수 있다. 보른캄(G. Bornkamm)은 가능한 실례를 이렇게 지적한다: "분명히 이단 교리는 세상의 초등학문 가운데서 신성의 '충만' 이 거한다고 선언하는데, 이

---

73) E. Lohse, " Pauline Theology in the Letter to the Colossians," *NTS* 15 (1969), 214.
74) Cf. U. Wilckens, *Weisheit und Torheit*, Tübingen 1959, 5-96; H. Conzelmann, 1 *Corinthians*, Philadelphia 1975, 57.
75) R. Bultmann, *TDNT* 1: 709.
76) W. Schmithals, *Gnosticism at Corinth*, Nashville 1972, 143-44. 여기서 그는 '그노시스' 가 고린도 인들의 메시지의 핵심점이라고 지적한다. Cf. also Conzelmann (1975), 139-50; J. H. Wilson (1968), 99; Bultmann, *TDNT* 1: 709.

것은 골로새서 2장 9절의 분명히 논쟁적이며 반제적인 형식에서 자명하게 나타난다: "그 안에는 신성의 모든 충만이 육체로 거하시고."[77] 바울이 반대파의 언어를 채용했다는 또 다른 시사는 "모든 정사와 권세"를 지칭하는 그의 표현에서 발견될 수도 있다(2:10). 여기서 바울은 그리스도가 모든 정사와 권세의 머리가 되시며, 또한 "정사와 권세를 벗어버려 밝히 드러내셨다"(15절), 즉 정복하셨다고 선언한다. 이런 식의 논쟁을 통해서 바울은 "비록 그노시스란 언어를 사용하기는 하지만 영지주의적 이원론을 돌파하고 있고 권세들에게 그들의 위치를 창조 세계에다 자리매김을 한다."[78]

셋째로, 비판과 논박이 바울 사도가 반대파들을 거부하는 또 다른 방식이다. 이것은 경고와 연관되어 제시되거나(빌 3:2, "개들을 삼가고 행악자들을 삼가고 손할례당을 삼가라"), 단순히 반대파의 거짓된 주장들을 허물려는 서술적이며 논쟁적인 담론의 과정 속에서(고후 11:13ff, "저런 사람들은 거짓 사도요 궤휼의 역군이니 자기를 그리스도의 사도로 가장하는 자들이라") 제시되기도 한다. 바울은 흔히 이런 식의 조롱을 사용하여 거짓 교리를 폭로한다(골 2:8, "누가 철학과 헛된 속임수로 너희를 노략할까 주의하라 이것이 사람의 유전과 세상의 초등학문을 좇음이요"; 골 2:22, "사람의 명과 가르침을 좇느냐?"; 고후 11:14, 갈 1:8, "다른 복음").

---

77) G. Bornkamm, "The Heresy of the Colossians," in: *Conflict at Colossae*, ed. by F. O. Francis, W. A. Meeks, Missoula 1973, 124; cf. J. B. Lightfoot, "The Colossian Heresy," in: *Conflict at Colossae*, 28.

78) Bornkamm, *op.cit.*, 129. 하지만 술어를 빌려왔다고 해서 이단이 꼭 영지주의라고 할 필요는 없다.

넷째로, 바울이 반대자들과 논쟁할 때 사용하는 또 다른 도구는 자신의 삶의 본보기를 사용하는 것이다. 그는 이런 식으로 자신을 변호하는 것을 여러 경우에서 사용하는데, 주로 자신에 관한 반대파들의 잘못된 주장을 논박하거나, 때로는 자신의 사도직을 변호하거나, 가끔은 자신과 반대파를 날카롭게 대조할 때 그렇게 한다. 그렇게 해서 그는 특정한 교회가 거짓 교사들이 실제로 어떤 존재인지를 보게 만든다. 이런 식의 바울의 "증언"을 보여주는 가장 길게 부연된 예는 고린도후서 11장이다. 5절에서 그는 "내가 지극히 큰 사도들보다 부족한 것이 조금도 없는 줄 생각하노라"고 주장하면서 자신의 지식을 강조한다(6절). 그리고 나서 자신의 사역과 반대파들의 것을 대조하면서 그는 두 가지를 질문한다: (1) 자신이 복음을 값없이 전하므로 고린도 신자들이 높이고 자신을 낮추는 것이 죄냐?; (2) 고린도 인들을 섬기고 그들에게 부담을 지우지 않게 하기 위해서 다른 교회들의 후원을 받는 것이 잘못된 일이냐? 그는 반대파들의 주장을 허물기 위해 자신이 "자랑"하는 이유를 밝히면서, 계속해서 자신의 온유함과 반대파들의 담대함을 대조한다(16-21절). 바울의 논증의 절정은 자신이 받은 엄청난 계시들에도 불구하고 그를 겸손케 하기 위해 하나님이 주신 "육체의 가시"를 주셨다는 진술에 있다. 그는 소위 "초특급 사도들"보다 절대 못하지 않지만, 자신이 어떻게 겸손함과 자기희생 속에서 참 사도로 살았는가를 고린도 인들 중에 나타냈다는 상기시킴으로 자기 변호를 결론짓는다. 그의 이런 식의 자기 변호가 얼마나 효과적이었는지를 말하기는 어렵지만, 바울은 그런 자기 변호 방식을 채용하기를 그렇게 좋아하지 않았다는 인상을 남겨주고 있다(11:1, 16-18; 12:1).

목회서신의 논쟁 성격

이단을 직접적으로 다루는 구절들은 목회서신 이곳 저곳에 흩어져 있는데(딤전 1:3-11; 4:1-9; 6:3-10, 20-21; 딤후 2:14-4:5; 딛 1:10-16; 3:8-11), 바울이 이들 구절을 통해서 이단들을 어떤 방식으로 다루는지 살필 필요가 있다.

첫째로, 우리는 거짓 교훈을 성격 규정하는 방식에 대해 알 필요가 있다. 바울은 여러 술어들을 사용하여 거짓 교훈이 실체적 내용을 결여하고 있고 또 그것이 얼마나 무익한 것인지를 강조하는 방식으로 거짓 교훈을 묘사한다.[79] 우선 이와 연관하여 가장 흔하게 등장하는 술어는 한역 성경의 "망령된"(bebelos)이란 말인데, 그것은 본래 "속된"(profane) 또는 "불경건한"(godless)을 뜻한다.[80] 그것은 '잡담'(chatter)을 뜻하는 "허한 말"(kenophonia)이란 술어와 두 번 등장한다(딤전 6:20; 딤후 2:16). 이것은 의심할 여지도 없이 거짓 교훈에 대한 어떤 질적인 묘사라고 할 수 있다. "헛된 말"(mataiologian)은 "빈 말"이란 뜻을 갖는데, 이것도 실제로는 서로 같은 뜻의 술어이다(딤전 1:6). "어리석은"(moros)이란 술어는 구약에 관한 반대파들의 사변을 평가하는 문맥에서 "변론"(zeteseis)이란 단어와 두 번 결합이 된다(딤후 2:23; 딛 3:9). 디도서 3장 9절에 등장하는 "무익한"(anopheles)과 "헛된"(mataios)이란 단어들, 그리고 디모데후서 2장 23절에 나오는 "무식한"

---

79) L. Cranford, "Encountering Heresy: Insight from the Pastoral Epistles," *SWJT* 22 (1980), 32.
80) Cf. BAG, 138: 딤전 4:7; 6:20; 딤후 2:16.

(apaideutos)이란 단어도 호의적이지 못한 이런 묘사에 기여한다. 거짓 교사들이 꼬임수로 말하는 신화들도 "허탄한"(graodeis) 것으로 불린다(딤전 4:7). 디모데전서 6장 20절에서 이단들의 거짓 교훈은 참 복음과 모순되는 "변론"(antitheseis)으로 특징화된다. 디도서 1장 4절에 나오는 "사람의 계명들"이란 문구도 조롱 섞인 표현인 것이 분명하다. 왜냐하면 그것은 이단들의 가르침을 신적인 것이 아닌 인간적인 것으로 폄하하기 때문이다(cf. 골 2:22). 이단들의 가르침, 특히 금욕적인 요구들은 귀신적인 영향을 받은 평가되는데(딤전 4:1), "다른 교훈을 가르친다"(heterodidaskalein)는 동사가 함축하듯이 그것은 바울 사도의 가르침과 반대되는 것이다(딤전 1:3; 6:3).

거짓 교훈의 무익성을 묘사하는 또 다른 형태의 술어들을 살펴보자. 이와 관련하여 사용되는 핵심적인 술어는 "변론"(zetesis)이란 단어이다(딤전 6:4; 딤후 2:23; 딛 3:9). 이 단어와 밀접하게 연관된 술어들은 '언쟁'(logomachiai, 딤전 6:4; 딤후 2:14), "다툼"(machai, 딤후 2:23; 딛 3:9), 그리고 "분쟁"(hereis, 딛 3:9; cf. 딤전 6:4) 등이다. 이런 술어들이 전달하는 일반적인 인상이 있다면 격렬한 의견 대립과 혼란이 그것이다. 이런 현상은 자신들의 가르침을 뒷받침하기 위해 채용한 구약에 대한 사변적 해석의 결과들이다. 또 다른 중요한 술어는 "사변"(ekzeteseis, 딤전 1:4; 한역에는 '변론', 영어에는 'speculation')이란 단어인데, 이것은 거짓 교사들이 "신화와 족보"에 집착하여 생겨난 결과를 묘사한다. 이런 것들은 참 복음에 표현된 목표, 즉 "하나님의 경륜"

---

81) BAG 562: 여기서는 "하나님의 경륜"을 "training in the way of salvation"으로 해석한다.

(oikonomia theou)[81]과는 대조된다. 바울은 디모데전서 1장 7절에서 "자기의 확증하는 것"(diabebaiousthai)이란 풍자적인 술어를 사용하여 거짓 교훈의 무익한 성격을 허물어버린다: 그들은 자신들이 말하고 가르치는 것조차도 이해하지 못하면서 그것을 확신을 가지고 주장하고 있다.

거짓 교훈은 그것이 신자에게 미치거나 미칠 수 있는 영향들과 관련해서 특징화되기도 한다. 이단자들은 공동체 구성원으로 있으면서 거짓 교훈에 연루되어 신자들로 하여금 "믿음에서 벗어나게"(딤전 6:21)하고 "진리에 관하여 그릇되게"(딤후 2:18) 만들었다. 더욱이 그들의 잘못된 가르침은 선한 양심을 버리게 만듦으로써 "믿음에 관하여 파선하게"(딤전 1:19) 만들었다. 일반적으로 말해서, 거짓 교훈은 경건치 않은 생활로 점점 나아가게 만든다(딤후 2:16). 따라서 이단 교리가 깨어 있지 못한 사람들의 믿음을 무너뜨릴 수 있다고 경고하는 것은 놀라운 일이 아니다(딤후 2:18; cf. 딛 1:11). 거짓 교사들의 사변에 연관된 변론에 휘말리는 일은 언제나 듣는 자들에게 파국에 치닫도록 할만큼 위험하다(딤후 2:14).

둘째로, 우리는 바울이 거짓 교사들을 어떻게 성격을 규정하는지 살펴보아야 한다. 그는 거짓 교훈뿐만 아니라 거짓 교사들도 철저하게 거부한다. 저자는 악목(惡目)들과 다른 여러 묘사들을 통해서 그들의 사악한 성격을 보다 분명하게 묘사한다. 디모데전서에서 거짓 교사들은 "생각이 없는 자들"(1:7) 또는 "아무것도 알지 못하는 자들"(4:2)로 묘사된다. 더욱이 그들은 "진리를 잃어버린 자들"(6:5), "거짓말하는 자들"(4:2), "속이는 자들"(딤후 3:13; cf. 딛 1:10,14)로 묘사되고, 그들의 양심은 화인을 맞았다(딤전 1:19; 4:2; 6:5; 딛 1:15). 속임수를 사용하는 자들로만 아니라(딤전 6:4; 딤후 3:2,4) 여러 악목들을 가지고 다양한 죄에 연루된 자들로 묘사되는(딤전 6:4-5; 딤후 3:2-5) 그들은 가장 추악한 죄들에 연관되기조차 한다(딤전 1:9-10).[82] 이들 이단자들이 "말세에" 나타날 죄와 연관된 것은 교회가 그런 자들을 거부해야 할 것을 강하게 각인시키는 역할을 하였을 것이다.

악목(惡目)들은 이런 거짓 교사들이 어떤 존재들인지를 범주화할 수 있는 유익한 도구를 제공해 주었을 것이다. 디도서 3장 3절에 나오는 악목만이 권면적인 목적을 지녔을 뿐이다. 디모데후서 3장 2-5절과 디모데전서 6장 4-5절, 그리고 1장 9-10절의 목록들은 이중적인 역할을 하는데, 한편으로는 거짓 교사들을 비평하는 논쟁적 역할을 담당하고, 다른 한편으로는 부정적인 실례를 제시함으로써 권면적인 장치 역할을 한다. 바울의 초기 서신들에서는 악목 자체가 논쟁적인 장치가 아니었다는 사실은 주목할 만하다. 그것은 잘못된 삶의 방식을 생생하게 묘사함으로써 독자들로 하여금 올바른 삶의 길을 가도록 권면하는 기능을 가졌다. 아무튼 거짓 교사들을 거부하는 교훈은 목회서신 전체에 걸쳐 나타나는데, 적어도 총 13개의 장들 중에서 여덟 장이 거짓 교사들과 그들의 가르침에 대한 비난을 담고 있다. 하지만 이런 식의 묘사가 제대로 평가되기 위해서는 거짓 교훈과 반립 관계에 놓인 사도적 교훈의 긍정적 측면이 확인이 되어야 한다.

---

82) N. J. McEleney, "The Vice Lists of the Pastoral Epistles," *CBQ* 36 (1974), 204-210을 보라.

셋째로, 우리는 바울이 거짓 교훈과 대조를 이루는 바른 교훈을 어떻게 특징화하는지 살펴볼 필요가 있다. 이단을 직접적으로 다루는 구절들마다 바른 교훈과의 대조가 탐지되곤 한다. 이러한 대조는 사도적 교훈을 묘사하는 여러 서술적 구절들을 통해 강화된다:

딤전 1:3-11
1:10 : 기타 바른 교훈
1:11 : 영광의 복음

딤전 4:1-7
4:5 : 하나님의 말씀
4:6 : 믿음의 말씀
4:6 : 선한 교훈

딤전 6:3-10, 20-21
6:3 : 바른 말 곧 우리 주 그리스도의 말씀
6:3 : 경건에 관한 교훈
6:20 : 부탁한 것

딤후 2:14-4:15
2:15 : 진리의 말씀
2:18 : 진리(2:25; 3:7, 8; 4:4)
3:10 : 나의 교훈
4:2 : 말씀
4:3 : 바른 교훈

딛 1:10-16
1:9 : 바른 교훈
1:9 : 미쁜 말씀의 가르침

위에 열거한 것과 비슷한 묘사들이 논쟁과 직접 관련되지 않은 구절들 속에서도 발견된다:

믿음의 비밀 (딤전 3:9)
경건의 비밀 (딤전 3:16)
바른 말 (딤후 1:13)
부탁한 아름다운 것 (딤후 1:14; cf. 1:12)
나의 복음 (딤후 2:8; 1:18, 10-11)
하나님의 말씀 (딤후 2:9; 딛 2:5)
우리 말 (딤후 4:15)
전도의 말씀 (딤후 4:17; 딛 1:3)
교훈 (딤전 6:1)
구주 하나님의 교훈 (딛 2:10)

논쟁적인 관심이 있는 각 구절에서 사도적 교훈의 특징을 묘사하는 것은 대조의 방식을 통해서 거짓 교훈에 대한 거부를 강화하려는 목적을 갖는다. 바른 교훈에 대한 강조점 역시 간접적이나마 논쟁적인 성격을 띠기는 하지만, 그것은 교회의 사역자인 디모데와 디도에게 어떻게 처신해야 할 것인가를 제시하려는 의도와 긴밀하게 연결되어 있다. 때로는 논쟁적이며 권면적인 의도가 함께 결합되기도 하는데, 목회서신 자체가 이단을 반박하는 데 있기는 하지만 이들 서신의 일차적인 목적은 바른 교훈을 가르침으로써 디모데와 디도가 이단과 어떻게 싸워야 할지를 교훈하는 데 있기 때문에 그렇다.

넷째로, 저자는 때로 이단을 반박하기 위해서 신학적인 논쟁에 뛰어들기도 한다(딤전 4:3-5; 딛 1:13-15). 특히 전자의 구절은 거짓 교사들이 음식을 금욕하라고 가르칠 때 저자가 뛰어든 논쟁의 성격을 잘 나타내준다. 그들이 옹호한 금욕주의에 대한 답변으로 저자는 음식의 정결함을 창조자의 성격에서 찾으면서 음식들은 감사함으로 받을 필요가 있다고 주장한다. 이렇게 음식을 감사함으로 받을 수 있는 사람들은 "진리"를 믿고 아는 자들이다. 왜냐하면 음식을 거부하는 자들은 하나님이 창조하신 만물이 선하다는 사실을 깨닫지 못하는 자들이기 때문이다.[83] 모든 음식이 깨끗하기에 감사함으로 받아야 함을 깨닫는 것은 진리에 대한 지식을 가졌다는 것을 뜻하며(중생과도 연관되어 있다, 3절), 반대자들은 결국 불신앙을 가졌거나 잘못된 지식을 가진 자들이라는 것을 함축하고 있다. 감사의 권면은 5절이 시사하듯이 기도와도 연결되는데, "하나님의 말씀과 기도"라는 문구는 "성경의 표현을 사용하는 식사기도"[84]를 지칭할 가능성이 있기 때문에 여기서는 의식적으로 감사의 표현을 해야 할 필요성을 강조해 준다고 하겠다.

디도서 1장 14-15절에 암시된 비슷한 상황에 대해서도 약간의 언급이 필요하다. 이 구절에서는 발전된 신학적 논쟁이 결여되어 있기는 하지만, 골로새서 2장 20-23절과 같은 바울의 초기 교훈들과의 접촉점들이 발견된다. 첫 번째로 주목해야 할 점은 디모데전서 4장 3-5절에서처럼 여기서도 금욕의 "교리들"이 불신앙과 연결되어 있다는 사실이다: "진리를 배반하는 사람들.... 믿지 아니하는 자들에게는 아무것도 깨끗한 것이 없고"(14-15절). 둘째로, 저자는 그들의 규정들을 "사람들의 명령"으로 묘사한다. 골로새서 2장 20-23절에 등장하는 평행구는 음식에 관한 금욕적 요구들을 비슷한 방식으로 폄하한다: "사람의 명과 가르침"(cf. 2:8). 다만 서로 다른 점은 골로새서에서 거짓 교사들과의 논쟁이 십자가 신학에 기초해서 전개되는데 반해(2:20), 디도서의 구절에서

---

83) Kelly, 96-97; cf. Dibelius and Conzelmann, 64.
84) Cf. Dibelius and Conzelmann, 64 n. 5; Kelly, 96; Conzelmann, *TDNT* 9: 414.

는 그러한 논쟁이 직접적으로 나타나지 않는다는 사실이다. 대신에 직접적인 유일한 반박 논리는 "깨끗한 자들에게는 모든 것이 깨끗하나 더럽고 믿지 아니하는 자들에게는 아무것도 깨끗한 것이 없다"(15절)는 진술에서 발견된다. "더럽고 믿지 아니하는 자들"이란 후속되는 반박에서 시사하듯이 명시적으로 거짓 교사들을 지칭한다. 디도서의 논쟁이 "창조론"의 자명한 논거를 결여하고 있기는 하지만, 로마서 14장에 나타난 바울의 사상과 평행을 이루는 것으로 보인다.[85] 이뿐 아니라, 디도서 1장 14-15절의 사상은 예수의 가르침에 뿌리를 두고 있기도 하다: 예수께서는 "모든 것이 너희에게 깨끗하니라"(눅 11:41)고 교훈한 바 있는데, 이러한 권면은 창조자에게 기초를 두고 있다: "밖을 만드신 이가 속도 만들지 아니하셨느냐"(눅 11:40; cf. 막 7:15). 결론적으로, 음식의 정결과 관련된 교훈이 예수 이후로 초대교회의 논쟁에 널리 활용되었을 가능성이 많고, 특별히 바울의 교회들과 심지어 목회서신의 교회들 가운데서도 발견된다는 사실은 이 점을 뒷받침해준다고 하겠다. 분명한 신학적 논거들이 디모데전서 4장 3-5절에서 그렇게 분명하게 나타나지는 않지만, 창조 신학이 그러한 논쟁 배후에 놓여 있다는 것은 의심할 여지가 없다.

다섯째로, 바울은 반대자들의 술어를 활용하여 자신의 신학적 입장을 피력하기도 한다. 그는 음식에 대한 금욕을 주장하는 자들을 비판하기 위해 가장 직접적인 형태의 신학적 논쟁에 뛰어들기는 하지만, 그는

---

85) Kelly, 236-37. 여기서 바울은 음식을 부정하게 만드는 것은 음식 자체가 아니라 그것을 대하는 사람의 내적인 태도에 있다고 보기 때문에 정결법이란 것이 기껏해야 피상적일 뿐이라고 생각하였다: 만일 어떤 사람의 도덕적 조건이 건강하다면, "깨끗함"과 "부정함"의 구분은 그에게는 아무런 의미도 지니지 못한다.

거짓 교사들의 어떤 표제어들을 활용하되 그것들을 수정하여 사용하였을 가능성이 많다. 예를 들면, 거짓 교사들이 '지식'(gnosis)이란 말을 기술적인 술어로 사용한 데 대해서 바울도 '지식'(epignosis)이란 말을 사용하였을 수도 있다.[86] 이 술어가 나타날 때마다 그것은 "진리를 앎"(epignosis aletheias)이란 표현 가운데서 등장한다(딤전 2: 4; 딤후 2:25; 3:7; 딛 1:1; 동사 형태로는 딤전 4:3). 이단자들의 가르침과 "진리"를 계속 되풀이해서 대조하는 것은 "진리를 아는" 일이 논쟁적인 방식으로 사용되고 있다는 것을 시사해준다. 각 경우마다 저자의 문구는 사도의 바른 교훈에 기초한 구원을 직접적으로 지칭하는 반면, 거짓 교훈의 결과들과 구원에 이르게 할 수 없는 거짓 교훈의 무능성이 생생하게 대조를 이룬다(딤후 3:7). 고린도전서와 골로새서에서 바울이 '지식'(gnosis)이란 말을 채용한 것을 보면, 목회서신에서 '지식'(epignosis)이란 말을 사용했다고 특별할 정도로 새롭게 발전한 현상이 아니라고 할 수 있다.

저자가 채용했을 수 있는 두 번째 술어는 '경건'(eusebeia)이다. 디모데후서 3장 5절과 디모데전서 4장 3-8절, 그리고 6장 5-6절이 시사하듯이, 거짓 교사들은 '경건'이란 개념을 활용했던 것이 분명하고,[87] 그것은 참된 경건과 모순된 것이다. 왜냐하면 후자는 "바른 교훈"에 대한 헌신에서 파생된 것이기 때문이다. 저자는 '경건'이란 말을 사용하여 그리스도인들의 특정한 삶의 방식을 묘사한다.[88] 이 술어 자체는 논쟁

---

86) J. Sell, *The Knowledge of the Truth - Two Doctrines*, Frankfurt 1982, 3-30; Bultmann, *TDNT* 1: 707; Schmitz, *NIDNTT* 2: 405.
87) Foerster, *TDNT* 7: 182.
88) W. Foerster, "eusebeia in den Pastoralbriefen," *NTS* 5 (1959), 217.

적인 기능이 덜하기는 하지만, 그것은 이단자들의 금욕 지향적인 삶의 방식을 교정해주는 역할을 한다(딤전 4:3-8). 저자에게는 참된 믿음이나 지식이 반드시 삶과 행위에 상호 작용을 하는 것으로 생각되었기 때문에 참된 경건은 참된 믿음과 지식에 근거한 것일 수밖에 없다. 따라서 경건에 관한 바울의 교훈은 논쟁적인 목적을 가질 뿐만 아니라 어떻게 바른 삶이 바른 교훈에 대한 지식에서 나오는지를 가르치는 권면적인 목적도 가진다고 할 수 있다.

이제 우리는 이제까지 진행해온 관찰들을 근거로 해서 본 섹션의 전체 결론을 내릴 때가 되었다. 첫째로, 거짓 교사들과 그들의 신앙에 관한 간헐적인 정보를 살필 때 그들은 혼합주의적인 형태의 이단인 것이 분명하다. 거짓 교사들은 "율법 선생"(딤전 1:7)이 되기를 원했고, 어떤 자들은 "할례당"(딛 1:10)으로 묘사되기도 한다. 그들의 가르침은 "신화와 족보들"(딤전 1:4; cf. 딤전 4:7; 딤후 4:3; 딛 1:14; 3:9)로 특징화되는데, 그것은 일차적으로 구약에 대한 유대인들의 사변적인 주석을 지칭하는 것이 분명하다. 디도서 1장 14절에서 "신화들"은 "유대인들의" 것으로 분명하게 명기되는 반면, 디도서 3장 9절과 디모데전서 1장 3절 이하에서 그것들은 율법과 밀접하게 연관되어 있다. 아마도 음식에 관한 금욕적 요구들은 적어도 유대교의 정결법에서 파생된 것 같고(딛 1:14-15), 어느 정도 율법에 관한 그들의 사변과도 연관되는 것으로 보인다(딤전 4:3,7; 딛 1:14-15). 디모데전서 4장 3절에 암시된 결혼 금지 규정이 어떻게 유대적 기원을 가질 수 있는지는 분명하지 않으나, 에센파와 같은 어떤 유대교 분파들 가운데서는 결혼 금지의 실례들이 발견되기도 한다.

다른 한편, 어떤 요소들은 "열광주의"(enthusiastic) 또는 "신령주의"(pneumatic)에 기인한 것으로 생각될 수 있고 심지어 영지주의적인 경향을 띤 것으로 사료되기도 한다. 왜냐하면 그런 요소들은 후기 영지주의로 나아가는 모종의 발전을 시사하기 때문이다. 디모데전서 6장 20절에서 '지식'(gnosis)이란 말이 기술적 술어로 사용된 것은(cf. 딛 1:16) 적어도 지식을 소유하고 있다는 어떤 비의적(esoteric) 주장을 지시할 수 있다. 그러한 지식이 그들의 사변적 주석의 산물일 가능성도 있다. 비슷한 관심이 쿰란 문헌에서 발견되지만, 이것은 반드시 영지주의적인 방향성을 지닌 운동을 배제하는 것은 아니다. 하지만 부활 이단 교리는 신자가 그리스도의 부활에 현재적으로 참여한다는 바울의 가르침을 오해했거나 왜곡한 결과일 가능성이 짙다. 그리고 결혼 금지는 부활 이단 교리를 통해 소개된 실현된 종말론의 영향을 받았을 가능성이 많다. 음식에 대한 금욕도 동일한 영향 하에서 설명될 수 있다.

결과적으로 거짓 교훈은 둘 또는 그 이상의 사상들에 의해 영향을 받은 혼합주의적 산물인 것이 분명한 것 같다. 디도서의 정보가 드물기 때문에 단정지을 수는 없지만, 그레데 교회의 거짓 교사들은 유대적인 성격이 더 강한 것으로 보인다. 후대의 영지주의 운동들의 발전에서 알 수 있듯이, 유대적이며 기독교적인 "신령주의적" 요소들과 더불어 모종의 영지주의적인 경향들도 목회서신의 교회들 가운데서 유행하고 있었다는 결론도 가능하다. 물론 목회서신 내에서는 어떤 발전된 영지주의 이단의 존재를 확인할 만한 증거는 없다. 세 서신들을 함께 관찰할 때, 우리는 이단이 모종의 비의적이고 "신령주의적인" 또는 "열광주의적인" 경향들을 지닌 (따라서 영지주의적 성격을 지녔다고 할 수도 있는) 유대 기독교적인 운동으로 정의될 수 있다고 본다.

둘째로, 목회서신의 이단이 허구적이고 비역사적인 구조물에 불과하고 개교회의 상황과 관계없이 일반적인 교훈만을 주는 익명의 편지들의 범례적 성격과 일치할 뿐이라고 생각했던 여러 학자들의 주장은 신빙성이 없는 것으로 드러났다. 트럼머(Trummer)에 따르면 결정적인 요소는 이단을 현재와 미래로 제시하는 것이었다. 하지만 이런 식의 주장은 기껏해야 모호한 것일 뿐이다. 왜냐하면 그가 의존하고 있는 구절들은(딤전 4:1; 딤후 3:1) 실제로 교회의 현재적 상황을 지칭하고 있기 때문이다. 디벨리우스와 콘첼만은 저자의 논쟁이 어떤 확정적인 역사적 분파를 거명하지 않았기 때문에 그는 단지 어떤 변증적인 가설을 제시하려 한 것이 분명하다고 주장한다. 하지만 이런 식의 설명도 모호할 뿐이다.

만일 그런 경우였다면, 우리는 일반적인 이단에 대한 보다 철저한 논박이 있기를 기대할 수도 있다. 하지만 그들의 설명은 디모데와 디도에게 보내졌고 이단이 영향을 미쳤을 수 있는 여러 공동체 이슈들을 다루고자 의도된 편지들의 명백한 의도에 공정을 기하지 못하고 있다. 사실 저자의 가장 큰 관심은 기독교인의 존재와 윤리에 대한 공동체의 개념에 관한 거짓 교훈의 파급 효과들을 반박하는 것이었다. 더욱이, 우리는 이단과 그 파급 효과들에 대한 다양한 상세 정보들을 여러 곳에서 확인할 수 있다. 일반적으로 동의되고 있는 점은 목회서신에 묘사된 반대자들이 역사상 존재했던 어떤 영지주의 분파들과 쉽게 동일시될 수 없다는 사실이다. 디벨리우스와 콘첼만이 이런 비유사성에 기초해서 목회서신의 이단이 허구적이거나 또는 일반적인 것으로 판단한 것도 후대의 가정일 뿐이다.[89] 후대의 영지주의 운동과 비교할 때, 확인할 수 없고 덜 발전된 성격의 이단이라고 해서 그 역사성을 반드시 의심해야 하는 것은 아니다. 디모데전서와 디모데후서를 디도서와 비교할 때, 편지가 보내진 장소도, 수신자도, 이단을 묘사하는 방식도 상이할 뿐만 아니라, 특별히 에베소의 경우에 여인들과 노예들 사이에 해방 운동들은 거짓 교사들이 끌고 들어온 실현된 종말론과 연계되어 있고, 또한 조심스럽게 주제별로 교정 차원의 신학을 제시한다는 점을 주목해 보면, 목회서신에 묘사된 상황들의 역사성을 거부할 만한 이유가 전혀 없다. 아마도 목회서신에 묘사된 이단의 종류는 바울의 사역 말기보다 후대의 어떤 이단일 필요는 없다. 이미 주목한 대로 그것은 덜 발전되어 있고 체계화되어 있지 않아서 초기 단계의 이단 운동이었던 것으로 보인다.[90] 더욱이, 어떤 요소들은 고린도의 상황과 유사하고, 어떤 요소들은 골로새 교회의 문제를 닮기도 하고, 어떤 요소들은 갈라디아와 빌립보의 유대주의자들과 비슷하기도 하다. 이 모든 점들을 고려해 볼 때 목회서신에 묘사된 이단과 상황들은 일반적으로 역사적인 것으로 간주될 수 있다. 결론적으로 우리는 목회서신의 이단이 보다 이른 출발점을 찾는다면 대략 A.D. 60-70년대의 운동이라고 제안하고 싶다.

셋째로, 이단을 검토할 때 놓쳐서는 안 되는 중요한 측면은 그것이 공동체의 구성원들에게 분명한 영향을 미치고 있었다는 것을 깨닫는 것이다. 우리는 어떤 종류의 영향들을 미쳤는지 주목한 바 있고 또한 저자가 이단자들과 그들의 신앙을 반박하는 데 관심을 기울인다는 점을 고려할 때, 그들의 활동이 파급 효과가 컸다는 것을 알 수 있다. 그들은 분명히 거짓된 교리를 전하고 있었고, 그러한 교리의 핵심에는 신

---

89) Karris (1973), 563 n. 58.
90) D. Guthrie, *New Testament Introduction*, Downers Grove 1970, 603.

자들의 부활이 이미 지나갔다는 왜곡된 신앙이 있었다. 이것은 실현된 종말론이 적어도 에베소와 같은 공동체 구성원들의 사고에 파고들었다는 것을 시사해준다. 이런 영향 때문에 여인들과 노예들은 갈라디아서 3장 28절에 보존된 평등 전승을 이용해서 즉각적인 어떤 평등을 얻으려고 충동질을 하게 되었다. 하지만 실현된 종말론의 영향은 교회의 구원론 이해도 바꾸어 놓음으로 구원은 전적으로 과거 사건이 되고 말았다. 이것은 또한 그리스도인의 윤리에도 지대한 영향을 미칠 수밖에 없었을 것이다. 그리고 거짓 교사들은 교회 전체를 무너뜨려 교회의 명예를 떨어뜨리게 만들었고, 결국 참 교회와 이단자들을 한 무리로 보게 만듦으로써 외부 세계를 향한 교회의 증거를 위태롭게 만들고 말았다. 결론적으로 목회서신에 묘사된 이단들의 정체, 그들의 주장과 활동 방식 등에 대한 올바른 인식이 있을 때만 바울이 왜 자신의 신학적이며 윤리적 관심들을 특정한 방식으로 제시하게 되었는가를 깨닫게 될 것이다.

제 3 장

목회서신은
어떤 신학적 교훈을 주는가?

    이제 우리는 목회서신이 현대의 독자들에게 어떤 신학적 메시지를 주고 있는가를 살필 때가 되었다. 목회서신은 현대적인 의미에서 체계적인 신학 논문이 아니고 주후 1세기 중반 이후 시기의 특정 지역 교회들에게 보내진 편지글들이다. 하지만 그 안에는 이단의 위협에 직면하여 교회를 공고화시키려는 여러 신학적인 메시지들뿐만 아니라 보다 폭넓은 메시지들을 포함하고 있다. 이런 메시지들은 추후에 살피게 될 또 다른 중요한 주제, 즉 그리스도인의 존재와 윤리적 삶에 대한 신학적 함축들을 동시에 가지고 있다. 따라서 우리는 목회서신의 신학적 메시지들을 좀 더 체계적으로 접근하기 위해서 다섯 가지 폭넓은 영역들을 구분하고 그것들이 목회서신의 신학적 구조와 어떤 관련을 맺고 있는지 살피게 될 것이다. 이들 다섯 가지 연구 영역은, 첫째로, 종말론적 개념이고, 둘째로, 하나님, 그리스도, 성령의 칭호들과 활동들에 대한 묘사, 셋째로, 구원론과 전통적인 형식문들, 넷째로, 메시지와 그 선포, 다섯째로, 교회론에 대한 일반적 측면들 등이 그것이다. 상기 연구 영역들은 편의상 임의대로 구분된 것은 아니고 저자의 관심과 그의 신학적 메시지에 기초를 둔 것이다.

1. 종말론과 현세대

놀랍게도 목회서신의 신학에 대한 최근의 설명들을 살펴보면 저자의 종말론에 관한 논의들을 신현(神顯) 말씀과 재림의 소망에 대한 논의로 축소시키려는 경향을 보여 왔다. 하지만 이렇게 하면 시간과 관련된 여러 술어들, 시대 전환에 관한 말씀들, 현세대를 "말세"로 보는 개념 등을 과소평가하게 될 위험이 있다. 따라서 우리는 방금 전에 언급한 것들에 대해서 조심스럽게 분석함으로써 저자의 참된 전망이 무엇인지 살필 필요가 있다.

시간에 관한 술어들과 범주들

목회서신의 종말론을 제대로 평가하기 위해서 저자가 시간 구도와 관련하여 채용한 기술적인 술어들을 확인해야만 한다. 이러한 데이터에 기초할 때만 저자가 가지고 작업하는 범주들을 파악할 수 있다.

첫 번째 술어는 "영원한 때"(kronoi aionoi)란 말이다(딤후 1:9; 딛 1:3). 이것은 "창세 전" 또는 역사 이전 시대를 함축하는 첫 번째 범주를 나타내준다. 이 때는 하나님의 영원한 목적이 형성되던 시대이며, 하나님께서 정하신 때를 위해 감추어 두신 그리스도 사건을 계획하던 시기이기도 하다(cf. 롬 16:25).[1] 또 다른 술어는 "자기 때" 또는 "기약"(kairoi idioi)이란 말인데, 이것은 과거이든(딤전 2:6; 딛 1:3) 아니면 미래이든(딤전 6:15; cf. 살후 2:6) 시간 내의 특정 지점에 주목하게 함으로써 영원과 시간 사이의 간격을 연결한다. 영원 전에 세우신 하나님의 목적이 바로 이 정해진 때에 집행된다. 복수형이 왜 쓰였는지 모호하기는 하지만, 하나님의 구원사 속에서 신적으로 정해진 어떤 결정적인 사건을 염두에 두고 있는 것이 분명하다.[2] 예를 들어, 위에 인용된 구절들은 성육신과 예수 그리스도의 재림을 하나님의 정해진 때로 각각 지칭한다.

두 번째 범주는 "현세대"를 지칭하는 술어들과 연관되어 있는데, 저자에게 매우 중요한 이 범주는 몇 가지 술어들을 가지고 표현된다. "이 세대"(ho nun aion, 딤전 6:17; 딤후 4:10; 딛 2:12) 또는 "금생"(nun, 딤전 4:8) 등이 현세대를 묘사한다. 저자는 유대 묵시적 이원론의 패턴을 따라 그것을 "오는 세대"와 함축적으로 대조한다.[3] 바울의 초기 서신들 속에서도 자주 등장하는 이런 사상은 현세대를 타락 사건에 의해 규정된 "악한 세대"(갈 1:4)로 간주한다. 목회서신의 입장도 이와 동일하다. 저자가 보기에 현세대가 주는 유익들은 오는 세대에서 약속된 것들과는 질적으로 전혀 다르다(딤전 4:8). 따라서 그리스도인들은 균형잡힌 전망을 가질 필요가 있다: 현세대는 이미 경험한 구원을 살아가기 시작하는 시기이지만(딛 2:12), 그렇게 살아가기 위해서는 이 세대에 내재해 있는 악한 유혹들을 피해야만 한다(딤전 6:17; 딤후 4:10). 거의

---

1) O. Cullmann, *Christ and Time*, Philadelphia 1950, 47.
2) G. Delling, *TDNT* 3: 461; J. Barr, *Biblical Words for Time*, London 1969, 65; Brox (1961), 35.
3) Cullmann, *Christ and Time*, 44-47.

동의어적으로 쓰이는 표현들로는 "후일"(hysteroi kairoi, 딤전 4:1) 또는 "말세"(eschatai hemerai, 딤후 3:1) 등이 있는데, 현세대를 모두 지칭하는 이런 술어들도 비슷하게 그것을 악이 세력을 잡은 시기로 묘사한다. 하지만 이런 술어들은 약간 다른 뉘앙스를 갖고 있기 때문에 후에 따로 다룰 필요가 있다.

또 다른 술어군은 미래의 어떤 종말론적인 사건과 그것이 도래하게 만들 오는 세대에 대한 신앙을 나타내준다. 저자가 재림에 대한 산 소망이 있었다는 사실은 "그 날"(ekeine he hemera, 딤후 1:12,18; 4:8)이란 술어 속에서 표현되는데, 그것은 그리스도께서 심판하시고 구원을 완성하기 위해 재림하게 될 종말론적인 "날"을 내다본 표현이다.[4] 목회서신에서는 재림에 대한 기대가 "나타나심"(epiphaneia, 딤전 6:14; 딤후 4:1, 8(?); 딛 2:13; cf. 살후 2:8)이란 표현 속에서 발견된다. 재림에 직접 초점을 맞추고 있는 미래 세대는 "내생"(to mallon)이란 술어가 등장하는 두 구절들 가운데서 분명하게 언급된다. 디모데전서 4장 8절에서 금욕과 대조를 이루는 "경건"은 현세대의 생활(今生, zoes tes nun)에서만 아니라 오는 세대의 생활(來生, tes mellouses)에서도 가치가 있다고 말한다. 후에(딤전 6:17-19) 저자는 부자들에게 선행에 부하고 동정하고 관대하라고 권면하면서 이것이 "장래에"(eis to mellon) 좋은 기초를 쌓는 것이라고 말한다.[5] 디모데후서 2장 12절도 함축적으로

---

4) 초기 바울서신에서는 신약 다른 곳에서처럼 동일한 기본적 술어가 약간 다른 형태로 등장한다: (1) 바울서신: "주의 날"(고전 5:5; 고후 1:14; 빌 1:6,10; 2:16; 살전 2:6); "그 날"(살후 2:10); 그리고 다른 유사한 표현들 (롬 2:5,16; 엡 4:30; 살전 5:4); (2) 다른 신약 편지들: 벧전 2:12; 벧후 2:9; 요일 2:17; 유 6).
5) A. L. Moore, *The Parousia in the New Testament*, Leiden 1966, 164.

나마 재림 또는 오는 세대에 대한 신앙을 확증해주고 있다. 이 구절은 미래 세대에서 신자의 위치는 그리스도를 부인하느냐 아니면 그와 함께 참느냐에 따라 법률적으로 결정된다는 것을 시사해준다.

결론적으로 지금까지 살핀 술어들과 표현들을 보면 저자가 종말론적인 "날"과 "오는 세대"라는 이중적인 시간 범주를 가지고 있음을 보여준다. 저자가 생각하고 있는 재림의 중요성은 주로 그것이 얼마나 임박한 것인가 하는 질문에 달려있다. 대체로 목회서신의 시간 술어들과 거기에 묘사된 범주들은 다른 신약 저술들의 것과 조화를 이룬다. 하지만 시간 또는 구원사적 범주들이 그의 메시지에 대해서 가지고 있는 의의는 역사 속에서 발생한 그리스도 사건의 효과를 설명할 때만 드러날 수 있다.

시대전환 도식들

시대 전환이 일어났다는 생각은 목회서신 저자의 종말론에서 아주 결정적인 중요성을 지닌다. 그는 두 개의 전통적인 설교 형식을 끌어다 사용함으로써 이 점을 시사해준다. 첫 번째 것은 "영원한 때 전부터... 이제는"이라는 형식인데, 저자는 이런 형식을 통해서 창세전에 약속된 것, 즉 그리스도 사건을 통한 구원이 지금 계시되었음을 선포한다(딤후 1:9-10; 딛 1:2-3). 그것은 바울의 초기 서신들에서 자주 사용되던 것이 발전된 것이다. 이들 초기 서신에서는 창세전에 비밀로 감추어진 것이 지금 나타났다고 선포된다(롬 16:25f; 고전 2:6ff; 엡 3:4-7, 8-11; 골 1:26f). 두 번째 것은 "전에는"으로 시작하는 형식이다(딛 3:3-4; cf. 딤전 1:13-15). 보통은 그 뒤에 "이제는"이란 문구가 덧붙여지는 것이 정상이지만(cf. 롬 6:20-22 ; 11:30-32; 갈 1:23; 4:8-9; 엡 2:1-22; 5:8; 골 1:21-22; 3:7-8; 몬 11; 벧전 2:10),⁶⁾ 때로는 "전에는"이란 문구가 생략되기도 하고 또는 "이제는"이란 문구가 생략되기도 하는 수정된 형태로 나타나지만 의미상의 차이는 존재하지 않는다. 이런 형식은 거의 회심 전의 행위와 회심 이후의 행위를 대조하는 윤리에 집중되어 있는데, 여기서 항상 그리스도 사건은 항상 전환점을 형성한다.⁷⁾ 이러한 전환점의 내용은 자주 단순하게 암시될 뿐이지만, "이제는"이란 말 대신에 그리스도 사건의 때를 직접 지칭하는 진술로 대체된다. 이런 형식을 통해서 저자는 새로운 삶의 방식이 역사적인 그리스도의 현현으로 시작되었음을 분명하게 시사한다.

목회서신에 등장하는 시대 전환 형식들을 비교할 때 우리는 저자의 종말론에서 세 가지 중요한 요인들을 찾아낼 수 있다. 첫째로, 각 경우마다 역사 속에서 발생하는 시대 전환은 그리스도 사건을 통해 일어난다. 예를 들면, 예수의 지상 사역, 십자가, 부활 등이 그것이다. 둘째로, 이 사건은 계시적 술어들로 줄곧 묘사되는데, 말하자면 위로부터 역사 속에 뚫고 들어와서 현세대에 변화를 가져온다. 그 궁극적인 원천은 영원 전에 미리 결정된 하나님의 목적 속에 있다. 두 개의 술어들이 서로 상관된 두 개의 개념들을 표현해준다. 하나는 두 번에 걸쳐 수동태 동사로 사용되는 "나타났다"(phaneron)는 술어로서(딤후 1:10; 딤전 3:16), 하나님께서 그 사건의 계획자라는 것을 뜻한다. 다른 하나는 능동태 동사로 한번 등장하는데(딛 1:3), 이 구절에서 하나님이 주어인

---

6) P. Tachau, "*Einst*" und "*Jetzt*" *im Neuen Testament*, Göttingen 1972, 79ff.
7) *Ibid.*, 92, 113-15.

것이 분명하다. 그것은, 특별히 수동태의 경우에, 그리스도의 성육신 사건을 기술적으로 지칭한다.[8] 명사형인 "나타남"(epiphaneia)도 동일한 의미를 지닌다. 동사 "나타나다"(epiphanein)는 그리스도 사건을 역사의 한 결정적인 순간에 나타난 사건으로 묘사한다(딛 2:11; 3:4). 디모데후서 1장 10절에서 동일한 사건이 명사를 통해 언급되기도 한다 ("나타나심으로"). 이 구절은 이 두 술어들이(phaneroun과 epiphaneia) 어떻게 긴밀하게 상호 작용을 하는지를 논증해준다: 그리스도 안에서 구원의 나타남은 그리스도 자신의 나타나심에 뿌리를 두고 있다. 마지막으로, 언급해야 할 세 번째 요소는 대조 형식들이 "현재" 쪽에 모든 강조점을 두는 효과를 나타낸다는 사실이다.[9] 현세대는 구원의 시대이고 새로운 삶의 방식이 가능해진 시대이다.

대체로 시대 전환 형식은 현세대의 붕괴를 드러내준다. 대조 형식은 한 세대에서 다른 세대로 전환된 것을 단순하게 시사하지 않고 오히려 현세대 자체가 변화를 겪고 있다는 것을 시사해준다. 이러한 변화는 그리스도께서 하나님을 대신하여 세상에 나타나신 사건으로 인해 발생하게 되었다. 그리스도 사건 때문에 "지금"은 구원의 시대가 되었다. 신자들은 이제 예전에 살았던 삶의 방식을 버리고 하나님이 요구하시는 새로운 삶의 방식을 살도록 도전을 받는다.

"말세"로서 현세대

저자는 두 구절에서 역사가 완성되기 전임에도 불구하고 교회의 시

---

8) R. Bultmann and D. Lührmann, *TDNT* 9:4-5.
9) D. Lührmann, *Das Offenbarungsverständnis bei Paulus und in paulinischer Gemeinde*, Neukirchen 1965, 125.

대를 "말세"(the Last Days)로 시사하고 있다. 디모데전서 4장 1절에서 현세대는 "후일에"(en hysterois kairois)라는 문구로 묘사되고 있는 반면에, 디모데후서 3장 1절에서는 동일한 사상이 보다 흔한 "말세에" (en eschatais hemerais)라는 문구로 표현된다.[10] 일견 이들 술어들은 미래를 지칭하는 구절로 보이기는 하지만, 두 구절이나 술어들 자체는 저자가 무엇보다도 현 교회 시대를 염두에 두고 있음을 드러내준다.

첫째로, 신약은 일반적으로 그리스도의 과거 현현이 "말세"를 도래시켰다는 점을 확증해주고 있다. 우리는 이 점을 사도행전 2장 17절에서 발견하게 되는데, 여기서 베드로는 요엘서 2장 28-32절을 통해서 오순절 날에 성령을 부어주신 사건을 "말세"와 연관시키고 있다.[11] 동일한 사상이 히브리서 1장 2절에서도 나타나는데, 물론 이 구절의 초점은 아들을 보내신 사건에 놓여있다.[12] 히브리서 구절에 나오는 "이 모든 날 마지막에"라는 표현은 아주 명백하게 현세대를 지칭하고 있다(cf. 벧전 1:20; 요일 2:18). 따라서 현세대를 말세로 간주하는 목회서신의 사상은 신약의 다른 저자들에게서 여러 선례가 발견된다고 할 수 있다.

둘째로, 4장 6절하부터 8절까지의 내용은 "육체의 연습"과 "경건"을 대조하는 것인데, 이 부분 역시 1-3절과도 연결된 것으로서 디모데가 직면하고 있는 현재의 상황을 분명하게 지칭하고 있다. 이 점은 상기 구절의 평행적 구조를 살펴보면 보다 쉽게 관찰될 수 있다:

---

10) A. L. Moore, *The Parousia in the New Testament*, Leiden 1966, 163-64.
11) Cf. Cullmann (1950), 110; Ladd (1974), 344. 하지만 목회서신의 이들 구절이 "미래"를 지칭한다고 해석하는 학자들도 있다: cf. Ridderbos (1975), 52; Guthrie, 91-92, 156.
12) Moore (1966), 148; Hughes (1977), 37.

긍정적인 면	부정적인 면
6절하 믿음의 말씀과 네가 좇은 선한 교훈으로 양육을 받으리라	7절상 망령되고 허탄한 신화를 버리고
7절하 오직 경건에 이르는 연습을 하라	8절상 육체의 연습은 약간의 유익이 있으나
8절하 경건은 범사에 유익하니 금생과 내생에 약속이 있느니라	

일련의 대조들이 여기에 등장한다. 첫째로, "믿음의 말씀"과 "선한 교훈"은 1-3절에 언급된 금욕적인 가르침들과 함축적으로 대조를 이루고 있음이 분명하고, 또한 7절상에 언급된 "신화들"과도 명시적으로 반대를 이룬다. "신화들"은 역으로 7절하의 "경건"과 대조를 이룬다. 이 "신화들"은 1-3절의 금욕적 교리들을 지칭하는 것이 거의 분명하다. 왜냐하면 목회서신의 다른 곳에서 '신화'(mythos)란 말은 반대자들의 교리들과 행습들과 연관되어 있기 때문이다(딛 1:14). 하지만 본문의 근접 문맥에서 "신화들"은 또한 8절상에 언급된 "육체의 연습"을 지칭하는 것으로 보인다. 왜냐하면 두 개념들이 "경건"과 대조를 이루고 있기 때문이다. 이러한 관찰에 기초하여 볼 때 우리는 "육체의 연습"이 또한 3절에 언급된 금욕적인 계율들을 소급해서 지칭하는 것이 분명하다고 인정할 수도 있다.[13] 따라서 "말세"와 연관된 현상들이 저자의 생각 속에서는 현재적인 관심사였다는 결론은 불가피하게 보인다. 그런 현상들은 6-8절에서 현재와 관련하여 분명하게 묘사되고 있기 때문에 그렇다. 배교 현상은 "말세"의 징조이기는 하지만(막 13:22; 살후 2:3), 그것은 목회서신의 교회들 중에서 이미 현재적인 현상이며 또한 다른 신약 교회들에게서도 나타나고 있는 현상이다. 결론적으로, 우리가 위에서

살핀 구절들 중에서 어떤 것도 문자적인 미래를 지칭할 것을 요구하지 않는다.

신현(神顯) 도식들

목회서신에는 '나타남' 또는 '현현'을 뜻하는 헬라어 술어 '에피파네이아'(epiphaneia)란 술어가 자주 등장한다. 이 술어의 사용은 역사적으로 헬레니즘 시대로 소급되는데, 헬레니즘 시대에 그것은 신이 예배자들을 위하여 나타나는 사건을 지칭하는 의미로 사용되곤 하였다. 이것은 새로운 관찰이 아니라 이미 여러 학자들에 의해서 연구된 결과이다.[14] 이들 학자들의 연구는 목회서신의 술어 사용에 직접적으로 관계가 될 만한 몇 가지 사실들을 발견하게 되었다. 첫째로, '에피파네이아'란 술어를 종교적으로 사용한 사실의 일차적 의의는 처음에는 군사적인 상황에서 "돕기 위한 간섭"에 강조점을 두었지만, 후대에는 인간의 유익을 위해서 신이 간섭한다는 개념으로 강조점이 옮겨지게 되었다는 점이다.[15] 이런 결론과 더불어 몇 가지 상호 연관된 뉘앙스의 의미들이 이 술어의 폭넓은 의도 속에 내포될 수 있는데, 신이 환상 속에 현현된다는 의미가 바로 그것이다. 둘째로, 종교적인 용법에서 '에피파네이아'란 술어는 시종일관하게 역사적인 구체적 사건과 관련을 맺고 있지 신화적인 내용과는 연관되어 있지 않다는 사실이다.[16] 뤼르만에

---

13) Pfitzner, *Paul and the Agon Motif*, Leiden 1967, 172-73; Brox, 172-73; Kelly, 100; Stählin, *TDNT* 4: 781-82를 참조하라.
14) E. Pax, *EPIPHANEIA. Ein religionsgeschichtlicher Beitrag zur biblische Theologie*, München 1955, 8-19; D. Lührmann, "Epiphaneia. Zur Bedeutungsgeschichte eines griechischen Wortes," *Tradition und Glaube*, ed. by G. Jeremias, et. al. Göttingen 1975, 185-99; Bultmann and Lührmann, *TDNT* 9: 7-10.
15) Lührmann (1975), 191; Bultmann and Lührmann, *TDNT* 9: 8.

따르면, '에피파네이아' 자체는 제의의 기초를 형성할 수는 있지만 그것은 제의의 예배 의식에서 발생하지는 않았다. 더욱이, 이 술어의 종교적 용법은 통치자 제의의 초기 단계에서는 역할을 담당하지 않았다. '파루시아'(parousia)란 말이 그런 역할을 담당하기는 했지만, 이 두 용어는 적어도 카리귤라 황제 시대까지 동의어적인 술어들은 아니었다.[17] 헬레니즘적 유대교 시절에 종교적인 용법이 지속되기는 했지만 자연스럽게 구약적인 전승에 의해 결정되었다. 구약에서 자신의 언약 백성을 대신하여 역사 속에서 간섭하시는 분은 유대인들의 유일하신 하나님이시다(cf. 2 Macc. 3:24; 5:24; 12:22; 14:15; 15:27; 3 Macc. 2:9; 5:8, 51). 따라서 헬레니즘적이며 유대교적인 용법을 통해서 '에피파네이아'란 술어가 "신적인 도움"(göttliche Hilfe)[18]이라는 일반적인 의미의 술어로 발전하게 되었다.

이러한 연구 결과들을 신약의 '에피파네이아' 용법에, 특별히 목회서신의 신현 도식들을 설명하려는 최근의 시도들에 비추어 적용하는 일이 남아있다. 칠십인경의 비종교적 의미로 사용되는 사도행전의 두 구절들은(행 2:21의 형용사는 "영광스러운"을 뜻하고, 행 27:20의 동사형은 "가시성"을 뜻한다) 고려대상에서 제외하고, 나머지 신약의 용례들은(살후 2:8; 딤전 6:14; 딤후 4:1, 8; 딛 2:11) 그리스도의 강림과 연관되어 등장한다. 다른 세 구절에 나오는 동사는 그리스도의 성육신을 지

---

16) Lührmann (1975), 191; cf. Bultmann and Lührmann, *TDNT* 9: 8.
17) A. Deissmann, *Light from the Ancient East*, New York 1927, 375 n. 3. 여기서 그는 전자의 술어가 후자의 술어와 동의어적 의미를 지닌다고 생각될 수도 있는 한 가능한 경우를 제시하는데, 즉 Cos 391의 비문들이 그것이다. 여기서는 카리귤라의 등극을 염두에 두고 있다.
18) Lührmann (1975), 195-96.

칭하는데(눅 1:79; 딛 2:11; 3:4) 동일한 사건을 염두에 두고 있는 디모데후서 1장 11절의 경우에는 명사가 사용된다. 데살로니가후서 2장 8절의 경우에 '에피파네이아' 와 '파루시아' 가 나란히 등장하는데, 이 두 술어간의 정확한 관계는 결정하기가 어렵다. 두 술어가 정확하게 동의어적인 의미를 갖지 않는 것으로 보인다. '파루시아' 는 그리스도의 강림이란 사실을 지칭하는 반면, '에피파네이아' 는 그러한 사건 속에서 신적인 도움과 간섭이란 요소에 좀 더 좁게 초점을 맞추고 있다.[19]

목회서신에서 '에피파네이아' 가 미래를 지칭하는 첫 번째는 디모데전서 6장 14절이다. 이 경우에 파루시아와 에피파네이아 사이에 구별이 없다. 그것은 단순히 "우리 주의 나타나심" 을 지칭할 뿐이고 디모데는 그 때까지 주의 명령을 지켜야 한다. 여기서 에피파네이아는 기술적으로 재림을 지칭하지만, "도우심" 의 성격을 지닌 역사적 사건이란 사상은 그대로 남아있다.[20] 디모데후서 4장 1절도 동일한 술어를 비슷한 방식으로 사용한다. 그것이 한편에서는 "산 자와 죽은 자를 심판하실" 그리스도의 오심과 연관되고, 다른 한편에서는 "그의 나라" 와 연관되는 것은 에피파네이아를 정확하게 재림의 영역 안에 위치시키지만, 또한 재림의 사건이 다른 각도에서 볼 수도 있다는 것을 보여준다. 적어도 역사적 간섭이란 개념은 이 술어의 사용에 담겨져 있다. 디모데후서 4장 8절이 무엇을 지칭하는지는 분명하지는 않지만, "그 날" 이 언급된다는 점은 미래의 나타남을 염두에 두고 있음을 시사할 수도 있다. 어떤 방식이든지 간에 역사적 사건을 염두에 두고 있다는 것은 분명하다. 디도서 2장 13절은 에피파네이아가 그리스도의 미래 재림을 지칭하는

---

19) *Ibid.*, 197-8.
20) Bultmann and Lührmann, *TDNT* 9:10.

마지막 경우를 담고 있다. 문법적으로 "우리의 크신 하나님 구주"가 그리스도를 지칭하는 것으로 보는 것이 최선의 해석이다. 왜냐하면 대망의 대상은 그리스도의 나타나심이기 때문이다. 여기서 다시 "도우시는 개입"이란 뜻을 지닌 역사적 사건을 소망하고 있음이 분명하다.

요약하자면, 미래 나타나심을 지칭하는 구절들은 재림과 불가피하게 연결되어 있음이 분명하다. 하지만 이 술어의 배경에 기초해서 볼 때 '에피파네이아'는 단순히 '파루시아'의 동의어 이상의 것이다. 그것은 "돕기 위한 개입"의 순간을 염두에 두고 있다.[21] 그리스도의 '파루시아'는 따라서 '에피파네이아'란 술어를 통해서 보다 온전히 묘사될 수 있다: 간섭과 도우심이 그 속에 함축되고, 역사적 사건이란 개념이 강조되고 있다. 우리가 위에서 살핀 두 구절에서 '에피파네이아'는 "돕기 위한 개입"이란 관점에서 보면 미래의 파루시아 사건을 묘사한다.

'에피파네이아'가 분명하게 그리스도의 성육신을 지칭하는 의미로 사용되는 첫 번째 구절은 디모데후서 1장 10절이다. 여기서 만세전에 (9절) 하나님의 구원 목적과 은혜는 "우리 구주 그리스도 예수의 나타나심을 통해 나타났다"고 선언된다. 하지만 이 경우에도 역시 오버리너(Oberlinner)는 "나타남"이 성육신과 같은 어떤 특정한 역사적 사건을 제한적으로 지칭한다고 해석하기를 거부한다.[22] 하지만 술어의 역

---

21) Lührmann (1975), 198. 하지만 우리가 위에서 살핀 구절들이 미래 사건을 지칭한다는 해석을 거부하고 현재적 삶의 결단을 촉구하는 사건으로 해석하려는 시도도 있다: cf. L. Oberlinner, 'Die 'Epiphaneia' des Heilswillens Gottes in Christus Jesus. Zur Grundstruktur der Christologie der Pastoralbriefe," *ZNW* 71 (1980), 200-201.

사적 배경들을 고려할 때 "나타남"은 역사적 한 사건과 그 사건 속에서 활동하는 한 인물을 제한적으로 지칭한다고 보아야 한다. 이 경우에 "돕기 위한 개입"은 그리스도께서 인간의 모습으로 지상에 나타나신 것과 관련하여 쉽게 설명될 수 있다. 신약 저자들이 일반적으로 확인해 주듯이, 이렇게 나타나심은 그의 죽으심과 부활, 그리고 그 사건들이 가져다주는 구원의 결과들을 그 궁극적 목적으로 갖고 있다. 더욱이, 그리스도를 "구원자"로 묘사한 것은 그의 개인적 사역을 일차적으로 염두에 두고 있음을 시사할 수도 있다. 분명히 그리스도 사건은 복음 선포를 통해서 그 지속적인 효과를 나타내지만, '에피파네이아' 술어의 종교적 용법에 내재한 것으로 보이는 시간적 제한은 "복음을 통하여"란 문구가 복음 선포가 증언하는 사건(epiphaneia)과 구분되어야 한다는 것을 요구한다. '나타남'은 과거에 발생한 것이고(cf. 딛 2:11; 3:4), 그 효과들은 "복음을 통하여" 중개되고 있다. 하지만 이것은 "나타남"(epiphaneia)이 복음이 증거될 때마다 나타난다는 것을 말하지 않는다.

디도서 2장 11절과 3장 4절은 함께 고려해야 한다. 두 구절에서 "나타났다"는 단순과거 동사(epiphane)가 등장한다. 이런 형식은 역사적인 그리스도 사건에 대한 묘사인 것이 분명하다. 전자의 구절에서 주어는 "하나님의 은혜"인데, 이 말은 하나님의 구속사적 사역을 지칭하며(14절), 후자의 구절에서 "때에"(hote)란 말은 "하나님의 자비와 사람 사랑하심", 즉 인류에게 구원을 주시는 그리스도의 성육신 사건이 나타난 역사상의 한 시점을 묘사한다.[23] 3장 4절의 "자비"와 "사람 사랑

---

22) Oberlinner (1980), 202-203.

하심"은 2장 11절의 "은혜"와 상응한다. "돕기 위한 개입"이란 생각이 이 두 구절에 적절하게 잘 어울린다. 왜냐하면 각 구절에서 하나님의 개입은 구원으로 귀결되기 때문이다(2:11; 3:4-7). 얼핏 이들 구절이 하나님의 구원 목적을 강조하다가 그리스도의 역할을 소홀히 하지 않나 생각되기도 하지만,[24] 11절에 언급된 하나님의 은혜의 계시는 14절의 그리스도의 구원 사역과 분리될 수 없다. 하나님의 구원 활동은 목회서신에서 영원 전에 뿌리를 박고 있으며(딤후 1:9), 지금은 역사 속에서 그리스도 사건을 통해 구체적으로 실현되었다(딛 2:14). 더욱이, 디모데후서 1장 10절에 사용된 동사(phaneroun)를 주목할 때, 구원하시는 하나님의 은혜와 역사적인 그리스도 사건은 서로 분리할 수 없다는 것이 논증된다: 예수 그리스도의 "나타나심"은(10절) 하나님의 "뜻과 은혜"에 뿌리를 두고 있다. 따라서 "하나님의 은혜"(딛 2:11)와 "하나님의 자비와 사람 사랑하심"(딛 3:4)은 그리스도께서 자신을 주신 구체적인 역사적 사건(epephane) 속에서 실현되었다(2:14; 3:6).[25] 그리고 "에피파네이아"란 술어가 개인과 연관하여 등장할 때는 항상 그리스도를 지칭한다. 따라서 상기 구절들을 통해서 알 수 있는 것은 그리스도 사건이 하나님의 은혜에 기원한다는 점을 강조하는 방식으로 묘사된다는 점이다.

요약한다면, 그리스도의 미래 재림과 그의 역사적인 나타나심은 목회서신에서 "에피파네이아"란 술어를 가지고 모두 묘사되고 있음이

---

23) Pax (1955), 239; Bultmann and Lührmann, *TDNT* 9 :10.
24) H. Windisch, " Zur Christologie der Pastoralbriefe," *ZNW* 34 (1935), 223-26. 빈디쉬가 그런 생각을 가진 대표적인 학자이다.
25) Pax (1955), 243.

분명하다. 각 경우마다 그것은 역사적인 사건의 성격과 그리고 돕기 위해 하나님이 개입한다는 사건의 내용에 초점을 두고 있는 것으로 보인다. 저자는 헬레니즘과 헬레니즘 유대교 문헌에 등장하는 종교적인 "에피파네이아" 용법을 끌어들이되 신약 사상의 패턴을 따라 발전시켜 사용하였다.

그렇다면 저자의 종말론적인 틀에서 볼 때 신현(epiphaneia) 도식은 어떤 의의를 갖고 있는가? 이 도식은 본질적으로 현세대에 주목하면서 그것을 그리스도 사건과 관련하여 긍정적으로 정의를 내린다. 첫째로, 각 신현이 성육신과 재림과 같은 역사적 사건을 지칭하고 있다는 사실과, 목회서신과 신약의 다른 교훈과 마찬가지로 교회 시대가 그리스도 사건에 기원을 두고 있고 그의 미래 재림에서 완성에 도달한다는 점을 깨닫게 될 때에, 교회 시대는 중간시대(Zwischenzeit)로 이해되어야 한다. 그리스도의 나타나심이 양쪽에 다 묶여 있고 현세대를 앞쪽으로나 뒤쪽으로 다 빛을 비춤으로써 중간 시기는 기독론적으로 이해되어야 한다. 이것은 각 신현과 연관된 개념들을 살필 때 한층 더 잘 설명될 수 있다. 교회 시대를 "말세"로 묘사하면서 주로 시대의 악함에 초점을 둔 것과는 대조적으로, 신현 도식은 현세대와 연관된 구원과 이미 시작된 사람의 새로운 존재 양식에 관심을 집중시킨다.[26] 과거 신현을 지칭하는 구절들은(딤후 1:10; 딛 2:11; 3:4) 구원이 바로 이 신현 사건을 통해서 시작되었다는 것을 분명하게 논증해준다. 결과적으로 새로운 삶의 방식은 가능할 뿐만 아니라 이제는 의무가 되었다. 미래의 신현도 인간 존재에 영향을 미치지만, 과거 신현 사건과는 다르게 영향을 미친다. 심판의 사상이 그리스도의 미래 나타나심과 연관되고(딤후 4:1; cf. 딤전 6:14; 딛 2:13), 첫 번째 신현으로 가능해진 새로운 삶을 "살아야" 할 동기로 호소된다. 따라서 중간시대는 구원의 때일 뿐만 아니라 결단과 책임의 때이기도 하다. 저자에게는 책임 있는 행위와 삶이란 교회의 사역 활동뿐만 아니라 예배, 가정, 세상에서의 행위에 이르기까지 인간 존재의 모든 측면을 다 포함하는 방식으로 확대된다.

주목할 점은 저자가 동일한 "에피파네이아" 술어를 가지고 과거의 신현과 미래의 신현 사이의 연속성을 함축하고 있다는 사실이다. 만일 저자가 구원을 이미 경험되기 시작한 것이지만 아직 완성된 실재가 아니라고 생각했다면, 이들 두 신현 사이의 관계가 지닌 종말론적인 의의는 그리 어렵지 않게 파악될 수 있다. 윤리적 긴장의 삶을 살아야 하는 신자의 현재적 실존은 "이제"(now)란 술어에 저자가 기울이는 분명한 관심을 설명해줄 수 있다. 지금까지 우리는 현세대에 주목하는 "시대 전환" 도식과 저자가 이 시대를 성격 규정하는 부정적이고 긍정적인 방식들에 대해 관찰해 왔다. 한편에서, 현세대는 그리스도의 재림 전까지 악이 관영하는 마지막 시대이다. 하지만 다른 한편에서 그것은 구원과 새로운 삶의 때이기도 하다. 재림에 대한 신앙은 이미 표면화되고 있지만 그 영향은 저자의 종말론적인 틀 속에서 평가해야 한다.

재림의 소망

학자들마다 목회서신의 저자가 재림의 소망을 표현할 때 얼마나 그것을 임박한 것으로 생각했는지에 대해 의견을 달리해 왔다. 어떤 학자

---

26) Cf. Oberlinner (1980), 212.

들에 따르면, 저자가 교회가 세상에서 오래 지속될 것으로 생각하기는 했지만, 임박한 그리스도의 재림에 대한 적극적인 기대가 목회서신에서 발견될 수 있다고 보기도 한다.[27] 다른 학자들에 따르면, "교회가 세상에서 오래 지속될 것이라는 생각에 이미 적응하기 시작했고 그 안에서 편하게 지내는 방법을 배우고 있었기"[28] 때문에, 저자는 임박한 재림에 대한 기대를 결여하고 있다는 것이다. 또 다른 학자들은 상기 두 견해 사이의 중도적 입장을 취하여 목회서신이 현세대에 강조점을 둔다는 점에서 바울의 초기 서신과 다르고, 재림의 기대를 표현하는 구절들을 통해 보면 바울의 초기 서신과 유사한 점이 있어서 상이점과 유사점이 나란히 존재한다고 주장하기도 한다.[29] 후자의 두 입장은 초대교회의 종말론이 변화를 겪었다는 것을 추정한다: 원시교회는 곧 임할 것으로 생각했던 그리스도의 재림에 대한 소망이 재림의 지연으로 시들해지면서 그것이 먼 미래에 가서나 있을 것이라는 현실적인 신앙을 갖게 되었다.[30] 하지만 신약의 종말론을 이런 식으로 설명하는 해석은 최근에 여러 학자들에게 심한 도전에 직면해 있는데, 그들은 신약 저자들만 아니라 예수 자신도 재림이 임박한 것으로 생각했지만 "제한되지 않은" 의미로 보았다고 주장한다.[31] 이런 입장은 그리스도의 부활, 승천과 재림 사이에 더 큰 시간적 간격이 존재할 수 있는 가능성을 허용해 준다. 이 점에서 중요한 점은 바울의 종말론적인 기대가 초기와 후기

---

27) Moore (1966), 163-64; A. Strobel, "Schreiben des Lukas? Zum sprachlichen Problem der Pastoralbriefe," *NTS* 15 (1969), 207; Kelly, 246; Guthrie, 199.
28) Dibelius and Conzelmann, 10; S. G. Wilson (1979), 15-16; P. Stuhlmacher, "Christliche Verantwortung bei Paulus und seinen Schülern," *EvT* 28 (1968), 182; Kümmel (1975), 383.
29) P. Trummer, *Die Paulustradition der Pastoralbriefe*, Frankfurt 1978, 228.
30) D. E. Aune, " The Significance of the Delay of the Parousia," in: *Current Issues in Biblical and Patristic Interpretation*, ed. by G. F. Hawthorne, Grand Rapids 1975, 95-103.

저술들 사이에 뚜렷하게 드러날 만한 어떤 변화를 나타내지 않을 만큼 시종일관하게 보인다는 사실을 주목하는 것이다. 목회서신의 저자가 비록 현세대에 대한 관심을 가졌다고 해서 그것을 곧바로 저자 당대의 교회가 재림의 지연으로 인한 실망감 때문에 세상에 오래 살아남을 것이라는 생각에 적응하기 시작했다는 증거로 간주해서는 안 된다. 왜냐하면 저자는 현세대에 대한 관심뿐만 아니라 재림에 대한 살아있는 기대를 동시에 갖고 있기 때문이다.

우선 목회서신에는 현재적인 구원 경험과 미래의 구원의 완성 사이에 종말론적인 긴장 개념이 존재한다는 사실을 부인할 수 없다. 이러한 긴장 개념은 이미 다른 신약 저술들 가운데서도 발견되는 현상으로서 새로운 현상이 아니다. 그것은 부자들의 경우에(딤전 6:17-19), 그리고 디모데 자신과 관련하여(6:13f; 딤후 4:1ff) 신자의 생활 방식에 영향을 미친다. 이것은 재림에 대한 기대가 희미해졌다는 입장에서는 설명될 수 없다.

재림에 대한 적극적인 기대를 보다 분명하게 시사하는 구절들은 디모데전서 4장 1절과 디모데후서 3장 1절 등인데, 여기서 시간 관련 문구들은 신자들이 "말세에" 살고 있다는 감각을 묘사해준다. 다른 술어들이 사용되고 있음에도 불구하고("후일에", "말세에"), 이들 구절의 논조나 내용은 동일한 생각이 두 시간 관련 문구들 속에서 표현되고 있음을 시사해준다. 각 구절에서 "때"는 악의 활동이 심화되는 때이며,

---

31) Moore (1966); S. S. Smalley, "The Delay of the Parousia," *JBL* 83 (1964), 41-54; Aune (1975), 87-109; R. J. Bauckam, "The Delay of the Parousia," *TB* 31 (1980), 3-36.

그런 현상은 보통 재림의 전조 현상으로 제시되기도 한다(cf. 살후 2:3f). 아울러 목회서신은 또한 그리스도의 재림 전 시대를 "말세"로 간주하기도 한다. 이러한 점들을 함께 고려할 때 저자가 현세대를 끝없이 지속되는 것으로 보았다고 볼 수는 없다.[32]

재림에 대한 임박한 기대를 함축하는 증거는 디모데전서 6장 13-14절에서 디모데에게 준 명령에서 관찰될 수 있다: "내가 너를 명하노니 우리 주 예수 그리스도 나타나실 때까지 점도 없고 책망 받을 것도 없이 이 명령을 지키라." 저자는 재림이 디모데 생전에 있을 수도 있음을 시사하는 것 같다. 윌슨(Wilson)과 같은 학자는 이 구절이 임박한 기대보다는 재림의 지연에 대한 실망을 보여주고 있기에 여기서 중요한 것은 "적절한 때"(kairois idiois)를 택할 신적인 주도권이라고 주장한다.[33] 하지만 그의 주장은 신빙성이 없다. 재림의 때를 결정하는 신적 주도권이란 개념은 예수의 감람산 강화와(마 24:36의 평행절) 사도행전 1장 7절에서도 나타나는데, 이들 구절에서 임박성의 개념이 존재하는 것으로 판명이 된 상태이다.[34] 더욱이, 바울이 감람산 강화 전승에 의존한다는 사실은 신적 주도권과 적극적인 재림의 기대가 서로 반대되는 개념이 아니라는 것을 시사한다고 사료된다(cf. 살전 5; 살후 2). 전체적으로 디모데전서 6장 13-14절에 대한 무어(Moore)의 평가가 더 정확한 것 같다: "여기서 재림이 먼 미래의 사건으로 생각되고 있다고 결론지을 필요가 없어 보인다: 종말은 그 (신적으로) 정해진 때에 있을 것이며, 강

---

32) Moore (1966), 163-64.
33) S. G. Wilson (1979), 17.
34) Moore (1966), 154, 177-81, 191-206.

조점은 그러한 사상 속에 담겨져 있는 확신과 시급성에 놓여 있다."[35]

재림에 대한 진지한 기대는 디도서 2장 13절에서 함축되어 있다: "복스러운 소망과 우리의 크신 하나님 구주 예수 그리스도의 영광이 나타나심을 기다리게 하셨으니." 윌슨은 여기서 저자가 재림의 임박성을 주장하려는 의도 없이 단순히 "원시교회의 찬양시"를 인용할 수도 있다는 반론을 제기한다.[36] 하지만 이것은 순전히 추정에 불과하다. 목회서신의 다른 구절들 속에서 적극적이고 살아있는 재림의 기대를 시사하는 구절들에 비추어 볼 때 윌슨 주장의 개연성은 희박할 뿐이다. 재림이 "가깝다"는 것을 시사하는 마지막 구절은 디모데후서 4장 1절이다. 이 구절에서 심판하실 예수 그리스도의 "나타나실 것"(tou mellountos krinein)에 대한 언급은 그리스도께서 심판자로 나타나실 것이 가까웠다는 것을 드러낼 수도 있다.[37]

결론적으로 목회서신에서 재림에 대한 적극적인 기대가 있었음을 반대하는 주장들은 신빙성이 없는 것으로 판단되어야 한다. 그들의 논거는 초대교회가 재림의 지연으로 인한 실망감으로 자신들의 종말론의 중심축을 미래에서 현재로 옮겨놓았다는 추론에 근거하는데, 목회서신 자체에서만 아니라 신약의 다른 저술들 속에서도 지지를 받지 못하고 있다. 왜냐하면 재림에 대한 기대는 신약 전체에 깊이 스며들어 있는 근본적인 사상이기 때문이다. 이런 의미에서 목회서신에 나타난 재림의 기대는 종말의 가까움을 기대했던 신약의 사상과 전적으로 일

---

35) *Ibid.*, 164.
36) S. G. Wilson (1979), 17-18.
37) Moore (1966), 164; BDF 186 para. 356을 또한 보라.

치한다고 할 수 있다. 신약의 저자들은 모두 종말이 가까이 다가왔다고 말하면서도 시간적으로 "고정된" 의미로 사용하지 않기 때문에 최초의 신현과 마지막 신현 사이에 시간적 간격을 허용하고 있다. 물론 저자는 자신의 메시지를 발전시키면서 현세대에 많은 강조점을 두기는 하지만, 그는 그것과 나란히 종말에 대한 살아있는 기대감을 동시에 보존하고 있다.

2. 하나님, 그리스도, 성령: 그 칭호들과 행위들

목회서신의 신학을 제대로 파악하려면 신론 문제를 고려해야만 한다. 저자는 인류를 구원하는 일에 있어서 하나님과 그리스도의 역할을 강조하는 것이 분명한데, 구원론에 대한 자세한 논의는 차후로 미루고 우선 하나님, 그리스도, 성령에 관한 칭호들이 어떤 것이 있는지, 그리고 그들의 활동을 어떻게 묘사하는지에 대해서 살필 필요가 있다.

하나님

목회서신에서 하나님에 관한 칭호들은 대부분 다른 신약 저술들의 것과 공통적이고 어떤 특별한 사상적 발전을 보여주지 않는다. 세 서신들에서 하나님은 우선 "아버지"로 불린다 (딤전 1:2; 딤후 1:2; 딛 1:4). 바울서신에서 이 칭호는 37회 정도 등장하고 그중에 18회가 서론과 결론 부분 밖에서 나타난다는 점에 비해 목회서신에서 이 칭호가 아주 드물게 등장한다는 점이 저작권 시비의 자료가 되고 있다.[38] 하지만 저술 목적이 다르다는 점을 고려할 때 이런 불균형이 있다고 해서 우리가 꼭 저작권을 의심해야만 하는 것은 아니다. 저자는 디모데와 디도에게 은혜, 긍휼, 평강이 있기를 기원하는데, 다 하나님 아버지가 주시는 은총의 선물로 간주한다. 신약의 다른 저술에서처럼 "아버지"는 신자가 예수 그리스도를 통해서 하나님과 맺고 있는 새로운 가족적 관계를 함축한다.

하나님을 지칭하는 또 다른 흔한 술어는 "살아계신 하나님"이란 칭호이다(딤전 3:15; 4:10). 이 칭호는 생명의 기원, 원인, 지탱자와 같은 개념들을 하나님에게 귀속시킨다: "생명"은 오직 하나님에게만 속한 것이다.[39] 디모데전서 4장 10절의 칭호만이 영생에 관한 이전 논의와 연계되어 개진되는 것 같고, 칭호 자체는 구약과 신약의 기본적인 용례를 따르고 있다.

하나님을 지칭하는 나머지 두 다른 칭호들은 "임금"(basileus)과 "주"(kyrios)이다. 하나님은 두 송영 구절에서 "임금"으로 지칭된다(딤전 1:17; 6:15). 각 구절에서 표현은 거의 형식문에 가깝고,[40] 따라서 하나님의 "왕권"에 대해서 어떤 특정한 부연 설명은 덧붙여지지 않는다. 마지막 송영에서 하나님은 또한 심판하실 "주"로 지칭되는데, 그것은 디모데후서 1장 18절과 2장 19절에서도 나타난다. 디모데전서 6장 15절과 디모데후서 2장 19절에서 하나님의 주권적 통치 개념이 나타나는 것은 분명하고, 그런 개념은 심판을 언급하고 있는 디

---

38) H. Simonsen, " Christologische Traditionselemente in den Pastoralbriefen," in: *Die paulinische Literatur und Theologie*, ed. by S.Pedersen, Denmark 1980, 61; B. S. Easton, *The Pastoral Epistles*, London 1948, 13.
39) G. von Rad, *TDNT* 2: 862.

모데후서 1장 18절에도 결여되어 있지 않다. "임금"이나 "주"란 칭호들은 모두 근접 문맥에서 주권적인 하나님을 묘사하고 있다.

하나님의 활동을 묘사하는 술어들 가운데는 하나님의 주권성과 초월성에 관계된 칭호들도 있다. 첫째로, 하나님은 "창조자"로 묘사된다(딤전 4:3-4). 하나님은 선하시기 때문에, 그가 만드신 것은 어떤 것이나 (예를 들어, 음식) 감사함으로 받아야 한다. 마찬가지로, 하나님의 창조적 권세와 능력은 하나님께서 "만물을 살게 하시며"(6:13), "우리에게 모든 것을 후히 주사 누리게 하신다"(6:17)는 진술들 배후에 놓여 있다. 첫 번째 진술에서 저자는 디모데를 격려하고 권면하기 위해서 하나님의 주권에 호소한다. 두 번째 경우에 부자들을 권면하기 위해서 유사한 방식으로 하나님의 주권에 호소한다. 위에서 이미 언급한 송영 구절들에서(딤전 1:17; 6:15-16) 하나님의 주권과 초월성 묘사에 들어맞는 성질들이 하나님에게 귀속된다. 두 송영은 하나님의 불멸성(1:17; 6:16), 불가시성(1:17), 유일성(1:17; 6:15-16)을 확증해준다. 더욱이, 후자의 송영은 이 유일한 주권자만이 "가까이 가지 못할 빛에 거하신다"(6:17)고 선언한다. 마지막으로, 하나님의 의지를 지칭하는 진술들은 구원계획과 직접 연관되든지(딤전 2:4; 딤후 1:9) 아니면 달리 연관되든지 간에 (딤후 1:1; 딤전 1:1; 딛 1:2) 하나님의 주권적 통치에 대한 신앙을 반영하고 있다. 저자가 고정된 송영 진술들을 사용하고 하나님을 지칭하는 방식을 보면 하나님의 주권을 분명하게 확증해 주고 있음을 보여주고 있지만, 이미 우리가 살핀 바 있는 하나님의 유일성 개념을 좀 더 면밀하게 살펴보면 하나님의 주권 사상이 구원론적인 노선을 따라 발전되

---

40) Simonsen (1980), 60. 여기서 그는 이들 칭호가 예배 전승에 기초하고 있다고 시사한다.

고 있음을 보여준다.

디모데전서 2장 5절에는 "하나님은 한 분이시요"라는 진술이 등장한다. 보다 폭넓은 전승의 단편이기는 하지만(5-6절), 첫 행은 선행하는 구절들과 관련하여 이해되어야 한다. 즉 선행하는 구절들은 기도와 관련된 교훈들을 베푼 후에 하나님은 구원자가 되시며 모든 사람들이 구원 받기를 원하신다고 진술한다. 5절상과 선행하는 구절의 문법적 관계는 이유를 말하는 접속사 '가르'(gar)를 통해서 제공된다. 대부분의 학자들은 이 접속사가 1-4절에서 제시된 교훈과 신학을 구체화하는 방식을 소개하는 것으로 생각하지만,[41] 그 정확한 기능을 확인하는 일은 "하나님은 한 분이시다"는 진술의 의미에 달려있다.

신약에서 "한 하나님" 형식문이 등장할 때마다 거의 그 용법을 기독교 이전 시대에 이방인들을 위한 디아스포라 유대교 선교의 맥락에서 끌어온 것이 분명하다.[42] 헬레니즘 시대에 유대인들은 적어도 부분적으로 쉐마 기도문에(신 6:4) 들어 있는 사상에서[43] 나온 이 문구를 이방인들의 이교종교에 직면하여 논쟁적이며 선전적인 방식으로 사용하였다.[44] 그것은 또한 회당에서 외침 형식으로 사용되는 예배적 기능을 가졌을 수도 있다. 그것이 바울서신에 등장할 때는 많은 신들이 있다는 생각을 논박하려는 논쟁적 기능을 가질 수 있다(고전 8:4-6). 다른 경우들에는 덜 논쟁적이어서 유대인과 이방인 모두를 지으신 한 하나님만

---

41) Brox, 127-28; Ridderbos (1975), 338.
42) W. Kramer, *Christ, Lord, Son of God,* London 1966, 95-98; K. Wingst, *Christologische Formeln und Lieder des Urchristentums,* Gütersloh 1972, 138-43, etc.
43) Kramer (1966), 95; Ridderbos (1975), 338.

계시기 때문에, 이방인들도 그가 주시는 구원을 얻을 수 있다는 생각을 강조한다(롬 3:29- 30; 갈 3:20). 전에는 일차적으로 유대교의 선전이나 논쟁의 장치였던 것을 바울이 누구나 하나님의 은혜에 접근할 수 있다는 자신의 복음의 교두보로 채용하였다(롬 3:29-30; 갈 3:20; 엡 4:5-6).

디모데전서 2장 5절에 등장하는 형식문의 의미는 로마서 3장 29-30절에 비추어 이해되어야 한다. 3절에서는 하나님이 구원자로 묘사되고 있고, 4절에서는 하나님께서 모든 사람이 구원을 받기를 원하신다는 주장이 개진되는데, 이런 요소들은 "하나님은 한 분이시다"란 선언이 하나님의 구원 의지의 보편적 성격을 신학적으로 뒷받침하는데 기여하고 있음을 시사해준다. 여기서는 많은 신들을 반박하는 논쟁은 없다. 바울은 로마서 3장 29-30절에서 이 형식문을 유대인-이방인 논쟁의 맥락에서 사용하기는 하지만, 그는 또한 그것을 하나님의 구원에 누구나 보편적으로 접근할 수 있다는 사실을 뒷받침하려고 사용한 것으로 보인다. 따라서 디모데전서 2장 5절상의 형식문 용법은 다른 곳에서 바울의 용법이라고 알고 있는 것과 상응하는 것으로 보인다. 하나님이 한 분이시라는 생각은 복음 선교의 보편적 성격을 요청한다.

이제는 좀 다른 방향에서 하나님은 주권적이시고 초월적이신 존재일 뿐만 아니라 그의 백성과 밀접하게 연계되어 있고 그들에게 가까운 분이라는 사실에 주목할 필요가 있다. 이를 시사하는 몇 구절들을 살펴보자. 첫째로, 두 구절에서 하나님은 자기 백성을 친밀하게 아신다는

---

44) Wengst (1972), 136-37; Kramer (1966), 95-97; M. Hengel, *Jews, Greeks, and Bararians*, London 1980, 78.

생각이 표현된다. 디모데후서 2장 19절에서 저자는 민수기 16장 5절을 인용하는데, 이 구약 구절은 자기 백성을 친밀하게 아시고 그들과 밀접한 관계를 가지신 하나님 개념을 시사해준다. 이 인용구의 일차적인 요점은 타락한 자들의 위험과 관계되기는 하지만, 친밀성의 함축들이 여전히 내포되어 있다. 디도서 2장 14절에서 그리스도 안에서 구원을 주시는 목적은 구약에 나타난 하나님의 구속 행위와 관련하여 설명된다: "모든 불법에서 우리를 구속하시고 우리를 깨끗하게 하사.... 친백성이 되게 하려 하심이니라." 이 구절이 하나님만을 지칭하는지 아니면 구약적 개념을 하나님에게서 그리스도에게로 이전시킨 것인지는 확인하기 어렵지만, 하나님과 그의 백성의 친밀한 관계란 개념은 여기서 여전히 암시되고 있다.

하나님과 그의 백성의 관계는 "하나님 앞에서"란 문구 가운데서 표현되는데(딤전 2:3; 5:4, 21; 6:13; 딤후 2:14; 4:1), 그것은 일차적으로 정해진 방식대로 처신하라는 권면으로 사용된다. 여기서 신자와 하나님의 관계는 하나님의 불꽃같은 눈앞에서, 계속해서 그의 임재 가운데서 살아가는 삶으로 시각화되어 표현된다.[45] 하나님 앞에서 산다는 인식은 행동을 바르게 해야 할 책임과 경고를 동반한다.

구원 계획 속에서 하나님의 역할과 그를 "구원자"로 부르는 칭호 역시 그의 백성을 향한 친밀성과 사랑을 표현해준다. 목회서신이 묘사하는 하나님 모습은 한편에서는 그의 초월성과 주권성을 나타내주고, 다른 한편에서는 그의 백성과의 친밀한 관계를 나타내준다. 하나님의 주

---

45) BAG, 270; W. Schrage, *Die konkreten Einzelgebote in der paulinischen Paränese*, Gütersloh 1961, 85 n. 66.

권성과 유일성의 측면은 모든 사람을 구원하시고자 하시는 그의 뜻과 밀접하게 연관된 것으로 생각된다.

그리스도

그리스도를 지칭하는 칭호나 이름들은 목회서신에서 '구원자'나 '중보자' 그리고 '사람'(딤전 2:5)이란 술어들 이외에 별다른 주제적 발전을 나타내지 못한다. 사실 목회서신에서 그리스도를 묘사하는 칭호들은 초기 바울서신에서보다 훨씬 덜 다양하다. 트럼머(Trummer)는 심지어 "칭호 자체만을 근거해서 평가할 때 목회서신은... 본질적으로 단순한 기독론을 가질 뿐이다"[46]라고 주장하기도 한다. 바울서신에 특징적인 아담 기독론은 나오지 않고, '예수'를 독립적으로 지칭하는 구절 자체가 없으며, '그리스도'를 지칭하는 곳은 한 곳 뿐이다(딤전 5:11). 더욱이, 목회서신에는 '하나님의 아들'이란 칭호도 결여되어 있는 것이 두드러진 현상이다.[47] 목회서신 자체의 독특한 관심 때문에 이런 차이점들을 만들어냈는지는 말하기는 어렵다. 하지만 어쨌든 간에 바울이 '하나님의 아들'이란 칭호를 상대적으로 드물게 사용한 경우는 일차적으로 유대주의자들과의 논쟁이 극에 달했던 그런 논쟁적 서신들에 제한되어 있다(로마서에서 7회, 갈라디아서에서 4회). 목회서신은 이런 범주에는 들어맞지 않는다. 이들 서신에서 그리스도는 자주 "그리스도 예수"로 지칭된다(25회). 그는 6회에 걸쳐 "예수 그리스도"로 불리기도 하고, '주'란 칭호가 5회 정도 여기에 덧붙여지기도 한다.

---

46) Trummer (1978), 194.
47) Windisch (1935), 232; Simonsen (1980), 61. 이들이 이런 현상에 주목하였다.

반면에 그리스도를 지칭하는 의미로 '주'란 칭호가 단독으로 등장하는 경우는 14회이다. 그리고 '그리스도'란 칭호 단독으로 나오는 것은 오직 한 경우 뿐이다(딤전 5:11).

목회서신에는 '예수 그리스도'와 '그리스도 예수'가 혼용되는데, 이들 칭호 사이에 의미상의 별 차이는 없으며 전통적인 전승 단편을 포함하는 다양한 문맥에서 등장한다. 두 문구는 바울서신뿐만 아니라 목회서신에서도 고유 이름이 되었다.[48] 최근 어떤 학자들은 그리스도란 칭호의 내용이 예수 당시로부터 교회가 이방세계로 확장되면서 점차 새로운 방식으로 이해되어 예수의 부활/승천에 연관되기 시작하였고 따라서 여러 구원론적인 문맥에 뿌리를 박기 시작하였다고 주장하기도 했다.[49] 하지만 '그리스도 예수'란 고유 이름조차도 초기 바울서신과 목회서신에서 모두 깊은 의미를 지니고 있다. 그것은 그리스도를 구원자 예수로 아는 지식과 연관되어 있다.[50] 구원자의 이름에 대한 강조점이 이들 서신들에서 존재한다고 인식하고 또한 그것이 구원론에 대한 깊은 관심과 들어맞는다고 생각한다면, "단순한 기독론"을 채용하기로 선택한 것은 시간이 흐르면서 단순화 과정을 거치면서 생겨난 현상이라기보다는 목회서신의 주된 신학적 의도를 보충하는 칭호들과 이름들을 선택한 결과로 사료된다. '중보자'와 '사람'이란 칭호를 사용한 것도 이런 전망에서 이해되어야 할 필요가 있다.

---

48) Cf. Guthrie (1981), 248; Ladd (1974), 408-409 등.
49) W. Grundmann, *TDNT* 9: 551-53.
50) M. Hengel, *Between Jesus and Paul: Studies in the History of Earliest Christianity*, London 1983, 72.

목회서신에서 '주'란 칭호가 자주 사용되는 것은 전적으로 바울적인 용법과 일치한다.[51] 이 칭호는 부활하시고 올리심을 받은 그리스도의 신분을 강조해주는데, 그는 자신의 죽음과 부활을 통해 "산 자와 죽은 자의 주"(롬 14:9)의 위치에 올리심을 받았다.[52] '주'란 칭호는 디모데전서와 후서의 인사말에서 단독으로 등장한다(딤전 1:2; 딤후 1:2). 그것은 또한 저자가 다른 사람들에게 긍휼과 복을 빌거나(딤후 1:16,18; 2:7; 4:22), 행악자들을 거절하는 구절들에서 등장한다(딤후 4:14). 이 칭호는 또한 교회와 그 지도자들을 향한 부활하신 주의 주장이 언급되는 곳에서 등장하는데, 이런 구절에서는 모종의 책임들과 행위들을 요청하는 내용이 동반된다(딤전 6:3; cf. 딤후 4:8; 딤전 6:14; 딤후 1:8). '주' 칭호는 바울의 증거나 회상을 넘겨받은 구절들 중에서 정규적으로 등장한다(딤전 1:12, 14; 딤후 3:11; 4:17, 18). 마지막으로, 그것은 재림과 심판의 주제를 다루는 곳에서 나타난다(딤전 6:14; 딤후 4:8; cf. 4:14).

디도서 2장 13절에서 그리스도가 하나님으로 지칭된다는 사실을 간과해서는 안 된다. 학자들 중에는 '하나님'이 성부를 지칭하고 '구원자'는 성자를 지칭한다고 격렬하게 주장하는 사람들이 있지만, 문법적이고 역사적인 면 모두 단일 인물을 지칭하고 있음이 분명하다: "하나님 구주"는 정형화된 형식으로서 그리스도 예수를 지칭한다.[53] 이것은 예수의 신성을 확증하는 신약의 유일한 구절은 아니지만, "하나님 구

---

51) Brox, 162: "Der Kyrios-Titel kommt in seiner Verwendung der Bedeutung in den echten Paulusbriefen sehr nahe."; Trummer (1978), 195.
52) F. Hahn, *The Titles of Jesus in Christology*, London 1969, 103-114; Ladd (1974), 415-17.

주"란 표현이 등장하는 곳은 이 곳과 베드로후서 1장 11절 뿐이며(cf. 벧후 1:11; 2:20; 3:2, 18: "주 곧 구주"), "우리 구주 하나님"이란 말이 그리스도를 지칭하여 등장하는 곳은 디도서 2장뿐이다(cf. 유 25). 바로 이 사실과 "하나님 구주"란 표현이 1세기 종교적인 어휘에서 흔한 정형화된 표현이라는 사실은 그리스도를 "하나님과 구주"로 선언하는 의미를 밝히는데 어느 정도 도움을 준다. 황제도 이런 칭호로 불린 것은 널리 알려진 사실인데, 그것은 통치자-제의에서 사용되던 술어와 목회서신의 상기 술어들 간의 양립성에 비추어 볼 때 ('현현', '은혜', '소망', '크신' 등의 술어들; 또한 행 19:28,34 참조) 그런 형식적 술어를 그리스도에게 사용함으로써 저자가 통치자-제의에서 주장했던 것들에 대해 의식하고 있었다는 것을 시사해준다. 이것은 당시의 술어들을 액면 그대로 빌려다 썼다고 보기보다는 복음전도의 상황에서 특정한 술어들을 선택하되 거기다가 자신만의 독특한 기독교적 내용을 채워 넣었다고 보아야 한다.

그리스도를 지칭하는 두 개의 칭호들이 더 있는데, 이들 구절은 구원론적 사상이 깃들어있는 한 구절에서 등장한다(딤전 2:3-6: '중보자'와 '사람'). '중보자'(mesites)란 말은 헬라 세계에서 기원된 술어로서 전에 관계가 없었던 두 당사자들을 함께 연결하는 협상가 또는 중개자를 뜻하는 말이었다.[53] 이 술어의 세속 용법을 살펴보면 많은 경우에 성

---

53) 이것은 M. J. Harris에 의해서 철저하게 논의되고 논증되었다 ("Titus 2:13 and the Deity of Christ," in: Pauline Studies, ed. by D. A. Hagner, M. J. Harris, Grand Rapids 1980, 262-77): (1) "하나님 구주"란 말은 1세기에서 정형화된 형식이고, 보통 단일 존재의 신을 지칭하며, (2) 정관사가 없는 '구주'란 말에 대한 가장 만족할 만한 설명은 동일한 인물을 지칭하는 두 개의 결합 명사들은 관습적으로 한 개의 관사로 연결된다.

격상 법률적인 뉴앙스를 지니기도 하고, 어떤 경우에는 상업적인 뉴앙스를 지니기도 한다.[55] 그것이 성경저술에서 잘 쓰이지 않기 때문에 그 정확한 의미를 결정하기가 쉽지 않지만, 기본적인 의미는 "중간에 서는 사람"이다. 칠십인경에서 그것은 법률적인 의미로 한번만 등장한다 (욥 9:33). 신약 갈라디아서 3장 20절에서 바울은 '중보자'란 말을, 토라를 이스라엘에게 중개하는 일과 관련하여 사용한다. 히브리서 저자는 그리스도를 새언약의 중보자로 지칭할 때 그 술어를 3회 사용한다 (8:6; 9:15; 12:24). 이 네 신약 구절들을 살펴보면 언약적 사상들이 중보자 개념에 연관되어 있는 것으로 보인다. 히브리서에서 '중보자'의 의미는 '보증자'와 '대리자'의 개념들을 내포할 수도 있지만, "중간에 서는 사람"이란 의미를 배제하기는 어렵다. 왜냐하면 그리스도와 비교되는 대제사장은 분명히 바로 그런 의미로 생각될 수 있는 존재이기 때문이다. 사실 새 언약 모티브는 그것이 함축하는 하나님과 사람 사이의 새로운 관계를 제쳐두고 의미가 성립이 되지 않는다.

디모데전서 2장 5절에서 그리스도를 지칭하는 의미로 '중보자'가 사용된 것은 근접 문맥에 분명한 언약적 언어가 나타나지 않기 때문에 여러 대립되는 해석들을 야기하였다. 하지만 그것은 언약적 모티브와 연계되었을 개연성이 많다. 이 술어에 대한 신약의 기본적인 용법은 시종일관하게 언약 사상들과 관련되어 있을 뿐만 아니라, 히브리서에서 그리스도께서 중개하셨다고 말하는 새 언약의 내용도 자신을 내어주시는 그의 행위인데(cf. 히 9:14-14과 딤전 2:6) 이런 사상은 분명하게 우리의 구절에 나타난다.[56] 그리스도가 하나님과 사람 사이에 개입하셨다

---

54) A. Oepke, *TDNT* 4: 599, 601.
55) LS, 943; Oepke, *TDNT* 4: 598-618.

고 생각되는 것도 바로 이런 의미에서이다. 베커(Becker)가 시사하듯이, 중보자의 통일성 내지 유일성은 "한 하나님" 형식이 함축하는 구원 접근의 보편성을 재확증해줄 뿐만 아니라, 구원의 유일한 수단이 그리스도-사건이라는 점을 강조해준다.[57] 본절 이면에 깔려있는 언약 모티브는 중보자의 술어를 욥기 9장 33절에서 의도적으로 빌려왔다는 핸슨(Hanson)의 제안을 배제시킨다.[58] 아마도 이 전통적인 형식은 처음에 별개의 개념들로 있었던 것을 -"하나" 형식, 인간, 그리스도의 자기 내어줌 -함께 결합시켜 언약적인 틀 속에다 집어넣은 것으로 보인다.

"사람이신 예수 그리스도"란 묘사도 그리스도의 인성을 강조해준다는 사실이 널리 인정되고 있다(딤전 2:5). 근접 문맥은 물론 전승 단편에 속한 부분이지만, 전체 구절은(1-7절) 5-6절의 구원론적 관심을 공유한다. 전승은 하나님의 유일성에 대한 선언으로 시작하는데 이것은 하나님의 구원에 대한 보편적 접근성의 기초를 제공해준다(4절). 다음 구절은 중보자로서 그리스도를 지칭한다: 중보는 분명히 구원론적이고, 2장 6절상에서 그리스도의 구속적 죽음과 관련하여 설명된다. 이 점에서 "사람"이란 말을 삽입한 것은 의심할 여지도 없이 하나님과 사람 사이에 중보자는 한 분뿐이라는 점을 설명하고 있다.[59] "사람"이란 말은 그리스도에 관한 두 사실들을 함께 결합시킨다: 그의 구속적인 죽음과

---

56) Dibelius and Conzelmann, 42: "히브리서 8장 6절과 대조적으로 이 구절에서는 비록 언약이란 술어가 언급되지 않지만, 우리는 문맥이 보여주듯이 "언약의 중보자"란 의미를 전제해야만 한다"; 또한 Oepke, *TDNT* 4: 619; Longenecker (1970), 114-15.
57) Becker, *NIDNTT* 1: 375; Kelly, 63.
58) A. T. Hanson, *Studies in the Pastoral Epistles*, London 1968, 56-64.
59) Brox, 128; Windisch (1935), 216-17; Kelly, 63.

인류의 대표라는 사실들이 그것이다.

초대교회에서는 그리스도의 고난과 인성 사이에 강한 연결점이 존재하였다. 이것은 바울의 편지들 가운데서 특별히 자명하다. 빌립보서 2장 7-8절에서 예수 그리스도는 자신을 비워 종의 형체를 가지셨고 "사람"의 모양으로 태어나셔서 죽기까지 복종하시고 십자가에서 죽으셨다고 묘사된다. 비슷하게 갈라디아서 4장 4-5절에서 그리스도의 인성은 구속사의 빛 속에서 묘사된다: "때가 차매 하나님이 그 아들을 보내사 여자에게서 나게 하시고 율법 아래 나게 하신 것은…" 로마서 8장 3절도 평행을 이룬다: "자기 아들을 죄 있는 육신의 모양으로 보내어 육신에 죄를 정하사." 바울 서신 밖에서는 히브리서 2장 14절이 또 다시 그리스도의 인성과 그의 구속적 죽음을 연결한다. 물론 다른 구절들도 더 인용할 수 있지만(딤후 2:8-13; 히 2:17; 요일 4:10; cf. 딤전 3:16; 딤후 1:10), 이들 구절은 그리스도의 인성이 그의 구속적 죽음과 직접적으로 연계되어 있음을 확증해준다.

아담 기독론의 발전은 그리스도의 인성과 구속적 활동을 연결짓는 데 역할을 담당했을 수도 있다(롬 5:12-19; 고전 15:21-22, 45 참조). 아담 기독론에 함축되어 있는 이 두 측면들의 정확한 의의에 대해 논쟁이 되고 있다. 바울의 강조점은 그리스도를 인류의 대표요 새 인류의 시작자로 보는 관점에 더 놓여 있을 수 있지만,[60] 이것은 적어도 그가 죽기까지 복종하신 사실과 그가 그의 죽음 속에서 자신을 인류와 동일시하신 사실을 전제하는 것으로 보인다.[61] 아담 기독론의 논쟁 결과가 어떤 것이든지 간에, 디모데전서 2장 5-6절에서 그리스도의 인성과 구속적

---

60) R. Scroggs, *The Last Adam*, Oxford 1966, 88-97.

죽음 사이에 동일한 연관성을 발견할 수 있는 것은 그리 놀라운 일이 아니다. 본절의 독특한 점은 그리스도의 "중보"와 인성 사이에 그어진 연결점이다. 하지만 중보의 수단이 그리스도의 죽음이라고 여겨지고, 동일한 사상이 그의 인성과 연결되어 있기 때문에, 두 사상들은 완벽하게 양립되어진다: "사람"은 "중보자"란 술어를 보다 분명하게 정의해 주는 역할을 한다. 따라서 그리스도를 "사람"으로 칭한 것은 일차적으로 구원론적인 의미를 지닌다: 그의 인성은 구속이란 목적의 관점에서 이해된다.

대표라는 개념도 "사람"이란 칭호 속에 존재한다. "하나님과 사람 사이의 중보"란 문구가 첫째로 이 점을 시사해주지만, 후속되는 논의에서 그리스도의 인성을 지칭한 것은 '중보자'의 의미를 분명히 하는 가운데 그가 자신의 "중보"를 성취하기 위해 인성을 공유해야만 했다는 것을 함축한다.[62] 중보하신 내용은 이 경우에 그리스도께서 자신을 내어주신 사건인데(6절), 이 사건은 "많은 사람을 위한" 것이기 때문에 자연히 대표의 개념을 한층 더 강화시켜준다. 하지만 대표의 개념은 보다 중심적인 구원론 주제 밑에서 이해되어야 한다: 즉 그리스도는 "모든 사람을 대신하여" 죽음을 당하셨다. 요약하면, "인간" 칭호는 "중보자" 개념을 정의하는 술어로서 그리스도의 인성에 초점을 맞춘다. 근접 문맥과(6절상) 전통적으로 그리스도의 인성/성육신과 연관된 개념들은 "인간 그리스도 예수"와 그의 구속적 죽음 사이의 불가분리적 연

---

61) H. Ridderbos (1975), 57: "왜냐하면 인류의 원조상이 죄와 사망을 세상에 가져온 것처럼, 그리스도도 자신의 순종과 (즉 그의 죽음으로) 그의 부활을 통해서 생명이 새 인류에게 주어지도록 만드셨다"; cf. Dunn (1980), 113.
62) Brox, 128; Kelly, 63.

결점을 분명하게 보여준다.

그리스도에 관한 묘사는 종말론적 심판자인 그의 역할을 통해 확대된다(딤후 4:1, 8; cf. 딤전 6:14; 딤후 2:12). 그리스도의 심판 활동은 일차적으로 디모데를 권면하기 위해 언급한 것이다. 이 구절에 나타난 바울의 권면은 "하나님과 그리스도의 임재" 앞에서, 그리고 그리스도가 장차 심판하러 오신다는 확신 속에서 주어진다. 여기서 심판은 신자의 성실성에 대한 심판이다. 물론 신자와 불신자 모두에 대한 심판은 하나님께서 그리스도를 통하여 수행하실 것이다(cf. 롬 2:16).

간단하나마 그리스도에 관한 칭호들과 묘사들을 살펴보았지만 저자가 말하고자 한 모든 개념을 다 살핀 것은 아니다. 기독론적 자료의 대부분은 전통적인 것이며 구원에 있어서 그의 역할에 관심을 기울이는 것으로 보이기 때문에, 우리는 저자의 케류그마적 진술들과 구원론에 대한 관심을 검토할 때 다시 그리스도에게 초점을 맞출 것이다. 지금까지 나타난 그리스도의 모습은 기본적으로 다른 신약 저술들의 것과 일치한다. 덜 흔한 두 개의 칭호들, 즉 중보자와 인간은 구원론적인 내용을 지닌 것으로 증명이 되었다. 저자가 특별히 이들 칭호를 선택한 것은 그의 메시지의 중심적 주제로 생각되는 면과 일치한다.

성령

지금까지 목회서신의 신학에서 가장 주목을 받지 못한 부분이 있다면 성령이 아닐까 생각된다. 목회서신의 진정성을 논박하려는 사람들은 많이 있었지만, 그들은 성령 안에서 그리스도인의 생활에 대한 관심을 별로 기울이지 않았다. 때로 학자들은 목회서신에서 교회 조직이나 권위에 대한 강조가 많이 발견되지만 바울서신에 특징적인 성령과 성령의 은사들에 대한 강조점이 결여되어 있다고 생각하곤 하였다. 하지만 우리가 조심해야 할 점들이 몇 가지 있다. 첫째로, 바울은 솜(Sohn)과 하르낙(Harnack)이 제기했던 종류의 문제에 대해서 어디에서도 조직적으로 답변하지 않았다는 것을 명심해야 한다. 은사들과 교회 조직에 관한 대부분의 정보는 주로 고린도전서와 로마서에 등장하는 것은 분명하다. '은사'(charisma)란 말은 고린도후서, 갈라디아서, 에베소서, 빌립보서, 골로새서, 데살로니가전후서, 빌레몬서에는 성령의 선물이란 뜻으로 나타나지 않는다. 더욱이, 공동체의 기능 속에서 그런 은사들이 차지하는 위치에 관한 논의가 별로 나타나지 않는다. 공동체마다 다른 문제와 필요들을 가졌기 때문에 한 두 개의 서신들을 가지고 성급하게 나머지 서신들을 해석하는 시금석으로 만들어서는 안 된다. 둘째로, 목회서신에 나타난 성령 이해와 관련하여 성령과 신자의 삶 또는 성령과 교회 직분의 관계에 관하여 저자의 가정들을 추론하는 것은 매우 위험한 일이다. 성령을 지칭하는 얼마 안 되는 분명한 구절들을 살펴보면, 신자와 교회 생활에 관한 목회서신의 성령 이해는 바울서신의 교훈과 전적으로 일치한다는 생각을 가질 수 있다.

목회서신에는 성령을 지칭할 가능성이 있는 부분이 다섯 구절이다(딤전 3:16; 4:1; 딤후 1:7, 14; 딛 3:5). 이들 구절 중에 두 개는 논란의 대상이 되고 있다(딤전 3:16; 딤후 1:7). 각 경우에 '영'(pneuma)란 술어가 등장하는데(딤전 4:1에는 정관사와 함께), 디모데후서 1장 14절과 디도서 3장 5절에서는 "거룩한"이란 수식어와 함께 나타난다.

먼저 디도서 3장 5절에서 성령은 그의 "씻는"(loutron) 사역을 통하여 신자에게 "중생"(palingenesia)과 "새롭게 하심"(anakainosis)을 경험하게 하는 분으로 지칭되고 있음이 분명하다. 더욱이, 성령의 씻음은 구원과도 아주 밀접하게 연관되어 있다: "우리를 구원하시되... 중생의 씻음과 성령의 새롭게 하심으로 하셨나니." 이 구절은 물세례 자체를 지칭하기보다는 회심의 순간에 동반되는 성령 세례를 지칭하는 것이 거의 분명하다. '중생'과 '새롭게 하심'은 같은 전치사에 의해 수식되기 때문에 이 둘을 서로 다른 사건으로 구분할 것이 아니라 동일한 사건의 다른 측면을 이야기한다고 보아야 한다. 따라서 이 구절은 구원에 있어서 성령이 담당하시는 역할의 중요한 측면을 부각시키고 있다고 할 수 있다. 약속하신 성령을 부어주시고 그것에 동반되는 구원의 모든 축복은 자연히 그리스도 사건에 묶여있다.

디모데후서 1장 6절에서 디모데의 안수를 지칭하는 말이 있음에도 불구하고, 하나님께서 그에게 주시는 능력의 영이 언급된 것도(7절) 또한 안수와 연관된 어떤 은사를 지칭하기보다는[63] 그의 회심과 연관된 성령의 선물을 지칭하는 것으로 잘 해석될 수 있다.[64] 첫째로, 바울이 6절에서 주어로 언급되다가 7절에서는 하나님이 주어로 등장한다는 사실은 은사에서 성령 세례로 옮겨가면서 주어 변경이 있었다는 것을 시사해준다. 7절에서 '우리'는 아마도 모든 그리스도인들을 지칭할 것이다. 둘째로, 성령을 지칭하는 로마서 8장 15절의 평행절은 디모데후서

---

63) Brox, 229; Kelly, 159-60.
64) Dunn, *Baptism in the Holy Spirit,* London 1970, 167; H. von Lips, *Glaube-Gemeinde-Amt. Zum Verständnis der Ordination in den Pastoralbriefen,* Göttingen 1979, 214.

1장 7절에 언급된 성령의 선물을 비슷하게 지칭하고 있음을 뒷받침한다.[65] 마지막으로, 14절에서 성령을 지칭하는 것이 분명한데 이것은 7절이 지시하는 내용을 분명히 밝히는데 도움을 줄 수 있다. 6-7절이 말하는 요점은 하나님의 성령이 회심 때 모든 사람들에게 주어지기 때문에 디모데의 은사도 사장시키지 말고 다시 불일 듯하게 만들라는 것이다. 은사들을 주시고 일하게 하시는 분은 능력의 영이시다.[66]

따라서 디모데후서 1장 7절과 디도서 3장 5절에서 저자는 성령의 동일한 부어주심을 생각하고 있지만, 그러한 사건에 대한 관심은 각 구절에서 다르다. 전자의 구절은 복음 사역과 관련하여 성령의 은사들을 사용할 때 성령 세례의 의의에 관심을 가진다면, 후자의 구절은 구원에 있어서 성령의 부어주심과 역할을 극명하게 표현해준다. 성령을 선물로 주시는 일과 성령의 은사들 사이의 이러한 관계는 고린도전서 12장 4절 이하에 담겨있는 바울의 사상과 평행을 이룬다는 사실은 주목할 가치가 있다.

마찬가지로 디모데후서 1장 14절은 디모데에게 부탁한 것을 지키라는 바울의 권면과 연관하여 성령의 내주하심을 지칭한다. 성령은 이런 일을 하실 수 있도록 능력을 불어넣는 분으로 묘사되는데, 사도적 교리를 조심스럽게 설교하고 가르치며 전달하는 등의 일이 거기에 포함된다(2:1-2). 바울에게 있어서 성령의 내주는 참된 기독교 실존의 필수조건이다(롬 8:9-11). 디모데후서 1장 14절에서 성령의 내주 개념이 특정

---

65) C. E. B. Cranfield, *The Epistle to the Romans*, Edinburgh 1975-79, 1: 396
66) Dunn (1970), 167; Dibelius and Conzelmann, 98.

한 사역 명령을 뒷받침하는 방식으로 확대되는데, 이것은 사실은 바울 후대의 이차적 발전이 아니라 바울의 기본적인 신학적 진리를 실제적으로 적용한 것이라고 할 수 있다. 초기 바울처럼 목회서신의 저자는 거룩한 삶과 교회 사역을 위한 능력이 성령에게서 나온다고 주장한다.

다음으로 살펴야 할 구절은 디모데전서 4장 1절인데, 이 구절은 성령의 선언 형식으로 참 믿음에서 떠나 귀신의 가르침을 좇는 배교 행위에 대해 경고한다: "성령이 밝히 말씀하시기를…" 이것은 지금 성취되고 있는 예언을 지칭하는 것으로 보인다. 여기서 성령은 신적인 계시의 통로로 묘사된다. 성령의 이러한 활동은 널리 인정되고 확인되고 있다.[67] "성령이 밝히 말씀하신다"는 표현이 직접적으로 새롭게 임한 예언적 메시지를 지칭하는 것인지, 아니면 전에 주어진 말씀을 새롭게 재진술하는 것을(cf. 행 20:28ff) 가리키는지 분간하기가 어렵다. 어떤 경우이든 간에 성령은 그러한 메시지의 주체로 간주된다. 따라서 랍비적 형식에 기초해서[68] 저자가 "전승에서 온 말씀을 소개하는 고정된 형식"[69]을 끌어다 쓰고 있다고 주장하는 것은 신빙성이 없다.

성령을 지칭하는 마지막 구절은 디모데전서 3장 16절이다. 여기서 '영과 육'의 반제는 일차적으로 그리스도의 역사적 존재를 두 단계 또는 영역으로, 즉 지상적/인간적 영역과 초자연적 영역으로 구분하는 것을 표현해준다. 따라서 "성령으로"란 표현은 그리스도께서 죽은 자 가운데서 부활하심으로 들어가신 존재 영역을 가리킨다. 하지만 영역

---

67) Dunn, *Jesus and the Spirit*, London 1975, 170-76; E. Schweizer, *TDNT* 6: 381-83
68) 랍비문헌의 관련 증거들을 보려면, Grundmann, *TDNT* 3: 900을 참조할 것.
69) Dunn (1975), 453 n. 14; Hill (1979), 140.

을 이런 식으로 묘사한 것은 그 안에서 작용하는 힘이 하나님의 영이기 때문이다. 그것은 성령에 의해 특징지어지는 영역이다.[70]

요약하면, 목회서신은 바울서신의 사상과 상당히 일치하는 성령 이해를 반영해주고 있다. 성령은 신자에게 구원을 주실 때 성령 세례를 통해 일하시며(딛 3:5), 결과적으로 신자 안에 내주하시고 일할 수 있도록 그에게 능력을 불어 넣으신다(딤후 1:7, 14). 저자는 또한 하나님께서 성령을 통해 그의 백성에게 말씀하신다는 널리 유포된 확신을 가지고 있다(딤전 4:1). 그리고 성령은 부활한 그리스도의 존재와 밀접한 연관성을 가지게 되었다(딤전 3:16). 신자의 삶 속에서 성령의 내주와 계속되는 사역 개념이 표현될 때(딤후 1:7, 14), 그것은 특별히 디모데와 그의 사역을 지칭하여 그렇게 표현된 것은 사실이다. 하지만 목회서신의 목적은 단순한 개인적 차원을 넘어선다. 디도서 3장 5절과 디모데후서 1장 7절은 성령의 부어주심이 회심 때 모든 사람들에게 타당성을 가지고 있음을 함축하고 있다. 따라서 성령을 언급하는 얼마간의 구절들을 관찰해볼 때, 저자는 각 신자가 성령을 소유하고 있고, 또 성령을 각 신자가 그리스도인의 진정한 삶을 살 수 있도록 힘을 불어넣는 힘으로 생각하고 있음을 시사하고 있다. 결론적으로, 목회서신의 성령 이해는 성령의 역동성에 대한 비전이 희미해져가는 후대 교회의 정체된 신학을 시사하고 있지 않고, 오히려 초기 바울의 성령 이해와 상당히 일치한다고 말할 수 있다.

3. 구원론: 신학의 중심축

---

70) Cf. 막 13:11//평행절; 행 8:29; 21:11; 계 2:7,11,17,29; 3:6,13,22.

이미 위에서 살핀 것처럼 구원론은 목회서신의 메시지에서 중요한 역할을 한다. 지금까지는 간략하게 다루어온 구원론의 주제는 이제 면밀하게 분석할 필요가 있다. 따라서 우리는 우선 저자가 사용하는 '구원한다' (sozein)는 단어 그룹을 탐구하고 나서 전통적인 신학 형식들에 주의를 기울이게 될 것이다. 본 섹션 내내 우리는 저자가 어떻게 자신의 구원론적 주제를 발전시키는가를 발견하려고 시도할 것이다.

'구원' 단어 계열

우리는 우선 '구원하다'는 단어와 그것과 연관된 술어들을 검토함으로써 우리의 탐구를 시작하고자 한다: '구원하다' (sozein), '구원' (soteria), '구원하는' (soterios), '구원자' (soter). 동사는 목회서신에서 7회 나타나며,[71] 디모데후서 4장 8절만 제외한 나머지 경우에 있어서 그것은 어떤 신체적 위험으로부터의 구출보다는(cf. 딤전 2:15) 죄로부터의 구원을 지칭한다. 각 경우를 간단히 살펴보면 구원이란 과거 사건으로 인해 가능해진 현재적 실재이면서도(딤후 1:9; 딛 3:5; cf. 딤전 1:15) 동시에 미래의 현상이기도 하다(딤전 2:15; 4:16; cf. 2:4). 푀르스터 (Foerster)는 구원이 바울에게는 일차적으로 미래 실재였다는 근거 위에서 목회서신이 바울의 구원 개념에서 이탈했다고 주장한다.[72] 하지만 이런 평가는 균형을 잃어버린 견해에 불과하다. 왜냐하면 바울서신조차도 구원은 실제로 현재와 미래의 실재로 간주되고 있음을 보여주기 때문이다(cf. 롬 8:24과 13:11).[73]

---

71) 딤전 1:5; 2:4,15; 4:16; 딤후 1:9; 4:18; 딛 3:5.
72) W. Foerster, *TDNT* 7: 995, 992.

'구원'(soteria)이란 명사와 '구원하는'(soterios)이란 형용사 술어는 그리스도 사건을 통해 나타난 죄로부터의 구원을 모두 지칭한다. 디도서 2장 11절에서 구원은 분명히 현재적 실재로 묘사되고 있다. 긍정적으로 평가할 때, 구원의 내용은 영생이다(딤전 1:16; 4:8).[74]

이 그룹에 속한 단어들 중에서 '구원자'란 말이 하나님 아버지와 그리스도의 칭호로 모두 사용된다는 점은 아주 두드러진다. 구약과 중간사 시대의 문헌의 선례에 비추어 볼 때 이 칭호를 하나님에게 적용하는 것은 이상한 일은 아니지만, 후기 신약 저술에서 그리스도를 지칭할 때 그것을 상대적으로 자주 사용한 일에 대해서는 어느 정도 설명이 필요하다. 신약에서 그것은 24회 나타나는데, 그중에 15회가 목회서신과 베드로후서에 발견된다. 이 칭호가 그리스도에게 적용된 것에 대해서는 학자들이 흔히 헬레니즘 배경에서 그 이유를 설명하고자 시도하였다. 헬레니즘 사상에서 신들, 영웅들, 그리고 특별히 통치자들에게 '구원자'란 칭호가 붙여졌다. 그들이 행하는 구원은 질병을 제외하고 주로 물리적 재난들에서 구출하는 것이었다.[75] 그리고 이 칭호를 사용했던 또 다른 배경은 황제 제의이다.[76] 황제는 자신을 신격화된 통치자로 내세우면서 주후 50년 이후로 자신에게 '구원자'란 칭호를 사용하게 만들었다.[77] 이 칭호가 황제에게 적용될 때 대부분 자기 백성들을 전쟁의 위협으로부터 구출하고 평화를 유지하

---

73) R. P. Martin, *Reconciliation*, Atlanta 1981, 38-39; G. Bornkamm, *Paul*, New York 1971, 157-95; J. Schneider and C. Brown, *NIDNTT* 3: 214.
74) Cf. Lips (1979), 88.
75) P. Wendland, "Soter. Eine religionsgeschichtliche Untersuchung," *ZNW* 5 (1904), 335-47.
76) Ibid., 335-53; W. Bousset, *Kyrios Christos*, Nashville 1970, 138-52, 310-15.

는 일과 관계된다. 이런 식의 개입은 보통 신들이 하는 일로 치부되었기 때문에, 황제는 자연히 "신적인 도움과 구원"으로 생각되기에 이르렀다. '구원자' 칭호가 종교제의에서 사용되고 있고, 또한 이런 현상이 목회서신과 베드로후서가 쓰인 지정학적 상황과 일치한다는 점에서 어떤 학자들은 황제 제의가 목회서신의 용법에 영향을 미쳤다고 주장하기도 한다.[78] "하나님 구원자"란 조합어가 등장한다는 것을 근거로(딛 2:13; 벧후 1:1) 이런 차용 이론을 뒷받침하기도 한다. 하지만 그리스도를 지칭할 때 사용된 '구원자' 개념의 내용을 살펴보면 그런 성급한 결론에 대해서는 조심해야 한다.

그리스도가 구원자로 불리는 목회서신과 신약 다른 저술에서 그 일차적인 사상은 죄로부터의 구원이다(딤후 1:10; 딛 1:4; 2:13; 3:6). 쿨만(Cullmann)이 지적한 것처럼, 이것은 '예수'란 이름 자체의 의미이기도 하다(마 1:21). 기독교 이전 사상에서 메시야에게 일반적으로 '구원자' 칭호가 붙여지지 않았다는 사실에도 불구하고, 메시야란 이름 자체만으로도 그는 팔레스틴 사회에서 즉시 구원자로 이해되었다. 구원자와 연관된 활동들은(죄로부터의 구원) 구약 전승과 초기 기독교 사상에 뿌리를 두고 있기 때문에 이교적 환경에서 나왔다고 성급하게 말해서는 안 된다. 내용에 기초해서 볼 때, 본래 칭호였고 하나님과 연관된 활동이었던 것이 신약에서 그리스도와 연관되기 시작했던 것으로

---

77) F. F. Bruce, " 'Our God and Saviour' : A Recurring Biblical Pattern," in: *The Saviour God*, ed. by S. G. F. Brandon, Manchester 1963, 52; Dibelius and Conzelmann, 102-103.
78) Wendland (1904), 351-52; Bousset (1970), 312-15; Dibelius and Conzelmann, 103; Harris (1980), 267. 하지만 Conzelmann은 이것이 이차적인 영향에 불과하다고 생각한다(Conzelmann (1963), 243).

보인다.[79] 그리고 이것은 하나님과 그리스도 모두가 때로 동일한 구절에서 '구원자'로 불리는 목회서신에서 즉시 확인될 수 있다.

그렇다면 왜 '구원자'란 칭호가 후대의 신약 저술들 가운데서 상대적으로 빈번하게 나타나는가에 대해 검토할 필요가 있다. 어떤 학자들은 이 점을 기초로 해서 목회서신의 구원론이 후대의 발전이며 바울의 사상에서 이탈했다고 주장할지 모른다. 하지만 바울서신을 조심스럽게 살펴보면 이러한 추론이 정당하지 않다는 것을 알 수 있다. 첫째로, 바울은 목회서신보다 이른 서신들 중에서 그리스도를 '구원자'로 부른다(빌 3:20; 엡 5:23). 더욱이, 빌립보서 3장 20절에서 이 칭호를 사용한 것은 아마도 그것이 교회 내에서 이미 잘 알려진 것이며 따라서 바울 이전 술어일 수 있음을 시사해준다.[80] 바울은 이 칭호에 대해 별 다른 설명을 하지는 않지만, 빌립보서 3장 20절의 용법과 목회서신의 용법 사이에는 의미상의 차이가 존재하지 않는다. 전자의 구절에서 암시된 구원은 죄로부터의 구원이지만 궁극적으로는 미래에 있을 일이다. 목회서신에서 예수께서 '구원자'가 되신 것은 한편에서는 과거에 있었던 그의 구속적 죽음과 관계되어 있고(딤후 1:10; 딛 3:6), 다른 한편에서는 미래에 구원을 완성하시러 오실 그의 재림과 관계되어 있다(딛 2:13). 따라서 구원자 개념이 후대의 발전이라고 결론짓는 것은 부정확한 것이다. 아마도 이 칭호가 목회서신과 베드로후서에서 두드러질 정도로 빈번하게 등장하는 것은 황제 제의가 이교 사회와 기독교 사회에 영향을 미치는 것에 대한 논쟁적 또는 교정적인(복음전도적인) 장치로 설명될 수도 있다. 저자가 술어와 내용 모두를 별 변경 없이 도

---

79) Cullmann (1963), 238-45; Bruce (1963), 52-66.
80) Cullmann (1963), 244; Bultmann (1952-55), 1: 79.

매금으로 채용했다는 것은 있을 수 없는 일이다.

마지막으로, 우리는 목회서신에서 '구원자' 칭호를 하나님과 그리스도 모두에게 사용한 것에 대해 좀 더 면밀하게 검토할 필요가 있다. 6회에 걸쳐서 그것은 하나님을 지칭하고(딤전 1:1; 2:3; 4:10; 딛 1:3; 2:10; 3:4), 4회는 하나님을 구원 계획의 궁극적인 원천 또는 주인으로 동일시하는 것 같다(딤전 2:3; 딛 1:3; 2:10; 3:4). 구원 자체는 하나님의 의지의 문제이며(딤전 2:4; 딤후 1:9), 그것은 "적절한 때"에(딤전 2:6; 딛 1:3) "나타난"(딛 2:11) 또는 "계시된"(딤후 1:9f; 딛 1:3) 것으로 묘사된다.

'구원자'가 그리스도를 지칭하는 문맥들은 그리스도를, 하나님께서 자신의 구원계획을 집행할 때 사용했던 수단으로 동일시하는 것이 분명하다. 이것은 디모데후서 1장 10절에서 분명하다: 하나님은 은혜롭게도 그리스도 안에서 사람들에게 구원을 베푸셨는데(9절), 그는 구원자로 나타나심으로써(dia) 자신의 십자가 죽음을 통해 사망을 폐하셨다(10절). 마찬가지로, 디도서 2장 11-14절에서 그리스도의 구속적 죽음은 하나님께서 모든 사람에게 구원을 확대하시는 수단 또는 은혜로 간주된다(11, 14절). 구원의 성취는 구원자 되신 그리스도의 마지막 나타나심과 연관되어 있지만, 과거의 그리스도 사건은 그러한 미래 사건의 기초로 남아있다. 마지막으로, 디도서 3장 6절은 구원이(5절) 궁극적으로 "우리의 구원자 예수 그리스도를 통하여" 제공되는 것으로 분명히 말한다. 그리스도를 구원자로 지칭하는 또 다른 구절은 디도서 1장 4절인데, 이 구절은 방금 위에서 살핀 세 구절의 내용과 다르지 않다. 그리스도는 이미 나타나신 구원자로 묘사되고 있고(딤후 1:10; 딛

3:6; 1:4), 장차 나타나실 구원자로 묘사되기도 한다(딛 2:13). 동사와 마찬가지로, 이 구원자 칭호는 구원하는 활동을 반영하고 있고, 특별히 그리스도를 지칭할 때는 구원이 과거에 시작되었고 미래에 완성될 것을 시사해준다.

목회서신에 등장하는 '구원' 계열의 단어들을 관찰할 때 구원이 이들 서신의 메시지에 중요한 역할을 담당한다는 사실이 자명해진다. "우리의 구원자 하나님"이나 "우리 구원자 그리스도 예수"란 문구들은 항상 "우리의"란 수식어가 붙어 다니기 때문에 형식문 또는 고백문인 것 같다. 그럼에도 불구하고 이런 문구들의 신학적 의도는 죄인들을 구원하는 본질적인 행위를 하나님과 그리스도에게 귀속시키는 것이다. 뿐만 아니라, 구원의 현재적 실재만 아니라 구원의 미래 완성의 필요를 강하게 강조한다. 이제 다양한 전통적인 신학 형식문들을 주목해 보면, 목회서신에서 구원에 초점을 두고 있고 또 그것이 그리스도 사건에 관계된다는 것은 한층 더 분명해질 것이다.

케류그마 진술들에 나타난 그리스도 사건과 구원

목회서신의 신학 자료 대부분은 서신들 전체에 걸쳐 등장하는 전통적인 케류그마 진술들 가운데 담겨있다. 대부분의 학자들은 각 전승 단편이 그리스도와 구원을 주는 그리스도 사건의 효과에 집중되어 있다는 점에 동의한다. 하지만 이 구원의 참 뜻에 대해서는 논란이 되고 있다. 본 섹션에서 우리는 전통적인 표현들을 검토하고 그것들이 어떻게 그리스도 사건을 묘사하고 있고, 구원이 어떻게 이해되고 있으며, 이 둘이 어떻게 서로 관련되는지를 관찰하게 될 것이다. 이런 방식으로 우리는 또한 이 형식적 표현들이 의식적으로 어떤 주제를 전달하고 있는지 아니면 단지 "전승"에 대한 관심만을 피력하는지도 결정할 수 있을 것이다.

(1) 디모데전서 1장15절 (11-16절)

상기 구절에 언급된 케류그마 진술은 목회서신에서 그리스도의 인격과 사역에 관해서 어느 정도 길게 논하는 첫 번째 진술이다: "미쁘다 모든 사람이 받을 만한 이 말이여 그리스도 예수께서 죄인을 구원하시려고 세상에 임하셨다 하였도다." 15-16절을 제대로 이해하기 위한 첫 번째 단계는 선행하는 구절들에 나타난 사상의 흐름을 재구성하는 것이다. 서두 진술에 이어(1-2절) 저자는 디모데에게 바른 교훈을 좇지 않고 거짓 교훈을 가르치는 반대자들을 어떻게 다룰 것인지를 교훈한다(3-7절). 8-10절에서 율법의 유용성을 논한 다음에 악목들을 가지고 거짓 교사들을 혹독하게 묘사한다. 마지막에는 그들이 "바른 교훈"을 반대한다는 함축으로 끝을 맺는데, 바른 교훈의 표준은(kata) "영광스러운 복음"이다(11절상). 여기서 관계절 "내게 맡기신 바"란 문구는 문맥 이전의 방식으로 자신의 과거에 대한 바울의 회상으로 생각되는 내용을 소개한다(12-16절).

이 회상 부분은 아주 세밀하게 작성된 단락이다. 회상의 주제 자체가 본문에 통일성을 제공한다. 바울은 전에 "훼방자요 핍박자요 포행자"였으나(13절상) 지금은 충성되이 여김을 받아 직분을 맡게 되었다(12절). 그가 이렇게 긍휼을 입게 된 것은 알지 못할 때 불신앙으로 행했기 때문이다(13절하). 이 "긍휼"은 바울에게 넘치도록 임한 "우리 주의 은혜"로 한층 더 부연설명 된다(14절). 하지만 "은혜"가 무엇을 뜻하는지 분명히 밝힐 필요가 있다. 바로 그러한 목적을 위해서 "미쁜 말씀"이 15절하에 제시된다: "그리스도 예수께서 죄인을 구원하시려고 세상에 임하셨다." 바울 자신의 경험은 "죄인 중에 내가 괴수라"는 그의 고백에서 다시 나타난다(15절하). 16절은 바울이 구원을 받았다는 사실을 되풀이하고 있는데, 여기에다 그가 죄인 중의 괴수였기 때문에 그의 회심은 그리스도의 온전한 참으심을 나타내고 그리스도를 믿게 될 다른 사람들에게도 모형이 된다는 이유가(dia touto) 덧붙여진다.

둘째로, 본 구절은 '믿음'(pistis) 단어 그룹을 되풀이함으로써 함께 묶여있다. 이런 저런 형태의 술어가 각 절에 등장한다. 12절에서 바울은 자신을 "충성된"(pistos) 자로 묘사하는데 목회서신에서 신자를 묘사하는 전형적인 술어이다. 회심 전에 개인은 "믿지 않는" 또는 "충성되지 못한"(apistia) 자로 생각된다(13절). '피스티스'는 목회서신에서 현세대에서 얻은 구원 경험과 연관된 성질 또는 덕(德)이다(14절). "미쁘다 이 말씀이여"(pistis ho logos)란 형식에서(15절상) '피스티스'는 케류그마와 용인된 기독교 윤리 교훈을 포함하여 참된 사도적 교훈의 "믿을 만한" 성격을 묘사한다.[81] 16절에 나오는 '믿는다'는 동사는 구원을 얻기 위해 그리스도를 믿어야 할 필요성을 표현해준다. '맡기셨다'(Episteuthen)는 수동태 동사는(11절) 이단자들에 관한 논의로부터 바울에 관한 회상으로 자연스럽게 넘어가도록 해주는 반면에 두 구절들 사이의 밀접한 연관성을 제공해주기도 한다. 이 본문만 가지고도 '피스티스' 단어 그룹이 구원과 그것이 가능케 하는 새로운 실존에 대

---

81) G. W. Knight, *The Faithful Sayings in the Pastoral Epistles*, Grand Rapids 1979, 9-13.

한 저자의 이해에 핵심적인 역할을 한다는 것을 살필 수 있다: 복음 메시지는 "믿을 만하며"(pistos), 충성된 그 사역자들에게 "맡겨진"(episteuthen) 것이다. 그 진리를 믿고 구원을 받은 자들은 "충성된"(pistos) 자들이며, 그들의 삶은 '믿음'(pistis)으로 특징화된다. 하지만 복음을 거부하는 자들은 "믿지 않는" 따라서 "충성되지 못한"(apistoi) 자들로 간주된다.

① 그리스도 사건

우리는 여기서 그리스도 사건이 묘사되는 방식을 검토할 필요가 있다. 그리스도 사건은 15절의 말씀에서 분명히 중심을 이루고 있지만 무엇이 그리스도를 특별한 시각에서 묘사하고 있는가? 15절의 미쁜 말씀은 그리스도 사건에 대한 간략한 요약을 담고 있는데, 그것은 14절에 언급된 "우리 주의 은혜"가 나타난 사건이다. "미쁘다 이 말씀이여"란 서두 문구와 "말씀"의 내용은 모두(15절) 전통적인 진술이라는 것을 지시한다. 어떤 학자들은 예수께서 세상에 임하셨다는 점을(요 9:39; 11:27; 16:28; 18:37) 부각하는 요한의 성육신 신학에서 그 출처를 찾기도 하고,[82] 다른 학자들은 누가의 말씀에(19:10) 등장하는 예수의 말씀들 가운데서 그 관련성을 찾기도 한다.[83] 하지만 두 출처 가운데 어떤 것도 본절의 것과 정확한 평행을 이루지 못한다: "세상에 오셨다"는 문구는 주로 요한 저술에 국한되어 있지만(cf. 히 10:5), "구원하러 오셨다"는 분명한 목적은 누가 구절이 보여주듯이 그렇게 제한될 수 없다. 또한 "그리스도 예수"란 칭호의 어순은 요한에게 등장하지 않고, "죄인"이란 말도 디모데전서 1장 15절의 것과 같은 의미로 요한에게서 사

---

[82] Windisch (1935), 222; cf. Stanley (1961), 233.
[83] Michel (1948), 86; Simonsen (1980), 54; Brox, 111; Kelly, 54.

용되지 않는다. 미쁜 말씀을 어떤 한 출처에 소급시키는 것이 어렵기 때문에, 1장 15절은 아마도 적어도 두 전승의 영향 아래서 형성된 예배문 형식을 나타낸다고 보는 것이 더 나을 것 같다.[84]

그리스도 사건을 이런 식으로 묘사할 때 구원사는 다른 전통적인 구절들에서처럼(cf. 딤후 1:8-10; 딛 2:11-14; 3:4-7) 그렇게 분명하게 강조되지는 않는다. "세상에 임하셨다"는 표현은 "지상적이고 인간적인 존재를 입었다"는 것을 말하는 유대적 숙어이지만,[85] 구원이 그리스도 사건에 연계된 현재의 문맥에서는 예수의 지상사역, 성육신, 십자가, 그리고 부활 등 전체를 염두에 두고 있다. 죄인 구원을 강조한 것은 본절을 십자가에만 국한시키지 않는다. 초기 바울 사상에서처럼, 그리스도의 인성에 관한 언급은 시종일관하게 그의 죽음과 연관되어 있고, 그의 성육신도 죄를 위한 속죄 사건으로 나타내준다. 개념적으로 디모데전서 1장 15절은 갈라디아서 4장 4절 이하와 로마서 8장 3-4절에 담긴 사상과 많이 닮았는데, 이들 구절에서는 성육신과 구속적 죽음 등과 같은 사상들이 같은 의미를 나타내기 위해서 결합되어 있다. 그리고 그리스도 사건의 시간적 위치도 평행을 이룬다. 이들 구절에서 "임하셨다"는 부정과거 동사는 과거의 한 특정한 사건을 지칭한다. "세상"은 요한의 모델을 따르면 하나님께서 그리스도를 통해 구원 계획을 집행하시는 죄인들의 영역을 가리킨다.[86] 이런 관찰들을 함께 고려할 때 "세상에 임하셨다"는 문구에 비쳐진 그리스도 사건은 역사 속에 결정적인

---

84) Knight (1979), 48-49; cf. Dibelius and Conzelmann, 29.
85) Windisch (1935), 222; 또한 H. Sasse, *TDNT* 3: 888; Ladd (1974), 225.
86) Sasse, *TDNT* 3: 894. 바울과 요한의 술어 사용 간의 관계에 대해서는 특별히 892-94을 보라.

시점으로 간주된다는 것을 알 수 있다. 그리스도께서 역사의 결정적 시점에 이렇게 개입하신 목적은 구원을 베풀기 위한 것이지만, 그리스도 사건이 묘사되는 방식은 구원이 표현되는 방식을 지배한다. 그리스도 사건은 역사적 기록의 문제이다. 그러면 이 점에 비추어볼 때 저자는 구원을 어떻게 제시하는가?

② 구원 개념

이제 그리스도 사건에서 관심을 돌려 구원 문제를 살필 차례이다. 주목해야 할 중요한 점은 그리스도 사건과 구원은 서로 상관된 개념이라는 사실이다. 여기서 부정과거 부정사인 "구원하려고"(sosai)란 말이 결정적이다. 왜냐하면 그것은 그리스도 사건의 목적을 설명해줄 뿐만 아니라 죄인들을 구원하는 행위가 과거의 완성된 사건에 전적으로 의존하고 있고 따라서 현재적 실재가 되었다는 사실을 표현해주기 때문이다. 우리가 살핀 대로, 그리스도의 지상적 존재를 지칭하는 표현은 그의 구속적 죽음의 사상을 내포한다. 따라서 구원의 목적은 그리스도 사건 안에서 또한 그것을 통해서 성취되었다는 것이 1장 15절에 함축되어 있다. 바울이 자기 과거 경험을 회상하는 것도 이 점을 확증해준다.

15-16절에서 미쁜 말씀의 메시지는 바울 자신의 회심에 적용된다. 바울 자신에 관한 논의로 되돌아가서 자신을 "본"(hypotuposis)으로 묘사한 것은(16절) 구원의 실재를 확실하게 확증해준다. "긍휼을 입었다"(13, 16절)는 진술과 "주의 은혜가 넘쳤다"(14절)는 진술, 그리고 바울의 회심 이전과 이후를 계속 되풀이 하는 표현이 분명히 시사하듯이, 바울 자신은 구원은 받았다. 하지만 구원의 현재적 실재는 자신의 기독

교인 삶에 대한 바울의 이해를 통해서 한층 더 강조된다. 14절의 의미는 하나님의 은혜가 "그리스도 예수 안에 있는 믿음과 사랑과 함께" 바울에게 넘쳤다는 것이다. 목회서신에서 '믿음'과 '사랑'은 새로운 삶에 동반되거나 특징화하는 덕목들인데 참 구원이 신자 안에서 작용하여 나타난 결과이다. "그리스도 안에"란 말은 그렇다면 신자와 그리스도의 관계를 지칭할 수 있다. 하지만 우리는 바울의 회심을 "후에 주를 믿어 영생 얻는 자들에게"(16절) 본으로 제시되고 있음을 간과해서는 안 된다. 부정과거 동사를 이해하기는 어렵지만, 본 절의 의도는 현재 경험하고 있는 구원의 실재를 표현하는 것이다.[87]

이 구절에서 우리는 저자의 구원 개념의 다른 요소들을 관찰할 수 있다. 근접 문맥에 나타난 바울의 회상 부분을 살필 때, 구원은 신적 주도권의 문제라는 사실이 나타난다. 첫째로, 바울을 충성되게 여겨(12절) 직분을 맡기신 분은 그리스도이셨다. 둘째로, 바울에게 넘쳐 결국 구원을 얻도록 한 은혜는 주에게서 나온 것이다(14절). 마지막으로, 바울의 구원을 묘사하는 동사는(eleethen, 13, 16절) 신적 수동태로 해석되는 것이 마땅하다(cf. 롬 11:30-31).

바울의 회심이 본이 되는 사람들을 묘사하는 16절하의 표현 속에서 믿음의 필요성이 함축되어 있다: "후에 주를 믿어 영생 얻는 자들에게." 전치사 표현은(pisteuein epi) 그리스도를 신앙의 대상으로 지시하고 있음이 분명하다. 더욱이, 신자와 그리스도의 관계 개념은 어떤 교

---

87) 어떤 학자들은 이 구절이 미래 구원에 관한 확신을 일차적으로 나타낸다고 주장하는데, 그것은 분명히 본절의 핵심 요점을 놓쳐버린 견해이다: Oberlinner (1980), 206; Hasler (1977), 203.

의에 대한 형식적 헌신이 아니라, 70인경의 용례에서 나타나듯이, 그리스도와의 인격적인 관계를 시사한다.[88] 믿음은 바울의 회심 속에 함축적으로 들어있다. 왜냐하면 그는 "후에 주를 믿는 모든 자들"의 본이 되기 때문이다.

믿음의 목표를 지칭하는 것도 간과해서는 안 된다. 그리스도를 믿는 신앙은 "영생"을 얻기 위한 것이다. 목회서신 내내 영생이 결코 현재 경험하는 구원의 실재와 구분될 수 없다는 것은 중요하다. 사람이 현재 소유하는 구원은 마지막 성취라는 궁극적 목표로 나아가는 디딤돌이다. 따라서 디모데전서 1장 15-16절에서 영생이라는 미래적 측면은 그를 믿는 현재적 측면에 의존하여 있다.

(2) 디모데전서 2장 3-6절

이 구절에서 5-6절만이 전통적인 형식을 나타낸다. 하지만 연관된 신학은 3-4절에까지 연장되어 있어서 구원에 대한 보다 충분한 이해를 얻기 위해서는 더 폭넓은 구절들을 고려해야만 한다. 전통 형식이 한 전승 단편에서 온 것인지, 아니면 저자 자신이 둘 이상의 전승들을 결합시킨 것인지 확실하게 말하기는 어렵다. 이 점에 대해 무엇이라고 결론을 짓든 5-6절은 저자 자신의 신학적 전망을 반영하는 것으로 보인다. 왜냐하면 6절의 개념들이나 어휘는 기본적으로 목회서신 전체의 것과 일치하고 있고, 5절은 너무도 두드러져서 우연하게 끼어든 것이라고 보기 어렵기 때문이다.

구원론이 전체 구절(1-7절)의 중심 관심이라는 것은 하나님을 "구원

---

88) Bultmann, *TDNT* 6: 211-12; 또한 *TNT* (1952-55), 1: 91-92.

자"로 묘사할 뿐 아니라 (3절) 하나님의 구원 의지를 지칭하는 표현에서 (4절) 분명하게 나타난다. 이런 항목들은 모든 사람들을 위해 기도하라는 1-2절의 교훈들과 밀접하게 연관되어 제시되고 뒤따르는 단편 형식을 통해 보완된다. 더욱이, 그리스도를 "중보자"와 "사람"으로 지칭하는 두 두드러진 묘사들은 구원론적 의미가 깃들어 있다. 마지막으로, 구원은 7절의 사상에 함축되어 있는데, 이 구절에서 구원론적인 그리스도 사건이 바울의 선포의 내용을 형성하고 있다는 사실이 설명된다. 하지만 1장 15절에서처럼 구원론은 그리스도의 역사적 나타남이란 사실과 분리될 수 없다. 따라서 우리는 우선 그리스도 사건이 묘사되는 방식에 집중하고, 후에 거기서 나타나는 구원 개념을 검토하게 될 것이다.

① 그리스도 사건

상기 구절에서 그리스도의 인성을 지칭한다든가 (5절상), 그의 구속적 고난을 언급하는 등의 내용은 (6절상) 그리스도의 생애, 죽음, 부활이 구원이 흘러나오는 역사적 원천을 형성한다는 사실을 시사해준다. 앞서 이미 살핀 대로, 그리스도를 '사람'으로 묘사한 것은 일차적으로 '중보자'란 칭호를 설명하는 기능을 갖는다. 그리스도의 "중보"는 그의 피흘림을 포함하지만, '사람'은 그의 지상적 존재 기간에다 정확하게 그의 중보 활동을 위치시킨다. 신약에서 예수의 인성을 지칭하는 구절들은 흔히 그의 구속적 고난과 연계된다. 따라서 그의 성육신의 주된 목적은 인류 대표로서 그의 죽음이었다는 것이 나타난다. 그리스도의 중보를 그의 인성과 그의 역사적 고난과 관련하여 정의하는 것은 (6절상) "중보"와 연관된 구원을 그의 지상 생애에다 닻을 내리는 것이다.

그리스도의 중보 활동에 대한 충분한 설명은 6절상에서 나타난다: "그가 모든 사람을 위하여 자기를 속전으로 주셨으니." 이 구절도 그리스도의 역사적 죽음을 직접적으로 지칭하는 표현이다. 특정한 역사적 시점에서 자신을 주신 분은 사람 되신 그리스도 예수이셨다. 저자는 구원하고자 하시는 하나님의 영원한 뜻을 (3-4절) 역사적인 그리스도 사건 속에서 드러내고자 한다 (cf. 딤후 1:9-10). 그리스도 사건에 대한 이러한 묘사에서 마지막으로 중요한 요소는 구원사의 한 측면을 묘사하는 방식이다. "기약이 이르면 증거할 것이라"(6절하)는 표현은 전통 자료를 포함한 것이든지 아니면 거기에 덧붙여진 것일 텐데, 아무튼 구원사를 염두에 두고 있다. "기약"(kairoi idioi)이란 말은 하나님께서 정하신 때를 지칭하며, 이 경우에는 과거에 있었던 그리스도의 십자가 사건의 성격에 관한 어떤 측면을 묘사한다.[89] 어떤 사람들은 '증거한 것'(to marturion)이 사도의 그리스도 사건 선포를 가리킨다고 주장하지만, 이것은 최선의 해석이 아니다. 오히려 저자가 설교를, 그리스도 사건의 현재적 효과들을 중개하는 수단으로 생각했다고 보는 것이 정확하다. 하지만 이 구절은 7절에서 충분하게 표현될 뿐이며, "증거한 것"은 하나님의 아들의 구속적 죽음을 수단으로 해서 세상을 향해 선포된 하나님의 메시지를 내용으로 한다.[90]

이러한 설명은 두 가지 방식으로 제시된다. 첫째로, "기약이 이르면 증거할 것이라"는 문구가 원래의 표현이든 덧붙여진 표현이든 간에 전승 단위의 일부분으로 취해진 것을 시사하고 있고, 따라서 하나님께서 모든 사람을 구원하시기를 원하신다는 주장을 뒷받침하는 역할을 하

---

89) J. Barr, *Biblical Words for Time*, London 1969, 65; Delling, *TDNT* 3: 461; Brox (1961), 35.
90) Brox (1961), 35; Delling, *TDNT* 3: 461.

는 것으로 보인다(4절). 둘째로, "기약"이란 말은 미래 사건이든(딤전 6:15) 현재 사건이든(딛 1:3) 간에 하나님의 구속사 속에 있는 한 결정적 사건을 지칭하는데, 그것은 특별히 그리스도의 나타나심을 염두에 두고 있다. 6절하에 덧붙여진 요점은 하나님의 구원 의지가 (3-4절) "정해진 때에" 발생한 그리스도 사건 속에서 분명하게 표현되었다는 것이다.

본절에서 구원의 어떤 다른 측면들이 나타나든지 간에, 한 가지는 분명하다: 그리스도의 역사적 현현은 구원론의 중심점이라는 것이다. 구원은 그것에 의존해 있고 거기에서 흘러나온다. 우리는 전승에 대한 이런 표현 속에 담겨있는 구원의 모습을 보다 분명하게 드러내야 할 필요가 있다.

② 구원 개념

상기 구절의 여러 요소들이 상호 결합하여 구원이 무엇인지를 다양하고도 풍부하게 묘사한다. 3-4절에서 먼저 나타나는 것은 구원이 신적 주도권의 문제라는 것에 대해 시사한다는 점이다. 하나님 아버지를 "구원자"로 묘사한 것은(3절), 우리가 이미 살편 대로, 그가 구원의 궁극적 원천이라는 것을 함축한다. 하지만 사상은 한층 더 확장되어 4절은 구원자 하나님을 "모든 사람을 구원하시기 원하시는" 분으로 묘사한다. 하나님을 지칭하여 사용된 '원하다' (thelein)는 동사는 "단호하고 완전한 의지"[91] 행위를 가리킨다. 따라서 본절에서 "하나님의 뜻"을 그리스도를 통해 주어지게 된 구원의 원천으로 생각한다고 해도 잘못

---

91) G. Schrenk, *TDNT* 3: 47.

된 것은 아니다. 이런 사상은 결코 목회서신에 독특한 것이 아니고 바울서신에서도 유사하게 많이 나타난다(갈 1:4; 엡 1:5, 9). 구원 계획은 분명히 하나님 아버지의 뜻에서 기원된 것이다.

둘째로, 같은 구절에서 구원은 어떤 의미에서 보편적인 것으로 생각되고 있다("모든 사람을 위하여," cf. 1, 2, 6절). 하지만 이것은 구원을 단지 하나님 사랑의 내재된 것으로만 파악하는 보편구원론의 증거본문으로 해석되어서는 안 된다.[92] 목회서신을 균형 있게 검토해보면 구원 받기 위해 믿음이 요청된다는 사실을 간과하거나 평가절하 시켜서는 안 된다(cf. 딤전 1:16; 3:16; 4:10; 딤후 1:5, 12; 2:25; 3:14; 딛 1:6).[93] 디모데전서 2장 6절의 강조점은 하나님이 제공하시는 이 구원이 누구에게나 개방되어 있는 접근의 보편성에 놓여 있다. 하나님은 "한 분"(5절 상)이란 진술과, "모든 사람"(1-2절)을 위해서 기도하라는 권면은 모두 이 점을 뒷받침해준다. 복음의 보편성에 대한 이런 강조는 영적 엘리트주의 형태의 그릇된 주장과 싸워야 할 필요성을 시사해줄 수 있다.

4절에서 구원은 "진리를 아는 데 이르는" 것으로 설명된다. 목회서신에서 이 문구는 기독교 신앙을 받아들이는 회심 경험을 지칭하는 형식문이다(cf. 딤후 2:25; 3:7; 딛 1:1).[94] 목회서신에서 "신앙"이 사도적 교리와 밀접한 관련이 있다는 사실에 비추어 볼 때, 그것은 아마도 신

---

92) K. Romaniuk, *L'amour de Pere et du Fils dans la soterilogie de saint Paul*, Rome 1974, 58-60; V. Hasler, " Epiphanie und Christologie in den Pastoralbriefen," *TZ* 33 (1977), 204-207.
93) Cf. Ridderbos (1975), 340.
94) Cf. J. Sell, *The Knowledge of the Truth - Two Doctrines*, Frankfurt 1982, 3-7; Dibelius and Conzelmann, 41; Lips (1979), 32, 35-38; Trummer (1978), 121-22; Brox, 127; Kelly, 62.

앙의 합리적 측면을 강조하는 것으로 보인다. 또는 그것은 비의적 종류의 지식을 강조하던 거짓 교사들이 그들의 왜곡된 교리를 가지고 교회 내에 깊숙이 침투하는 데 대한 반작용을 반영할 수도 있다. 따라서 구원은 케류그마 또는 진리에 관한 지식과 동의를 포함한다.

구원을 일차적으로 하나님 아버지와 그의 구원 의지와 관련하여 살폈기 때문에, 저자는 또한 자연히 자신의 관심을 그리스도의 사역과 그것이 구원 개념에 기여한 점에 돌리게 된다. 그는 한분 하나님을 강조함으로써 복음의 보편적 접근성을 위한 기초를 닦은 뒤에, 그는 그리스도를 "중보자"로 묘사할 때 나타나는 구원의 또 다른 측면을 함축적으로 드러낸다. 앞선 논의를 요약한다면, 그리스도께서 새 언약을 중보한다는 개념은 역사적인 그리스도 사건을 통해서 구현되는 구원 계획과 밀접하게 연계되어 있다. 이것은 구원이 하나님과 사람 사이에 "개입하신" 그리스도의 구속사역에 의존한다는 것을 뜻한다. 근접 문맥의 사상적 발전이 시사해주듯이, 이러한 "중보"는 그리스도의 피를 통해 수행된다 (cf. 히 8:6; 9:14-15; 12:24): "중보자"(5절상)는 보다 구체적으로 "인간 그리스도 예수"로 명기되는데 (5절하), 그의 개입은 "자신의 생명을 모든 사람들을 위한 속전으로 내어준"(6절상) 행위로 묘사된다. 따라서 중보자 개념을 통해서 구원은 새 언약적 술어들로 해석된다: 중보자로서 그리스도는 두 당사자들을 대변하며, 자신의 피를 흘림으로써 하나님과 사람을 함께 화목시키셨다.

예수 그리스도의 중보자 역할을 통해 구원 개념을 해설할 때 저자는 또 다른 전승을 자신의 논지 속에 끌어들인다. 그것은 그리스도의 "자신을 내어주심"(self-offering)이다. 6절의 전승사적 배경과 그것이 문맥에서 담당하는 역할을 검토해 보면, 저자의 구원 개념에 있어서 그리스도의 죽음의 구원론 의의를 한층 더 분명히 드러낼 수 있다. "사람"(5절하)이 "중보자"를 묘사하는 것처럼, "그가 모든 사람을 위하여 자기를 속전으로 주셨다"(6절상)는 진술도 중보의 방식을 설명해주며,[95] 또한 4절에 언급된 하나님의 구원 의지를 한층 더 분명하게 정의해준다.[96] 이렇게 그리스도의 구속적 죽음을 분명하게 지칭한 것은 "사람이신 그리스도 예수"란 표현에 함축되어 있듯이 그의 인성과 고난의 연관성을 강화시켜준다. 사상의 흐름은 (1) 구원의 보편적 접근성의 근거로서 하나님의 한분되심으로부터 (2) 중보자의 단일성에로 옮겨가고, 또한 (3) 고난을 받으시는 중보자의 인성으로부터 (4) 중보의 수단, 즉 그리스도의 자신을 내어주심에 대한 설명으로 옮겨간다.

우리는 6절상의 전승이 어떤 출처에서 온 것인지 분명하게 말할 수는 없지만, 가능한 영역들은 다음과 같이 좁힐 수 있다. 첫째로, 6절상의 내용이 마가복음 10장 45절에 보존된 말씀과 중복되기는 하지만, 그것은 단순히 마가복음에서 인용된 구절은 아닌 것 같다.[97] 전자의 표현은 목회서신이 쓰인 때보다 훨씬 전에 유통된 전승 단편으로 보이기 때문에 그렇다. 더욱이, 6절상이 칠십인경에 기초한 독립된 형식문을 나타낼 가능성도 높지 않다. 왜냐하면 칠십인경 이사야서의 관련 본문들

---

95) Brox, 128; Kelly, 63; Jeremias, 20 등.
96) Cf. Trummer (1978), 197.
97) 사실 딤전 2:6이 막 10:45에서 인용된 것이라고 보는 학자들도 여럿 있다: J. Jeremias, *New Testament Theology I*, London 1971, 293-94; E. Lohse, *Märtyrer und Gottesknecht*, Göttingen 1963, 119.

과 별로 두드러진 일치점이 없기 때문이다. 오히려 그것이 예수에게로 소급되는 전승에서 유래된 것으로 설명하는 것이 더 합리적이다: 이 전승은 현재 마가복음 10장 45절과 그 평행절에 보존되어 있는데, 마가복음의 전승은 본래 히브리어로 쓰인 이사야서의 종의 노래에서 나온 것이다.[98] 6절상과 함께 공관복음 전승을 살펴보면 유사점들만 아니라 변경한 점들도 나타내는데, 이것은 독립적일 뿐만 아니라 후대의 용법임을 시사해준다.

차이점들은 흔히 초기 헬레니즘 교회가 보다 오래된 셈어 전승을 헬라화시킨 결과라고 설명되곤 하였다. "그의 목숨을"이란 셈어 문구를 "자기를"(heauton)과 같은 단순 표현으로 바꾼 것이 바로 이런 식으로 설명되었다.[99] 하지만 이런 식의 접근이 과연 "많은 사람을 위한 속전"(lutron anti pollon)에서 "모든 사람을 위한 대속물"(antilutron hyper panton)로 바꾼 것도 충분하게 설명할 수 있는지는 의문시되고 있다. 한쪽 견해를 대변하면서 예레미아스는 "대속물"(antilutron)이란 합성어가 "속전"(lutron)을 헬라적으로 부연한 것이지만,[100] 이런 번역은 의미 변화를 의도하지 않은 채 의역하려는 의도를 지녔다고 주장한다. 다른 학자들은 이런 합성어 표현을 통해 의미가 강화되었다고 주장한다.

---

98) W. Popkes, *Christus Traditus*, Zürich 1967, 199; Kelly, 63-64; Romaniuk (1974), 61-62. 막 10:45에 보존된 말씀이 종의 노래(아마도 마소라 사본의)에서 나온 자료에 의존하고 있다는 주장에 대해서는, R. T. France, *Jesus and the Old Testament*, London 1971, 118-20; J. Roloff, "Anfänge der soteriologischen Deutung des Todes Jesu (Mk x.45 und Lk xxii.27)," *NTS* 19 (1972), 52; Popkes (1967), 61ff; M. Hengel, *The Atonement*, Philadelphia 1981, 49-50.
99) Büchsel, *TDNT* 4: 349.
100) Jeremias, *Abba*, Göttingen 1966, 226; cf. Büchsel, *TDNT* 4: 340.

마가복음 10장 45절에 등장하는 대속 사상과,[101] 6절상과 전승의 관계를 주목하면서 모리스(Morris)는 만일 대속 사상이 마가복음 10장 45절에 있다면, 우리는 저자가 대속을 강조하는 전치사를 덧붙인 점을 살필 때 디모데전서 2장 6절상에서도 그것을 발견할 수 있다고 주장한다.[102] 힐(Hill)도 모리스의 견해에 동의하면서 "전치사의 접두어는 대속 개념을 강조해준다"[103]고 주장한다. '루트론' (lutron)과 전치사 '안티' (anti)가 결합된 것은 예수의 죽음을 대속적인 의미로 해석했던 초대교회 편에서 어느 정도 신학적 반성 내지 명료화 의도를 지시할 수 있다는 점에서 모리스와 힐의 관찰은 정확한 것 같다.[104] 그럼에도 불구하고, '속물' (ransom), 좀 더 느슨한 의미로 해방을 얻기 위해 지불되는 '속전'의 개념은 '루트론' 이란 술어 사용을 통해서 마가복음 10장 45절만 아니라 디모데전서 2장 6절에 모두 공통적으로 존재한다.

다른 변경들 또는 차이들도 이런 신학적 반성의 방향을 지시한다. 전치사 '안티' (anti)를 '휘페르' (hyper)로 변경한 것도 우연한 현상으로 해석되어 왔다.[105] 하지만 '휘페르' 전치사가 사용된 것은 아마도 대표와 대속의 개념들을 동시에 뜻할 수 있기 때문일 수 있다. 이것은 이 전치사가 그리스도의 자신을 내어주심에 관해 말하는 특히

---

101) 대속 사상에 대해서는 V. Taylor, *Jesus and His Sacrifice*, London 1939, 103-04; N. Turner, *Grammatical Insights into the New Testament*, Edinburgh 1965, 173; R. E. Davies, "Christ in our Place -- The Contribution of the Prepositions," TB 21 (1970), 74-81을 보라.
102) L. Morris, *The Apostolic Preaching of the Cross*, London 1955, 48.
103) D. Hill, *Greek Words and Hebrew Meanings*, Cambridge 1967, 76-77.
104) D. Guthrie, *New Testament Theology*, Downers Grove 1981, 441.
105) 대다수의 학자들이 여기에 속한다: Hill (1967), 78-81; Ladd (1974), 187-88; Taylor (1939), 103-05.

(para)didomi 동사 형태가 채택되는 곳에서,[106] 바울의 사상에서 압도적으로 등장한다는 점과 상응한다. 그것이 중보자 개념과 밀접한 관계가 있다는 것은 인자 말씀에 영향을 미쳤을 것이다. '위하여'(hyper)란 전치사는 '대신하여'(anti)란 전치사에 결여 되어있는 대표성의 뜻을 덧붙이려는 의도가 있을 수 있다.[107] 결론적으로, 그리스도의 죽음은 대속의 개념을 담지하고 있는 '대속물'(ransom)의 형태로 이해된다. 대속은 다른 어떤 사람을 대표하는 어떤 사람을 통해 성취된다. 그리스도는 인류의 중보자/사람/대표로서 모든 사람을 대표한(hyper) 그의 대속적 죽음(antilutron)을 통해서 그의 중보 사역을 성취하셨다.

이제 마지막 차이점을 고려해야 한다. '많은 사람'(pollon)에서 '모든 사람'(panton)으로 바뀐 것은 더 오래된 말씀 전승에 있는 '많은 사람'을 초대교회가 내포적인 의미로 이해하였음을 시사하는 것으로 보인다(1, 2, 4절 참조).[108] 이 전승 단편이 특별하게 선택된 것은 아마도 그것이 "모든 사람"에 대한 저자의 논의에 적합했기 때문일 것이다. 마가복음 10장 45절에 분명하게 있고 디모데전서 2장 6절에는 한층 더 분명한 보편적 강조점은 초기의, 아마도 바울 이전 자료의 성격을 반영할 것이다. 왜냐하면 헹겔(Hengel)이 지적하듯이 초기 바울의 교회는 더 오래된 보편적 표현을("모든 사람을 위한") 신자들의 공동체를 지칭하는 표현으로("우리를 위한") 변경시키는 경향을 보였기 때문이다: "구

---

106) N. Perrin, "The Use of (para-)didonai in Connection with the Passion of Jesus in the New Testament," in: *Der Ruf Jesu und die Antwort der Gemeinde*, ed. by E. Lohse, et al. Göttingen 1970, 206; Hill (1967), 78-81; Ladd (1974), 187-88; Taylor (1939), 103-05.
107) Harris, *NIDNTT* 3: 1179; Turner (1963), 258.
108) Cf. Jeremias (1971), 293; Popkes (1967), 199.

원의 범위를 자기 자신의 공동체로 좁혀 적용하는 이해할 만한 이런 경향은 아마도 한정된 그룹에만 영향을 미쳤을 부활절 사건과 더불어 이미 시작했을 것이다"[109](cf. 갈 1:4; 엡 5:2; 롬 4:25; 8:32). 하지만 다른 한편 바울 자신은 그리스도의 죽음을 "모든 사람을 위한"(고후 5:14-15) 것으로 지칭할 수 있었기 때문에, 동일한 구절에서 초점을 "우리"에게로 좁혔을 것이다(5:16-21). 어떤 설명을 택하든지 간에 6절상은 초기 신학 형태를 나타내는 것이 분명하다.

마지막으로, 우리는 저자가 본절에서 구원을 현재적 실재로 파악하고 있음을 지적해야 한다. 구원이 하나님의 뜻이라는 진술, 이를 위한 증거, 구원을 완성된 과거 그리스도 사건에 정초시키는 것, 그리고 그것을 하나님의 구원사적 "증거"로 묘사하는 것 등은 모두 이 점을 지시한다. 7절에 제시된 설명은 위의 관찰을 뒷받침하는 또 다른 요소가 되는데, 여기서는 5-6절의 내용이 바울이 복음 전파를 위한 임명되었다는 메시지를 구성한다. 목회서신이 강조하듯이, 구원이 현세대에 중개되는 것은 그리스도 사건, 즉 복음에 대한 선포를 통해서 이루어진다. 이러한 수단을 통해서 과거의 구원 사건은 현재에도 지속적인 타당성을 얻게 된다. 구원은 단순한 약속에 불과한 것이 아니라 적어도 현재적 실재로 경험된다.

(3) 디모데전서 3장 16절

본 구절에 담긴 그리스도 찬송시는 교회 내의 행위와 질서에 관한

---

109) M. Hengel, *The Atonement*, Philadelphia 1981, 71.

섹션을 끝맺는 부분에 등장한다. 그리스도께서 이 찬송시의 주체가 된다는 것은 의심할 여지가 없지만, 선행하는 구절과의 연관성은 논란이 되고 있다. 성(性)의 차이에도 불구하고, 첫 행의 관계사 '호스'(hos)는 서론적 진술에 나오는 "경건의 비밀"을 소급해서 지칭한다.[110] 찬송시가 확증하고자 하는 것이 무엇이고 왜 그렇게 하려고 하는지를 정확하게 이해하기 위해서는 "경건의 비밀"이 뜻하는 바를 확인해야 한다. 바울이 사용하는 '비밀'의 내용은 다양할 수 있지만, 그것이 복음 선포와 연관될 때는(엡 3:3 롬 16:25; 골 1:26) 일반적으로 "세상으로부터 감추인…. 그리고 종말론적으로 십자가에서 성취된 만세전의 하나님의 뜻"[111]을 지칭한다. 바울이 신학적 의미로 사용하는 '비밀' 개념은 헬레니즘 신비 제의들보다는 유대 묵시문헌에서 발견되는 것에 더 가깝다.[112] 본 구절에 등장하는 '비밀' 용법은 바로 이런 바울적 의미로 설명되어야 한다. 그리스도의 역사적 현현은(ephanerothe) 분명히 "비밀"과 연결되어 있고, 이 사건에 대한 케류그마도 또한 염두에 두어야 한다. 방금 전에 교회는 "진리의 기둥과 터"로 묘사된 바 있는데, 진리는 인정된 복음을 지칭한다. 3장 9절에도 비슷한 문구가("믿음의 비밀") 등장하는데, 여기서 "비밀"은 직접적으로 기독교 믿음의 객관적 내용, 즉 복음이나 또는 보다 폭넓게 사도적 교훈(cf. 엡 6:19)과 연관되

---

110) 변이형 본문 '호'(ho)나 '떼오스'(theos)는 이차적이라는 것이 거의 분명하고, 더 긴 찬송시 단편을 빌려온 것에서 야기된 모호성을 줄여보려는 시도로 해석될 수 있다. 관계사 '호'가 선호되어야 하는데, 그것이 더 나은 외적 증거를 가지고 있고, 또한 변이형들의 등장을 가장 잘 설명해주기 때문이다: cf. *TCGNT*, 641.

111) Bornkamm, *TDNT* 4: 821; S. Kim, *The Origin of Paul's Gospel*, Tübingen 1981, 74-99; G. Finkenrath, *NIDNTT* 3: 504.

112) Bornkamm, *TDNT* 4: 819-22; R. G. Hamerton-Kelly, *Pre-existence, Wisdom, and the Son of Man*, Cambridge 1973, 188-89.

어 있으며 3장 16절과 유사한 내용을 담고 있다. 사실 여러 학자들은 두 진술들을 동등한 것으로 간주하지만,[113] 이것은 "경건"을 좀 평이하게 번역한 것에 근거한 것으로서 지금은 의문시되고 있다.

3장 9절에서 소유격 표현인 "믿음의"란 문구는 기독교 메시지의 객관적인 내용을 지칭하는 것이 거의 분명하다. 그것은 직분을 맡을 수 있는 자격 요건으로서, 집사들은 그것을 굳게 붙잡아야 한다. 만일 '비밀'이 복음 메시지의 내용으로서 하나님의 그리스도 계시를 뜻한다면, 소유격 표현은 병렬적인 의미로 (즉 "믿음에 속하거나 믿음을 내포하는 비밀") 해석되어야 할 것이다. "비밀"과 "믿음"의 이러한 관계를 묘사할 때, 코펜스(Coppens)는 "내용으로부터 그것을 담는 그릇으로 바뀌는 의미상의 변동이 존재한다"[114]고 설명한다: 엄격하게 말해서 믿음의 내용을 말하는 비밀이 일반적으로 "믿음"을 지칭하는 환유적 의미로 사용되고 있다. 부연 설명을 한 부분을 벗겨내면, 이 문구는 본질적으로 "역사적 그리스도에 관한 메시지와 교훈들을 붙잡으라"고 명령한다. 에베소서 6장 19절에서 바울이 사용한 평행구절은("복음의 비밀") 동일한 병렬적 관계를 증명해준다.[115] 초기 바울조차도 그리스도의 역사적 현현과 그가 가져온 구원을 복음 자체로 생각할 수 있었다. 디모데전서 3장 9절은 어느 정도 형식화된 것이다(cf. 엡 6:19). 하지만 문맥이 보여주듯이(3:16), 그리스도 사건을 "전에는 감추어졌으나 지금은 계시된"(ephanerothe) 사건으로, 그리고 그것을 "믿음"의 본질로

---

113) Bartsch (1965), 29; Dibelius and Conzelmann, 61; Brox, 159; Kelly, 89.
114) J. Coppens, " 'Mystery' in the Theology of Saint Paul and its Parallel at Qumran," in: *Paul and Qumran*, ed. by J. Murphy-O'Conner, London 1968, 155 n. 88; cf. Bornkamm, *TDNT* 4: 822.
115) J. Gnilka, *Der Epheserbrief*, Freiburg 1971, 318 n. 1.

보는 사상을 분명하게 염두에 두고 있다.[116]

만일 두 문구가(3:6과 3:16) 동등한 것이라면, 소유격 표현은("경건의") 대체로 "우리의 종교"라는 의미로 사용되었을 것이다. 하지만 목회서신 내내 '유세베이아' 란 술어가 사용된 것은 좀 다른 방향을 지시한다. 그것은 시종일관하게 그리스도 사건으로 가능해진 하나님에 대한 참 지식에 의해 결정되는 삶의 스타일을 뜻한다. "믿음"의 객관적인 내용이 내포된 것이 분명하지만, "경건"(eusebeia)은 근접 문맥의 관심들이 확증해주듯이 보다 폭넓다. 저자가 예배 회중에 관심을 갖는 본 섹션을 결론지을 때 이러한 정황 속에서 바른 행위에 대한 그의 관심을 부각시킴으로써 이 부분을 요약한다는 것을 인식하는 것이 중요하다: "행하여야 할 것"(anastrephesthai, 15절). "어떻게 행하여야 할 것을 아는 일"은 "경건한 삶을 사는 것"을 지칭하는 또 다른 방식이다. 이로써 우리는 "경건의 비밀"이 "비밀"(그리스도 사건과 그 선포) "구원받은 자"를 연결짓고, 후자가 새 시대에 걸맞게 살아야 할 삶의 스타일을 "경건"으로 생각하고 있다는 결론을 피하기 어려울 것 같다. 3장 16절의 문구에서 우리는 다시 한번 병렬적 관계를 만나게 되지만, 이번에는 "비밀"이 전에는 감추어졌으나 지금은 계시된 그리스도를 지칭하는 말로서 새로운 그리스도인 행위의 본질적 근거로 묘사된다. 목회서신 다른 곳에 나오는 "경건"의 용례는 행위를 염두에 두고 있음을 확인해 준다. 보다 좁은 의미의 개념이 3장 9절에서 의도되고 있는데, 거기서 "믿음의 비밀을 붙드는 것"은 보다 폭넓은 경건의 측면들의 목록 속에서 몇 가지 성질들 가운데 하나로 나타나기 때문이다. 따라서 두 문구

---

116) Cf. Bornkamm, *TDNT* 4: 822.

들 사이의 차이는 분명하다: 3장 9절은 믿음의 객관적 내용을 지칭하고, 3장 16절은 결정적으로 한 걸음 더 나아가 그것과 연관된 삶의 방식을 포괄하며, 각 경우에 역사적인 그리스도 사건은 핵심을 형성한다.[117] 따라서 서론적 진술은 이런 정황에서 찬송시의 목적이 그리스도 사건을 새로운 삶의 방식의 본질로 확증하는 것이라는 것을 시사해준다.

비밀은 이제 6행으로 된 찬송시로 묘사된다. 찬송시를 분석하려는 학자들의 시도는 항상 그 형식 문제부터 시작하고, 일반적으로 다음 세 설명들 가운데 하나가 제시된다. 첫 번째 설명은 엄격한 연대기적 접근으로서 6행으로 된 찬송시를, 그리스도 사건의 다양한 측면들에 대한 연속적인 선언들로 다룬다.[118] 두 번째 설명은 찬송시를 두 단락으로 된 3행시로 구분하는데, 물론 각 행에 표현된 주제들의 관계에 관해서는 의견일치가 별로 없다.[119] 하지만 이들 제안이 문제 해결보다는 더 많은 의문만 제기하기 때문에,[120] 대부분의 현대 주석가들은 세 번째 접근을

---

117) Cf. Kelly, 89; 비슷하게 Foerster, *TDNT* 7: 182.
118) C. K. Barrett, 64-66; H. Alford, *The Greek Testament*, 4 vols, London 1865, 3: 334.
119) 가장 최근에 W. Metzger, *Der Christushymnus. 1 Timotheus 3,16 Fragment einer Homologie der paulinischen Gemeinden*, Stuttgart 1979; 또한 A. Seeberg, *Der Katechismus der Urchirstenheit*, Leipzig 1903, 113-125; W. Lock, *The Pastoral Epistles* (ICC), Edinburgh 1924, 113-125; R. Falconer, "1 Timothy 2,14.15. Interpretative Notes," *JBL* 60 (1941), 138; cf. Scott, 41-43.
120) 이들 견해에 대한 상세한 비판으로는 R. H. Gundry, "The Form, Meaning and Background of the Hymn Quoted in 1 Timothy 3:16," in: *Apostolic History and the Gospel*, ed. by W. W. Gasque, R. P. Martin, Exeter 1970, 203-06; cf. also W. Stenger, *Der Christushymnus 1 Tim 3,16: eine strukturanalytische Untersuchung*, Frankfurt/Bern 1977; P. B. Fowler, *An Examination of 1 Tim 3:16b: Its Form, Language and Historical Background*, Ph.D dissertation, University of Edinburgh 1974.

채택한다. 이 경우에 찬송시는 세 개의 이행연구(couplet)로 구성된 것으로 설명되고, 각 이행연구(二行聯句)는 반제 명사들을 담고 있다.[121] 해석의 문제들이 여전히 많기는 하지만, 이 견해는 셋 중에 가장 최선의 해석이다; 반제의 사용은 히브리 시에서 나온 것이고, 첫 번째 시구에서 그리스도의 존재의 두 단계들을 설명한 것도 신약 저술 다른 곳에서 평행구들이 발견된다(cf. 롬 1:3-4; 벧전 3:18-22).[122] 문예적 형태들의 다른 측면들이 검토되었는데, 어떤 것은 찬송시 해석에 관계가 있고, 다른 것은 관계가 적은 것이 사실이다. 하지만 교회가 역사적인 그리스도 사건을 어떻게 파악했는지를 이해하기 위해 가장 큰 도움을 주는 것은 반제형 명사들과 특별히 1-2행들이다.

① 그리스도 사건

1, 2, 3, 그리고 6행은 그리스도의 지상 생애의 측면들을 특별하게 지칭하지만, 어떤 측면들을 특별히 염두에 두고 있는지는 논란이 되고 있다. 우리는 이들 시행들을 우선 집중적으로 검토하고, 나머지 시행들에 대해서는 이 사건이 세상에 대해 갖는 의의에 초점을 둘 때 간헐적으로 살필 것이다.

첫째 행에 "육신으로 나타난 바 되시고"라는 시구가 나오는데, 이것

---

121) 예로, Gundry (1970); Dibelius and Conzelmann; Jeremias; Kelly; Brox; Wengst (1972), 156-60; R. Deichgräber, *Gotteshymnus und Christushymnus in der frühen Christenheit*, Göttingen 1967, 133- 37; E. Schweizer, "Two New Testament Creeds Compared: I Corinthians 15.3-5 and 1 Timothy 3.16," in: *Current Issues in New Testament Interpretation*, ed. by W. Klassen, G. F. Snyder, New York 1962, 65; R. P. Martin, "Approaches to New Testament Exegesis," in: *New Testament Interpretation*, ed. by I. H. Marshall, Exeter 1977, 236, 238.
122) Martin (1977), 238.

은 여러 방식으로 해석되어 왔다. 어떤 학자들은 이 전승을 부활하신 주의 영광을 선포하는 부활절 찬송시로 간주하면서 "육신으로 나타나심"은 그리스도의 부활 이후 현현들을 염두에 둔 것이라고 주장한다.[123] 이를 뒷받침하기 위해 '엠파네'(emphane) 동사가 등장하는 사도행전 10장 40절과 누가복음 24장 39절을 내세워 그러한 현현들이 사실은 초대교회가 성찰한 대상이었음을 논증하고자 한다. 뒤퐁(Dupont)은 심지어 '에피파네이아' 술어가 목회서신에서 육신으로 임한 그리스도의 과거 현현에 대해 쓰일 때는(딤후 1:10; 딛 2:11; 3:5) 집합적으로 과거의 그러한 부활 이후 현현들을 지칭한다고 제안하기도 한다.[124] 하지만 우리가 살핀 대로, 이 술어는 이런 식으로 제한될 수 없고, 사도행전 10장 40절과 24장 39절에는 '파네룬'(phaneroun) 동사의 파생어가 단 한번 등장하기 때문에 이러한 설명을 뒷받침하는 신빙성이 있는 증거를 제공해주지 못한다.

전통적인 해석은 첫째 행에서 그리스도의 성육신에 대한 언급을 발견을 발견한다. 첫 번째 행에서 "육신"이라든가 "나타났다"는 술어들이 등장하는 것이 이 해석을 선호하게 만든다. 첫째로, 로마서 1장 3-4절에서 그리스도의 "육신"을 지칭하는 평행구는 그의 성육신을 염두에 두고 있다.[125] 또한 여러 다른 본문들 중에서 '육신'은 그리스도의 부활 이전의 인성을 지칭하여 사용되는 것이 분명하다(요 1:14; 롬 8:3; 9:5; 엡 2:14; 골 1:22; 히 5:7; 벧전 3:18; 요일 4:2; 요이 7). 둘째로, '파네

---

123) B. Schneider, " Kata Pneuma Hagiosunes (Romans 1,4)," *Bib* 48 (1967), 364, 384-85.
124) J. Dupont, *ΣΥΝΧΡΙΣΤΩΙ*, Paris 1952, 108-110.
125) Cranfield, Romans (ICC: 1975-79), 1: 60; Gundry (1970), 209.

룬'은 또한 예수의 지상 생애와 밀접한 연관성을 가진다. 그리스도의 현현을 지칭하는 기술적인 의미로 몇 차례 사용된다(요 1:31; 히 9:26; 벧전 1:20; 요일 1:2; 3:5, 8). 이 술어를 통해서 그리스도께서 역사 속에 들어오신 사건은 전에 감추인 어떤 것이 구원사적으로 계시된 것으로 표현된다. '파네룬'(phaneroun)은 그리스도의 현현을 지칭하는 기술적인 술어로 몇 차례 사용된다. 근접 문맥에서 '비밀'이 등장하는 것도 첫째 행의 이 개념을 강화시켜준다. 간단히 말해서, 여기서 그리스도의 성육신을 염두에 둔 것이 거의 확실하다.

"육신으로 나타나심"을 그리스도의 성육신의 한 측면에 제한하여 그의 탄생을 지칭한다고 보거나 아니면 그의 십자가를 지칭한다고 보는 해석도 있다. 첫 번째 견해는 별로 가능성이 없다. '파네룬'은 너무 일반적인 술어여서 '탄생'에 국한시킬 수 없고 오히려 이 경우에는 '나다'(gennan) 동사가 더 어울릴 것이다.[126] 스탠리(Stanley)와 스텡거(Stenger)는 우리의 문구가 오직 십자가 사건만을 염두에 두고 있다고 주장한다. 그들의 추론에 따르면, '영'과 대조를 이루는 '육'은 악하고 약한 인성을 지칭한다. 이것은 바울이 로마서 '육'을 그리스도의 죽음과 연관시킨 사실과 더불어(롬 8:3; 골 1:22; 엡 2:14) 첫째 행에서 십자가 사건을 지칭한다는 것이다.[127] 하지만 그리스도의 인성을 논하는 구절들이 흔히 이것을 그의 죽음과 연결시키고 있고, 또한 '육'이 적어도 골로새서 1장 22절과 에베소서 2장 14절에서 이러한 연관 속에서 등장

---

126) Gundry (1970), 209.
127) D. M. Stanley, *Christ's Resurrection in Pauline Soteriology*, Rome 1961, 237; Stenger (1977), 90.
128) Cf. Gundry (1970), 210.

하는 것이 사실이기는 하지만(아마도 롬 8:3도), "육이 항상 또는 적어도 일상적으로 죄악성의 의미를 전달하는 것은 아니다."[128] 인간론적인 술어로서 그것은 그러한 암시를 내포할 수도 있지만,[129] 그리스도를 지칭할 때는 바울에게서도 그의 존재의 영역 또는 측면을 자주 의미한다.[130] 그렇다면 '육'이 그리스도께서 자신을 인간의 죄악성과 동일시한 것에 특별히 주목한다는 견해를 받아들이기 곤란하다. 이 점을 고려할 때 "육신으로 나타나심"은 안심하고 십자가 사건에 제한시킬 수는 없다.[131]

전체적으로 1행과 2행의 "육-영" 반제가 보다 구체적인 술어들을 사용하는 베드로전서 3장 8절의 비슷한 반제와 비교할 때, "육신으로 나타나시고 영으로 의롭다 함을 입었다"는 문구는 보다 폭넓은 의미를 뜻하는 것 같다. 또한 찬송시의 구원사적 기능을 살필 때, 그것이 예수의 전체 지상 사역 또는 인성을 입으신 예수를 지칭한다고 보는 것이 더 적절하게 보인다.[132] 하지만 이러한 지칭이 예수의 죽음을 넘어 "승천에까지" 확장되는지 확실하게 말할 수는 없다. 한편으로, 1행에서 예수의 죽음의 위치는 우연적인 것은 아니다. 왜냐하면 그의 성육신의 목적이 십자가에서 절정에 달한다고 보는 것은 초대교회의 통일된 이해였기 때문이다(cf. 빌 2:7-8; 롬 8:3). 다른 한편으로, 반제의 두 번째 항목인 "영으로 의롭다 하심을 입었다"는 문구에서 부활을 지칭할 가능

---

129) R. Jewett, *Paul's Anthropological Terms*, Leiden 1971, 135-66.
130) 롬 1:3; 8:3 (Cranfield (1975-79), 1: 57-65, 378-85); cf. 요 1:14; 6:51ff; 요일 4:2; 요이 7; 히 5:7; 10:20.
131) 이 점을 옳게 본 Gundry (1970), 210을 보라.
132) Gundry (1970), 210; cf. Kelly, 90; Lock, 45.

성이 있다는 사실은 예수의 존재의 두 양식들 사이를 구분하는 선이 십자가/부활이라는 것을 시사한다.[133] 그렇다면 1행은 예수의 인간 존재가 갖는 부활 이전의 (육신적) 측면을 의미한다. 예수의 죽음을 염두에 둔 정도에 따라 그가 죄인과 동일한 것이 함축되기도 한다.[134] 물론 그의 인성과 죽음의 내재적 연관이 해소될 수는 없지만, 1행에서 일차적으로 강조되는 것은 그의 나타남의 양식으로서 "육신"이다.

2행에서 "영으로 의롭다 하심을 입었다"는 문구의 해석은 논란이 되어 왔다. 우선 "의롭다 함을 입었다"(edikaiothe)는 술어의 의미를 먼저 다루는 것이 가장 손쉽다. 이 술어에 "신성화되다"(divinized)는 헬레니즘적 의미를 부여하거나,[135] 또는 보다 폭넓게 "신적인 영역에 들어감" 또는 "올리심의 행위"의 의미를[136] 부여하려는 시도들은 불분명한 증거로 인해 신빙성을 잃어버렸다. "신성화되다"는 뜻은 신약의 '디카이운'(dikaioun) 용법에 낯선 것이고, 1세기보다 후대의 문헌에 의존하는 것이다.[137] 만일 "영으로"란 문구가 그리스도 자신의 영이나 성령을 지칭하기보다는 "영의 영역"을 일반적으로 지칭한다면 두 번째 보다 폭넓은 범주도 용인할 만하다. 하지만 뒷받침이 될 만한 평행

---

133) 이것은 찬송시와 이집트 왕 등극시의 관련성에 주목하는 학자들이 제안한, 1행에서 올리심의 사상이 들어있다는 해석을 배제한다: Jeremias, 28-29; Spicq, 471; 보다 최근에 Wengst (1972), 159-60; Deichgräber (1967), 134; Stuhlmacher (1966), 187. 이런 식의 관계를 비판하는 학자들로는, Schweizer (1962), 65; Fowler (1974), 201-08을 참조하라.
134) Martin (1981), 184; cf. Wengst (1972), 158; Kelly, 90; Lock, 45; Dunn (1980), 237.
135) 예로, Dibelius, *Die Pastoralbriefe*, Tübingen 1931, 39; 보다 최근에는 Wengst (1972), 158.
136) 예로, Schweizer (1962), 64; Stenger (1977), 92.
137) 이에 대한 논의로는 Gundry (1970), 210을 보라. 고대 자료들에 대한 연구로는 Schweizer (1962), 64; Reitzenstein (1927), 257-58을 보라.

구들을 보면 "의롭다 하심을 입었다"는 표현은 "신원"(vindication)의 뜻을 함축한다는 것이 더 분명하다.[138] 따라서 "의롭다고 선언되다" 또는 "신원되다"는 히브리적 의미를 거부할 만한 명분이 없다; 칠십인경에서 수동태 '디카이오떼세타이'(dikaiothesetai)가 사용될 때 그것은 시종일관하게 후자의 의미로 표현된다.

보다 논란이 되는 것은 "영으로"(en pneumati)란 문구와 신원의 구체적 상황이다. 건드리(Gundry)는 여기서 그리스도 자신의 인간의 영을 염두에 두고 있고, 신원은 옥에 있는 영들에게(벧전 3:18-19에 근거하여) 전한 부활 이전의 선포와 연계되어 있음이 분명하다고 주장한다. 그는 "영으로"를 이런 식으로 확인하는 입장을 뒷받침하기 위해 세 가지 점들을 열거한다. 첫째로, 1과 2행의 평행에 기초하여 그는 "'육신으로'란 표현이 그리스도 개인의 육신적 현현뿐만 아니라 그 현현이 일어났던 일반적 영역을 뜻하는 것처럼, '영으로'란 표현도 그리스도 개인의 인간 영뿐만 아니라 그의 신원이 일어났던 일반적 영역을 뜻한다"[139]고 주장한다. 둘째로, 각 행에서 '엔'(en) 전치사는 장소적 또는 지시 여격으로 기능한다. 평행구 때문에 이런 해석이 더 선호될 만 하지만, 성령을 지시할 가능성을 배제한다. 그는 주장하기를, 성령을 지시하게 되면 전치사들이 다른 기능으로 쓰였다는 것을 요청하게 된다는 것이다. 셋째로, "영으로"란 문구는 "거룩한"이란 수식어가 생략되어 있기 때문에 성령을 지칭할 가능성이 별로 없다.

신원의 상황에 대한 그의 설명을 뒷받침하기 위해 그는 베드로전서

---

138) Gundry (1970), 210-11.
139) *Ibid.*, 211.

3장 18-19절의 "전통적" 해석을 끌어온다. 그는 제안하기를, 18절에서 "살리심을 받았다"(zoopoietheis)는 술어는 요한복음 6장 63절에서 영적인 의미로 사용된 바 있기 때문에(cf. 고후 3:6; 갈 3:21; 골 2:13; 특별히 엡 2:5), 부활을 지칭할 필요는 없다.[140] 결론적으로, 옥에 있는 영들에게 한 선포는(19절) 그가 몸으로 있었지만 살리심을 받은 영으로 존재했던 중간시기 동안에 있었던 일이다. 이러한 일련의 사건들을 디모데전서 3장 16절의 1-3행에 적용함으로써 신원은 또한 부활 이전 시기에 지하에서 있었던 그리스도의 전도 사역과 연관되게 된다.[141]

하지만 몇 가지 요소들은 '영으로' 란 문구를 확대 해석하여 그리스도 자신의 인간 영을 지칭한다고 본 건드리의 해석과 그가 그리스도의 신원의 상황에 대해 설명한 것을 허용하지 않는다. 때문에 우리는 다른 대안을 제안하고자 한다. 첫째로, 신약에서 '육-영' 의 대조는 본문에 결정적인 구약 배경 하에서 살필 때[142] "자연적인 인간 존재 영역과, ... 초자연적인 영역 사이의 대조일 수밖에 없다."[143] 달턴(Dalton)이 설명한 대로,

이런 구분은 아주 분명하다: 그것은 두 존재 질서, 즉 육은 연약하여 악에 기울기 쉽고 일단 하나님의 영향을 거부하면 현실적인 악을 행하는 인성을 나타내고, 영은 하나님이 인간사에 개입한 결과, 사람들 가운데 하나님의 영의임재와 활동을 나타낸

---

140) *Ibid.*, 213.
141) *Ibid.*, 213-15; J. Sanders, *The New Testament Christological Terms*, Cambridge 1971, 94-95.
142) Schweizer, TDNT 6: 416-17; W. E. Dalton, *Christ's Proclamation to the Spirits: A Study of 1 Peter 3:14-4:6*, Rome 1965, 127-32; R. T. France, "Exegesis in Practice: Two Samples," in: *New Testament Interpretation*, ed. by I. H. Marshall, Exeter 1977, 267.
143) *Ibid.*; 또한 Ladd (1974), 488-94.

다.[144]

두 가지 관찰이 주목할 만하다. 첫째로, 몸과 혼, 또는 물질적인 것과 비물질적인 것 사이의 구분은 신약이 사용하고 있는 '육-영'의 대조에 표현되지 않는다. 둘째로, "영"의 질서는 성령의 사역과 불가분리적으로 묶여 있는 것으로 보인다. 만일 반제에 관한 이런 식의 평가가 정확한 것이라면, 2행에서 그리스도의 인간 영에 대한 언급은 존재하지 않는다. 신원이 발생했던 초자연적인 영역, 즉 성령의 활동으로 특징화되는 그 영역을 지칭하는지는 훨씬 개연성이 있는 것으로 보인다. 그리고 "영으로"란 문구에서는 영역과 그 안에서 일하는 주체가 분리되기는 어렵다. 하지만 평행구에 기초해서 2행에서는 지시 여격이 유지될 수 있다.

그렇다면 그리스도에 대한 신원이 이루어지는 상황은 그가 죽은 자 가운데서 부활한 사건을 지칭하는 것이 거의 분명하다. 우선, 건드리가 베드로전서 3장 18-19절에 호소한 것은 부활 이전 시기의 신원을 위한 뒷받침이 되지 못한다. 왜냐하면 "살리심을 입었다"는 표현은 분명하게 그리스도의 부활을 지칭하기 때문이다(cf. 요 5:21; 롬 4:17; 8:11; 고전 15:22, 36, 45).[145] 이로써 우리는 19절도 그가 부활을 통해 들어간 동일한 영역 속에서 있었던 일이라는 것을 추론할 수 있다(18절).[146] 더욱이, "(함께) 살리다"는 술어의 영적 의미가 등장한다고 보이는 경우들은 그리스도의 죽음과 부활 사건 속에서 그와 연합한 경험에 기초하여

---

144) Dalton (1965), 127. 밑줄은 저자의 것임.
145) France (1977), 267-68을 또한 보라.
146) *Ibid.*, 268-69; Dalton (1965), 137-40.

신자가 부활 생명에 선취적으로 참여한 것을 지칭하는 것으로 더 잘 설명될 수도 있다(특별히 요 6:62-63; 골 2:13; 엡 2:5-6).[147] 비록 '디카이운' 동사가 그리스도의 신원을 지칭할 때 오직 한번만 사용되고 있기는 하지만, 그런 개념은 '히페룩순' (hyperouksun, 행 2:33; 5:31; 빌 2:9)과 '뜨리암뷰에인' (thriambeuein, 골 2:15)과 같은 술어들을 가지고 훨씬 더 폭넓게 표현되고 있고, 다른 구절들 가운데서도 개념적 유사점을 나타내준다(엡 1:19-23; 3:10; 롬 1:3-4; 벧전 3:22; 히 1:4). 관련된 구절들을 고려해 볼 때, 초대교회가 그리스도의 부활/올리심을, 어떤 의미에서 (인간적 세력이든 천사적 세력이든 간에) 적대적인 세력들 앞에서 그를 신원한 사건으로 파악했다는 결론을 피하기 어렵다.[148]

전체적으로 신원이 발생한 상황은 그리스도의 부활 때에 있었다고 설명하는 것이 최선이다. "영으로"란 술어의 의미 속에 초자연 영역과 그 영역을 특징짓는 성령을 함께 집어넣는 것은 성령이 그리스도의 부활과 밀접한 연관 속에서 지칭되고 있고, 초대교회는 예수께서 부활을 통해서 영광을 받은 두 번째 단계에 들어갔다고 생각하였음을 인식할 때 불가피한 것으로 보인다.[149] 이런 이유 때문에 2행에서 성령을 지칭할 가능성은 배제될 수 없다; 어떤 영역을 염두에 두고 있는 것이 분명하지만, 성령은 그러한 존재 영역 안에서 작용하는 주체이다.

---

147) 또한 Ladd (1974), 485; Beker (1980), 274; Ridderbos (1975), 206-214.
148) 특별히 베드로의 연설들 (행 2:22-36; 3:11-15; 4:10ff; 10:34-43), 그리고 바울의 진술들 (롬 1:4; 고전 2:1-9에 함축된 의미; 엡 1:20-21; 빌 2; 골 2:8-15), 그리고 벧전 3:21-22을 보라. Cf. Beker (1980), 157; Marshall (1977), 107.
149) Schweizer, *TDNT* 6: 419-20; Ladd (1975), 111-29, 특히 117, 127; 또한 G. Lohfink, Die *Himmel-fahrt Jesu*, München 1971, 81-95; France (1977), 267.

요약한다면, 1과 2행은 예수의 인간 존재에 초점을 맞추고 있는데, 그의 존재는 그의 구속적인 죽음과 부활을 통해 신원을 받으시고 두 번째 존재 단계에 들어간 데서 절정에 도달하게 된다. (1행에 분명히 포함된) 십자가와 부활 사건은 함께 결합하여 사도적 케류그마의 중심을 형성한다.

찬송시의 3행에는 "천사들에게 보이시고"란 표현이 등장하는데, 이것은 다양한 방식으로 해석되어 왔다. 어떤 학자들은 인간 사자(使者)들을 염두에 두고 있다고 주장한다. 왜냐하면 '보이다' (horan)란 술어가 그리스도의 부활 이후 현현들과 연관하여 사용되고 있고(눅 24:34; 행 9:17; 13:31; 고전 15:5-8), '천사' 는 인간 사자(使者)를 지칭할 수 있기 때문이란 것이다.[150] 하지만 신약에서 '천사' 가 압도적으로 천사 존재들을 지칭하고 있고,[151] '보였다' (ophthe)는 동사는 부활 이후 현현들을 위한 기술적인 술어임을 말하는 방식으로 인용된 구절들에 제한되어 있지 않은 것도 분명하다.[152] '보였다' 는 동사가 어떻게 이해되든 간에 3행에서 천사 존재들을 두고 있는 것은 의심할 여지가 없다.

하지만 부정과거 수동태 동사를 어떻게 해석하는 것이 좋을까? '보였다' 는 동사는 "자기 시현" (self-exhibition, 또는 showing oneself to)의 개념을 보통 전달하고 있고, 그 자체로 벌써 "칠십인 경에서는 하나

---

150) Metzger (1979), 97-100; Seeberg (1903), 119-20.
151) Kittel, *TDNT* 1: 183.
152) Contra F. Manns, "L'Hyme jude-chreien de 1 Tim 3:16," *Euntes Docete* 32 (1979), 334; Stenger (1977), 166-68.
153) E. G. Selwyn, *The First Epistle of St. Peter*, London 1946, 325-26; Michaelis, *TDNT* 5: 358; Gundry (1970), 214.

님의 현현을 지칭하는 기술적 술어"153)가 되었다. 이 점을 고려할 때 여기서 '보였다' 는 동사는 어떤 시점에 그리스도께서 천사들에게 계시된 것을 묘사하고 있고, 수동적으로 그를 돌보는 천사들을 지칭하는 것이 아니다. 역으로 이것은 3행이 그리스도의 전체 사역을 주시하는 천사들의 돌봄을 묘사한다든가,154) 아니면 그의 부활에 대한 천사들의 관찰을 묘사한다는155) 설명들을 배제한다. 그런 설명들을 뒷받침한다고 인용된 구절들은156) 그리스도의 "나타나심"을 언급하지 않는다.

그렇다면 어떤 천사들을 염두에 두고 있는지, 그리고 이러한 '현현' 이 어디에서 일어난 것인지를 결정하는 일만 남았다. 많은 학자들은 3행에서 승천 때에 모든 영적 권세들 위에 영광을 받은 그리스도의 올리심에 대한 언급을 발견한다.157) 아마도 이것은 선하고 악한 천사 세력들을 다 포함할 것인데, 신약의 몇몇 구절들이 이를 뒷받침할지도 모른다 (빌 2:9-11; 벧전 3:22; 골 2:15; 엡 1:21). 어떤 학자들은 동일한 구절을 언급하면서 하늘에 오르신 그리스도의 승리적인 승천을 염두에 두고 있다고 동의하지만, 염두에 둔 천사들은 적대적인 우주적 세력들이라고 주장한다.158) 바울의 얼마간의 구절들이(골 2:15; 엡 1:21; 4:8(?)) 적대적 세력들이 올리심을 받은 그리스도에게 굴복한 것을 지칭할 가능성이 더 많지만, 얼마간의 다른 구절들 가운데서는 그것을 말하기가 더 어렵다. 마지막으로, 건드리와 셀윈은 디모데전서 3장 16절과 베드로

---

154) Bernard, 63; cited by Gundry (1970), 215 n. 4.
155) Hendriksen, 140-41.
156) 마 4:11; 28:2-7; 막 1:13; 16:5-8; 눅 2:9-15; 24:4-7; 요 20:12-13; 행 1:10-11; 엡 3:10; 벧전 1:12.
157) 예로, Kelly, 91; Dibelius and Conzelmann, 62; cf. Schlatter, 114.
158) Bultmann, *TNT* (1952-55), 2: 153.

전서 3장 18-19절의 연관성을 시사하면서 염두에 둔 천사들은 타락한 천사들이며, 그들에게 "나타난"/"전파한" 시간은 그의 승천보다 앞서고, 심지어는 그의 육신의 부활보다 선행한다고 보았다. 이러한 활동 장소는 지하 "어두운 구덩이"라는 것이다(cf. 벧후 2:4).[159]

이들 견해 중에서 어떤 것이 가장 적합한 설명일까? 우선 맨 마지막 견해를 검토해보자. 베로로전서 3장 19절에 언급된 상황은 쉽사리 부활 전에 있었던 상황으로 치부될 수 없다. 오히려 이 구절은 그리스도께서 감옥에 갇힌 악한 천사들에게 부활 이후, 아마도 승천 이전에 승리를 선포한 것에 대한 전승을 재생한 것으로 보인다.[160] 이 전승은 너무 구체적이어서 신원/또는 정사들, 사망, 사단에 대한 승리를 지칭하는 또 다른 방식으로 쉽게 설명될 수 없다. 하지만 우리는 "천사들에게 보이셨다"는 3행의 표현이 과연 베드로전서 3장 19절에서 묘사되는 동일한 특정한 사건을 염두에 두고 있는지 질문해볼 수도 있다. 이 사건이 옥에 있는 영들에게 전파했다는 전승처럼(3:19) 육신과 영의 동일한 대조 속에서 등장한다는 사실에도 불구하고, "천사들에게 보이셨다"는 표현은 보다 일반적인 지시 내용을 갖고 있다는 인상을 풍긴다. 4행에서 "만국"을 지칭하는 일반적 표현은 "천사들"과 대조적 위치에 있어서 이런 우리의 주장과 어울리는 것으로 보인다. 따라서 찬송시가 갖고 있는 포괄적인 구원사의 틀과 발맞추어 3행은 단순하게 그리스도께서 부활 이후에 천사들 앞에 승리한 모습으로 나타나셨다는 사실을 (어떤 천사들에게 어디에서 나타나셨는지에 대해 특별한 주목을 기울

---

159) Gundry (1970), 213-15; cf. Selwyn (1946), 325-26; Reicke (1946), 121.
160) 특별히 France (1977), 268-72; Dalton (1965), 177-201.

이지 않은 채) 지시하려고 하였을 것이다. 그렇다면 베드로전서 3장 19절에 묘사된 사건은 그리스도의 신원/승리를 지칭하는 다른 진술들처럼(cf. 벧전 3:22; 골 2:15; 빌 2:9-11; 히 1:3-4; 계 5:8-14) 방금 전 우리의 진술 내용에 통합되어져야 할 것이다. 만일 신원을 언급하는 구절들 중에서 악의 세력들을 염두에 두고 있지 않다면, 우리는 이 경우에 "천사들"을 안전하게 의미 제한을 할 수 없다. 그리스도께서 이렇게 천사들에게 "나타나신" 시점은 부활 이후나 또는 동일한 시점일 수도 있다. 이것은 그가 승리하셨고 천사들에게 승리의 메시지를 선포하셨다는 사실보다는 훨씬 더 중요한 문제이다.

6행은 그리스도 자신의 승리가 지닌 한 특정한 측면을 언급하는 유일하게 남은 부분이다. 다행히도 그 의미를 결정하는 일에는 별 어려움이 없다. "영광 가운데서 올리셨다"는 말은 확실히 그리스도의 승천에 주목하는 진술이다. 다른 곳에서 승천과 관련하여 "올리다"(analambanein)는 말을 정규적으로 사용한다는 사실이 이를 뒷받침한다.[161] "영광 가운데서"라는 표현은 부활하신 그리스도께서 영광을 받으신 상태를 지시하는데, 보통 "신적인 존재 양태," 또는 그가 초자연적인 영역(2행)에 들어간 것에 상응하는 상태를 뜻한다.[162] 6행은 승천을 염두에 두면서 그리스도의 초림에서 시작되는 그리스도 사건에 대한 이런 식의 묘사에 적절한 결론을 제공한다. 의심할 여지도 없이 찬송시는 그리스도의 역사적 현현에 집중하는데, 이 사건을 몇 가지 각도에서 고려한다. 하지만 이와 더불어 구원에 대한 관심도 있는가?

---

161) 행 1:2; 11:22; 막 16:19; 눅 24:51을 보라. Cf. G. Delling, *TDNT* 4: 8; B. Siede, *NIDNTT* 3: 749.

162) Kittel, *TDNT* 2: 237, 247-49; 또한 Fowler (1974), 269-70; Gundry (1970), 209을 보라.

② 구원 개념

찬송시에는 목회서신의 여러 구절들에 나타난 것처럼(딤전 1:15-16; 딤후 1:9-10; 2:8-13; 딛 2:11-14; 3:4-7; cf. 딛 1:2-3) 개인적인 구원 경험에 관련된 다양한 측면들에 대한 반성이 없다. 그럼에도 불구하고 4와 5행은 분명히 그리스도 사건과 구원 사이의 불가분리적 관계을 나타내고 있고 또한 그러면서도 과거 사건의 현재적 타당성을 부각시킨다.

4행은 복음, 즉 그리스도에 관한 기쁜 소식을 만국에 전파하는 일에 주목한다: "만국에서 전파되시고"(ekeruxthe en ethnesin). 이 문맥에서 '케류세인'(kerussein) 동사는 이런 의미로밖에 번역될 수 없다.[163] 저자의 구원 개념의 두 가지 중요한 측면들이 4행에 담겨 있다. 첫째로, 동사의 주어가 시사하듯이, 선포의 기본적인 내용을 형성하는 것은 그리스도의 역사적인 죽음과 부활 사건이다. 둘째로, 그리스도 사건의 구원 효과들이 "만국"에 중개되는 것은 복음 선포를 통해서다.

4행에서 시작된 사고 발전은 그리스도 사건의 지속적인 구원 효과들에 주목하는 5행에서 마무리가 된다: "세상에서 믿은 바 되시고"(episteuthe en komo). 믿음은 "믿다"는 동사가 확인해주듯이 모종의 요구 조건이며, 구원의 장은 예수께서 자신의 성육신을 통해 들어가시고 참여하신 동일한 영역이다("세상에"). 따라서 두 행들은 비록 구원에 관한 세부 사항들을 제시하고 있지는 않지만 모두 그리스도 사건의 지속적인 타당성과 현세대에서 경험되는 구원의 사실을 선포하고 있다. 초대교회의 전망에서 볼 때, 5행은 그들의 신앙을 지칭했을 것이지

---

[163] G. Friedrich, *TDNT* 3: 703-714..

만, 4와 5행은 그리스도 재림 때까지 지속될 선포와 신앙에 관한 "보편적" 진술들일 만큼 개방형 진술들이다. 비록 구원 자체는 찬송시에 명시적으로 언급되지는 않지만, 씨줄과 날줄처럼 엮여있는 찬송시 내용의 내재된 가정, 즉 구원의 현재적 실재는 그리스도 사건의 역사적 사실 속에 확고하게 닻을 내리고 있다.

(4) 디모데후서 1장 9-10절

상기 구절은 비록 전통 형식으로 된 디모데전서 3장 16절과 동일한 균형적 구조를 나타내지는 않지만, 그것은 근접 문맥과 대조를 이루는 잘 짜여진 단위를 나타낸다. 초기 바울서신을 상기시켜주는 얼마간의 요소들도 있고, 또한 목회서신에만 독특하게 나오는 요소들도(예로, epiphaneia와 soter) 나란히 존재한다는 것이 분명하다.[164] 이것은 전통 형식에서 온 단편이거나 아니면 저자 자신이 작성한 단편일 가능성을 시사해준다.[165] 9-10절을 세례 찬송시나 성만찬 예식문으로 정의하고자 하는 시도들은[166] 내용에 근거해서 볼 때 지탱될 수 없다. 이런 관점에서 기껏해야 말할 수 있는 것은 이들 구절이 '케류그마적' 성격을 지닌다는 점뿐이다. 케류그마 자료와 성례전 자료를 날카롭게 구분하기가 어렵다는 사실은 물(Moule)의 다음 진술을 통해 잘 설명되고 있다:

---

164) 특히 Kelly, 162.
165) Brox, 230: 그는 이런 말을 한다: "ein alteres Schema nur paraphrasiert wird."
166) 예, Hasler (1977), 207은 9-10절 배후에 세례 찬송시가 놓여 있다고 제안하는 반면 (cf. Trummer (1978), 185-86), Hanson (1968), 106-108은 9-10절이 성만찬 예배에서 끌어온 찬송시라고 주장한다.

기독교 설교와 권면 언어는 사실상 성례전 집행 시에 사용되었다고 추정되는 것과 구분되지 않는다; 따라서 우리가 세례나 성만찬 예식 언어로 묘사한 것은 예식 집행의 순간과 반드시 연관된 것은 아니다. 성례전들은 복음 전도적 성격이 있고 또한 복음도 성례전적 성격이 있다: 말씀과 성례전은 이런 의미에서 하나이다.[167]

만일 이것이 정확한 관찰이라면, 우리는 9-10절이 초기 사도적 케류그마에 특징적인 요소들을 담고 있다고 제안하고 그것들이 근접문맥에서 어떤 기능을 갖고 있는지 발견하려는 시도밖에 할 수 없다.

9-10절은 다른 어떤 것들보다도 구원의 복음의 핵심 요약을 제공하고 있다. 이것은 근접문맥을(8, 10-14절) 관통하는 복음 선포에 대한 관심을 통해 시사되고 있다. 디모데는 복음 전파를 위해 고난 받을 것을 권면 받고 있는데(8절), 그가 받는 고난은 이러한 선포와 직접적으로 연관된 것으로 이해된다(11-12절; cf. 2:9-10).[168]

근접 문맥은 전적으로 디모데를 위한 권면과 함께 묶여 있다. 디모데의 믿음을 상기하면서 바울은 자신의 후계자에게 "그의 은사를 다시 불일 듯하게" 하여 복음을 위해 고난 받는 일에 참여하라고 권한다(3-8절). "부탁한 것(paratheke)을 지키라"는 후속되는 명령은 이러한 권면과 연결되어 있는데, 그것은 바로 바울에게 전하라고 위임되었으며 그가 위해서 고난을 받아야 할 메시지였다(11-14절). 이러한 권면의 과정 중에서 디모데가 선포해야 할 케류그마에 대한 요약이 제시된다(9-10절).

9-10절이 담당하는 역할은 "하나님의 능력을 좇아"란 문구의 의미

---

167) C. F. D. Moule (1981), 38.
168) 또한 Siber (1971), 180 n. 248; Wengst (1972), 116.

에 달려 있는 것 같다. 이 단락은 문장론적으로 "함께 고난을 받으라"는 표현을 수식하는 이 부사구에 연결되어 있다.[169] 이 부사구는 그리스도 사건에 나타난 하나님의 능력이 디모데를 지탱하도록 주어졌다는 뜻의 격려로 제시된 것일 수 있다. 하지만 '카타'(kata) 전치사는 일차적으로 하나님의 구원 능력을, 디모데가 복음을 위해 고난 받아야 하는 근거 또는 이유로 표시하는 것으로 보인다. 이것은 '카타' 전치사의 정당한 뉘앙스일 뿐만 아니라,[170] 다른 요소들은 복음이 현 세대에서 구원을 중개하는 하나님의 능력이기 때문에 디모데가 그것을 전파해야 한다는 것을 시사해준다. 첫째로, "복음을 통하여"라는 10절 마지막 문구에서만 아니라 전체 구절을 통해 복음 전파가 강조된다. 따라서 이러한 전파 행위는 구원을 중개하는 정규적인 방식으로 분명하게 생각되고 있다. 둘째로, 바울은 이미 디모데에게 하나님께서 두려워하고 소심한 마음을 갖지 않게 하려고 그에게 능력의 영을 주셨다는 점을 상기시킨 바가 있다(1:4절). 셋째로, 디모데는 그의 임직과 그가 바울을 통해 받은 은사를 기억하도록 권면 받고 있는데, 이런 권면은 바른 교회 사역을 위한 명분을 제공한다. 마지막으로, "하나님의 능력"이란 말은 신약에서 다양한 뉘앙스의 의미를 가진 개념으로서 그리스도 사건에 나타난 하나님의 구원 행위와 정규적으로 연관된다. 그것은 흔히 특정하게 그리스도의 부활을 지시하기는 하지만(cf. 롬 1:4; 고전 6:14),[171] 복음을 현재 나타나고 있는 하나님의 구원 능력의 수단으로 나타낼 수 있다 (고전 1:18; 롬 1:16). 사상이나 술어에서 로마서 1장 16-17절의 것과 유사하다는 것은 복음이 구원을 주시는 "하나님의 능력"이란 사실인데, 이

---

169) 또한 Kelly, 162를 보라.
170) BAG 408 para. 5, a; Harris, *NIDNTT* 3: 1201을 보라.
171) W. Grundmann, *TDNT* 2: 304, 306, 316; O. Betz, *NIDNTT* 2: 604-606.

것도 여기서 우리의 해석을 뒷받침하는 요소가 된다.[172]

따라서 우리는 디모데후서 1장 6-10절의 사상적 흐름을 다음과 같이 재구성할 수 있다: (1) 디모데는 자신의 임직과 사역의 은사를 기억하도록 권면 받는다; (2) 그는 하나님께서 그에게 성령을 주셨다는 것을 기억해야 한다; (3) 이런 이유 때문에 그는 부끄러워해서는 안 되고 복음을 위해 고난을 받아야 한다. (4) 왜냐하면 복음은 케류그마 요약에서 부각된 것처럼 구원을 주시는 하나님의 능력이 되기 때문이다. 저자가 요약한 케류그마의 핵심은 그리스도의 나타나심이 사망의 권세를 폐하고 복음을 통해서 영생을 가져다주셨다는 것이다. 그렇다면 9-10절은 권면 과정 중에서 디모데가 선포해야 할 복음이 무엇인지 예증할 뿐만 아니라 그것이 어떻게 구원을 주시는 하나님의 능력이 되는지를 설명하고 있다. 여기서도 현재 발생한 그리스도 사건은 본절의 중심을 형성하고 있음이 분명하다.

① 구원과 그리스도 사건에서 하나님의 역할

처음부터 하나님의 행위는 "구원하고" "부르시는" 일로 묘사된다: "우리를 구원하사... 부르심은"(9절). 분사들의 순서를 보면 "구원하사"(tou sosantos)란 표현은 개인의 구원경험을 지칭하기보다는 일반적으로 하나님께서 계획하신 그리스도 사건을 통해서 주어지는 "구원"을 지칭한다. 그리고 신약에서 "부르심"(kalein)은 "구원의 과정을 지칭하는 기술적인 술어"[173]인 것이 분명하다. 현재의 문맥이나 신약의

---

172) Luz (1976), 378-79; cf. Barnett (1941), 263-66.
173) K. L. Schmidt, *TDNT* 3: 489.

용례를 살필 때 그것은 사역을 위한 부르심을 가리키지는 않는다. 처음엔 하나의 사실로서 구원에 주목한 뒤에 그 사실에 참여하는 부르심에 집중하는 것은 현세대에서 구원을 확대하는 수단으로서 복음 선포를 크게 강조하려는 의도로 인해 영향을 받은 것 같다 (8, 10, 11, 12-14절).

하지만 거룩한 부르심으로 "부르셨다"는 말은 어떤 의미를 갖는가? 여격 문구가 ("거룩한 부르심으로") 부르심의 신적 성격을 강조해준다는 견해는 합리적 견해이다. 어떤 학자들은 여기서 저자가 하나님의 부르심의 결과에 더 주목하고 있다고 보는데, "거룩한 부르심으로"(klesei hagia)란 표현은 하나님의 부르심이 형성하는 교회를 지칭하거나[174] 아니면 데살로니가전서 4장 7절의 문구와(ekalesen en hagiasmo) 대등한 표현이라는 것이다.[175] 복음을 현세대에서 하나님의 구원 계획을 집행하는 수단으로서 강조한 점을 고려하고, 하나님의 부르심 행위에 둔 초점을 염두에 둘 때, "거룩한 부르심으로"란 문구는 교회를 형성하는 하나님의 부르심 행위를 묘사할 가능성이 있다. 동일한 사상이 로마서 1장 7절과 고린도전서 1장 2절에서도 등장한다. 한 가지 사소한 차이점이 있다면 형용사 '클래토스' (kletos)와 명사 '클래시스' (klesis) 사이에 존재한다: 후자는 행위에 더 큰 강조점을 둔다.[176] 따라서 구원은 분명히 하나님의 행위로 묘사되고 있고 교회의 형성과 내면적으로 연관되어 있다.

이 구원의 성격은 하나님의 구원하심과 부르심의 기초가 다음과 같

---

174) O. Procksch, et. al., *TDNT* 1: 107 n. 60.
175) Dibelius and Conzelmann, 99.
176) Procksch, *TDNT* 1: 107.

이 표현될 때 한층 더 분명하게 묘사된다: "우리의 행위대로 하심이 아니요 오직 자기 뜻과 은혜대로." 첫째로, 부정적인 쪽에서 보면, 구원이 "우리의 행위대로" 된 것이 아니라는 것은 철저하게 바울적인 진술이며 구원 과정에서 인간의 노력을 철저하게 배제시킨다. 여기서 행위의 부정은 에베소서 2장 9절의 유사한 표현(ouk ex ergon)과 잘 상응한다. 비록 "(율법의) 행위가 아니라"라는 기본 문구가 바울의 이신칭의 교리에서와 유대주의자들의 행위의(行爲義)를 반박하는 문맥에서 처음 표현되기는 하지만(갈 2:16; 3:2 ,5, 10; 롬 3:20, 28), 그렇다고 에베소서와 목회서신의 그러한 문구가 바울 이후 저자의 표현이라고 결정할 만한 충분한 근거를 발견하기 어렵다. 트럼머와 루즈는 모두 다음과 같은 주장을 한다: (1) 에베소서 2장 8절 이하와 디모데후서 1장 9절은 바울의 칭의 교리에서 떨어져 나온 전통적 발전 형식이다; (2) "행위가 아니라"는 바울의 규범적 용법은 칭의론과 관련한 유대주의자들과의 논쟁에 국한되어야 한다; (3) 바울은 칭의론 논쟁으로부터 보다 폭넓은 주장, 즉 인간 노력은 구원에서 어떤 역할도 담당하지 못한다는 포괄적 주장으로 넘어가지도 않고 또 그렇게 하지도 않았다. 이에 덧붙여 그들은 에베소서와 디모데후서의 문맥에서는 칭의 술어가 아니라 '구원하다'는 술어가 등장하고 있고, 변화된 시제가 술어와 개념의 변화를 동반한다는 것을 지적한다; 바울에게 현재적이거나 또는 미래적인 것이 (칭의) 에베소서와 목회서신에서는 과거나 또는 현재완료 사건이다 (구원).[177]

그들의 주장이 갖고 있는 주된 약점은 바울 자신이 이미 로마서에서

---

177) Trummer (1978), 174-91; Luz (1976), 376-81; cf. Hasler (1977), 207-208.

유대주의자들과 논쟁을 벌이는 과정에서 인간의 노력이 부르심이나 구원에 있어서 무익하다고 주장한 사실을 직시하기를 꺼려하는 데서 발생한다. 첫 번째 힌트는 4장 2절에서 나오는데, 이 구절에서 아브라함이 율법 앞에서 "행위로" 의롭다 하심을 얻을 수 있는 가능성이 가설적으로 제시된다. 9장 11-12절에서 하나님께서 에서보다 야곱을 택하신 사실은 "행위를 따르지 않는" 하나님의 목적에 기초해서 설명된다. 그들은 다 율법 이전 시대에 살았던 사람들이었다. 연대적으로 "행위로 말미암지 않는다"(ouk ex ergon)는 보다 일반적인 원칙은 "율법의 행위로 말미암지 않는다"(ouk ex ergon nomou)는 보다 특정한 원칙보다 선행한다. 구원에 있어서 은혜의 우선성과 인간 노력의 무익성은 일반적으로 바울 사상의 출발점이었다. 하지만 유대 율법주의라는 특정한 문맥에서 이것은 반드시 "율법의 행위로 말미암지 않는다"는 진술로 수정되었다. 어떤 경우이든 간에 일반적인 원칙이 로마서에서도 존재하기 때문에, 로마서/갈라디아서로부터 에베소서 2장 8절이나 디모데후서 1장 9절로 옮겨가는 발자취는 바울 자신이 걸을 수 없었던 것은 결코 아니었다. 칭의 동사에서 구원 동사로 바뀐 것은 단지 칭의 자체가 에베소서와 디모데후서에서 일차적인 이슈가 아니었다는 것을 증명해주지만, 바울이 이와 연관하여 "행위로 말미암지 않는다"는 문구를 사용할 수 없다는 주장을 실증하기 위해서는 이보다 더 많은 분석이 요구된다. 물론 최종적인 결론은 더 기다려야 하겠지만, 목회서신에 나타난 구원의 때란 개념이 기본적으로 바울의 사상과 일치하는 것 같다는 점이 이미 대두되고 있다. 간단히 말해서, 바울이 유대주의자들과의 논쟁 문맥에서만 채용했다고 여겨지는 원리가 목회서신이나 에베소서에서 비바울적인 방식으로 발전했다는 것을 결론적으로 논증하는 것은 어려워 보인다.

긍정적인 쪽에서 보면, 구원은 하나님 자신의 목적과 은혜에 그 기초를 두고 있다(9절). 이것은 한편으로 하나님께서 구원 계획의 주관자라는 것을 시사해준다. 그것은 하나님 자신이 계획하신 구원이며, 이런 사상은 하나님의 구원과 부르심에 관한 바울의 사상과 전적으로 일치한다(롬 8:28; 9:11-12; 엡 1:11; 3:8-11). 다른 한편으로, 구원은 또한 하나님의 은혜에 기초해서만 집행되고 수여된다는 점에서 하나님에게 그 출처를 두고 있다.

하나님의 은혜와 목적이 한층 더 해설되어 창세전에 "우리"에게 주어진 것으로 확인될 때, 저자의 구원 개념에 있어서 두 가지 요소들이 대두된다: 하나는 이미 분명하게 표현된 것이고, 다른 하나는 처음으로 현현되고 있는 것이다. 첫째로, 구원은 하나님의 목적과 은혜에 근거한 것으로서 "그리스도 예수 안에서" 수여되었다. "그리스도 안에서"라는 바울의 형식은 바울서신에서 여러 방식으로 사용되는데, '엔'(en) 전치사를 한 가지 특정한 기능에만 국한시키는 것은 불가능하다. 해리스(Harris)는 7개 정도의 용법을 확인하였다.[178] 우리의 구절은 작인 또는 도구성의 의미를 요청하는 것처럼 보인다. 왜냐하면 확인되는 것으로 보이는 것은 하나님의 은혜가 주어지는 방식이기 때문이다. 바울이 전치사 구를 사용하는 방식이 다양하기는 하지만, 본절에 있는 용법을 비바울적인 것으로 제켜둘 만한 이유가 존재하지 않는다(cf. 특히 고전

---

178) M. J. Harris, *NIDNTT* 3: 1192: (1) 집합적 통합의 의미로, 고후 5:21; (2) 지시 영역의 의미로, 고후 12:2; (3) 작인 또는 도구성의 의미로, 롬 3:24; (4) 원인의 의미로, 골 2:10; (5) 양태의 의미로, 갈 3:28; (6) 장소의 의미로, 롬 8:39; (7) 권위의 기초의 의미로, 살전 4:1.

1:4).[179] 하나님의 계획 속에서 구원은 그리스도 사건을 통해서 죄인들에게 보장된다.

둘째로, 이 모든 것이 창세전에 결정된 것으로 진술된다: "영원한 때 전부터"(9절하). 우리가 살핀 대로, 바울서신에도 존재하는 이런 사상은(롬 8:28ff; 엡 1:11) 목회서신에서 비로소 처음으로 여기에 등장한다(cf. 딛 1:2). 그것은 구원사적인 분명한 특징을 가지고 있고, 사상의 흐름 속에서 일차적으로 현세대에 초점을 부각시키는 방편으로 기능한다. 영원 전에 있었던 하나님의 계획에서조차 그리스도 사건이 크게 부각된다. 그 사건은 하나님이 계획하신 사건이었으며, 그것의 현현은 하나님의 행위였다. "그리스도 예수 안에서"란 문구는 역사 이전으로부터 역사 시대에로 전환되는 시점을 제공해준다.

② 구원에 있어서 그리스도 사건

구원이 하나님의 영원한 목적과 은혜에 기초를 두고 있다는 논의로부터, 사상의 흐름은 현세대로 옮겨가면서 그 은혜의 현현, 즉 그리스도 사건을 통해서 구원이 역사하고 있음을 피력한다(10절). 우리가 살핀 대로, 역사 이전 시대로부터 현세대로 옮겨가는 움직임은 바울이 사용한 시대전환 도식을 닮았다: 바로 이 도식에 따르면 그리스도 안에 있는 구원은 전에 (비밀로) 감춰였으나 지금은(de nun) 계시된 바가 되었다. 9-10절에서 창세전에 주어졌거나 약속된 것은 지금 계시되고 있다(cf. 딛 1:2-3). "나타났다"(phanerotheisan)는 분사는 직접적으로 그

---

[179] Contra Allan (1963), 119-20.

리스도 예수를 지칭하기보다는 거슬러 올라가 하나님의 목적과 은혜를 직접적으로 지칭한다.[180] 바로 이 점에서 하나님의 구원 은혜와 그리스도 사건이 서로 분리될 수 없다는 것은 자명하다. 첫째로, 신약에서 몇 차례 '파네룬'(phaneroun)의 수동태 형은 기술적으로 그리스도께서 역사의 무대에 들어오신 사건을 지칭한다. 둘째로, 10절에서 "우리의 구주 그리스도 예수의 나타나심"으로 묘사된 것이 디도서 2장 11절에서도 비슷하게 "하나님의 은혜"로 묘사된다는 사실은 하나님의 은혜와 그리스도 사건의 불가분리적 관계를 확인해준다. 본문에서 저자는 그리스도 사건을 하나님의 예정된 은혜의 현현으로 묘사하지만, 이것은 무엇보다도 하나님의 구원의 어떤 성질을 강조하는 것이다. 그리스도 사건은 실제적으로 "하나님의 은혜"와 대등하거나 동의어적이다. 하지만 우리가 10절에 이르면 강조점은 보다 추상적인 성질보다는 구체적인 사실에 놓이게 된다. 비록 그리스도의 선재(先在)가 여기서 분명하게 지칭되지 않을지라도, 그것은 여기에 함축되어 있는 것 같다.[181]

이제 역사적인 그리스도 사건은 '에피파니' 진술과 뒤따르는 두 분사 구문들 속에서 온전하게 모습을 드러낸다. 현세대에 나타난 하나님의 구원은혜의 역사는 "우리 구주 그리스도 예수의 나타나심으로" 이루어졌다. 여기서 '나타나심'(epiphaneia)은 앞서 살핀 대로 그리스도의 죽음과 부활에 초점을 두고 있는 그의 역사적 현현을 지칭한다. 이 사건이 복음 선포를 통해서 구원에 미치는 지속적인 효과를 분명하게 강조함에도 불구하고, 어떤 역사적 사건이 그것에 관한 보도와 구분되

---

180) Dunn (1980), 238.
181) Hamerton-Kelly (1973), 189.

듯이 나타남 자체도 그것에 대한 선포와는 구분 가능하다. '구원자' (soter)가 그리스도를 지칭하는 의미를 갖는 것도 구원 계획이 지닌 이 측면, 즉 구원을 집행하는 수단이란 측면 때문이다. 만일 디모데전서 2장 3-6절에서처럼 구원이 궁극적으로 하나님의 의지와 은혜의 문제라는 뜻에서 성부가 "구원자"라고 한다면, 그리스도도 그의 죽음과 부활이 구원계획의 효과적인 원인 또는 수단을 형성하는 것으로 생각된다는 점에서 "구원자"가 되신다.

그리스도의 현현의 초점이 사실 그의 죽음과 부활이라는 사실은 나머지 두 분사 구문들 속에서 분명해진다. 그리스도의 죽음이 가진 효과는 우선 부정적으로 묘사된다: "사망을 폐하시고." 사망을 폐하는 일에 있어서 그리스도의 죽음과 그의 부활을 분리하는 것은 너무 단순하고 피상적인 일이 될 것이다. 하지만 바울은 부활을 언급하지 않은 채 그리스도의 죽음만 부각시키는 경우도 꽤 있다(살전 5:10; 고후 4:10; 롬 6:6, 10; 14:8-9). 본문의 사상은 아마도 히브리서 2장 14절에서 가장 분명하게 표현된 것으로 보인다: "그도 또한 한 모양으로 혈육에 함께 속하심은 사망으로 말미암아 사망의 세력을 잡은 자 곧 마귀를 없이하시며."[182] 하지만 히브리서의 진술은 바울 사상에서 나온 것일 수 있다.[183] 그리고 '폐하다'(katargein)는 동사가 고린도전서 15장 26절에서 사망에 대한 그리스도의 승리와 연관하여 사용된다는 것은 중요하다. 바울의 이런 진술 형태가 말하고자 하는 요점은 그리스도의 희생적인 죽음을 통해서 그를 믿는 사람들을 위하여 사망이 폐지되었다는 것이지만,

---

182) 또한 Cullmann (1963), 225; Stanley (1961), 246을 보라.
183) Michel (1966), 160-61; cf. A. Stöger, " Die Christologie der paulinischen und von Paulus abhä-ngigen Briefe," *Theologische Jahrbuch* 8 (1965), 296-99.

부활은 염두에 두고 있지 않은 것이 분명하다.

바울의 논의는 이제 사건의 긍정적인 측면으로 옮겨간다. 한 사건이 두 측면을 지닐 수 있음을 염두에 두고 있는데(men....de), 사건의 후반부가 이렇게 묘사된다: "생명과 썩지 아니할 것을 드러내신지라." 여기서 저변에 깔려있는 사상은 그리스도의 부활인 것이 분명하며,[184] '포티제인'(potizein) 동사는 '파네룬'(phaneroun)과 '에피파네이아'(epiphaneia)와 함께 시작된 도식을 계속함으로써 부활과 아마도 또한 복음 메시지의 계시적이며 종말론적인 성격을 묘사한다.[185] '썩지 아니함'(aphtharsia)은 연관된 영생의 약속과 마찬가지로[186] 정규적으로 그리스도의 부활과 연결된다.[187] 간단히 말해서, 그리스도 사건은 그리스도의 죽음과 부활에서 그 궁극적인 목적을 갖고 있다. 그의 지상 생애가 지닌 서로 연관된 이 두 측면들로 인해서 구원이 집행되고, 신자에게 영생을 가져다준다.

마지막 문구인 "복음을 통해서"란 말은 이중적인 의의를 지니고 있다. 우선 그것은 그리스도에 관한 메시지의 내용을(주로 그의 죽음과 부활) 지칭하는데, 그것을 통해서 사망의 폐지와 영생의 약속이 선포된다.[188] '복음'은 흔히 메시지의 내용을 강조하는 방식으로 채용된다 (예, 고전 15:1; 고후 4:4; 11:4, 7; 갈 1:6). 하지만 메시지 내용을 선포하는 행위의 의미가 덧붙여진 다른 경우들도 있다. 이것은 '디아'(dia) 전

---

184) Stanley (1961), 246; Ladd (1974), 334, 551.
185) Cf. Conzelmann, *TDNT* 9: 345, 349; Pax (1955), 233.
186) Ladd (1974), 334; Stanley (1961), 246-47.
187) 행 2:27-31; 고전 15:21ff; cf. athanasia, 고전 15:53,54.
188) 대부분의 주석가들이 이렇게 주장한다; cf. Stuhlmacher (1968), 107-108.

치사가 '복음'을 수식하는 다른 두 구절들의 경우에 해당하는 것 같다(고전 4:15; 살후 2:14). 후자의 경우에 바울은 이렇게 말한다: "하나님이 처음부터 너희를 택하사 성령의 거룩하게 하심과 진리를 믿음으로 구원을 얻게 하심이니 이를 위하여 우리 복음으로 너희를 부르사 우리 주 예수 그리스도의 영광을 얻게 하려 하심이니라." 메시지의 내용을 소홀히 할 수 없지만, "부르심"은 동시에 내용에 대한 선포를 내다보고 있는 것 같다. 흥미롭게도 우리의 본문에서 구원은 하나님의 "부르심"으로 묘사되는데(9절), 이것은 결과적으로 복음의 내용과 선포에 연계되어 있다. 선포 내용과 내용의 선포 사이의 구별들은 "복음"이란 표현의 성격 자체 때문에 흐려지는 것으로 보인다. 복음은 정의상 "좋은 소식"을 뜻하지만, "좋은 소식"은 선포되지 않으면 결코 소식이 될 수 없다.

따라서 그리스도의 나타나심은 하나님의 미리 정하신 은혜의 내용, 구원의 근거, 그리고 복음의 메시지를 형성한다. 이 마지막 관찰은 그리스도 사건의 현재적 타당성을 암시하지만, 우리의 본문에 작동하는 시간 도식을 한번 살펴보면 저자의 구원 개념의 이러한 측면을 분명하게 깨닫게 될 것이다.

③ 시간 도식과 그것이 구원에 대해 지니는 의의

우리의 본문은 전에 살핀 구절들에서보다 구원사가 한층 더 큰 역할을 담당한다. 이것은 영원한 때 전에 하나님이 계획하신 것과(9절) 지금 그것이 성취되고 있다는 것(10절) 사이에 대조된다는 사실에서 나타난다. 종말은 9-10절에서 특정하게 지칭되고 있지는 않지만, 12절에서 분명하게 표현되고 있다: "그날까지."

이러한 시간 틀 속에서 구원은 실존적으로 9절의 "우리"의 전망에서 과거의 사건으로 묘사된다(cf. 부정과거 분사들). 그러나 둘째로, 구원이 그렇게 묘사된 것은 그것이 역사적인 그리스도 사건의 지나간 객관적 실재에서 나오기 때문이다. 이 사건이 성취한 것은 사망을 폐하고 생명과 썩지 아니함을 드러낸 일인데, 이것도 역시 과거 사건으로 생각되고 있다(cf. 또한 부정과거 분사들). 따라서 하나님 편에서 구원은 예수 그리스도의 역사적 죽음과 부활 속에서 그리고 이 사건들을 통해서 경험되고 소유된다. 하지만 인간 편에서도 동일한 이야기를 할 수 있다. 이미 앞서 살핀 구절들에서 관찰한 대로 현세대에서 경험되는 구원의 실재는 여기서 한층 더 분명하게 정의된다. "그가 우리를 구원하셨다"(9절; cf. 딤전 1:15)고 말할 뿐만 아니라, 이 구원이 영생의 현재적 소유와 관련하여 묘사된다는 함축이 발견된다(10절; cf. 딤전 6:12).[189] 하슬러(Hasler)는 이 점을 부정하기는 하지만,[190] 그의 주장을 무너뜨리는 증거들은 수없이 많다. 그는 하나님의 은혜와 그리스도 사건을 분리시킴으로써 목회서신의 신현 도식을 잘못 해석할 뿐만 아니라, 구원을 분명히 과거 사건으로 간주하는 다양한 구절들을 적절하게 (또는 전혀) 설명하는데 실패하고 있다(예, 딤전 1:12-16; 딛 3:4-7). 바울서신의 몇 몇 구절들도 "바울이 영생을 현재적 소유로 생각한다"[191]는 것을 시사하고 있다. 이 점을 고려할 때 목회서신에 표현된 동일한 이해를 발견하는 것은 놀라운 일이 아니다.

그러나 이러한 증거는 또한 우리의 본문에 담긴 구원 개념을 다른

---

189) Cullmann (1950), 235.
190) Hasler (1977), 202.
191) Ladd (1974), 492 n. 61; cf. 롬 5:18; 6:4; 8:2; 골 3:4.

극단으로 설명하려는 것에 대해 경고해준다. 루즈(Luz)는 디모데후서 1장 9-10절에 있는 사상 유형이 저자가 가진 "초기 카톨릭"(early catholic) 경향을 시사한다고 주장한다. 칭의는 과거 세례사건에서 완성된 것으로 간주된다.[192] 하지만 이런 설명은 한편으로 영생은 현재적 소유이고(10절) 다른 한편으로는 아직 궁극적으로 성취되어야 할 소망의 대상이라는(딤전 1:16; 4:8; 딤후 2:11; 딛 3:7) 신앙 때문에 생기는 긴장의 종류를 관찰하는데 실패하고 있다. 더욱이, 디모데전서 4장 16절에서 디모데에게 준 교훈은("네가 네 자신과 가르침을 삼가 이 일을 계속하라 이것을 행함으로 네 자신과 네게 듣는 자를 구원하리라") 바로 이런 긴장에 기여를 하고 있다. 사실 지금까지 관찰한 요소들을 종합해 보면, 과거 그리스도 사건에 기초해서 지금 얻은 구원은(특별히 영생의 현재적 소유로 표현됨) 완성된 실재가 아니며 완성을 향한 과정이 시작된 것뿐이라는 점을 드러내준다. 그러나 미시적 접근은 구원의 한 측면에만 집중하는 위험이 있어서 궁극적으로는 보다 폭넓고 정확한 모습을 왜곡하게 된다.

9-10절에서 나타나는 함축들은 구원이 과거 시제로 말해질 수 있다는 것을 시사해준다. 신자들은 현세대에서 실재로 구원을 받았으며, 그 결과로 지금 영생을 소유하고 있다. 하지만 신학적으로나 현상학적으

---

189) Cullmann (1950), 235.
190) Hasler (1977), 202.
191) Ladd (1974), 492 n. 61; cf. 롬 5:18; 6:4; 8:2; 골 3:4.
192) U. Luz, "Rechtfertigung bei den Paulusschülern," in: *Rechtfertigung*, ed. by J. Friedrich, et. al. Tübingen 1976, 376-79.
193) Cf. 딤후 1:10 with 고전 15:26; '폐하다'(katargein)는 동사가 두 본문에서 나온다. Ladd (1974), 551; Cullmann (1963), 225를 보라.

로 구원의 완성은 아직 미래를 기다리고 있음이 분명하다. 한편에서 성경은 사망이 폐하여졌으나 아직 여전히 굴복되어야 한다는 초대교회의 이해를 확인해주고 있다.[193] 목회서신에서 이미 인용한 구절들은 "이미-아직" 사이의 종말론적 긴장을 확증해준다. 다른 편에서 신자들 중에서 육신적 죽음을 계속 경험한다는 사실은 영지주의 유형의 이원론을 붙들지 않더라도 이러한 종말론적 긴장의 존재를 뒷받침하고 확인하려는 경향이 있다. 영생을 현재적으로 소유하고 있음에도 불구하고, 사망은 적어도 제한된 시기나마 계속 지배를 하고 있다(고전 15:26, 54-56). 저자는 구원의 현재적 측면을 강조하는 경향이 있으나, 그것은 긴장의 다른 쪽 측면을 무시해서 그런 것은 아니다. 현세대는 구원이 개시되어 완성을 향해 역사하는 시대일 뿐이다. 현세대를 구원의 세대로 강조하는 강조점은 "영원한 때 전"(9절)과 "그러나 이제"(10절)라는 두 진술 사이를 날카롭게 대조한 데서 강화된다. 전체적으로 볼 때, 우리의 본문에서 작동하는 시간 구도의 본질은 구원의 현재적 실재를 부각시키는 것이다. 하지만 보다 폭넓은 모습에서 보면 이러한 현재적 구원은 시작된 한 과정일 뿐이고 아직 완성된 것이 아니라는 것이 드러난다.

(5) 디모데후서 2장 8-13절

이 본문에서 우리는 실제로 두 전승 단위들을 만나게 되는데, 8절의 내용과 11-13절의 내용이 그것이다. 이 두 단위들은 함께 결합하여 이미 살핀 전승 단편들과 동일한 기본적인 메시지를 전달한다. 과거 그리스도 사건에 대한 관심은 구원의 현재적 실재를 확인하는 일과 함께 연결된다. 디모데후서 1장 9-10절에서처럼 이 경우에도 저자의 구원 이해는 개인의 구원 경험의 전망에서 어느 정도 확장된다.

　보다 폭넓은 주변 문맥은(2:1-26) 전적으로 디모데에게 주는 권면과 교훈에 연결되어 있다. 사실 전체 서신도 그러한 시각에서 묘사될 수도 있다. 디모데의 사역은 특별히 이러한 권면 속에서 드러나고 있고, 복음과 그 선포가 초점을 이루고 있다. "강하라"(1절), "함께 고난을 받으라"(3절)와 같은 교훈들은 복음을 선포하고 그것을 신실한 자들에게 넘겨주라는 교훈과도 연계되어 있음이 분명하다.[194] 그리고 1-7절에서 디모데의 사역이 지닌 이런 측면들은 중심을 이룬다. 8-13절은 바로 이 점과 연관해서 이해되어야 한다. 13절 이후에도 디모데의 사역을 다시 다루고 있지만, 이번에는 이단 침투의 배경 속에서 다룬다. 부활이 이미 지나갔다는 거짓 교사들의 신앙에 대한 묘사는 특별히 중요하다 (18절). 14절의 교훈, 즉 "너는 저희로 이 일을 기억하게 하여 말다툼을 하지 말라고 하나님 앞에서 엄히 명하라"는 권면은 8-13절이 에베소에 침투한 이단 상황에 적용하는 말씀이라는 것을 시사한다. 이런 주변 문맥의 관심을 염두에 두면서 우리는 8-13절에 대한 분석을 진행하게 될 것이다.

　① 그리스도 사건

　이 본문에서 과거 그리스도 사건에 대한 저자의 관심은 주로 8절에서 분명하게 나타난다. 여기서 "다윗의 씨로 죽은 자 가운데서 다시 살으신 예수 그리스도를 기억하라"는 교훈은 로마서 1장 3-4절의 자료와 연관되어 있다는 점이 널리 인정되고 있다. 두 구절을 비교해 보면 디

---

[194] Cf. Wengst (1972), 116.

모데후서 2장 8절에서 그리스도 사건의 두 측면들이 보다 간략하게 작성되고 있고 '아나스타시스'(anastasis) 대신에 '에게게르메논'(egegermenon)이란 동사를 가지고 부활을 표현한다는 것을 알 수 있다. 디모데후서 2장 8절은 예수를 "하나님의 아들"로 확증하거나 세우는 것과 부활을 연결시키지 않는다. 목회서신의 저작권을 받아들이든지 또는 안 받아들이든지 간에 학자들은 보통 두 구절이 모두 바울 이전 전승을 끌어온 것이라고 추정함으로써 차이점들을 설명하고자 한다. 트럼머(Trummer)의 편집비평적 설명이 그중에 더 문제가 많다.[195] 왜냐하면 목회서신의 저자가 바울을 단지 인용할 뿐이라고 해도, 그는 신뢰할 만한 역본을 선택하지 않았기 때문이다.[196] 이미 관찰한 두 구절들 사이의 차이점들은 트럼머의 견해를 반대한다.

다윗의 혈통을 언급한 뒤에 곧바로 부활이 등장하는 놀라운 현상을 설명하려는 시도들은 기껏해야 저자가 부활을 강조하려는 의도를 가졌다는 것 이상을 밝히지 못하고 있다. 그리고 로마서 1장 3-4절에 나타난 사건 순서가 원문이라는 추론에 대해서는 그럴 가능성이 많을 수도 있다. 하지만 왜 부활을 강조하고, 왜 "다윗의 씨"란 표현을 포함시켰는가? 트럼머의 해결책은 목회서신이 기록될 당시에 (c. A.D. 100) 더 이상 예수의 다윗 혈통이나 유대인 출생에 대한 기독론적 강조점이 없었으며, 단지 그의 인간 출생이 부활과 나란히 중요한 채로 남아 있었다고 보는 것이다.[197] 하지만 비록 그렇다고 하더

---

195) Trummer (1978), 203.
196) C. Burger, *Jesus as Davidssohn*, Göttingen 1970, 33-35; Dibelius and Conzelmann, 108; Wengst (1972), 117; Windisch (1935), 216.
197) Trummer (1978), 204.

라도, 그것은 보다 자연스럽고 연대기적인 순서였을 것이 분명한 것을 뒤바꾸어 놓은 현상은 여전히 설명하지 못하고 있다. 만일 "다윗의 씨"를 포함시킨 이유가 문맥에서 발견될 수 없다면, 그것은 원문의 강한 형태 때문에 그저 덧붙여졌을 뿐이라는 벵스트(Wengst)의 제안이 더 나을 수도 있다.[198] 하지만 문맥은 저자가 왜 사건의 순서를 뒤바꾸어 놓았으며 그래서 그리스도의 부활을 부각시켰는지를 설명해 줄지도 모른다. 18절에서 우리는 이단의 핵심 교리가 무엇인지 알게 되었다: 즉 부활이 이미 지나갔다는 것이다. 14절의 교훈이 분명하게 밝히듯이, 적어도 11-13절, 아마도 8-13절까지 포함해서("기억하라"는 명령 아래 포괄되는 8-13절의 통일성 때문에) 14절 이하의 구절과 밀접하게 연관되어 있다는 것은 아주 분명하다. 이 점을 고려할 때 8절의 순서 역전 현상을 부활에 대한 올바른 강조점을 회복하고 신자들의 최종적인 부활이 이미 지나갔다는 거짓된 사상을 교정하려는 시도로 설명하는 것은 가능하다. 11-13절에서 마지막 날에 성공적인 결과를 얻기 위해 지금 성실한 인내 생활을 해야 할 것을 강조한 것은 이런 제안을 뒷받침해준다.

그리스도의 다윗 혈통을 확증하는 것도 문맥이 요청한다. 왜냐하면 이단자들이 그것을 부정하거나 또는 가현설적 사상들을 받아들였기 때문이 아니라 단지 8절에 있는 진술 때문이다: "나의 복음과 같이." 말하자면, 바울이 선포한 온전한 복음은 두 요소들을 다 포함했을 뿐만 아니라, 에베소 교회의 특별한 상황이 교정적인 목적에서 부활을 먼저 주목해야 할 필요성을 요청했다고 할 수 있다.

거친 문체나 언어적 변이형들 때문에 디모데후서 2장 8절이 과연 바

---

[198] Wengst (1972), 117.

울 이후 시대의 어떤 저자의 표현이 아닐까 하는 논란이 있어 왔다. 하지만 우리는 다음과 같은 사실을 주목할 가치가 있다: 바울은 (1) 예수의 부활을 지칭할 때 "일어나다"(egeirein) 동사를 "죽은 자 가운데서"란 문구와 함께 사용하였으며(예, 롬 6:9; 고전 15:12); (2) 복음을 지칭할 때 "나의 복음을 따라"라는 표현을 사용하였다(롬 2:16; 16:25; cf. 고후 4:3; 살전 1:5; 살후 2:14). 마찬가지로 그리스도의 다윗 혈통이 부활과 연관하여 언급되는 것이 바울서신에서만 등장한다는 사실도 중요하다(롬 1:3; cf. 딤후 2:8). 따라서 우리의 본문에만 근거하더라도 바울 저작권이 불가능한 것은 아니다. 만일 바울이 로마서 1장 3-4절에서 바울 이전의 전승을 변경시켜 적용했다면,[199] 원문 형식이 어떻게 생겼을까 말할 필요는 더욱 없다.[200]

전승 자체는 그리스도 사건의 두 핵심적인 측면들을 표현한다. 후자를 먼저 설명한다면, "다윗의 씨에서"란 문구는 일차적으로 예수의 부활 이전 지상 사역을 내다보고 있고, 특별히 "예수의 지상 시기는 이미 메시야적 시기라"[201]는 신앙을 뜻한다: 그의 베들레헴 탄생, 그의 능력과 긍휼을 나타낸 위대한 사역들, 그리고 그의 승리적인 예루살렘 입성

---

199) Cranfield (1975-79), 1: 57-58; Käsemann (1980), 10-13; Hengel (1976), 59-60을 보라.
200) 하지만 Schlier (1972), 213을 보라.
201) E. Lohse, *TDNT* 8: 484; O. Michel and I. H. Marshall, *NIDNTT* 3: 651; Hahn (1969), 247.
202) Marshall, *NIDNTT* 3: 653.
203) Contra Trummer (1978), 203; Burger (1970), 41. Marshall이 지적한 것처럼 (*NIDNTT* 3: 653), 비록 다윗의 아들이 부활하신 주의 신분 속에 포함된 모든 것을 표현하기에는 부적절할지라도, 그것은 그럼에도 불구하고 여전히 "올리심을 받은 하나님의 아들"을 위한 적절한 칭호일 수 있다. 이것은 분명히 계시록 저자의 견해인데, 그는 부활 이후의 전망에서 글을 쓰고 있다 (cf. 계 3:7; 5:5; 22:16). 또한 Guthrie (1981), 257-58을 참조하라.

등이 함께 결합하여 예수 안에서 다윗 계통의 메시야에게 한 약속을 성취하고 있다.[202] 그렇다면 "다윗의 씨에서"란 문구는 예수의 인성을 확증하는 것 이상을 반영하지 않는다는 주장은 지나친 해석이다.[203]

그리스도의 나타나심의 또 다른 측면은 부활에 초점을 두고 있는데, 이것은 예수의 십자가 사건과 연관하여 사도적 케류그마의 중심을 이루고 있다. 그것은 이미 앞서 살핀 구절들 속에서 강조된 바 있지만 (딤전 3:16; 딤후 1:10) 우리의 본문에서 더 부각되고 있다. 이 구절에서 디모데는 거짓 교사들의 왜곡된 교리와는 대립되는 "복음"을 기억하라고 권면 받는다. 부활은 또한 미쁜 말씀의 첫 행 배후에 놓여있다: "우리가 주와 함께 죽었으면 또한 함께 살 것이요." 여기서는 복음의 두 핵심적인 측면들이 짧은 형태이나마 나타나고 있고, 더욱이, 8절은 우리가 이미 앞서 살핀 목회서신의 다른 전승 단편들처럼 그리스도의 역사적 현현에 대해 동일한 관심을 나타내고 있다. 빈디쉬(Windisch)가 제안한 것처럼 8절은 "예수의 두 존재방식"[204]을 확인하는 것일 수 있지만, 그러한 확인은 기껏해야 육/영의 반제를 분명하게 표현하지 않은 채 암시되어 있고(cf. 딤전 3:16; 롬 1:3-4), 한편에서는 그리스도의 부활의 우선성을, 다른 한편에서는 복음의 정규적인 내용을 주장하려는 더 중요한 의도와 비교할 때 이차적인 것일 뿐이다. 결과적으로, 그리스도 사건은 디모데후서 2장 8-13절에서 강조적 위치에 놓여 있다; 그것은 복음의 본질이며 구원과 내면적으로 연관되어 있다.

② 구원 개념

---

204) Windisch (1935), 215-16.

우리는 지금까지 목회서신에 있는 몇몇 전승 형식들을 검토해보았기 때문에, 디모데후서 2장 8-13절에 담긴 저자의 구원 개념의 여러 측면들이 어떤 것인지 예측할 수 있다. 첫째로, 구원은 그리스도 안에 있다는 것이 명시적으로 표현된다. 이것은 8-10절에서 바울 자신의 사역에 대한 논의를 통해 나타난다: (1) 바울의 복음은 그리스도 사건에 집중되어 있다(8절); (2) 그러한 메시지를 위해 바울은 옥에 갇힐 정도로 고난을 받았지만, "하나님의 말씀"은 방해를 받지 않았다(9절); 따라서 (3) 그는 온갖 희생을 감수하고 인내하며 복음을 전함으로써 택함을 받은 자들이 그리스도 안에 있는 구원을 얻게 하였다(10절). "고난"과 "인내"가 복음 전도와 분리될 수 없다는 것을 알 때, 저자는 택함을 받은 자들이 과거 그리스도 사건 속에서 성취되고 지금 복음을 수단으로 해서 중개되는 구원을 얻는 것으로 이해하고 있음이 분명하다. "그리스도 안에서"라는 형식도 구원이 주어지는 작인 또는 수단을 뜻하는 것으로 보이지만, 동시에 구원의 영역 또는 장소를 지칭할 가능성도 배제할 수 없다(cf. 딤후 1:9).[205]

둘째로, 우리의 본문에 묘사된 구원은 현재적 실재로 생각되고 있음이 분명하다. 저자는 또한 복음 설교에 대한 강조를 통해서 이런 측면을 부각시킨다: 10절은 설교가 구원으로 인도한다는 점을 분명히 해준다. 하지만 구원이 현재적 실재라고 말한다고 해서 우리의 본문에 나타난 구원 개념을 다 드러낸 것은 아니다. 이것은 11-13절을 검토할 때 분명하게 나타난다. 11-13절에 있는 미쁜 말씀은 지금까지 드러나고 있는

---

[205] 이 경우에 "그리스도 안에서"란 문구는 한 가지 개념 이상을 포함할 수 있지만, 용법은 반드시 비바울적인 것은 아니다; Harris, *NIDNTT* 3: 1192 참조.

저자의 구원 개념을 더 잘 그리고 있다. 미쁜 말씀과 선행하는 논의 사이에 밀접한 연관성이 있다는 것을 관찰할 수 있다. 비즐리-머레이 (Beasley-Murray)가 지적한 것처럼, 11-13절은 "'영원한 영광과 함께 그리스도 예수 안에 있는 구원'에 대한 탁월한 해설을 제공해준다" (10절).[206] 이것은 "미쁘다 이 말씀이여"란 문구 뒤에 곧바로 구원에 관한 진술이 뒤따른다는 사실, 그리고 특별히 1과 2행이 그리스도 예수 안에 있는 그 구원과 개념적 유사성을 갖는다는 사실을 통해 시사되고 있다: (1) "그리스도 예수 안에서"란 표현은 전치사 "함께"(sun)와 결합하여 진술되는 문구들과 적절한 평행을 이루고 있고;[207] (2) "함께 왕노릇 한다"는 문구도 "영원한 영광과 함께"라는 문구와 잘 비교된다.

대체로 이러한 고백문이나 찬송시 단편은 모든 신자들에게 타당성을 지닌 것이다. 2행에서부터(12절상) 구원론을 끝맺고 권면을 시작하고 있고, 마지막 네 개의 행들에 담긴 권면들은 일반적으로 모든 사람에게 적용된다: (1) 참으면 그리스도와 함께 왕노릇하게 되고; (2) 그리스도를 부인하면 그가 우리를 부인하게 될 것이다; (3) 하지만 불성실은 그의 성실하심을 흔들어놓지 못한다(약속?); (4) 왜냐하면 그는 자신을 부인할 수 없기 때문이다. 권면의 세부사항들을 보면 이 단편은 디모데와 그의 사역에 구체적으로 적용하는 가운데 이러한 문맥 속에서 사용되고 있음을 알 수 있는데, 바울의 권면은 사도적 교훈의 본질을 타협하고 믿음을 저버린 배교의 배경 속에서, 또한 디모데가 책임지고 있는 공동체 내에서 여전히 활동하고 있는 거짓 교사들에게 직접적으

---

[206] Beasley-Murray, *Baptism in the New Testament*, Exeter 1972, 207-208; Knight (1979), 136-37; Dunn (1970), 169-70; Grundmann, *TDNT*, 7: 793-94; Kelly, 179.
[207] Jeremias, 55.

로 적용하는 가운데 제시되고 있다. 우선적으로 '참는다' (hypomenein)는 동사는 10절에서 바울 자신의 사역에 대해 쓰인 술어이다. 또한 11-13절은 디모데에게 "기억하라"고 명한 서두 명령 아래 들어있다. 둘째로, 특별히 계속되는 문맥을 고려할 때 (특히 14절만 아니라 2:14-3:9까지) 부인(否認)에 관한 경고들을 후메내오와 빌레도, 그리고 그들이 대표하는 보다 폭넓은 그룹의 교리적 "부인"으로부터 분리하는 것은 거의 불가능하다(17-18절). 사실 '아르네이스따이' (arneisthai)란 동사가 "믿음"(딤후 2:12; 3:5; cf. 딛 1:16; 딤전 5:8)에 대한 충성과 관련하여 쓰일 때 배교 행위를 뜻한다.[208] 마지막으로, 전승 단편과 이단자들과의 관계는 고백문의 첫 번째 행을 통해 함축되고 있는데, 이 고백문은 부활 어느 정도 교정 차원의 내용을 이단이 충동질했을 잘못된 구원시기 개념에 적용하고 있다. 이런 관찰을 염두에 두고 우리는 구원이 11-13절에서 묘사되는 방식을 탐구하게 될 것이다.

11-13절의 형태는 보통 고백문으로 간주되고 있고, 세례 정황에서 나온 것으로 생각되고 있다.[209] 현재의 문맥에서 과연 세례를 염두에 두고 있는지에 대해서는 의견 불일치가 있어 왔다. 그럼에도 불구하고, "우리" 형식이나 세례를 염두에 둔 로마서 6장의 매우 유사한 자료에 의존한 점[210] 등은 아마도 전승 단편의 고백문적 성격을 나타내고,[211] 원

---

208) H. Riesenfeld, " The Meaning of the Verb arneisthai," *ConNT* 11 (1947), 215-16; A. Fridrichsen, "Zu arneisthai im NT insodernheit in den Pastoralbriefen," *ConNT* 6 (1942), 96; Lips (1979), 28, 85를 보라.
209) Beasley-Murray (1972), 207-208; Knight (1979), 136-37; Dunn (1970), 169-70; Grundmann, *TDNT* 7: 793-94; Kelly, 179.
210) Tannehill (1967), 7-43, 특히 10; Siber (1971), 191-213; Dunn (1970), 140-45를 보라.
211) Cf. Moule (1981), 283.

래의 세례 상황의 방향을 지시할 개연성이 있다.

첫째와 둘째 행은(11b-12a) 정확하게 평행 단위를 이룬다('gar' 접속사를 제외하고). 첫 번째 행에는 "우리가 주와 함께 죽었으면 또한 함께 살 것이요"라는 진술이 등장하는데, 여기서 두 가지 문제가 대두된다: 첫 번째 '함께'(sun)-동사의 지시 대상과 두 번째 '함께' 동사의 시간 측면이 그것이다. 문맥에서 '함께 죽는다'는 동사를 정의하려는 노력에서 두 가지 해결책들이 제시되고 있다. 한편으로 어떤 학자들은 죽음이 여기서 그리스도를 위한 순교를 염두에 둔 것이라고 주장한다. 이를 뒷받침하는 증거를 바울 자신의 고난에 관한 선행하는 논의에서 (9-10절), 그리고 디모데에게 "고난에 참여하라"고 권면하는 데서(3-6절) 끌어온다. 이에 덧붙여 보다 폭넓은 문맥을 여기에 끌어들인다 (1:8, 12; 특히 4:6). 사고의 흐름이 "사망"(11b)에서 "참음"(12a)으로 넘어가기 때문에 회심 때 그리스도의 죽음에 연합한다는 개념보다는 더 현실적인 어떤 "죽음"을 뒷받침한다는 것이다.[212] 이 견해에 따르면, 첫째 행은 순교자의 죽음을 내다보기 때문에, 바울이 본문에서 자신의 제자들에게 이런 종류의 죽음을 추천하고 있다고 본다.

"고난"(3, 9절; cf. 1:8, 12)과 "참음"(10, 12절)이 복음 전도와 분리될 수 없다는 관찰은 이러한 설명을 반대한다. 죽음이 결과적으로 포함될 수도 있지만, 이 지점에서 그것이 저자의 마음에 우선적으로 있는 것 같지는 않다. 오히려, 강조점은 계속되는 배교의 빛에서 볼 때 변하지

---

212) R. Schnackenburg, *Baptism in the Thought of Paul*, Oxford 1964, 80, 167, 172, 176; H. von Campenhausen, *Die Idee Martyrium in den alten Kirche*, Göttingen 1936, 91; Hasler, 65-66; Jeremias, 55; Trummer (1978), 204-207.

않는 메시지를 성실하게 선포하는 일에 놓여있는 것으로 보인다(12절 이하; cf. 1:6-14). 만일 이것이 정확한 관찰이라면, 순교는 11절의 사상에서 좀 멀리 떨어진 것이 분명한 것 같다.

다른 한편, 어떤 학자들은 본절의 지시 대상이 세례 사건에서 그리스도와 함께 죽는 사건이나[213] 아니면 회심 입문 시에 그리스도와 함께 죽는 경험을[214] 가리킨다고 주장한다. 어떤 경우이든 간에,[215] 지시 대상은 신자의 회심, 따라서 순교사의 죽음보다는 그가 회심 시에 경험하는 과거 사건을 가리킨다. 이를 뒷받침하기 위해 세 가지 점을 지적할 수 있다. 첫째로, 부정과거 시제의 동사는(sunapethanomen) 과거의 사건을 뜻하는 것으로 보인다.[216] 둘째로, 10절에서 "그리스도 예수 안에 있는 구원"을 언급한 것은 11절 이하가 구원에 관한 이 진술을 어쨌든 해설하고 있다는 것을 시사한다. 셋째로, 더 중요한 것은 로마서 6장 8절은 본문 11b를 반영하고 있는 것이 분명하기 때문에 회심 때에 그리스도와 연합하여 죄에 대해서 함께 죽은 사건을 내다보고 있다는 사실이다.[217] 마지막 지적은 문맥적인 이유들 때문에 다른 방향의 결론을 내려야 하지 않는다면 디모데후서 2장 11절에서도 유사한 지시 내용이 들어있다고 볼 것을 요청한다.

신앙 때문에 핍박을 받는 일을 강조하기보다는 믿음을 부인하는 일

---

213) Beasley-Murray (1972), 207-208; Kelly, 179-80.
214) Dunn (1970), 169-70; Knight (1979), 117.
215) 우리는 후자의 견해를 선호한다; 주석적인 뒷받침을 위해서는 Dunn (1970)을 참조하라.
216) Beasley-Murray (1972), 208; Knight (1979), 117을 또한 보라.
217) Dunn (1970), 170.

을 좀 더 직접적으로 강조하고, 계속되는 배교에 직면하여 사도적 메시지를 성실하게 선포하고 지키는 일에 분명한 관심을 보인다는 점을 고려할 때, '함께 죽는다' 는 술어에 대한 마지막 해석이 선호되어야 한다. 그리스도와 연합하여 죄에 대해 함께 죽는 일을 염두에 두고 있는 한, 여기서도 과거 그리스도 사건을 분명하게 지시하고 있다는 점을 부인할 수 없다. '함께' (sun) 전치사는 그리스도와 '함께' 죽었다는 의미를 지시하는 반면에, 그리스도 사건의 효과에 참여하는 일이 구원에 기본적이라는 것도 분명하게 시사하고 있다.[218] 미쁜 말씀은 그리스도 사건과 연계된 구원론에 관심을 피력한다.

사고의 흐름은 회심 때의 요구 사항으로부터 그리스도와 함께 생명을 얻는 약속으로 옮겨간다. 여기서 제기되는 유일한 질문은 미래 시제로 되어 있는 '함께 살 것이요' (suzesomen)라는 동사가 전적으로 종말론적인 미래를 지칭하는지 아니면 현재적 구원 경험을 지칭하는지에 관한 것이다. 후자의 견해는 신자가 그리스도의 부활에 현재적으로 참여한다는 개념들과(골 2:12; 엡 2:6), 신자가 현재 새 생명을 향유하고 있다고(롬 6:4; 엡 2:5) 확증하는 바울의 분명한 진술들에 기초해서 주장되고 있고, 또한 뿐만 아니라 그리스도와 연합한 현재적 생명을 지칭하는 로마서 6장 8절 해석에 기초해서도 주장되고 있다.[219] 하지만 바울이 구원을 그리스도와 함께 새 생명에 참여하는 현재적 경험으로 생각하고 있음이 분명하기는 하지만, 그가 또한 이러한 현재적 연합 경험이 미래 부활의 중요성을 약화시키지 않았음을 인정한 것도 분명하다. 사

---

218) Cf. Trummer (1978), 204.
219) 따라서 Knight (1979), 118-119; Kelly, 180; cf. Cranfield (1975-79), 1: 311-13.
220) Dibelius and Conzelmann, 109; Trummer (1978), 204-205; Grundmann, TDNT 7: 794..

실, '살리라'(suzesomen)는 술어에서 전적으로 미래적인 의미만을 찾으려는 사람들은 11절의 그러한 확증이 18절에 암시된 이단 교훈에 대한 최선의 답변을 제공해준다고 주장한다.[220] 그렇다면 이 해석은 주로 로마서 6장 8절에 대한 정확한 해석에 달려있는 것으로 보인다. 왜냐하면 이 본문이 11절의 미래시제 동사 배후에 있다고 생각되기 때문이다.

주석가들은 로마서 6장 8절에 담긴 시간적 측면에 관한 질문에 대해서 의견이 달리하고 있다. 케제만(Käsemann)은 '수제조멘'(suzesomen) 동사를 전적으로 미래적 의미로만 해석할 것을 제안하는데, 9절이 귀결절(5b)과 그 종말론적 미래를 뒷받침한다면, 8절은 5절의 틀을 넘겨받고 있다는 근거에서 그렇게 한다.[221] 그리스도의 죽음에 참여하는 일이 그의 부활에도 참여할 것을 보장한다는 개념은 (esometha, 5절) 그와 연합한 죽음이 그와 연합한 생명을 약속한다는 개념과(8절) 평행을 이룬다. 하지만 이런 개념들은 곧바로 후속되는 구절들 중에서 현재적 참여를 분명하게 내다보는 방식으로 발전되고 있다.

사실 5-11절은 그리스도의 죽음에 연합하는 것이 그의 부활 때문에 새 생명을 가져다준다는 것을 설명하거나 확증하는(gar) 것 같다(4절).[222] 본문에서 핵심되는 이슈는 신자의 죄와 생명이다(1절). 바울은 세례에서 형상화되는 그리스도와의 연합이 그의 죽음과 연합하거나 또는 그것에 참여하는 것을 뜻한다고 말한다(3절). 이것은 4절의 주장으로 인도한다. 이제 5절에서 바울의 논리는 선행하는 4절의 사상과의 연관성 때문에 그의 부활의 "모양"이(5절b) 4절c에 있는 "새 생명"과

---
221) Käsemann (1980), 169-70; Dunn (1970), 143-44; Siber (1971), 10, 26, 29.
222) Cranfield (1975-79), 1: 306.

평행을 이룬다고 볼 것을 요청하는 것 같다. 그러므로 5절의 귀결절은 ("또한 그의 부활을 본받아 연합한 자가 되리라") 비록 미래적 완성의 첨가된 의미를 배제할 필요는 없지만 현재적 타당성을 가지고 있다. 이런 일이 어떻게 그리스도의 죽음에 연합함으로 발생하는지에 대해서는 6-7절에서 설명되고 있다: 우리가 그와 함께 십자가에 못 박힌 사건은 우리의 죄의 몸을 멸하고 우리를 죄로부터 해방시켰다. 8절에서 다시 한번 그리스도와 연합한 죽음이 그와 연합한 생명을 가져다준다고 주장된다. 이것은 4-5절의 사상과 마찬가지로 평행을 이루는 것으로 보일 뿐만 아니라, 후속되는 논의는 다음 사실을 확증해준다: (1) 그리스도의 죽음은 사망의 폭정을 폐하였다(9절); (2) 그는 죄에 대한 죽음을 죽고, 하나님을 향하여는 살아났다(10절); (3) 우리도 마찬가지로 우리 자신을 하나님을 향하여 산 자로 여겨야 한다(11절). 간단히 말해서, 논지의 흐름은 5절과 8절로부터 바울이 그리스도의 부활, 즉 "생명의 새로움"에 현재 참여하고 있다는 사상을 제거하기 힘들게 만든다. 어쨌든, 그리스도의 죽음과 연합함을 통해서 신자는 그의 부활의 변화시키는 능력에 참여할 수 있고, 따라서 새 생명을 경험할 수 있다. 물론 신자의 육체 부활은 여전히 종말에 있을 일이기는 하지만 말이다. 로마서 6장 1-11절에 나타나는 "이미와 아직" 사이의 긴장은 그 본문의 현재적 지시내용을 미래적인 것으로부터 구별하기 힘들게 만든다.[223]

그러면 디모데후서 2장 11b로 돌아가서, 단지 로마서 6장 8절에 기초해서 '살리라'는 동사에서 현재적 지시내용을 배제하는 것은 불필요하다. 미래 시제는 다소간 문장의 조건절 형태에("if-then") 의해 요

---

[223] A. T. Lincoln, *Paradise Now and Not Yet*, Cambridge 1981, 122-23.

구된다. 11b의 귀결절에서 저자는 새 생명이 현재에 경험되고 있다고 주장하는데, 이것은 부활의 생명을 완전하게 얻는 것은 아직 종말을 기다리고 있다는 함축을 동반하고 있다. 만일 고백문이 잘 알려져 있었다면(로마서 6장에 보존된 새 생명에 관한 교훈에 기초하여), "그리스도와 연합한" 현재적 경험의 제한들 뿐만 아니라 종말론적인 완성의 필요성이 인식되어졌을 것이다. 따라서 그리스도 사건에 기초하고 "이미-아직"의 긴장을 유지하는 정확한 구원 개념은 부활 이단에 대한 적절한 교정책을 담고 있다고 할 수 있다. 더욱이, 분명한 종말론적 지시내용을 갖고 있다는 사실은 12절상에서 발견된다.

고백문의 다음 행에는 "참으면 또한 함께 왕 노릇 할 것이요"라는 표현이 들어있는데, 저자는 여기서 현재적인 그리스도인의 생활과 그리스도의 통치에 참여할 것이라는 종말론적인 약속에 관심을 기울인다. 이 점에서 "이미-아직" 사이에 놓인 구원의 긴장 성격은(11b) 자연히 권면의 기초가 된다. '참는다'(hypomenein)는 술어는 앞서 살핀 대로 사역의 성실성을 뜻한다. 본래 그것은 일반적으로 그리스도인의 순종 생활을 지칭하였다. "참음"은 윤리적인 성격을 가졌다.[224] 이런 의미는 디모데에게 인내로써 복음을 전하라는 권면을 할 때도 여전히 해당된다. 왜냐하면 바른 행동은 바른 교리에 연관되어 있고, 사도의 메시지, 특별히 사역에 대한 충성은 윤리적 문제이기 때문이다. 더욱이, 디모데에게 성실한 복음 선포는 "그의 구원을 이루어내는데"(딤전 4:16) 중요한 역할을 담당한다. 참는 자에게 약속된 상급은 종말론적이다: "함께 왕 노릇 함"(sumbasileusomen). 그리고 12a에 발견되는 일련의

---

[224] 새 시대의 삶의 스타일의 성질을 특징짓는 '휘포모네' 명사의 용법에 대해서는 참조하라 (딤전 6:11; 딤후 3:10; 딛 2:2): cf. Siber (1971), 180.

시제들은(현재/미래) 이 점을 뒷받침한다. 결과적으로, 구원 경험이 동반하는 현재적 생명은 참음을 요청하는 생활이며, 따라서 종말론적인 결과를 좌우하는데 있어서 결정적인 기간이다(12a). 이것은 사고 흐름이 긍정적인 권면으로부터 주를 부인하는 일에 대한 경고로 옮겨갈 때 강력하게 부각된다.

12b절의 "부인하다"(arnesometha)는 술어는 원래는 세례 대상에게, 현재의 문맥에서는 디모데에게 그리스도를 부인할 가능성을 주목하게 만든다. 이 구절에서 "부인"은 지속되는 배교와 연관되어 있고, 그것은 주로 사도적 교리의 왜곡과 거짓된 교리의 전파를 통해 특징화된다. 이 경고는 디모데에게 해당된다. 왜냐하면 예를 들어 후메내오와 빌레도는 한 때 믿음을 고백한 자들이었으나 지금은 그것을 부인한 자들이기 때문이다.[225] 하지만 경고는 또한 이미 교리 논쟁에 끼어든 자들에게도 적용된다(14절). 그렇게 부인한 자들에 대한 징벌은 종말론적이고 의심할 여지도 없이 재림 때 그리스도께서 집행하실 심판과 연관되어 있다.[226] 이 행이 담고 있는 전체 사상은 마태복음 10장 33절을 기억나게 만든다: "누구든지 사람 앞에서 나를 부인하면 나도 하늘에 계신 내 아버지 앞에서 저를 부인하리라." 12b의 첫 번째 조건 진술이 함축하는 확실성은 디모데에게 부과된 조건의 실재를 부각시키지만, 그렇다고 "우리"가 반드시 그리스도를 부인하게 될 것을 시사하고 있지는 않다.[227] 마찬가지로, 주어진 조건의 합법성은 염두에 두고 있는 부인(좀

---

225) H. Schlier, *TDNT* 1: 470을 또한 참조하라.
226) Trummer (1978), 206; Kelly, 180.
227) BDF 188, para. 371.
228) Cf. Schlier, *TDNT* 1: 470; Trummer (1978), 206.

認)이 "그리스도 예수 안에 있는 구원에 참여하는" 데서 쫓겨나게 만들 만큼 심각한 성격을 지녔다는 것을 시사하는 것 같다.[228] 왜냐하면 이단자들이 몇 구절에서 그런 운명을 가진 자로 특징화되는 것으로 보이기 때문이다. 결국, 그리스도를 부인할 가능성은 현재적 구원의 미완성된 성격을 강조해줄 뿐만 아니라, 구속 과정 속에 함의된 인간 책임의 요소도 강조해준다.

마지막 조건은 13절에서 발견된다: "우리는 미쁨이 없을지라도 주는 일향 미쁘시니 자기를 부인하실 수 없으시리라." 이것은 아마도 12b의 경고조의 강한 진술을 부드럽게 하고 본래는 세례 대상자에게, 현 문맥에서는 디모데에게 격려하려고 포함되었을 것이다. "미쁨이 없다"(apistein)는 말이 "부인하다"(arneisthai)는 말과 평행을 이루도록 의도된 것 같지는 않다. 왜냐하면 불필요한 사상을 반복하는 것이고, 또한 방금 전에 표현된 것과 일치시키기가 어렵기 때문이다.[229] 하지만 13a절에서 '미쁨이 없다'(apistoumen)는 말을 '미쁘다'(pistos)는 말과 대조한 것은 문제 동사가 "불성실성"(unfaithful) 의미를 지니고 있음을 시사해준다. 왜냐하면 본문에서 그리스도의 "성실성"이 강조되기 때문이다. 비슷하게, 조건절(12b)에 있는 미래 시제가 귀결절(13a)에 있는 현재 시제로 변경된 것도 사상의 변화를 뒷받침한다.[230] 그러므로 12b절의 "부인하다"(arnesometha)와 13a절의 "미쁨이 없다"(apistoumen) 사이에 질적인 차이가 있는 것으로 보인다. 질적 차이란 현재의 문맥 속에서 배교자들의 죄가 보다 위험스럽고 파멸적인 것으

---

229) Contra Schlier, *TDNT* 1: 470.
230) Kelly, 180; Spicq, 750.

로 간주된다는 것을 사실상 의미할 수도 있다. 위로는 그리스도께서 "자신을 부인하실 수 없기 때문에 언제나 성실하시다"는 사실에서 나온다. 이 진술에서 구원은 오로지 사람에게만 달려있지 않고 그리스도 안에 확고하게 닻을 내리고 있다는 사실을 강력하게 상기시켜준다.[231]

(6) 디도서 2장 11-14절

이 구절에 나타난 그리스도 사건과 구원 개념에 대한 묘사를 검토하기 전에 우리는 몇 가지 서론적인 문제들을 다룰 필요가 있다. 첫째로, 이 구절에 있는 신현 개념은 이미 다룬 적이 있기 때문에, 우리는 여기서 초기 결론에 의존하게 될 것이다. 둘째로, 12-13절과 14절은 그리스도인 생활에 대한 상대적으로 확장된 묘사를 담고 있다. 여기서 우리의 관심은 현재의 존재 양식, "구원받은" 삶의 스타일이 결정적인 과거사건에 조심스럽게 연결되어 묘사된다는 사실에 있다. 이러한 새 생활의 특정한 측면들에 대한 자세한 논의는 다음 장에서 다루어질 것이다.

주변 문맥은 11-14절이 공동체 내의 다양한 범주의 사람들에게 폭넓게 제시된 권면의 빛 속에서 해석되어야 한다. 이러한 범주들은 늙은이들(2절), 늙은 여인들(3-4절), 젊은 여인들(4-5절), 노예들(9-10절)이고, 아마도 모든 사람들도(3:1-2) 여기에 포함될 것이다. 11-14절은 단지 노예들에게 준 교훈들이라기보다는 2장 2-10절의 행위에 관한 모든 교훈

---

231) Trummer (1978), 206; Kelly, 180-81.
232) '가르' (gar) 접속사는 선행하는 부분과 11-14절을 연결한다. Cf. Harris (1980), 262-63; Romaniuk (1974), 64-65.

들을 정초하고 있다.[232] 왜냐하면 노예들에 대한 권면이 11절 바로 앞에 선행하고 있고, 11-14절은 노예들이 자신들의 행위로 단장해야 할 "우리 구주 하나님의 교훈"(10절)을 해석하는 것이 정확하기는 하지만, 5절과("하나님의 말씀") 7절의("교훈의 부패치 아니함") 비슷한 표현들도 그들을 위한 교훈 저변의 공통된 동기를 나타내기 때문에 설명할 필요가 있다. 일상적인 행위에 대한 지속적인 관심을 피력하는 가운데 "처음엔 존경받는 노예들을 위해서, 하지만 나중엔 모든 사람들에게 타당한 근거 마련 작업이 나타난다."[233] 결과적으로 우리는 11-14절에서 디모데나 디도와 같은 교회 지도자들의 "사역" 활동에 대한 특정한 적용을 발견할 것을 기대하지 않아야 한다.

예비적이지만 마지막으로 다루어야 할 문제는 디도서 2장 11-14절의 형태와 원래 기능에 관련된다. 대부분의 학자들은 이 구절이 실제로는 하나의 문장으로 구성되어 있어서 일반적으로 전통적인 케류그마 자료를 지닌 어떤 형식화된 진술로 분류해야 한다는 점에 동의한다. 하지만 두 가지 점에 대해 지적해야만 한다. 첫째로, 언어적이고 개념적인 차원에서 저자 자신이 적어도 11-13절을 구성했을 가능성이 있다; 14절은 분명히 디모데전서 2장 6절에서 관찰된 동일한 전승으로 거슬러 올라가는 한편, 이 구절의 나머지 부분도 "정형화된" 개념들을 담고 있다. 둘째로, 11-14절은 예를 들어 디모데전서 3장 6절이나 디모데후서 2장 11-13절과 같이 찬송시나 고백문 단편의 잘 정형화된 문체를 나타내지 않는다. 이것은 디도서 2장 11-14절을 디모데전서 2장 5-6절, 디모데후서 1장 9-10절, 디도서 3장 4-7절, 좀 짧은 본문이지만 디모데전

---

233) Romaniuk (1974), 64-65을 또한 참조하라.
234) Deichgräber (1967), 112, 또한 107.

서 1장 15절 등이 속하는 범주 종류에 위치시키는 것으로 보인다(cf. 롬 8:32; 갈 1:4; 2:20; 엡 5:2, 25). 그렇다면 우리가 이런 종류의 "형식"을 가장 근접하게 범주화한다면 다히그래버(Deichgräber)가[234] 제안한 대로 "선포형식"(Verküdigungsformel)과 같은 술어로 범주화할 수 있다.

2장 11-14절의 원래 정황과 기능은 단지 추론할 수 있을 뿐이지만, 본래는 교리교육을 위해 쓰인 용법일 가능성이 있다. 이들 구절에서 그리스도 사건에 기초하여 변화된 삶의 방식을 추구할 것을 주장한다든가, 낡은 삶과 새 사람을 함축적으로 대조하는 것 등은 세례의식의 정황도 합리적인 추론으로 만들기도 한다.[235] 하지만 어떤 학자들이 확신을 가지고 이 단편은 (그리고 3:4-7) 세례예식 형식문을 나타낸다고 주장하지만,[236] 의심스러울 뿐이다. 본문의 케류그마적 내용이 분명하고, 본래의 기능이 무엇이었든 간에 그 안에 담긴 그리스도 사건과 구원 개념에 대한 강조점은 찾아낼 수 있다. 그것이 마땅히 처신해야 할 행위와 관련하여 기능하는 방식은 다음 장에서 다룰 문제이다. 이제 우리의 본문의 구원론적인 의도는 그리스도 사건과 구원 개념 순으로 탐구될 수 있다.

① 그리스도 사건

신현 언어를 수단으로 해서 그리스도 사건은 11절과 13절에서 과거와 미래 측면으로 시각화된다. 우리가 살핀 대로, 구원을 위해 나타난 (epephane) "하나님의 은혜"는 과거 그리스도 사건과 동의어적인 표

---

235) Cf. Reicke (1946), 225; Jeremias, 72; Kelly, 245.
236) M.-E., Boismard, "Une Liturgie Baptismale dans la Prima Petri, I." *RB* 63 (1956), 198-200; id. (1957), II, 182; Hanson (1968), 78-96.

현으로 이해되어야 한다 (cf. 딤후 1:10). 따라서 "우리의 크신 하나님 구주 예수 그리스도의 영광이 나타나심"이란 표현은 그리스도의 재림과 동일한 표현이다; 목회서신에서 재림이 이런 식으로 묘사되는 첫 번째 경우는 디모데전서 6장 14절이다. 과거와 미래 사건을 지칭하는 신현(epiphany) 기독론은 이 구절에 구원사적 전망을 부여한다. 디모데후서 1장 9-10절에서처럼(cf. 딤전 3:16), 그리스도의 첫 번째 강림은 디도서 2장 11절에서 전에 감추어진 영광스러운 하나님의 계획의 계시된 것으로 묘사된다. 앞선 구절에서는 그렇게 분명하게 묘사되지는 않지만, '나타나다'(epiphanein)는 술어의 사용은 과거 그리스도 사건의 "비밀" 개념을 거의 확실하게 만든다.

재림을 동일한 언어로 지칭한다는 사실은 재림 사건이 하나님의 목적에 의존하고(cf. 딤후 1:9-10; 딛 1:2-3; 롬 16:26) 그 성격이 "비밀스럽다"는 것을 확증해줄 뿐만 아니라, 그리스도 사건의 과거와 미래 측면들 사이의 연속성을 부각시켜주기도 한다. 구원의 현세대는 과거 사건으로 시작되었고 재림 때에 종지부를 찍게 될, 말하자면 중간 시기에 놓여있다. 저자가 그리스도 사건의 과거적 측면을 창조적 사건으로 본다는 사실은 주절에 놓여있는 그것의 위치와 14절에 있는 그 신학적인 묘사를 통해서 분명하다. 재림은 필연적인 종착지점이요 완성지점이지만 그리스도의 과거 현현은 구속을 확실하게 만들어 놓았다.

이것은 14절에 발견되는 과거 그리스도 사건의 전승적 측면으로 인도한다. "그가 우리를 대신하여 자신을 주심은 모든 불법에서 우리를

---

237) "자신을 주심"이란 주제 (딤전 2:6을 본받아), '휘페르'과 '루트론' 형식 등을 사용한 것은 지지 구절로 인용된다. Cf. Perrin (1970), 206-208.

구속하시고"란 문구가 과거의 역사적 사건에 초점을 맞출 뿐만 아니라 특별히 그리스도의 대속적인 죽음에 초점을 맞춘다. 진술의 첫 번째 부분이 마가복음 10장 45절에 보존된 전승에 의존한다는 사실도 마찬가지로 분명하다.[237] 하지만 '많은'(pollon)으로부터('panton,' 딤전 2:6) '우리'(hemon)로 변경된 것은 디모데전서 2장 6절에 나타난 것보다 전승의 후기 발전을 지시할지도 모른다.[238] 사실 디도서 2장 14절 a와 b가 마가복음 10장 45절에 보존된 말씀의 바울 버전을 많이 닮았는데, 전자의 구절에서 "우리"로 변경된 것은 자신을 내어주신 그리스도의 행위가 "우리의 죄를 위한" 것이라는 설명을 동반하고 있다. 우리의 본문에서 그리스도의 "자기 주심"에 관한 진술 자체는 불필요한 표현일 수 있다. 왜냐하면 그것은 11-12절에서 추정되고 있기 때문이다. 하지만 '히나'(hina) 절을 덧붙인 것은 그리스도 사건의 바로 이 측면이 죄로부터의 구속을 그 목적으로 삼고 있다는 점을 지적해준다. 첨가된 목적절은 칠십인경 시편 129편 8절과[239] 칠십인경 에스겔서 37장 23절을 기억나게 만든다. 초대교회는 분명히 예수의 사명(막 10:45과 평행절) 구약의 약속에 대한 성취로 이해하고 있다. "구원받은" 그리스도인 생활의 성격에 대한 관심은 본절 전체에 걸쳐 스며있는데, 그것은 그리스도의 자기 주심의 효과들에 대한 강조점을 한층 더 강화시켜주는 역할을 한다.[240] 이 점에서 분명해지는 것은 11-14절이 과거의 역사적인 그리스도 사건에 대한 모종의 강조점을 나타낸다는 사실이다. 그것은 하나님의 뜻에서 기원한 구원사의 문제였고, 시공간의 연속 중에서 죄로부터의 구속으로 귀결되었다.

---

238) Hengel (1981), 71, 36.
239) O. Procksch and F. Büchsel, *TDNT* 4: 351.
240) 또한 Popkes (1967), 279; cf. Wengst (1972), 73.

② 구원 개념

앞서 살핀 본문들을 검토하는 가운데 저자의 구원 개념에서 이미 들어난 몇 가지 요소들이 디도서 2장 11-14절에서도 작동하고 있는 것으로 보인다. 첫째로, 하나님과 그리스도 모두가 구원 계획에서 적극적인 역할을 담당한다. 하나님은 구원을 가져다주는 은혜의 주체 또는 근원이며, 그리스도는 역사 속에 나타난 은혜이며 그것을 통해 구원이 집행된다(cf. 딤전 2:3-6; 딤후 1:9-10). 둘째로, 구원은 신현 술어가 시사하듯이 신적인 목적과 시간의 문제이다. 그리스도와 그가 선사한 구원은 기약이 되어 나타났으며(11절; cf. 딤후 1:10; 딛 1:3), 새롭고도 최종적인 역사 시기를 도래시켰으며(12절), 또한 하나님 이외에는 모든 사람들에게 알려져 있지 않은 때에 다시 나타나셔서 이미 시작된 것을 완성하실 것이다(13절; cf. 딤전 6:14-15). 셋째로, 이러한 구원에 누구나 다가갈 수 있는 보편적 접근성은 11절에 주장된다: "모든 사람에게 구원을 주시는 하나님의 은혜"(cf. 딤전 2:4; 4:10). 믿음의 필요성은 이 구절에서 언급되지 않지만, "모든 사람"(11절)으로부터 "우리"(12, 14절)로 변경된 것은 우리가 다른 곳에서 제시한 노선을 따라 보편성 개념에 제한을 가하고 있다.[241]

하지만 앞선 본문들과 비교할 때 디도서 2장 11-14절에서는 현시대의 구원과 연관된 삶의 성질에 더 큰 관심을 가지고 발전시키고 있다는 사실이 드러난다. 그리스도 사건에 기초한 구원이 사실 현재적 실재로 간주되고 있다는 것은 "이 세대에"라는 시간적 묘사와, 하나님의 은혜가 나타나 우리를 "가르친" 삶을 현시대 속에서 살아야 한다는 주장을

---

241) Cf. Hengel (1981), 71.

통해(12절) 나타난다. 더구나, 과거의 신현과(11절) 죄의 구속을 가져온 그리스도의 자기 주심(14절) 사이의 관계는 12절의 내용과 시간적 시사와 더불어 구원의 현존재를 확증하는 것으로 보인다. 우리가 여기서 묘사되는 새 시대의 삶의 스타일을 고려하기 전에, 그리스도 사건을 묘사하기 위해 "양육하다"(paideuein)란 묘한 술어를 사용한 것은 분명히 설명할 필요가 있다.

12절은 그리스도 사건에 의해 소개된 구원의 목표가 새로운 삶의 방식이라는 것을 보여준다.[242] 이런 목적을 위하여 하나님의 은혜는 "양육한다/가르친다"고 말하지만, 이 양육의 정확한 내용은 해설하기가 어렵다. 어떤 학자들은 '양육하였다'(paideuousa)는 동사를 자기 자녀들을 훈련하는 하나님의 특별한 징계를 지칭하는 의미로 성경적 술어의 발전의 관점에서만 설명하려고 시도한다.[243] 하지만 하나님의 이러한 "양육"의 근원이면서도, "파이듀우사"란 술어는 이 문맥에서 징계와 고난의 사상에만 국한시키기는 어려운 것 같다. 분명히 우리는 이런 사상들을 그리스도 사건으로부터 제거할 수는 없다. 왜냐하면 그 중심에는 그리스도의 구속적 고난이 놓여 있기 때문이다. 그러나 이 두 구절에서 사고의 흐름은 이 사건의 교육적 효과가 보다 폭넓은 술어로 표현된다는 것을 시사한다.

헬레니즘 사상에서 '파이데이아'(paideia)는 덕을 생산하는 의도를 지녔다.[244] 그리고 소위 핵심 덕목들을 표현하기 위해 사용된 술어들은

---

242) Lips (1979), 75 n. 167, 90.
243) 예로, Trummer (1978), 232-33; G. Giese, "XARIS PAIDEUOUSA. Zur biblischen Begründung des evangelischen Erziehungsgedanken," *ThViat* 5 (1953), 161-65.
244) S. C. Mott, "Greek Ethics and Christian Conversion: The Philonic Background of Titus 2:10-14 and 3:3-7," *NovT* 20 (1978), 31-32; G. Bertram, *TDNT* 5: 602.

무엇보다도 "근신함"(sophrosune), "의로움"(dikaios), "경건함"(eusebeia) 등인데, 이런 술어들은 여기서 부사 형태로 등장한다: "소프로노스"(sophronos), "디카이오스"(dikaios), "유세보스"(eusebos). 이런 평행 현상을 고려할 때, 목회서신이 적어도 기본적인 헬레니즘 술어들을 차용했을 가능성도 있어 보인다.[245] 하지만 그러한 차용이 독자들의 환경에 적합하기는 하겠지만, 목회서신의 구원이 적어도 현재 그리이스 헬라 철학이 말하는 덕의 목표를 포함하고 있다고 반드시 뜻하지는 않는다. 술어와 개념들의 내용과 인간(그리스도인) 존재에 대한 이해 등은 철저하게 기독교적인 성격으로 남아있다.[246] 이것은 우리의 본문과 다른 구절에서 구원/회심이 역사적인 그리스도 사건과 직접적인 관계를 맺고 있다는 사실을 통해 확증된다. 그리스도 사건은 교육적으로 묘사되고 있는데, 대부분의 강조점은 그 사건이 만들어낸 효과들에 놓여있다. 하나님은 그리스도의 나타나심을 통해서 낡은 삶의 방식으로부터 회심할 것과("버리고", arnesamenoi)[247] 새로운 삶의 방식에 헌신할 것을("살고," zesomen) 가르쳐왔다. 덕스러운 삶으로 돌이킨다는 기본 개념은 헬라 사상에서도 발견될 수 있지만,[248] 목회서신에서 그러한 변화를 가져오는 능력을 제공하는 것은 그리스도 사건 뿐이기 때문에 우리는 디도서 2장 12절을 전혀 다른 범주에 속한 것으로 볼 수밖에 없다.[249] 헬라인들에게 '파이데이아'(paideia)는 덕으로 인도하는 것으

---

245) Brox, 298; Pax (1955), 239; Spicq, 637-39.
246) Pax (1955), 239; Brox, 298.
247) Jeremias, 72; Stanley (1961), 240; Spicq, 638-39.
248) Mott (1978), 30-35 : 필로의 문헌에서 "파이데이아"와 회심의 관계에 대한 논의를 참조하라.
249) 또한 Pax (1955), 239-41; Jeremias, 73; Lips (1979), 90; Trummer (1978), 233.

로 생각되었지만, 목회서신의 저자에게는 회심하게 하고 새로운 삶의 방식을 생산할 수 있는 것은 (그리스도 사건을 수단으로 한) 하나님의 구속적인 "양육" 뿐이다. 헬라 사상과 비근한 점이 있기는 하지만, 철저하게 기독교적인 적용을 하고 있다.

구원을 이런 식으로 이해하는 전승을 왜 택했는지는 문맥에서 부분적으로 설명될 수도 있다. 덕으로 인도하는 "양육"(paideia)이라는 헬라적 개념을 채택한 것은 그리스도 사건과 회심이 특별히 현세대에서 새로운 삶의 방식을 살 가능성과 또 그렇게 살라는 명령에 대해 갖는 함축들을 끌어내려는 목적이 있었을 것이다. 이 새로운 생활에 대한 특정한 묘사들은 디도서 2장 1-10절과 3장 1-2절에서 상세히 설명되고 있다. 또한 문맥에 비추어 볼 때, "양육하였다"(paideuousa)는 술어가 구원 "교과과정"의 일부로서 징계 개념을 포함할 가능성도 남아 있다. 만일 이 형식문이 구원을 지속적인 "양육"으로 제시한다면, "양육하였다"는 술어는 개인에 관한 한 하나님의 모든 훈련 기술들을 염두에 두었을 것이다. 비슷한 논지를 따라, 하나님의 은혜가 시작한 양육이 구체적인 사도적 교리 교훈을 통해 중개된다고 생각되었을 가능성도 있다(cf. 1, 10절).[250] 이 경우에 "양육하였다"는 말은 여기서 단순한 가능성으로만 아니라 실현된(또는 실현되고 있는) 결과로 제시되는 셈이다.[251] 하지만 마지막 이 두 측면들을 아무리 염두에 두고 있을지라도, "파이데이아" 개념의 주된 의미는 그리스도 안에서 나타난 하나님의 은혜가 가진 교육적/회심적인 효과를 부각시키는 것이다. 하나님의 이 은혜가 급진적으로 새로운 삶의 방식을 산출한다.

---

250) 따라서 Lips (1979), 91-92; Brox, 298.
251) *Ibid.*

12절의 세 단어들은 현재의 구원경험을 특징짓는 삶의 스타일을 묘사한다: '소프로노스,' '디카이오스,' '유세보스.' 세 단어 모두 목회서신을 통해서 참된 믿음 생활과 연관된 성질들이다. 이 경우에 이들 덕목을 함께 범주화한다면, 그것들은 아마도 신자의 새 생활을 총체적으로 묘사하려는 의도를 가질 수 있다.[252] 그것들이 비록 헬레니즘 덕목의 흔적을 가졌을지라도, 저자가 채용한 덕목들은 그리스도 사건과의 관계를 떠나서, 그리고 사교적 교리에 대한 헌신을 떠나서 이해될 수 없다.

구원이 산출하는 또 다른 삶의 성질은 재림에 대한 기대이다: "복스러운 소망과 우리의 크신 하나님 구주 예수 그리스도의 영광이 나타나심을 기다리게 하셨으니"(13절: cf. 살전 1:10). 과거에 그리스도와 함께 시작된 구원이 장차 그의 재림과 더불어 완성될 것이라는 신앙이 본질적으로 이러한 소망 배후에 놓여 있다.[253] 따라서 그리스도인의 생활을 특징짓는 소망은 그리스도의 재림에 대한 신앙뿐만 아니라 지금 소유한 구원이 완성된 것이 아니라는 이해도 확증해준다. 이렇게 미래를 내다보는 소망의 필요성은 목회서신의 다른 곳에서 다른 방식으로 표현된다 (딤전 1:16; 4:8; 6:12, 14; 딤후 1:12, 18; 2:12; 4:1; 딛 1:2).

14절은 하나님의 은혜가 나타난(11절) 형태와 방식을 상세하게 설명한다. 여기서 그리스도의 죽음의 목적과 효과들을 담고 있는 '히나'(hina) 절은 저자의 구원 개념을 한층 더 밝혀준다: "모든 불

---

252) Mott (1979), 26-29.
253) Lips (1979), 90-91; Ladd (1974), 522.

법에서 우리를 구속하시고 우리를 깨끗하게 하사." 첫 번째 효과는 부정적이다: "모든 불법에서 우리를 구속하셨다." 그것은 사람들의 죄를 위해 그리스도 자신의 생명을 희생한(또는 속전으로 지불한) 사건을 가리킨다.[254] 죄로부터 구원이 갖는 이 부정적 측면은[255] 죄에서 깨끗하게 하는(katharizein) 것으로 묘사되는데, 그것은 그리스도의 독특한 백성이 되는 긍정적 결과로 이끈다. 여기서 그리스도를 통한 구원이라는 신약 개념이 하나님께서 깨끗하게 하시고 소유하신 독특한 백성이라는 구약 개념과 조우한다(출 19:5; 신 7:6; 14:2; 겔 37:23). 그 결과로 그리스도께서 지불하시고 사신 하나님의 참 이스라엘이 교회라는 개념이 등장한다.[256] 결론적으로 그리스도 사건에서 나오는 구원은 죄의 영역으로부터 벗어나는 것으로(여기서는 구약 모델을 좇아 "불법"에서 벗어남), 그리고 하나님의 독특한 백성의 형성으로 생각되고 있다. 환언하면, 구원은 이스라엘에게 주신 하나님의 약속들의 성취와 관련하여 생각된다.

동일한 구절에서 "구원받은" 생활은 "선한 일에 열심하는" 삶으로 긍정적으로 묘사된다. 이 표현은 그리스도께서 가져오신 구원에 관한

---

254) 14절의 헬라어 "루트루스따이"(lutrousthai)가 속전을 지불함으로 이룬 구속 개념을 뜻하는지에 대해서는 논란이 되어 왔다: (1) "그리스도께서 자신의 생명을 주심," Morris (1955), 35; Ridderbos (1975), 193, 196; Ladd (1974), 433; Procksch and Büchsel, *TDNT* 4: 350-51; 또는 (2) 그리스도의 죽음을 통해 이루어진 "죄로부터의 구원," Hill (1967), 70; Wengst (1972), 73. 예수의 전통적인 교훈이 (막 10:45 평행절) 구약의 약속들과 맞닿아 초대교회가 만든 이런 종류의 진술에서는, 속전 지불을 통한 구속 개념과 희생적 중보를 통해 죄로부터 구원이란 개념이 무의식적으로 결합되었을 수도 있다.

255) F. Hauck, *TDNT* 3: 425.

256) Ridderbos (1975), 337; Ellis (1957), 139.

진술 바로 뒤에 등장한다. 왜냐하면 "선한 일들"과 그것들을 추구하는 열심은 중생의 효과들이기 때문이다. 그러한 행위들은 참된 회심에 의존하고 있고, 하나님의 능력으로 가능해진 것이다.

요약한다면, 전통적인 신학 표현들에 깃들어 있는 얼마간의 측면들에 덧붙여서, 우리의 본문은 구원을 대체로 그것이 산출하는 삶의 전망에서 고려하고 있다. "근신함," "의로움," "경건함"과 같은 덕목들, 재림에 기대하는 소망, 그리고 선행(善行)에 대한 열심 등이 결합하여 이러한 새로운 삶의 방식을 특징짓는다. 물론 이 모든 것은 내면적으로 그리스도 사건과 그것이 성취한 죄로부터의 구속에 연결되어 있다.

(7) 디도서 3장 4-7절

이 마지막 전승 단편이 갖고 있는 네 절은 8절에 암시된 미쁜 말씀을 포함한다.[257] 이전 구절에서처럼, 저자는 얼마간의 자기 자신의 사상들과 어휘를 엮어 짰을 가능성이 있다. 디도서 2장 11-14절과 너무 가깝기 때문에, 우리의 본문도 바른 행위와 연관되어 있다는 것은 놀라운 일이 아니다. 교회 내의 신자들이 정부 당국자들을 존중할 것을 디도에게 상기시키는 교훈들은(3:1a) 재빨리 확장되어 모든 사람들을 향해 바른 행위를 하라는 권면을 포함한다(1b-2절). 이런 명령들을 위한 명분은 낡은 삶의 방식과(3절) 새로운 삶의 방식(4절 이하) 간의 의도된 대조에 주목함으로써 제시되는데, 저자는 이러한 새 생활이 역사적인 그리스도 사건을 통해 가능해졌다고 보고 있다.

---

257) 자세한 논증을 위해서는 Knight (1979), 85; cf. Brox, 310; Jeremias, 74.
258) Cf. Knight (1979), 109-111; Boismard (1956), 198-200.

2장 11-14절에서처럼, 우리의 본문 형태를 가장 근접하게 범주화한다면 우리는 그것을 "선포형식"(Verkündigungsformel)으로 간주할 수 있다. 3장 5절에 나오는 세례의식 언어, 3-8절에서 회심한 삶의 방식에 대한 강조점 등은 이 말씀이 세례 정황과 잘 맞을 수 있다는 것을 시사한다.[258] 하지만 이 전승 단편의 원래 정황과 목적이 어떤 방식으로든 평가될 수는 있지만, 그 구원론적인 내용은 분명하고, 저자의 신학적 관심이 어디에 있는지를 더 잘 이해할 수 있는 계기를 제공할 수도 있다.

① 그리스도 사건

그리스도 사건을 지칭하는 디도서의 다른 구절에서처럼, 우리의 본문에서도 그것은 구원사적 현상으로 묘사된다. 2장 11절에서처럼 여기서 '에피파네인'(epiphanein) 동사와 함께 사용된 신현 개념은 전에 감추어졌던 것이 역사의 한 지점에 나타난 것을 뜻한다. 이전 시대와 새 시대 사이의 대조는 그리스도의 이런 현현 개념에 기여한다: "전에는...때에"(3-4절). 그리스도 사건이 4절에서 직접적으로 지칭된다는 것은 특별히 6-7절에서 분명해지는데, 여기서 그리스도의 구원 사역은 "중생의 씻음과 성령의 새롭게 하심"에 연결된다. 그리스도 사건을 "은혜"(딛 2:11) 또는 "자비와 사람 사랑하심"(딛 3:4)의 현현으로 묘사하는 배경적 이유는 저자의 시종일관한 구원사적 접근을 통해 가장 잘 설명될 수 있다. 저자는 케류그마 진술들을 가지고 구원을 흔히 하나님께 궁극적으로 속한 것으로 묘사한다. 그것은 하나님의 영원 전 목적에 기원하고 있고(딛 1:2; 딤후 1:9-10) 그가 택한 때에 나타내셨다(딛 1:3; cf. 신적 수동태: 딤전 3:16; 딤후 1:10; 딛 2:11; 3:4). 그리스도 사건은 하나님의 "은혜"와 "자비와 사람 사랑하심"의 표현이지만, 각 구절에서 그리스도는 의도된 내용을 구성한다. 디도서 2장 11-14절과 3장 4-7절에서 '구원'(sozein) 그룹의 단어들은 구원이 신현의 목적이라는 사실을 뒷받침하고 있고(2:11; 3:4), 이 구원은 저자의 심중에서 그리스도 사건과 연계되어 있다.

"우리 구주 하나님의 자비와 사람 사랑하심"이란 형식은 통치자 제의의 주장들을 반박하려는 시도를 반영할 가능성이 있다. 왜냐하면 얼마간의 술어들이 통치자 제의에 공통적으로 발견되기 때문이다.[259] 하지만 우리는 "자비"(chrestotes)가 신약 다른 곳에서 바울이 하나님에 대해 사용했다는 것을 염두에 두어야 한다.[260] 사실 에베소서 2장 7절에서 하나님의 "자비"는 "그리스도 예수 안에서" 오는 것으로 정의되고 있고, 그의 은혜와도 밀접하게 연관되어 있다. 더욱이, 이 두 술어들은 제의적 정황보다는 보다 폭넓게 자주 결합되어 사용되었다.[261] 따라서 만일 모종의 "대화"가 3장 4절에 담긴 개념들을 통해 진행되고 있다면, 그것은 개념들 자체의 사용에서보다는 "나타남"과 "구원자"를 둘러싼 개념들의 다발에서 발견되어야 할 것이다. 그리고 어떤 경우이든 간에 신현의 분명한 기독교적 내용과 구원사적 강조점 등은 이교적 개념들을 도매금으로 채용했을 가능성을 분명하게 배제한다. 구원사를 염두에 둘 때, 저자는 두 술어를 사용하여 하나님에게서 기원된 그리스도 사건에 대한 자신의 이해를 보다 충분하게 표현하고 있다.

6절의 문구, "예수 그리스도를 통하여"란 진술은 특별히 그리스도의 역사적 현현을 성령 안에서의 새 생활을 실재 현실이 되게 만든 수단으로 묘사하고 있다. 그를 또한 "구원자"로 묘사한 것은 그의 성육

---

259) 이 부분에 대해서는 위에서 이미 논한 바 있다.
260) 롬 2:4; 11:22; 갈 5:22; 엡 2:7.
261) 관련 구절에 대해서는 Spicq, 651-52; Mott (1978), 36-39를 보라.

신, 죽음, 그리고 부활/올리심을 통해 집행된 하나님의 구원 계획에서 그리스도께서 담당한 역할을 소급하여 반영하고 있다. 의심할 여지도 없이, 디도서 3장 4-7절은 과거 역사에 성취된 그리스도 사건에 초점을 두고 있다. 저자는 현시대에서 경험하는 구원의 사실을 부각시키려고 이런 설명을 하고 있다.

② 구원 개념

이 구절에서 구원에 대한 관심은 하나님과 그리스도를 "구원자"(soter)로 묘사한 사실에서만 아니라(4, 6절), 5절에서 '구원하다'(sozein)는 동사를 사용한 데서도 분명하게 나타난다. 4-7절에서 묘사된 구원의 모습의 몇 가지 측면들은 이미 선행하는 구절들에서 관찰한 바가 있기 때문에, 여기서는 단지 그런 측면들을 나열할 필요만 있을 뿐이다. 하나님과 그리스도는 모두 구원 사역에서 능동적인 역할을 담당한다; 두 분은 모두 "구원자"로 불린다. 하나님은 구원 계획의 저자요 근원이며, 그리스도는 그것을 실행하는 효과적인 수단이다(dia). 아버지의 역할과 관련하여 신현 언어는 전에 감추어졌으나 지금은 계시된 구원의 성격을 뜻하고, 그것이 하나님의 뜻에 의존한다는 점을 함축한다(cf. 딤후 1:10; 딤전 2:3-4; 딛 1:3; 2:11). 구원은 명시적으로 과거 그리스도 사건과 연관지어지고, 부정과거 동사(esosen)가 시사하듯이(5절) 현재 경험하는 실재로 간주된다(cf. 딤후 1:9; 딤전 1:15; 딤후 2:11). 하지만 동시에 이 현재적 구원은 미완성된 것으로 생각된다. 왜냐하면 구원에 참여하는 일이 사람을 영생을 상속할 자로 세우지만, 유업은 아직 미래에 받을 선물로 남아있다: "영생의 소망을 따라"(7절; cf. 딤전 1:16; 4:8; 6:12; 딛 1:2).

구원의 두 측면들은 더 주목할 필요가 있다. 첫째로, 칭의의 교훈과 인간 노력에 대한 부정은(5,7절) 디모데후서 1장 9절과 평행을 이루기는 하지만 바울의 은혜 칭의론의 배경 하에서 이해되어야 한다. 둘째로, "중생의 씻음과 성령의 새롭게 하심을 통해....구원하셨다"(5절)는 표현과 그것이 세례에 대해 갖는 관계는 분명하게 밝혀야 한다.

대부분의 학자들은 5-7절의 칭의 교훈이 바울 사상에 의존한다는 점에 의견일치를 보고 있다. 우선, "우리의 행한 바 의로운 행위로 말미암지 아니하고"(5절)라는 문구는 바울적인 색채를 지녔다는 것이 분명하다.[262] 저자는 이 문구를 사용하여 칭의를 얻는데 있어서 인간의 노력이 필요하다는 주장을 무효화시키고 있다. 트럼머(Trummer)는 제안하기를, 부가적으로 이 행위를 "의로운" 것으로 묘사한 것은 행위 부정에 대한 언표를 두드러진 방식으로 급진화시킨 것이라 하였다;[263] 행위의 일반적인 가치만 아니라 "의로운 행위" 자체도 무효화되고 있다. 5절에 있는 "의로운 행위"가 본래 "율법의 행위"를 지칭하든지 않든지 간에, 행위 의를 지칭한다는 어떤 암시도 발견되지 않는다. 수식어 "의로운"의 의미는 아마도 하나님의 구원 계획에서 어떤 특정한 의로운 행위가 효과를 지닌다는 생각을 평가절하 하는 것일 것이다. 물론 여기서 의로운 행위라는 개념은 수사학적 성격을 지닐 수도 있다. 어떤 경우이든지 간에 인간적인 요소는 하나님의 구원을 얻는데 있어서 비효과적인 것으로 배제된다. 인간 노력 일반에 대한 부정은 다른 곳에 나타난 바울의 사상과 전적으로 일치한다. 물론 인간 노력의 배제라는 점은 역

---

262) Trummer (1978), 187; Hahn (1976), 96 n. 4; Brox, 307.
263) Trummer (1978), 187.

으로 구원이 전적으로 하나님의 자비에 긍휼에 의존한다는 것을 보여 준다: "그의 긍휼하심을 좇아"(5절; cf. 딤후 1:9).

7절에서 은혜 칭의에 대해 언급한 것과 그것이 "영생의 소망을 따라 후사"가 된 신분에 대해 갖는 관계는 바울 사상의 단편에 속한다고 할 수 있다(롬 3:24).[264] 바울서신에서 "영생" 또는 관련된 개념을 유업의 대상으로 간주하는 것은 흔한 일이다.[265] 바울서신에서처럼, 영생은 현재 경험되고 있는 구원의 마지막 목표로 간주된다.[266] "후사"(kleronomoi)의 신분도 또한 회심 과정에서 성령의 사역에 묶여있다. 구원은 성령의 부어주심에 관련되어 있고(5- 6절), "의롭다 하심을 얻은"(dikaiothentes) 것은 "구원하였다"(esosen)는 술어에 동반된 것이기 때문에, "후사"의 개념은 대체로 성령의 소유와 관련하여 정의된다. 성령과 유업의 이 관계는 바울서신에서도 분명하게 나타난다.

4-7절과 바울사상의 관계가 제기할 수 있는 다른 문제는 좀 더 면밀하게 검토하면 사라질 것이다. 구원(esosen, 5절)과 칭의(dikaiothentes, 7절)를 짧은 구절 안에 결합시킨 것은 문제가 되지 않는다. 왜냐하면 부정과거 분사는(dikaiothentes) 부정과거 주동사가(esosen) 묘사하는

---

264) 칭의와 후사 개념들 또한 롬 4:13f; 갈 3:6-29; 4:6-7; cf. 롬 8:17에서 결합되어 있다. Cf. Dunn (1970), 167.
265) "영생"은 마 19:29; 눅 18:18에서 유업의 대상이다 (cf. Dalman (1902), 156; J. Eichler, NIDNTT 2: 300). 관련된 다른 개념들도 또한 그리스도 안에 있는 것과 관계된 유업의 대상들로 발견된다 ("영광," 롬 8:17; 엡 1:18; "구원," 히 1:14; "은혜," 벧전 3:7; "복," 벧전 3:9) (cf. W. Foerster, TDNT 3: 783).
266) Cf. 롬 2:7; 5:21 (eis); 6:22 (to telos), 23; 갈 6:8.
268) Ridderbos (1975), 181.

동일한 행동을 약간 다른 전망에서 묘사하기 때문이다. 때때로 바울도 구원과 칭의를 거의 동일한 의미로 사용하는 것 같고(cf. 롬 10:10),[268] 다른 경우에도(cf. 1:16-17) 두 동사들은 서로 긴밀하게 결합되어 "하나님의 의"는 그리스도 안에서 주어진 구원을 얻기 위한 조건으로 이해된다. 이런 관계가 여기서 의도되었을 것이다. 간과해서는 안 될 것은 구원과 칭의가 모두 과거 그리스도 사건에 직접적으로 연결되는 한에서 과거 사건들로(부정과거 시제) 표현된다는 사실이다. 하지만, 구원/칭의의 개인적 경험보다 그것의 실재가 일차적으로 강조되는 것은 그리스도 사건과 맺고 있는 이러한 관계에 근거한다.[269] 그렇다면 요점은 예수 그리스도를 통해서 구원/칭의가 "우리" 모두에게 주어질 수 있게 되었고, 함축적으로나마 그것의 현재적 소유 내지 참여가 확인된다는 점이다. 비록 믿음의 필요성이 명시적으로 언급되지는 않지만, 그것은 믿음에 대한 직접적인 언급이 없는 바울서신의 유사한 구절에서처럼 배후에 전제되어 있는 것이 분명하다(롬 6:1-11; 고전 6:11; 12:13; 고후 1:21-22; 엡 5: 25-27; 골 1:13-14; 2:11-14).[270]

따라서 칭의 교리와 인간노력의 부정은 바울의 사상과 정확하게 일치한다. 하지만 한 가지 문제가 여전히 남아있는데, 그것은 구원이 과연 세례를 통해서 효력을 갖게 되는가 하는 문제이다. 이 질문에 긍정적으로 답변하는 대부분의 학자들은 목회서신의 저자가 "초기 가톨릭적"이며 성례전적인 구원 개념을 끌어들이거나 주장함으로써 바울 사상에서 벗어났다고 생각하였다. 다른 학자들은 다소간 세례를 염두에

---

269) Knight (1979), 86-92; Mounce (1981), 194; J.A.T. Robinson (1962), 158-75.
270) Cf. Beasley-Murray (1962), 213.

두고 있기는 하지만, 보통은 이미 발생한 내적 정결(즉 구원)을 확증하는 입문의식으로서만 생각한다. 5-6절을 좀 더 면밀하게 검토해보면 우리는 더 나은 대안들을 결정할 수 있다.

당분간 물세례를 지칭할 가능성에 대해서는 일단 제쳐두고 5절의 소유격 표현들 간의 관계를 결정할 필요가 있다. 구원 과정 속에서 두 행위들을 염두에 둔 것인지가 이러한 문법 관계에 걸려 있다.

> 우리를 구원하시되 우리의 행한 바 의로운 행위로 말미암지 아니하고 오직 그의 긍휼하심을 좇아 중생의 씻음과 성령의 새롭게 하심으로 하셨나니 (딛 3:5).

문장 구성에 있어서 두 가지 기본적인 문법 문제들이 제시되어 왔다. 첫째 견해는 "중생의 씻음"(loutrou palingenesias)과 "성령의 새롭게 하심"(anakainoseos pneumatos hagiou)을 '카이'(kai) 접속사에 의해 연결된 '디아'(dia) 전치사의 평행 목적어들로 해석한다.[271] 이 해석을 뒷받침하기 위해 세 가지 점들이 제시되었다. 첫째로, 이런 문장 배열은 5-7절의 시적 구조와 가장 잘 부합하는 것으로 주장되고 있다. 둘째로, 이런 종류의 문장 구성에서 두 번째 '디아'(dia) 전치사가 생략된 것은 저자의 문체에 특징적인 것으로 간주된다.[272] 마지막으로, "중생"과 "새롭게 하심"은 동의어가 아니고 단일 사건과 성령의 계속되는 작

---

271) White, 198; Mounce (1981), 186-91.
272) 이 견해는 본래 Turner (1963), 275에 근거한 것이었다.
273) Mounce (1981), 191. 그는 Chase (1909), 99에 등장하는 제안 위에서 이런 주장을 제시한다.

용을 각각 지칭한다. 후자는 바울이 "새롭게 하심"(anakainosis)을 계속되는 과정으로 보았다는 사실에서 증거를 발견하고자 한다 (cf. 롬 12:2; 고후 4:16; 골 3:10; 엡 4:23).[273] 결과적으로, 이 견해에 따르면, 5절은 "중생의 씻음"과 "성령의 새롭게 하심"을 조심스럽게 구분하는 셈이다.

두 번째 견해는 "중생"과 "새롭게 하심"이 "씻음으로"(dia loutrou)를 수식하는 것으로 해석하는 것인데, 이 경우에 "성령의"라는 소유격 표현은 아마도 "새롭게 하심"에만 연결되든지, 아니면 좀 더 가능성이 있는 견해로는 "씻음"(loutrou)에 연결시킴으로써 "중생"과 "새롭게 하심" 모두를 수식하게 된다.[274] 이렇게 되면 중생과 새롭게 하심은 단일한 구원 경험의 두 측면을 뜻하게 되고, 구원의 이 두 측면들은 모두 한 성령이 하시는 사역이 된다. 말하자면, 성령은 "중생"과 "새롭게 하심"을 가져오는 "씻음"의 작인(agent)으로 생각된다. 첫째로, "중생"과 "새롭게 하심"이란 두 사상들의 개념적 단일성을 제쳐두기는 어렵다. 하나의 '디아' 전치사를 통해서 두 문구를 함께 수식한다는 사실이 이 점을 뒷받침한다. 어떤 학자들은 이 전치사가 접속사 '그리고'(kai)에 의해 두 문구 또는 단어들을 수식할 때 두 번째 전치사를 생략하는 것이 저자의 전형적 특징이라고 주장할지 몰라도, 터너(Turner)는 "통일된 개념들 각각이 강조적 위치에 놓이는 곳에서 (전치사)를 반복하는 것이 더 일상적이다"[275]고 지적한다. 따라서 두 단어들 간의 밀접한 개

---

274) 대부분의 학자들의 견해: Dunn (1970), 165-70; Beasley-Murray (1962), 210-11; Lampe (1967), 59-60; Spicq, 652-54; Oepke, *TDNT* 4: 304; Knight (1979), 96-97.
275) N. Turner (1963), 275. '디아' 전치사가 두 소유격 표현들을 지배하면서도 반복될 수 있는데도 그렇지 않는 목회서신의 한 경우에 있어서 (딤전 4:5), 두 개념들은 분명히 구분이 된다.

념적 관계가 문제가 될 때, 우리는 두 단어들이 구분된다는 것을 확실하게 하기 위해서 두 번째 '디아' 전치사의 존재를 기대하게 된다.[276] 성령이 "중생"과 "새롭게 하심"을 수식한다는 것도 6절에서 성령의 부어주심을 지칭하는 구절을 통해 의심을 받고 있다. "부어주다" (Ekxein)는 동사는 오순절 성령의 부어주심을 반영하는 것이 거의 분명하며,[277] 현재의 구원사적 문맥에서는 성령을, "중생"과 "새롭게 하심"을 가져다준 씻음의 주체로 제시한다. "중생"과 "새롭게 하심"은 여전히 구원 과정의 약간 다른 측면들을 지칭한다고 주장할 수도 있는데, 이렇게 되면 전자는 처음 단계를, 후자는 지속적인 단계를 가리키게 된다. 하지만 본문의 요점은 둘 다 성령의 처음 선물과 연관된 것으로 보인다.[278] "새롭게 하심"이란 소유격 표현이 "씻음"을 수식하면 의미가 통하지 않는다는 지적에 대해서는[279] "성령의....씻음"이 우선 그림언어로 표현된 성령의 부어주심을 지칭한다고 말할 수도 있다. 이 경우에 "중생"과 "새롭게 하심"은 다중적 측면을 지닌 단일 결과를 나타낸다. 환언하면, '루트론' (loutron)이 "씻음"을 뜻하기는 하지만, 그것이 일차적으로 염두에 두고 있는 것은 성령의 "씻음"(즉 세례)이며, 이를 통해서 "중생"과 "새롭게 하심"이 생겨난다. '엑케인' (ekxein) 동사를 통해서 성령의 부어주심을 "물로 씻음"으로 시각화하는 후속되는 회화적인 묘사는 우리가 제안한 '루트론'과 성령의 관계를 뒷받침해 준다.[280]

---

276) Dunn (1970), 166; Lampe (1967), 59-60을 또한 보라.
277) Dunn (1970), 166을 또한 참조하라.
278) 옳게 본 학자로는 Dunn (1970), 166-68.
279) Mounce (1981), 190.
280) Dunn (1970), 168.

많은 학자들이 인정하듯이, 일련의 소유격 표현들은 좀 어색한 채로 남아 있다. 만일 "성령"이 "씻음"과 가깝게 연결되어 있다면 방금 전 제시한 설명은 더 강화될 수 있다. 비록 첫 번째 해석이 완전히 배제될 수는 없지만, 두 번째 해석이 문법적으로 더 나은 것 같고 성령세례/회심에 대한 강조점을 제대로 이해만 된다면 완전하게 이해할 만하다. 회심 과정에서 성령의 역할에 대한 이런 강조점이 바울서신에 나타난 성령 이해와 일치한다는 사실은 또한 주목할 만하다. 아마도 "성령의"란 소유격 표현은 성령의 부어주심에 관한 진술로 부드럽고도 강력한 이전을 용이하게 하기 위해서 끝까지 유지되었을 것이다(6절). 요약한다면, 던(Dunn)이 말한 대로, "바울이 5절에서 그리스도인이 되는 단일 사건을 가능한 한 풍요하고 완전하게 묘사하고 있는 것이 분명하다."[281] 그것은 성령의 사역의 관점에서 제시되고 있다.

지금까지 지연시켜 온 한 가지 문제, 즉 과연 물세례를 지칭하는가 하는 문제는 이제 지금 답변할 필요가 있다. 우리는 그러한 견해를 반대하는 부분적인 증거들을 제시해 왔지만, 부가적인 요소들을 여기에 덧붙여야만 한다. 정규적으로 학자들은 '씻음'(loutrou)이란 술어 속에서 물세례를 지칭하는 생생한 언어를 발견해 왔다. 결과적으로 목회서신의 저자가 물세례 의식이 회심 때 역할을 담당하는 것으로 보았다고

---

281) *Ibid.*
282) Dibelius and Conzelmann, 148; Schnackenburg (1964), 10-17; Beasley-Murray (1962), 210-16; Hahn (1976), 96-97; Luz (1976), 376-77; Trummer (1978), 186; Lips (1979), 92, 260-62.
283) 칠십인경에서 Cant 4:2; 6:6; Sir 34:25; 신약에서 엡 5:26. Cf. Oepke, *TDNT* 4:295-307; Dunn (1970), 168; J. A. Robinson (1903), 205-206.

생각되었다. 왜냐하면 '씻음'이 "중생과 새롭게 하심"에 밀접하게 연결되어 있기 때문이다.[282] 하지만 몇 몇 요소들은 '씻음'을 물세례보다는 "영적인 씻음"을 지칭하는 문구로 볼 것을 선호한다. 첫째로, 성경의 용법에서 '루트론'(loutron)은 항상 씻음의 행위를 지칭하지 씻는 용기를 가리키지 않는다.[283] 따라서 주된 관심은 씻음의 '사실'에 초점을 두고 있고, 문맥에 기초해서 그런 행위를 집행하는 수단을 해석하는 유연성을 허용하고 있다. 이교 신비제의들에서 '중생'이란 말이 사용되기도 하는데 이 경우에 그것은 "목욕"(bath)의 의미를 가졌다.[284] 하지만 와그너(Wagner)가 지적한 대로, 이러한 "목욕"은 중생과 연결되지 않고 있으며, 일반적으로 입문의식에 앞서 수행되는 정결의식을 지칭하였다.[285] 그러므로, '루트론'이란 말 자체에는 어떤 것도 물세례 의식을 지칭하거나 또는 이 의식과 회심/중생의 관계를 시사하고 있지 않다.

둘째로, 우리가 '루트루'(loutrou)와 '성령'(pneumatos hagiou)의 관계를 더 나은 문법적인 배열을 따라 관찰할 때, "중생"과 "새롭게 하심"은 모두 회심 과정에서 활동하시는 성령의 사역의 측면들로 이해되

---

284) Dey (1937), 특히 157-76; Dibelius and Conzelmann, 148-49; Schnackenburg (1964), 15; Dunn (1970), 168.
285) G. Wagner, *Pauline Baptism and the Pagan Mysteries*, London 1967, 259-60: "엘류시니안 '세례'는 .... 입문의식의 일부가 아니라 단지 그것을 준비하는 예비적인 정결의식이다.... 더구나, 엘류시안 입문의식은 중생의 경험을 중개하지 않는다." Cf. Schnackenburg (1964), 14.
286) 또한 Dunn (1970), 166-70.
287) Büchsel, *TDNT* 1: 688; cf. J. A. T. Robinson (1962), 171.

고, 오순절 사건은 구원사적인 참조점 역할을 한다.[286] 구원사적 문맥과 (3절) 이 술어의 다른 용례들이(마 19:28) 시사하듯이, "중생"은 종말론적으로 옛 시대로부터 새 시대로의 이전을 지칭한다;[287] 오순절 날 성령의 부어주심은 새 시대를 특징짓는 결정적인 의미를 갖게 된다(행 2:17ff.). 개인과 관련하여 중생은 성령의 사역으로서 그의 사역을 통해 사람은 새 시대에 들어가게 된다. "새롭게 하심"도 성령의 사역이며 직접적으로 새 시대에 참여하는 일과 연계되어 있다.[288]

"세례는 성령이 신자 안에서 창조적으로 일하시는 계기이기 때문에"[289] 우리의 본문에서 물세례를 염두에 두고 있다는 주장이 종종 제기되어 왔다. 하지만 6절에서 오순절 사건에 대한 분명한 암시와 그 경우에 성령의 부어주심(ekxein, 행 2:17, 18, 33)에 대한 언급 등은 오히려 "영적인 씻음"을 뒷받침하는 것으로 보인다. 또한 이미 지적한 것처럼 우리의 본문이 지닌 구원사적인 틀은 물세례를 지칭할 가능성을 반대한다. 왜냐하면 물세례 의식은 개인의 구원 참여에 초점을 두고 있지만, 우리의 본문은 집합적인 사태를 직접 주목하는 것으로 보이기 때문이다. 결과적으로 세례 또는 성례전적 회심이란 보다 극단적인 개념은 본문에 낯선 것으로 판단되어야 한다. 그리고 만일 물세례가 조금이라도 암시되고 있다면, 그런 암시는 우연적인 것으로 보이고(특별히 '세례'란 말이 결여되어 있다)[290], 이것조차도 입문의식이 성령께서 이미 앞서 성취하신 것을 증언하는 것으로 생각되는 한에서만 인정될 수 있을 뿐이다. 즉 물세례는 그리스도의 죽음에 함께 연합하여 결과적으로

---

288) Cf. J. Behm, *TDNT* 3: 452-53.
289) 예로 Beasley-Murray (1962), 211.
290) Guthrie (1981), 756.

새롭게 하시는 성령의 사역을 전제할 때만 의미를 지닌 의식이 된다.

우리는 이제 구원론적 강조점이 강한 우리의 본문에서 관찰한 여러 부분들을 함께 연결할 수 있다. 4-7절에서 묘사된 구원은 인간의 노력과 아무런 관계도 없이 오직 하나님의 긍휼(5절)과 은혜(7절)에만 기초하여 성립된 그리스도 사건에 의존해 있다. 하지만 비록 그리스도의 사역이 우리의 본문의 사상을 분명하게 뒷받침하고 있기는 하지만, 실제적인 구원 집행은 성령의 "씻음"을 통해 중생과 새롭게 하심을 이룰 때에 거의 전적으로 그의 사역의 관점에서만 이해되고 있다. 이것은 오순절 사건으로 소급하여 올라가고 적용된다; 약속하신 성령의 부어주심은 바로 이 시점에서 성취되었다. 이로써 신자는 회심할 때 세례를 받고 중생과 새롭게 하심을 가능케 하는 성령의 사역에 참여하게 된다. 환언하면, 구원은 칭의의 각도에서 이해되는데(7절), 칭의는 그것을 경험한 자들에게 영생의 상속자가 되게 만든다. 케뤼그마 구절에서, 그리고 목회서신 전체에서 처음으로 회심/구원에서 성령이 담당한 역할이 생생하게 강조된다. 어디에서도 바울사상과 모순 되는 점들은 전혀 발견되지 않는다.

요약하기

본 섹션을 시작하면서 우리는 목회서신의 저자가 자신의 구원론을 어떻게 발전시켰으며, 전승 형식이 과연, 어느 정도 한 주제를 전달하는지 등을 결정하려고 시작하였다. 우리는 저자의 구원 개념을 결론적으로 재구성하고자 한다. 우리는 이제 이런 질문들에 대해서 답변할 때가 되었다.

첫째로, 전승 형식들을 주석함으로써 우리는 반복되는 주제가 틀림없이 존재한다는 사실을 알게 되었다. 다양한 주제들과 동기들을 채용하는 각 구절들은 두 개의 서로 상관된 측면들에 집중되어 있다: (1) 역사적인 그리스도 사건과 (2) 그것과 연관된 구원 개념이 그것이다. 때로 구원의 개인적 수용의 측면보다(딤후 1:9-10; 2:8-13) 구원의 현실성에(딤전 1: 15-16; 2:5-6; 3:16; 딛 3:4-7), 그리고 한 경우에는 그것과 나란히 제시되는 그리스도의 미래 재림 사상에(딛 2:11-14) 더 많은 강조점이 두어지는 것으로 보인다. 하지만 구원은 이런 저런 형태로 시종일관하고도 내면적으로 그리스도의 역사적인 현현에 연관되어 있다. 따라서 주제는 내용에 근거하여 크게 확대되고, 각 전승 표현이 기여한 부분이 표명될 때 전체 서신에 걸쳐 이러한 주제가 깊숙이 스며있다는 분명한 사실은 그것이 저자의 신학에 중심 구조라는 것을 시사해준다. 더욱이, 이 주제가 표현되는 매개체로서 전통 형식과 미쁜 말씀들은 저자가 의식적으로 이런 주제를 끌어들이고 있고, 그의 청중이 그것을 주목하지 않을 수 없는 방식으로 그렇게 소개한다는 것을 시사함으로써 한층 더 우리의 관찰을 뒷받침해준다. 이 주제가 잘 알려진 신학 형식을 인용한 우발적인 결과가 아니라는 것은 목회서신의 보다 폭넓은 구절의 사상 내에서 각 전승 표현이 담당하는 통합적인 역할을 통해 발견될 수 있다.

둘째로, 시종일관한 구원 개념이 여기서 나타난다. 구원은 현재적 실재로 분명하게 간주된다. 이것은 구원이 그리스도의 과거 사역에 대해 가진 관계로부터 관찰될 수 있는데, 그리스도의 과거 사역은 논리적으로 그의 과거 성취의 문제요 인간의 공적이 아니기 때문에 구원이 현재 믿음을 통해서만 얻을 수 있다는 것을 함축한다. 구원의 현재적 조건을 묘사하기 위해서 정규적으로 과거 동사들을 사용한 것은 그 현재적 실재와 수용성에 놓인 초점을 날카롭게 부각시킨다. 그러나 구원은 신자에게 완성된 결과도 아니요 전적으로 과거 사건도 아니다; 도리어 그것은 현시대에서 부분적으로만 경험될 수 있는 새로운 존재 양식이며, 종말의 완성을 기다리고 있다(딤전 1:15-16; 4:16; 딤후 1:10; 2:11-12; 딛 2:11-14; 3:7). 이러한 새로운 존재는 영생의 현재적 소유로(딤후 1:10; 2:11, 여기서는 그리스도의 부활에 참여하는 일과 대등한 표현이다), 새로운 삶의 방식으로(딛 2:12), 죄의 영역에서 벗어나는 것으로(딛 2:14; cf. 3:6-7; 딤전 2:6; 1:12-16), 그리고 바울의 이신칭의의 술어로(딛 3:7; cf. 딤후 1: 9) 표현된다. 더욱이, 구원은 믿음으로 얻게 되고(딤전 1:16; 3:16; 4:10), 인간의 노력이 아니라 그리스도 안에 있는 하나님의 은혜로 결정된다(딤후 1:9; 딛 3:4-7). 그리고 저자의 구원론적 사상에 존재하는 보편성의 주제는 어떤 것이나 구원의 접근성에만 해당된다(딤전 2:3-6; 4:10; 딛 2:11). 결과적으로, 목회서신의 저자가 묘사한 구원은 "이미–아직"의 종말론적인 구도 안에 놓일 수 있다. 구원의 열매들은 지금 맛볼 수 있지만 오직 부분적으로만 그렇게 맛볼 뿐이다. 구원은 지금 얻을 수 있는 선물이며, 우리가 살핀 대로, 이 사실은 현세대가 묘사되는 방식을 채색한다. 현세대는 구원의 시대이며, 그 구원이 가능하게 만든 새로운 삶의 길이 열린 시대이다(특히 딛 2:11-12).

왜 자신의 메시지를 이런 주제를 따라 구성하고 있는지는 목회서신의 윤리적 구조가 검토된 후에야 충분하게 답변될 수 있지만, 이단의 위협에 대한 끊임없는 관심은 부분적인 이유를 제시해준다. 구원의 메시지를 "부인"하거나 그리스도의 사역을 중심점에서 제거하는 방식으로 그것을 왜곡하고 과도하게 "실현된" 종말론을 강조하는 것은 저자의 메시지 구성 방식에 영향을 미쳤을 것이 분명한데, 이런 이단 현상들은 그리스도 사건과 구원의 내면적 관계, 구원의 현재적 수용성과 보편적 접근성, 그리고 "이미-아직"의 구도 속에 놓인 구원의 바른 성격 등을 다양하게 부각시킴으로써 강력하게 답변되어지고 있음이 분명하다.

이제까지 관찰한 구원에서 잃어버린 연결고리가 하나 있는데, 그것은 과거 사건의 효과들이 어떻게 현시대에 중개되는가 하는 질문이다. 이 질문은 이제 곧 다음 섹션에서 다루게 될 것이다.

4. 메시지와 그 선포

목회서신의 "메시지"와 그것의 "선포"는 주로 우리가 앞서 살핀 그리스도 사건과 그 구원론적인 효과들에 초점이 맞추어져 있다. 왜냐하면 각 전통 형식은 케류그마 또는 복음에 대한 진술로 정의될 수 있기 때문이다. 그러나 그 정확한 연결점은 더 분명하게 탐구해야 할 필요가 있다. 이런 저런 방식으로 "메시지"와 그 선포를 지칭하는 상당히 다양한 술어들이 등장한다는 사실은 이 측면이 저자의 신학적 틀을 이해하는데 있어서 중요한 가치가 있다는 것을 시사해준다. 동시에 이 주제가 자체적으로 고려할 만한 가치가 있기도 해도, 그것을 정확하게 이해하기 위해서 그것이 현시대 중에서 구원의 중심주제와 맺고 있는 관계와 그것이 저자의 사상의 신학적 구조 속에서 담당하는 역할 등을 확립해야만 한다. 이 과제를 접근하는 우리의 방식은 세 단계로 이루어질 것이다. 첫째로, 우리는 관련된 술어들과 그들 사이의 구분을 살핌으로써 메시지와 그 선포를 검토하게 될 것이다. 둘째로, 전승의 개념도 평가될 것이다. 셋째로, 지금까지 나타난 중심주제와 관련하여 메시지 선포가 담당한 역할이 설명될 것이다.

술어와 구분들

내용에 관한 판단을 시도하기 전에 사도적 믿음을 지칭하는 두 범주의 술어들을 구별해낼 수 있다. 첫째로, 두 술어들은 기독교 신앙을 구성하는 객관적 데이터들의 전체 모습을 지칭하여 사용된다. 하나는 "믿음"(pistis)이고,[291] 다른 하나는 "진리"(aletheia)이다.[292] 객관적인 내용으로서 '교리'는 중심적 중요성을 지니고 있지만, 윤리적 패턴들도 포함된다. 둘째로, 나머지 술어들은 믿음의 객관적 내용에 대한 선포를 묘사한다: "가르침"(didaskalia),[293] "교훈"(didache),[294] "복음"(euangelion),[295] "선포"(kerygma),[296] "부탁한 것"(paratheke),[297] "증거"(marturion),[298] "말씀"(logos).[299] 이 술어들의 내용을 한번 살펴보면 잠정적으로 다음과 같이 구분할 수도 있다.

신약에서 '믿음'(pistis)의 용례는 시종일관하게 두 범주 가운데 하

---

291) 딤전 1:19; 3:9; 4:1,6; 5:8; 6:10,12,21; 딤후 3:8; 4:7; 딛 1:4(?),13; 2:2.
292) 딤전 2:4,7(?); 3:15; 4:3; 6:5; 딤후 2:15,18,25; 3:7,8; 4:4; 딛 1:1,14.
293) 딤전 1:10; 4:1,6,13,16; 5:17; 6:1,3; 딤후 3:10,16; 4:3; 딛 1:9; 2:1.
294) 딤후 4:2; 딛 1:9.
295) 딤전 1:11; 딤후 1:8,10; 2:8.
296) 딤후 4:17; 딛 1:3.
297) 딤전 6:20; 딤후 1:12, 14.
298) 딤후 1:8; 딤전 2:6 (?).
299) 딤전 4:5(?); 딤후 2:9; 4:2; 딛 1:3; 2:5.
300) Conzelmann (1969), 61-62, 171-73; Bultmann (1952-55), 1: 314-30; Schlatter (1927), passim.
301) 그리스도인 실존에 대한 저자의 개념과 연관하여 'pistis'의 용법에 대해서는 4장을 참조하라. 동사의 용법에 대해서는 딤전 1:16; 3:16; 딛 3:8; cf. 딤후 1:12을 보라.

나에 속한다. 그것은 신자와 예수 그리스도의 인격적인 관계와 관련하여 자주 등장한다.[300] 목회서신에서 이 용법은 분명히 존재하며, 특별히 '피스티스'가 그리스도인의 성품을 뜻하는 곳에서와 '피스튜에인' (pisteuein) 동사가 등장하는 곳에서 그렇다.[301] 그러나 '피스티스'가 메시지의 내용을 지칭하는 두 번째 범주의 용법은 아주 자주 등장하기 때문에 목회서신에서 더 눈에 띤다.[302] 이러한 용법이 후기 발전을 반영한다는 주장이 제기되어 왔지만,[303] 이 용법이 이미 바울의 초기 서신들 중에서도 존재한다는 사실을 기억해야 한다(cf. 갈 1:23).[304] 목회서신에서 이 두 번째 용법이 상대적으로 더 빈번하게 등장하는 현상은 간과되어서는 안 되겠지만, 이것이 단순히 후대의 경향이라기보다는 사도적 메시지와 그 선포에 대한 분명한 관심으로 인해 촉발되었을 가능성도 고려되어야 한다.[305] 어떤 경우이든 간에 우리의 관심을 끄는 것은 '피스티스'의 이 두 번째 용법이다.

두 실례들을 통해서 우리는 이 후자의 이 용법이 어떻게 저자의 사상에서 기능을 하는지 확인할 수 있다. 디모데전서 3장 9절에서 우리는 집사들이 갖추어야 할 자격의 하나로서 "믿음의 비밀"을 가져야 한다는 진술을 읽게 되는 한편, 4장 1절에서는 이단자들이 "믿음"에서 벗어난 자들로 묘사되고 있다. 이런 의미의 "믿음"은 분명히 정통 교리의 총합을 뜻하고, 후자의 경우에는 특별히 실천과의 분명한 연관성이 자명하게 나타난다.

---

302) Bultmann, TDNT 6: 213; Lips (1979), 29-53; Schlatter (1927), 406-417을 보라.
303) 이런 주장은 목회서신의 후기 저작설과도 연관되기도 한다. Cf. Lips (1979), 29; Conzelmann (1969), 296-99.
304) Bultmann, TDNT 6: 213.
306) Cf. Lips (1979), 31-39.

"진리"(aletheia)란 술어는 "믿음"과 밀접한 연관성을 갖고 있다. 그것 역시 좀 다른 전망에서 본 것이기는 하지만 "믿음"의 내용을 뜻한다.[306] 한편으로 이 두 술어들은 내용 면에서 대충 대등한 뜻을 갖고 있다. 만일 우리가 디모데전서 6장 21절과("믿음에서 벗어났다") 디모데후서 2장 18절의("진리에 관하여는 저희가 그릇되었도다") 평행 형식들을 재고한다면, 이 점은 분명해진다.[307] 바울서신과 목회서신에서 모두 '진리'는 사실 복음과 밀접한 연관성을 갖고 있다. 바울은 그리스도에 관한 메시지가 주제일 경우에 어떤 객관적이고 인지 가능한 사실을 지칭하여 '진리'란 말을 사용한다. 고린도후서 11장 10절과 6장 7절에서 '진리'는 메시지의 내용을 의미하는 한편 동시에 그것에 관한 질적인 주장을 하기도 한다(cf. 갈 2:5, 14). 목회서신은 이 술어를 아주 동일한 방식으로 채용한다. 교회는 "진리의 기둥과 터"인데(딤전 3:15), 진리는 3장 16절이 시사하듯이 복음 메시지에 상응한다. 이에 덧붙여 "진리"는 전달될 수 있고(딤후 2:15, 18) 알려지는(딤전 4:3) 어떤 것이다. 사실 "진리를 아는 것"은 회심을 지칭하는 형식어이다 (딤전 2:4; 딤후 2:25; 3:7; 딛 1:1; cf. 딤전 4:3). 그리고 디도서 1장 1절에서 "진리를 아는 것"은 내면적으로 복음 선포에 연계되어 있다. 따라서 "진리를 아는데 이르다"는 형식구는 "복음을 믿는다"는 것을 말하는 또 다른 방식이다.

'믿음'과 비교할 때, '진리'가 믿음의 객관적인 내용을 묘사하는 방식에 있어서 다른 점이 있다면, 그것은 내용을 지칭할 때 전자가 할 수 없는 질적인 주장을 후자가 할 수 있다는 사실에서 찾아질 수 있다. 그리고 거짓 교사들과 그들의 왜곡된 교리들이 직접적인 위협을 제기하

---

307) Cf. also 딤전 6:5과 딛 1:14을 딤전 4:1과 6:10과 비교해보라.
308) Cf. Lips (1979), 35-37.

던, 목회서신에 반영된 상황에서 사도의 교리를 지칭하는 "진리"는 불가피하게 논쟁적인 색깔을 띠게 된다.[308] 거짓 교사들이 그들의 교리체계를 지칭하기 위해 '지식'(gnosis)이란 술어를 주조하거나 채용했기 때문에(딤전 6:21), 저자는 반대로 "진리의 지식"과 같이 구원하는 참 하나님 지식을 말하게 된 것이다.

신앙의 "내용"(what)을 포괄적으로 지칭하는 두 술어들을 살폈기 때문에, 우리는 이제 선포의 관점에서 메시지를 묘사하는 몇 술어들을 검토하는 일에 착수할 필요가 있다. 이들 중에 가장 빈번하게 등장하는 술어는 "가르침"(didaskalia)이다. 선포를 지칭하는 대부분의 술어들과 같이, '가르침'은 전달하는 행위 자체를 가리키거나, 또는 전달되는 내용을 지칭할 수 있다. 그러나 대부분의 경우에 정규적으로 선포된 내용을 염두에 두고 있다. "바른 교훈"(hygiainousa didaskalia, 딤전 1:10; 딤후 4:3; 딛 1:9; 2:1)이란 문구에서 논쟁적인 논조가 발견된다. 그것은 거짓 교사들에 의해 전파된 그릇된 교리들과 대조적으로 정확하고 올바른 교훈을[309] 뜻한다. 디모데전서 1장 10절에서 "바른 교훈"은 온갖 유형의 패역한 행위와 대조를 이루며, "교훈"의 표준 또는 기준은 (kata) 내용 차원에서의 "복음"이다. 디모데후서 4장 3절에서 배교자들은 사도적 교리를 거부하고 신화들을 좇는 신자들로 묘사된다; "바른 교훈"은 이 경우에 "진리"와 평행을 이룬다(4절). 디도서 2장 1절에서 "교훈"의 내용에 대해서 더 많은 것을 배우게 된다: "오직 너는 바른 교훈에 합한 것을 말하여..." 이 구절이 시사하는 내용은 2장 1-15절 전체가 "바른 교훈"을 포함한다는 것이다. 이 메시지의 내용을 면밀하게 살펴

---

309) Dibelius and Conzelmann, 24-25; U. Luck, *TDNT* 8: 312.

보면 많은 내용이 윤리적이란 사실을 보여주지만, "교훈"의 이 윤리적 측면과 케류그마의 본질적 자료들은 분명하게 연결지어지고 있다 (11-14절). 몇 몇 다른 경우에서 "교훈" 자체는 거짓 교훈들과 대조를 이룬다(딤전 4:6; 6:1, 3; 딤후 3:10, 16).

독립적으로 사용되든 아니면 다른 형용사들과 함께(예, '선한') 사용되든 간에 "교훈"은 일반적으로 '믿음'과 '진리' 속에 이미 들어있는 동일한 교훈 체계를 지칭하는 것으로 보인다. 예를 든다면, "믿음에서 벗어나는 것"이 "귀신의 가르침"을 좇는 결과로 간주되는 디모데전서 4장 1절에서 사상의 전후관계를 살펴보면, '믿음'은 교훈의 총체적 내용을 가리킨다.[310] '믿음'은 '교훈'보다 확실히 좀 더 폭넓은 범주에 속하는 개념이지만, 그것은 후자를 포괄한다. "교훈"이 정규적으로 믿는 공동체를 향한 선포를 뜻한다는 것을 언급할 가치가 있다(딤전 4:13, 16; 5:17; 딛 2:7, 10). 디모데전서 5장 17절은 설교와 교훈이 서로 구별되는 증거를 제공해 줄 수도 있지만,[311] 내용상으로 엄격하게 구분하는 것은 더 확증하기 어렵다; 그리스도 안에 나타난 하나님의 은혜의 본질적 메시지는 둘 모두에게 중요한 역할을 담당하고, 바른 행위는 바른 교훈과 조심스럽게 연결된다(딤전 4:1-3; 딛 1:10-16; cf. 딤후 4:3f; 3:1ff). 베게나스트(Wegenast)가 말한 것처럼, "계속적으로 선포되는 복음과 이단을 대항해서 배우고 순수하게 지키고 변호해야 할 교리 사이에 어떤 긴장도 존재하지 않는다."[312] "설교"와 "교훈" 사이에 그을 수

---

310) Lips (1979), 30.
311) K. H. Rengstorf, TDNT 2: 162; McDonald (1980), 5, 135 n. 28을 참조하라.
312) K. Wegenast, NIDNTT 3: 771.

있는 유일한 구분은 청중이나 또는 목적의 구분일 것이다; 믿는 공동체를 향한 선포는 "교훈"이란 술어로 묘사된다.

여전히 논의해야 할 선포의 술어들은 구원을 산출하는 설교에 더 집중되어 있다. "복음"이 바로 이 시각 속에서 이해되는 것이 분명하다. 디모데전서 1장 11절에서 "영광의 복음"은 바울에게 맡겨진 메시지를 가리킨다. 그것은 "바른 교훈"의 표준이다(kata). 디모데후서 1장 8절과 10절 또한 복음을 바울에게 맡겨진 구원의 메시지로 묘사하고(11절), 아울러 또 다른 선포 술어인 "증거"는 이 메시지의 전달을 뜻한다. 마지막으로, 디모데후서 2장 8절에서 "바울의 복음"이 다시 언급되는데, 이번에는 구원과 밀접한 연관성 속에서 언급된다. '복음'이란 술어가 등장하는 각 경우와 관련하여 전통적인 케류그마 형식들이 전개되고 구원의 사실이 생생하게 강조된다.

디모데후서 1장 6-14절에서 '복음'과 밀접하게 연관된 술어는 "부탁한 것"(paratheke)이다 (12, 14절; cf. 딤전 6:20). 이 술어에서 초점은 메시지의 내용에 놓여 있지, 단순히 메시지 선포의 관점에 놓여 있는 것이 아니다. 오히려 여기서 주된 관심은 바울에게 맡겨진 "복음"을 후대에 보존하고 정확하게 전수하는 것에 있다. "부탁한 것"의 내용은 일반적으로 "복음"으로 묘사되지만, 좀 더 정확성을 기할 필요가 있기도 하다.

복음과 그 선포를 묘사하는 다음 술어는 '케류그마'(kerygma)이다. 이 술어는 여기서 다시 선포하는 행위를 가리키거나(딤후 4:17) 아

---

313) Cf. McDonald (1980), 1-2.

니면 선포의 내용을 가리킬 수 있다(딛 1:3).[313)] 하지만 이 두 구절의 경우에 '케류그마'는 불가분리적으로 바울에게 맡겨진 메시지와 연계되어 있다. '케류그마'의 복음전도적 의도는 메시지의 방향성(즉 이방인들에게)을 통해 확인된다(딤전 2:7; 딤후 4:17; cf. 딤전 3:16). 따라서 디도서 1장 3절이 함축하듯이, 케류그마의 내용은 그리스도 안에 나타난 하나님의 은혜를 선포하는 것이다(cf. 딤전 3:16).[314)] 메시지를 선포하는 출발점은 목회서신의 케류그마 구절들이 보여주듯이 다를 수 있다 (예를 들면, 하나님의 영원한 구원 계획, 성육신, 또는 죽음과 부활/올리심 등).[315)] 하지만 각 경우에 케류그마를 주도하는 내용은 그리스도 안에 나타난 하나님의 은혜의 중심 메시지이다.

몇몇 경우에 이런 저런 형태로 나타나는[316)] "말씀"(logos)은 복음 메시지를 뜻한다. 한 가지만 제외하고(딤후 4:2) 모든 경우들은 메시지의 근원이 하나님이시며, 각 경우에 그 선포의 목적은 구원에 있다는 것을 시사한다.

두 가지 점들 때문에 '복음', '증거', 그리고 '선포'는 한 특별한 범주에 속한다. 첫째로, 이들 단어가 등장하는 각 경우와 나란히 전통적인 케류그마 진술을 일상적으로 발견하게 된다: 디모데전서 1장 10절의 '복음'은 1장 15절의 것과 분리될 수 없는데, 디모데후서 2장 8절에서 그러한 연관성이 분명하게 나타난다. 디모데전서 2장 6절의 "증거"

---

314) *Ibid.* 129; cf. Lips (1979), 43-44.
315) McDonald (1980), 129을 참조하라.
316) "하나님의 말씀"(딤후 2:9; 딛 2:5); "그의 말씀"(딛 1:3); "말씀"(딤후 4:2).
317) Cf. Lips (1979), 44.

는 전통적인 진술로 끝을 맺고 있으며, 디모데후서 1장 8절 뒤에 곧바로 전통적인 진술이 뒤따른다. 그리고 디도서 1장 3절의 "선포"는 조심스럽게 형식화되지 않은 케류그마 자료와 연결되어 있다.[317] 이것은 저자가 이러한 선포와 연관시킨 자료 유형에 제한들을 가하고 있다는 것을 시사한다. 둘째로, 고난의 주제는 일반적으로 이들 술어와 묶여져 있다(특히 딤후 1:8, 12; 2:9-10; 4:17; cf. keryx, 딤후 1:11). 반면에 고난은 역으로 '교훈'이란 술어와는 명시적으로 연관되지 않는다. 이 마지막 관찰은 다른 청중을 전제한다고 할 수 있다.[318]

결론적으로 우리는 '복음,' '비밀,' '설교' 등이 뜻하는 선포는 그리스도 안에 있는 하나님의 은혜의 메시지를 지칭한다는 것과, 그 목적은 현시대 속에서 구원을 베푸는 데 있다는 것을 확인할 수 있다. 다른 한편, '교훈'은 신앙 공동체에게 주어지는 선포인 것으로 보인다. 윤리적 권면들은 흔히 이러한 선포에서 핵심적인 역할을 담당하지만, 메시지의 근거는 그리스도 사건에 속한 객관적이고 역사적인 내용이고, 이에 덧붙여 그리스도 안에 있는 하나님의 은혜를 개인적으로 수용하는 일과 연계된 실존적 측면들도 포함된다. 이러한 두 형태의 선포 내용이 지닌 상관성은 그것들 사이의 주된 차이점이 목적이나 청중의 차이에 있다는 것을 시사해준다. 목회서신에서 두 가지 모두 거짓 교사들에 의해 왜곡되는 위험에 빠져 있었고, 둘 다 목회서신의 메시지에서 중요한 역할을 담당한다. 신학의 구조 속에서 선포가 갖는 정확한 역할과 의의에 대해서 설명하는 일은 전승을 보존하는 일에 대한 연관된 관심을 고

---

318) Lips (1979), 43. 바울을 '선생'으로 지칭한 것은 (딤전 2:7; 딤후 1:11) 가르침의 내용보다는 그것의 활동에 더 주목하게 만든다.

려할 때까지 뒤로 미루어야만 한다.

전승을 보존하기: 파라떼케

우리는 이미 사도적 교훈을 보존하고 전파하려는 저자의 관심을 주목한 바 있다. 이러한 관심을 불러일으킨 것은 적어도 부분적으로는 거짓 교사들의 모순된 교리로 인해 제기된 위협 때문이었고, 사도 바울의 임박한 죽음에 대한 고려가 이에 덧붙여진다. 바른 교훈을 특징짓는데 사용된 술어들은, 그것들의 논쟁적인 가치를 제쳐두고라도, 저자 편에서 보면 교훈 또는 전승의 고정된 체계란 개념을 전제한다. 일반적으로 말해서, 이 개념은 후기 신약 저술에서야 비로소 표면화된 새로운 개념이 아니다. 그것은 꽤 일찍 등장하였고 바울서신에도 나타난다.[319] 바울서신에서 "전승"이란 기술적 언어가(paradosis, 고전 11:2; 갈 1:14; 살후 2:15; 3:6; paradidomi, 고전 11:2; paralambanein, 골 2:6)[320] 목회서신에서 아무런 역할을 담당하지 못한다는 것은 사실이다. 하지만 술어상의 차이점은 전승에 대한 변화된 관심 때문에 생겼을 수 있다. 목회서신의 관심은 전승을 안전하게 "전수하는"데 있다. "파라티떼미"(딤후 2:2) 동사는 '전수하는' 행위를 뜻한다면, "파라떼케"(paratheke)는 전수되는 자료 자체를 지칭한다.[321] 다른 유형의 동사들이 사용된 것도 관심의 차이에 상응한다. "붙잡다"(katexein, 고전 11:2), "지키다"(kratein, 살후 2:15), 그리고 "서다"(estekenai, 고전 15:1) 등의 동사들은

---

319) F. F. Bruce (1970), 29-38.
320) Cf. Gerhadsson (1961), 290; Bruce (1970), 36.
321) *Ibid*. 38; Roloff (1965), 245; Blum (1963), 56-57; Wegenast (1962), 143-50; C. Maurer, *TDNT* 8: 163-64; Seeberg (1903), 108-110을 참조하라.

전승에 관한 우리의 앞선 논의들에 특징적인 것이다. 각 술어는 전승에 대한 관심이 점차 분량이 많아지는 사도적 교리의 체계를 받아들이고 보존하는 것과 관계된다는 것을 시사하고 있다. 목회서신에서 "맡기다"(paratithesthai, 딤후 2:2; 딤전 1:18), "지키다"(phulassein, 딤전 6:20; 딤후 1:12, 14), 그리고 "지키다"(terein, 딤후 4:7) 등의 동사들은 이중적인 관심의 변화를 확인해준다: (1) 전승을 후대에 전수할 필요성과, (2) 그것을 거짓 교사들의 공격으로부터 안전하게 지킬 필요성이 예민하게 부각되었다.

"부탁한 것"(the deposit)을 지키고 전수한다는 개념은 신약에서 목회서신에 국한된 현상이기는 하지만, 그리스, 로마, 그리고 유대교 관습들 가운데 평행 표현들을 가지고 있다. 립스(Lips)가 지적한 대로, 이들 각 문화는 '파라떼케' 기구를 갖고 있어서 그것을 통해 어떤 전통이나 유산을 권위를 부여받은 대리자에게 위탁함으로써 한 편에서 다른 편으로 안전하게 전수될 수 있었다.[322] 헬라 세계에서 "부탁받은 것을 전수한다"(phulattein paratheke)는 것은 이러한 과정을 가리키는 기술적인 술어로 기능하였다.[323] 그리고 동일한 표현이 목회서신에서도 등장한다: "부탁한 것을 지키라"(ten paratheken phulaxon, 딤전 6:20); "의탁한 것을 지키실 줄을"(ten paratheken...phulaxai, 딤후 1:12); "부탁한 아름다운 것을 지키라"(ten kalen paratheken phulaxon, 딤후 1:14). 이런 동사 표현의 일치점은 목회서신에서 "파라떼케" 개념이 세속 기구에서 나온 것임을 시사해준다.[324] 저자는 교회가 받은 "파라떼

---

322) Lips (1979), 266-68; 또한 Wegenast (1962), 144-50; Roloff (1965), 245-47을 참조하라.
323) Lips (1979), 267; 또한 Roloff (1965), 246-47.
324) Lips (1979), 268; Roloff (1965), 247; Wegenast (1962), 148.

케"를 전수해야 할 긴박한 필요성에 직면하여 널리 알려진 세속적인 "파라떼케" 기구로부터 술어와 기본 원리들까지 넘겨받았을 가능성이 있다.

목회서신에서 "부탁한 것"(paratheke)의 정확한 내용과 그것이 바울에 대해 가진 관계는 다른 방식으로 설명되어 왔다. 술어들의 용례들을 검토해 보면 이 문제를 밝힐 수 있다. 우리의 출발점은 디모데후서 1장 8-14절인데, 여기서 '파라떼케'는 두 번 등장한다(12, 14절). 이 술어는 12절에서 처음 등장한다("나의 의탁한 것을 그 날까지 저가 능히 지키실 줄을 확신함이라"). 어떤 학자들은 그것이 "현재 원칙적으로 소유된 것이고 안전하게 지키기 위해 하나님께 맡겨진"[325] 바울 자신의 구원 또는 영생을 지칭한다고 제안하기도 하지만, 이런 저런 형태의 복음 메시지를 지칭한다고 보는 것이 훨씬 더 가능성이 많다. 왜냐하면 이 술어가 등장하는 나머지 두 번의 경우는 의심할 여지도 없이 사도적 메시지를 지칭하기 때문이다.[326] 그리고 12절과 14절의 '파라떼케' 사이를 구분할 이유는 없다; 이 구절에서 포괄적인 주제는 "복음"(8절, 10-12절), 즉 바울에게 맡겨졌고(11절; cf. 딤전 1:11; 2:7; 딛 1:3) 그가 위해서

---

325) Hendriksen, 235.
326) 딤전 6:20에서 그것은 "거짓되이 일컫는 지식의 망령되고 허탄한 말과 변론"과 대조를 이룬다. 비슷하게, 딤후 1:13-14에서 '파라떼케'가 "네게 들은 바 바른 말"과 평행을 이룬다는 것은 사도적 메시지를 염두에 두고 있음을 보여준다.
327) "바른 말씀"은 사도적 믿음을 가리킨다 (13절); 2:2에서 다시 동일한 메시지를 염두에 두고 있다. Cf. Roloff (1965), 245; Blum (1963), 56; Wegenast (1962), 143, 157.
328) 약간 변형된 형태의 견해로는, Seeberg (1903), 108-110; Roloff (1965), 245; Lohfink (1977), 96-97; Stuhlmacher (1968), 181; Lips (1979), 49-50; Kelly, 166.
329) Wegenast (1962), 150; Blum (1963), 56-57; Bruce (1970), 29; Brox, 221, 235-36; Jeremias, 41-42.

고난을 받았던 메시지(12절; cf. 8절; 2:9; 4:17)이다.[327] 일단 이 점이 해결되면 '파라떼케'의 정확한 내용이 무엇인가 하는 문제가 남는다: 그것은 그리스도 사건에 속한 본질적인 내용(즉 복음),[328] 또는 기독교 전체를[329] 가리킨다.

어떤 학자들은 후자를 선호하기는 하지만, 이 술어는 좀 더 좁은 의미로 "복음"을 지칭하는 것으로 보인다. 바울의 전승은 분명히 "나의 의탁한 것"(딤후 1:12), "나의 복음"(딤후 2:8), 그리고 "나의 교훈"(딤후 3:10)으로 다양하게 묘사될 수 있다. 하지만 이것은 다른 문구들이 내용이나 목적과 관련하여 동등한 표현이라는 것을 보장해주지는 못한다. 우리는 이미 '복음'과 '교훈' 사이에 모종의 차이점들이 존재한다는 사실을 주목한 바 있다. 그러나 또한 주목할 만한 것은 '파라떼케'가 결코 '교훈'과 관계되어 발견되지 않는 반면, 그것은 '복음'과는 분명하게 연계된다는 사실이다.[330] 디모데후서 2장 8-14절에서 저자의 논지는 바울에게 위탁된 복음으로부터('복음,' 10-11절) '파라떼케'로 손쉽게 넘어가기 때문에, 후자가 적어도 전자와 대충 대등한 표현이라는 것이 거의 확실하다. 따라서 '복음'처럼 '파라떼케'도 본질적으로 그리스도 안에 있는 하나님의 은혜의 메시지를 지칭하고 있고, 죄인들의 구원을 그 일차적인 목적으로 삼고 있다.

그러나 '파라떼케'와 '복음'의 관계, 그리고 '파라떼케'의 내용을 한층 더 명료화하는 작업이 디모데후서 1장 12-14절에서 추론될 수 있다. "내게 들은 바 바른 말을 본받아 지키는"(13절) 것은 "네게 부탁한

---

330) Cf. Lips (1979), 49.

아름다운 것을 지키는"(14절) 것과 평행되는 표현이다. 그리고 12절의 "나의 의탁한 것"은 "내게 들은 바 바른 말"(13절)을 지시한다. 두 문구에서 "가지라"(exe)는 동사는 "지키라"(phulaxon)는 동사와 조화를 이루고, "바른 말을 본받는 것"은 "부탁한 아름다운 것"과 상응하는 표현이다. 만일 이런 평행구가 조작된 것이 아니라면, "본받아"(hypotuposin)란 말의 의미는 '파라떼케'의 의미를 좀 더 가깝게 알려 준다고 할 수 있다. 리(Lee)가 바르게 주장한 것처럼, "본받음"(hypotuposis)은 "진전된 사역의 근거로서 요약된 형태라는 특별한 사상"을 함축한다; 그것은 예술가가 최종적인 형태로 채워넣는 스케치, 또는 유추적인 표현을 사용한다면, 기록된 자료의 보다 충분한 본론의 개요이다.[331] 이러한 개요로부터 '파라떼케'는 바울 복음의 개괄적 형태를 나타내는데, 그것은 목회서신 전체에 걸쳐 등장하는 다양한 전승 단편들을 통해 적절하게 표현된다. '파라떼케'는 확실히 복음의 핵심 또는 기본 자료, 그리스도 사건에 속한 근본적인 내용으로 구성된다고 생각되었다. 거짓 교사들의 공격에 대비하여 지켜야 하고 후대에 전수해야 할 것은 바로 이 자료였다.

바울과 '파라떼케'의 관계는 목회서신에서 분명하게 표현된다. 그는 "부탁한 것"의 지키는 자로 간주된다. 그러나 그가 메시지의 "시작자"로 생각되었다고 결론지을 수는 없다. "나의 의탁한 것"이란 문구에서(딤후 1:12) 소유격 대명사 "나의"는 저자의 소유격이 아니다.[332] 왜냐하면 목회서신은 메시지가 그에게 위탁되었으며(딤전 1:11; 딛

---

331) E. K. Lee, "Words Denoting 'Pattern' in the New Testament," NTS 8 (1961), 171-72; cf. Lips (1979), 50.
332) Contra Wegenast (1962), 142.
333) Cf. Roloff (1965), 248; Wegenast (1962), 157. 이들도 이 점을 인정한다.

1:3), 그는 그것을 전파하라고 임명되었다는 것을(딤전 2:7; 딤후 1:11; cf. 갈 1장) 선포하기 때문이다.[333]

저자의 메시지에서 '파라떼케' 개념이 가진 의의도 또한 다르게 해석되어 왔다. 목회서신의 바울 저작권을 인정하지 않는(말하자면 A.D. 100년이나 그 이후에 저술된 익명의 서신이라고 생각하는) 학자들에게는 "파라떼케"를 지칭하는 언급은 바울 복음을 모든 기독교 선포의 개요로 확립하려는 시도를 나타내거나,[334] 아니면 목회서신 당대의 선포가 전수된 바울 자신의 복음의 발전된 내용이라는 후대 교회의 신앙을 드러내줄 뿐이다.[335] 하지만 목회서신에 반영된 상황 자체는 그렇게 복잡한 성격을 지니지 않는다. 일차적으로 두 지역적인 요소들이 결합하여 근본적인 복음 메시지를 충성된 자들에게 잘 전수할 필요가 있다는 이슈를 강화시키고 있다. 첫째로, 거짓 교사들과 그들의 왜곡된 교리의 존재는 사도적 메시지의 안전성을 위협하였다. 둘째로, 특별히 디모데후서에서 바울은 자신의 임박한 죽음을 대비하여 디모데와 교회를 준비시키는데 관심을 가진 것이 분명하다. 이것은 사도들의 퇴장이 다음 세대들을 준비하도록 만듦으로 복음 선포 사역의 지속을 확실하게 보장하게 하려고 했다는 것을 시사한다. 이렇게 하기 위해서 본질적인 메시지를 성실하게 전수하도록 모종의 조치를 취해야 했고, 이단들의 등장은 이런 필요를 한층 더 시급하게 만들었다. 하지만 이러한 필요의 시급성, 저자가 메시지와 그 선포에 대해 가진 분명한 관심 등은 하나님의 구원 계획과 관련하여 복음 전파의 위치가 분명하게 드러날 때만 제대로 평가될 수 있다. 이제 우리는 이 문제에 주목하고자 한다.

---

334) Lips (1979), 50; cf. Lee (1961), 172.
335) Roloff (1965), 255-56; Schlier (1956), 140-144.

선포의 역할

우리가 이미 살핀 것처럼, 구원이 지금 경험되는 현재적 실재라는 신앙은 저자의 메시지에 중심적이다. 각 전승 형식들은 이 점을 뒷받침해주면서도 또한 구원을 역사적인 그리스도 사건에 튼튼하게 묶어놓는다. 이런 전승 형식들에 담겨있는 자료들이 복음의 내용과 일치한다는 것도 또한 분명하다(딤전 2:5-7; 3:15-16; 딤후 1:8-11; 2:8). 지금까지 이미 확인한 사실 하나가 있는데, 그것은 목회서신의 저자가 복음 설교를 구원을 중개하는 수단으로 간주하고 있고, 또한 이 구원은 과거 그리스도 사건 속에서 주어질 수 있게 되었다는 사실이다. 이제 우리는 이 점을 분명하게 확립할 필요가 있다.

우선 선포와 구원이 갖고 있는 이러한 관계는 디모데후서 1장 8-14절에서 분명하게 나타난다. 여기서 저자의 권면의 목적은 디모데에게 복음을 전하라고 격려하는 것이다(8절). 이렇게 해야 할 명분이 있다면 9-10절에서 이미 충분히 논증된 바처럼 복음 선포가 구원하는 하나님의 능력이 된다는 사실이다. 하지만 10절의 마지막 문구, "복음을 통하여"란 표현 속에서 구원이 복음 선포로 말미암아 수여된다는 사실이 나타나고, 11절은 바울이 전도자로 임명을 받은 것도 바로 이를 위한 것이라고 진술함으로써 이 점을 부각시킨다.

동일한 요점이 디모데후서 2장 1-13절에서 마찬가지로 분명하게 표현된다. 이 경우에 디모데는 우선 자신의 (전도) 사역을 계속할 것을 부탁 받는다. 8절은 바울 복음의 내용을 구성하는 그리스도 사건에 주목한다. 그런 후에 9-10절은 "택하신 자들"이 구원을 얻을 수 있는 것도

(고난과 참음을 포함해서) 그의 선포 사역을 통한 것이라는 점을 설명한다. 미쁜 말씀은(11-13절) 구원의 현재적 실재를 선언하고 그것을 과거에 있었던 역사적인 그리스도 현현에다 단단하게 묶어둔다.

디도서 1장 2-3절은 덜 형식화된 케류그마 구절을 담고 있는데, 선포와 구원 사이의 동일한 관계를 나타내준다. 더욱이, 이 구절의 내용을 면밀하게 검토해 보면 그 주제가 전승 단편들의 것과 평행을 이룬다는 것을 나타내준다. 2-3절은 디도에게 보내는 서두 인사말의 일부를 구성하는데(1-4절), 여기서 "하나님의 종"이요 그리스도 예수의 "사도"인 (1절) 바울은 사도로 부르심을 받은 자신의 소명의 성격을 해설한다. 평행을 이루는 세 전치사 구들이 이 점을 확증해준다. 처음 두 전치사 구는 "하나님의 택하신 자들의 믿음을 좇아(kata)"란 문구와 "진리의 지식을 (좇아)"란 문구인데, 이들 문구는 사도 바울 자신의 "믿음"과 "진리에 대한 지식"을 지칭할 수도 있지만,[336] 그의 부르심의 목적 또는 목표를 뜻할 가능성이 더 많다.[337] "진리의 지식"은 회심을 지칭하지만, "경건함에 속한"(kat' eusebeian)이란 문구가 표현해주는 그러한 경험의 표준은 진정으로 변화된 삶의 스타일이다. 세 번째 전치사 구는 "영생의 소망을 인하여(epi)"란 문구인데(2절상), 이것은 전치사의 변경으로 인해 처음 두 문구와 좀 구별된다. 그것은 바울의 선포 사역의 기초 또는 근거, 즉 하나님의 구원 행위의 궁극적 이유를 묘사해준다 (2-3절 참조).
이 점에서 두 평행되는 진술들은 하나님께서 영원 전에 영생을 약속

---

336) Lock, 125. 적어도 "진리의 지식"과 관련하여 이런 주장을 펼친다.
337) BAG (407)은 "for the purpose of"란 뜻을 제안한다. 또한 Moule (1959), 59; BDF 120 para. 224를 참조하라.

하시고 그것을 역사 속에서 실현하신 사실을 소개해준다: "이 영생은 거짓이 없으신 하나님이 영원한 때 전부터 약속하신 것인데 자기 때에 자기의 말씀을 전도로 나타내셨으니"(딛 1:2-3). 이 구절은 디모데후서 1장 9-10절의 사상과 거의 동일하다. 두 진술 간의 평행 구조와 디모데후서 1장 9-10절에 있는 시대전환 도식과의 접촉점 등을 주목할 때 디도서 1장 2-3절에 나타난 선포와 구원의 관계는 손쉽게 식별해낼 수 있다. 디모데후서 1장 9-10절은 하나님께서 영원한 때 전에 "주신" 것을 그가 지금 나타내셨다고 선포한다. 그러나 "지금"의 시대는 두 측면들로 구분된다: (1) 과거 그리스도 사건을 역사적인 현현 시점으로 분명하게 지칭하고 있고, (2) 과거 역사적 현현의 결과들을 현재까지 확대하는 복음 선포가 분명하게 지칭되고 있다.

디도서 1장 2-3절의 유사한 구조는 그 부분들을 재배치함으로써 명료화할 수 있다:

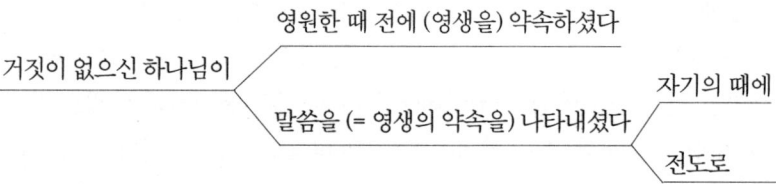

두 가지 점들 논평할 필요가 있다. 첫째로, 상기 구절의 구조는 "말씀"이 하나님께서 영원 전에 하신 약속을(즉 "로고스"이신 그리스도나

---
338) Contra Walder (1923), 310-15.
339) 이것은 Dibelius and Conzelmann, 131의 견해인 것으로 보인다.

[338] 또는 복음 설교보다는[339] 영생을) 지칭한다는 점을 강하게 시사하고 있다. 둘째로, 약속을 실현하는 시점인 "자기 때"(kairois idiois)도 역시 두 측면으로 구분된다. "자기 때"는 하나님께서 정하신 그리스도의 지상 현현 사건을 묘사하는데, 이것은 (1) 목회서신 다른 곳에서 그리스도를 지칭하여 이 술어가 사용된다는 점(딤전 2:6; 6:15), (2) 하나님이 동사의 주어일 때는 흔히 기술적으로 성육신을 묘사하는 '나타내다'(phaneroun) 동사가 등장한다는 점(cf. 딤전 3:16; 딤후 1:10), (3) 디모데후서 1장 9-10절의 주제와 평행을 이룬다는 점, 그리고 (4) 바울이 하나님의 구원 약속의 성취를 그리스도 사건에다 위치시키는 경향 등을 (롬 5:6; 갈 4:4; 엡 1:10) 통해 시사된다.[340] 그러나 이 특정한 "지금"(now)은 "전도로"란 문구를 통해서 바울 자신의 현재에까지 확대되는데, 이것은 디모데후서 1장 10절에서 "복음으로써"란 문구를 통해서도 시사된다.

따라서 전승 형식들에서처럼 디도서 1장 2-3절에서도 그리스도 사건은 구속의 중심 시점을 제공해줄 뿐만 아니라 하나님의 구원 계획에서 복음 선포의 역할이 공개적으로 드러난다. 사실 사도직을 묘사하려는 관심에 발맞추어 선포의 역할도 이 구절을 주도한다. 그리스도의 지상 출현으로 성취된 것은 (즉 구원과 영생의 소개) 현재 선포된 메시지를 통해 중개된다.

디모데전서에 등장하는 전통적인 구절들은 구원 계획 속에서 복음 선포의 결정적인 역할을 확증해준다. 그리스도 찬송시의 4행은(3:16)

---

340) Kelly, 228.
341) Cf. Wegenast (1962), 157 n. 1.

그리스도의 역사적 출현의 구원론적 결과들이 선포를 통해서 세상에 전달되었다는 것을(5행) 논증해준다.[341] 이 선포가 "믿어졌다"(5행)는 것은 구원의 실재를 전제한다. 과거사건, 구원, 그리고 선포 사이의 동일한 관계는 하나님의 구원 의지는 선포되고 실증되었으며(3-5b절), 수단들도 설명된다(5c-6절). 그런 뒤에 바울이 바로 이런 "증거"의 선포를 위해 임명되었다는 사실이 분명하게 진술되는데, 그의 이러한 증거는 하나님께서 그리스도 안에서 세상에, 특히 이방인들에게 주신 것이다(7절). 이 구절이 함축하는 것은 구원이 복음 선포의 과정을 통해 중개된다는 것이다. 마지막으로, 1장 11-16절에서 바울의 복음 전도 사역은 구원을 세상에 중개하는 일과 함축적으로 연계된다. 바울은 메시지를 위임받아(11절) 봉사해야만 하며(12절), 그 자신의 회심은 하나님께서 복음 선포를 통해서 계속 성취하고자 하시는 것의 본보기 또는 스케치 역할을 한다.

저자가 보기에 복음 선포는 과거 그리스도 사건과 그 효과들, 그리고 후속되는 교회 시대에서의 구원 실현 사이를 연결짓는 결정적 연결점인 것이 분명하다. 초기 서신에서 바울은 선포를 정확하게 동일한 방식으로 파악한 사실이 주목할 만하다(고후 5:18ff; 롬 10:9, 14-15; 고전 1:21ff). 하나님의 구원 행위는 따라서 두 부분으로 집행된다: 하나는 역사 속에서 있었던 실재의 그리스도 사건이요, 다른 하나는 복음 선포를 통해서 그것을 집행하는 것이다. 이 두 가지 부분은 구원이 발생하는데 필요하다. 저자는 동일한 종류의 이 과정이 신앙 공동체 안에서 이미 존재하는 구원을 증진하고 부양하는 데도 효과가 있다고 생각한 것으로 보인다(딛 2:1-3:8).

5. 교회와 그 사명

본장의 서론에서 지적한 것처럼, 이 시점에서 교회론에 대한 우리의 관심은 교회 직책들의 숫자와 기능들에 대한 문제에까지 확대되지 않는다. 우리의 직접적인 목적을 위해서 이 문제는 다음 장에서 다루는 것이 더 나을 것이다. 그렇다면 현재 우리의 목표는 저자가 현시대 속에서 경험되는 구원이라는 그의 중심 주제와 관련하여 어떻게 교회를 파악하고 있었는가를 결정하는 일이다. 이 목표를 성취하기 위해서 우리는 우선 저자가 교회를 묘사하는 다양한 방식들을 검토할 것이다. 둘째로, 우리는 하나님의 구원 계획 속에서 교회가 담당한 역할의 성격을 탐구하게 될 것이다.

교회에 대한 묘사들

저자가 교회를 묘사하는 방식을 탐구하려면 두 구절들이 특히 중요하다(딤전 3:15; 딤후 2:19-21). 첫째 구절은(딤전 3:14-16) 회중 공동체 안에서 행위와 질서에 관한 논의들을 자연스럽게 보충하는 내용이다(2:1-3:13).[342] 여기서 세 가지 개념들이 결합하여 충분하고도 다양한 교회 모습을 만들어낸다: "교회"(ekklesia), "하나님의 집"(oikos theou),

---

342) 연결점은 14절 서두를 통해 확인 된다: "이것을 네게 쓰는 것은." "이것"(tauta)이 지칭하는 대상은 서신 전체보다는 2:1-3:13을 가리킬 가능성이 더 높다; 1:18에서 "내가 네게 이 경계로써 명하노니"라는 문구는 2:1 이전의 어떤 내용도 배제시키는 것 같고, 반면에 4:1-5을 지칭하여 "네가 이것으로 형제를 깨우치면"이란 문구는 다른 쪽 끝에 있는 섹션을 효과적으로 끝맺는다. Cf. Lips (1979), 95와 n. 4. 여기서 그는 비슷한 지적을 한다.

"진리의 기둥과 터"(stulos kai edraioma tes aletheias). 두 번째 구절에서 교회에 관한 논의는 주로 이단과 그것이 공동체 내에서 미친 파괴적인 영향에 대한 주변 문맥의 관심의 결과로 대두된다. 여기서도 세 가지 개념들이 결합하여 좀 다른 관점이긴 하지만 교회의 모습을 묘사한다: "하나님의 견고한 터"(ho stereos themelios tou theou), "자기 백성"(tous ontas autou) (cf. 딛 2:14, "친백성"(laos periousios)), "큰 집"(megale oikia). 이제 각 표현을 별도로 검토하는 것이 도움이 될 것이다.

① 교회(ekklesia)

목회서신에서 이 술어는 오직 디모데전서에서만 등장하는데, "하나님의 교회"란 표현으로 2회 나타나고(3:5, 15), 단순히 "교회"란 독립적인 표현으로 한번 나타난다(5:16). 바울서신에서처럼[343] 이 두 표현들은 교회를 하나님의 백성으로 묘사한다.[344] 신약의 '교회' 용법이 어떻게 직접적으로 구약의 '하나님 백성' 개념들을 재현하게 되었는지는 논란이 되어 왔다.[345] 그러나 비록 '에클레시아'가 "참 이스라엘"의 정체

---

343) "하나님의 교회"(고전 10:32; 11:22; 15:9; 갈 1:13); 독립적인 용법은 더 흔하다.
344) Ridderbos (1975), 328; Schnackenburg (1974), 77-85; Ladd (1974), 109-110, 536-37; Conzelmann (1969), 35-36; Schmidt, *TDNT* 3: 507, 530-31; Marshall (1973), 363; Klaiber (1982), 11-21.
345) '하나님의 백성'이란 구약 개념은 이 술어의 칠십인경 용법을 통해 전달되었다. Ridderbos, Ladd, Conzelmann 등의 학자들은 구약의 '에클레시아' 용례의 신학적 내용이 신약 교회에 의해 주장됨으로써 이스라엘과 교회 사이의 연결이 직접 이어졌다고 주장한다. 이들에 따르면, 교회는 "참 이스라엘"을 나타낸다. 이런 견해에 반대하는 학자로는 Schrage (1963), 178-202; Cambell (1948), 130-42; Klaiber (1982), 20-21을 참조하라.
346) Marshall (1973), 359-64, 특히 363.

성을 구약에서 교회로 이전하려고 의도한 분명한 술어는 아닐지라도, 이런 효과는 암시적으로 여러 방식으로 성취된다. 이런 식의 동일시는 여러 다른 방식으로 표현되고 있어서 '에클레시아'는 신약 용법에서 새로운 신학적 내용을 발전시키기는 하지만 그 확대된 용법을 통해 처음에는 의식적으로 의도되지 않았던 개념들, 즉 "참 이스라엘"이나 "몸"과 같은 개념들을 전달해주게 되었다.[346] 그의 백성을 "불러내고" 형성하는 데서 나타난 하나님의 구속 행위는 자연히 구약과 신약에서 "하나님의 백성"이란 개념 저변에 놓이게 되었고, 일차적으로 후자의 경우에는 그리스도의 사역을 염두에 두게 되었다.[347] 따라서 목회서신에서 (하나님의) 에클레시아는 교회를, 그의 구속 행위에 기초하여 불러내어 형성된 하나님의 백성으로 묘사하고 있고, 참 또는 새 이스라엘이란 개념은 적어도 암시적으로 연관되어 있다(cf. 딛 2:14).

'에클레시아'란 술어가 등장하는 각 구절에서 그것이 과연 지역 교회나 또는 보편 교회를 가리키는가 하는 문제가 남아 있다. 그리고 동일한 질문이 바울의 주요 서신과 관련해서도 제기된다.[348] 세 구절들 중 두 구절은 일차적으로 지역 신앙공동체를 염두에 두고 있다. 왜냐하면 3장 5절에서 '에클레시아'는 감독의 특정한 자격들과 연관하여, 그리고 감독의 가정과 유비되어 등장하는 반면, 5장 16절에서는 그것이 과부의 친척들에게 그녀를 돌보라는 교훈 중간에서 발견되기 때문이다.

---

347) 고전 3:11; 엡 2:20; 4:4-6; 벧전 2:4-8을 참조하라. Cf. Ridderbos (1975), 327; Ladd (1974), 538-39; Munck (1959), 271-75.
348) Cf. Ridderbos (1975), 328-30; Coenen, NIDNTT 1: 298-303; Campbell (1948), 130-42에 있는 논의들.
349) Ridderbos (1975), 330; Bultmann (1952-55), 1: 94.
350) 또한 Lock, 43; Kelly, 87; Lips (1979), 96을 참조하라

그렇더라도 지역 신앙공동체가 '교회'(ekklesia)로 지칭될 때마다(cf. 고전 1:2; 고후 1:1; 갈 1:2), 그들은 보편 교회를 대변하거나 나타내는 것으로 이해되고 있다.[349] 3장 15절의 경우에 상황은 덜 분명하다. 그러나 "이 집은 하나님의 교회요"라는 문구와 선행하는 "하나님의 집에서"라는 문구의 병렬적 관계, 그리고 3:14-16과 지역 공동체에 주목하는 2:1~3:13의 관계는 사실상 지역 회중을 우선적으로 염두에 두고 있음을 시사해준다.[350] 이 경우에 지역 회중 자체가 사실상 "살아계신 하나님의 교회"의 현현이라는 사실은 선행하는 교훈들이 진지하게 고려되어야 할 것을 요청한다.

② 하나님의 소유

목회서신의 두 구절에서 교회는 하나님의 소유로 묘사된다. 디도서 2장 14절은 "친백성"(laos periousios)이란 전통적 명칭을 담고 있고, 디모데후서 2장 19절에서 기본적으로 동일한 개념이 민수기 16장 5절을 암시하는 표현에서 등장한다: "주께서 자기 백성(tous ontas autou)을 아신다." 저자의 교회 개념이 갖는 이 측면의 중요성을 설명하기 위해서 우리는 각 문구를 검토할 필요가 있다.

첫 번째로 검토해야 할 표현은 "친백성"(laos periousios)이란 명칭이다(딛 2:14). 이 서술적 술어는 보다 긴 문구 가운데서("깨끗하게 하사 선한 일에 열심하는 친백성이 되게 하려 하심이니라") 등장하는데, 언약을 세워 히브리인들을 이스라엘 나라, 하나님의 독특한 백성으로 만드셨다는 주제를 넘겨받은 구약 문맥들을 직접적으로 지시하고 있다

---

351) 이 문구는 출 19:5을 반영한다 (esesthe moi laos periousios apo panton ton ethnon).

(신 7:6; 14:2). 대등한 진술이 베드로전서 2장 9절에서 나오는데("그의 소유된 백성," laos eis peripoiesin), 이 표현도 마찬가지로 언약을 세우는 칠십인경 설명에 등장하는 어휘를 끌어다 쓴다(cf. 엡 1:14).[351] 디도서 2장 14절의 경우에(하지만 동일한 것이 벧전 2:9과 엡 1:14에도 해당된다) 새로운 백성을 "깨끗하게 하고" 세우는데 사용되는 수단은 예수 그리스도의 구속적 죽음인 반면에, 관련된 구약 구절에서 그것은 하나님 백성을 이집트에서 이끌어내시는 하나님의 구속 행위인 것이 분명하다. 그러나 다른 구속 내용을 인정하더라도 교회를 그리스도의 "소유된 백성"(laos periousios)으로 묘사한 것은 그것을 새 이스라엘, 하나님의 택하신 참 백성으로 분명하게 주장하거나 인정하는 것을 뜻한다.[352] 이와 관련하여 구약에서 언약백성으로서 이스라엘에 해당되던 것이 (그리스도 안에서) 새로운 방식으로 신약의 교회에 이전되고 있다. 이스라엘에게 주신 하나님의 약속들은 이제 교회의 형성 가운데서 성취되고 있다고 믿게 되었다(cf. LXX 시 129:8; 겔 37:23). 그리고 출애굽 사건에 나타난 하나님의 구속 행위가 이스라엘을 형성하는데 있어서 결정적이었듯이 그리스도 사건이 이 독특한 백성의 형성에 대해 갖는 중요성은 저자의 생각 가운데서 결정적이다(11-14절 전체가 보여주듯이). 교회는 하나님의 독특한 백성으로서 "소유된 백성"으로 묘사된다.

---

352) Cf. Ridderbos (1975), 333-41, 특히 337; H. Strathman, *TDNT* 4 : 50-57; Spicq, 642-43; Kelly, 247.

353) 민수기 16:5은 본래 이렇게 되어 있다: "하나님은 자기에게 속한 자들을 아신다." 유일하게 변경된 것은 원문에 있는 "하나님"이 "주"로 바뀐 것뿐이다. 이것은 목회서신의 저자가 동일한 칠십인경 자료를 개작한 기독교 시에서 끌어왔다는 것을 시사할 수도 있다 (따라서 Dibelius and Conzelmann, 112; 그는 Odes of Sol. 8:14-15를 제안한다). 하지만 이것은 결코 확실하지도 않고 필요하지도 않은 제안이다.

두 번째로 검토해야 할 표현은 "자기 백성"(hoi ontes autou)이란 명칭이다(딤후 2:19). 저자는 이 명칭을 교회에 대해 사용하는데, 그것은 조금은 덜 직접적이기는 하지만 본래 민수기 16장 5절에서 인용된 문구이다: "주께서 자기 백성을 아신다."[353] 구약의 문맥과 목회서신의 문맥은 모두 "자기 백성"이란 주장의 의미를 이해하는데 있어서 결정적이다. 민수기의 장면은 모세와 아론의 권위를 언약 공동체의 지도자들로 내세우지만, 그들의 권위가 고라와 그의 사람들에 의해 도전받는 모습을 그리고 있다. 사실 고라는 하나님의 대변자들을 인정하는데 실패함으로써 주를 향해 반역한 셈이었다. 결과적으로, "하나님께서 자기에게 속한 자들을 아신다"(LXX)는 주장은 모세와 아론에게 관계되어 있지만, 고라 편에 선 많은 수의 사람들에 대한 언급은(16:1-2) 하나님의 회중의 구성원이 되느냐 하는 문제가 궁극적으로 걸려있다는 것을 시사해준다. 디모데후서 2장 14-19절에서 후메내오와 빌레도, 그리고 "진리"에 대한 그들의 반대가 중심을 이루고 있다. 이런 배경 하에서 "주께서 자기 백성을 아신다"는 진술은 그가 참 신자들을 배교자들로부터 구분하신다는 것을 뜻할 수밖에 없다. 구약 이야기와 이러한 신약의 발전으로부터 판단할 때 "자기에게 속한 자들"(hoi ontes autou)이란 말은 회중의 구성원이라고 주장은 하지만 거역하는 배교자들과는 대조적으로, 하나님의 독특한 백성을 지칭하는 표현인 것이 분명하다. 따라서 교회는 다시 한번 하나님의 독특한 백성, 새 이스라엘 또는 참 이스라엘로 묘사되고 있고, 하나님의 특별한 '회중'(ekklesia)이라는 구약적 개념과 직, 간접적으로 연계되고 있다.

③ 기초

교회는 두 핵심적인 구절에서 "건물" 이미지를 활용하여 "터" 또는

"기초"로 묘사된다: "진리의 기둥과 터"(딤전 3:15); "하나님의 견고한 터"(딤후 2:19). 배경적 연구는 이들 이미지 언어가 사용되는 방식을 어느 정도 밝혀주기는 하겠지만, 지속되는 이단 활동의 문제는 각 구절에서 은유적 묘사의 의도를 지배하고 있다.

우선 검토해야 할 표현은 "진리의 기둥과 터"(딤전 3:15)라는 문구이다. 얼핏 보기에 교회에 대한 이런 은유적 성격 규정은 강력한 인상을 던져준다. 구약과 신약에서 '기둥'(stulos)이란 술어는 흔히 혜화적으로 적용되기도 하고, 때로는 핵심 인물들을 뜻하기도 하지만 일차적으로 건축적인 의미에서 건물을 지탱하는 기둥을 가리킨다.[354] '에드라이오마'(edraioma)란 술어는 기초를 가리키거나 또는 아마도 요새를 지칭할 수도 있으며, 따라서 확고함과 견고함의 개념들을 나타낸다.[355] 아마도 '기둥'(stulos)과 '터'(edraioma)란 술어들 속에서 두 구별된 측면들이 제시되고 있지는 않은 것 같다.[356] 오히려 이들 두 술어는 중언법적

---

354) U. Wilckens, *TDNT* 7: 732-36. 유대교에서 아브라함은 "기둥"으로 지칭되었고, 신약에서 (갈 2:9) 바울은 야고보, 게바, 요한을 (예루살렘 교회의) "기둥같이 여기는 자들"로 묘사한다.

355) E. Stauffer, *TDNT* 2: 363-64; O. Betz (1957), 52; BAG 217; Dibelius and Conzelmann, 60; Lips (1979), 98-99를 참조하라.

356) 하지만 Lock, 44를 보라. 그는 "지탱함"과 "강하게 함"이란 개념들이 구별되어 존재한다고 제안한다.

357) 그림언어로 사용된 '기둥'은 '터'의 의미론적 영역과 중복된다 (Sir 24:4; 36:24를 보라). Cf. Lips (1979), 98; Dibelius and Conzelmann, 60.

358) B. Gärtner (1965), 68-69. 약간 변형된 견해이긴 하지만 O. Betz (1957), 53, 59-60 (공동체와 개인들 모두에게 사용된다); Murphy-O'Connor (1965), 67-76; Schnackenburg (1974), 97. 그리고 1QS 8: 5, 7-8, 9; 9:6; 1QH 6:28; 4QpPs 37:2, 16을 참조하라.

표현으로서 "지탱하는 터"라는 사상을 표현해주고 있다.[357] 바로 앞의 선행구("이 집은 살아계신 하나님의 교회요")와 병렬적 위치에 놓임으로써 이 문구는 "살아계신 하나님의 교회"를 강력하게 묘사해준다.

게르트너(Gärtner)는 "진리의 기둥과 터"란 표현이 쿰란 문헌의 한 문구(1QS 5:5)와 평행을 이룬다는 사실에 주목한 바 있는데, 후자의 문구는 쿰란 공동체를, "이스라엘의 참 성전"이란 의미에서 "진리의 터"로 묘사한다.[358] "진리의 터" 또는 "진리의 집"과 같은 쿰란 분파의 이런 개념이(1QS 5:6) 우리의 본문과 아주 유사하기는 하지만, 쿰란의 은유와 디모데전서 3장 15절에 채용된 은유 사이에 존재하는 차이점들은 (문헌적 의존과 같은) 평행이나 또는 공통된 전승의 독립적 발전으로 보는 견해를 불가능하게 만든다. 슈나켄버그가 지적한 것처럼, 쿰란 공동체는 토라를 진리를 담는 용기로 보는 개념에 초점을 두었고, 또한 진리 자체도 다르게 파악하였다.[359] 더구나, 거짓 교사들을 목표로 한, 3장 15절에 있는 묘사의 논쟁적 의의는 다른 관심이 여기서 작용하고 있다는 것을 드러내준다. 그럼에도 불구하고, 일반적으로 평행 현상은 "진리"와 연관된 "터"의 의미를 밝히는데 도움을 준다: 교회는 모든 반대에도 불구하고 "흔들림이 없이" 서있는 것으로 묘사된다.[360]

어떤 학자들은 이런 묘사가 신약의 독특한 사상이 후기 바울적인 의미로 발전한 것을 증명한다고 주장한다.[361] 사실 바울은 그리스도를

---

359) Schnackenburg (1974), 97.
360) 따라서 유대/쿰란 배경 하에서 '에드라이오마'란 술어가 갖는 의미가 이를 시사한다; Stauffer, *TDNT* 2: 362-64; O. Betz (1957), 52를 보라.
361) Trummer (1978), 225; Lips (1979), 99.

"터"(themelios)로 간주하고 있고(고전 3:11), 다른 곳에서 동일한 술어가 모퉁이돌이 되시는 그리스도와 연관된 사도와 선지자들을 지칭한다(엡 2:20). 그러나 잠시 디모데전서 3장 15절을 제쳐두고, 마지막 두 실례들은 초대교회가 "건축 이미지"를 신학적 반성 과정에서 사용한 방식에 있어서 모종의 유연성을 나타내고 있다. 바울은 기본적으로 동일한 이미지 언어를 다른 교회 상황들 가운데서 자유롭게 사용한 것으로 보이며, 그렇게 함으로써 동일한 기본 진리의 다양한 측면들에 주목할 수 있었던 것 같다. 여러 문제들 중에서 신자들이 영적 지도자들을 중심으로 분파를 조성하던 고린도 교회에서(고전 3:4ff 참조), 그리스도는 신앙 공동체의 유일한 기초로 묘사된다.[362] 에베소서 2장 20절에서 사도와 선지자들을 "터"(themelios)로 묘사한 것은 다른 한편에서 주로 구원사적 성격을 띠면서도 뒤따르는 "비밀" 강화를 위해 길을 닦아놓는 역할을 갖기도 한다.[363]

우리의 본문으로 다시 돌아가서, "진리"와 관련하여 교회를 건축 이미지로 묘사하게 만든 것은 목회서신에서 "진리"를 보호하려는 전반적인 관심 때문이라고 할 수 있다. 저작권 문제의 전망에서 볼 때, 일단 이러한 상황을 인정하게 되면 바울이 교회를 "터"로 묘사하려고 건축 이미지를 채용한 것은 불가능한 것도 아니고 또한 반드시 개연성이 없는 것도 아니다. 이런 묘사를 하는 목적은 단순히 사도적 복음과 관련하여 교회의 위치와 책임을 부각시키려는 것이지 그리스도 자신 이외의 어떤 다른 것을 기초로 주장하거나 암시하려는 것이 아니다. 참된 믿음에서 벗어난 배교 행위와 그와 연관된 사도적 메시지에 대한 공격

---

362) Cf. Vielhauer (1979), 177, 179, 181; Conzelmann (1975), 75.
363) Merklein (1973), 174; 또한 135-52, 171-72, 176을 참조하라. Cf. Roloff (1965), 44, 132.

을 배경으로 삼아 살필 때, 교회가 "진리의 기둥과 터"로 묘사된 것은 그것이 세상에서 "진리"의 기초요 담지자가 되도록 세워졌다는 의미를 갖는다.[364]

따라서 교회를 "터"로 묘사한 첫 번째 문구는 주로 그것이 구원의 메시지에 대해 가진 관계와 연관되어 있다. 이 경우에 건축 이미지 언어는 교회를 기능의 관점에서 바라본다.

둘째로 검토해야 할 표현은 "하나님의 견고한 터"(딤후 2:19)란 문구이다. 우리가 방금 전에 살핀 대로, 신약 다른 곳에서 '떼멜리오스'(themelios)란 술어의 사용은 다양하고,[365] 디모데후서 2장 19절에 나오는 술어의 정확한 의미에 대해서는 어느 정도 이견이 지속되고 있다: "하나님의 견고한 터는 섰으니 인침이 있어 일렀으되 주께서 자기 백성을 아신다 하며 또 주의 이름을 부르는 자마다 불의에서 떠날지어다 하였느니라." 여기서 술어의 의미에 대한 여러 제안들 중에서, 그리스도와 그의 사도들, 복음의 진리, 보편 교회, 또는 에베소 공동체 등을 예로 들 수 있는데, 마지막 두 제안이 문맥에 가장 잘 들어맞는다.[366] 19절 이하는 17-18절의 빛 속에서 이해될 필요가 있다; 후메내오와 빌레

---

[364] Lips (1979), 99.
[365] 신약에서 그 혜화적 용례는 잘 증언되고 있다 (롬 15:20; 고전 3:10,11,12; 엡 2:20; 딤전 6:19; 딤후 2:19; 히 6:1); 그것은 그리스도를 지칭하여 사용되기도 하고 교회론적 논의들 속에서도 사용되었기 때문에 (cf. 고전 3:10ff; 엡 2:20), 그리스도나 교회는 그러한 이미지 언어로 쉽게 사용될 수 있었다 (K. L. Schmidt, *TDNT* 3: 63-64).
[366] Cf. Schlatter, 243-44; Kelly, 186; Brox, 249; Jeremias, 57; Lips (1979), 100.
[367] 교회의 존재에서 그리스도의 기초적 위치는 가정되어 있다 (Schmidt, *TDNT* 3: 63-64; J. Blunck, *NIDNTT* 1: 662).

도의 배교와 그들의 거짓 교리 전파는 어떤 사람들의 믿음을 엎드러뜨려 놓았다. 19절은 그렇다면 이러한 사태와의 대조를 소개한다(mentoi); 한편에서 어떤 사람들은 떨어져 나간 반면, 다른 한편에서는 "하나님의 견고한 터가 서게 되었다." 18절의 주제는 19절의 이슈가 교회의 안정성 또는 영구성이라는 것을 시사해준다; 어떤 사람들의 배교는 신앙 공동체도 파멸에 빠질 수도 있다는 것을 시사할 수 있지만, 그것은 하나님에 의해 세워진 건물이기 때문에(그리스도가 모퉁이돌이라는 가정과 함께)[367] 계속해서 서있을 것이다. 교회를 염두에 두고 있다는 인상을 뒷받침하는 것은 하나님의 회중에 강조점을 두고 있는 민수기 16장 5절의 인용뿐만 아니라, 20절에서 교회를 '집'(oikia)으로 묘사한 점 등이다. 우리는 전체 구절이 교회가(여기서는 에베소 교회) 혼합된 사람들로 구성되어 있음을 함축한다는 사실을 간과할 수 없지만, 공동체를 하나님의 견고한 터로 묘사한 것은 동시에 그 영구성을 부각시키기도 한다. 그리고 이러한 사실의 중요성은 "진리의 기둥과 터"가 되는 교회가(딤전 3:15) 구원을 세상에 중개하는 수단이 된다는 사실을 인식할 때 한층 더 부각된다.

이단에 대한 관심이(4:1ff) 매우 두드러지게 나타나는 디모데전서 3장 15절에서 교회는 기능적으로 "진리"를 흔들림이 없이 보관하는 저장소로 묘사된다. 비슷하기는 하지만 거짓 교사들이 야기한 파괴에 좀 더 초점을 맞춘 디모데후서 2장 19절에서 교회의 영구성에 대한 약속을 표현하기 위해서 건축 이미지가 사용된다: 교회는 하나님의 "견고한 터"이기 때문에 계속해서 서있을 것이다.

④ 하나님의 가정

위에서 살핀 바 있는 동일한 두 구절은 교회를 집 또는 가정으로 제시한다: "하나님의 집"(oikos theou, 딤전 3:15), "큰 집"(megale oikia, 딤후 2:20). 얼핏 보면 문맥이 다르다는 사실은 유사한 묘사들 배후에 다른 이유들이 놓여있다는 것을 시사하지만, 이들 구절을 좀 더 면밀하게 살펴보면 교회와 관련하여 꽤나 시종일관한 사상 흐름을 드러내고 있다.

첫째로 살필 것은 "하나님의 집"(oikos theou)이란 칭호이다(딤전 3:15). 교회를 "하나님의 집"으로 묘사하는 것은 목회서신의 교회론에서 중요한 함축을 지니고 있다. 하지만 이 술어의 정확한 의미에 대해서는 논란이 되고 있다. 디벨리우스와 콘첼만은 '하나님의 집'이 회집 장소를 가리키거나 아니면 회중 자체를 가리킨다고 제안한다.[368] 그러나 이 견해는 3장 5절에서 '집'(oikos)과 '교회'(ekklesia) 사이에 존재하는 유비에 비추어 볼 때 별로 가능성이 없다. 그것이 별 가능성이 없는 견해임을 보여주는 추가적 논거는 앞으로 더 가능성이 있는 해석들을 평가해보면 나타나게 될 것이다.

어떤 학자들은 '하나님의 집'이 '하나님의 전'(naos theou)과 동등한 표현으로 간주하면서 가정보다는 오히려 영적 건물을 뜻한다고 생각한다.[369] 이 견해는 바울이 하나님의 백성을 묘사하기 위해 성전 상징어를 사용한 것이 분명하다는 사실을 통해 뒷받침될 수도 있다. '성전'(naos)이란 술어가 자주 등장하는 고린도전서 3장 16절, 6장 19절, 고후 6장 16절, 그리고 에베소서 2장 21-22절 등의 구절에서 하나님의 백성

---

368) Dibelius and Conzelmann, 60.
369) 예로, Gärtner (1965), 66-71; O. Michel, *TDNT* 5: 129; Hendriksen, 136.
370) Ridderbos (1975), 430; Ladd (1974), 540.

은 새로운 성전으로 표현되고, 그들 자신은 하나님이 거하시는 새 시대의 거처를 제공한다.[370] 히브리서 3장 6절과 베드로전서 2장 5절에서도 신앙 공동체는 '집'(oikos)으로 묘사되는데, 영적인 건물이라는 뜻으로 등장하며, 여기서 다시 한번 하나님이 거하시는 거처라는 사상이 아주 분명하게 표현된다. 우선 베드로전서의 구절을 다룬다면, '신령한 집'(oikos pneumatos)이란 술어는 의심할 여지도 없이 "새로운 성전"이란 개념을 반영하고 있고, 이 점은 "거룩한 제사장"(hierateuma hagion), "제사"(thusia) 등과 같이 밀접하게 상관된 개념들이 확인해준다.[371] 하지만 이런 개념이 어느 정도 히브리서 구절에 나타나는지는 분명치 않다.[372] 그렇더라도 대부분 이들 구절은, 그리고 특별히 바울의 구절들은 교회를 예루살렘에 있는 성전 건물보다는 하나님이 거하시는 거처로 묘사하는데 있어서 일치한다. 신약에서 이런 개념적 발전은 구약과 중간사 시대의 사상에서 성전의 의의를 고려할 때 놀라운 일이 아니다. 케르트너가 논증하였듯이, 이와 관련하여 쿰란에서 성전 그림 언어의 사용은 비슷한 신약의 주제를 밝히는데 놀라운 평행점을 제공해준다.[373] 그리고 이 모든 점에 비추어 볼 때 디모데전서 3장 15절에 있는 "하나님의 집"이란 문구가 어떻게 하나님의 새로운 성전을 지칭하는 표현으로 해석될 수 있는지를 손쉽게 살필 수 있다. 그러나 이런 식의 설명이 얼마나 적절한지는 의문시될 수도 있다.

두 번째 중요한 해석은 "하나님의 집"을 "하나님의 가족"을 지시하는 표현으로 설명하는 것이다.[374] 학자들은 흔히 이런 개념을 후기에 발

---

371) Vielhauer (1979), 136-42; Gaston (1970), 188-90.
372) Michel, TDNT 5: 126; Gaston (1970), 198에 실린 논의들을 참조하라.
373) Gärner (1965), 49-70.

전된 사상으로 치부해 왔는데, 이렇게 해서 교회는 커다란 종교 기구로 생각되게 되었다; 성격상 그것은 질서와 기능에 대한 가르침들을 필요하게 만든다.[375] 그러나 그것은 교회, 즉 그 구성원들이 하나님께서 '주인'(despotes)으로 다스리는 "가족"이라는 생각 이상의 것을 뜻할 필요는 없다(cf. 딤후 2:21). 흥미롭게도, 이런 개념은 바울서신에서 다양한 방식으로 등장한다. 그것은 '청지기'(oikonomos, 고전 4:1), '청지기직'(oikonomia, 고전 9:17) 등과 같은 연관된 개념들로 표현되는데, 바울은 이런 술어들을 가지고 "가족"의 책무들과 관련하여 복음을 맡은 "청지기"(steward)와 그의 청지기 "직분"(stewardship)을 묘사한다.[376] 가족의 이미지는 갈라디아서 6장 10절에서 약간 다른 전망에서 이해될 수 있는데, 여기서 신자들은 "믿음의 가정"의 동료 구성원에 대해 책임을 다하라고 교훈되고 있다.[377] 에베소서 2장 19절은 중요한 실례를 제공해 주는데, 왜냐하면 이 경우에 가족의 유비는 "새 성전" 그림언어와 밀접한 관계 속에서 등장하기 때문이다. 여기서 이방 독자들은 그리스도를 통해서 "하나님의 가족 구성원들"(oikeioi tou theou)이 되었다는 확신을 갖게 되었다. 게르트너는 이 헬라어 표현이 새 성전을 지칭한다고 주장하기는 하지만,[378] 바울이 가족의 유비를 공동체 구성원 개념을 강조하려는 논의에 끌어들였을 가능성이 훨씬 높다. 위에서 시사한 것처럼, 새 성전 이미지를 사용하는 주된 요점은 하나님이 거하시는 거처

---

374) 따라서 Kelly, 87; Lips (1979), 97; Schnackenburg (1974), 96; Brox, 157-58.
375) Brox, 157-58; Trummer (1978), 224-25; Dibelius and Conzelmann, 60.
376) "가족"의 개념은 여기서 어느 정도 퇴조되었지만, 그럼에도 "청지기 직분"(stewardship) 그 직분을 행한다는 개념은 "가족"을 모델 삼은 것이다. Michel, *TDNT* 5: 150-52; Goetzmann, *NIDNTT* 2: 225.
377) Cf. Lührmann (1978), 98; Michel, *TDNT* 5: 134.
378) Gärtner (1965), 60-64, 특히 61.

란 사상을 표현하는 것이지만, 갈라디아서 6장 10절과 여기 에베소서 2장 19절에서 모두 하나님의 가족과 그것이 의미하는 모든 축복에 참여하는 "구성원"이 된다는 개념은 '가족'(household)이란 술어가 지시하는 더 분명한 요점인 것으로 보인다.

디모데전서 3장 15절을 조심스럽게 검토해 보면, "하나님의 집"이 새 성전을 가리킨다는 설명이 내포한 여러 난점들이 드러나게 된다. 한편으로, '성전'(naos)이란 술어가 나오는 구절들에서(고전 3:16; 6:19; 고후 6:16; 엡 2:21-22) 이 사상이 중심을 이루기는 하지만, 우리의 본문의 경우에 하나님 또는 성령이 거하시는 거처란 사상이 현저하게 결여되어 있다는 사실을 주목하는 일이 중요하다.[379] 다른 한편, "하나님의 집에서 어떻게 행하여야 할 것"이란 문구는 새 성전을 지칭한다는 해석의 관점에서 보면 그 자체로 문제시가 된다. 이미 위에서 인용한 바 있는 바울의 '성전' 구절에서 교회 또는 신앙 공동체는 이 "성전"으로 동일시된다(신자들이 그리스도의 집이라고 말하는 히브리서 3장 6절에서도 그렇다). 하지만 디모데전서 3장 15절에서는 디모데가 하나님의 가족에서 어떻게 처신해야 될 것을 알도록 여러 권면들이 주어지고 있다. 이 문구에서만 하나님의 백성을 정확하게 "하나님의 집"으로 동일시하는 일이 완전히 결여되어 있다.[380] 만일 "가족"이 정확한 번역어라면, "하나님의 집에서"란 문구의 의미는 정당하게 "하나님의 가족의 구성원들로서"를 뜻하게 된다. '집'(oikos)을 이렇게 해석하는 견해는 3장 5절에서 지칭되는 감독의 가족이란 표현과 그것과 유사한 "하나님

---

379) Cf. Schnackenburg (1974), 96.
380) 또한 Trummer (1978), 224-25; Lips (1979), 96을 참조하라.
381) Kelly, 87; Klauck (1981), 66-67.

의 교회"란 표현을 통해 한층 더 뒷받침될 수 있다(cf. 딤후 2:10ff).[381] 결국, 증거의 균형추는 하나님의 가족을 지칭하는 설명을 선호한다.

"건물" 이미지와 모종의 연관성이 있다는 점은 뒤따르는 "진리의 기둥과 터"라는 문구에서 분명히 관찰될 수 있다. 신약 다른 곳에 나타나는 건물 상징과 어느 정도 유사하다는 점은 분명하기는 하지만, 그러한 이미지 언어의 목적은 케이스마다 다르고, 항상 새 성전 개념과 연계되었다고 볼 수는 없다. 그러나 "진리의"라는 소유격에 의해 수식되는, 이 문구의 목적이 논쟁적이란 사실은 그대로 남아 있다. 결과적으로, 건축적인 묘사는 (근접 문맥에서는 결여되어 있는) 하나님의 백성을 새 성전의 동일시를 결코 지지할 수 없으며, 또한 "하나님의 집"이란 문구에다 "성전"의 의미를 부과할 수도 없다. 더욱이, 이로부터 귀결되는 사실은 다른 모든 것을 배제하거나 종속시키면서 새 성전 개념들이나 건물 이미지 언어가 이 구절에서 전달되는 교회 개념을 압도하는 방식으로 끼어들어서는 안 된다는 것이다.[382]

"하나님의 집"이란 표현은 세속 가족의 모델을 따라 교회를 하나님의 가족으로 묘사한다. 하나님 자신은 '주인'(despotes)이시며(cf. 딤후 2:21), 신자들은 가족의 구성원들이다. 교회를 이런 이미지로 묘사함으로써 저자는 교회 내에서 조심스럽게 질서를 유지하고 책임 있는 행동을 해야 할 필요성을 전할 수 있는 발판을 제공해준다. 그러나 동시에 교회가 지닌 이 "가족적" 측면은 "진리를 지탱하는 터"로서의 교회 기

---

[382] Schnackenburg (1974, 96)는 새 성전 이미지 언어와 딤전 3:15에 있는 교회 개념 사이의 추가적인 차이점들을 지적한다: ".... 식물을 심는 이미지의 유사성 (고전 3:6-9) .... 성장에 대한 강조점 (엡 2:21)...."

능에 비추어 이해되어야 한다; 전자의 측면은 후자의 기능적 측면을 돕고 보완한다.

둘째로 살필 개념은 "큰 집"(megale oikia)이란 명칭이다(딤후 2:21). 배교 문제와 교회의 안정성을 다루는 이 구절에서, "가족"의 개념은 다시 한번 공동체의 성격에 관한 어떤 면을 설명하기 위해 채용된다: "큰 집에는 금과 은의 그릇이 있을 뿐 아니요 나무와 질그릇도 있어 귀히 쓰는 것도 있고 천히 쓰는 것도 있나니." 세상이나 다른 어떤 기구가 아니라 교회를 염두에 두고 있다는 것은 18절에서 시작된 주제가 일반적으로 지속되고 있다는 사실을 통해 논증된다: (1) 어떤 사람들은 믿음에서 떨어져 나갔지만, (2) 하나님의 교회는 참 신자와 배교자를 구분하겠다는 그의 약속과 더불어 견고하게 서있으며, (3) 참 신자는 불의에서 떠나는 자이지만, (4) 교회 내에서 참 신자와 거짓 신자는 나란히 존재한다. 공동체를 이런 식으로 묘사하는 요점을 이해하려면 우리는 "그릇들"과 그것들 간의 상호 관계를 고려해야만 한다.

"가족" 이미지 언어는 이 경우에도 분명하게 나타나며,[383] 다양한 용도를 지녔을 집기들(skeue)에 대한 언급을 포함하고 있다. 여기서 그릇들은 그 구성 자료에 기초해서("금과 은" 그릇 대 "나무와 질" 그릇), 그리고 기능과 용도에 기초해서("귀히 쓰는 그릇" 대 "천히 쓰는 그

---

383) '그릇'(skeue)에 대한 언급과 (20절) 후에 등장하는 '주인'(despotes)이란 술어가 이를 확인해준다.
384) 어떤 것들은 존경받을 만하고, 다른 것들은 덜 그렇다고 구분하는 것이 본절의 의도가 아니라는 말이다. Contra Sidl (1963), 36; cited by Lips (1979), 98 n. 19. Cf. Trummer (1978), 170-71.
385) Brox, 250; Lips (1979), 98 n. 19에 의해 제안되었지만 채택되지는 않았다.

릇") 분명하게 구분된다. 21절에 있는 권면적 전환을 통해서 그릇들은 가족을 구성하는 사람들을 나타내는 것이 분명하지만, 그들을 대조하는 특징화가 갖는 의미는 여전히 설명되어야 한다.

문맥에 비추어 볼 때 이 이미지 언어가 교회 내에서 은사들과 사역들의 구분을 내다볼 가능성은 희박하다.[384] 마찬가지로 두 종류의 그릇들은 "강한" 신자들과 "약한" 신자들을 가리킨다는 제안도 신빙성이 없다(cf. 고전 12:22-33).[385] 왜냐하면 "유용성"(euchrestos)이란 사상은 고린도 정황에 낯설 뿐만 아니라, 우리가 주목한 대로, 현재의 문맥은 다른 방향을 지시하고 있기 때문이다. 우리의 본문이 지시하는 대상은 참 신자들과 거짓 신자들을 가리키는 것이 거의 분명한데, 후메내오와 빌레도란 인물들은 후자의 전형으로 제시되고 있다.[386] 이 해석은 배교와 교회에 관한 논의를 담고 있는 현재의 문맥에 가장 잘 어울린다.

따라서 우리는 신실한 자들과 나란히 배교자들을 허용하고 있는 교회의 모습에 직면해 있다. 간단히 말해서, 이 문제는 후에 고려할 것이지만, 거짓된 "그릇"에 대한 바른 자세는 분리의 자세이다(21절, "누구든지 이런 것에서 자기를 깨끗하게 하면").[387] 물론 오래참고 온유한 '징계'(paideuonta)를 통해서 적어도 얼마간의 사람들이 회개하여 구원을 받도록 바라기는 하지만 말이다(24-25절).

가족을 다스리는 것은 '주인'(despotes)이다(21절). 분명히 하나님을 유비하여 지칭하는 것이 분명한 이 칭호의 언급은 이 구절을 지배하

---

386) Trummer (1978), 171; Brox, 250; Dibelius and Conzelmann, 113; Lips (1979), 97-98.
387) Dibelius and Conzelmann, 113; Trummer (1978), 171 n. 53.

는 가족 이미지를 공고화시킨다. 동일한 하나님 개념은 디모데전서 3장 15절에 있는 "하나님의 집"이란 문구 저변에 놓여있는 것이 분명하지만, 그것은 현 정황에서만 분명하게 표현될 뿐이다. 가족 이미지에 따르면, 그릇들은 궁극적으로 주인의 사용을 위해서만 존재하며, 하나님은 그에게 신실하게 붙어있는 가족 구성원들을 "귀하게"(eis timen) 사용하실 것이다.

로마서 9장 19절 이하의 논의와 유사한 점이 목회서신의 이 묘사에서 관찰된다. 로마서의 구절에는 "하나는 귀히 쓸 그릇을, 하나는 천히 쓸 그릇을 만든다"는 표현이 등장하는데, 이 문구는 진노에 처한 그릇들도 일으켜 세울 수 있는 하나님의 주권을 확고하게 주장하는 문맥에서 나타난다.[388] 각 구절의 개념들과 술어들이 비교된다: 대조되는 그릇들, 그리고 하나님의 목적의 영구성 등이 그렇다. 하지만 차이점들도 잘 드러난다. 하나님의 주권은 디모데후서 2장 19-21절에서 더 함축적으로 나타나 있다; 민수기 16장 5절 인용구인 "하나님의 견고한 터는 섰으니"와 같은 진술, 그리고 '주인'(despotes)이란 술어 등이 그것이다. 하지만 예정론은 전혀 강조되지 않고, 전체적으로 디모데후서 2장 19절 이하의 논의는 상당히 다르다. 결국 접촉점이라고 해야 술어적인 것이다. 여기서 우리는 비슷한 표현이 다른 문맥의 논의에 적합하게 하기 위해 다른 방식으로 채용되고 사용되고 있다고 주장하는 것은 가능할 것이다. 아마도 일찍이 로마서에서 사용된 표현을 끌어다 쓴 이유는 그 구절에 함

---

388) Trummer (1978), 170-171을 참조하라.
389) Cf. Dibelius and Conzelmann, 113; Brox, 250. 또한 Wis. Sol. 15:7; Käsemann (1980), 270; Strack-Billerbeck 3: 271을 참조하라.
390) Trummer (1978), 168-71.

축되어 있는 하나님의 주권에 대한 우연한 관심 때문일 것이다.[389]

그렇다면 "큰 집"은 교회를, 하나님에 의해서 다스려지는 가족으로 묘사한 표현이다. 가족의 구성원들은 공동체 내의 배교 현실의 배경 하에서 선한 그릇이나 또는 나쁜 그릇으로 특징화되고 있고, 교회의 구성은 두 구성원을 다 포함한다. 이 구절에서 그려진 모습은 저자가 배교를 교회의 지속적인 위험으로 간주한다는 것을 시사한다.[390] 가족 이미지 언어가 한 경우에는 공동체 내에서 행위와 조직에 관한 논의들을 강화시키는 역할을 하는 반면(딤전 3:15), 다른 경우에 그것은 거짓 형제들이 신실한 자들과 어떻게 같은 지붕 아래 존재할 수 있는지를 설명하기 위해서 사용되기도 한다(딤후 2:20-21).

지금까지 논의를 요약하면, 목회서신에서 교회에 대한 다양한 묘사들을 통해서 교회의 정체성이 지닌 세 가지 측면들이 등장한다. 첫째로, 교회는 "소유된 백성", "친백성" 등과 같은 구약적 개념들을 활용하여 하나님의 참 백성 또는 하나님의 새로운 백성으로 묘사된다. 여기서 교회가 구약의 하나님 백성과 기본적으로 연속성을 지닌다는 신앙이 드러난다. 그리스도 안에 나타난 하나님의 구속 행위는 이런 동일시에 근본적이다. 둘째로, 우리는 지속적인 배교에 대한 주도적 관심이 신앙 공동체를 하나님이 세우신 움직이지 않고 흔들리지 않는 기초로 묘사하려는 저자의 건축 이미지 언어 사용에 영향을 미쳤다는 것을 살펴보았다. 한편으로, "진리의 기둥과 터"는 그러한 건축 이미지를 세상에서 복음 메시지의 기초요 보호자인 교회의 기능에 적용하고 있다. 다른 한편으로, "하나님의 견고한 터"는 배교의 혼란과 위험에 직면한 하나님의 공동체의 영구성을 유사한 방식으로 표현해준다. 셋째로, 공동체를 하나님의 가족으로 묘사하는 유비가 사용된다. 한 경우에 이것은 선하고 악한 "그릇들"이 어떻게 같은 공동체 내에서 공존할 수 있는지를 설명해주고, 이런 현상은 예기되어야 한다는 점을 함축한다. 하지만 다른 문맥에서 이 유비는 조직과 행위에 관한 교훈을 공동체에 줄 수 있는 발판을 제공해 주는 것으로 보인다.

하나님의 구원계획에서 본 교회

목회서신의 저자가 교회의 위치를 하나님의 구원계획 속에서 어떻게 이해했는가를 알기 위해서 우리는 재빨리 좀 오래된 논쟁들을 살펴보고 공동체의 구조에 관한 예비적인 진술들을 피력할 필요가 있다. 우리는 또한 이 지점에서 공동체 내에서 특정 직무들과 개인들의 기능들에 대해 너무 깊이 탐구하는 일을 피해야만 한다. 왜냐하면 비록 그런 기능들을 통해서 교회가 그 폭넓은 목표를 성취한다 하더라도, 그것들은 다음 장의 논의에서 더 잘 어울리기 때문이다. 그럼에도 불구하고 우리는 공동체를 한 단위로, 부분들의 총합으로 볼 수 있고 그것의 궁극적인 역할과 목적을 확인할 수 있다.

우리가 살핀 대로, 교회에 대한 어떤 묘사들은("자기 백성," "친백성," "교회") 그것이 하나님의 백성으로 간주되고 있음을 나타내준다. 이 백성은 하나님의 구속 행위에 의해서 형성되었고, 따라서 동시에 구원의 공동체로 생각되었다. 우리는 또한 저자가 이 구원을 내면적으로 그리스도 사건과 복음 선포에 연결짓고 있음도 살펴보았는데, 이런 것들은 그리스도에 의해 성취된 구원을 현시대 가운데서 수여한다. 이 점을 염두에 둘 때, 교회에 대한 또 다른 묘사, 즉 "진리의 기둥과 터"라는 표현은 교회의 궁극적 사명을 표현하는 일에 매우 중요해진다. "진리"는 그리스도에 관한 사도적 메시지를 특별히 지적하여 가리킨다. 그리고 "진리를 지탱하는 터"로서 교회는 세상에서 복음을 담고 있는 용기로 간주된다. 이것은 "진리"가 교회의 "벽들" 안에 갇혀 잠자는 어떤 것으로 생각된다는 것을 의미하지 않는다. 진리에 대한 선포는 구원을 세상에 확대하는 수단이기 때문에, 이점에서 교회는 현세대 속에서 구원의 샘물로 간주된다. 분명히 이 선포 사명에 대한 집행이 성취되는 것은 설교하고 가르치는 디모데, 디도, 그리고 장로들과 같은 개인들의 특정한 사역들을 통해서이다. 그러나 바로 그 동일한 교회 묘사가 관련되어 있기는 하지만 좀 다른 방향을 가리킨다. 목회서신은 지속되는 배교로 인해 제기된 위험들을 분명히 밝히고 있다. 개인들이 떨어져나가고 있을 뿐만 아니라,[391] 사도적 메시지 또한 왜곡되고, 진리를 빼앗기고, 결과적으로 세상에 구원을 중개할 수 있는 능력도 빼앗기는 위험에 빠져 있다.[392] 그러한 위협에 직면하여, 그리고 언제나 그러한 위협이 상존하는 상황에서,[393] 교회는 단순한 용기 이상으로 진리의 "요새"가 되어야 한다. 또 다른 구절의 유사한 건축 이미지 언어는 신앙 공동체가 비록 거짓 형제들과 참 형제들이 나란히 공존한다는 사실에도 불구하고(딤후 2:19-21) 결국에는 굳게 설 것이라는 하나님의 약속을 부각시킴으로써 교회에 관한 이 진리를 보완해준다. "요새"의 역할도 또한 교회의 구성원들에 의해 수행될 것이다. 한편에서 그들은 진리를 정확하게 선포함으로써 거짓 교사들을 바로 잡도록 시도해야 하고, 다른 한편으로 "부탁한 것"을 안전하게 한 세대에서 다음 세대로 전수하는 일

---

391) 딤전 1:19-20; 4:1-3; 딤후 1:15; 2:17-21; 3:1-8; 4:1-4; 딛 1:9-16.
392) 딤전 6:20-21; 딤후 1:8-14; 2:1-6, 18.
393) Cf.. 딤후 2:19-21.

에 진력해야 한다.

따라서 교회는 하나님의 구원계획 속에 있는 그 중심적 역할이란 특정한 전망에서 이해되고 있다. 저자는 신자들을 양육하는 교회의 과제를 강조하거나(물론 그러한 사상이 결여된 것은 아니다) 또는 특별히 "몸"을 닮은 그 구성을 지적하는데(물론 가족 이미지가 여러 면에서 유사한 점이 있기는 하다) 관심이 없다. 그러나 현재적 실재로서 구원이란 그의 주제와 그것이 복음 선포와 맺고 있는 의존적 관계에 발맞추어, 그리고 이단에 관한 그의 관심에 발맞추어, 교회는 그리스도 사건에 대한 메시지를 선포하고 보호해야 할 사명을 지닌 하나님의 선교 수레로 묘사된다.

현 단계에서 이 점을 깊이 파고들지 않더라도, 공동체의 직무 구조에 대한 저자의 관심은 바로 이 체계에 들어맞는다. 우선, 자격 항목들은 디모데와 디도에게 준 특별한 교훈들 가운데서 나타나고 확인되는 관심을 보여준다. 저자의 이 관심은 누가 공동체 내에서 지도자 역할을 하고 행정을 하는지, 누가 복음 메시지를 설교하고 가르치는지, 그리고 누가 사도적 전승을 전수하는 과제에 참여하는지를 규정하는 일에 초점을 두고 있다. 마찬가지로, 교회를 "가족"으로 묘사하는 것은 구조의 필요성을 강조해준다; 가족이란 정의상 다른 그룹들, 의무들, 책임들로 구성되어 있고, 각자가 자신이 맡은 바를 행하는지를 살피는 것은 권위를 부여받은 청지기들의 과제이다. 그래야만 주인의 목적이 성취될 수 있다. 교회도 이와 유사하다. 교회 내에는 다른 그룹들이 존재하고(남자들, 여자들, 노예들, 부자들, 과부들), 교회가 주인의 목표들을 성취하도록 살피는 것이 청지기들의(감독들/장로들, 집사들) 과제이다. 공동체 내에서 다양한 그룹들이 바른 처신을 하는 행습은 여기서 중심적 중요성을 갖는다.

간단히 말해서, 교회는 현세대에서 주어지는 구원에 중심적 강조점을 둔 저자의 의도와 가깝게 상응하는 방식으로 묘사되고 있다. 교회의 기초와 기능은 하나님의 구원 계획에 의해 모두 결정된다.

6. 결론적 관찰

우리의 주된 주장은 두 부분으로 나뉠 수 있다. 첫째로, 저자는 시종일관하게 역사적인 그리스도 사건과 그것이 산출하는 구원에 초점을 맞추는 다양한 전승 단편들을 의식적으로 선택하고 채용함으로써 중심 신학 주제, 즉 현세대에서 주어지는 구원의 실재를 발전시켰다는 것이 우리의 주장이다. 둘째로, 우리는 신학 구조의 다른 측면들은 이 중심 주제 하에서 수렴될 수 있다고 주장하고자 한다. 간단한 요약이 이러한 주장의 범위를 밝히는데 도움이 될 것이다.

우리는 우선 저자의 사상의 종말론적인 차원을 검토하였다. 여기서 그는 현세대와 이 세대의 독특한 성격에 직접적으로 주목하게 하려고 시대전환 도식과 신현 도식을 채용한 것이 분명하다. 우리가 살핀 대로, 현시대는 구원과 "마지막 때"를 동시에 시작한 그리스도의 출현에 의해 결정된다. 우리의 탐구의 이 단계에서조차 저자의 사상 속에 그리스도 사건과 구원이 압도하고 있다는 것이 드러나기 시작한다. 그리고 그가 구원을 파악한 모종의 방식, 즉 "이미-아직 아님"(already-not yet)의 현상도 서론적 방식으로 드러났다.

하나님, 그리스도, 그리고 성령의 칭호들과 그 활동들에 대한 묘사들은 다양한 것으로 드러났고, 저자는 이런 수단을 통해서 특정하게 압도하는 어떤 주제들을 발전시키려고 하지 않은 것이 분명하다. 그럼에도 불구하고, 우리는 어느 정도 독특하게 보이는 하나님과 그리스도 칭호들이(하나님과 그리스도를 모두 '구원자'로 본다든가, 그리스도를 '중보자'와 '사람'으로 보는 것) 내용과 목적에 있어서 구원론적이라는 것도 주목하였다. 결과적으로, 하나님, 그리스도, 그리고 성령의 칭호들과 묘사들이 목회서신의 중심 주제에 들어맞도록, 또는 적어도 그것과 어긋나지 않도록 선택되었다고 주장하는 것이 가능하다.

중심 주제 자체는 전승 형식들에 대한 우리의 주석을 통해서 충분하게 드러났다. 각 구절을 차례로 살피는 과정에서 우리는 시종일관하게 그리스도 사건이 비록 여러 방식으로 묘사되기는 하지만 늘 중심에 있다는 것을 발견하게 되었다. 이 사건은 하나님 아버지께서 모든 사람들에게 구원을 확대하시려는 그의 영원 전의 의지를 성취하게 된 수단이었다. 한 경우에 구원은 영생에 대한 현재적 참여로 특징화되었고, 다른 경우에는 그리스도의 부활 생명에 참여하는 것으로, 그리고 또 다른 경우에는 죄의 영역에서 벗어나 그 결과로 윤리적 변화를 경험하는 것에 초점을 두었다. 전승 표현들에 나타난 구원 묘사의 과정에서 구원을 얻는데 인간 노력의 무익성과 믿음의 필요성이 확고하게 증언되었다. 그리고 적어도 한번 정도 구원은 칭의의 관점에서 이해되었다. 그려진 화폭에는 또한 성령 세례를 통해 중생과 새롭게 하심이 이루어질 때 성령의 역할에 대한 언급이 포함되어 있었다.

현재 경험되어지는 실재일 뿐만 아니라, 구원은 신자 속에 시작되었지만 결코 완성되지 못한 과정이었다는 것도 분명해졌다. 현재 소유된 것을 인식함과 아울러 영생을 내다보는 것이 이 점을 확실히 시사해주고 있다. 그러나 또한 디모데후서 2장 11-13절의 조건 진술들은 현재적 실재의 미래적 완성이 확인되지 않는다면 그 모든 의미를 잃고야 말 것이다. 저자도 확증하는 재림에 대한 생생한 기대가 이 점을 뒷받침하는 데 기여한다.

이러한 관찰에 기초해서 목회서신에 구원에 대한 "초기 가톨릭적(early catholic)" 이해가 담겨있다는 설명은 매우 불만족스러운 견해라는 것이 드러난다. 간단히 말해서, 저자가 구원을 신자에게 있어서 전적으로 과거에 일어난 사건으로 생각했다거나 또는 성례의식에 의해 중개된다고 생각했다고 결론지을 만한 확고한 증거가 별로 없다. 또한 하나님께서 모든 사람을 구원하시기를 원하신다는 주장에 초점을 두고 구원은 전적으로 미래적인 것이라고 주장하는 "보편론적인" 구원 이해는 완전히 본문의 증거를 잘못 해석한 것으로 드러났다. 균형 잡힌 해석을 한다면, 본문 증거는 구원을 '이미–아직 아니' 사이의 소유로 본 바울의 구원론 이해에 일치한다고 말할 수 있다.

신학 구조에 대한 마지막 두 측면들은 중심 주제를 보완해준다. 첫째로, 저자가 이해한 바대로, 과거 사건과 현시대에서 경험되는 구원의 실재 사이의 연결점은 복음 선포를 통해 확립된다. 다양한 술어들과 더불어, 믿음의 메시지를 지칭하는 여러 진술들은 이 문제를 수면 위에 부각시키는 반면, 메시지가 구원과 전통 형식들과 맺은 관련성들은 그것이 담당하는 역할을 확인해준다. 둘째로, 교회에 관한 묘사들은 교회의 존재가 그리스도 사건에 의해 결정되었으며, 그것은 "진리"를 선포하고 보호하며, 따라서 하나님의 구원계획을 영속화시키는 과제를 성취하라고 세워졌다는 것을 나타내준다.

그렇다면 전체적으로 볼 때 저자의 신학이 현시대에서 경험되는 구원이라는 중심 주제를 둘러싸고 구성된 것으로 보인다. 추가적인 측면들은 이 주제를 다양하지만 연관된 방향으로 진척시키고 확대하는 역할을 하고 있고, 그렇게 함으로써 현시대의 성격, 이 시대 속에 있는 하나님의 공동체, 그리고 세상 속에서 교회의 사명이 어떤 것인가를 다룬다. 신학이 구성되는 방식의 중요성, 그리고 그 구성 배후에 놓인 동기 등은 공동체 내에서 이단의 존재에 의해서, 그리고 그것이 구원계획 속에서 공동체가 담당한 역할에 대해 제기하는 위협에 의해서 부분적으로 설명될 수 있다. 개인 차원에서 보면, 거짓 교사들은 신자들을 신앙에서 벗어나도록 유인하고 있었다. 부활이 이미 지나갔다는 그들의 주장은 "이미-아직 아니" 사이의 긴장을 정체되고 "실현된" 종말론의 신앙으로 대체시켰는데, 그러한 그릇된 신앙은 그리스도인의 삶을 살아가는데 있어서 심각한 결과를 초래할 수 있었다. 그러나 보편적인 차원에서 보면, 그들은 그리스도 사건의 메시지 자체만 아니라 그것이 산출하는 구원을 위협하였고, 따라서 구원을 이 시대에 분배하는 일차적 도구인 교회를 위험에 빠뜨렸다.

이제까지 우리의 결론들은 "기독교 소시민"(the christliche Bürgerlichkeit) 해석의 논리를 따른 주장들을 지지하지 않고 있다. 저자의 사상에서 생동하는 종말론적 차원, 재림에 대한 강한 기대 등에 대한 우리의 발견은 여기서 결정적이다. 본질적으로, 우리가 이미 살핀 바대로, 만일 재림의 지연이 사고의 전환을 야기했다는 시사가 존재하지 않는다면, 기독교 소시민 해석의 초석이 제거된 셈일 뿐만 아니라, 현세대에 대한 저자의 초점은 교회가 "지금" 세상에서 안락한 삶을 갈구하고 있었다는 시사로 설명할 필요도 없어진다고 하겠다. 사실상, 현시대에 초점을 둘 것도 이 시대를 중간시대(Zwischenzeit), 미완성과 긴장의 때, 무엇보다도 중요한 것은 구원의 때로 보았던 저자의 종말론적 전망을 통해 설명된다. 그리고 이미 시작되었으나 마지막 완성을 기다리는 구원의 성격은 자연히 이러한 시간 개념에 일치한다. 이 모든 것은 기독교 소시민 해석의 신학적 전제들을 취할 때만 문제가 된다. 간단히 말해서, 이런 해석의 두드러진 신학적 가정들은, 즉 매우 이완된 종말론과 그로 인해 현시대에 집착하는 경향, 그리고 구원에 대한 "초기 가톨릭적" 견해 등은 저자의 신학에 결여되어 있다. 우리가 또한 시사한 바대로, 실제의 이단이 이들 목회서신이 나타내는 메시지나 또는 반응을 불러일으킨 중요한 요소였을 수 있다.

이제 저자의 신학적 사상의 윤곽을 확고하게 염두에 두고, 우리는 그의 윤리적 메시지를 검토하는 데로 옮겨가고자 한다. 기독교 소시민 해석이 뒷받침하는 대부분의 증거를 발견하는 곳이 바로 이 해석 영역이다. 그러므로 그의 메시지의 신학 구조에 비추어 조심스럽게 재평가 되어야 할 것도 저자의 메시지의 이 측면이라고 하겠다.

제 4 장

목회서신은
어떤 윤리적 교훈을 주는가?

　목회서신의 신학 구조를 살펴보았기 때문에, 우리는 이제 저자의 사상의 윤리적 틀을 재구성할 위치에 와있다. 우리의 목적은 특별히 디벨리우스 이래로 시대를 주도했던 기독교 소시민 윤리 해석에 비추어 그가 그리스도인의 존재를 어떻게 파악했는지를 확립하는 것이다. 우리는 이미 저자의 메시지의 신학 구조가 이 이론과 양립할 수 없다는 것을 보여준 바 있다. 왜냐하면 그것은 다른 중요한 이유들 중에서 저자의 종말론에 대한 그릇된 견해에 의존해 있기 때문이다.

　권면 구절들을 통해 대두되는 윤리적 그림을 통해, 기독교 소시민 학파에 관련된 일차적인 증거들은 조심스럽게 검토되어야 한다. 첫 번째 장에서 진술한 대로, 윤리의 동력을 푸는 열쇠는 그 동기를 결정하는데 놓여있다. 단순히 저자가 해설하는 소위 "존경스러운" 종류의 그리스도인 존재에 주목하고 그런 기초 위에서 "조용하고 평화로운 삶"이 저자 해설의 궁극적 목표였다고 결론짓는 것은 불충분하다. 만일 보다 깊은 동기가 사실상 그 밑바닥에 놓여있다면 이런 해석은 적어도 불충분한 것이라 할 수 있는데, 우리의 판단으로는 그것이 선교 동기이다.

우리의 검토는 두 기본 방식으로 진행될 것이다. 첫째로, 저자는 참된 그리스도인 존재를 묘사하기 위해 사용한 기술적인 술어들의 네트워크를 가지고 있기 때문에, 우리는 주변 문맥에서 이런 술어들을 추출하고 그리스도 안에 있는 이러한 존재의 이론적 모델을 수집할 것이다. 둘째로, 우리는 공동체 내의 다양한 그룹들과 공동체 지도자들에게 주는 구체적 권면을 관찰함으로써 이 신학적 모델이 실제로 어떻게 작용하는지를 검토할 것이다. 신약의 가훈윤리(Haustafel) 전승이 권면에 미친 영향에도 특별히 주목하게 될 것이다. 그러한 영향을 발견한 디벨리우스와 그를 따르는 많은 학자들은 그럼에도 불구하고 권면의 의도를 곡해하였고, 결과적으로, 목회서신에 있는 윤리 교훈의 의도를 잘못 해석하였다. 우리는 저자의 윤리 사상에 대한 보다 정확한 상을 그릴 수 있다는 소망을 가지고 이 전승에 대한 보다 분명한 이해로 보이는 점들을 적용하게 될 것이다. 각 단계에 걸쳐 우리는 끊임없이 신학 구조가 어떻게 윤리적 교훈에도 영향을 미치고 있는지를 묻게 될 것이다. 때로는 문법적인 실마리들에 의해서, 때로는 문맥적이거나 개념적 시사들에 의해서, 또는 단순한 주제적 요소를 통해서 목회서신의 윤리가 "조용하고 평화로운 삶"을 목적 자체로 삼기보다는 보다 깊은 동기에 의해 움직여지고 있다는 것이 드러날 것이다. 이런 서론적 진술들을 일단 끝맺고 우리는 이제 탐구 자체를 진행하려고 한다.

1. 원리의 관점에서 본 그리스도인 존재

그리스도인 존재, 즉 현시대를 살아가는 믿음의 삶은 네트워크처럼 연계된 여러 술어들을 수단으로 해서 묘사된다. 본 섹션에서 우리의 목표는 이 네트워크의 다양한 부분들을 분리하여 검토하고, 현 단계에서도 저자의 윤리적 개념을 지배하는 전제를 발견하는 것이다. 주된 관심은 그리스도인 생활의 이론적 묘사 가운데서 지닌 그리스도 사건의 의의를 결정하는 것이다. 왜냐하면 이것은 저자의 사상의 윤리적 구조가 신학적 구조에 어느 정도 의존해 있는가를 드러내주기 때문이다. 흔히 주석적이고 개념적이며 논리적인 실마리들이 이 점을 분명히 밝혀주기도 한다. 그러나 우리는 또한 윤리 안에서 관심의 흐름들을 도표화하려는 데 목적을 두고 있다. 이론적인 묘사에서는 구체적인 권면에서 정규적으로 재등장하는 경향들이 드러날 것이다. 예를 들어, 저자가 원리상으로 그리스도인의 존재를 개관하는 것처럼 보이는 윤곽은 다음과 같다: 믿음의 삶은 지식이 실천으로 옮겨지는 과정으로 표현된다. 구체적인 교훈들을 고려할 때, 초점은 자연히 실천 문제로 좁혀지지만, 적어도 바른 지식이 바른 행동 배후에 전제되어 있다는 증거가 자주 등장한다. 또한 이론적이고 실천적인 진술 모두에 있어서 묘사된 행동은 성격상 관찰 가능하거나 또는 공개적인 것이다. 이것은 아마도 재등장하는 또 다른 경향, 즉 원리적으로나 실천적으로 묘사된 윤리적 모델이 거짓 교사들에 의해 소개되고 지속되는 그리스도인 행동의 왜곡과 탈선을 바로잡고자 하는 의도를 지닌다는 사실에 기인한 것으로 보인다. 물론 많은 학자들로 하여금 기독교 소시민 해석을 따라가도록 유인한 것도 이런 관찰 가능한 윤리의 성격 때문이다. 그러나 우리가 살필 것이지만, 신학적 구조와 윤리적 구조 사이의 확고한 연결점이 나타나는 것처럼, 이미 언급한 바 있는 경향들과 또 권면들 이면에 놓인 의도들은 이런 해석을 도전하는 방식으로 결합될 것이다. 이 점에서 술어들의 네트워크는 그리스도인 실존에 대한 저자의 이론적 개념이 잘 해석될 수 있도록 분석되어야 한다.

1) 전체에서 본 그리스도인 존재

피스티스 단어 그룹

우리가 메시지와 그 선포에 대한 저자의 개념을 검토할 때 처음으로 소개된 이 단어 그룹은 믿음의 삶을 성격규정 하는 데 있어서 중요한 역할을 담당한다. '믿음'(pistis), '믿는다'(pisteuein), '믿는'(pistos) 등과 같은 각 술어는 신자에 대한 묘사에 기여하는데, 처음 두 단어들은 특별히 그리스도와의 관계에 중심을 두고 있다.

'믿음'(pistis)은 신자 자신을 묘사할 때 17회 사용된다.[1] 바울서신에서 이 술어는 그리스도인을 약간 다른 몇 가지 각도 중 한 각도에서 이해한다. 강조점은 선포된 메시지를 받아들이는 자로서의 신자 신분에 놓여진 것으로 보이는데,[2] 선포된 메시지는 또한 신자와 그리스도 사이의 인격적 관계에 대한 표현과 병합된다. 또는 이 술어는 개인을 신앙의 정확한 내용을 "믿는 자"로 성격 규정 할 수도 있는데, 이 경우에 신앙의 대상은 그리스도 또는 이차적이긴 하지만 그에 관한 케류그마로 추정된다.[3] 약간 다른 '믿음'의 용례는 그리스도를 믿는 행위를 지칭하는 것으로서 "~을 믿는다"(pisteuein eis)는 보다 전형적인 전치사

---

1) 딤전 1:4,5,14,19; 2:7,15; 3:13; 4:12; 6:11; 딤후 1:5,13; 2:22; 3:10,15; 딛 1:1; 2:10; 3:15.
2) 롬 10:8,14-17; 고전 2:4-5; 15:14; 갈 3:2,5; 빌 1:27. 또한 Ridderbos (1975), 237-40을 보라.
3) 고전 2:5; 고후 1:24; 13:5; 갈 2:20; 살전 3:2,5-7; 엡 6:16.

구에서 나타난다.⁴⁾ '피스티스' 가 신자를 지칭하여 사용될 때 선포된 메시지를 받아들인다는 개념들과 그리스도와의 관계 사이를 구분하는 것은 종종 불가능하다는 것을 처음부터 인식하는 것이 중요하다. 문맥이 도움을 줄 수도 있지만, 동일한 단어가 사용되어 그리스도와의 본질적 관계와 그 동일한 본질적 관계 이면에 놓인 그에 관한 메시지를 받아들이는 것을 표현할 때 어느 정도의 혼선은 불가피하다. 중복된 개념들의 동일한 패턴이 초기 바울에게서도 발견될 수 있다.⁵⁾

'믿음' 이란 술어의 용법에 대해 보다 상세하게 분석해보면 믿음의 삶을 정의하는데 도움이 될 것이다. 네 경우들에 있어서(딤전 1:4, 5; 딤후 1:13; 딛 1:1), 그리스도에 관한 메시지를 받아들이는 것을 염두에 두고 있다. 각 경우에 근접 문맥은 복음 선포와 또는 이단자들의 거짓 교리들과의 대조에 관심을 나타내고 있어서 "믿음"의 객관적인 내용이란 사상이 주를 이루고 있다.⁶⁾

그러나 보다 빈번하게 '믿음' 은 신자를 단순히 믿음을 가진 자로 특징화한다. 여기서 뜻하는 것은 그리스도에 관한 메시지를 믿는 믿음과 그리스도와의 인격적인 관계라는 의미의 믿음 사이를 오락가

---

4) Bultmann, *TDNT* 6: 210-12; Ridderbos (1975), 239를 참조하라.
5) 비록 이 동사가 더 두드러지기는 하다; Bultmann, *TDNT* 6: 208-212; cf. Bruce (1982), 105.
6) 딤전 1:4-5에서 'parangelia' 란 술어의 사용은 선포에 대한 관심을 지시하고 있고, 반면에 이단자들의 활동과 (heterodidalskalein) 목적과 대조하는 일은 정통적인 설교 대 비정통적인 설교에 주목하고 있다. 딤후 1:13에서 "바른 말"에 대한 관심, 그리고 주변 문맥에서 "맡은 것"에 대한 관심을 주목하라. 딛 1:1은 사도로서 바울의 사역에 집중하고 있고, 3절은 설교를 하라는 그의 소명을 지시하고 있다.

락하는 것 같다.[7] 디모데전서 1장 14절과 19절은 좀 더 느슨한 이런 용법을 대변한다. 두 구절에서 믿음이란 술어는 종교적 신앙을 뜻하고, 그리스도 또는 복음은 그 내용이 된다. 사실 이런 광범위한 술어 사용으로 인해 믿음은 기독교인의 한 속성이 되어 자주 다른 덕목들 중 하나로 등장하기도 한다. 그럼에도 불구하고, 이 술어의 깊은 의미는 소진되지 않았다. 복음 또는 그리스도 자신이 이러한 '믿음'의 대상인가 하는 문제, (사랑, 의 등과 나란히) 신자의 '믿음'의 상태 등이 그리스도인 존재에 대한 저자의 이해에 있어서 결정적인 중요성을 지닌다. 그리스도인 존재는 개인이 그리스도와 그에 관한 메시지에 적절한 관계를 맺는 것에 의존해있다.

6회의 경우에 '믿음'은 약간 다른 뉘앙스를 표현해주는데, 개인을 그가 "믿는다"는 사실의 관점에서 바라보기 때문이다. 이것은 디모데전서 3장 13절에서 분명한 것으로 보이는데, 이 구절에서 신실한 집사들은 "그리스도 예수 안에 있는 믿음에 큰 담력을 얻는다"고 언급된다. 여기서 '믿음'은 "그리스도 안에" 있는 믿음이고, 인격적 관계를 염두에 둔 것이 거의 확실하지만,[8] '믿음'은 존재의 상태 또는 얻어지는 위치로 이해된다(cf. 딤후 3:15).[9] 디모데전서 2장 15절에서 '머물다' (menein)는 동사도 또한 믿는 삶의 스타일 또는 위치를 시사한다(cf. 딤전 2:7; 딛 2:10; 3:15).

그렇다면 '믿음'이 그리스도인 생활을 그리스도와 그에 관한 메시

---

7) 딤전 1:14,19; 4:12; 딤후 1:5; 2:22; 3:10을 보라.
8) Contra Allan (1963), 116-18. 그리고 Kelly, 53-54, 85; Dibelius and Conzelmann, 58-59를 보라.
9) Cf. Bultmann, TDNT 6: 212; Dibelius and Conzelmann, 58-59.

지를 믿는 믿음의 삶으로 특징화하는데 있어서 주도적인 역할을 하는 것 같다. 더욱이, 그러한 믿음의 대상이 함축하듯이, 새 시대 존재의 이 측면은 구원을 산출하는 역사적 그리스도 사건에 기초한 것이 분명하다. 그러므로 그리스도인 존재는 정의상으로 그 사건에서 연원되는 존재이다. 이것은 디모데전서 1장 14절에서 한층 더 분명해지는데, 여기서 바울의 '믿음'이 그리스도 사건으로부터 귀결되었다고 시사된다. 따라서 '믿음'은 새로운 생활에 속한 기술적 술어로서 그 생활을 그리스도 안에 정초시키고, 그것을 살아계신 주와의 친밀한 관계의 삶으로 정의한다.

'믿는다'(pisteuein)는 동사의 용법을 간단히 살펴보면 이미 앞서 시사한 바를 확증해준다. 네 개의 관련 구절들 중 세 개의 경우에서[10] 그리스도는 믿음의 대상이고(딤전 1:16; 3:16; 딤후 1:12; 딛 3:8에서 '하나님'이 이런 기능을 갖는다), 각 경우마다 구원의 조건을 형성하는 것은 믿는 행위이다. 앞서 살핀 것처럼, 디모데전서 1장 16절에서 "그를"(ep'auto)이란 전치사구와 연결될 때 '믿는다'(pisteuein)는 동사는 그리스도와의 인격적 관계라는 개념을 표현해준다. 그러나 동일한 사실이 디모데전서 3장 16절과 디모데후서 1장 12절에 사용된 동사에도 거의 확실하게 적용된다.[11] 따라서 이 동사의 경우에 새로운 생활에 들어갈 때 신앙이 갖는 근본적 자리가 대담하게 부각된다.

'믿음'은 신자를 지칭하여 8회 등장한다.[12] 그것은 "신실한"이란 수

---

10) 딤전 1:11과 딛 1:3에서 수동태 형은 "맡기다"(entrust)를 뜻한다.
11) Cf. Bultmann, *TDNT* 6: 21.
12) 딤전 1:12; 3:11; 4:3,10,12; 5:16; 6:2; 딤후 2:2.

동적 개념이나 또는 "신뢰하는", 즉 "믿는"이란 능동적 의미를 나타낼 수 있다.[13] 후자의 의미는 5회 정도의 경우에 나타난다(딤전 4:3, 10, 12; 5:16; 6:2). 이들 구절의 경우에 그리스도 사건은 이 술어에 담긴 "믿는" 행위의 중심을 이룬다; "신실한" 상태는 "믿는" 행위로부터 귀결된 것이며, 믿음의 대상과 기초는 과거에 있었던 그리스도 사건이다. 전자의 수동적 의미는 성격, 즉 "신실함"이란 성품의 측면을 묘사하는데, 각 문맥은 그것을 보다 가깝게 정의를 내리곤 한다. 디모데전서 3장 11절과 디도서 1장 6절에서 "모든 일에" 신실하다는 매우 일반적인 개념을 염두에 두고 있다. 그러나 디모데전서 1장 12절과 디모데후서 2장 2절에서 특정하게 의도된 것은 복음 사역과 관련된 신실함이다. 세 명의 개인들이 이미 신자들이었다는 것이 가정될 수도 있지만(딛 1:6의 자녀들은 예외로 하고), 수동적 의미가 사용되는 곳에서 그리스도 사건에까지 거슬러 올라가 어떤 연결점을 허용하는 것은 단지 보다 폭넓은 문맥뿐이다.

우리는 믿음의 반대편에 서 있는 행위나 사람들을 성격 규정하는 "불신앙"(apistia, 딤전 1:13), "불신하는"(apistos, 딤전 5:8; 딛 1:15), 그리고 "불신하다"(apistein, 딤후 2:13) 등과 같은 반의들의 용법을 검토하지 않은 채 이 단어 그룹을 떠날 수 없다. 디모데전서 1장 13절에서 '불신앙'은 바울의 회심 전 존재 상태를 정의한다.[14] 디모데전서 5장 8절과 디도서 1장 15절의 문맥들은 동일한 개념이 '아피스토스'란 술어와 함께 표현된다. 오직 '아피스테인'(apisteuein) 동사만이 문맥의 요

---

13) Bultmann, *TDNT* 6: 211.
14) 그의 이전 행위, 신성모독, 핍박, 그리고 폭언 등은 그의 "불신앙"이 가져온 무지에 묶여있다 (13절).

구에 따라 약화되어 불신앙의 삶의 스타일을 지칭하기보다는 오류에 빠진 신자의 고립된 불신앙 행위들을 지칭하게 되었다; 전자의 개념은 12절하의 조건절에 담겨있다. 이들 반의어를 통해 묘사된 행위는 그리스도 사건과는 아주 다른 것에서 파생된 행위인 것이 분명하다.

요약하면, '피스티스' 단어 그룹은 그리스도인 존재에 대한 저자의 개념 가운데서 그리스도를 믿는 믿음의 중심적 위치를 확립하는데 있어 근본적인 역할을 담당한다. 사도적 메시지를 지칭하는 '믿음' 용법이 시사하듯이, 그리스도를 향한 신자의 태도의 표현으로서 '믿음'은 그리스도에 관한 메시지를 통해서 그에 관한 정확한 지식을 가질 것을 전제한다. 믿어지는 것은 정확한 교리이고, 사도적 케류그마의 내용인 그리스도이시다. 분명히 이 모든 것은 기본적인 것이다. 그러나 저자가 그랬던 것처럼, 그리스도에 대한 신자의 "믿음"의 관계를 희생시켜가면서 믿음이 왜곡되고 있는 이단 상황에 직면하여 '피스티스' 단어 그룹은 그리스도인 존재를 그리스도 사건에 대한 사도적 메시지에다 다시 닻을 내리는 역할을 하였고, 참된 그리스도인 존재가 무엇인지 결정할 수 있는 교정책과 표준을 제공해주었다.

유세베이아 단어 그룹

'경건'(eusebeia) 개념은 그리스도인 존재에 대한 저자의 묘사 중에서 두드러진다. '유세베이아'(eusebeia)는 10회,[15] '유세베인'(eusebein)은 한 번,[16] 그리고 '유세보스'(eusebos)는 두 번에[17] 걸쳐 등

---

15) 딤전 2:2; 3:16; 4:7,8; 6:3,5,6,11; 딤후 3:5; 딛 1:1; cf. 행 3:12; 벧후 1:3,6,7; 3:11.
16) 딤전 5:4; cf. 행 17:23.
17) 딤후 3:12; 딛 2:12.

장한다. 그러나 이 술어의 정확한 의미에 대해서는 의견불일치가 지속되고 있는 상태이다. 스피크(Spicq)와 슈라터(Schlatter)는 그것이 하나님을 향한 존경하는 태도를 가리킨다고 주장하지만,[18] 이것은 너무 제한적인 의미여서 그 개념이 등장하는 모든 문맥을 만족시키지 못한다. 디벨리우스(Dibelius)는 그것이 "하나님과 사람을 모두 잘 기쁘게 하는" 행위를 뜻한다고 설명하는데, 동일한 비평이 그의 설명에도 가해질 수도 있다. 이 의미를 확증하기 위해서 디벨리우스는 디모데전서 2장 2절에 과도하게 의존하는데, 여기서 창조된 세상 질서와 관련한 교회의 행위가 규정되고 있다. 사실 이 구절은 목회서신에서 그의 기독교 소시민 윤리 모델의 핵심을 이룬다.[19] 하지만 비록 이 의미가 어떤 문맥에 들어맞을 수도 있지만, 다른 문맥들을 설명하는데는 부적절하다. 푀르스터(Foerster)는 보다 유연성이 있는 해석으로 이전 견해들의 한계들을 극복하려고 시도한다; 유세베이아는 거짓 교사들이 유포한 행습들과는 달리 창조된 세상 질서에 마땅한 주의를 기울이는 '믿음'에서 생겨난 삶의 태도이다.[20] 그도 역시 디모데전서 2장 2절을 개념 정의를 위한 도구로 간주한다. 비록 그의 설명이 디벨리우스의 것보다 더 폭넓은 범위를 포괄한다고 주장하기는 하지만, 그가 세상과 연관하여 신자의 행위의 관습성에 좁게 초점을 맞춘 것은 모든 구절들을 설명하는데 그 효율성을 반감시킨다(특히 딤후 3:12).

디모데전서 2장 2절과 이 구절에서 국가를 지칭하는 점에 과도하게 의존하려는 경향은 디벨리우스와 푀르스터가 그린 경건 상(像)을 왜곡

---

18) Spicq, 482-92, 특히 485; Schlatter, 131, 176.
19) Dibelius and Conzelmann, 39-40.
20) Foerster (1959), 217-18.

시켰을 개연성이 많다. 푀르스터는 실제로 묘사된 삶의 스타일과 그리스도 사건 사이의 밀접한 관계를 강조함으로써 어느 정도 근거를 확립하기도 하였다.[21] 그러나 디모데전서 2장 2절과 다른 모든 구절들을 그 바른 전망에다 올려놓음으로써 보다 만족스러운 해석을 약속하는 길은 립스(Lips)가 제안한 논지를 따라 개념을 확장하는 것이다. 우리는 지금 그의 공헌을 검토하려고 한다.

이 단어 그룹의 배경에 관한 한, 헬레니즘 시대의 공용어에서 '유세베이아'가 장로들, 죽은 자들, 조국, 통치자들과 권세자들, 그리고 노예의 경우에는 주인들에 대한 일반적인 존경의 태도를 지칭했다는 것이 아주 옳다.[22] 결과적으로, 이런 정황에서 쓰인 이 술어는 자동적으로 신들에 대한 태도를 뜻하지 않았다.[23] 그러나 디아스포라 유대교에서 이 단어는 여호와 하나님과 직접 연관되어 사용될 때 신적인 것과 보다 가까운 관계에 들어가게 된다. 따라서 칠십인경에서 그것은 히브리어 "이레아"(ireah)를 번역한 말일 수 있다(예, 사 11:2; 33:6; 잠 1:7). 이 경우에 그것은 "주를 두려워함", 또는 "경외"를 뜻하지만 한 분 참 하나님에 대한 지식에 뿌리를 둔 태도이다.[24]

바로 이점에서 립스(Lips)의 공헌이 가장 중요하다. 보다 심층적인 분석을 통해서 그는 헬라 세계에서, 그리고 대중철학의 술어에서 '유

---

21) Ibid. 218; cf. Trummer (1978), 230; Kümmel (1975), 270.
22) Foerster (1959), 215; id., *TDNT* 7: 129를 참조하라.
23) Foerster (1959, 215)는 "신들"이 다양한 세계 질서를 보장하는 자들 또는 수호하는 자들로 간주되었다고 지적한다.
24) 사 11:2에서 '유세베이아'는 '그노시스'와 밀접하게 연관되어 있거나 평행을 이룬다; 또한 사 33:6, episteme; 잠 1:7을 참조하라. Cf. BDB 432.

세베이아'는 단순히 신들에 대한 존경을 가리키기보다 바른 존경심을 담보하기 위해 요청되는 지식을 지칭하게 되었다는 사실을 드러냈다; 그것은 신의 뜻에 일치하는 행위와 관계가 있었다. 더구나, 영지주의 본문에서 '유세베이아'는 "하나님에 대한 지식"(gnosis theou)으로 정의되었다.[25] 물론 이들 자료의 연대를 목회서신과 일치시키는데 문제들이 존재하기는 하지만, 이들 자료에서 '유세베이아'와 '그노시스'를 연결하는 경향은 목회서신 저자도 공유하는 것으로 보인다. 그는 '지식'(gnosis)을 가졌다고 주장하는 거짓 교사들의 행위를 '유세베이아'로 특징화되는 그리스도인 존재와 생생하게 대조시킨다. 그러나 이런 개념들의 결합이 나타내는 다른 시사점들도 대두된다.

당분간 신자들을 지칭하여 사용되는 '유세베이아'와 그 파생어들의 용례를 제쳐두고, '유세베이아'에 대한 이단자들의 입장에 초점을 둔 두 구절들이 우리가 발견한 의미에 빛을 던져준다. 첫째로, 디모데전서 6장 5절에서 거짓 교사들이 가진 근본적인 오해가 표면에 부상한다: "경건을 이익의 재료로 생각하는 자들." 디도서 1장 11절의 진술은 아마도 그러한 오해가 실제로 어떤 내용이었는지를 밝혀줄 것이다: "이런 자들이 더러운 이를 취하려고 마땅치 아니한 것을 가르쳐 집들을 온통 엎드러치는도다." 분명히 거짓 교사들은 그들의 "교훈"을 돈을 받고 파는 버릇을 가졌는데,[26] 이것은 디모데전서 6장 5절의 '유세베이

---

25) Lips (1979), 82에 실린 영지주의 문헌의 용례를 참조하라. 또한 주목할 가치가 있는 사실은 '아세베이아'(asebeia)가 '아그노시스'(agnosia)와 동의어적으로 사용된다는 점이다; Norden (1923), 64 n. 2를 보라. 그리고 필로의 문헌에서 (OpMund 170; Fig. 114; LegGaj 77; ConfLing 114) asebeia/asebes 등의 술어는 하나님의 존재에 대한 부인과 연관되었다.

26) 동일한 비난이 신약 다른 곳에서도 이루어진다; cf. 롬 16:17-18; 벧전 5:2; 벧후 2:3.

아'가 객관적인 내용, 즉 지식과 관련하여 이해되어야 한다는 것을 시사한다. 사실 '지식'(gnosis)은 그들의 종교적 틀 속에서 결정적인 중요성을 지녔다. 그리고 디모데전서 6장 5절과 디도서 1장 11절의 비교가 시사해주는 것처럼, 거짓 교사들은 생계를 위해 공동체에 의존했는데, 립스가 제안한 견해에 따르면 아마도 축적된 자금을 끌어다 썼을 수도 있다.[27] 그들의 정의에 따르면 '유세베이아'는 오로지 '지식'으로만 구성되었을 뿐이다.

그러나 저자의 경건 이해는 두 번째 구절인 디모데후서 3장 5절을 설명할 때만 온전히 분명하게 밝혀질 수 있다: "경건의 모양은 있으나 그 능력은 부인하는 자." 한편에서 경건의 "모양"은 적나라한 악목(惡目)이 시사하듯이 외적인 행위 이상의 어떤 것을 염두에 두고 있음이 거의 분명하다. 그렇다면 거짓 교사들에게 치부된 긍정적인 "경건의 모양"은 도대체 어떤 것일까? 이 구절을 디도서 1장 16절의 비난과 배교해 보면("저희가 하나님을 시인하나 행위로는 부인하니") 모든 면에서 정확한 것이든 아니든 간에 하나님에 대한 지식이 "경건의 모양"으로 간주되고 있음을 시사해준다.[28] 하지만 그들은 그 지식을 제거함으로써 그것이 실천적인 삶에 미친 효과와 타당성을 부정하고 말았다.

따라서 전적으로 지식에만 초점을 맞추고 그 실천적 결과들을 소홀히 한 거짓 교사들이 그리스도인의 삶에 대해 취한 왜곡된 접근을 저자가 어떻게 평가했는지를 조심스럽게 검토함으로써 바르게 이해된 '유

---

27) Lips (1979), 81-82. 바울 교회의 조직 이론에 대해서는 특별히 Theissen (1975), 192-22를 보라; 그러나 또한 Hengel (1974b), 35-41도 참조하라.
28) Cf. Lips (1979), 88. 각 구절에서 arneisthai의 용법을 주목하라.

세베이아'가 하나님에 대한 지식을 적절한 행위와 결합시켰다는 사실이 분명해진다.

여기서 이 개념의 나머지 경우들을 살펴보면 이 해석을 검증할 수 있고 새 시대의 삶의 스타일을 염두에 두고 있음을 논증할 수 있을 것이다. 디모데전서 2장 2절에서 '유세베이아'는 여격과 함께 쓰인 '엔'(en) 전치사 시사해주듯이 어떤 삶의 방식을 뜻한다:[29] ".... 이는 우리가 모든 경건과 단정한 중에 고요하고 평안한 생활을 하려 함이니라." 그러나 우리는 이 구절에 너무 많은 무게를 두어서 '경건'을 세상 질서에 대한 바른 존중의 태도로 해석하려는 학자들에게(즉 디벨리우스와 푀르스터) 철저한 답변을 제시하기 위해 잠시 멈출 필요가 있다. 트럼머(Trummer)는 그것을 "세상 질서와 의무들을 존중하는 기독교"로 설명한다. 이 구절에서 '유세베이아'가 국가에 대한 존경의 태도와 밀접하게 연관되어 있다는 것은 의심할 여지가 없다. 그렇더라도 "고요하고 평안한 삶"이 이제 "모든 경건과 단정한 중에" 있는 삶으로 좀 더 구체화되어 설명된다는 푀르스터의 주장은[30] 본문을 정직하게 읽어보면 지지될 수 없는 주장이다:

1. 저자는 회중 가운데서 기도, 간구, 감사를 할 때 "모든 사람을 위하여" 해야 한다고 교훈한다;
2. 그래서 "모든 사람"이 확대되어 "임금들과 높은 지위에 있는 모든 사람"이 소홀히 되지 않는다;

---

29) Cf. BDF para. 198.4.
30) Foerster (1959), 216.

3. 이 기도의 목적은(hina) 신자들이 "고요하고 평안한 생활"을 추구할 수 있도록 하기 위함이다;
4. 전체 전치사구는 ("모든 경건과 단정한 중에") 그러한 추구가 실행되는 방식을 묘사함으로써 '추구하다' (diagomen)는 동사를 수식한다.

퓌르스터의 해석과는 반대로, 두 표현들은--즉 "고요하고 평안한 삶"과 "모든 경건과 단정한 중에"--동등한 사상을 나타내지 않는다. 따라서 '유세베이아'는 사실 정부를 향한 그리스도인의 태도에 적용될 수 있으나(여기서는 정부의 지도자들의 구원을 위해 기꺼이 기도하려는 태도로 표현된다), 모든 문맥들에 적합한 정의를 위해 개방된 채로 남아있다. '유세베이아'가 하나님을 인정하는 데서 연원되는 삶의 스타일을 묘사한다는 우리의 해석은 문맥의 요구에 잘 들어맞는다; 정의된 대로 그것은 그리스도인 존재의 모든 측면들에 적용되며, 여기서 그것은 사회 구조들 속에서 존경스러운 삶을 살아야 할 시급성과 관련하여 언급된다. 경건이 삶의 방식을 표현해준다는 것은 그것이 '생활' (bios)과 관계된 점에서 한층 더 확증된다.[31]

디모데전서 4장 8절에서 이단자들의 삶의 유형인 "육체의 연습"과 바울이 인정한 대안인 "경건" 사이의 대조는 바른 행위를 할 것을 격려한다. 이 경우에 위에서 제시한 경건의 정의를 변경할 이유는 없다; '신화'가 언급된 것은 근거 없는 금욕주의를 담고 있거나 정초시키는 이단자들의 '지식' (gnosis)이 지금 저자에 의해 공격당하고 있음을 나타

---

31) 딤후 2:4; 눅 8:14; 요일 2:16; 행 26:4를 참조하라. Cf. Bultmann, *TDNT* 2: 863과 n. 262.

내주고 있기 때문에, 역으로 하나님에 대한 참된 지식과 그에 상응하는 타당한 행위 방식이 여기에 함축되고 있다는 것을 알 수 있다.

'유세베이아' 가 언급되는 나머지 구절들은 우리의 설명을 뒷받침해 준다. 디모데전서 6장 3, 5, 6, 11절에서 이 술어의 사용은 "바른 교훈"에 대한 언급을 통해서 (특히 3절, "경건에 관한 교훈을 따라") 하나님을 아는 지식과 바른 삶의 스타일을 결합시킨다. 그리고 디도서 1장 1절에서 '경건' 과 하나님을 아는 지식을 결합시키는 동일한 연관성이 자명하다 (이 경우에 그것은 "진리를 아는 지식", 즉 구원으로 인도하는 지식이다). 동사의 사용을 통해 (딤전 5:4) 우리는 깨달은 이러한 지식이 그리스도인 생활의 또 다른 특정한 측면, 즉 가족 의무를 실행하는 데로 인도한다는 것을 알게 된다. 새 시대의 행동은 과부들을 돌보는 일을 포함한다.[32]

두 번에 걸친 부사의 등장은(딤후 3:12; 딛 2:12) 새로운 존재를 지칭하는 표현으로서 이해할 만하다. 새로운 존재가 되어 그리스도를 알게 되면 규정된 삶의 방식을 나타내게끔 되어 있다(딤후 3:12과 딛 2;12에 나타나는 '산다' 는[33] 동사를 주목하라). 사실 덧붙여야 할 것은 디벨리우스와 푀르스터가 제안한 '유세베이아' 의 해석은 디모데후서 3장 12절의 진술에서 보면 불가해하다("무릇 그리스도 예수 안에서 경건하게 살고자 하는 자는 핍박을 받으리라"). 왜냐하면 만일 신자들이 세상의 표준을 따라 살고자 할 뿐이라면 왜 그들에게 핍박이 임하는지 설명하

---

32) Foerster (1959), 216; Dibelius and Conzelmann, 74; Kelly, 113을 보라.
33) 딤후 3:12의 zen 동사와 딛 2:12의 zesomen 동사. Cf. 눅 15:13; 갈 2:14; 롬 6:2; 골 3:7.
34) Lips (1979), 83.

기 곤란하기 때문이다. 하나님/그리스도를 아는 바른 지식을 바른 행동과 엮어 짜놓은, 립스(Lips)가 바르게 관찰한 대로, "신앙에 이르는 인식"(Bekenntnis zum Glauben)[34]을 포함하는 우리의 해석은 믿음 지향적인 행위 방식을 드러내는데, 이런 행위 방식은 어쨌든 어떤 측면에서 불신자에게서 따라서 적대적인 세상으로부터 핍박을 자아내게 만든다.

지금까지 우리는 디모데전서 3장 16절에 나오는 '유세베이아'의 역할을 간과해 왔다. 그러나 이제 우리는 지금까지 해석해온 '경건' 개념이 과거 그리스도 사건과 현시대의 구원에 어떤 관계를 맺고 있는지 논증할 때 이 구절을 검토할 것이다. 디모데전서 3장 16절에서 그리스도 찬송시는 "크도다 경건의 비밀이여"라는 선언으로 시작된다. 위에서 논한 것처럼, 목회서신 전체를 주도하는 '경건'의 의미뿐만 아니라, 바른 행동에 대한 관심은(cf. 15절, '행할 것') "경건의 비밀"이 "비밀"과 (그리스도 사건과 그 선포) 구원얻은 자의 삶의 스타일 사이의 연관성을 확립하고 있음을 시사해준다. '유세베이아'가 종교를 뜻하는 말로 이해하는 것은 적절치 않다. 병렬 소유격 표현인 "경건의"라는 말은 "비밀"을 묘사하는데, 비밀은 찬송시 제6행에서 새로운 존재의 본질로, 전에는 감추어졌으나 지금은 계시된 그리스도로 묘사된다. 이 문맥에서 '경건'은 신앙인식(Glaubenserkenntnis)이란 개념과 그에 상응하는 행위를 단일체로 통합시킨다.[35] 따라서 저자는 현시대의 그리스도인 행위를 과거에 있었던 그리스도의 현현에 대한 바른 이해에 안전하게 닻을 내리고 있다.

---

35) Contra Lips (1979), 84. 그는 이 문맥에서 행위의 사상을 제거한다.

동일한 이 연관성이 디도서 2장 11-12절에서도 현저하게 나타나는데, 여기서 과거에 나타난 구원하는 하나님의 은혜가(=그리스도 사건) 다음과 같이 해설된다:

> 모든 사람에게 구원을 주시는 하나님의 은혜가 나타나 우리를 양육하시되 경건치 않은 것과 이 세상 정욕을 다 버리고 근신함과 의로움과 경건함으로 이 세상에 살고

그리스도 사건은 그것이 산출하는 효과라는 관점에서 교육적으로 이해되고 있는데, 이것은 사고의 진전을 통해서, 그리고 '양육'(paideia)이 덕을 기른다는 헬라 사상에 근거해서 설명된다. 이 경우에 저자는 하나님의 '양육' 사역이(그리스도 사건이라는 수단을 통해서) 회심으로 인도하고 새로운 존재 양식을 산출한다고 설명한다.

디도서 1장 1절은 그리스도 사건으로부터 '경건'으로 넘어가는 대담한 논지를 펼친다. 여기서 사도의 사역은 그 목표들과 관련하여 묘사된다: "하나님의 택하신 자들의 믿음을 따라 그리고 경건함에 속한 진리의 지식을 (따라)." "진리의 지식"은 지금까지 "믿음을 가지다"를 뜻하는 친숙한 술어이지만, 이 구원의 표준은 그리스도를 아는 지식에서 생겨나는 새로운 삶의 방식이다("경건함에 속한"). 그러므로 인과 관계가 적어도 함축되어 있다(cf. 딤전 6:3, 여기서 '경건'은 '교훈'의 표준이다).

비록 다른 구절들이 새로운 삶의 방식과 과거 그리스도 사건의 직

접적 관계를 암시할지도 모르지만(특히 딤전 4:8-10), 방금 전에 관찰한 명시적인 연관성은 이것이 '경건'이란 술어가 등장하는 각 구절에서 저자의 가정이었다는 것을 논증하기에 충분하다. 경건이 하나님을 아는 참 지식과 그에 상응하는 삶의 유형으로 구성된다는 점을 인정할 때 좀 덜 분명한 연결점이 그 개념 자체에 존재한다고 할 수 있다. 우리는 "믿음을 가진다"(coming to faith)는 것이 "진리의 지식에 이른다"(딤전 2:4; 딤후 2:25; 3:7; 딛 1:1; cf. 딤전 4:3)는 표현에 비추어 주조된 것임을 살핀 바 있다. 이로써 강조점은 신앙의 이성적인 측면에 놓이게 된다. 왜냐하면 저자는 거짓 교사들이 그들의 "비의적인"(esoteric) '지식'(gnosis)을 가지고 이루어낸 성공을 허물기 위해서 신앙과 바른 교리 사이의 가시적 연결점을 확립하고자 원했다. 이에 비추어 보면 '경건'은 자연히 저자의 구원론적 강조점에서 흘러나온다고 볼 수 있다: (1) 그리스도의 구속 사역을 통해 가능해진 구원, 그리스도와의 인격적 관계는, (2) 그리스도에 관한 메시지를 믿는 이성적 신앙으로 구성되고, (3) 따라서 구원 얻은 자의 생활은 하나님/그리스도를 아는 또는 그에 관한 지식과 그 실천적 작용을 포함한다. 의심할 여지도 없이, 저자의 메시지의 윤리적 구조 속에서 주도하는 이 '경건' 개념은 구원론적 기초 위에 세워진 것이다.

우리는 지금까지 그리스도인 생활이 전적으로 두 술어에 의해 규정이 된다는 사실을 살펴보았다: '믿음'과 '경건'이 바로 그것이다. 사실 각 술어는 그 자체만으로도 역할을 담당할 수 있다. 하지만 이들 술어 사이의 관계는 무엇인가? 두 개념들은 등장하는 빈도수가 보여주듯이 목회서신에서 중심적이다.[36] 그러나 이들 술어는 표현하는 의미에서 결코 동등하지 않다. '믿음'(pistis)은 그리스도와 그에 관한 선포에 대한 특정한 태도를 뜻한다. 결과적으로, 그것은 그리스도인 존재를 주로 그리스도와의 본질적 관계와 연관해서 정의를 내린다. 이 관계는 믿음, 좀 더 특별하게 표현하면 사도적 케류그마에 대한 신앙으로 구성된다. 그것은 그리스도인 존재를 일반적으로 믿음의 태도의 관점에서 간주한다.[37] '경건'(eusebeia)은 그리스도인 존재를 그리스도에 대한 신앙 또는 하나님에 대한 지식이 산출하는 삶의 방식의 관점에서 바라본다. 이 술어는 '믿음' 개념을 간과하지 않고 오히려 그것을 새 시대의 실존을 좀 더 확장해서 규정할 때 그 속에 통합시킨다.

'믿음'의 경우에서도 드러난 것처럼, '유세베이아' 단어 그룹에 의해 설명되는 개념, 즉 그리스도인의 행동이 믿음 안에서 하나님에 대한 바른 지식과 묶여있다는 것은 신약 사상에서 순간적으로 발전된 것이 아님을 나타낸다. 상관된 개념들이 바울서신에서도 되풀이해서 표현된다. 그러나 우리는 목회서신의 저자가 왜 그리스도인 존재의 모델을 수립할 때 지식과 행위를 이런 식으로 결부시킨 것을 그렇게도 강조하는지, 그리고 그가 왜 그 과정에서 새로운 술어를 끌어들였는지를 물어볼 필요가 있다. 이 두 질문에 대한 답변은 거짓 교사들이 구원론을 심각하게 왜곡시키는 그들의 비의적 '지식'(gnosis)을 유포함으로써 신앙과 실천의 간극을 벌여놓는데 성공하고 있었다는 사실에서 거의 분명하게 찾아질 수 있다. 아마도 그들이 자신이 사용한 '경건' 개념을 통해서 그들은 한편에서는 거의 전적으로 '지식'에만 집중해 있었지만 너무도 왜곡된 지식이어서 다른 한편으로 실천 문제에는 거의 사소한 주의도 기울이지 않는 그런 대안적 "그리스도인" 존재를 제안하였을 것인데, 그 결과 영지주의적인 금욕주의나 또는 자유방

---

36) Contra Foerster, *TDNT* 7: 182. See Lips (1979), 86-87.
37) 또한 *ibid.* 87을 보라.

임적이고 육신적인 자포자기의 생활을 하게 만들었다. 저자의 반응은 앞장에서 관찰한 대로 그리스도 사건에 관한 바른 사도적 교훈, 현시대의 성격, 그리고 그 속에서 경험되기 시작한 구원 등에 대해 재진술하는 일 등을 포함하였다. 구원이란 미래에 주어질 영생뿐만 아니라 그것에 대한 현재적 참여로도 구성된다는 것이 증명되었다. 이렇게 구원을 현재적으로 참여하게 되면 현시대 속에서 변화된 삶의 방식으로 나타나게끔 되어있다. 더욱이, 현재 경험되는 구원의 상태는 약속된 구원의 완성을 붙잡기 위해 이러한 삶에 진보를 나타낼 것을 요청한다. 저자는 이렇게 "재정의된" 경건 개념을 끌어들임으로써 믿음과 지식을 바른 행위와 함께 묶어놓을 수 있었고, 그렇게 해서 여전히 "이미-아직 아니" 사이의 긴장 구도 아래 놓인 그리스도인 존재에 대한 바른 이해를 재확립할 수 있었다.

선행 (善行)

믿음의 생활이 일반적으로 신자와 그리스도 사이의 수직적 관계에 집중하는 '믿음' (pistis)이란 술어에 의해서, 그리고 믿음/지식과 삶의 유형을 함께 결합시키는 '경건' (eusebeia)이란 술어에 의해서 표현될 수 있는 반면, '선행' (kala erga 또는 ergon agatha)이란 술어는 그리스도인 존재를 수평적 차원에서 신자의 반응과 상호작용의 전망에서 바라본다. 이 개념은 목회서신에서 14회 등장한다. '선한' (agathos)이란 술어는 6회에 걸쳐 '행위/일' (ergon)이란 술어와 나란히 등장하고,[38] 오직 디모데전서 2장 10절에서만 복수 형태를(di' ergwn agathwn) 갖고 있고, 나머지 5회는 단수 형태로 되어있고 또한 앞에 '모든' (pas)이란 수식어가 붙어있다. 나머지 8회는 '칼로스' (kalos) 형용사를 동반하고 있고,[39] 디모데전서 3장 1절을 제

---

38) 딤전 2:10; 5:10; 딤후 2:21; 3:17; 딛 1:16; 3:1.

외한 경우들은 복수형태로 되어 있다.[40]

표현의 의미를 평가하기 위해서 모종의 기초 작업은 이루어져야 한다. 첫째로, 저자가 그리스도 사건에 기초를 둔 구원의 현재적 실재를 강조한다는 점을 상기하는 것이 근본적으로 중요하다. 둘째로, 저자가 분명하게 바울의 이신칭의 개념을 확증함으로써 구원 과정에서 인간 노력의 어떤 효과도 무효화시킨다는 점을 염두에 두어야 한다(딤후 1:9; 딛 3:5).[41] 마지막으로, 초기 바울이 "선행"이란 이 동일 개념을 사용하여 신자의 행위를 묘사한다는 것을 주목할 가치가 있는데,[42] 신자의 행위란 "인간의 손을 통해 나타난 하나님의 일"로서 저자는 그것을 구원의 직접적인 결과라고 생각한다.[43] 이러한 관찰에 근거해서 우리는 목회서신에서 "선행"이 회심/중생 경험에서 흘러나오며 신자의 삶

---

39) 딤전 3:1; 5:10,25; 6:18; 딛 2:7,14; 3:8,14.
40) 바울서신에서 단수형태 '선행'(ergon agathon)이 거의 자주 등장한다. 하지만 복수형태가 엡 2:10에서 등장한다. "모든 선행"(pas와 agathon이 함께)은 그것이 습관적인 행위라는 의미에서 단수형태를 일반화시킨다. 이것은 고전 9:8; 골 1:10 그리고 살후 2:17에서 나타나는데, 적어도 바울적인 표현인 것처럼 보이는 면은 목회서신에서는 예상되지 않는 것은 아니다. '칼로스'(kalos)와 '에르곤'(ergon)이 함께 사용된 것은 초기 바울서신에서는 증언되지 않고, 복수형태가 발견될 수 있는 공관복음서에서 유래되었을 수 있다 (마 5:16; 26:10; 막 14:6; cf. 요 10:32-33) (cf. Michel (1948), 86). '칼론'이란 형용사는 사역을 지칭하는 그 용례에 가깝게 상응하기 위해서 선택되었을 수도 있다 (딤전 3:1; cf. 4:6). 어떤 경우에도, 저작권에 관한 한 초기 바울의 경향과 후기 바울의 경향을 비교할 때 어떤 본질적인 차이가 있는지는 의심스럽다.
41) Cf. Trummer (1978), 175; Lips (1979), 75; Kelly, 16.
42) '아가돈'(agathon)이란 술어가 주도하는 바울서신에서 이 개념에 대해서, 단수형태로는 롬 2:7; 13:3; 고후 9:8; 빌 1:6; 골 1:10; 살후 2:17; 복수형태로는 엡 2:10 (cf. 행 9:36)을 보라.
43) G. Bertram, TDNT 2: 652; id., TDNT 3: 549; W. Grundmann, TDNT 1: 16.

속에서 나타나는 행위들을 묘사하는 바울적 모델을 따르고 있다고 의심해 볼 수도 있다. 사실 이 술어가 등장하는 대표적 경우들을 검토해 보면 이런 의심을 배제시킨다.

네 구절에서 "선행"은 그리스도 사건에 단단하게 묶어두는 방식으로 표현된다. 첫째로, 디도서 2장 14절에서 자신을 내어준 그리스도의 행위는 "선한 일에 열심하는"(zeloten kalon ergon) 백성을 구속하려는 목적을 지녔다고 선언된다. 에베소서 2장 10절에서처럼(erga agatha), "선행"은 구원사건의 목표로 지칭되고 있고, 결과적으로 그것은 "행위"의 관점에서 새로운 신앙실존을 정확하게 요약하고 있다.[44]

명령법 측면에서 동일한 진리가 인접한 구절(딛 3:8)에서 등장하는데, 이 구절에서 바울은 디도에게 "하나님을 믿는 자들"이 "선한 일"에 힘쓸 것을 부탁하라고 권면한다. 여기서 새로운 삶의 유형과 그리스도 사건 간의 관계가 표현되는 3-7절을 따라서, 신자들은 직설법에 표현된 사실을 살아내라고 도전 받는다; "하나님을 믿는 자들"이란 표현은 그리스도 사건과 "선행"의 내면적 관련성을 확증해준다.

세 번째 구절에서 (딤전 2:10), 여인들은 "하나님을 공경한다"(theosebeia) 하는 그들의 주장에 일치하는 적절한 치장을 할 것을 권면받는다. '떼오세베이아'가 '유세베이아'와 동등한 표현일 가능성이 있기 때문에,[45] 저자는 사실상 신자라고 주장하며 새 시대 실존의 표지

---

44) 또한 Lips (1979), 75을 참조하라: "Ja, es wird geradezu als Ziel des ganzen Heilsgeschehen angegeben, dass die Glaubenden gute Werke vollbringen." Cf. Schrage (1961), 54.
45) Lips (1979), 86; Kelly, 67.

를 지녔다고 주장하는 여인들에게 그 외적인 징표, 즉 "선행"을 나타내도록 명하고 있다. 이 점은 2장 15절에서 한층 더 묘사된다.[46]

마지막으로, 디모데전서 5장 25절에서 "선행"(ta erga kala)은 부가된 유추가 함축하듯이 참 믿음과 분명하게 연관되어 있다: 어떤 사람들의 죄는 밝히 드러나 먼저 심판에 이르고, 어떤 사람들의 죄는 감추어졌지만 언젠가 드러날 것처럼, "선행"도 밝히 드러날 것이다. 장로 선택이 중심을 이루는 이 문맥에서,[47] 24-25절은 새로운 존재가 된 참 징표들을 지닌 사람들을 안수할 때 디모데가 조심해야 할 것을 부각시킨다.[48] 따라서 이 네 구절들이 보여주듯이, "선행"은 회심 경험에서 흘러나오고 그리스도 안에 있는 새 실존의 본질적인 부분을 형성한다.

이 술어의 다른 경우들이 비록 구원과의 연계점을 확립하는데 있어서 그렇게 분명하지는 않지만, 방금 전에 살핀 네 경우들은 그러한 인과 관계를 논증하는데 충분하다. "선행"은 그리스도인 존재의 관찰 가능하고 수평적인 측면을 묘사한다. 이 측면을 해설하는 것은 목적상 '믿음'과 '경건' 개념들을 고려할 때 우리가 발견한 것과 일치한다. 거짓 교사들은 그들의 왜곡된 '지식' 때문에 믿음과 실천을 분리시켜 놓았다. "선행" 개념은 수평적 차원이 참된 그리스도인 존재의 축소될 수 없는 요소라는 것을 재확증할 때 '경건' 개념과 일치하도록 고안되었다. 그리스도를 믿는 참 신앙은 관찰 가능한 "선행"을 산출해야 하고, 이런 선행은 또한 성령으로부터 나오는 것이다.

---

46) "여자들이 만일 정절로써 믿음과 사랑과 거룩함에 거하면."
47) Adler (1963), 1-6; Meier (1973), 325-37; Fuller (1983), 258-63.
48) Cf. Adler (1963), 5-6; Meier (1973), 334-35.

2) 부분에서 본 그리스도인 존재

새 시대의 실존의 특정한 구성 요소들을 뜻하기 위해 몇 술어들이 사용된다. 우리는 우선 내면적인 술어들을 관찰한 뒤에 외적이며 가시적인 술어들을 관찰하게 될 것이다.

(1) 내면적인 구성요소들

이 범주는 세 술어들로 구성되어 있다: '양심'(suneidesis), '선한 마음'(kathara kardia), 그리고 '마음'(nous) 등이 그것이다. 마지막 술어는 실제로 배교자를 지칭하여 단 한번만 사용되고 있지만, 믿음 생활에 대한 저자의 이해에 대해 갖는 함축들은 본 섹션의 분석을 통해 나타나게 될 것이다.

① '양심'(suneidesis)

목회서신에서 등장하는 6회의 용례 중에서 4회는 신자를 지칭하고(딤전 1:5, 19; 3:9; 딤후 1:3) 2회는 반대자들을 지칭한다(딤전 4:2; 딛 1:15). 신자를 염두에 두고 있는 곳에서 '선한'(agatha, 딤전 1:5, 19) 또는 '깨끗한'(kathara)이 적절한 수식어로 덧붙여진다.

'양심'은 바울 저술을 통해서 신약에 소개되었다고 보는 것이 아마도 정확할 것이다.[49] 그러나 그의 영향이 어느 정도인지는 의문시되고 있다. 예를 들어, 쥬에트(Jewett)는 바울의 공헌이 로마서와 고린도전,

---

49) G. Mauer, *TDNT* 7: 914; Pierce (1955); R. Jewett (1971), 421-46.

후서에 등장하는 순전한 인간론적 용례에 국한될 뿐이라고 주장한다.[50] 그리고 집약된 바울의 이 용법에 비추어 볼 때, 사도행전 23장 1절에서 "선한 양심"이란 표현과 사도행전 24장 16절에서 "거리낌이 없는 양심"이란 표현, 그리고 목회서신에서 이와 유사한 표현들이 흔히 바울 이후 시대의 것으로 판단되었다는 것은 놀라운 일이 아니다. 어떤 학자들은 이런 표현들을 초기 바울을 모델삼아 확장한 것들로 보기도 하고,[51] 다른 학자들은 이들 표현 속에서 바울 사상과 달리하는 독특한 차이점을 발견하기도 한다.[52] 사실 오늘날까지 로마서와 고린도서신에 등장하는 이 술어의 의미에 대해서는 논쟁이 되어 왔다. "자신의 범죄에 대한 고통스러운 인식과 그러한 인식을 소유하는 자율적 주체"라는 정의로부터 "제시된 [도덕적] 대안들과 관련하여 자유로운 비평적 가능성"이라는 정의까지 차이를 나타낸다.[53] 스텔젠버그(Stelzenberger)는 심지어 바울이 이 술어를 세, 네 가지 다른 방식으로 사용했다고 제안하기까지 않다.[54] 그리고 확실히 술어 정의의 항목은 여기서 끝나지 않는다.[55]

바울의 '양심' 용법을 설명하는 다양성에 비추어 볼 때, 목회서신에서 이 술어의 의미에 관하여 학자들 사이에서 존재하는 의견 불일치를 발견하는 일은 예상되지 않은바 아니다. 디벨리우스와 콘첼만은 이들

---

50) *Ibid.*, 402-46.
51) 예, Trummer (1978), 236; Maurer, *TDNT* 7: 918.
52) Dibelius and Conzelmann, 20; S. G. Wilson (1979), 52.
53) Dibelius and Conzelmann, 20.
54) J. Stelzenberger (1961), 51-95.
55) Bultmann (1952-55), 1: 216-20; Thrall (1967), 118-25를 참조하라. 학자들의 개관에 대해서는, R. Jewett (1971), 402-21; Stelzenberger (1961), 11-27을 보라.

서신에서 '양심'이 "필요한 구속을 가하는 도덕적 대안"을 나타낸다고 주장하는데, 이런 이해는 대안들 중에서 택할 수 있는 "자유의 가능성"을 뜻하기 위해 이 술어를 사용했던 바울에게서 한 발자국 멀어진 견해이다.[56] 이 술어가 신자를 특징화하기 위해서 긍정적으로 사용되는 곳에서, 마우어(Mauer)는 "저자가 그리스도인의 전체 생활을 포함하여 믿음 안에서 새로운 피조물이 된 사람의 갱신을 염두에 두었을 가능성이 많다"[57]고 주장한다. 그러나 스텔젠버그는 이 술어가 (바울의 '마음' 개념과 거의 동등한) "속사람"을 묘사한다고 생각한다. 이 경우에 그것은 긍정적으로는 신자의 도덕적 결단 능력을 뜻하고, 부정적으로는 (믿음에 의존할 필요성 때문에) 그러한 결단을 효과적으로 내릴 수 없는 불신자의 무능력을 뜻하기도 한다.[58]

그렇다면 목회서신에서 '양심'을 이해하는 진취적인 방법은 무엇인가? 우선, "선한 양심"과 "깨끗한 양심"이 어떤 방식으로든 신자를 특징화한다는 것은 분명하다. 이것은 디모데전서 1장 5절과 19절에 나타난 분명한 의도인데, 여기서 신자와 배교자 사이를 결정적으로 대조하고 있다. 그리고 이단자들은 디모데전서 4장 2절에서 "양심이 화인 맞은" 자들로 언급되고 있고, 디도서 1장 15절에서는 "저희 양심이 더러워졌다"고 말한다(cf. 딤전 1:19). 그러나 이단자들을 지칭하는 이 술어의 용례는 그와 연관된 개념들을 결정하는데 있어서 더 나은 출발점을 제공해준다.

---

56) Dibelius and Conzelmann, 20; S. G. Wilson (1979), 52.
57) Mauer, *TDNT* 7: 918; Trummer (1978), 236.
58) Stelzenberg (1961), 67-68, 86-94.

디모데전서 4장 3절에 등장하는 거짓 교사들에 관한 진술은 그들이 거짓 교리들을 옹호한다는 사실로부터("미혹케 하는 영과 귀신의 가르침을 좇으리라"), 이들 교리들이 유포되는 방식으로("외식함으로 거짓말하는"),[59] 이들 거짓말쟁이들에 대한 또 다른 묘사로 ("자기 양심이 화인을 맞아서"), 마지막으로 그들의 교훈이 내세운 금욕주의적 주장의 한 부분으로 ("혼인을 금하고 식물을 폐하라") 옮겨간다. 그들은 또한 "믿음에서 벗어난" 자들로 묘사된다(1절). 두 가지 관찰을 해야 한다: (1) 그들은 사도적인 믿음을 버렸고, (2) 이런 요소, 즉 거짓 교훈의 결과는 행위에 직접적으로 연관된다. 더욱이, 립스(Lips)가 바르게 시사한 것처럼, 거짓 교훈의 실제 실행과 그들의 "화인 맞은 양심" 사이에 모종의 연관성이 있지 않을까 의심하는 것은 타당하다.[60] 이 구절로부터 그들의 양심의 상황은 믿음을 저버린 그들의 행위의 결과라는 것은 추론할 수 있다. 따라서 "거짓 교사들이 말하는 것은 위선과 거짓이다; 그들이 깨끗한 양심을 가졌더라면, 그들은 이런 일을 행하지 않았을 것이다; 따라서 그들의 양심은 감각을 상실해버렸다."[61]

디도서 1장 13b-16절에서 거짓 교사들에 대한 지칭이 덜 직접적이기는 하지만 유사한 사상의 발전이 발견된다. 그럼에도 불구하고, 11절이 시사하듯이 거짓 교사들을 염두에 두고 있고, 그들의 거짓 교훈이 이슈가 되고 있는 것이 분명하다. 그렇다면, 그레데 인들에 관한 시를 인용한 뒤에(12-13a절), 그들의 행위가 사도적 신앙을 버린 그들의 행위를 나타낸다는 점이 디도에게 행한 명령을 통해 강조된다: "네가 저희를

---

59) Lips (1979), 58.
60) *Ibid.*, 59.
61) *Ibid.*

엄히 꾸짖으라 이는 저희로 하여금 믿음을 온전케 하고." 대신에 그들은 그들 자신의 '지식'을(즉, 사람들의 신화와 유전들, 14절) 붙들고 있었다. 15절에서 볼 때 거짓 교사들이 디모데전서 4장 3절에 나타난 것과 유사한 방식으로 금욕주의를 선전하거나 요구하고 있었던 것 같다. 반면에 본절의 마지막 구절은 이들 반대자의 상황을 성격규정 한다: "오직 저희 마음과 양심이 더러운지라." 마지막으로, 16절은 눈에 띄는 요약을 제공한다: "저희가 하나님을 시인하나 행위로는 부인하니." 다시 두 가지 관찰을 할 필요가 있다: (1) 거짓 교사들은 "믿음"을 저버렸고, (2) 그들의 가르침의 결과는 행위와 직접적으로 연관된다. 그들의 교훈 행위와 내용, 그리고 그들의 더러워진 양심 사이에 모종의 연관성이 의도되고 있다.

요약하면, 각 구절은 거짓 교사들의 양심을 실효성이 없는 것으로 묘사한다. 이 요소와 그들의 왜곡된 가르침 그리고 암시적으로 그들 자신의 행위 사이에 연결점이 존재하는데, 그 본질은 그들 교리의 "윤리적" 내용을 형성한다. 더욱이, 저자는 그들이 사도적 믿음을 버렸다는 점을 조심스럽게 부각시킨다. 자, 우리가 마지막 결론을 짓기 전에 이 술어의 긍정적 용법을 고려해야만 한다.

"선한 양심"이란 표현이 디모데전서 1장 5절과 19절에서 모두 등장한다. 첫 번째의 경우 사도적 메시지의 선포 목표는 거짓 교훈과는 대조적으로 "청결한 마음과 선한 양심과 거짓이 없는 믿음으로 나는 사랑"이다. 그리고 그리스도를 믿는 신앙의 바른 위치, 확신에 찬 믿음은

---

62) Lips (1979), 64-65.

"거짓이 없는 믿음"이란 문구로 표현된다.[62] 따라서 문장 중간에는 "선한 양심"이 들어있는데, 이것은 비록 이번에는 긍정적인 전망에서 본 것이기는 하지만 그것이 바른 신앙과 그에 상응하는 행위에 모두 연결되어 있다는 것을 시사해준다. 모든 연관성들이 19절에는 분명하지는 않지만, 믿음의 위치는 분명하게 "선한 양심"과 연계되어 있고,("믿음과 착한 양심을 가지라"), 이 경우에 상응하는 행위는 바로 앞에 나오는 권면에 담겨있을 가능성이 있다: "내가 네게 이 경계로써 명하노니... 그것으로 선한 싸움을 싸우며."[63] 그러나 어떤 경우에도 공통된 문맥이 주어진 상태에서[64] 이 술어가 사용될 때마다 동일한 의미가 의도되고 있음은 의심할 여지가 없다.

"깨끗한 양심"은 디모데전서 3장 9절에서 사도적 신앙과 병립되어 있다: "깨끗한 양심에 믿음의 비밀을 가진 자라야 할지니." 바울이 자기 자신의 "깨끗한 양심"을 지칭하는 디모데후서 1장 3절에서, 복음에 대한 충성이란 사상은 분명히 중심을 이루고 있다. 왜냐하면 "설교"는 3-14절을 관통하는 주도적 주제이기 때문이다. 각 경우에 바른 교리와의 연관성이 분명하게 나타나고, 디모데전서 3장 9절에서도 바른 행위와의 연관성이 존재할 개연성이 존재한다. 8절은 수단 또는 방식을 표현해주는 부사적 분사 앞에서 4개의 범주들을 거명하는데, 이 구절은 이 점을 바른 교리와 연결짓는다. 비록 분사 '에콘타'(echontas)가 독립적인 위치에 있다고 할지라도, 바른 행위를 여전히 크게 염두에 두고 있다. 그러나 행위와의 연결고리, 즉 이 경우에는 설교와의 연결고리가

---

63) *Ibid.*, 65.
64) Contra Dibelius and Conzelmann, 32. 이들은 parangelia (18절)가 뒤따르는 교훈과 "서신" 전체를 지칭한다고 주장한다.

디모데후서 1장 3절에서 기껏해야 암시되어 있을 뿐이다. 이런 관찰로부터 립스는 "깨끗한 양심"이 "선한 양심"과 구별될 수 있으며, 전자는 순수한 의도들, 확신과 행위의 진정성을 지칭하고, 후자는 이런 개념들을 포함하지만 그보다 한 걸음 더 나아가 "신앙과 행위 사이의 일치에 대한 의식"[65]을 묘사한다고 결론짓는다. 그러나 디모데전서 1장 5절에 등장하는 술어에 기초한 그러한 구별은 너무 정교할 정도로 인위적이다.

우리는 이제 우리의 결론들을 함께 엮을 때가 되었다. 긍정적으로 사용될 때 "선한 양심"과 "깨끗한 양심"은 바른 신앙과 의도적으로 연계되어 있고, 적어도 처음 두 경우에(딤전 1:5, 19), 그러나 추론적으로 다음 두 경우에(딤전 3:9; 딤후 1:3) 그에 상응하는 행위와도 연계된다. 역으로, 배교자들의 양심의 상황, 즉 "화인 맞고" "더러워진" 양심은 그들이 "믿음"을 저버린 행위에 의해 야기된 것으로 보이며 결국 타락한 삶의 방식으로 귀결되고 말았다. 저자는 분명히 양심이란 기관이 효과적인 작용을 위해서 바른 사도적 믿음을 받아들이고 헌신하는 것에 의존하여 있다고 간주한다. 따라서 개인은 회심을 경험해야 한다. 디모데전서 1장 5절에서 추정될 수 있는 것은 양심이 결단의 실행 "기관"(organ)이며, 신자로 하여금 신앙과 지식의 수직적 측면인 "믿음"으로부터 그에 상응하는 수평적 경건한 행위로 옮겨갈 수 있도록 하는 과제를 지닌다는 점이다. 그러므로 "선한 양심"은 참된 그리스도인 존재의 특징이라는 것을 이해할 수 있다. 정의상 그리스도인 존재는 믿음이 (즉 그리스도에 대한 지식에 기초한 그와의 관계) 바른 행위 방식으로

---

[65] Lips (1979), 65.

표현될 것을 요청한다. 이 두 측면들이 함께 '경건'(eusebeia)이란 술어 속에서 요약되며, "선한 양심"은 지식/믿음과 행위 사이의 이전을 집행한다. 그러나 작용체제는 내면적인 것이다. 하지만 염두에 두어야 할 것은 저자에게 있어서 바른 교리를 붙잡는 것은 그 자체가 결단의 문제이며 결과적으로 수평적인 윤리적 행위라는 사실이다. 결과적으로, "깨끗한 양심"이 디모데전서 3장 9절과 디모데후서 1장 3절에서 "믿음"을 붙잡는 것과 연계된 것을 발견하더라도 놀라운 일이 아니다. 더욱이, 사도행전 23장 1절에서 "선한 양심"과 24장 16절에서 "거리낌이 없는 양심"이란 표현들이(바울을 지칭한 표현들) 그가 예수의 부활에 관한 메시지를 신실하게 붙잡은 사실을 직접적으로 지칭한다는 점은 주목할 만하다. 만일 누가가 여기서 바울 사도를 성실하게 대변했다고 한다면, 적어도 "선한 양심"이란 개념을 사용한 목회서신의 용법이 바울 사상으로부터 이탈한 것이 아닐 개연성이 많다.[66]

② '깨끗한 마음'(Kathara kardia)

이 술어는 디모데전서 1장 5절과 디모데후서 2장 22절에 나온다. 두 경우 모두 그것은 신자를 구속을 받아 새롭게 된 속사람의 관점에서 묘사한다. 한편에서 이것은 거짓 교사들과의 대조를 통해 분명해진다. 디모데전서 1장 3-4절은 디모데의 과제를 거짓 교사들과 관련하여 묘사하고, 어느 정도 그들의 활동의 세부 사항들을 설명한다. 이와는 대조적으로 5절은 디모데에게 준 명령의 목표, 즉 복음을 전파하고 거짓 교

---

[66] 혹자는 사도행전의 구절들이 목회서신의 술어 사용에 어찌 그렇게도 의미심장한 평행점을 제시할 수 있을까 의심하기도 한다. 왜냐하면 이단자들의 "화인 맞은" 양심은 그들이 주로 왜곡된 부활 개념을 옹호하고 선전하는 행위에 의해 결정되기 때문이다 (cf. 딤후 2:8).

훈을 물리치라는 명령의 목표는 깨끗한 마음에서 나오는(ek katharas kardias) 사랑, "선한 양심", 그리고 신실한 믿음이다. 분명히 성숙한 그리스도인을 염두에 두고 있다. 디모데후서 2장 22절에서 디모데에게 준 권면에서(".... 주를 깨끗한 마음으로 부르는 자들과 함께 의와 믿음과 사랑과 화평을 좇으라") 동일한 대조를 볼 수 있는데, 이 점은 교회 내의 배교자들의 문제에 관하여 바로 앞에 제시된 논지가 보여주고 있다(14-21절). 여기서 디모데가 추구해야 할 것은 거짓 교사들과 달리 '깨끗한 마음'을 갖는 것인데, 이 마음 자체는 "주를 부르는 자들"의 상태를 묘사해준다.[67]

신약의 마음 개념은 그것을 인간 사고의 좌소로서 보는 구약의 마음 사상에 거의 배타적으로 의존하고 있다.[68] 사실 "주를 부른다" 또는 "마음"으로 그를 예배한다는 특정한 개념은 구약에서 발전되어,[69] 결과적으로 신약으로 넘어온 것이다(cf. 요 22:5). 물론 사고와 의도의 좌소로서 "마음," 영적 생활의 중심인 인간의 내적 부분은 바울[70]과 나머지 신약 저자들에게서도 잘 증언되고 있는데, 우리의 두 구절에서 동일한 의미가 나타난다는 점에서 논란을 벌일 필요는 없다.[71] 형용사 '카

---

67) 대부분의 학자들은 "깨끗한 마음으로"와 "주의 이름을 부르는 자들"의 전통적인 연관성을 인식하고 전체 문구를 신자를 지칭하는 표현으로 해석한다.
68) 충분한 논의와 관련 구절들에 대해서는, J. Behm, et. al., *TDNT* 3: 609-613을 참조하라.
69) LXX 신 4:29; 10:12; 11:13. Cf. Maurer, *TDNT* 7: 909-910.
70) 예, 롬 1:21,24; 5:5; 6:17; 10:6; 고전 2:9; 4:5; 갈 4:6; 엡 1:18. 또한 R. Jewett (1971), 448: "첫 편지로부터 마지막 편지까지 '마음'이란 단어에 대한 바울의 용법은 유대적 전승 안에 시종일관하게 남아있다.... 그것은 사람을 그의 의도성에서 본 전인으로 묘사한다; 사람의 중심으로서 마음은 의지, 정서, 사상 그리고 감성의 원천으로 생각되고 있다." Cf. Ridderbos (1975), 119.
71) Lips (1979), 65-66; Kelly, 46.

따라' (kathara)의 의미는 단순히 마음을 '순수한' 것으로 표현하는 것 이상을 뜻한다는 것이 거의 확실한데, 오히려 그것은 죄와 그 영향으로부터 깨끗해지고 해방되었다는 것을 함축한다(cf. 딛 2:14).[72] 이런 식으로 "깨끗한 마음"은 구속받은 속사람을 전인격적으로 내다본다. 이것은 믿음으로 경험되는 상태이다. 왜냐하면 '경계' (parangelia)의 목적이 "청결한 마음과 선한 양심과 거짓이 없는 믿음으로 나는 사랑" 전체를 내포한다고 말하는 디모데전서 1장 5절에서, 복음 선포로부터 "청결한 마음"으로 넘어가는 직접적인 연결점이 그어지기 때문이다. 동일한 의미가 디모데후서 2장 22절에서 함축되고 있음이 확실한데, 여기서 구약과 신약의 용법이 상호 보충을 해준다.

따라서 새로운 실존은 새롭게 된 속사람에 대한 이런 그림을 통해서 한층 더 묘사된다. 이미 언급한 것처럼, "깨끗한 마음"은 속사람의 한 구성요소를 지칭하는 "양심"과는 대조적으로 의미 범위가 넓다. 더욱이, 저자는 마음의 상태가 "믿음"을 향한 개인의 태도에 의해서 결정된다고 이해하는 것이 분명하다. 따라서 이 술어도 역시 참된 그리스도인 존재의 실제 모습을 해설함으로써 이단의 왜곡된 교훈들을 바로잡으려고 주어진 것이라 할 수 있다.

③ '마음' (Nous)

목회서신에서 '누스' (nous)란 술어는 거짓 교사들을 지칭해서만 사용되고, 그것도 상응하는 수식어와 함께만 사용된다:

딤전 6:5 "그 사람들의 마음이 부패하여지고"

---

[72] F. Hauck, *TDNT* 3: 425를 참조하라.

딤후 3:8 "그 마음이 부패한 자요"
딛 1:15 "오직 저희 마음과 양심이 더러운지라"

각 경우에 그들의 '마음'(nous)은 부패해지고 비효율적이다. 이 술어는 지금까지 달리 설명되어 왔으며, 신약에서 한 가지 방식 이상으로 사용되어 온 것 같다. 립스는 그것을 일반적으로 "인식기관"(Erkenntnisorgan)으로 묘사한다.[73] 리델보스는 그 의미를 성서적 용법에 더 근접하게 해석하여 "외부에서 임하는 하나님의 계시를 받아들이는 인간의 능력 또는 수용성"(cf. 롬 12:2)으로 정의한다.[74] 쥬에트는 내용과 기능을 결합시켜서 '누스'를 "사람의 의식을 구성하고 합리적 분별과 의사소통의 주체로서 행동하는 생각과 추론의 좌소"로 정의한다.[75] 디모데전서 6장 5절과 디모데후서 3장 8절에서 '누스'와 '진리'를 결합시킨 것은(여기서 진리는 "믿음"의 객관적 내용을 뜻한다) 쥬에트의 해석이 여기서 더 적합하다는 것을 시사한다; 합리적 분별의 기관 또는 주체를 염두에 둔 것으로 보인다. 이 두 구절은 그들의 '누스'의 상태가 사도적 메시지를 향한 그들의 태도에 관련되어 있음을 함축하는데, 이것은 적어도 "진리"에 대한 거부가 부패한 마음에 귀속될 수 있는 한에서 그렇다.

이런 부정적인 용법으로부터 '누스'가 믿음에 이르는 과정에서 일정 역할을 한다고 추정하는 것이 합리적이다. 이를 뒷받침하는 요소로 "진리의 지식에 이르다"는 형식적 표현이 여기에 덧붙여질 수 있다.[76]

---

73) Lips (1979), 55.
74) Ridderbos (1975), 118.
75) R. Jewett (1971), 450.
76) Lips (1979), 55-56.

환언하면, "믿음에 이름"은 이런 형식적 문구를 통해서 합리적 결단 행위로 표현된다. 그렇다고 하더라도, 저자는 구원을 단순히 합리적 행위에만 국한시키지 않고, 구원 과정에서 그것을 하나님의 역할과 평행시켜 놓는다(딤후 2:25). 저자가 비록 신자 속에 있는 '누스'의 역할을 확장시키기를 삼가고 있기는 하지만, 그는 어떤 경우에도 신자가 이단자들과는 대조적으로 부패하지 않은 마음을 가진 것으로 가정하고 있을 가능성이 높다. 거짓 교사들의 경우에 '누스'의 상태는 "진리"에 대한 승인을 방해하고 있고, 다른 한편 "화인 맞은 양심"의 상태 자체는 그들이 사도적 메시지를 거부한 결과일 가능성이 있다. 이에 상응하여 '누스'의 상태는 각 경우에 완료시제 동사의 수식어와 더불어 해설되고 있고,[77] 디모데후서 3장 8절에서 그들이 현재 진리를 거역하는 것은 (anthistantai) 따라서 이미 확정된 그들의 '누스'의 상태의 결과로 보인다. 신자의 '누스'에 관한 말할 수 있는 모든 것이 있다면 부패하지 않은 그 상태가 어쨌든 복음을 받아들이고 붙잡는 행위와 나란히 병행한다는 것이다. 따라서 디모데후서 2장 25절에 기초해서 신자의 마음은 주를 부르고 그의 속에 믿음을 산출함에 있어서 하나님의 결정적인 행위가 개입할 여지를 남겨놓는다.

(2) 외적인 구성요소들

보통 널리 주목하듯이, 저자의 메시지의 윤리적 차원은 관찰 가능한 외적인 행동을 현저할 정도로 부각시키는 것 같다는 것이다. 우리는 당분간 이렇게 하는 그의 의도를 제쳐두고 따라서 기독교 소시민 해석의

---

77) 딤전 6:5, diephtharmenwn; 딤후 3:8, katephtharmenoi; 딛 1:15, memiantai.

적용 가능성 문제를 뒤로 미루고자 한다. 이 단계에서 관찰해야 할 것은 그리스도인 존재에 대한 그의 이론적 개요에서조차 저자는 그가 구축하고 있는 이론적 모델에 발맞추고 있기는 하지만 관찰 가능한 면에 초점을 맞추고 있다는 사실인데, 이것은 추상화된 덕목들의 형태로 등장한다. 그가 실천적인 권면 작업에 돌입할 때, 이러한 이론적 개요는 형상화될 것이다. 그리스도인 존재의 외면적 측면들을 특징화할 수 있는 다양한 추상적 덕목들을 정의하는 일뿐만 아니라, 우리는 그리스도의 결정적인 현현 또는 그에 관한 메시지로 거슬러 올라가는 논지의 흐름은 어떤 것이나 주목하게 될 것이다.

개별적인 술어들을 고려하기 전에, 그것들이 등장하는 형태에 관하여 몇 가지 관찰을 할 필요가 있다. 이 점에서 가장 중요한 것은 덕목(德目)의 사용이다.[78] 두 가지 덕목 유형을 확인할 수 있다. 첫째로, 디도서 2장 12절은("경건치 않은 것과 ... 근신함과 의로움과 경건함으로 이 세상에 살고") 헬레니즘 초기 그리스 저술가들 중에서 소위 핵심 덕목이라 불리는 것들을 항목화하여 수집하는 경향을 반영하고 있다.[79] 디도서 2장 12절의 경우에 술어 자체들만 아니라 채용된 '양육' 개념도 이러한 헬레니즘적 문헌 모델에 의존하거나 또는 빌려온 것을 시사할 수도 있다.[80] 그러나 이미 위에서 살핀 대로, 자료는 이러한 정황에서 조심스럽게 기독교화 되어 덕목들은 특별히 그리스도 사건에 연결된다. 아울러, '경건' 개념에 대한 우리의 탐구는 달리 보면 흔한 헬레니즘 덕목으로 생각될 만한 것이 저자에 의해서 분명한 기독교 목적을

---

78) Vögtle (1936), 51-56을 참조하라.
79) Ibid. 56ff; Mott (1978), 22-30.
80) 이 점은 이미 제3장 4섹션에서 다룬 바 있다.

위해 채용되었다는 것을 논증한 바 있다. 우리가 아래에서 살필 것이지만, '근신함'(sophronos)과 '의로움'(dikaios)은 모두 저자의 사상의 기독교 저장소에 공히 들어갈 만한 술어들이다.

흥미롭게도 바울은 빌립보서 4장 8절에서 적어도 목적에 있어서 대체로 유사한 덕목을 채용하고 있다. 대부분의 학자들은 이 경우에 그가 단지 이교 철학들로부터 형식과 덕목들을 차용했다고 보는데 의견 일치를 보고 있다. 하지만 차용 과정에서 그러한 덕목들을 그리스도에 관한 진리에 정초시킨다는 점을 망각해서는 안 된다.[81] 그러나 바울의 술어 차용은 여기서 멈추지 않는다. 왜냐하면 그의 권면의 다른 형태들도 당대의 대중 철학자들에게까지 소급될 수 있기 때문이다.[82] 분명히 그는 당대의 랍비 유대교와 헬레니즘 문헌의 도구들을 사용하였으나, 권면은 채용된 형태가 어떤 것이든 간에 시종일관 그리스도 안에 정초시키고 있다. 주변에 유행하는 문헌 도구들을 채용하고 적용시키는 이런 관습이 초기 신약 문헌에서도 관찰될 수 있다는 사실은 목회서신의 용례들도 유사하게 이해되어야 한다는 것을 시사한다.

보다 자주 등장하는 것은 저자가 채용하는 두 번째 형태의 항목이다. 디모데전서 4장 2절, 6장 11절, 디모데후서 2장 22절, 그리고 3장 10절에 등장하는 덕목(德目), 그리고 이것과 반대되는 악목(惡目)은(딤전 1:9-10; 6:4-5; 딤후 3:2-4; 딛 3:3) 전통적인 권면 형식을

---

81) Vögtle (1936), 177-88; Wibbing (1959), 101-103; Gnilka (1976), 220-22; Beare (1959), 148.
82) 예로, 헬레니즘 유대교를 통해서 신약에 들어온 것으로 보이는 '가훈윤리'(Haustafel).

나타낸다. 신약 저자들의 관점에서 보면, 이런 장치는 후대의 헬레니즘 유대교로부터 나온 것이다;[83] 그것은 쿰란 문헌에서도 나타나며,[84] 바울서신에서도 상대적으로 더 빈번하게 나타난다.[85] 따라서 목회서신의 항목들에 포함된 술어들이 비록 헬레니즘 윤리 사상에 유행하던 술어들에 가깝게 일치하는 경향이 있기는 하지만, 이런 형식의 사용은 확고하게 신약의 권면 전승에 뿌리를 내린 것이고, 목회서신에 등장하는 형식의 목적은 초기 신약 용례와 다르지 않다. 본질적으로, 대조되는 항목 장치는 사람들에게 두 가능한 삶의 방식들을 설명하고,[86] 그들에게 바른 길을 가도록 권면하려고 고안된 것이다. 이런 목적을 위해서 전통적인 권면 동사들인(신약에서는 기본적으로 바울적인 술어들임) '디오케인'(diokein)과 '퓨게인'(pheugein)이 채용되는데(딤전 6:11; 딤후 2:22) 물론 여기서는 좀 더 정형화된 형태로 채용된다.[87] 행동을 대조하는 것은 "그때–지금" 사이의 신학적 반제가 지닌 윤리적 차원을 제공해준다 (cf. 딛 3:3-4; 골 3:7-8, 12-14).[88] 신약의 용법 내에서 이해할 만한 모종의 차

---

83) Cf. Vögle (1936), 171.
84) Cf. IQS 4:2-14; Kamlah (1964), 40ff.
85) '악목'(vice lists)은 롬 1:29-31; 13:13; 고전 5:10-11; 6:9-10; 고후 12:20-21; 갈 5:19-21; 엡 4:31; 5: 3-5; 골 3:5-8. '덕목'(virtue lists)은 갈 5:22-23; 빌 4:8; 엡 4:2-3; 골 3:12-14. 관련 자료에 대한 연구로는 Wibbing (1959); Kamlah (1964); Schnackenburg (1965), 246-47을 참조하라.
86) Vögtle (1936), 11을 보라.
87) 고전적인 용법 이외에 (특히 Aristotle과 Plato를 보라) LXX pheugein apo hamartias, Sir. 21:2; Tob. 4:21; diokein dikaiosunen, Prov. 15:9; TReub. 5:5. 신약에서는 pheugein, 고전 6:18; 10:14; diokein, 롬 12:13; 고전 14:1; 살전 5:15. Cf. 롬 9:30: 여기서는 전통적인 diokein dikaiosunen이 쓰인다 (cf. Hdt. 1.96.2; 잠 15:9; 신 16:20; Sir. 27:8; 사 51:1).

이점들을 용인할 때(예, 딤전 6:11과 딤후 2:22에서 즉각 개인적인 권면을 한다; cf. 딛 3:3), 신약 저자들이 권면 장치에 가한 주된 변경은 새로운 삶의 방식을 그리스도 사건에 정초한 데서 발견된다. 따라서 목회서신에서 이런 권면 장치를 사용한 것은 일반적으로 신약 전반의 것과 일치한다.[88)]

우리는 이제 참된 그리스도인 존재의 관찰 가능한 측면을 특징화하기 위해 사용된 주요 술어들을 검토하게 될 것이다. 이렇게 검토한 뒤에 '믿음'과 '사랑'을 결합시키고 이러한 결합 형식을 다른 덕목들과도 결합시키는 현상에 대해 분석하게 될 것이다.

① '소프로수네'(sophrosune) 단어 그룹

이 단어 그룹에서 파생된 술어들, 특히 '소프론'(딤전 3:2; 딛 1:8; 2:2, 5), '소프로수네'(딤전 2:9, 15), '소프로노스'(딛 2:12), '소프로니스포스'(딤후 1:7), '소프로니제인'(딛 2:4), 그리고 '소프로네인'(딛 2:6) 등은 가시적인 그리스도인 존재를 그린 저자의 묘사에 있어서 주도적인 위치를 차지한다. 이 단어 그룹은 헬레니즘과 초기 그리스 윤리 사상에 있어서 근본적인 역할을 담당했는데, 이를 통해서 신중함, 중용, 분별, 그리고 자제 등과 같은 개념들이 종종 표현되었다.[90)] 목회서신 내에서도 특정한 문맥에서 동일한 개념들이 의도될 수 있지만, 저자의 마음속에서 '근신'

---

88) Schrage (1961, 64)는 바울에 대해서 이런 주장을 한다: "이 때문에 바울은 tote와 nuni 사이의 차이를 인식하고 있다.... 옛 사람을 버리고 새 사람을 입었다는 주제로만 아니라 덕목과 악목을 가지고 그런 구별 작업을 한다." 또한 Merk (1968), 73-74를 참조하라.
89) Vögtle (1936), 38, 182, 198-99.
90) U. Luck, *TDNT* 7: 1098-1100; S. Wibbing, *NIDNTT* 1: 501을 보라.

(sophrosune)이 함축하는 외적 행위에 도달할 가능성에 대해 그리스도 사건이 갖는 결정적 위치는 그를 헬레니즘 저술가들과 분리시켜준다.

이 점을 논증하기 위해서 우리는 디도서 2장에 나오는 용례들을 가지고 시작할 수 있다. 디도서 2장 12절에서 '근신함'으로 사는 것은 과거 역사에 있었던 그리스도 현현으로 인해서, 즉 그 사건의 교육적 성격 때문에 가능해졌다고 선언된다. 동일한 연관성이 2절과 5절의 '소프론'(sophron), 4절의 '소프로니제인'(sophronizein), 6절의 '소프로네인'(sophronein)의 경우에 분명하게 나타난다. 왜냐하면 전체 섹션이(1-10절) 11-14절의 전통적인 케류그마 자료를 수단으로 해서 의식적으로 그리스도 사건에 정초되기 때문이다. 따라서 신중함, 중용 등에 의해서 특징화된 삶의 스타일, 즉 주변 사회 보기에 존경할 만한 삶의 유형은 그리스도 안에 있는 새로운 존재의 근본적인 측면으로 확립된다.

다른 경우들은 디도서 2장의 중심적인 윤리 구절과 일치하는 경향이 있다. 디모데후서 1장 7절에서 '근신'(sophronismos)은 회심 때에 성령의 선물의 산물로 묘사된다: "하나님께서 우리에게 주신 것은 두려워하는 마음이 아니요 오직 능력과 사랑과 근신하는 마음이니." 그렇다면 디모데전서 2장 9-10절에서 회중 가운데서 용인될 만한 여인들의 치장에 관한 논의에서 '근신'은 참된 그리스도인 생활에 일치하는 덕목으로 나열된다: "이것이 하나님을 공경한다 하는 자들에게 마땅한 것이니라."[91]

---

91) '하나님 공경'(theosebeia)이란 술어는 '경건'(eusebeia)이란 말과 실질적으로 동등한 술어이다. 디벨리우스와 콘첼만은 그것을 필로와 비교한다 (Philo, Vit. cont. 3). 그것은 딤전 2:10에서 참 기독교를 고백의 관점에서 바라본다. 그러한 고백의 관점에서 '하나님 공경'은 '경건'보다 더 적합하다 (G. Bertram, *TDNT* 3: 126); '경건'은 '하나님 공경'의 이해된 내용인데, 후자는 목회서신 내내 전자의 특별한 용법 때문에 선택되었을 것이다.

동일한 연결점이 디모데전서 2장 15절에서도 이루어지는데, 여기서 '근신'은 구원 얻은 생활을 묘사하는 항목의 일부분에 속한다: 여인들은 구원의 완성에 들어가기 위해서 근신함에 "머물러야"(menein) 한다. 관찰 가능한 신중함과 중용, 9절에서는 특별히 화려한 옷치장을 하는 수치스러운 행습에 적용되는 이 덕목이 참된 그리스도인 생활의 필수불가결한 부분으로 생각되고 있다.

우리는 아직도 감독의 직분에 적합한 자격 항목 중에서 '소프론'을 담고 있는 두 구절들을 남겨놓고 있다(딤전 3:2; 딛 1:8). 이들 항목이 비록 전통적인 형식들을 나타내는 것이 거의 분명하지만, 그럼에도 불구하고 이 술어는 마찬가지로 성령을 따르는 참된 생활의 특징 또는 덕목을 뜻한다. 그것은 요구되는 "선한 증거"의 구성요건들 중 하나인데, 각 항목은 교회 지도자 후보생들의 경우에 그것을 논증하도록 고안된 것이다.

따라서 신중함, 중용, 분별, 그리고 자제의 형식을 띤 관찰 가능한 "존경스러움"은 당대의 세속사회에서 널리 용인된 덕목으로서 목회서신의 저자에 의해서도 그리스도인 생활의 필요한 표지들 중 하나로 확인되고 있다. 그의 평가에 따르면 이 덕목은 그리스도의 사역에 기초할 때만 제대로 평가될 수 있고 수용될 수 있다. 본문의 사상은 결코 새로운 것이 아니다. 왜냐하면 초기 기독교 권면은 이미 이 진리를 파악하기 시작했기 때문이다.[92] 그러나 목회서신에서 거짓 교사들의 선동은 저자로 하여금 믿음 생활에 있어서 '근신'이 차지한 근본적 위치를 부

---

92) 롬 12:3을 참조하라. Cf. Wibbing, *NIDNTT* 1: 502

각시키도록 유도하였던 것이 분명하다. 왜냐하면 그들의 부패한 행위가 외부인들의 눈 앞에 교회의 평판을 무너뜨리는 위협을 가하고 있었기 때문이다.

② '사랑'(agape)

목회서신에서 두 번째로 가장 흔하게 등장하는 덕목은 '사랑'이다. 총 10회의 용례 중 9회에서 그것은 덕목 중 하나로, 그리고 '믿음'과 가깝게 연결되어 등장한다.[93] 사랑이 내주하시는 성령과 내면적으로 연결되는 디모데후서 1장 7절의 경우만이 이런 형태의 패턴에서 달리한다. 본절과 디모데전서 1장 5절에서 사랑은 새로운 실존의 측면이라는 것이 분명해지는데, 한 경우에는 내주하는 성령의 산물로 표현되고, 다른 경우에는 복음 선포의 목표로 표현된다. 즉 저자에 의해 사용되는 '사랑'은 그리스도 사건에서 생겨난다. 나머지 구절들은 다소간 직접적으로 일치한다(특히 딤전 1:14; 2:15; 딤후 1:13).

이미 주목한 대로, '사랑'이 내다보는 것은 성령에 의해 고무된 행위이다.[94] 그 자체는 '경건'의 수평적 측면과 일치하며, 따라서 '선행'과 동등한 의미를 갖는다. 이와 관련하여 일반적으로 '경건'은 '사랑'을 담고 있는 덕목 중에는 등장하지 않는다는 것을 주목하는 일은 흥미롭다(딤전 6:11은 예외이지만), '경건'은 이 경우에 5-6절에서 그것에 관한 거짓 교사

---

93) 딤전 1:5,14; 2:15; 4:12; 6:11; 딤후 1:13; 2:22; 3:10; 딛 2:2.
94) 딤전 1:5은 여기서 중요하다; 오직 "능동적인" 사랑만이 "깨끗해진 마음," "선한 양심," 그리고 "거짓이 없는 믿음"에서 나오는 것으로서 의미를 갖는다. Dibelius and Conzelmann, 18; Merk (1968), 145를 참조하라.
95) Cf. Lips (1979), 86-87 n. 209, 180.

들의 그릇된 개념들에 대한 논의 때문에 덧붙여졌다.[95] 덕목들 안에서와 밖에서 '믿음'은 흔히 그리스도인 존재의 수직적 차원을 뜻한다는 관찰에 비추어 볼 때, '사랑'을 그리스도인 생활의 수평적 차원을 묘사하는 또 다른 표현으로 발견한다는 것은 놀라운 일이 아니다. 이렇게 해서 정규적으로 그리스도인 생활의 전체 모습을 그려내는 것이다. '믿음'과 '사랑'을 결합시킨 것도 전통적인 것이며, 초기 바울서신의 용법에 의해서 가장 잘 설명될 수 있다.

③ '의로운'(dikaios)

'디카이오스' 단어 그룹도 믿음 생활을 스케치하는 저자의 묘사에서 두드러진다. '의'가 헬레니즘 사상에서 핵심적인 덕목들 중 하나였다는 사실에도 불구하고,[96] 그것은 목회서신에서 기독교적인 내용으로 채워져 있음이 분명하다.[97] 디도서 3장 5절에서 바울적인 칭의의 의미가 나타난다. "의의 면류관"은 하나님이 주시는 의의 성취를 뜻한다는 뜻에서 동일한 의미가 디모데후서 4장 8절에서도 나타날 수 있는 한편,[98] 문맥은 또한 영생이 (면류관) 의의 삶을 산 자들에게 약속된 상급이라는 것을 시사해준다.[99] 어떤 경우에도 후자의 의미는 디모데전서 6장 11절과 디모데후서 2장 22절(여기서 '의'는 '불의'(adikia)와 대조를 이룬다, 19절), 그리고 3장 16절에서도 나타난다. 헬라의 도덕주의자들과 필로의 목록들과 평행을 이루는 덕목이 등장하는 처음 두 경우에서, 바울 사상에서 나온 '믿음-사

---

96) Mott (1978), 23-26; G. Schrenk, *TDNT* 2: 192-93을 참조하라.
97) 딤전 6:11; 딤후 2:22; 3:16; 4:8; 딛 3:5.
98) 갈 5:5을 보라. 따라서 Jeremias, 64; Trummer (1978), 201; Luz (1976), 379-80을 참조하라.
99) Kelly, 210; Barrett, 119; Hanson, 156.
100) Schrenk, *TDNT* 2: 210.

랑' 조합의 등장은 "[의의] 내용이 필로 등에서 발견되는 항목과 다르다"[100]는 것을 시사한다.

덕목들 중에서 저자가 '믿음-사랑' 조합을 사용한 사실에서 판단할 때, 그리스도를 믿는 믿음의 동기가 "의로운" 행위에 대한 그의 개념을 이교 사상가들의 것과 구별시킨 것으로 보인다. 디모데후서 3장 16절의 사상은 특징적으로 기독교적이어서 동일한 의미가 가정되어 있을 수 있다. '양육'(paideia)을 언급한 부분은 아마도 교훈 주체가 궁극적으로 하나님이시라는 것을 시사할 수 있다(cf. 딛 2:12). 그리고 디도서 2장 11-12절에서 이미 관찰된 사상의 발전은 12절에서 '의롭게'(dikaiws)란 부사가 분명히 지닌 기독교적 내용을 확립시킨다('근신함으로' 와 '경건하게' 란 술어도 마찬가지다); 여기서 의로운 또는 올바른 생활은 그리스도 안에 있는 하나님의 은혜를 통해 소개된 책임과 의무이다. 마지막으로, 디모데전서 1장 9절의 '의로운'(dikaios)이란 술어는 거짓 교사들/불신자와의 대조가 보여주듯이 그리스도에 관한 사도적 교리를 붙잡은 신자의 모습을 지시하는 것이 분명하다.[101]

'디카이오스' 단어 그룹을 통해서 분별해낼 수 있는 의 또는 올바름의 측면이 그리스도인 존재의 관찰 가능한 측면을 구성하는 성질들에 덧붙여져 있다. 저자의 생각에는 이것이 그리스도 안에 있는 새 생명을 통해 실현될 수 있을 뿐인데, 새 생명 자체는 참 복음의 선포를 통해서 귀결된다.

---

101) Cf. Lips (1979), 77; Brox, 106; Spicq, 332.

④ '단정한/단정함'(Zemnos/zemnotes)

이들 술어는 그리스의 윤리 사상에서 자주 등장한다.[102] 목회서신에서[103] 이들 술어는 믿음의 새 생활을 특징짓는데 도움을 주기 위해 활용되고 있고, 따라서 그리스도 사건에서 등장한 '믿음/경건'에 연관된 것으로 이해되어야 한다. "진지함" 또는 "존경스러움"과 같은 특정한 뜻이 내포되어 있는 술어이다. 이것은 디도서 2장에 등장하는 이 단어 그룹을 통해서 가장 잘 예증될 수 있다. '단정함'이 "바른 교훈"과 함께 열거된 2장 7절에서 특별히, 그러나 2장 2절에서도(zemnos), '교훈'(didaskalia)과 케류그마의 내용에 일치하는 행위의 개념이 전달되고 있다; 그리스도 사건에 속한 데이터들은(11-14절) 전체 권면을 부각시켜준다. 그러나 이것은 또한 관찰자의 평가 시각을 분명히 염두에 두고 있는 행위의 측면이기도 하다: "이는 대적하는 자로 하여금 부끄러워 우리를 악하다 할 것이 없게 하려 함이라"(8절). 감독의 자녀들과(딤전 3:4) 집사(3:8), 그리고 여집사의(또는 집사의 아내, 3:11) 전망과 연관해서 사용될 때, 관심은 여전히 외부자의 견해에 있다. 물론 공동체의 평가가 덧붙여지기는 하지만 말이다. 비슷하게, 이 술어가 일반 신자에 적용될 때(딤전 2:2; 딛 2:7), 외부인들에게 효과적인 증거를 하려는 선교적 동기가 아래에 깔려 있다.[104] 동일한 동기가 그리스도인 존재의 외적 차원에 대한 표현을 뒷받침하고 있음이 거의 분명하다. '단정한/단정함'이란 술어는 다른 덕목들과 나란히 자리를 차지하고 있어서 복음과 균형을 이루면서도 참된 믿음 생활이 나타내야 하는 진지한 몸가짐

---

102) W. Foerster, *TDNT* 7: 191-93.
103) Zemnos, 딤전 3:8,11; 딛 2:2; zemnotes, 딤전 2:2; 3:4; 딛 2:7.
104) Foerster, *TDNT* 7: 195.

을 뜻한다.

⑤ '인내, 오래참음, 온유, 소망'(Hypomone, Makrothumia, Praupathia/prautes, Elpis)

이 마지막 성품 항목들은 그리스도인 생활의 외적 차원의 반응적 요소를 나타내는데, 일반적으로 다양한 핍박 아래 있는 신자에 의해 표현되는 태도를 묘사한다. '인내'(hypomone)[105]와 '오래참음'(makrothumia)[106]은 투쟁의 시간 동안 그리스도인이 취할 자세를 뜻한다. 신약에서 '인내'는 "스스로 선택한 부담"[107]을 참는다는 세속적인 개념과는 반대로 부과된 고난 밑에서 '견딤'(endurance)을 뜻한다. "견딤"에 내포된 행위는 다양한 형태를 취할 수 있으며, '오래참음'은 다양한 압력들에 대한 바른 반응일 수 있다; 두 경우 모두 구약에서 발전된 개념들에 의존하고 있다.[108] 그러나 목회서신에서 두 술어들은 거짓 교사들의 쉴틈 없는 반대에 직면하여 성실하게 자신의 전도 사역을 성취하는 긴급한 과제와 연관하여 디모데에게 거의 배타적으로 사용된다.[109]

기본적으로 동의어들인 '온유함'(praupathia)[110]과 '온유'(prautes)는 이미 살핀 바른 반응의 모습을 보충해준다. 여기에 표현된 개념은

---

105) 딤전 6:11; 딤후 3:10; 딛 2:2; hypomenein, 딤후 2:10,12.
106) 딤후 3:10.
107) F. Hauck, *TDNT* 4: 587을 보라.
108) Ibid. 585-87; J. Horst, TDNT 4: 382-85.
109) 딤전 6:11; 딤후 2:12; 3:10에서 복음 사역에 동반되는 고난을 견디는 것을 염두에 두고 있다.
110) 딤전 6:11.

배교자들이든(딤후 2:25), 전에 결코 깨닫지 못한 자들이든(딛 3:2), 또는 둘 다 염두에 두고 있든 간에 신자가 참을성이 있게 불신자들에 대해서 점잖은 태도를 나타내는 것이다.[111] 이런 태도는 디모데의 사역을 지칭하여 두 번 사용되고, 한 번은 모든 신자들에게 일반적으로 사용되는데, 회개를 자극하려고 고안된 것이다(cf. 딤후 2:25).

현시대의 흥망성쇠와 덧없음에 대한 신자의 일반적 반응은 '소망'(elpis/elpizein)을 통해서 표현된다. 네베(Nebe)가 최근에 재확인한 것처럼, 바울 사상에서 소망의 지향점은 종말론적인 구원이며, 그것과 연관하여 역사적인 그리스도 사건과 부활하신 주를 만난 바울 자신의 경험이 깊은 인상을 남겼다.[112] 더욱이, "소망"은 단순히 신기루 같은 미래 사건을 갈망하는 것이 아니라, 오히려 복음에 선포된 대로 그리스도의 역사적인 부활에 근거한, 굳게 결심하고 대망하는 태도라 할 수 있다. 목회서신에서 명사와(딤전 1:1; 딛 1:2; 2:13; 3:7) 동사는(딤전 4:10; 5:5; 6:17) 하나님을 향한 독특한 그리스도인의 태도를 뜻한다; 따라서 그리스도인은 그리스도를 통해서 시작된 구원의 완성을 확신 있게 기다릴 수 있다. 소망의 특별한 대상은 하나님(딤전 4:10), 영생(딛 1:2; 3:7), 또는 재림하실 때 구원을 완성하실 그리스도 자신일(딤전 1:1; 딛 2:13) 수 있다. 그러나 이렇게 대상의 다양성은 신약 저술들에 퍼져있는 기독교 소망에 대한 표현과 일치한다.[113]

---

111) F. Hauck and S. Schulz, *TDNT* 6: 650. Vögtle (1936, 172)는 praupathia가 이단자들의 악한 경향들에 대한 반응 또는 교정으로서 사랑을 표현하는 것이라고 옳게 지적한다.
112) Nebe (1983), 169-70.
113) 소망 대상의 다양성에 대해서는 *ibid*. 42-168을 보라.

⑥ '믿음-사랑'의 조합

우리는 목회서신에서 '믿음'이 '사랑'과 자주 연결되어 나타난다는 사실을 위에서 지적한 바 있다. '믿음'은 덕목 중에서 13회 정도 등장하고, 9회는 '사랑'을 포함하고 있다.[114] 이러한 경향은 저자가 초대 기독교 권면 전승의 조합을 활용하고 있다는 것을 강력하게 시사해준다.[115] 이 두 술어는 바울서신에서도 8회 정도 다소간 직접적으로 결합되고 있다.[116] 비록 '사랑'이 헬라의 도덕주의자들의 법전에 등장하기는 하지만, 바울이 그리스도 사건과 그것이 가져다줄 수 있는 삶의 변화를 강조한다는 사실은 그를 그들과 구분시켜놓는다.[117] 그리스도인 존재와 관련하여 이런 조합의 역동적 본질은 바울이 갈라디아서 5장 6절에서 잘 표현해주고 있다: "그리스도 예수 안에서는 할례나 무할례가 효력이 없되 사랑으로써 역사하는 믿음뿐이니라." 버튼(Burton)이 잘 논평한 것처럼, 바울에게 있어서 "믿음은.... 자기 자신을 그리스도에게 맡기는 헌신 행위이며, 그러한 행위는 그와의 생명적인 교제를 가져오며, 그리스도는 그러한 교제를 통해서 신자의 윤리적 삶을 지배하는 능력이 된다."[118] 수직적인 태도는 그에 상응하는 수평적 행위를 산출한다. 그러므로 믿음과 사랑은 모두 성령으로부터 생겨나는 것으로서(갈 5:22) "그리스도인 존재와 그리스도인 윤리가 거기서 형성되는 통일된 뿌리"[119]이다. 사실 바울에게 있어서 "사랑으로써 역사하는 믿

---

114) 딤전 1:5,14; 2:15; 4:12; 6:11; 딤후 1:13; 2:22; 3:10; 딛 2:2.
115) Vögtle (1936), 51, 171; Lips (1979), 79.
116) 고전 13:13; 갈 5:6,22; 엡 6:23; 골 1:4; 살전 3:6; 5:8; 살후 1:3; 몬 5.
117) Cf. Vögtle (1936), 170.
118) Burton (1921), 280; cf. Bruce (1982), 232-33.
119) Schrage (1961), 56, 269.

음"이 곧 그리스도인 존재, 즉 "새로운 피조물"(kaine ktisis)이다(갈 6:15).

목회서신에서 우리는 이러한 역학이 믿음, 경건, 선행, 양심, 그리고 사랑을 통해서 그리스도인 존재의 핵을 형성한다는 사실을 이미 살펴 본 바 있다. 목회서신은 초기 바울에 의해서 표현된 동일한 사상을 보다 상세하게, 또는 적어도 보다 집약되고 치밀한 방식으로 해설하는 경향이 있다. 그리고 목회서신에 첨가된 강조점이 있다면 '믿음'을 자주 사용하고 '믿음-행위' 모델을 대담하게 재진술한다는 점에서 나타나는데, 이런 강조점은 그리스도인 존재의 수직적이며 수평적인 차원들을 이단이 모두 손상시키는 면을 대처하기 위해서 고안된 것으로 보인다. 이제 '믿음-사랑'의 조합을 통해서 그리스도인 존재에 대한 바울적 이해의 본질은 한층 더 강화된다. 목회서신의 덕목에서 두 쌍으로 된 개념의 출현은 초기 저술들에서보다 보다 정규적이고 정형화되어 있지만, 바울서신에서도 분명하게 나타나는 덕목 형식의 용법은 유사하게 더 빈번해진다.

두 경우에만 '믿음-사랑'의 조합이 등장한다(딤전 1:14; 딤후 1:13). 그리고 이 두 구절은 새로운 실존 전체가 이 두 술어들로 요약된다는 사상과 잘 일치한다; 그리스도와의 수직적인 관계와 그에 상응하는 수평적 실천이 여기서 표현된다. 그러나 두 쌍의 술어는 대부분 위에서 검토한 덕목들을 이 두 주도적 개념들과 다양한 형태로 결합시키는 보다 광범위한 덕목들의 핵을 형성하고 있다. 덕목들이 참된 그리스도인 존재를 지칭하고 자극한다는 것은 사실이지만, 그 형식은 열거된 측면들의 상관성을 정확하게 묘사하기보다는 시적인 효과를 내는데 더 기울어져 있다. 덕목들을 순서대로 정돈해보면, 첨가되고 보충된 부분들이 쉽게 눈에 띤다: '근신함'(sophrosune)과 '거룩함'(hagiasmos)은 디모데전서 2장 15절에서 덧붙여지고, '정절'(hagneia)은 디모데전서 4장 12절에서 첨가된다; '의로움'(dikaiosune)은 디모데전서 6장 11절에서(그리고 딤후 2:22) 덕목의 첫 자리에 등장하는데, 여기에 '경건', '인내', 그리고 '온유'가 덧붙여진다; '평화'(eirene)는 디모데후서 2장 22절에서 등장하고, '오래참음'은 디모데후서 3장 10절에서 나타난다.

주목한 대로, 덕목 형식은 본래 주변 사회에서 빌려온 것이며 권면 정황을 통해서 초대교회에 유포된 것이다. 따라서 목회서신의 저자는 그의 윤리적 구조의 이러한 "이론적" 측면을 용인된 권면 장치를 통해서 구성하고 있다. 그러나 그는 다양한 덕목들의 내용을 그리스도 사건에 조심스럽게 닻을 내리고 있는데, 그는 그것을 '믿음-사랑'이라는 기초 위에다 구축할 뿐만 아니라 새 생명의 다양한 측면들을 대부분 단편적이긴 하지만 동일한 결정적 사건 속에 위치시킴으로써 그러한 작업을 한다.

요약하기

저자가 구축한 "원리상으로 본"(in principle) 그리스도인 존재의 모델은 꽤나 완벽한 것이다. 전체와 관련해서나(믿음, 경건, 선행) 부분과 관련해서(특히, 양심, 사랑, 믿음-사랑) 살필 때, 그리스도인 존재는 믿음의 존재와 거기서 귀결되는 삶의 유형으로 묘사된다. 핵심에는 믿음-사랑의 역학이 놓여 있다. 저자의 표면적인 논의 배후에는 거짓 교사들이 야기한 파괴공작에 대한 기본 이해가 놓여있다. 그리고 그리스도인 존재 모델을 구성하는 일 자체는 그런 것들을 염두에 두고 확립된다. 경건 개념이 드러낸 것처럼, 거짓 교사들은 믿음/지식과 실천을 분리시켜 놓았다. 그들은 둘 중의 어떤 측면도 생략하지는 않았지만 두 측면 모두를 왜곡시켜 놓았다. 따라서 믿음이 그리스도인 존재에 대해 갖고 있는 수직적 측면의 필요성은 부각될 뿐만 아니라, 그 내용이 사도적 복음과 일치해야 한다는 점도 '믿음'의 빈번한 사용을 통해서 요청되고 있다. 그렇다면 바른 지식, 즉 믿음과 바른 행위의 관계가 갖는 중요성은 세 가지 방식으로 표현된다: (1) 경건은 전체 그리스도인 존재를 그리스도에 대한 바른 지식과 행위의 항존적 상관성으로 정의하는데, 그 술어는 아마도 이단자들의 어휘에서 빌려온 것일 수도 있다. (2) 양심은 믿음/지식을 그에 상응하는 수평적 행위로 옮기는 것을 가능케 하는 내적인 도구이다. 이단자들의 경우에 "화인 맞은" 양심은 그러한 전환을 불가능하게 만들었다. (3) '믿음-사랑'의 조합은 9개의 덕목들의 핵심을 형성하는데, 그리스도인 존재의 용인할 만한 행위를 그리스도를 믿는 신앙 속에다 정초시킨다.

거짓 교사들이 생각하는 경건은 대체로 '지식'(gnosis) 위주의 성격을 지녔다; 그들의 지식은 왜곡되었을 뿐만 아니라(cf. 딤후 2:18), 그와 연관된 삶의 유형은 금욕주의 행습으로 왜곡되었거나 또는 심하게 부패한 것이었다. 그에 대한 답변으로 그리스도인 존재의 수평적 차원에 대한 관심은 아주 크다. 그것은 일반적으로 "선행"이란 술어로 특징화된다. 그러나 보다 상세하게 근신, 사랑, 의로움, 단정함 등은 믿음의 삶의 유형을 관찰 가능하고 용인할 만한 것으로 묘사한다. 언제라도 믿음의 수직적 태도와 그 수평적 결과 사이가 단절되지 않는다. 오히려 그리스도인 존재는 원칙상 그리스도를 믿는 신앙의 기초로서 바른 (사도적) 교리와 그에 상응하는 외적 행위 사이의 항시적 상호작용이라고 할 수 있다.

분명히 저자가 스케치한 그리스도인 존재에 대한 이론적 상(像)은 그의 메시지의 신학적 구조와 일치한다; 그리스도 사건은 여전히 중심에 머물고 있다. 사실 그것은 관찰 가능한 믿음의 삶의 원천이다. 이단자들이 야기한 손상을 복구하고 "선교적" 삶의 유형을 고무하려는 다른 핵심적 관심들은 심지어 그리스도인 생활에 대한 그의 이론적 모델 중에서도 등장한다. 당대의 세속 사회에 유행하던 술어와 개념들을 사용했음에도 불구하고, 그리스도인 존재에 대한 저자의 개념이 단지 세상 속에서 평화롭게 공존하려고 갈구한 것에 불과하다고 볼 만한 증거는 없다. 그것은 한 때 신자들의 완성되지 못한 구원과 교회의 선교적 과제를 모두 위험에 빠뜨렸던 거짓 교훈에 대한 반응이었다. 세상의 눈으로 보기에 존경할 만한 행위는 한 역할을 담당하는 것이 분명하지만, 지속되는 이단과 외부자들에 대한 관심에 비추어 볼 때 그것이 방어보다는 선교의 동기를 가졌다는 암시들을 지시하는 것으로 보인다. 그러나 이 점은 저자가 어떻게 그리스도인 존재에 대한 이론적 개요을 구체적인 윤리적 권면으로 채우고 있는가를 검토할 때 한층 더 드러나게 될 것이다.

2. 실천의 관점에서 본 그리스도인 존재

본 섹션에서 다양한 사회 계층들, 지도자들, 그리고 디모데에게 준 구체적인 권면들이(디도에게 준 교훈들은 별로 없고 발전되지도 않는다) 검토될 것이다. 이 단계에서 기독교 소시민(christliche

Bürgerlichkeit) 해석에 대한 우리의 비평적 분석이 진지하게 시작될 터인데, 물론 우리는 이미 저자의 메시지의 신학적 구조와 그리스도인 존재에 대한 그의 이론적 모델을 연구함으로써 이런 해석 접근을 의문시할 이유를 발견한 바 있다. 우리는 그리스도인 생활의 가시적 측면에서 '존경스러움'에 대한 강조점을 관찰한 바 있지만, 저자가 이해한 그리스도인 존재의 의미를 드러내주는 것도 이러한 관심 배후에 놓인 동기이다. 그러므로 이러한 강조점만으로는 기독교 소시민 해석을 논증하기에 불충분하다. 전반적인 신학 구조, 지역교회의 정황, 그리고 그리스도인 존재의 이론적 모델, 이 모든 것이 결합하여 우리에게 저자의 동기가 무엇인지 알려주게 되는데, 만일 기독교 소시민 해석이 가능한 해석이라면 그렇게 해서 나타난 주석적 결론은 "조용하고 평화로운 삶"이 목회서신의 윤리적 권면의 목표라는 주장의 무게를 지탱할 수 있어야 한다. 그러나 이것을 결정하기 위해서 구체적인 권면들은 저자의 동기를 푸는 실마리들을 찾기 위해 이제 검토해보아야 한다.

우리가 활용할 수 있는 다른 도구들은 어느 정도 설명이 필요하다. 첫째로, 우리는 이미 이단 교훈, 공동체에 미친 그 영향들, 서신들에 침투한 그 정도를 검토한 바가 있는데, 여기서 우리의 결론들은 왜 특정한 행위가 규정되고 있는지를 설명하는데 도움을 줄 수 있다. 둘째로, 저자의 사상의 신학적 구조는 권면과 관련을 지을 수 있다. 만일 권면이 '이미-아직 아니'의 긴장과 재림에 대한 기대를 유지하는 저자의 신학에서 직접적으로 흘러나온 것으로 보여질 수 있다면, 동기에 관한 추가적 정보도 얻을 수도 있다. 셋째로, 우리는 저자의 기술적 어휘를 검토함으로써 그가 원리적 관점에서 제시한 그리스도인 존재의 모델을 재구성한 바 있다. 이 모델은 그의 사상의 신학 구조와 일치할 뿐만 아니라, 윤리적 구절들 내에서 핵심 어휘를 사용한 것은 그의 교훈 배후의 동기를 이해하는데 있어서 기여할 수도 있다. 더욱이, 만일 우리의 재구성이 정확하다면, 우리는 실천면에서 본 그리스도인 존재가 저자가 원리상으로 해설한 것과 일치할 것을 기대할 수도 있다. 넷째로, 우리가 지금 살필 테지만, 얼마간의 권면이 지닌 '가훈윤리'(Haustafel) 형식은 그러한 윤리의 의도나 동기에 관한 어떤 면을 드러낼 가능성을 건네준다. 포괄적이고 보조적인 이들 각 도구들은 도움이 되고, 개별적 권면의 동기가 분별되기 위해서 전체 모습에 초점을 두어야 한다는 것이 우리의 주장이다. 만일 저자가 시종일관하다면, 어떤 주어진 윤리 교훈의 동기는 그의 포괄적인 구조와 일치하게 될 것이고, 부분들은 전체와 일치하게 될 것이다. 그리고 이와 연관하여 우리는 신학 문제에 있어서 그가 아주 시종일관하고도 주제적으로 사고하고 있다는 점을 보여준 바 있다.

우리는 저자의 구체적인 권면에 걸쳐서 세 가지 경향들이 다시 등장한다는 것을 논증할 것이다. 첫째로, 특별한 술어와 신학적 기초를 사용하여 윤리가 그리스도 사건으로부터 흘러나온다는 점이 드러나게 될 것이다. 둘째로, 선교적 또는 증거 동기가 자주 드러나거나 암시된다는 것이다. 마지막으로, 거짓 교사들이 끌어들인 왜곡된 행위들을 직접적으로 반박하기 위한 권면들이 자주 제시된다는 것이다. 기껏해야 동기가 함축되어 있는 경우들에 있어서 다른 구절에 암시된 것을 밝히기 위해 보다 분명한 구절들을 합법적으로 사용해야 한다는 것이 우리의 주장이다.

1) 목회서신에서 가훈윤리 형식과 구체적인 권면들

다양한 그룹들을 위한 권면의 상당수가 전통적인 가훈윤리 도식과 비교될 만한 단위들로 구분되기 때문에, 목회서신에서 이런 형식의 잠정적 영향에 관한 얼마간의 결론들을 다루고, 이것을 윤리적 교훈 해석에 적용할 수 있는 기준들을 제시하는 것은 도움이 될 것이다.

목회서신의 권면형식 확인하기

문제는 디모데전서 2:1~6:2의 내용에서 가훈윤리의 범위를 둘러싸고 집중되어 있다. 비록 신약의 가훈윤리 도식의 수정 형태들이 디도서 2:2~3:2에 등장하기는 하지만, 디도서의 이 권면 구절이 가훈윤리 형식에 집착한다는 점이 널리 인정되고 있다. 바이딩거(Weidinger)는 디모데전서 2:1~6:2이 가훈윤리의 형식으로 구성되었다고 제안한 바 있는데, 물론 그는 그것이 여러 끊긴 부분들을 가지고 있고 그 한계들은 정의하기 어렵다는 것을 인정하기는 한다.[120] 카믈라(Kamlah)는 2:1~6:2이 "가훈윤리의 골격을 지닌 권면"[121]을 나타낸다는 접근방식을 취하였다. 그는 주장하기를, 교회를 "하나님의 가족"으로 보는 개념은 (3:14; cf. 3:5) 교훈 형식을 도표화할 것을 요청하는 한편, 교회 공동체 내에서 다양한 기능들과 직책들에 대한 평행되는 관심은 감독, 집사, 과부, 그리고 장로의 범주들이 어떻게 남편/아내 (남자/여자), 부모/자녀, 주인/노예와 같은 보다 전통적인 사회 제도들에 덧붙여지게 되었는지를 설명해준다.[122] 다른 여러 학자들도 확장된 구절이 (2:1~6:2) 새로운 필요들을 충족하기 위해 변형된 가훈윤리 도식이라는 점에 본질

---

120) Weidinger (1928), 66.
121) Kamlah (1964), 198.
122) Ibid. 198-99; 또한 Verner (1983), 83-111을 참조하라.

적으로 동의하고 있고, 또한 대부분 "가족" 개념이 그러한 형식을 선택하는데 있어서 결정적이었다는 점도 동의한다.[123]

헤어(Herr)는 이런 논지의 사상을 극단적으로 발전시켜 2:1~6:2이 에베소서, 골로새서, 베드로전서의 보다 평상적인 가훈윤리로부터 교회 질서에까지 연대기적으로 발전시킨 결과를 나타낸다고 주장하기까지 한다. 초기의 가훈윤리와는 대조적으로 초기 형태를(2:1-4, 8-15; 5:1-2; 6:1-2) 반영하는 목회서신의 구절들은 쌍으로 되어있고 상호 조화를 이루는 교훈에 별 주목을 기울이지 않고 있고, 명령법들과 규정들은 덜 직접적이 되었다.[124] 후기 신약 저술과 신약 이후의 저술들에서 가훈윤리가 사라진 것은(초대 교부들만이 에베소서, 골로새서, 베드로전서의 신약 가훈윤리를 반영할 뿐이다)[125] 새로운 형식의 등장과 일치한다. 헤어, 디벨리우스와 콘첼만, 그리고 다른 학자들은 새로운 형식이 세상에서 교회가 공고화되고 그에 따라 교회 지도자들과 구성원을 지도하거나 또는 통제하려는 관심의 결과로 발전되었다고 주장한다.

새로운 "교회 질서" 형식의 도래를 논증하는 가장 강력한 증거는 초대 교부들로부터 나온다고 말하기도 한다(Did. 7-10; 14; 15:1-2; Barn.

---

123) Dibelius and Conzelmann, 35; Campenhausen (1963), 229-30; Crouch (1972), 12; Schweizer (1979), 205; Brox, 121-22; Sampley (1971), 22-23; Sanders (1975), 86-87; Martin, *NIDNTT* 3: 928-32.
124) Herr (1976), 73; 또한 Sampley (1971), 18-23을 참조하라. Köster (1980, 740)는 이렇게 말한다: "디모데전서의 기초는 교회 질서이다. 그것에 응용된 교훈형식은 전통적인 가훈윤리에서 비롯된 것이다."
125) Cf. Did. 4:9-11; Barn. 19:5b, 7; 1 Clement 1:3; 2:1; 16:3-14; 17:1ff; 20:2ff, 22: 38:1ff; Ign. Pol. 4:3; 5:1; Ign. Mag. 13:2; Pol. Phil. 10:2; 4:2-6:1.
126) Dibelius and Conzelmann, 5-8; Herr (1976), 73-81. Cf. Bartsch (1965), passim.

19:5-7; 1 Clement 1:3; 21:6-9; Ign. Pol. 4:1~5:2; Pol. Phil. 4:2~6:1).[126] 분명히, 이들 구절들은 디모데전서 2:1~6:2(딛 2:2~3:2)의 것과 평행되는 권면 주제들을 채택한다. 클레멘트 1서는 젊은 남녀들에게 통치자들에 대한 복종, 늙은이들에 대한 존경을 권면하고 있다. 21장 6-9절에서 비슷한 항목이 등장하는데, 도입구는 "우리를 위해 피를 흘리신 주를 경외하라"는 표현으로 시작된다. 이 항목은 더 길고 더 발전된 형태이며 일인칭 복수의 권면 가정법으로 특징화된다: ".... 하자."

디다케의 몇 구절이 교회 질서를 다루고 있다. 7-10장은 세례, 금식, 성만찬에 관하여 교훈한다. 공동체의 회집에 연관된 교훈들은 14장에서 주어진다; 떡을 떼고, 감사하고, 신앙을 고백하는 것 등이 모두 포함되어 있다. 그렇다면 15장에서 감독과 집사들 임명에 관한 권면이 이루어진다.

바나바 서신은 또 다른 평행구를(19:5-7) 제공한다. 이 장은 "이것은 빛의 길이라"는 진술로 시작되고, 계속해서 하나님을 기쁘시게 하는 행위를 규정한다. 5-7절에서 이웃에 대한 사랑, 자녀들의 부모 공경, 그리고 노예와 주인들의 바른 태도 등이 모두 규정된다. 이 구절은 이인칭으로 된 십계명의 논조를 닮았고, 미래 시제들이 채용된다.

이런 실례들 중에는 디모데전서와 디도서뿐만 아니라 에베소서, 골로새서, 그리고 베드로전서의 가훈윤리에 일치된 점들이 존재하며, 고립된 것이지만 제시된 교훈들 중에는 평행을 이루는 바울서신의 권면 구절들과도(롬 13:1-7; 고전 11:2-16; 14:34-35) 일치되는 점들이 존재한다. 디다케에서 주목된 구절들은 별로 평행되는 점들을 제공해 주지 않지만(감독과 집사들을 임명하는 관심만이 비교할 만하다), 교회 생활의 질서를 잡으려는 관심이 일반적으로 상응한다.

마지막 두 실례들이 목회서신과 가장 가깝게 평행을 이룰지 모른다. Pol. Phil. 4:2~6:1에서 남편들, 아내들, 자녀들, 과부들, 집사들, 장로들과 집사들에게 복종해야 할 필요성, 처녀들, 그리고 장로들이 모두 논의 대상으로 다루어진다. Ign. Pol. 4:1~5:2은 과부들, 폴리캅 자신, 부인들, 그리고 남편들을 권면하는데, 물론 폴리캅이 직접적인 수신자로 되어 있다. 6장 1절에서는 이런 패턴을 따라서 감독, 장로들, 집사들에 대한 헌신이 다루어진다. 이들 두 실례들은 모두 과부들을 언급하고, Pol. Phil.은 집사와(5:2) 장로들의(6:1) 자격들 목록을 담고 있는데, 이것은 형식이나 논조에서 디모데전서 3장과 디도서 1장에 나오는 것과 유사하다.

이런 평행들에 근거해서 옛 가훈윤리를 대체하는 새 형식의 출현을 가정해 왔다. 그러나 증거가 허락하는 것이라고 해봐야 비슷한 관심사들이 목회서신과 인용한 초대 교부들에게 나타난다는 점인데, 사실 유사하지 않은 항목들도 동시에 많이 등장한다. 또한 뿐만 아니라 초대교회의 권면 전승에서 에베소서, 골로새서, 베드로전서의 인식 가능한 가훈윤리를 통해 밝혀진 점, 즉 공동체 내의 다양한 사회 그룹들에게 훈계하는 형식으로 확립되어진 것으로 여겨진 점도 어느 정도 수정되어 채용되었다는 사실이 나타난다. 그러나 이것이 다양한 신약 후기 저술들 가운데서 수행된 극단적인 유동성은 "문예적 형식"이란 명칭을 의심스럽게 만든다.[127] 사실 심지어 인정된 신약의 가훈윤리 용법에서조차 상당한 유동성이 존재한다. 한편으로 베드로전서에서 '상호성' 개

---

127) Herr (1976), 84-85.

념이 아내들과 남편들이 언급되는 3장 1-7절에서 등장한다. 노예들만이 3장 1-7절에 나타난다. 다른 한편으로 바울서신의 구절들은(롬 13:1ff; 고전 11:2-16; 14:34-35) 아마도 다른 형식적 기원을 가졌을 수 있지만 확장된 신약 가훈윤리 전승을 형성하기 위해 결합된 권면을 의미 상실 없이 개별적으로 끌어다 썼다는 것을 논증해준다. 간단히 말해서, 헤어(Herr)는 "형식이 좀 더 느슨해질수록, 새로운 형식을 향한 진화가 더 멀리 진행했다"고 주장하는 것으로 보이는데, 그가 제시한 기준의 종류는 신약의 증거만으로도 쉽게 무효화될 수 있다. 또한 재림의 지연이 온갖 종류의 사상적 변화를 야기했다는 의심스러운 가정에 과도하게 기대는 이론, 즉 세상에서 교회가 공고히 뿌리를 내림으로 소위 교회질서를 위한 권면들이 끼어들게 되었다는 선험적 판단도 의심스럽기는 마찬가지이다. 하지만 우리의 의심은 권면과 그 의도에 관한 연구 결과에 기초해서 지탱되어야 할 것이다. 만일 "교회 질서"란 술어가 사용되어야 한다면, 그것은 단지 느슨한 의미로 사용될 수 있을 뿐이다. 분명히 교회 질서에 대한 관심이 어느 정도 새로운 현상이라고 느껴질 정도로 존재하기는 하지만(딤전 3; 딛 1), 그러한 관심은 바울서신, 야고보서, 베드로전서 등에서는 전적으로 결여되어 있다. 결론적으로, 목회서신의 가훈윤리 전승은 좀 더 단편적이고 수정된 형식으로 등장하기 때문에, 우리는 단지 전승과의 연결점에 기초해서 권면의 의도에 대해 지나친 추론을 해서는 안 될 것이다.

위에서 제시한 기준 논의에 근거해서 판단할 때 목회서신에는 우리가 소위 일반적으로 말하는 신약 가훈윤리 전승의 영향이라고 할 만한 것이 나타난다. 첫째로, 아무도 디도서 2:2~3:2이 가훈윤리 형식으로 작성되었다는 것을 의문시하지 않는다; 상호성(2-8절), 결혼(5절)과 노예/주인(9-10절)에 대한 전통적 관심, 그리고 국가와의 관계 등이 '복종하다'는 동사와 함께 등장한다는 것이 이 점을 분명히 해준다. 수정된 점도 늙은이와 여인들과 젊은 남녀들에 초점을 둔 데서 나타나지만, 적용은 자연스러워서 전형적인 사회적 구조와 가치들에 일치한다. 약간의 수정 사항이 분명하기는 하지만, 디모데전서 2장 8-15절도 이러한 범주에 들어맞는다. 얼마간의 관심사들은 교회 관련 사항들이며 (남자들은 기도하고 여자들의 경우에는 가르치는 것을 금한 것), 권면은 남편/아내가 아니라 남자/여자를 향한 것이다. 그러나 쌍을 이루는 교훈 형식, 여인들의 치장에 관한 교훈의 전통적 성격, 복종하라는 지침, 그리고 구약 자료에 호소하는 것 등은(13-14절) 이 권면을 신약 가훈윤리 전승에 위치시킨다.[128] 다른 곳에서 결혼과 관련하여 해설된 윤리는 사회 구조에 대한 존중 또는 신학적 이해에 기초한 것인데, 여기서는 교회의 특정 영역 안에서 다르면서도 관계된 사회 제도를 다루기 위해 수정되고 있다.

다른 구절들도 이 도식에 연결될 수 있다. 늙은 남녀들과 젊은 남녀들을 대하는 디모데의 태도를 (또는 보다 일반적으로 젊은 지도자의 태도) 규정하는 형식화된 디모데전서 5장 1-2절의 권면은 의심할 여지도 없이 신약 가훈윤리 전승의 영향을 받은 것이다.[129] 동일한 판단이 6장 1-2a절의 권면에도 해당된다; 오직 노예들만이 거명되지만(또한 벧전 2:18ff 참조), 명령들은 에베소서, 골로새서, 그리고 베드로전서의 가

---

128) Schroeder (1959), 79-171; Sampley (1971), 21; Goppelt (1978a), 165-77을 보라.
129) Cf. Schroeder (1959), 188; Verner (1983), 101.
130) Cf. Schroeder (1959), 158-59, cf. 138; Herr (1976), 73-75.

훈윤리에 등장하는 것들과 가시적으로 평행을 이룬다. 겉으로만 보면 비록 2장 1-4절이 모든 사람과 국가를 위해 기도하라는 명령과 더불어 신약 가훈윤리 전승에 얼마나 영향을 받았는지는 분명치 않을지라도, 보다 깊이 탐구해 보면 이 경우에도 역시 가훈윤리 전승이 적용되고 있다는 것을 알 수 있다;[130] 특정한 적용 자체가 사실상 여기서 그러한 전승의 존재를 드러내준다.

감독들, 집사들, 과부들, 장로들, 그리고 부자들 등 나머지 그룹들에 대해서 말할 수 있는 것은 기껏해야 그런 그룹들을 다루는 신약 가훈윤리 전승의 경향이 저자가 취한 접근방식을 형성하였을 수 있다는 점뿐이다. 그러나 디모데를 위한 개인적 권면을 흩어놓는 저자의 경향과/또는 논쟁적인 성격을 띤 구절들은 분명히 설명하기가 어렵다. 교회를 "하나님의 가족"(딤전 3:15)으로 부르는 명칭이 저자의 권면적 관심들과 표현 방식을 형성할 때 얼마나 많은 영향을 미쳤는지를 결정하기도 어렵다;[131] 후자가 전자의 선택을 실제로 결정했을 가능성이 있으나, 거기에 가동되는 윤리를 이해할 때 도움을 주는 것은 분명히 목회서신의 권면 중에서 신약 가훈윤리 전승의 징표들을 발견할 때이다.

따라서 주목할 만한 수정 사항들에도 불구하고, 신약 가훈윤리의 영향은 디모데전서와 디도서에서 분명하게 나타난다. 이런 수정 사항들은 하나님의 가족 밖에 잇는 다른 인정된 사회 그룹들에게 적용을 확대

---

131) Verner (1983)은 디모데전서의 권면이 3:14-15, 즉 편지의 목적 진술을 성취하기 위해 고안된 것이라고 주장한다. 그러나 이것은 교회를 하나님의 "가족"(household)으로 보는 개념이 동일하게 중요한 몇 가지 교회 칭호들 중 하나라고 할지라도 맞는 말이다.

하는 것을 포함한다. 동일한 경향이 예를 들면, Pol. Phil. 4:2ff.와 Ign. Pol. 4:1ff.에서도 나타나지만, 우리가 살핀 것처럼, 신약저술 다른 곳에서도 등장하는 유사한 변경 사항들은 "교회 질서"란 술어가 형식보다는 기능에 대한 묘사에 국한되어야 할 것을 요청한다.

신약 가훈윤리 전승의 의도

가훈윤리의 기원에 관한 몇 몇 철저한 연구사 평가들이 존재하기 때문에,[132] 주요 발전들에 대한 간략한 개관만이 여기서 요청될 뿐이다. 우리는 일반적으로 용인되는 결과들로 생각되는 것만 끌어다 활용할 것이다. 디벨리우스와 바이딩거는[133] 스토익 윤리 저술들 중에서 사회적 의무들에 대한 관심을 주목하면서[134] 신약의 가훈윤리가 스토익 의무규정들로부터 빌려온 것이라고 제안하였다. 바이딩거에 따르면, 재림의 지연은 교회로 하여금 사회 속에서 좀 더 편안하게 뿌리를 내리도록 만들었고, 스토익 의무 규정들은 '주'(kyrios)란 술어를 덧붙여 살짝 기독교화시킨 채로(엡 4:17; 5:17, 22; 골 3:18, 20; 벧전 2:13) 이러한 안착 과정을 용이하게 하게 위해 채용되었다.[135] 불행하게도, 이런 규정들은 너무도 완벽하게 넘겨받은 것이어서, 그들은 주장하기를, 지역적 상황에 관한 어떤 것도 결정하기 어렵게 되었다는 것이다. 저장된 윤리는

---

132) Balch (1981), 1-20; Crouch (1972), 13-36; Schrage (1975), 1-22.
133) Dibelius and Greeven (1953), 46-50; Weidinger (1928).
134) *Ibid.* (27-33, 41-43, 46)은 Hierocles (Stobaeus 1-7)을 인용한다.
135) Weidinger (1929), 6-9.
136) Ibid. 3-4; 또한 Dibelius (1959), 239를 보라: "Die Regeln und Weisungen sind nicht für bestimmte Gemeinde und konkrete Fälle formuliert, sondern für die allgemeinden Bedürfnisse der ältesten Christenheit. Sie haben nicht aktuelle, sondern usuelle Bedeutung."
137) Schroeder (1959); Crouch (1972).

단지 기독교 공동체에 일반적으로 적용되었을 뿐이다.[136)]

슈뢰더와 그라우치는[137)] 기원문제, 우리의 연구에 더 중요하게는, 가훈윤리의 목적과 관련하여 디벨리우스-바이딩거의 접근방식에 대한 필요한 교정책을 제공하였다. 슈뢰더는 또한 가훈윤리 도식이 형식적으로는 스토익 사상과 연관되어 있다는 것을 발견하였다.[138)] 그러나 신약에서 상호성 개념과 복종에 대한 관심을 채용하는 경향은 헬레니즘적 유대교, 주로 필로에게서[139)] 더 가까운 평행점을 찾을 수 있는 것으로 보인다. 그러나 디벨리우스와 바이딩거와는 대조적으로, 슈뢰더는 이 도식이 지역적 상황들과 교회의 특별한 필요들에 대한 분별을 좀 더 가능하게 만듦으로써 초대교회에 의해 철저하게 기독교화되었다고 주장한다. 특별히, 어떤 공동체들 중에서 갈라디아서 3장 28절에 제시된 사회적 평등 진술에 기대어 고린도전서 7, 11, 14장에 나타난 문제들을 야기하는 경향 때문에 신약에서 복종이 강조되었다; 따라서 가훈윤리 도식의 한 가지 중요한 의도는 사회적 질서의 혼란을 잠재우는 것이었다.[140)] 크라우치는 헬레니즘적 유대교 배경에 호소하여 이 주장을 강화시켰고,[141)] 가훈윤리가 신약에서 채용된 것은 평등 원리에 기초해서(갈 3:28; 골 3:11; 고전 12:13) 직접적인 사회적 평등을 선동했던, 노예들과 여인들 가운데서 일었던 사회적 혼란을 꺾기 위해서였다는 점에 동의

---

138) Schroeder (1959), 32-67. 그는 특별히 Epictetus 3. 2. 1; et. al.을 인용한다.
139) Philo, Dec. 165; 또한 Schroeder (1959), 68-69, 74, 83-84를 참조하라.
140) *Ibid.* 89-91.
141) Crouch (1972), 79ff.; et. passim. 그는 필로에 초점을 맞춤으로써 헬레니즘 유대교의 자료들을 가지고 길게 분석한다 (Spec. Leg. 2. 226-27; Hypothetica 7. 2. 5) and Josephus (Ap. 2. 190-219).
142) *Ibid.* 122-45; 이 견해는 그래코-로마 세계에서 여인들 중에 있었던 해방 경향에 관한 연구를 통해서 보충되었다.

하였다.[142]

신약의 가훈윤리의 의도와 관련하여 또 다른 중요한 관찰을 논의에 끌어들였다. 베드로전서 3장 1-7절, 디모데전서 2장 1-4절, 그리고 디도서 2장 5절을 끌어들여서 그는 이 도식의 윤리가 선교의 동기를 가졌다고 주장하였다.[143] 보다 최근에 고펠트는 복종을 강조하는 이 도식에 규정된 윤리가 기존 사회 구조에 참여할 것으로 격려하기 위해 고안되었다고 제안하면서 이런 주장을 발전시켰다: "전승에 주어진 의미로 정의된 신약의 사회 윤리는 믿는다고 하는 자들이 그들이 사는 사회 질서들 속에 자신을 참여시켜야 하고 '게임 규칙'에 따라 처신해야 한다는 지침과 더불어 시작되었다....";[144] 이러한 정서는 골로새서 3장 18절에서 "주 안에서 마땅하니라"는 문구를 통해 표현된다.[145] 다양한 사회적 제도들을(즉 결혼, 노예, 가족 등) 규정하는 이 지침은 예수 자신의 교훈에서 처음 등장하는데,[146] 그 지침 배후에 놓인 동기는 세상에 대한 교회의 증거이며 이것은 선한 증거를 지속하는 일에 의존한 것이다.[147]

결론을 짓기 전에, 바르취의 공헌들을 고려해야만 한다. 그는 베드로전서의 가훈윤리가(2:11~3:12) 수신자들의 실제 상황에 관한 정보를 제공해줄 수 있음을 논증하면서 슈뢰더와 크라우치가 이미 결론지은 것을 확증해준다.[148] 그러나 가훈윤리의 변증적 의도에 대한 그의 설명 가운데서 그는 그의 선구자들과 견해를 달리한다. 외부인들이 교회에

---

143) Schroeder (1959), 138, 158-59.
144) Goppelt (1981-82), 2: 170; id. (1978b), 285-96; id. (1978a), 163-79.
145) Lohse (1971a), 158 n. 23; Schweizer (1982), 221 n. 40.
146) 특히 Goppelt (1973), 93-105; id. (1978a), 173-74; id. (1981-82), 2:170; Schroeder (1959), 18-23.
147) Goppelt (1981-82), 2: 167-74.
148) Balch (1981), 81-116.

가한 고난과 핍박의 상황에 초점을 맞춤으로써 그는 이렇게 결론을 짓는다: "…. 규정에서 추천되는 행위는 외부의 비방자들에 대한 반응이 요한복음 3장 15절에 예상된 대로 외부자들에 대한 '방어'의 일부이다."[149] 그는 또한 가훈윤리가 갈라디아서 3장 8절과 같은 급진적인 진술의 실현으로 야기된 사회적 불안을 억누르기 위해 고안된 것이라는 슈뢰더와 크라우치의 설명을 거부한다. 왜냐하면 평등 진술은 모든 당사자들에 의해서 동일하게 다루어지지 않았기 때문이다; 그것은(고전 12:13) 여인들의 선동에 일정 부분 역할을 하기는 했지만 고린도의 노예들에게는 아무런 영향을 미치지 못했다.[150] 그래서 그는 이렇게 결론 짓는다: "이 세례 형식이 노예들 중에서 그러한 '불안정'을 자극하여 가훈윤리가 이해되어야 할 배경을 형성했다는 가정은 근거가 없다. 베드로전서 자체에는 자유를 달라는 노예들의 요구가 중심적 문제였다는 아무런 시사도 존재하지 않는다."[151]

이런 관찰은 분명 가능성 있어 보이지만, 발취가 그의 변증적 동기를 선호하여 선교 동기와 사회적 불안정을 안정시키려는 동기를 거부한 것은 실천적인 이슈가 사회 질서와 연계하는 방식일 때는 근본적인 몰이해를 포함한 것으로 보인다. 외부 세계의 압력들, 핍박, 비방 등이 교회들에 임했다는 것을 인정할 때, 모범적인 시민이 되어 모든 사회 구조들을 조심스럽게 관찰하는 데서 어떤 유익이 생기는가? 분명히,

---

149) *Ibid.*, 118-19.
150) *Ibid.*, following Meeks (1974), 180ff, 199ff.
151) Balch (1981), 107: following Bartchy (1973), 129-30. 이것은 할례와 노예제도를 다루는 고전 7장의 예증들에 기초해 있다; 이런 이슈들은 따라서 문제가 되지 않았다. 그러나 12:13에서 "남자나 여자나"란 진술의 생략은 이것이 문제점이었다는 것을 시사한다; 공동체의 여인들은 평등 원리를 너무도 빨리 실천에 옮기려고 하였다.

그가 염두에 둔 변증적 동기는 비방의 이유들을 제거함으로써 교회를 향한 압력을 줄여보려고 고안된 것이다. 그러나 베드로전서 2장 12절과 3장 1절이 확증하는 것처럼, 기독교인들이, 예를 들어, 모범적인 노예가 되어(2:18-21) 비방의 기회를 주지 않아야 할 당위성의 근거는 궁극적으로 선교 사명에 있었지 부당한 대우를 줄여보려는 동기 때문은 아니었다. 오히려 모범적 행위를 실천하고 사회 제도들을 존경하는 태도를 갖는 것은 이방인들 앞에서 불필요한 사회적 거침돌을 놓지 않아야 한다는 것을 뜻한다. 발취는 선교 동기가 가훈윤리의 직접적인 변증적 목적 배후에 놓여있다는 것을 보여주는데 실패하였다;[152] 그는 도구절과 목적절의 관계를 오해하고 있다.[153] 목적절을 간과함으로써(즉 목표, 구원, 벧전 3:1; 2:12), 도구적 원인, 이 경우에 발취의 변증적 동기는 모든 의미를 상실해버리고 만다. 왜냐하면 그것 자체로는 동기 부여가 되지 않기 때문이다(즉 "망치"는 그 자체로 존재하지 않고 지으려고 하는 "집"을 위해 존재한다). 만일 목적절이 분명하다면, 목적절에 표

---

152) 2:12에 대한 발취의 설명 (Balch (1981), 87-88), 즉 이교도들의 회심이 아니라 "심판의 송영"을 염두에 두고 있다는 설명은 단지 심판의 날을 지칭하여 "신원의 날"이란 문구를 사용한 점에 기초할 뿐이다. 그러나 그것에 상응하는 본문들과 (마 5:16; 벧전 4:11,16), 이들 구절에서 현재의 영화를 지칭하는 부분들, 그리고 선한 행위에 관한 이방인들의 관찰이 부각되는 2:12과 3:1의 유사한 동사 사용 (epopteuontes와 epopteusantes), 회심의 의도를 분명히 가진 후자의 동사 등은 "신원의 날"이 "der gnädigen Heimsuchung des einzelnen"을 지시함을 시사해준다 (Goppelt (1978a), 161; 또한 Selwyn (1946), 171; Reicke (1964), 94; W. H. Beyer, *TDNT* 2: 607). Cf. 은혜의 강림을 지칭하여 "visitation"을 사용한 것에 대해서는, Wis. Sol. 4:15; Luke 19:44; 1:68을 참조하라.
153) "네 개의 외적 원인들"이란 개념을 우리 논의에 적용함으로써 성경적 도식이 등장한다: (1) 본보기 원인은 (모형) 그리스도 사건이다; (2) 효과 원인은 (작인) 설교자이며 보다 일반적으로는 교회이다; (3) 도구적 원인은 (수단) 폭넓은 의미에서 선포이다 (즉 복음 메시지의 설교, 선한 증거); (4) 목적 원인은 (목적) 구원이다.

현은 구원은 가훈윤리가 요청하는 존경스러운 삶을 살아야 할 동기가 될 수 있다. 사실 그것은 교회가 존경할 만한 존재임을 보여주는데 목적을 두기는 하지만, 세상의 인정을 받는 일에 궁극적으로 걸려 있는 이슈는 복음을 확장하는 것이다.

지역교회가 평등 전승(갈 3:28; 평행절들)을 실천에 옮기려고 한 현실이 어느 정도나 신약 가훈윤리 전승을 채용한 배후에 놓여 있을까? 베드로전서가 주의시키는 것처럼, 그러한 열광적 행동주의는 항상 분별되어지는 것은 아닐 수 있다. 가훈윤리는 하나님의 창조세계의 일부로서(ktisis; 벧전 2:13) 그의 주권 아래 있어서 마땅히 존중되어야 할 사회 구조들에 초점을 두고 있는데, 불필요하게 혁명적이라는 인상을 줌으로써 복음의 진보를 방해하지 않으려는 의도를 갖고 있다.[154] 그것은 갈라디아서 3장 28절, 고린도전서 12장 31절, 그리고 골로새서 3장 11절에 해설된 진리의 실현이 주변 사회와 그 사회적 구조들에 달려 있다는 것을 드러내준다. 공동체의 사회 구조 내에서 평등의 이상을 옹호하는 잘 알려진 이 평등 진술은[155] 세상 속에서 공동체의 평판을 희생시켜가면서 실천되어져야 할 것은 못된다. 그러한 주의를 환기시키는 이유는 선교 사명을 방해할 수 있는 가능성을 역으로 시사해주는 것으로 보인다(벧전 3:1; 딤전 6:1; 딛 2:5).

이것은 비록 사회가 왜곡된 형태의 어떤 사회 제도를 가지고 있어서 그것과 연관된 사회의 제도가 성경적 규범들을(예로, 부부 교환이 허

---

154) Cf. Goppelt (1981-82), 2: 173; id. (1978a), 182-83.
155) Meeks (1974), 180-83; Gayer (1976), 135-53.

용되는 결혼 제도) 위반한다고 해도, 신자들은 그것에 수동적으로 순응해야 한다고 말하는 것은 아니다. 오히려 교회가 그러한 제도에 참여하려고 한다면, 교회는 성경적 지침들을 더 이상 위반하지 않는 지점까지 제도와 관련된 행위를 재정의함으로써 시작해야 한다;[156] 바울은 그의 복음이 우상숭배적인 이교 구조들에 적용될 때(행 19:23ff 참조) 발생하는 사회 경제적 균형의 붕괴에 대해서 별 걱정을 하지 않았다. 그러나 성경의 전승을 위반하지 않고 이미 기본적으로 정의된 대로 옹호될 수 있는 그런 제도들은(결혼, 노예제도, 가족, 남자/여자 등) 무시되어서는 안 된다.

그러나 평등 전승의 실천이 특정 성경 저자가 가훈윤리를 채용할 때 어떤 역할을 담당했는가 하는 질문은 공동체 내의 사회 질서의 붕괴라 보다 기본적인 요인에 비추어 볼 때 이차적일 뿐이다. 베드로전서의 경우에 어떤 이유에서인지는 몰라도 모종의 사회 제도들이 무시되고 있었다; 아마도 핍박의 위협 자체가 그러한 반응을 야기하기에 충분했을 것이다. 그러나 고린도전서에서 "실현된 종말론"과 연계된 "열광주의"는 어떤 사람들로 하여금 갈라디아서 3장 28절(그리고 평행절)에 발견되는 전승을 규정하게 만들었던 것 같다.[157] 이 서신의 여러 진술들이 시사하듯이, 만일 종말이 온전한 형태로 현재하는 것으로 생각되었다면, 약속된 것을 실현하려고 시도하는 것은 자연스러운 일이었을 것

---

156) 어떤 사회의 기본 구조를 제공하는, 필요한 관계들에 의해서 결정되는 사회적 패턴들, 그래서 일반적으로 한 문화로부터 다른 문화까지 공유되는 사회 제도들 자체와, 특정한 사회가 그 제도를 정의하는 기대들(즉 제도와 연관된 행위 패턴들) 사이를 구분해야 한다. Muzumdar (1966), 162-63; Merrill (1952), 102-104, 345-48을 참조하라.
157) Gayer (1976), 122-53; Meeks (1974), 180ff., 199ff.

이다. 바울이 가훈윤리 전승에서 끌어온 복종의 원리를 부과하는 구절에서 (고전 11:2-16; 14:34-35), 사회적 안전을 회복하려는 직접적인 목적은 보다 큰 목적 자체가 아니라 그것을 위한 수단에 불과하다. 가훈윤리를 적용하고 이로써 교회 내의 사회 구조를 주변 사회의 것과 일치시킴으로써, 바울은 하나님의 구원 계획의 도구적 원인의 일부로 알고 있는 것, 즉 세상의 눈에 비친 선한 평판을 확보하려고 한 것이다 (cf. 살전 4:11-12); 목적절에 담긴 구원은 동기부여를 하는 중심 요인이다 (cf. 고전 9:19-23). 유사한 "실현된 종말론" 또는 "과도하게 실현된 종말론"은 거짓 교사들에 의해 전파된 부활 오해에서 비롯된 것으로서 아마도 에베소의 여인들과 노예들의 해방 행동주의 배후에 놓여 있었을 것이다.[158] 이것이 사회 구조에 미친, 따라서 공동체의 평판에 미친 영향들은 목회서신의 저자로 하여금 선교를 위해서 신약 가훈윤리를 채용하여 사회적 일치를 도모하도록 만들었다. 그러나 이것은 관계된 구절들을 검토함으로써 실증되어야 할 것이다.

따라서 신약의 가훈윤리 전승이 적용된 상황들에 대해 우리가 알고 있는 내용으로 미루어 볼 때, 그것이 사회 제도들에 참여시키려고 교회를 격려하려는 목적을 지녔다는 고펠트의 설명이 가장 만족스러운 것으로 보인다. 우리가 살핀 대로 가훈윤리의 의도에 관해서는 의견불일치가 존재하지만, 우리는 한편에서 그것이 무너진 사회 질서를 공통분모로 공유하는 다른 상황들에 적용될 수 있고, 다른 한편으로 특별히 고펠트의 논지를 따라 선교 동기가 궁극적으로 각 가훈윤리 사용 배후에 놓여 있다는 것을 제안하고자 한다. 이것은 또한 단지 세상과 평화

---

158) *Ibid.*

공존을 하려는 소망보다는 선교 동기가 목적 원인이며, 교회의 선한 평판 또는 선한 증거는 합성된 도구적 원인의 일부에 불고하다는 관찰에 기초해 있다. 이런 의견에 동조하지 않는 많은 학자들은 재림의 지연이 세상과의 평화 공존 소망을 최종 목적으로 갖게 만들었는데, 특별히 목회서신의 경우가 그렇다고 주장한다. 그러나 우리가 검토한 종말론은 이미 이런 주장을 의문시하게 만든다. 따라서 신약 가훈윤리 전승을 지탱하는 것은 선교 동기였다고 결론지을 수밖에 없다. 그러나 우리의 저자가 그 전승을 적용할 때 이 모든 것을 염두에 두었다는 것, 그리고 사실 그것이 어느 정도까지 그의 윤리적 교훈에 영향을 미쳤는지는 구체적인 권면의 각 부분이 검토될 때만 증명될 수 있을 것이다.

가훈윤리 전승에 관한 결론들과 검증 표준들

목회서신에서 신약 가훈윤리 전승을 사용한 것과 관련하여 몇 가지 점들이 확인될 수 있다. 첫째로, 그것은 사회 구조를 지탱하거나 회복하려는 목적을 가졌다. 우리는 어떤 경우에 선교적 동기가 이러한 소망과 더불어 분명하게 연계되고 있으며, 따라서 일치성 또는 존경스러움이 저자의 궁극적 목표로 확실하게 간주될 수 없다는 것으로 보여줄 것이다.

둘째로, 가훈윤리는 용인된 사회 질서의 혼란을 공유하는 다른 상황들에 적용될 수 있다. 우리는 이미 여인들이 나타낸 문제의 성격이 고린도전서에서 관찰된 것과 매우 유사하기 때문에 부활에 관한 유사한 오해와 그 결과로 나타난 종말론적 열광주의가 분명하게 원인을 설명해준다는 것을 보여준 바 있다. 아마도 갈라디아서 3장 28절을 채용한 원인은 노예들의 잘못된 처신의 경우에 더 분명하게 나타나는 것 같다.

그러나 증거들을 취합할 때 이러한 평등 전승이 노예들과 여인들 모두에게 영향을 미쳤다는 것을 시사해준다.

셋째로, 발취, 슈뢰더, 그리고 크라우치는 가훈윤리가 채용되는 곳에서 실제 상황들이 반드시 모호해진 것은 아니라는 점을 신빙성이 있게 보여주었다. 우리는 그러한 기초 위에서 진행하게 될 것이다.

넷째로, 목회서신에서 가훈윤리 전승은 좀 더 단편적이고 수정된 형태로 나타나기 때문에, 우리는 단지 그러한 전승과의 연계점에 기초해서만 권면의 의도에 대해 너무 많은 추론을 하는 일을 삼가야 할 것이다. 어떤 경우들에 있어서 곧바로 분명하게 나타나는 것이라고 해봐야 질서 또는 존경스러움에 대한 강조점뿐이지만, 저자의 전체적인 윤리 구조, 그의 신학적 메시지, 그리고 전통적인 관심들이 미친 영향은 주어진 어떤 구절의 동기에 대해서 최종적인 판단을 할 때 허용되어야 한다. 환언하면, 만일 어떤 강조점들이 한 곳에서 분명하게 표현된다면, 우리는 신약의 가훈윤리 전승이 사회 구조에 존중에 시종일관한 관심을 피력하기 때문에, 사회 질서에 대한 동일한 관심들이 자명한 다른 곳에서도 유사하게 "가정된" 이유를 가정할 수도 있다. 다른 대안이 있다면 저자가 시종일관하지 못하거나 혼란에 빠졌거나, 아니면 둘 다라고 결론짓는 것인데, 목회서신의 관련 구절들을 살펴보면 그런 대안적 결론은 근거가 없다는 것이 금방 드러난다.

2) 다양한 사회 계층들에 대한 권면

공동체의 사회경제적 구조

초대교회의 사회적 구성에 관하여 새로운 의견일치가 이루어졌다는 것은 이제는 거의 분명하다. 최근의 연구들은 복음이 사회의 모든 계층들에서 효과를 나타냈고, 결과적으로 초대교회는 사회경제적으로 다양한 경향을 나타냈다는 점을 시종일관하게 지적한다.[159] 디모데전서와 디도서에 묘사된 공동체들도 비슷한 다양성을 나타낸다고 해도 놀라운 일은 아니다; 대부분의 정보는 디모데전서에서 나온 것이지만, 모종의 차이점들이 존재함에도 불구하고 디도서에 등장하는 것도 일반적인 모습과 모순 되지 않는다. 떼이슨(Theissen)이 한층 더 논증한 것처럼, 바울의 공동체들 내에서 사회적 계층들의 존재는 적어도 그들에게 만연했던 어떤 문제들을 악화시킨 책임이 있었다.[160] 결과적으로, 떼이슨의 저술의 어떤 측면들이 바른 도전을 주기는 했지만,[161] 만일 사회 계층이 목회서신에 묘사된 공동체들 가운데서도 존재했다면 그것은 그들의 어떤 문제들도 악화시켰을 수도 있다. 불행하게도, 우리는 떼이슨의 접근방식에 대한 철저한 분석을 할 수가 없고 또한 그것은 목회서신을 이해하는데 있어서도 별 도움을 주지 못할 수도 있다. 단지 우리는 윤리적 권면의 배경으로서 공동체의 사회경제적인 계층들을 확인하기 위해 대충 검토하는 정도로 만족하고자 한다.

---

159) 특히 Judge (1960); Theissen (1982); Meeks (1983), 51-73; Malherbe (1977), 29-91; Hengel (1974b), 36-39; Verner (1983)을 참조하라.
160) Theissen (1983); 또한 Hengel (1974b), 36-39; Malherbe (1977), 60-91을 보라.
161) 떼이슨은 의심할 여지도 없이 고린도 공동체의 사회 계층에 빛을 던져주고 있고, 이것이 사실 교회에 침투한 다른 어떤 문제점들을 악화시켰음을 보여주었다. 그러나 그는 이런 문제점들과 사회적 긴장의 관계가 모호하게 되는 지점까지 신학적 이슈들을 과소평가하는 경향이 있다. 떼이슨의 접근방식에 대한 Aranzamedes (1983)의 상세한 비평을 참조하라.

다양한 본문에서 나오는 증거들은 공동체들 가운데 존재하는 사회경제적 다양성 정도에 대한 어떤 인상만을 줄 뿐이다. 물론 이런 증거들은 아주 조심스럽게 다루어져야 하고 결론지어져야 한다.[162] 상당한 분량의 자료가 신약 가훈윤리 전승에 영향을 받은 권면 부분들에 담겨져 있음에도 불구하고, 위에서 결론지은 것처럼, 이런 구절들을 목회서신의 교회들의 실제 상황을 반영할 수 없는 것으로 간주할 만한 특별한 이유는 존재하지 않는 것 같다.

① 부자들

에베소 공동체의 부유층은 잠정적으로 두 범주들로 구분될 수 있다. 첫째로, 디모데전서 6장 6-10절과 특히 17-19절에 있는 부에 관한 교훈은 부유층이 교회 내에 존재했었다는 것을 나타내준다. 6-10절은 거짓 교사들의 동기로 작용했던 탐욕을 버릴 것을 교훈하고 있고, 17-19절에서는 거짓 교사들이 아니라 현재 부유한 자들을("이 세대에 부한 자들") 염두에 두고 있다.[163] 아마도 부와 부자에 관한 저자의 견해는 이 권면에 담겨있을 것이고,[164] 주목할 만한 것은 "모든 것을 팔아 가난한 자들에게 주고 따르라"는 말씀처럼 분명한 교훈을 통해서 신속하게 이러한 특정한 사회경제 계층을 없애라는 시도를 전혀 하지 않는다는 사실이다. 그러나 바울의 것보다 아주 다르고 훨씬 긍정적인 부와 부자에 대한 태도가 저자에 의해 채용되고 있다는 증거도 존재하지 않는다. 이러한 사회경제적 그룹은 즉시 정죄되어서는 안 된다. 그러나 그들은 그들의 부에 대해 초월하는 태도를 취해야 하고(17절), 공동체의 필요들이 요구할

---

162) Meeks (1983), 53-55, 72-73을 보라.
163) Brox, 209-211; Verner (1983), 175.
164) Brox, 219-20; Hanson, 114.

때에 그것을 나누워 가지는 데 참여해야 한다(18절; cf. 고후 8:13-15).

둘째로, 세대주(householder)로 구성된 그룹에 대해서 특별한 언급이 이루어진다. 비록 이 계층과 "부자들"이 어느 정도 중복되는 것이 분명하기는 하지만, "부자"는 또는 집을 가진 자들이기 때문에, 저자의 개념 사용을 신중하게 구분하는 것이 필요하다. 이 계층의 사회경제적 위치를 보다 일반적으로 "부유층"(well-to-do) 또는 아마도 "중산층"으로 묘사하는 것이 최선일 것이다. 에베소 교회에서 세대주들의 존재가 있었다는 증거는 직책을 맡은 자들의 기준 목록들(딤전 3:4-5, 12), "오네시보로의 집"(딤후 1:16; 4:19)이란 문구, 또한 노예들을 소유한 자들에 대한 언급 등에서(despotes, 딤전 6:2; cf. 6:1; 딛 2:9) 등장한다. 그레데의 상황은 이 점에서 그렇게 분명하지는 않지만, 교회 내에서 이 계층의 존재를 시사하는 어떤 점 등이 "온 집들"(딛 1:11)에 대한 언급과, 노예 주인들에 대한 언급을(2:9) 통해서 표현되고 있다. 직무 규정들 가운데서 감독들과 집사들은 "자기 집을 잘 다스리는 자들"이어야 한다.

그러나 '집'(oikos)이란 술어의 사용에서 사회 계층에 대한 어떤 정보를 추출할 수 있을까? 스트로벨은 비록 '집'이 혈통으로 관계된 사람들을 지칭한다고 주장함으로써 개인적 수완으로 소유한 노예들과 재

---

165) Strobel (1965), 91-100.
166) Theissen (1974), 246-49; cf. Malherbe (1977), 73. 스트로벨은 신약의 '집' 용법이 라틴어의 '도무스'(domus), 피로 연결된 혈족 그룹과 평행을 이룬다고 주장한다. 이것은 라틴어의 '파밀리아'(familia) 개념과 대조를 이루는데, 후자는 노예들과 재산을 포함하는 식으로 확장된 "가족"을 지칭하는 칭호이다. 그러나 떼이슨은 로마법이 '도무스'와 '파밀리아'를 구분한 것 같지 않고, 헬라 사상은 그러한 구분조차도 파악하지 못했다는 것을 논증하였다.

산을 배제하기는 하지만,[165] 떼이슨은 이 술어가 일상적으로는 노예들과 재산을 포함할 정도로 확장되었다고 옳게 주장한다.[166] 디모데전서 3장 2-5절과 특히 12절에서 '집'을 지칭하는 것과 나란히 부인과 자녀들을 분명하게 언급한다는 사실은 떼이슨이 주장한 것처럼 "가정"(household)의 보다 폭넓은 개념을 더 가능성이 있게 만든다.[167] 그러므로 이들 구절에서 '집'(oikos)은 특정한 사회 계층 또는 사회경제적 계층을 반영할 수 있는 것으로 보인다. 사실 이 술어의 보다 폭넓은 의미가 인정된다면, 떼이슨은 신약에서 "세대주"가 정규적으로 높은 사회적 위치를 차지하고 있었다는 것과, 문맥이 덜 분명한 곳에서조차 높은 위치가 가정되고 있다는 것을 보여준 셈이다.[168]

따라서 균형을 잡는다면, 디모데전서에서 묘사된 에베소 교회에는 사회경제적으로 "부유한" 높은 사회적 신분을 지닌 세대주들 그룹이 존재했었다고 인정하는 것이 최선이다. 아마도 동일한 판단이 그레데 공동체들에게도 어느 정도 적용될 수 있을 것이다. 이미 지적한 것처럼, 디모데전서 6장 2절과 디도서 2장 9절에서 그리스도인 노예들에 대한 암시가 또 다른 뒷받침을 제공해줄 수 있다(물론 여기서는 그들이 신자들이었는지는 분명치 않다). 이들은 '주인'(despotes)이란 칭호를 지녔는데, 이것은 평상적으로 세대주를 지칭하는 술어였다(cf. 딤후 2:21);[169] 그들이 노예들을 소유할 재산을 가지고 있었다는 것은 상대적으로 "부유한" 신분이었다는 것을 시사해준다.

디모데전서 2장 9절에서 여인들의 바른 치장을 다룬 권면은 사회경

---

167) Theissen (1974), 246-49를 보라.
168) *Ibid.*; 또한 Filson (1939), 111-12; Hengel (1974b), 38; Malherbe (1977), 73, et passim을 보라.
169) K. H. Rengstorf, *TDNT* 2: 44-49.

제적으로 부유한 계층이 에베소 교회에 존재했다는 또 다른 시사를 제공해 준다. 비록 이들 교훈은 엄격하게 금지적인 성격을 띠지만, 이런 종류의 치장을 금지하는 것 자체가("땋은 머리와 금이나 진주나 값진 옷으로 하지 말고") 적어도 교회 내의 어떤 여인들은 자신의 선택에 따라 예배 회중 속에서 이런 방식으로 자신들을 치장할 만큼 필요한 경제적 자산을 가졌다는 것을 전제한다;[170] 금지된 치장 방식의 각 항목, 즉 "땋은 머리"(plegma),[171] "금"(chrusion),[172] "진주"(margaritai),[173] 그리고 "값진 옷"(himatismos poluteles)[174] 등은 자연히 "부유층"과 연관된 것이었다.[175]

요약하면, 에베소 교회에서 어느 정도 부유한 사회경제 계층이 존재했다는 것은 부인할 수 없을 것 같다; 그런데 상황에 대해서는 덜 결정적이기는 하지만, "세대주"(딛 1:11)와 "주인들"(2:9)에 대한 언급들은 적어도 이들 교회들 가운데서도 얼마간의 "부유층"이 존재했다는 것을 시사해준다. 아마도 에베소에서 바로 그 부자들(hoi plousioi)이 주로 세대주들로 구성된 보다 폭넓은 "부유층" 그룹과 구별될 수 있다면, 공동체 내에서 "중산층"에 대해 말하는 것이 가능할 수도 있다. 이런

---

170) Cf. Clark (1980), 194.
171) Cf. Juvenal, Sat. 6. 492; Petronius, Sat. 67. 또한 Balsdon (1962), 252-58; Spicq, 377.
172) Cf. 벧전 3:3; 계 17:4; 18:6; Demosthenes 27. 10, 13; Plut. Tim. 15. 10.
173) Petronius, Sat. 67; see Spicq, 377.
174) Philo, Sacr. Abel. 21; Josephus, BJ 1. 605.
175) Balsdon (1962), 262-65; Kelly, 66; Spicq, 377; Hurley (1981), 199. 이러한 금지는 저자에 관한 한 보다 직접적으로 유대교 전승에서 나온 것일 수 있다 (따라서 Baltensweiler (1967), 238). 그러나 헬라 저자들 가운데 유사한 관심이 나타난다는 것도 부인할 수 없다 (예, Plutarch, Moralia 141E 참조).

증거는 저자가 세상의 사회 계층을 직접적인 변화의 대상으로 생각했다는 것을 시사해주지 않는다. 대신에 특별히 "부자들"과 "부유층" 여인들과 관련하여 교회 내에서 계층간의 장벽을 허물 것을 격려하는 경향이 있었던 것 같다. 왜냐하면 "부자"가 그들의 재산을 "가난한 자들"과 나누어 가질 때, 그리고 "부유한" 여인들이 예배 회중 가운데서 요란한 치장을 삼갈 때 균형이 이루어지기 때문이다.

② 궁핍한 자들

"가난한" 자로 불리는 사람들 또는 그들의 궁핍도 또한 적어도 에베소 교회에서 충분하게 나타나 있다. 부유한 자들의 경우처럼, 이 그룹의 존재도 직접적이고 간접적인 수단들에 의해서 모두 추론될 수 있다.

첫째로, 궁핍한 그룹의 존재는 과부에 관한 논의에서 가시적으로 나타난다(딤전 5:3, 16). 이 구절에서 "참 과부"(he ontos chera)란 술어가 규정된 자격조건들에 따라서 진짜 "궁핍한" 과부들을 가리켜 3회 등장한다(3, 5, 6절): (1) 참 과부는 그녀를 돌볼 가족을 갖지 못한 자이다 (4, 5a, 8, 16절); (2) 그녀는 적어도 60세 이상이어야 한다(9a절; cf. 11-15절); (3) 그녀는 자신의 성실성을 증명할 만한 섬기는 성품과 삶을 나타내야 한다(5a, 7, 9b-10절). 9절에 암시된 "명부에 올림"(katalegein)이란 문구는 자격을 갖춘 과부들이 교회가 돌볼 자들의 "명부"에 기록되는 과정을 반영하는 것이 거의 분명하다. 그들의 경제적 궁핍 상태와 그에 따르는 경제적 신분은 외적인 환경으로 인해 강요된 것이었다. 어떤 경우에도 "참 과부들"은 공동체 내에서 적어도 "궁핍한" 그룹에 속해 있었다는 것을 인정해야만 한다. 그들이 생계를 얻는 수단은(즉 교회로부터의 지원) 상세하게 설명되지는 않지만 교회의 관습에 어떤 발전이 있었다는 것을 보여주는데, 그러한 관습은 교회의 재정적 지원이 없으면 생계를 꾸려나가기가 어려운 과부들을 가지고 있던, 공동체 내의 특정한 문제의 결과로 생겨난 것일 것이다. 그러나 궁핍한 과부들에게 재정적으로 구제하는 관습은 유대교와 초대교회 일반의 관습과 전적으로 일치한다.[176] "부자들"에게 그들의 소유를 나누라는 분명한 명령은 (6:17-19) 과부들의 곤경과 어떤 방식으로 연관되어 있다; 분명히 부자 편에서 관대함을 갖는 것은 "참 과부들"의 고난을 경감시키는 데 많은 도움을 줄 것이다. 저자가 그들의 인색한 경향들이 과부들의 상황을 특별히 악화시켰다고 생각하고 있는지는 여기서 분명하게 나타나지는 않는다.

둘째로, 공동체 내에서 사회경제적으로 눌린 계층의 존재도 부자들에게 기꺼이 나누어 주라고 권면한 사실에서 간접적으로나마 증명될 수 있을 것이다. 궁핍한 이 그룹이 "참 과부들"을 넘어 일반적으로 "가난한" 자들까지 포함하는지는 단지 추측할 수 있을 뿐이다; 그러나 부자들을 향한 권면의 일반적 성격과 초대교회의 사회경제적 구조에 대해서 알려진 점 등은 확장된 술어의 의미를 지지하고 있다. 그런데 교회들도 의심할 여지도 없이 이 그룹을 존재를 어느 정도 암시해주고 있지만, 그들에 관한 침묵은 그들이 돌보는 일에 있어서 별다른 문제들이 없었다는 것을 시사해준다.

---

176) 유대교 관습에 대해서, 2 Macc. 8:28; Sir. 35:14; Philo, Spec. Leg. 1. 310; cf. Strack-Billerbeck 3: 652-53; G. Stählin, *TDNT* 9: 447-48; Fensham (1962), 129-39. 초대교회의 관습에 대해서, 막 12:40 (평행절); 행 6:1ff; 약 1:27; cf. Stählin, *TDNT* 9: 448-50을 참조하라.

③ 노예들

노예들은 목회서신에서 관찰될 수 있는 마지막 독특한 사회경제적 계층을 형성한다. 그러나 곧 분명해질 이유들 때문에, 이 노예 계층은 정확한 사회경제적 정의를 내리기가 어렵다. 에베소 교회에는 불신 주인들을 모신 노예들도 있었고(딤전 6:1), 그리스도인 주인들을 모신 노예들도 있었다(6:2). 아마도 그레데 교회의 상황도 이와 유사했을 것이다(딛 2:9-10). 두 경우에 있어서 노예들은, 부인들과 자녀들처럼, 궁극적으로 '집주인'(despotes)에게 의존하였다. 그들은 세대주의 재산이었던 것이다. 그러나 실제로 자유의 정도뿐만 아니라 사회적 이동성의 정도도 노예들마다 상당히 다를 수 있었다. 많은 노예들은 그들의 주인과 같이 일하여 자신의 생계비를 벌 수 있었고, 사업 영역 내에서 또는 보다 낮은 수준의 정부 행정직에서 권위를 지닌 지위들을 가질 수 있었다.[177] 많은 자유인들과는 대조적으로, 노예들은 흔히 높은 수준의 교육을 받을 수가 있어서, 그 결과로 "이들 노예는 1세기에 폭넓은 '지식층'의 중심 부분을 형성하게 되었다."[178] 일반적으로, 일세기의 노예들은 점차 더 나은 삶의 조건들을 경험하였다.[179] 더욱이, 디모데전서 6장 1-2절과 디도서 2장 9-10절에서 지칭되는 노예들도 동일한 상황에 있었을 것이라고 추정하는 것이 합리적이다.

바르취(Bartsch)가 옳게 주장한 대로, 노예들에 대한 권면을 다루

---

177) Bartchy (1973), 72-82.
178) Ibid. 75-76. 또한 Balsdon (1969), passim을 참조하라.
179) Bartchy (1973), 71.

는 초대 기독교 문헌의 여러 구절들은 사실상 노예 제도가 초대교회에서 문제의 이슈였었다.[180] 디모데전서 6장 1-2절에 주어진 교훈들에 근거해서 판단한다면, 에베소의 그리스도인 노예들은 해방을 달라고 선동했던 것이 분명하다. 이런 선동 배후에 놓인 것은 부분적으로 좋은 대우와 개인적 안전에도 불구하고 그리스와 로마 가정들, 주후 1세기 중엽의 공장들과 사업처의 노예들은 그들이 "자유하게" 될 날을 실제적으로 기대하였다는 사실이다. 노예 해방의 소망은 노예로 하여금 일을 잘 하도록 동기부여를 하는 역할을 하였지만, 그것은 환상에 불과한 소망은 아니었다. 그러나 이미 시사한 것처럼, 바울은 사회적 차별이 없이 "그리스도 안에서" 새로운 공동체의 영적 실재를 가르쳐 왔는데(갈 3:28; 고전 12:13; 골 3:11), 그들의 행동주의를 자극하게 만든 것은 그가 줄기차게 교훈했던 바로 그 교리에 대한 그들의 왜곡이었다. 이단들의 영향의 결과로 노예들은 궁극적으로 약속된 해방을 곧바로 쟁취하려는 노력으로 바울의 가르침을 그들의 주인의 권위를 무시할 수 있는 적절한 근거로 오해한 것이다.

사회 계층들을 위한 권면

이제 우리가 구체적인 권면 부분들을 검토하기 시작하면 신약 가훈 윤리 전승의 영향과 존경할 만한 행위와 증거에 대한 관심이 드러날 것이다. 우리는 선교 사명을 위한 저자의 관심이 시종일관하게 그의 윤리적 교훈 핵심에 놓여있다는 것을 보여주게 될 것이다. 본 섹션에서 우리는 독특한 세 계층들, 즉 노예들(딤전 6:1-2; 딛 2:9-10), 과부들(딤전 5:3-16), 그리고 부자들을(딤전 6:17-19) 관찰할 것이며, 그런 뒤에 디도

---
180) Bartsch (1965), 146. Cf. Gülzow (1969), 101-141.

서 2:2-3:2에(그리고 딤전 5:1-2) 나오는 다양한 그룹들을 위한 교훈들을 고려하게 될 것이다.

① 노예들을 위한 권면

노예들은 디모데전서 6장 1-2절과 디도서 2장 9-10절에서 거명되고 있고, 각 구절의 경우에 신약 가훈윤리 전승의 영향은 쉽게 간파된다. 그러나 디모데전서 6장 1-2절의 논지가 더 구체적이기 때문에, 우리는 이 구절에 초점을 두고 우리의 해석을 예증하고 뒷받침하기 위해서 디도서 2장 9-10절을 끌어들일 것이다. 전자의 구절과 신약 가훈윤리 전승의 관계는 그 구절이 분리된 단위를 형성한다는 것을 분명히 해준다.[181] 그러므로 문맥적인 고려들은 주석에 덜 결정적인 역할을 담당하게 된다.

첫째로, 단위는 독립된 전체로 이해될 수 있다. 그리스도인 노예들이 분명히 거명되고 있다. 주인들이 여기서나 디도서 2장 9-10절에서(cf. 벧전 2:18ff) 거명되지 않는다는 사실은 골로새서 4장 1절과 에베소서 6장 9절에서(cf. Did. 4:10; Barn. 19:7) 분명한 경향과 차이를 나타낸다. 이것은 아마도 권면 배후에 있는 구체적인 위기에 귀속될 수도 있을 것이다; 사실 6장 1-2절의 금지 명령에서 현제 시제 동사들을 채용한 것은(1절, "하나님의 이름이... 훼방을 받지 않게 하려 함이라"; 2절, "경히 여기지 말게 하라") 상황의 현실성을 부각시켜준다.[182] 어떤 노예

---

181) 6:1-2이 5:17-25에 나오는 장로들에 관한 논의와 연결되어야 하고 그래서 장로들인 노예들만이 거명되고 있다는 제안은 (Hasler, 45; Barrett, 82) 매우 가능성이 낮다. Cf. Lippert (1968), 46.
182) BDF 172 para. 336을 참조하라.

들은 "자기 주인들을 마땅히 공경할 자로 여기지" 못하고 있다는 것이 1절에 함축되어 있다. 또 다른 노예 그룹들과 관련하여 비슷한 함축들이 2절에서는 한층 더 강하다. 왜냐하면 첫 번째 '호티'(hoti) 절은 그들이 자기 주인들을 "경히 여기는" 실제 이유를 설명해주기 때문이다:[183] "형제라고 경히 여기지 말고."

이러한 권면의 배경에 대한 초기 논의를 요약한다면, 노예들이 그들의 주인을 무시하는 행위는 방금 전에 살핀 '호티' 절과 거짓 교훈의 실체로 알려진 것에 기초해서 다음과 같이 쉽게 추적될 수 있다: 그들의 경시 행위는 그리스도 안에서 결과적으로 사회적 구분들이 폐지되었다는 바울의 교훈에 대한 왜곡된 이해에 기인한 것이다. 바울에게서 한 번 이상 등장하는 평등 전승이(갈 3:28; 고전 12:12; 골 3:11) 적어도 바울 공동체들 가운데서는 잘 알려진 것이었다는 점이 또 다시 쉽게 추론될 수 있다. 그리고 만일 바울이 "세례로 하나가 된다는 형식문"이나, 또는 이미 존재하던 어떤 종류의 형식문을 끌어다 썼을 것이라는 믹스(Meeks)의 주장이 옳다면,[184] 그의 교훈에 관한 훨씬 폭넓은 지식을 확립할 수도 있다. 공동체 내에 있는 여인들의 경우처럼, 거짓 교사들도 종말이 완전한 형태로 임했다고 보고 평등 원리를 실천에 옮기도록 노예들을 자극하는 선동자로 활동하였다: 그들의 주장에 따르면 복음과 연관된 사회적 변화를 실현할 때가 도래하였다는 것이다.

---

183) Kelly, 131; Verner (1983), 142 and n. 50.
184) Meeks (1974), 180-83. Cf. Schulz (1973), 491; Gayer (1976), 135-53. 골 3:11은 초기 전승을 새로운 상황에 맞도록 확장하거나 적용한 것일 가능성도 있다: Schweizer (1982), 199-200; O'Brien (1982), 192.

두 구절에서 나타나는 이러한 해방 경향들은 거의 동일한 것처럼 보인다; 주인들을 마땅히 공경하지 않는 것은(1절) 그들을 경시하는 것과 (2절) 동일한 것이다. 여인들처럼 노예들도 사회적 제도로부터 뛰쳐나오고 있었다. 주지하듯이 이 점이 디도서 2장 9-10절과 관련하여 어느 정도까지 적용될 수 있는지는 불분명하다.

우리가 말한 것처럼, 6장 1-2절에서는 두 다른 그룹의 노예들을 염두에 두고 있다. 1절은 불신 주인들을 섬기는 노예들을 거명한다. 2절과의 대조는 이 점을 밝혀주기에 충분하다. 그러나 "멍에 아래 있는 종들"이란 문구는 아마도 믿는 노예들과 불신 주인들 사이의 어려운 관계를 직접적으로 표현해주는 것으로 보인다: "멍에"의 짐은 그것을 훨씬 더 공표해주고 있다.[185] 다른 한편, 2절은 그리스도인 주인들을 섬기는 노예들을 분명하게 거명하고 있다. 두 개의 '호티' 절이 이 점을 분명하게 해준다: "형제들이라고"; "믿는 자들이라고."

노예들이라면 사회적 관습이 부여한 당위성에 따라 그들의 주인들을 마땅히 존경해야 할 의무가 주어진 존재들이기 때문에, 우리는 이제까지 어떤 노예 그룹도 자기 주인들을 존경하지 않아도 될 특권을 허락받은 적이 없다고 결론지을 수 있다. 사실 6장 1-2절은 두 범주에 속하는 노예들 모두에게 그들의 주인에게 복종할 것을 교훈하고 있다(cf. hypotassesthai의 사용, 딛 2:9; 벧전 2:18; Did. 4:11; Barn. 19:7; hypokouein이 엡 6:5; 골 3:22에서 사용된다);[186] 이 교훈의 독특한 형태는 교정되는 특정한 행위에 의해서 결정된다. 이 구절에서 노예 신분에

---

185) Hanson, 105; Holtz, 131.
186) Cf. Kamlah (1970), 243.

제4장 목회서신은 어떤 윤리적 교훈을 주는가? 355

헌신하는 것은 "존중될 가치가 있는 것"으로, 그리고 "섬기는" (douleuein) 것으로 묘사된다. 행동을 통한 해방과 그것에 연루된 무시 행위는 목회서신의 저자에 의해서 인정받지 못한다. 사회 구조에 질서 있게 순응하는 일에 있어서 그는 가훈윤리 전승에 기초하여 그리스도 인 노예들에게 사회 제도로부터 이탈하기보다는 참여할 것을 요청하는 신약의 다른 본문들과 완벽하게 일치하고 있다. 이들 두 노예 그룹들과 디도서 2장 9-10절에 거명된 노예 그룹을 위한 교훈들이 정초되는 방식들을 살펴보면, 그것들은 신약의 가훈윤리 전승의 영향과 그러한 윤리 배후에 놓인 동기를 한층 더 분명하게 보여준다.

1절에서 불신 주인들을 섬기는 노예들을 위한 명령을 뒷받침하기 위해서 '히나'(hina) 목적절이 제시된다: "이는 하나님의 이름과 교훈으로 훼방을 받지 않게 하려 함이니라." 하나님의 이름과 공동체의 교훈을 모독할 수 있는 잠재적인 "훼방자들"은 이 경우에 그들의 그리스도인 노예들의 거역하는 태도 때문에 이들 노예들이 영접하기로 결정한 하나님과 새로운 교훈을 불가피하게 욕할 수밖에 없었을 불신 노예 주인들이다. 불신 노예주인들 중에는 이방 종교들이 자신들의 노예들을 더럽혔다고 확신하는 거의 경구에 가까운 신념이 있었던 것이 분명하다.[187] 원리상으로 이러한 동기는 보다 직접적인 것은 아니지만 이사야 52장 5절, 에스겔 36장 20절, 그리고 CD 12장 7-8절에 해설된 사상을 반영하고 있고, 세상을 향한 증언에 집중된 기독교 공동체의 두드러진 관심과 평행을 이루는 것이 분명하다. 이러한 관심은 가훈윤리 전승과 독립되어 있는 신약의 다른 권면 구분들에도 나타난다(약 2:7; 벧전

---

187) Gülzow (1969), 75를 참조하라.
188) Cf. Bartsch (1965), 147, 149; Spicq, 553.

4:4,14; 벧후 2:2).[188] 선교적 강조점을 결여하고 있는 이 동기가 비록 인용된 구약 본문들 중에서 나타나기는 하지만, 그것은 이 주제에 대한 신약의 재해석에는 압도적으로 등장한다.[189] 우리가 살핀 대로, 신약의 가훈윤리 전승은 사회의 제도들에 대한 교회의 태도를 선교 명령 아래 수렴하기 위해 신약 안에서 부분적으로 채택되고 부분적으로 발전되었다.

그러나 리퍼트(Lippert)는 이 구절과 목회서신 전체에 걸쳐서 교회를 보는 외부자 시각에 대한 관심이 복음을 선포하려는 선교적 사명을 도모하기 위해서라기보다 세상에 안착하려는 교회의 관심을 변증적으로 옹호하려는 것에 더 경도되어 있다고 주장한다.[190] 6장 1절의 권면 동기에 관하여, 그는 "우리는 이들 권면을 직접적인 의미의 언어로 말해서 '선교적 동기'의 관점에서 말할 수 없다"고 결론짓는다. 왜냐하면 여기서는(예로, 벧전 3:1에서처럼) 이방 주인을 "얻으려는" 목표를 지칭하는 언급이 없기 때문이다.[191] 그는 바른 행위를 해야하는 동기가 불신자들의 압력에서 자유롭고자 하는 평화 공존의 소망과 전자에 강조점을 두면서도 굳은 선교적 목적 사이 어디엔가 놓여있는 것으로 이해한다.[192]

그러나 리퍼트의 해석은 두 가지 이유로 취약점을 드러낸다. 한편으로, 이 권면과 디도서 2장 9-10절이 가시적으로 연계되어 있는 신약 가

---

189) Unnik (1964), 221-34.
190) Lippert (1968), 29.
191) *Ibid.* 47; 또한 Gülzow (1969), 78.
192) Lippert (1968), 47.

훈윤리 전승의 주도적 동기가 선교라는 것이 드러났다; 물론 후기 기독교회들 가운데서 가훈윤리 전승이 선교를 분명하게 염두에 두지 않은 채 채용되었다는 주장이 있을 수 있지만, 목회서신의 관심들은 이런 주장을 가능성이 있는 견해로 만들지 않는다. 다른 한편으로, 구원이 그리스도 사건을 통해서 현재적 실재가 되었다는 목회서신의 중심적 주제와, 여기서 파생된 것으로서 이 구원을 세상에 중개하는데 있어서 교회가 담당한 결정적인 역할 등은 선교적 동기가 6장 1절에 일차적인 의미를 지닌다는 것을 시사한다. 우리가 살필 것이지만, 공동체 권면은 "모든 사람"의 구원을 그 집합적인 기도의 대상으로 만듦으로써 처음부터 이 논조를 밝힌다(2:1ff.). 그리고 교회의 주된 기능이 구원의 메시지를 보호하고 전파하는 것으로 묘사된 것은 이 서신의 목적에 우발적으로 끼어든 것이 결코 아니다(3:15-16). 우리가 현세대에 대한 그릇된 이해를 교정하고 그에 따른 행위의 왜곡들을 반대하려는, 그래서 전자는 재진술하고 현재적 구원의 "완성되지 못한" 성격이 바른 삶의 반응을 요청한다는 것을 강조하려는 저자의 이중적 관심을 이 자료와 결합할 때, 행위에 대한 어떤 초점도 구속에 지향점을 지닌다는 것이 자명해진다; 그것은 개인 안에서 그리고 세상 안에서 이미 경험되기 시작한 구원의 성취를 목표하고 있다. 목회서신을 전체로 바라볼 때 구원자 되신 하나님의 구원 계획은 6장 1절의 '히나' 목적절 배후에 본질적인 목적을 강하게 시사하는데, 그 목적은 분명히 "기독교 소시민 해석"이 아니다.[193] 11-14절이 제공하는 디도서 2장 9-10절의 신학적 기초는 동일한 동기가 그곳에서 고무되고 있는 선한 증거 배후에 놓여있음을 시사해준다. 결국 디모데전서에 이미 표현된 분명한 선교적 동기를 염두에

---

193) 또한 Unnik (1964), 229-34; Jeremias, 43; Strecker (1978), 138; Swiggher (1955), 89, 101를 보라.

두면, 저자가 노예들이 살아야 할 존경스러운 삶을 목적 자체로 주장했다고 생각하기는 곤란하다. 리퍼는 도구적 원인(즉 증거)을 최종적 원인(즉 외부인들의 구원)과 혼동하고 있다.

따라서 6장 1절의 '히나' 절의 요점은 노예들로 하여금 그들의 불신 주인들을 마땅히 공경하게 함으로써 "우리 구주 하나님의 교훈을 빛나게"(딛 2:10) 하라는 것이다. 이것은 불신 세상 사람들을 지향하는 교회의 복음 전도적 사명을 방해하기보다는 고무하는 것이다. 왜냐하면 불신 주인들은 기독교의 파괴적인 성격을 명분으로 (적어도 그들의 노예들의 행위에 관한 한) 기독교의 메시지나 하나님을 폄하할 수 없을 것이기 때문이다. 분명히, 노예라는 사회적 제도는 복음을 근거로 해서 무시되거나 배척해야 할 것은 아니었다. 오히려 이 메시지를 전파하기 위해서 그것은 붙들어야 할 것이었다.

좀 다른 근거들이 2절에서 호소되고 있는데, 여기서 믿는 주인들을 섬기는 노예들의 경우가 다루어진다. 여기서 두 번째 '호티'(hoti) 절은 노예들이 그들의 주인들을 무시하지 말고 오히려 섬겨야 할 이유를 설명해준다: "이는 유익을 받는 자들이 믿는 자요 사랑을 받는 자임이니라." 첫 번째 '호티' 절은 이 노예 그룹의 해방 경향에 내재된 추가적 요인을 드러내준다: "그들은 (그들의 주인들이) 형제들이기 때문에(hoti)." 물론 이 그룹 역시 실현된 종말론이 열어준 가능성들에 의해 영향을 받았다는 것은 의심할 여지가 없지만, 그들의 경우에는 바울의 평등 원리를 인정해야만 했던 주인들을 "형제들"로 호소함으로써 추가적인 근거를 시사해준다. 저자는 이제 바로 이 사실을 거역하는 노예들에게 지적하면서 그들이 지금 이탈하고 있는 제도로 다시 돌아갈 것을 요청한다. 당분간 이 문구의 마지막 부분을 제쳐둔다면, 첫 번째 부분은("이는 그들이 믿는 자요 사랑을 받는 자임이니라") 빌레몬서에서 바울이 표현한 사상을 상기시켜준다. '사랑 받는 자'(agapetoi)란 술어의 의미는 그것의 평행 표현에 의해서 "사랑 받는 형제들"(cf. 몬 16)을 지칭하는 것으로 설명될 뿐만 아니라, 빌레몬서에서도 노예/주인 관계에 내재된 긴장과 연관해서 그리스도 안에서 형제 됨이란 개념에 호소되고 있다(16절). 물론 빌레몬서에서 상황은 주지하듯이 역전이 된다.[194] 저자가 2절에서 복종하는 태도를 위한 전통적인 근거들을 분명하게 발전시키지 않는 이유는 그가 노예들 자신의 슬로건을 ("형제라 하여") 채용하여 그것을 교정하기를 원했기 때문일 가능성이 있다.[195] 하지만 채용된 이 문구는 그리스도의 주권이 교훈 배후에 여전히 작용하고 있다는 것을 함축한다. 그리스도 안에서 이 관계는 사회적 구속이 어떤 것이든지 간에 형제들 상호간에 바른 존중의 태도를 가질 것을 요청한다(cf. 갈 5:13). 노예 제도 속에서 이것은 해방 행동주의를 통해서가 아니라 주인들에 대한 노예들의 복종을 통해 실현된다. 노예제도에 대한 동일한 입장을 나타내는 신약의 다른 구절들에서처럼, 노예 해방의 가능성은 이로써 제거되지 않지만(cf. 고전 7:21ff; 몬 16), 제도를 이탈해서 그것을 쟁취하는 것과 "모든 사람이 그리스도 안에서 하나다"라는 근거 위에서 그것을 맹렬하게 요구하는 태도는 제거된다. 그리고 이것은 '호티' 절의("믿는 자요 사랑을 받는 자임이라") 요점이다.

---

194) 그럼에도 불구하고 디모데전서 6장 2절과 빌레몬서 16절의 사상 사이에 현저한 유사점이 존재한다: 참조, Lindemann (1979), 146 n. 102.
195) 참조, Verner (1983), 142-43.

"유익을 받는 자들"(hoi tes euergesias antilambanomenoi)이란 표현은 두 가지 가능한 방식으로 해석된다: (1) 주인들은 노예들이 행하는 섬김으로부터 '유익을 얻는'(benefit) 자들로 묘사된다;[196] (2) 주인들은 선한 섬김을 '행하는'(do) 자들로 묘사된다(노예들에게 봉사하든지 아니면 일반적인 봉사를 하든지 간에). 첫 번째 해석이 노예들의 행위에 초점을 맞추는 저자의 의도와 더 잘 부합한다고 생각이 되지만,[197] 두 번째 해석은 부분적으로만 선호되는 것 같다. 왜냐하면, 첫째로, '안티람바네인'(antilambanein) 동사가 능동태나 중간태일 경우에 흔히 "받는다"를 뜻보다는 "헌신하다"는 모종의 뜻을 갖고 있으며,[198] 둘째로, '유엘게시아'(euergesia)란 술어는 결코 윗사람을 위해 아랫사람이 행하는 선한 행위 또는 봉사를 지칭하지 않는다.[199] 목회서신의 문맥에서 '유엘게시아'는 "선행"에 상응할 가능성도 있다. 후자의 술어는 목회서신에서 인간을 통해서 행해진 하나님의 "일들"을 함축하는 뜻으로 내내 등장한다. 그렇다면, 아주 실제적인 뜻에서 노예들의 행위를 동기부여하는 추가적 요인으로서 교회의 사역을 염두에 둔 것이라 할 수 있다. 거역하는 행동을 통해서 사회 제도를 무시하는 행위는 형제 됨의 경계선을 넘어선 것일 뿐만 아니라, 교회의 사역도 방해하는 것이 된다. 이와 관련하여, 주목할 만한 점은 에베소 교회의 "세대주들"이 감독이나 집사의 직무들을 성취하려고 했다는 점을 저자가 분명하게 인식했다는 것이다(cf. 3:4-5,12).[200] 이것은 사회경제적 위치를 가진 사람

---

196) 예, Spicq, 554-55; RSV.
197) Lock, 66.
198) BAG 74.
199) 따라서 Hanson, 105. 초기 자료를 언급하는 구절들로는, LS 599; Spicq, 555를 참조하라.
200) 또한 Verner (1983), 128을 보라.

들이 행정과 권위 문제들에 있어서 대부분 경험했을 수 있기 때문에 자연스러운 일이었을 것이다. 이 점으로 미루어 볼 때, 교회의 직분자들이 6장 2절에 암시된 거역하는 어떤 노예들을 소유했다고 제안하는 것은 너무 지나친 추론을 아닐 것이다. 이 경우에 교회는 거역하는 노예들이 공동체의 사역과 증거에 얼마나 직접적으로 부정적인 영향을 미쳤는가를 논증하는 역할을 담당한다—불신 주인들을 섬기던 노예들의 불순종이 미친 영향들이 직접적이었던 것처럼. 그러나 만일 섬김의 행위를 노예들에게 귀속시키는 첫 번째 해석이 바람직한 것으로 증명된다면, 사회 구조에 참여할 필요성에 관한 저자의 견해는 그리스도 안에서 형제 됨에 호소하는 것에서 아주 분명해지며, 해방 행동주의가 교회의 증거를 위태롭게 할 수도 있다는 그의 두려움은 여전히 함축되어 있다. 논리적으로, 선한 증거를 유지하려는 관심은(1절) 2절의 정신과 동떨어진 것이 아니다; 왜냐하면 만일 그리스도인 세대주가 거역하는 그리스도인 노예들을 가지고 있다면, 그와 교회는 정규적으로 교제하던 불신 이방인들, 즉 불신 세대주들로부터 수치를 당하게 될 것이기 때문이다(cf. 딤전 3: 4, 12).

디모데전서 6장 1-2절과 디도서 2장 9-10절에서 그리스도인 노예들은 신자들이든 아니든 간에 그들의 주인들에게 복종하라는 교훈을 받는다. 각 경우에 그러한 행동을 격려하기 위해 개진되는 근거들은 교회의 선교를 다소간 직접적으로, 궁극적인 우선순위로 삼게 만든다. 이 우선순위를 염두에 두고 저자는 노예와 같은 사회 제도들이 사회의 기대에 부응하는 방식으로 존중할 것을 요구하였다는 결론에 도달하게 된다. 그러나 이와

---

201) 이런 제한 조건은 이미 위에서 논한 바 있다 (원 논문 334-35 참조).

관련하여 앞서 소개된 제한 조건을 여기에 적용하는 것이 좋을 것이다: 말하자면 성경적 지침들은 특정한 제도에 대한 사회적 관념보다 위에 위치되어야 하고, 따라서 그런 제도와 연관된 행위 패턴이나 관습들이 이러한 성경적 지침들과 모순될 때는 거부될 수도 있다.[201] 이런 입장을 예증할 수 있는 방도가 있다면, 신약의 가훈윤리 전승은 가용될 수 있는 가장 적절한 권면 도구라고 할 수 있다. 왜냐하면 그것은 평등 원리의 완전한 실현을 희생해서라도 사회의 제도들이 하나님의 '창조질서' (ktisis)로서 존중되어야 할 것을 권면하기 때문이다. 평등 원리의 실현은 교회를 수치스럽게 만들지 않고 변화를 수용할 수 있는 주변 사회의 능력에 달려있다. 이런 종류의 사회 변화가 일어나려면, 신자에게 그것은 새로운 공동체 안에서 먼저 경험되어져야 한다(cf. 빌레몬). 그러나 그러한 변화를 실행에 옮기는 일도 사회의 기대들에 비추어 조심스럽게 숙고되어야 한다. 노예 제도의 경우에, 동기가 주인의 종교적 확신에 있든지 아니면 노예의 충성심에 있든지 간에, 노예가 주인에 의해 해방이 되는 것과 노예가 자신의 자유를 요구하고 그것을 선동하는 것은 별개의 문제이다. 전자는 이방인의 시각에서도 바람직한 것이지만, 후자는 거부감을 불러일으킨다.

이 경우에 저자가 명한 존경스러운 행위는 교회의 선교적 과제를 진척시키는 것을 그 궁극적인 목적으로 지니고 있다. 노예들이 특정한 사회적 제도에 참여하는 일 자체는 그리스도 사건의 중심적 위치뿐만 아니라 교회가 그것에 관한 구원의 메시지를 위탁받았다는 사실도 강조했던 저자의 신학적 메시지와 연계되어 있다. 이점을 인식할 때 노예들의 경우에 존경스러운 처신을 함으로 사회와 평화로운 공존을 도모한 것이 저자의 일차적인 목적이었을 가능성은 전혀 없다. 이와는 반대로,

구체적인 권면을 다룬 이 첫 번째 실례에서 외부세계의 선한 평판은 하나님의 택하신 자들의 구원이라는 최종 목표를 성취하는데 필요한 수단으로 이해되어야 한다. "기독교 소시민"(christliche Bürgerlichkeit) 해석은 노예들을 위한 권면을 제대로 설명해내지 못한다.

② 과부들을 위한 권면

디모데전서 5장 3-16절에서 저자는 과부들에 관한 상대적으로 긴 논의를 다룬다. 다른 권면 구절에서처럼, 과부들을 위한 윤리적 교훈들이 간접적이고, 디모데에게 주는 교훈 형식으로 표현된다. 이 경우에 공동체 전체와 과부를 가진 가족들이 권면 대상이 된다(cf. 8절). 그럼에도 불구하고 중심 주제는 공동체의 '과부'(kera)이고, 그녀의 행동에 대한 세부 사항들을 우선 염두에 두고 있다.

그러나 이 본문의 윤리적 성격을 평가하기 전에, 얼마간의 해석적 질문들이 답변되어야 한다: (1) 3-16절은 단일 단락이나 아니면 두 개의 (또는 그 이상의) 분리된 단락들로 구성되는가?; (2) "참" 과부들은 감독들과 집사들과 같은 "공적인" 공동체의 직무를 나타내는가, 아니면 공동체의 특별한 관심의 대상이 되는 사회 계층인가?

㉠ 본문의 구조:

대부분 본문의 구조에 관한 결론들은 지칭된 과부들이 설명되는 방식을 결정짓는다; 일반적으로 구분하는 주된 방식은 3-8절에 언급된 "참 과부들"과 9-15(16)절에 묘사된 과부들의 직분 사이를 구분하는 것

---

202) Verner (1983), 161-66; Jeremias, 36-39; cf. Bartsch (1965), 137-38.

이다. 어떤 학자들은 본문을 세 독특한 부분으로 구분한다: 3-8절은 궁핍한 과부들의 생계에 초점을 맞추고 있고, 9-15절은 과부들의 명부에 "올리는" 것에 초점을 두고 있고, 16절은 느슨하게 연결된 결론으로 제시된다는 것이다.[202] 베르너가 지적한 것처럼, 이 견해는 본문의 나머지 부분에서 연결사들의 존재와는 대조적으로 8-9절과 15-16절을 연결하는 고리가 결여되어 있다는 사실로부터 뒷받침을 얻으려고 한다.[203] 이런 구분에 기초해서 모든 "참" 과부들은 (3-8, 16절) '공경'(timeh)을 받을 만하다; 9절에 언급된 나이 제한과 9-10절의 엄격한 윤리적 요구들은 명부에 올릴 자격에만 속한 것이고, 젊은 과부들의 재혼은(14절) 그들을 과부의 직임에서 배제시킨다. 그러나 도움을 받기 위해서는 그들의 두 번째 남편들이 죽어야 하는 것은 아니다. "사도의 가르침"(Didaskalia Apostolorum)에 나오는 한 평행절은 본문을 이런 식으로 구분하는 것을 뒷받침하는 것으로 생각된다.[204]

그러나 본문이 통일된 단위라는 것을 함축하는 실질적인 시사점들이 존재한다. 첫째로, 5장 3-16절의 위치가 편지의 보다 폭넓은 문맥 속에 놓여 있다는 사실은 그 통일된 구조를 시사한다. 디모데전서는 구분 가능한 권면 단위들로 구성되어 있다: 1장 3-20절은 디모데에게 초점을 맞춘다; 2장 1-15절은 예배 회중 속에서 처신해야 할 행위와 연관되어 있다(1-7절, 기도; 8절, 남자들; 9-15절, 여자들); 3장 1-13절은 감독들과 집사들에게 집중한다; 4장 1-16절은 디모데를 위한 권면을 재개한다; 5장 1-2절은 가훈윤리 유형의 교훈을 재개한다; 이것은 6장 2절에까지 줄곧 진행되는데, 과부들(3-16절), 장로들과 그들의 임명(17-25절), 그

---

203) Verner (1983), 161; Spicq, 532.
204) 14장; 또한 Verner (1983), 161을 보라.

리고 마지막으로 노예들이(6:1-2) 계속적으로 다루어진다; 6장 3-10절은 거짓 교사들에게 주목하고; 6장 11-16절은 디모데를 위한 권면을 재개하며; 마지막으로 6장 17-19절은 또 다른 사회 계층인 부자들을 다룬다. 구별된 그룹들을 거명하는 저자의 경향은 5장 3-16절이 어쨌든 통일된 단위를 형성한다는 첫 인상을 준다.

이것을 염두에 둘 때, 본문 자체 내에서 통일성을 함축하는 시사점들이 더욱 큰 무게를 얻게 된다. 첫째로, '과부'(kera)란 술어는 본문 내내 여러 번 등장한다(3[2번], 4, 5, 9, 11, 16절[2번]). 그렇다면 본문은 서두와 마지막에 등장하는 "참 과부들"(hai ontos kerai)이란 문구에 의해서 발전된다(3, 16절). 그리고 동사 '티만'(timan, 3절)에 담겨진 '존경'의 개념이 '도와주다'(eparkein, 16절)는 술어에서 한층 더 정의되어 되풀이된다고 보는 것도 가능하다.[205] 따라서 본문의 중심 주제는 서두 지침에서 가시화 된다: "참 과부인 과부를 존경하라."[206]

이 주제에 기초해서 사상의 흐름은 두 방식으로 개관될 수 있는데, 각 방식은 본문 전체를 온전하게 뜻이 통하도록 만든다. 뮐러-바도르프는 저자가 일종의 교차대귀적 문장을 구성하였을 수 있다고 제안하면서도 이것을 발전시키지는 않는다.[207] 본문은 다음과 같이 구조화할 수 있다:

A. 명령: 참 과부인 과부를 경대하라 (3절)
   B. 자격 조건들: 친족을 가진 과부를 지원하지 말 것, 참 과부의 행

---

205) Müller-Bardorff (1958), 116.
206) Cf. Ernst (1969), 436; Bartsch (1965), 117.
207) Müller-Bardorff (1958), 116.

　　　　　　실 (4-6절)
　　　　　　　C. 가족을 위한 권면 (8절)
　　　　　　B. 자격 조건들: 나이, 행실 (9-15절)
　　　　　　　(늙은이와 젊은이를 위한 세부 권면들)
　　　　　C. 가족을 위한 권면 (16a절)
　　　　A. 재진술된 명령: 참 과부인 과부를 도우라 (16b절)

　이 모델에 따르면, 두 그룹의 과부들을(아마도 세 범주들이 구별될 수도 있다) 위한 권면을 포함시키면서도 동시에 디모데에게 이 문제를 다루는 방법을 교훈하게 하려면 문장 구조에 매달리는 일을 중단해야만 하는 점들이 분명히 존재한다. 또 다른 접근은 교차대귀법의 가능 구조를 덜 활용하는 방식이다. 여기서 "참 과부인 과부를 경대하라"는 명령은 이중적인 의도를 지닌 것으로 이해되는데, 우선은 과부들의 생계를 규정하는 것이요, 동시에 이런 재정적 후원을 "참 과부"의 자격을 갖춘 자들에게만 제한하는 것이다. 그렇다면 본문의 나머지 부분은 명령의 두 측면들을 실제 생활 용어들로 설명한다고 볼 수 있다.

　우리의 판단으로는 문맥적 증거는 3-16절이 단일 단위로 해석되어야 한다는 것을 추천하고 있다. 방금 전에 고려한 두 모델 가운데 하나를 따를 때, 3절의 명령은 사상의 흐름을 내내 통제한다. 결과적으로, 세 범주의 과부들이 구분될 수 있다: (1) "참 과부들," 그들은 9-10절, 그리고 16절에 있는 '과부'와 동일 인물로서[208] '존경'을 받을 자격이 있다(3, 5, 6, 7, 9, 10, 16b절); (2) 자신들을 돌볼 친족들을 가진 과부들 (4,

---

208) Sand (1971), 193-97, 특히 193; Dibelius and Conzelmann, 74; Brox, 187.

8, 16a절); 그리고 (3) 60세가 안 된 젊은 과부들 (11, 12, 13, 14, 15절).

ⓒ "참 과부"의 신분:

본문의 통일성에 비추어 볼 때, 우리는 과연 어떤 과부들이 "직임"을 가진 자로 지칭되고 있는지를 살펴보아야 한다. 우리의 접근방식은 그러한 주장을 뒷받침하기 위해 제시된 점들을 평가하는 것이 될 것이다.

첫째로, 어떤 학자들은 '티만'(timan) 동사에(3절) 담긴 '티메'(timeh)가 단순한 "존경"보다는 "후원"(support)으로 구체화되는 "지불"(payment) 개념을 가리키며, 따라서 과부들의 직임을 지시한다고 주장한다.[209] 바르취는 '지불' 개념이 5장 3절에(또한 5:17) 의도된다는 것을 실증하기 위해서 3세기와 4세기의 교회 질서들에 너무 과도하게 의존하는 한편,[210] 뮐러-바도르프는 동일한 의미는 발전시키기 위해서 '티메'가 장로들을 위한 모종의 지불을 뜻하는 것이 거의 분명한 5장 17절의 유사한 표현에("배나 존경할 자로 알되") 특별히 주목한다.[211]

그러나 상당히 다른 상황들을 반영하는 것으로 보이는 훨씬 후대의 문서들에서 얻어진 정보는[212] 목회서신에서 '티메'의 용법이 설명될

---

209) Bartsch (1965), 118; Müller-Bardorff (1958), 114-15; Lips (1979), 119; Ernst (1969), 439.
210) Bartsch (1965), 118: "In der Kirchenordnungen des dritten Jahrhunderts wird die Vokabel timan immer mehr zum terminus technicus für das, was die Angehörigen der verschiedenen Gemeindebestände an Bezahlung von der Gemeinde zu erwarten haben."
211) Müller-Bardorff (1958), 114.
212) Connolly (1929), xi-xci.
213) Cf. Hanson (1981), 205.

때 특별히 별 가치가 없는 것으로 판명된다. 실제로 '티메/티만' 술어의 7회 용례들 가운데 하나인 디모데전서 5장 17절은 분명히 지불을 뜻하지만, 여기서도 그런 뜻을 갖게 된 것은 바울이 비슷한 주장을(고전 9:9) 하기 위해 이미 인용한 바 있는 구약 인용구(신 25:4), 그리고 18절에서 결합되는 이 주제에 관한 예수 자신의 교훈을(cf. 눅 10:17; 마 10:10) 지칭하는 보충적 언질 때문이다.[213] 그런 곧바로 뒤따르는 노예 관련 구절에서(6:1-2), '티메'는 존경을 뜻하고, 이같은 모종의 뜻이 목회서신의 여러 구절 가운데서(딤전 1:17; 6:16; 딤후 2:20, 21) 분명하게 의도되고 있다. 목회서신 안에서 등장하는 다양한 용법만이 5장 3절의 '티메'의 의미가 근접 문맥에서(3-16절) 추론되어야 한다는 것을 시사한다. 4, 8, 16절에서 자격을 갖춘 궁핍한 과부들을 위한 물질적 재원이 명령되고 있는 것으로 보인다; 16절의 평행 술어는(eparkein) 보통 "도움" 또는 "후원"을 뜻한다.[214] 그러나 이것은 그 궁핍한 과부들에 대한 공동체의 존경과 인정(timan)으로 이해된다;[215] 상기 술어에 대한 이런 평상적 용법은 5장 1-2절에 소개된 개념과 일치한다.[216] 결론적으로, 3절에 있는 명령어 '티만'(timan)은 유대교로부터 넘겨받아 초대교회에도 항구적인 중요성을 지녔던 전통적 관심을 지속할 필요성을 부각시킨다; 그것은 새로운 후대의 발전을 나타내지 않는다.

둘째로, 어떤 학자들은 9절에서 "명부 등록"(enrollment)에 관한 언급

---

214) Cf. 1 Macc. 8:26; LS 515.
215) 특히 Sand (1971), 194; cf. Brox, 187을 보라.
216) *Ibid.*
217) 예, Müller-Bardorff (1958), 118ff.
218) Josephus, Wars 2.226, 576, 584; 4.196; Ant. 2.180; 3.288; 11.68; 14.449; 15.47,109; 18.142; 19.119; 20.87; Ap. 1.131. 또한 Sand (1971), 195를 보라.

이 어떤 직무에 받아들인 것을 나타낸다고 제안한다.[217] 그러나 이 술어 자체는 그런 기술적 의미를 결코 요구하지 않는다. 왜냐하면 보통 그것은 단지 목록에 기재하는 것을 지칭하기 때문이다.[218] 주변 문맥은 "직책 임명"의 의미를 정당화할 어떤 암시를 던져주어야 하는데, 과연 이 구절이 과부들을 교회가 돌볼 자들의 목록에 포함시키는 것 이상의 어떤 의미를 뜻하는지는 의심스럽다. 그러나 교회 전체나 또는 장로회를 통해 "받아들여지는" 어떤 의미가 함축되어 있는 것은 분명하다; 따라서 '거절하다'(paraiteisthai, 11절)는 술어는 자격이 없음을 결정하는 것을 암시한다.[219] 그러나 '등록하다'(katalegein, 9절)는 술어 자체는 공동체 구성원을 통제하는 형식적 절차나 조직에 대한 실마리가 되지 못한다.

셋째로, 과부들(5:9-10)에게 요구된 항목들과 감독과 집사들(딤전 3:1-13; 딛 1:6-9)에게 요구된 항목들 간의 유사성은 과부들의 직무란 개념을 뒷받침하는 증거로 제시되고 있다.[220] 과부들의 경우에 나이 자격을 제외한다면, 평행구는 다음과 같다:

1. 한 남편의 아내 (5:9) = 한 아내의 남편 (딤전 3:2, 12; 딛 1:6)
2. 나그네를 대접하여 (5:10) = 나그네를 대접하여 (딤전 3:2; 딛 1:8)
3. 자녀를 양육하며 (5:10) = 딤전 3:4; 딛 1:6[221]

---

219) Stählin, *TDNT* 9: 456.
220) Müller-Bardorff (1958), 120-21; Bartsch (1965), 121-23, 130-32, 138; Verner (1983), 163-64; Trummer (1970), 473. Cf. Kelly, 115-17.
221) Verner (1983, 163-64)는 자신이 보기에 오직 9-15절만이 "직무를 가진" 과부들과 관계되기 때문에 이 구절에서 멈춘다.

그러나 사실 평행되는 면들은 아직도 여러 가지 있다. 예를 들면, 과부와 감독은 "책망할 것이 없어야" 하고(딤전 5:6=3:2), "선행"을 나타내야 하고(5:9=3:7; cf. 3:1), 감독도 결과적으로는 나이 제한을 갖고 있다 (5:9=3:6).[222] 상응하는 이런 항목들 때문에 트룸머는 모델이 되는 "직무" 권면이 디모데전서 3장과 5장 배후에 있었다고 가정하게 되었다.[223] 그러나 이것은 의심스러운 제안이다. 한편으로, 형식적으로 검토해보면 이 두 구절들이 아주 다른 구조를 지닌다는 것을 알게 된다. 따라서 다른 한편으로 더 강한 반론은 과부들에게[224] 해당되는 대부분들의 "자격들"과 감독과 집사에[225] 관계된 여러 자격들이 보다 일반적으로 어떤 신자에게나 적용된다는 사실에서 나타난다. 그러므로 그러한 비교는 과부들의 직무 개념의 존재를 논증하기에는 불충분하다.[226] 그것은 과부 그룹이 처한 특정한 상황이 어떤 것이든지 간에 그리스도인 존재가 어떻게 비슷한 방식으로 살아야 하는가를 설명하기 위해서 저자가 동일한 배경의 술어들을 끌어다 썼을 가능성이 더 높다.

마지막으로, 12절의 문구, "처음 믿음을 저버렸다"는 표현은 명부 등록 과정의 일부로서 과부들이 독신을 맹세했다는 증거로 자주 인용되고 있는데, 이런 맹세는 물론 직무를 임명받는 것과 관계된 교훈에

---

222) Cf. Trummer (1970), 473-74.
223) Ibid. 473.
224) "선행"에 대해서, 예를 들어, 6:18; 딛 2:7; "착한 행실"에 대해서, 딤전 2:10; 딤후 2:21; 가족에 대한 관심에 대해서는, 딤전 2:15; 딛 2:5을 보라.
225) "근신/근신하다"(딤전 3:2; 딛 1:8)에 대해서는 딤전 2:9; 딛 2:4,6을, 그리고 "아담한" (딤전 3:2)에 대해서는, 딤전 2:9, 그리고 "절제"(딤전 3:11)에 대해서는 딛 2:2을 참조하라.
226) Cf. Herr (1976), 77-79.

가장 가깝게 일치한다는 것이다.[227] 이를 뒷받침하기 위해 이 견해의 주장자들은 '버리다'(athetein)는 동사가 "보통 유언, 맹세, 계약, 또는 그와 같은 어떤, 즉 구체적이고 공적인 합의 또는 약속을 폐기하는 것을 뜻하며," '믿음'(pistis)도 "맹세를 뜻할 수 있다"[228]고 지적한다. 그러나 신약에서 등장하는 "버리다"는 동사의 나머지 경우들을 살펴보면 그것이 아주 중립적인 의미를 갖고 있고 한 두 경우에 문맥에 기초해서만 그런 기술적인 의미를 가질 수 있다는 것을 알 수 있다.[229] 이에 덧붙여, '믿음'도 목회서신에서 참 그리스도인 존재에 대한 저자의 개념을 지시하는 너무도 중요한 술어이기 때문에 쉽사리 "맹세"와 같은 정체된 의미를 부여할 수 없다. 이 문구는 11-12절이 함께 검토될 때 더 잘 이해될 수 있다. 11절에서 저자는 성적인 욕망 때문에 그리스도에게서 멀어진 젊은 과부들을 염두에 두고 있음이 분명하다: "그리스도를 배반할 때"(katastreniasosin tou Christou). 결과로 나타나는 결혼하고자 하는 욕망은(11절) 회개의 대응 개념으로 이해될 수도 있는데, 그것에 대한 심판은 분명하게 뒤 따른다: "심판을 받느니라"(12절). 이 점에 비추어 볼 때 "처음 믿음을 저버렸으므로"란 표현은 신자가 그리스도와 맺고 있는 믿음의 관계에 초점을 맞춘 것이다. 여러 종류의 정욕들이 그러한 관계를 위태롭게 만들 수 있지만, 이 경우에 늙은 과부들보다 젊은 과부들이 더 빠지기 쉬운 함정은 저자가 보기에 성적인 정욕이다.

---

227) Müller-Bardorff (1958), 119-20; Hanson, 98; Brox, 194-95; Verner (1983), 164.
228) *Ibid*.
229) 막 6:26; 갈 3:15; 히 10:28에서 문맥은 위에서 제안한 그런 기술적인 의미를 허용한다. 그러나 눅 7:30; 10:16 (4회); 요 12:48; 고전 1:19; 갈 2:21; 살전 4:8(2회); 유 8절에서 그것은 단순히 "거절하다"를 뜻할 뿐이다. Cf. J. I. Packer, *NIDNTT* 1: 174; C. Maurer, *TDNT* 8: 159.

결국, 3-16절이나 9-15절 전체가 직무를 묘사한다고 주장되기는 하지만, 과부의 직무 개념을 뒷받침하기 위해 거명된 네 가지 주요 증거들은 신빙성을 결여하고 있다. 본문은 특정한 공동체 문제, 즉 과부들의 재정적 지원을 규정하는 방법에 집중하고 있을 가능성이 훨씬 더 농후한 것 같다. 과부 신분의 세 범주들("참 과부", 가족을 가진 과부, 그리고 젊은 과부) 가운데 오직 첫 번째 범주만이 교회의 지원을 받을 자격이 있다. 교회의 재정적 지원에 관한 정보는 상세하게 주어지지는 않지만 교회의 관습에 발전이 있었다는 것을 보여준다; 의심할 여지도 없이 취해진 조치는 온갖 형태의 과부들이 교회의 재정적 지원을 찾고 있음을 보여주는, 어떤 특정 문제를 다루고자 하는 공동체의 시도를 나타내준다. 그러나 궁핍한 과부들에게 경제적 구제를 제공하는 관습은 목회서신의 저자가 유대교와 초대기독교 일반의 관심들에 발맞추고 있었다는 것을 보여준다. "참 과부들"은 공동체 내에서 정규적인 의무들이 주어졌을 가능성이 있지만, 세부 사항들은 제시되지 않는다. 기도는 의심할 여지도 없이 한 역할을 담당하고 있었고(5절), 13절은 집을 심방하는 일도 그들의 역할 가운데 하나였다는 것을 시사해줄 수도 있다.[231] 그러나 10절에 언급된 "선행"은 일반적으로 모든 그리스도인 여인들에게 기대된 것들이다.

ⓒ 권면의 윤리적 성격 :

이 구절에는 존경스러운 행위에 대한 특징적인 초점이 등장한다. 그러나 다시금 특별한 술어 사용과 "증거" 주제를 사용하여 보다 깊은 신

---

231) Müller-Bardorff (1958), 126; Bartsch (1965), 136; Verner (1983), 164; Sand (1971), 194-95를 보라.

학적 자료와 배후의 동기 또는 윤리가 분명해진다.

한편으로, 늙고 젊은 과부들은 본질적으로 참된 그리스도인 생활을 나타내도록 권면을 받는다. 첫째로, 혼자 남은 늙은 과부의 피치 못할 상황들이 그녀로 하여금 하나님께 소망을 두고 쉬지 않고 기도하도록 고무하는 반면(5절), 그러한 가능성과 책임은 각 신자에게 속한 것이다; 소망은(elpis/elpizein) 그리스도인 존재의 특징이며 기도는 예상되는 부속물이다.

둘째로, 결혼에 있어서 성실성은("한 남편의 아내이었던 자," 9절) 결혼한 모든 신자를 구분 짓는 표시로 기대되고 있다고 확신 있게 말할 수 있다. 그것은 공동체 지도자들의 경우에 분명하게 언급되지만(딤전 3:2, 12; 딛 1:6), 신약의 가훈윤리는 모든 사람들에게 제시되는 이런 요구의 표준화를 뜻한다(cf. 딛 2:5; 엡 5:22f; 골 3:18f; 벧전 3:1ff).

셋째로, 10절에서 "선행"을 지칭한 언급은(2회) 목회서신의 핵심적 주제를 분명하게 표현한 것으로 믿음의 생활을 참된 신앙에서 나오는 "행위"의 전망에서 정의하는데 도움을 준다.[232] "선행"은 그리스도인 존재의 수평적 측면을 일반적으로 묘사한 것인데, 아마도 여기서 실천적인 술어로 가장 분명하게 묘사된 것으로 보인다. 문장 속에서 조건절 형태로(ei) 변경된 것은 선행하는 "선한 행실의"(en ergois kalois)란 문구가 해설되고 있다는 것을 시사한다. 마지막 문구 "모든 선한 일을"(ei panti ergo agatho)이란 문구는 열거된 각 목

---

[232] Cf. Lippert (1968), 41-43.

록이 "선행"이라는 것과 여기에 있는 목록은 단지 대표적인 것일 뿐이라는 점을 확증해준다. 이미 지적한 대로, 명기된 처음 두 항목은 ("자녀를 양육하며 혹은 나그네를 대접하며") 감독의 자격 목록에서 평행을 이룬다; 그러나 자녀를 양육하는 일도 또한 모든 그리스도인 부인의 행동에서 예측되는 부분이며(딤전 2:15; 딛 2:4), 대접하는 일도 모든 사람들에 의해 실천되어야 하는 행위였다(cf. 벧전 4:9).[233] 명부에 등록될 후보자로서 본이 되는 그리스도인 생활의 유형은 주된 자격 기준이었다; 9-10절의 충고는 디모데와 다른 교회 지도자들이 결정을 내리는데 있어서 도움이 될 뿐만 아니라, 과부들과 언젠가 과부가 될 수도 있는 젊은 여인들에게 새 생명을 온전히 "입으라"고 권면하는 기능을 갖는다.

14절에서 젊은 과부들을 위한 교훈들도 그리스도인의 실천 생활에 대한 저자의 개념의 특징적인 표지들을 나타내준다. 그것들은 11-13절에 언급된 금지된 행위와의 대조를 통해서, 그리고 "원하노라" (boulomai)와 같은 권위적 소원 표시에 의해서 강조된다. 세 가지 부정사들(gamein, teknogonein, oikodespotein)에 의해 반영된 공인된 대안적 삶의 유형은 가정주부의 바람직하고 사회적으로 규범적인 역할이다. 이와 관련하여, 이 권면은 목회서신 다른 곳에서와(딤전 2:11-15; 딛 2:5) 신약에서(엡 5:22ff; 골 3:18; 벧전 3:1ff) 적용된 신약 가훈윤리 전승의 내용 및 의도와 평행을 이룬다. 따라서 그것은 여인들이 주변 사회가 인정하는 방식으로 결혼이란 사회 제도에 참여할 것을 옹호한다. 우리가 살핀 대로, 신약 가훈윤리의 배후에 놓인 동기와 그것이 사회적

---

233) Goppelt (1978a), 285를 참조하라.
234) Cf. Kelly, 119; Verner (1983), 165-66.

관습에 일치하여 살도록 격려하는 동기는 교회의 선교적 관심에 있다; 동일한 관심은 이 경우에 특별히 분명해질 것이다. 그러나 여기서 재혼을 다시 염두에 두고 있는데, 그것은 여전히 성적인 욕망이 문제가 되는 젊은 과부들이 취할 가장 적절한 선택이다(11-12절).[234] 그러나 저자에게 마찬가지로 긴급한 것은 이들 젊은 과부들 중 어떤 사람들이 거짓 교사들에게 끌려 다니거나 또는 적어도 그들의 교훈에 영향을 받고 있을 가능성이다. 특별히, 그들은 재혼이 불필요하다고 가르쳤고 (딤전 4:3), 이것은 그들이 수입한 실현된 종말론과 연계된 것이 거의 분명하다. 이것의 파급 효과들은 어떤 젊은 과부들의 상황 속에서 가장 분명하게 나타날 것이다(15절, "사단에게 돌아간 자들도 있도다"; 다른 과부들은 결혼하기를 원했다, 11절). 공인된 사회적 역할을 거부함으로써 그들은 외부에서 비판을 받는 길을 교회에 열어놓았다.

따라서 늙은 과부나 젊은 과부나 모두 참된 신앙 생활을 나타내도록 권면을 받는다. 이것이 "참 과부"로 등록되기를 원하는 자들을 위한 조건이었고 또한 자격을 갖추기에는 너무 젊고 다른 정욕에 휩쓸릴 가능성이 있는 과부들을 위한 조건도 된다. 이 점에 있어서, 현세대의 중요성과 그 안에서 바르게 살아야 할 필요성은 분명하다. 15절에서 이단자들을 지칭하는 언급은 이 세대에 대한 바른 이해와 그 안에서 바르게 사는 삶의 중요성을 재확립하려는 저자의 관심이(이단자들은 이 두 면을 모두 왜곡시켰다) 두드러진다는 것을 시사해준다. 왜냐하면 그들의 교훈은 공동체의 구원 개념을 균형을 잃도록 만들 뿐만 아니라, 어떤 사회 제도들과 관습들을 신학적으로 경시하게 만듦으로써 교회의 증거를 위태롭게 하고 있었다. "참 과부들"(10절)에게 이런 조건들이 요구된 의도는 그들이 잘못된 구원론에 유혹을 받지 않고 참된 신앙생활에 매진하도록 하려는 것이다. 현세대의 행위에 초점을 둔 것은 현세대가 저자의 신학적 틀 속에서 차지한 위치에 상응한다; 우리가 살핀 것처럼, 이 시대는 이미 도래한 구원을 이루어가는 때이다.

그러나 존경할 만한 삶에 대한 관심은 권면 배후에 있는 선교적 동기에 의해서 한층 더 분명해진다. 이것은 우선 '아네피렘프토이'(anepilemptoi)란 술어가 나오는 7b절에서 등장한다. 7절의 권면은 5-6절 모두를 요약하지만, "책망 받을 것이 없게 하라"는 표현은 일차적으로 6절을("일락을 좋아하는 이는 살았으나 죽었느니라") 염두에 두고 있는 것 같다.[235] 자기탐닉의 방탕한 삶(spatalan)을 없애거나 피하는 것이 강조가 된다. 만일 이것이 정확한 관찰이라면, 위에서 말한 "책망"은 외부자들의 비판을 염두에 두었을 것이다. 왜냐하면 6절에 지칭된 행위는 신앙 공동체 밖에 있는 행위와 더 상응할 것이기 때문이다.[236]

8b절에 있는 진술은("믿음을 배반한 자요 불신자보다 더 악한 자니라") 과부가 된 친족들을 돌보지 않는 신자들을 지칭하는데, 외부자가 본 가족의 평판에 대한 관심을 반영할 수도 있다. 4절과는 대조적으로, 이 구절은 부정적 가능성의 중대성을 부각시킨다; 4절에 있는 핵심적 술어, "효를 행한다"(seusebein)는 어휘는 가족 책임을 참된 믿음 생활에 본질적인 것으로 정의하고, 8절은 가족 책임의 실패가 믿음을 배반하는 것이나 마찬가지라는 것을 설명해준다. 목회서신에서 '배반하

---

235) Lippert (1968), 40; Dibelius and Conzelmann, 74.
236) LS 1412에 있는 실례들을 참조하라.
237) Cf. Lippert (1968), 41.

다'(arneisthai)란 동사의 용법, "믿음을 배반한 자"라는 신랄한 문구의 등장, 그리고 8절에 사용된 특정한 조건절 구조 등이 결합하여 거짓 교사들과 그들을 추종하는 자들의 행위에 특징적인 실제 상황을 염두에 두고 있음을 시사한다.[237] 적어도 간접적으로나마 여인들과 노예들의 경우에 사회 제도들로부터의 탈출을 격려할 뿐만 아니라, 거짓 교사들의 영향력은 확산되는 가족 경시 풍조에서도 나타나고 있었을 가능성이 있다(cf. 딛 1:11). 물론 우리는 이것이 가족에 집중한 그들의 선교적 초점의 부주의한 결과 이상의 어떤 다른 것이었는지는 확신할 수 없다. 그러나 어떤 경우에도 저자는 가족에 의존하여 살아가는 과부들을 소유한 자들에게 신앙고백과 행위가 조화가 되어야 한다는 것을 상기시키고 있다;[238] 이 두 요소들은 이단자들의 경우에서처럼 서로 분리될 수 없다(cf. 딛 1: 16). 증거에 대한 관심은 "불신자보다 못하다"는 문구에서 나타난다. 왜냐하면 불신 세상사람들조차도 일반적으로 확대된 가족에 대한 책임을 인정하였기 때문이다.[239] 교회는 거짓 교사들의 왜곡된 행위 때문에 세상 사람들 앞에 나쁜 각인이 찍힐 위험에 처해 있었다; 외부자들은 그렇게도 자연스러운 의무를 경시하는 무책임한 모습을 주목하지 못할 리가 없다.

10절의 "선행"이란 술어 속에서 그리스도인 존재의 관찰 가능한 측면이 강조된다.[240] 그러나 "증거"에 대한 관심은 '증거하다'(marturein)는 동사를 통해서 표현되는데, 이 경우에 그것은 일차적으로 신앙 공동

---

238) Cf. Dibelius and Cozelmann, 74; Lippert (1968), 41.
239) Jeremias, 38; Kelly, 115; Brox, 190; Weidinger (1928), 71 n. 1.
240) 위에서 이미 논한 바 있다; 또한 Völkl (1961), 334를 참조하라.
241) Beutler (1972), 175; Brox (1961), 32; Lippert (1968), 41-44.

체에 의해서 관찰되어야 한다.[241] 그럼에도 불구하고, 젊은 과부들에 관한 이후 논의와의 연관성과, 특별히 정도를 이탈한 자들을 다루는 구절 등은(14 -15절) 자격을 갖춘 과부들을 가리는 가족 의무들이(10절) 동시에 사회에서도 존경스럽게 여겨지거나 비판자들에 의해 수치스럽게 여겨지는 행위와 역할을 나타내준다(14절).

젊은 과부들이 재혼하여 자녀를 양육하고 가정을 다스려야 할 주된 이유는(14a절) 증거와 관련하여 분명하게 표현된다: "대적에게 훼방할 기회를 조금도 주지 말기를 원하노라." 자기 자신의 정욕을 따르고 무익한 행위에 몰두하는 것은(11-13절) 교회의 원수에게 교회를 비방할 기회를 주게 된다. "대적"(antikeimenos)이란 말은 아마도 이 경우에는 사단이 아니라 적대적인 불신자를 지칭할 것이다.[242] 외부 비평자가 그렇게도 신경을 쓰게 된 것은 11절의 방탕한 행위와 13절의 어리석은 행위가 교회와 세상이 서로 맞닿는 곳에서 발생하기 때문이다. 그리스도인의 경우에 바른 행위는 이런 외부 관찰자의 검색을 견딜 수 있어야 한다.

방금 전 살펴본 경우들에서 과부의 증거에 대한 다양한 정도의 관심이 등장한다. 리퍼트는 권면을 이런 식으로 정초하는 동기는 "선교적인 것이 아니고 변호적 변증에 있다"[243]고 주장한다. 왜냐하면 불신 관찰자를 "구원하는" 목표는 특별하게 언급되지 않기 때문이라는 것이다. 그러나 현재적 구원이라는 주제 제시와 그것을 세상에 전달하는 중개자로서 교회에 대한 묘사에 비추어 볼 때, 그리고 디모데전서 2장 이

---

242) *Ibid.* 44.
243) Lippert (1968), 44.

면에 놓인 분명한 선교적 관심에 근거하여 볼 때, "변호적-변증적" 실존을 저자가 염두에 둔 목적으로 말하는 것은 거의 무의미한 것처럼 보인다. 적어도 그의 신학적 메시지의 구조에 비추어 볼 때, 선교적 동기는 가장 시종일관한 것으로 보이고, 구체적인 권면도 이 점과 획일적으로 연관되어 있다. 존경스러운 삶의 유형도 세상과 평화공존이나 모색하는 탈종말론적 기독교 윤리라는 의미의 기독교 소시민 해석을 반영하고 있지 않다. 이와는 반대로, 존경스러움은 교회로 하여금 주시하는 세상과 선교적 접촉점을 유지하도록 해준다는 점에서 기독교의 선교 사역의 필요한 부분을 형성하고 있다.

결론적으로, 과부들과 그의 가족들을 위한 권면은 일차적으로 두 동기부여 요인들을 지니고 있다. 한편으로, 과부들은 참된 그리스도인 존재에 상응하는 행위로 그들의 구원을 실현하도록 요구받고 있다. 현시대는 구원이 이미 도래되었지만 아직 완성되지 못한 '중간시기'(Zwischenzeit)이기 때문에, 매일의 삶에 대한 강조점은 그러한 구원에 대한 저자의 개념으로부터 뿐만 아니라, 또한 거짓 교사들이 이와 연관하여 소개한 위험한 오류들을 수정하려는 그의 관심과 일치하고 또 사실상 거기서 나온 것이다. 따라서 어떤 의미에서 저자는 현실적인 행위에 연계된 과부들의 구원에 예민할 정도로 관심을 가진다. 다른 한편으로, 동일한 신학적 모티브들은 교회의 선교 과제를 위한 긴박한 관심을 불러일으킨다. 증거자로서 신자들의 삶의 유형은 그와 관련하여 핵심적인 역할을 담당한다. 따라서 세속 사회의 도덕들을 무시하는 과도한 행위는(어떤 경우에 이단들의 교리와 그들이 만들어내는 분위기에 의해서 선동이 되기도 함) 메시지를 통해 변화를 시키려는 대상들을 오히려 적대자로 돌변하게 만들 수도 있다. 이런 관심들은 이 구절에서 많이 작용하고 있다. 교회의 관심과 궁핍한 과부들에 대한 친족들의 책임은 과부들 자신의 바른 행위와 연관된 저자의 교훈들만큼이나 외부자의 평가에 민감한 저자의 시각에 의해서도 동기부여 되고 있다.

③ 부자들을 위한 권면

우리가 살핀 대로, 디모데전서 6장 17-19절은 교회 내의 부자 계층을 위한 권면으로 구성되어 있다. 부와 부자에 관한 저자 자신의 견해들은 이 구절에서 해설되고 있으며, 우리는 예수께서 어떤 부자에게 하셨던 것과 같은 교훈들을 제시함으로써 사회-경제적인 이 계층을 없애려는 시도를 하지 않는다는 것을 주목하였다. 과부들의 경우와 같은 사회적 문제가 아마도 권면을 하도록 촉발하였겠지만, 거명된 자들의 영적 상태에 대한 보다 기본적인 관심이 교훈을 주도하고 있다. 이 경우에도 윤리적 가르침은 저자의 메시지의 신학적 구조와 일치한다; 부는 그리스도 사건으로 시작된 시대의 성격 때문에 그 사건의 렌즈를 통해 간단하게 조망된다.

논란을 일으킬 필요가 없는 것은 "마음을 높이지 말고 정함이 없는 재물에 소망을 두지 말고"란 문구가 부자들 가운데 어디나 있는 일반적인 경향을 확인하고 거절한다는 점이다. 그러나 대조 문구 "하나님께 두며"란 표현은 공동체의 부자들에게 관심을 돌려 그들로 하여금 그들의 부에 대해 초월적인 태도를 취하도록 유도한다. "마음을 높이다"(hypselophrosun)는 술어는 평상적으로 이교도들이나 기독교인들

---

244) Philo, Mos. 1.31; 1 Clem. 59:3; Herm. m. 8.3. Cf. Verner (1983), 175 n. 64; Spicq, 575-76.
245) *Ibid.* 576 참조.

모두 마찬가지로 부에 대해서 취하는 태도였던 것처럼,[244] 물질적인 부에 의존하는 것을 거부하는, 그와 대조되는 태도는 수많은 평행표현들을 갖고 있다.[245] 우리의 본문을 일반적으로 고려할 때, 부를 신뢰하는 것에 대한 대안은 "하나님께 소망을 두고, 선한 일을 행하고, 선한 사업에 부한" 것인데, 이 모든 것은 "오는 세대에 자기를 위하여 좋은 터를 쌓는" 것으로 요약된다. "좋은 터를 쌓는다"(19절)는 동사의 사용은 언어적으로만 아니라 승인되는 천상적인 전망에서 예수의 산상교훈을 반영한다(마 6:20, "오직 너희를 위하여 보물을 하늘에 쌓아두라").[246] 베르너(Verner)는 "디모데전서 6장 18절이" 복음서의 어떤 진술들을 통해 표현된 것보다 "부에 대한 훨씬 더 온건한 태도를 반영한다"고 주장한 점은 옳을지 몰라도,[247] 이 구절에서 "부자가 그들의 부를 나누어 가져야 한다는 시사가 없다"[248]고 주장한 헨슨(Hanson)과 헤슬러(Hasler)의 결론은 정당화되지 못한다. 왜냐하면 18절의 마지막 두 교훈들은("나누어 주기를 좋아하고 동정하는 자가 되라") 이 문맥에서

---

246) Cf. *ibid*. 578-79; Hanson, 115.
247) Verner (1983), 175.
248) Hanson, 114; Hasler, 52.
249) '유메타도투스'(eumetadotous)란 술어는 "기꺼이 나누어주는"(ready to impart)이란 의미로 가장 잘 번역될 수 있다 (MM 263); cf. BAG 323. '코이노니코스'(koinonikos)를 실행하는 자는 "다른 사람들에게 기쁘게 몫을 나누어주는" 자이다 (F. Hauck, *TDNT* 3: 809; see Polyb. 2. 44. 1; Josephus, BJ 2. 122, 요세푸스는 공동으로 부를 공유하는 에센파의 관습에서 나온 술어를 사용하였다).
250) 저자가 부자를 특권층으로 간주한다는 시사는 없다 (contra Verner 1983, 175). 만일 동일한 사실이 고린도 공동체와 관련하여 바울에게 말해지지 않는다면 그렇다는 말이다. 그들은 사실 다른 그룹들보다 좀 더 날카롭게 새 시대의 동일한 표지들을 나타내도록 권면 받고 있다. 오직 그들에게만 이 권면은 그들의 부에 대한 책임을 포함하는 것이 틀림없다.

그것과 다른 어떤 것을 뜻할 수 없기 때문이다.[249] 사실 부자들은 고린도후서 8장 13-15절에서 사회-경제적 격차에 대한 바울의 초기 접근과 평행되는 방식으로 그들의 부를 나누어가지도록 권면을 받고 있다.[250] 초연하는 태도와 공유하는 태도에 대한 강조점이 관찰될 때, 일반적인 논지의 권면은 바울 사상과 크게 다르지 않다.

부자들이 따라야 할 노선은 모종의 핵심적인 술어들과 개념들을 채용함으로써 발전된다. 첫째로, 물질적인 부에 대한 그들의 의존과 대조적으로, 부자들은 하나님께 소망을 두도록 권면을 받는다. "소망"이란 술어를 끌어들이고 그것을 이 경우에 물질적인 필요들에 대한 관심과 연결시킴으로써, 현세대에서의 생존을 위해 하나님께 의존하는 것이 강조된다. 그들이 나누어 가질 수 있으려면 이것은 부자들이 넘어야 할 필요한 장애물이다.

"선한 일을 하다"(Agathoergein)와 "선한 사업에 부하다"(ploutein en ergois kalois)는 문구는 "선행"이란 술어를 가지고 그리스도인 존재의 수평적 측면을 특징화하는 저자의 방식을 드러낸다. 참된 부는 신자로 하여금 구원의 목표에 더 가깝게 다가가도록 해주는 것이다; "선을 행하는 것"과 "선행"은 따라서 믿음 생활의 정상적인 작용을 지칭한다. 자신의 소유를 궁핍한 자들과 기꺼이 함께 나누어 갖는 것은 "선행"의 삶의 구체적인 본보기이다.

---

251) Spicq, 578 참조.
252) Cf. Brox, 220.
253) 이 표현은 영생을 지칭하는 언급이다; cf. 6:12.

참된 그리스도인 생활을 추구하는 결과는 여전히 부/보화 모티브를 따라서 오는 세대를 위하여 좋은 기초를 쌓는 것이거나(19절), 또는 환언하면, 참 열매가 분명하게 나타나는 견고한 기초를 둔 삶을 구축하는 것이다.[251] 여기서 우리의 탐구에 중요한 점은 현세대를 살아가는 규정된 방식이 종말을(eis to mellon)[252] 내다보고 있고 또한 지금 단지 부분적으로만 소유된 구원을 완전히 소유하게 될 것을 기대하고 있다는 사실이다("참된 생명을 취하는 것이라").[253] 이 구절에서 선행으로 특징화된 참된 믿음 생활의 추구에 대한 강조점, 그리고 부자들의 경우에 그들의 부에 대한 책임 있는 태도는 장래에 좋은 터를 쌓는 토대로서 현재 생활의 중요성을 부각시키려는 의도를 갖고 있다. 분명히 "선을 행함으로써 하나님 앞에서 공적을 쌓을 수 있다는 시사가 여기서 나타난다"[254]는 헨슨(Hanson)의 견해는 현시대를 긴장과 불완전의 시대로 보는 저자의 개념을 평가하지 못한 실패, 그리고 또한 그리스도에 대한 참된 지식에서 관찰 가능한 반응의 삶으로 옮겨가야 하는 그리스도인 존재를 묘사하기 위해서 "선행"과 같이 핵심 술어들을 사용하는 저자의 방식에 대한 오해를 드러내고 있다. 우리가 내내 주장해온 것처럼, 저자는 이단자들이 소개한 왜곡된 교훈에 대한 교정책을 제공해준 것은 저자에 의해서 묘사되고 규정된 참된 이 믿음의 삶이다.[255]

부자들에게 동기부여를 해서 현세대에서 그들의 구원을 실현하게

---

254) Hanson, 115; cf. Lips (1979), 76 n. 171; Völkl (1961), 332.
255) 현시대에 대한 저자의 개념이 그가 규정하는 삶의 유형에 미친 영향과, 그리고 이 점이 이단자들에 의해서 작동된 경향들을 교정하거나 반박하려는 그의 관심에 대해 갖는 관계는 Towner의 논문을 참조하라: P. H. Towner, "The Dimensions and Significance of the Present Age in the Eschatology of Pastoral Epistles," Forthcoming in *NTS*.

하기 위해서 그들은 다음 사항들을 상기해야 한다: (1) 그들이 소유하는 모든 것은 하나님께서 그들에게 주신 것이다(17b절).[256] 이런 사상은 고린도후서 8장 15절에서 하나님께서 만나를 주신 사실을 지칭한 바울의 언급 이면에 놓여있을 수도 있다;[257] (2) "구원 받은" 삶은 물질적인 부에 대한 책임 있는 태도를 포함한다; (3) 그들이 지금 어떻게 사느냐 하는 것은 그들이 종말에 어떻게 될 것인가와 많은 연관을 갖고 있다. 더욱이, 3-10절에서 거짓 교사들의 탐욕을 거절하는 것은 분명히 우연하게 등장한 것이 아니다; 믿음을 고백하지만 그들의 행위로 그것을 부인하는 자들은 17-19절에 거명된 부자들이 빠질 수 있는 위험에 대한 실례를 제공해준다.

부자들에게 준 윤리적 교훈들은 논리적으로 저자의 메시지의 신학적 구조에서 흘러나오는 것으로 보인다. 첫째로, "선행" 술어의 사용은 그리스도인 존재에 대한 저자의 이론적 모델을 뒤로 소급해서 지시하고 이로써 그리스도를 믿는 참 신앙과 변화된 삶의 방식 간의 밀접한 관계도 그렇게 지시한다. 그리스도 사건은 믿음과 행위 모두에 있어서 결정적이다. 그러나 둘째로, 여기서 윤리는 구원의 성취를 현세대에서 성실한 삶에 연결시킴으로써 이미와 아직 아니 사이의 긴장을 반영한다. "현재" 그리스도인의 생활은 개별 신자의 조심스러운 주목에 의해서만 세워질 수 있는 터이다("자기를 위하여"). 저자가 초기 바울처럼 이러한 사회 계층의 급진적 청산을 요구하지 않고 오히려 평균을 위해 나누어 갖는 삶을 격려하는 것은 사회 질서를 뒤엎지 않고 참여하라는 그의 관심을 통해 설명될 수 있다.

---

256) Hasler, 52.
257) 그것은 출애굽기 16장 구절에 중심을 이룬다.

④ 나머지 여러 사회 계층들을 위한 권면

디도가 돌보던 교회들이 디도서 2:1~3:2에서 일반화되어 거명되는데, 여기서 늙은 남자들, 젊은 남자들, 늙은 여자들, 젊은 여자들이 교훈되고 있다. 노예들을 위한 권면(9-10절)만 빼면, 이들 계층들은 디모데전서 5장 1-2절과 평행을 이루는데, 물론 그들은 이 구절에서 그렇게 상세하게 다루어지지는 않는다. 11-14절의 전통적인 형식을 따라서, 공동체 전체는 주변 사회를 인정할 것을 권면 받는다(3:1-2). 11-14절이 중간에 끼어들었음에도 불구하고, 본문은 분명히 가훈윤리 형식을 띠고 있다;[258] 노예들을 위한 권면과 교회와 세상 질서의 관계에 대한 관심은 이같은 윤리 전승의 평상적인 부분들이지만(cf. 벧전 2:13ff), 세대 계층들을 다룬 것은 도식의 자연스러운 발전이다. 신약 가훈윤리 전승에 발맞추어, 명령법적 의미가 이들 교훈에 결여되어 있지 않다; 부정사들은 디도를 통해 주어지는 권면의 덜 직접적인 성격과 일치한다(1절, "오직 너는... 말하여").[259] 우리가 살핀 것이지만, 일차적으로 세 장치들이 권면을 신학적 구조에 단단히 묶어두는 역할을 해준다; (1) 그리스도인 존재를 묘사하기 위한 저자의 기술적 어휘의 사용; (2) 선교적 동기; 그리고 (3) 직접적인 신학적 정초 작업. 권면의 형식은 앞서 논한 것처럼 사회의 여러 제도들에 참여한 자로 있기 위해 교훈들을 교회 책임 아래 수렴하는 것으로 보인다. 우리는 이제 각 계층을 위한 교훈들, 그들의 동기들, 그리고 그것들과 저자의 신학적 틀의 연관성 등을 검토하게 될 것이다.

---

258) Cf. Weidinger (1928), 53-54; Herr (1976), 82-83.
259) Weidinger (1928), 53; cf. BDF 196-97 para. 389.
260) 교회 직분들이 아님; 대부분의 주석가들의 견해.

2절에서 늙은 남자들은[260] 존경스러운 삶을 살도록 교훈을 받는다. 이 점을 표현하기 위해 집합적으로 사용된 핵심 술어들은("절제하며 경건하며 근신하며") 다른 곳에서 교회 지도자들과(cf. 딛 1:8; 딤전 3:2-3) 교회의 다른 구성원들에게 적용된다. 그것들은 원리상으로 본 그리스도인 존재를 묘사하기 위해 사용된 보다 더 넓은 술어군의 일부이다. 그런 성품들로 구성된 삶의 유형은 형용사적 분사를 (hygiainontas) 통해서 믿음의 보다 기본적인 특징들을(즉, '믿음', '사랑', '인내')로부터 파생된 것으로 묘사된다; '믿음-사랑'의 조합은 참된 그리스도인 존재의 모든 것, 행위를 산출하는 믿음을 포괄하는데, 요구되는 성품들은 실제로 이 분사를 통해서 그리스도 안에 있는 새 생활에 연결된다. 더욱이, "바른 교훈"은 본질적인 그리스도인 생활을 공인된 사도적 가르침과 연결하는 한편(cf. 1절, "오직 너는 바른 교훈에 합한 것을 말하여"), 또한 인정받는 행위를 거짓 교사들이 나타낸 행위와 대조한다 (cf. 딛 1: 10-16). "바른 교훈"은 2-10절에서 해설된 윤리와 일치하는데, 그 핵심에는 그리스도 사건이 있다. 이 점은 본절에서 삽입된 전승 단편(11-14절)뿐만 아니라 '교훈'(didaskalia)의 보다 폭넓은 용법에 의해서도 분명하게 논증되고 있다. 따라서 늙은 남자들은 '믿음-사랑'의 적절한 조합을 결정했었고 계속해서 결정하게 될 사도적 가르침을 붙듦으로써 존경스러운 가시적 생활을 나타내도록 훈계되고 있다. 이 경우에 관찰 가능한 성품들에 대한 강조점은 이단자들에 의해 소개된 행동 경향들을 바로잡으려는 저자의 관심에 기인된 것으로 판단할 수 있다(딛 1:16). 그러나 사용된 술어, '교훈'(didaskalia)에 대한 언급, 그리고 11-14절에서 교훈의 정초작업 등으로 미루어 볼 때, 요청되는 삶의 유형은 그리스도를 믿는 신앙만이 산출할 수 있다는 것이 분명해진다.

3절에서 늙은 여자들(presbutides)도 또한 존경스러운 행위를 나타내도록 권면을 받고 있는데, 긍정적으로는 "행실이 거룩하며... 선한 것을 가르치는 자들이" 되어야 하고, 부정적으로는 "참소치 말며 많은 술의 종이 되지 말아야" 한다. 첫 번째 문구의 의미는 확인하기가 쉽지 않다. '카타스테마'(katastema)는 분명히 내적으로나 외적으로 "행위" 또는 "처신"을 뜻한다.[261] 켈리와 록은 형용사 '히에로프레페스'(hieropropes)가 성전에 있는 여사제들의 행위를 상기시켜준다고 제안한다.[262] 이런 기술적 의미나 또는 모종의 그런 뉘앙스가 여기에 있을 수도 있지만,[263] 세속적인 용법은 그것이 덜 기술적인 방식으로 폭넓게 사용된 술어로서 "거룩한 사람에 알맞은" 또는 "존경 받을 가치가 있는"[264] 것을 뜻한다는 것을 시사해준다. 어떤 경우이든, '호사우토스'(hosautos)는 이런 종류의 행위가 늙은이들에게 기대되는 대응부분을 형성한다. 늙은 여자들이 가르치는 "선한 것들"(kalodidaskalous)[265]은 4-5절에서 설명된다; 언급된 항목들은 이 술어가 본보기와 격려를 통한 비공식적 가르침을 의도하고 있음을 함축한다. "참소"와 "술취함"은 여기서 금지되는 행위들로서 보통은 당대의 헬레니즘 문화에서 늙은 여인들의 행위와 연관되어 있다.[266] 긍정적인 명령 곁에 불필요하게 보이는 이런 금지 명령들의 삽입은 단지 전통적인 자료를 사려 없이 사용한 경향을 예증할지도 모르지만, 이들 여인이 세상 사람들까지 역겹게 하는 행위를 피할

---

261) Dibelius and Conzelmann, 139-40.
262) Kelly, 240; Lock, 140.
263) Cf. G. Schrenk, *TDNT* 3: 254. Dibelius and Conzelmann (140)은 "제사장의 위엄"을 제안한다.
264) BAG 373; 그리고 Spicq 618은 초기 자료들을 제공해준다.
265) Cf. BAG 401; Kelly, 240; Verner (1983), 172.
266) 예, AnthPal vii. 329, 455; Aristoph. 555; Juvenal, Sat. vi. 304, 315, 403-11, 432, 440. Cf. Philo, Conf. Ling. 48. 또한 참조, Dover (1974), 95-102.

것을 확실하게 하기 위해 고안된 것일 가능성도 있다.

우리가 살핀 것처럼, 신약 가훈윤리 전승의 기본 목적은 외부자들의 비평적 눈에 대한 예민함을 갖도록 하는 것이었고, 이런 권면의 외면만 보면 목회서신의 저자가 동일한 관심을 가지고 있음을 확증해주는 것 같다. 그러나 늙은 여자들의 경우에 외적인 시각이 함축 정도 이상으로 나타나 있다. 왜냐하면 5b절에 분명하게 언급된 젊은 여자들의 증거는 확장된 '히나'(hina) 절들이 시사해주듯이(4-5절) 늙은 여자들의 모델을 따라 이루어진 것이기 때문이다. 늙은 남자들에게 기대된 행동처럼, 그들의 행동도 1절 권면의 서두와 상호적인 술어 '호사우토스'(hosautos)가 보여주듯이 사도적 가르침에 일치해야 한다. 이런 요소로부터, 그리고 11-14절이 제공하는 신학적 기초로부터 늙은 여자들에게 기대된 행위가 그리스도에 대한 믿음에 의존한다는 사실이 분명해진다. 전체 본문의 흐름이 시사하듯이, 선교적 동기가 이 특정한 교훈 배후에 놓여있는 것이 거의 확실하다.

젊은 여인들이 4-5절에서 간접적으로 거명된다. 늙은 여인들을 위한 권면을("교훈하되") 통해서 그들은 집안 관심사들을 돌보는 행위를 하라고 권면 받는다. "남편 사랑"(philandros), "자녀 사랑"(philoteknos), 그리고 "가사 돌봄"[268](oikourgous agathas)은 자기 남편에 대한 복종을(hypotassomenas tois idiois andrasin)[269] 요구하는 평상적인 가훈윤리

---

268) '오이쿠르구스'(oikourgous)와 '아가다스'(agathas)의 연관에 대해서는 ibid. 140-41을 보라.
269) '히포타세스따이'(hypotassesthai)의 의미와 전통적인 용법에 대해서는 후에 논의할 것이다; cf. 엡 5:22; 골 3:18; 벧전 3:1.

권면의 모양새를 띤다. 이 권면의 의도는 젊은 여자들이 사회적으로 용납될 만한 가정주부의 역할을 담당하고 또 그런 일에 뛰어나야 한다는 것이다. 그리스도인 존재의 측면을 뜻하기 위해서 저자가 자주 사용하는 "근신"(sophron)이란 술어와, 자주는 안 쓰이지만 완벽하게 이해할 만한 "순전"(agnos, cf. 딤전 5:22; 딛 2:15)이 가정생활을 참된 믿음 생활과 연결시킨다.

가정생활을 영위하라는 이런 교훈들 밑바닥에는 외부자에 대한 관심과 기독교 믿음에 대한 그의 견해가 놓여 있다: "이는 하나님의 말씀이 훼방을 받지 않게 하려 함이니라." 불신 세상 사람에 대한 이러한 태도는 선교에 대한 저자의 관심을 통해 동기 부여된 것이 거의 분명하다;[270] 1장 3절에서 "하나님 말씀"의 선포를 통해 구원이 중개된다는 언급은 선교 과제를 처음부터 염두에 두고 있다는 것을 확증해준다(cf. 2:10). 이것은 이단자들과 그들의 왜곡된 삶의 유형도 또한 염두에 두고 있다는 사실로 인해서 흐려질 수는 없다. 분명히, 거짓 교사들은 교회의 평판을 좀먹고 있었으나, 여기서 궁극적인 위험은 교회의 메시지 신뢰도가 떨어짐으로 복음 전도 노력을 해롭게 한다는 것이었다. 결과적으로, 젊은 여인들 편에서 존경할 만한 삶을 산다는 것은 "교회가 세상과 공존하려는 방식의 징후"로, 즉 "선한 기독교 시민"[271] 개념의 전형적 특징으로 쉽게 치부되어질 수 없다. 오히려, 사회 제도들이 복음 전파의 길목으로 인식되고 옹호되어야 하는 것은 가훈윤리 전승을 통해 해설된 이해와 연계되어 있기 때문이다. 이와 관련하여, 다시 지적

---

270) Pace Lippert (1968), 50; Dibelius and Conzelmann, 141. 특히 Swigghem (1955), 89, 102; Jeremias, 72.
271) So Dibelius and Conzelmann, 140.

할 가치가 있는 것은 신약 가훈윤리 전승 내에서 아내 역할의 성실한 수행과 불신자들에 대한 효과적인 증거 사이를 연결짓고 있다는 것이다 (cf. 벧전 3:1);[272] 목회서신 내에서 이 연결점은 노예/주인 제도 안에서 노예들의 복종과 관련해서도 등장한다(딤전 6:1-2; 딛 2:9-10).

6-8절에서 젊은 남자들을 위한 교훈은 디도를 통해서 3인칭으로 제시되는데, 그를 위한 권면들과 섞여있다(seauton); '본' (tupos)이란 개념은 젊은 남자들을 내내 염두에 두고 있다는 것을 확증해준다.[273] 원리적인 면에서 본 그리스도인 존재의 개념을 표현하기 위해서 저자가 구성한 네트워크에서 술어들을 끌어온다. 첫째로, 젊은 남자들은 "범사에 근신하도록" 권면된다;[274] 여기서 삶의 모든 면에서 근신하고 존경스러운 태도가 의도되고 있다. 그렇다면, 디도는 (그리고 그를 통해 젊은 남자들은) "선행"의 본이 되고 "근신함"을 나타내도록 지도를 받는다. 이런 성품들은 모든 신자들에게 나타나야 할 것이지만, 디도가 모범을 보여야 한다. 그것들은 그리스도인의 과제를 실현할 때 동반되는 그리스도인의 섬김과 위엄 있고 진지한 태도를 뜻한다. 7-8a절의 문법이 부정확하지만, 목록 모두에 나오는 "선행"은 아마도 뒤따르는 모든 것을 포함할 것이다: "선한 일의 본을 보여 교훈의 부패치 아니함과 경건함과 책망할 것이 없는 바른 말을 하게 하라"(cf. 딤전

---

272) Cf. Goppelt (1978a), 213-15; Herr (1976), 82: "모티브는 자주 되풀이되고... 가훈윤리 전승에 속해 있다."

273) Dibelius and Conzelmann, 141; Lippert (1968), 51-52; Jeremias(72)와 Brox(295)는 디도가 젊은 직분자의 본이라고 제안한다.

274) 전치사구 Peri panta는 sophronein과 연결될 때 더 나은 의미가 통한다. 그렇지 않으면 전자가 다음 진술 대신에 홀로 서있게 된다. 참조, Dibelius and Conzelmann, 141; Nestle-Aland, 26.

5:10).²⁷⁵⁾ 나머지 두 성품들은 특별히 사역적인 성격을 띤 것 같다. 한편에서 디도의 경우에 "교훈의 부패치 아니함"은 바른 교훈을 성실하게 가르치는 것을 뜻한다.²⁷⁶⁾ 비슷하게, "책망할 것이 없는 바른 말"은 아마도 교리적으로 "바른," 그래서 책망할 것이 없는 교훈을 지칭하는 것으로 보인다.²⁷⁷⁾ 따라서 젊은 남자들, 디도, 그리고 말씀 사역에서 그를 따르는 자들의 행위는 교회의 다른 계층들의 행위와 동일한 종류의 특징들을 나타내야 한다. 우리가 내내 살핀 것처럼, 이 교훈에 사용된 핵심 술어들은 요청되는 행위가 그리스도를 믿는 개인적 신앙에 의존한다는 것을 보여주는데, 그리스도는 그의 첫 번째 "나타나심"을 통해서 그러한 삶의 유형을 실재 가능성을 만들어놓으셨다. 이런 연관성에서 보면 저자의 신학적 틀로부터 그의 윤리적 교훈으로 이어지는 논지들은 다시금 분명해진다. 여기에 언급된 가르침과 설교의 의무들은 특별히 사역과 연관된 것으로서 거명되고 있는 그룹에 상응하는 선행들이다; 이런 의무들도 목회서신의 신학에 일치하며, 본문에서 거짓 교사들에게 귀속된 경향들과 분명한 대조를 이룬다(딛 1:10-16).

이런 행위를 동기부여하기 위해서 선한 증거에 호소하는 일이 이루어진다: "이는 대적하는 자로 하여금 부끄러워 우리를 악하다 할 것이 없게 하려 함이라." "대적자"가 정확하게 누구인지에 대해 얼마간의 논란이 있다. 제안들은 다음과 같다: (1) 거짓 교사들;²⁷⁸⁾ (2) 공동체 안팎에 있는 자들;²⁷⁹⁾ (3) 일차적으로 공동체 밖에 있는 비평자들, 그러나

---

275) Cf. Lippert (1968), 51.
276) Kelly, 242; Dibelius and Conzelmann, 139.
277) *Ibid*.; Hasler, 92; Lippert (1968), 51.
278) 예, Brox, 296.

반드시 이단자들일 필요는 없다;[280] (4) 일차적으로 공동체 밖에 있는 비평자들, 그러나 안에 있는 자들이 배제되지 않는다;[281] 그리고 (5) 이교도 비평자들.[282] 증거는 마지막 견해를 선호한다. 첫째로, 만일 디도가 특별히 가르침과 설교와 관련하여 규정된 행위에 못 미치는 사람이었다면, 그는 거짓 교사들로부터 지지를 받았을 가능성이 가장 높다. 그러나 더 중요한 것은, 가장 가까운 문맥은 외부자들을 위한 고려에 대한 관심을 시사하고 있고(5, 10절), 설교에 초점을 맞춘 것은 여기만 아니라 목회서신 내내 외부자들을 향한 선교적 입장과 잘 일치한다. 외부 세계에 대한 선교적 시각은 목회서신에서 되풀이되는 주제이며(또한 딤전 2:1ff; 3:6-7; 5:14; 6:1), 어떤 경우에는 신약 가훈윤리 전승에 영향을 받은 결과이기도 하다.[283] 사실 선교적 동기는 여기서 가장 가능성이 많다. "부끄럽게 하다"(entrepein)는 동사는 이교도 비평자의 결론적 회심을 내다볼지도 모르지만,[284] 5절과 10절에서처럼(cf. 딤전 6:1), 그러한 결과를 위한 예비조건으로서 공동체의 평판을 더 직접적으로 염두에 두고 있다: "우리를 악하다 할 것이 없게 하려 함이라."

젊은 남자들과 디도를 위한 윤리적 권면들은 사용된 술어들을 통해서 저자의 신학적 사상과 결정적으로 연결되어 있다는 것이 드러난다. 권면 배후에 놓인 선교적 동기는 여기서 추천된 존경스러운 행동이 단지 교회로 하여금 세상에 안착하도록 돕는데 목적을 둘 뿐이라는 기독

---

279) 예, Jeremias, 72.
280) 예, Kelly, 243.
281) 예, Lock, 142; Spicq, 623.
282) Lippert (1968), 52; Herr (1976), 82.
283) Cf. Herr (1976), 34-82.
284) 참조, Dibelius and Conzelmann, 139의 번역.

교 소시민 해석을 거부하게 만든다. 그러나 거명된 모든 그룹들은 11-14절의 전승 단편이 제공하는 근거들을 공유하고 있다. 연결사 '가르'(gar) 뿐만 아니라, (거기서 낡은 생활 방식에서 새로운 생활 방식으로 회심할 필요성을 가르치는) 그리스도 사건에 연결된 삶의 유형도 또한 외적으로 관찰 가능한 존경스러운 삶이 그리스도 안에 있는 하나님의 은혜로부터 흘러나온다는 것을 드러내준다.[285] 이러한 새 생활은 12절에서 선행하는 구절들에 걸쳐 흩어져 있는 동일한 술어들과 더불어 묘사된다: "근신함과 의로움과 경건함으로." 그러므로 존경스러운 행위는 그리스도의 오심에 의존하며, 되풀이되는 선교-증언 동기는 대안적인 이 생활이 나타나야 할 이유를 제공해준다.

가훈윤리 전승이 지속되는 3장 1-2절에서 전체 공동체들이 거명된다. 1-2절은 권면들을 담고 있고, 3-7절은 직접적인 신학적 뒷받침을 제공해준다. 교훈들은 또 다시 디도를 위한 보다 직접적인 사역 권면 속에 삽입된 3인칭 형식으로 공동체들에게 주어진다("너는 저희로 하여금.... 기억하게 하라"). 이 구절들은 두 방향에서, 즉 정부 당국자들과(1절) 모든 사람들에게(2절) 민감한 행위를 규정하고 있다.

국가를 인정하라는 명령은(1절) 모종의 평상적인 요소들의 존재가 확인해 주는 것처럼 신약 가훈윤리 전승에 확고하게 뿌리를 내리고 있다. "히포타세스따이"(hypotassesthai)라는 술어를 가지고 복종할 것을 요청하는 것은 물론 전형적이다(cf. 벧전 2:13; 롬

---

285) 또한 Lohfink (1981), 108 참조.
286) 또한 Cranfield (1962), 178, 180-82; Herr (1976), 60-61; Goppelt (1968), 200-207; Selwyn (1946), 426-28 참조.

13:1, 5).²⁸⁶⁾ 앞서 주목한 것처럼, 이런 요청은 구조를 그 요구대로 참여하는 것이다. 이 입장은 두 가지 방식으로 개진된다. 순종은 (peitharchein) 설명되지 않은 채로 남아있지만, 아마도 로마서 13장 6절과 일치할 것이다. 여기서 의무를(예로, 세금 납부) 행하는 한 특정한 실례를 듦으로써 "제도"가 요구하는 바를 행할 필요성을 부각시킨다. 국가에 대한 복종, 즉 세상 제도를 옹호하는 것은 질서에 순종하는 것을 뜻한다. 그러나 복종은 또한 전통적으로 "선행"으로 불리는, 그리스도인 생활의 보다 능동적인 표현을 불가피하게 만든다(롬 13:3, "선한 일에 대하여"; 벧전 2:15, "선행으로"). 우리의 본문에서 이것은 "모든 선한 일을 행하기를 예비하게 하는" 것으로 표현된다.²⁸⁷⁾ "모든 선한 일"로 변경된 것은 저자의 경우에 예상할 수 있는 일이다. 다른 두 구절에서처럼, 목회서신 내내 그리스도인 존재는 "선행"이란 말로 묘사되는데, 이것은 신자의 생활, 또는 집합적으로 공동체의 생활을 통해 가시적인 방식으로 표현되는 성령의 관찰 가능한 현현이다. 신약의 가훈윤리 전승에 따르면 이것은 사회적으로 책임 있는 행위를 뜻한다.

이 전승은 또한 국가에 대한 책임을 "모든 사람"을 위한 책임과 연관짓는 것에 영향을 미친 것으로 보인다(cf. 2절; 벧전 2:13a, 17).²⁸⁸⁾ 베드로전서 2장 13절에서 권면은 인간 사회 제도를 지칭하는 일반적인

---

287) 참조, *ibid*. 428; Goppelt (1978a), 185. 로마서에 관해서는 Cranfield (1975-79), 2: 664 n. 5를 보라.
288) 또한 Selwyn (1946), 428을 참조하라.
289) 벧전 2:13에서 모든 인간 제도들을 염두에 두고 있는데, 예를 들면, 정부, 노예/주인 관계, 그리고 결혼 등이 일반적인 표제어 아래서 특정한 사항들과 더불어 순서에 따라 다루어진다.

진술로("인간에 세운 모든 제도를... 순복하되") 시작하는 반면에,[289] 디도서 3장 1-2절에서는 특정한 제도에서 일반적인 제도로 이전되는 역순서가 관찰된다. 신자들은 아무도 중상하지 말고, 다투지 말며, 점잖으며, 모든 사람들에게 온유함 또는 예의를 나타냄으로써 가능한 한 풍파를 일으키지 않도록 해야 한다. "모든 사람들"이 신자들을 만날 수밖에 없는 장소들은 사회 그물망을 형성하는 다양한 사회 제도들이다. 2절에서 사용된 어휘는 믿음의 삶을 복종과 인내와 관련하여 제시한다; '관용' (epieikes)은 감독 직분의 자격 목록에서 등장하지만(딤전 3:3), '온유' (prautes)는 디모데(와 다른 지도자들에)에 대해서 사용되는데, 이것은 그가 회개를 격려하기 위해서 거짓 교사들에게 가져야 할 태도를 뜻한다(딤후 2:25). 이 두 술어들이 비록 역순서이기는 하지만 그리스도에게서 연원된 태도들을 지칭하는 고린도후서 10장 1절에서 등장한다는 것은 우연이 아닐 지도 모른다; 우연이 아니라면, 쉽게 인지 가능한 그리스도를 닮은 모습(Christ-likeness)에 대한 암시가 교훈된 행위 속에 담겨 있을 수 있다.

2장 5, 8, 10절에 분명하게 표현된 외부자들을 위한 선교적 관심에 비추어볼 때, 그러한 관심은 3장 1-2절에서도 표현되고 있다는 것은 피할 수 없는 것처럼 보인다. 만일 여기에 담긴 외부자 시각이란 단순 사실이 선교적 관심을 논증하기에는 불충분하다면, 뒤따르는 시대 형식과 신학적 자료의 전환은 어떤 의심거리도 제거시켜준다. "전에는–이제는"과 같은 바울적인 진술은(3-4절) 규정된 행위를(4절, gar), 1-2절에 거명된 사람들이 비록 전에는 믿음 생활에 역행하는 모든 행위를 나타냈지만, 그리스도의 현현과 그가 소개한 구원이 1-2절에서 요청된 행위에서 예증된 새로운 삶의 방식을 가능케 했다는 사실에다 정초시킨다.

그것은 일반적으로 "선행"(8절)이란 문구를 통해 특징화되는데, 여기서 무엇보다도 그러한 생활의 관찰 가능한 성격을 지시한다. 그러나 여기서 분명해지는 것은 만일 그리스도 안에 있는 하나님의 사랑이 그들의 생활을 변화시키는 효과를 가졌다면(회심을 통해서, 4-7절이 보여주듯이), 그들이 그리스도의 삶을 나타내는 것은 다른 사람들의 생활 속에서도 비슷한 결과들을 나타내야 한다는 것이다. 사실 8절에서 "하나님을 믿는 자들"과 "사람들" 사이의 대조는 이런 사상을 충분하게 밝혀준다; 너희의 "선행"은 "아름다우며 사람들에게 유익한" 것이다. 즉 선행들은 그들에게 바른 방향을 바라보도록, 즉 하나님을 믿는 신앙을 바라보도록 지시해준다. 따라서 3-7절의 근본적인 신학 자료와 8절의 설명적 진술이 확인해주듯이, 선교적 동기는 1-2절에서 외부들에 대한 관심 배후에 분명하게 놓여 있다.

결과적으로, 국가를 위한 복종과 그에 상응하여 모든 사람을 향한 그리스도를 닮은 태도를 나타내는 것은 그리스도 안에 있는 하나님의 은혜의 현현과 함께 연결된 것으로서 세상 속에서 단지 평화롭게 살고자 하는 욕망보다 훨씬 그 이상의 것을 나타내준다. 주목하듯이, 목회서신 내내 기독교 소시민 윤리를 발견하는 리퍼트(Lippert)조차도 여기서 이런 결론을 내릴 수밖에 없었다: "소시민 윤리는 겉으로 보이는 것처럼 그렇게 '소시민적이지' 않다: 그것은 여기서 바울의 공동체 서신들에서 요구되는 것처럼 '육', '죄'에 붙잡힌 존재로부터 급진적으로 벗어난 삶이 된다."[290] 의심할 여지없이 분명한 선교적 동기는 그리스도인 행동의 이 측면을 저자의 메시지의 핵심에다 연결짓는다: 그리스

---

290) Lippert (1968), 57.

도를 통한 구원의 현재적 실재는 교회에 명한 선교 명령의 기초이다.

요약하기

우리가 노예들, 과부들, 부자들을 위한 윤리적 교훈들과 디도서 2:1~3:2에 담긴 권면을 검토해 볼 때, 관찰 가능하고 존경할 만한 행위에 대한 분명한 강조점을 드러내준다. 그러나 줄곧 되풀이 되는 선교적 동기는 권면에 의미를 부여해주고, 저자가 원리상으로 본 그리스도인 존재에 대한 그의 개념을 표현하려고 사용한 기술적인 술어 체계가 되풀이하여 활용된다. 우리가 논하여 온 것처럼, 동기와 어휘 모두 저자가 그의 윤리적 교훈을 그 신학적 상관성이 드러나는 방식으로 제시하고 있다는 점을 시사해준다. 신학적 자료의 전승 단편들이 권면을 정초하기 위해 채용되는 곳에서(딛 2:11-14; 3:3-7), 신학과 윤리의 연관성은 분명하게 나타난다. 전반적으로, 권면 속에서 존경스러운 행위가 두드러지게 등장하는 것은 거짓 교사들이 소개한 잘못된 개념들에 대한 필요한 교정책으로 가장 잘 설명될 수 있다고 결론짓는 것이 안전한 것 같다. 그리고 그들의 거짓 교리들과 관습들의 영향은 그것들을 추종하는 개별 신자들에게서 감지될 뿐만 아니라, 공동체의 증거에도 영향을 미치고 있었다. 왜냐하면 신학적인 이유들로 인해 사회 제도들로부터 이탈하는 경향을 내포하는 왜곡된 행위는 외부자들의 마음속에서 비평과 역겨움을 불러일으키는 일밖에 하지 못할 것이다. 존경스러운 행위를 목적 자체로만 설명하는 기독교 소시민(Christliche Bürgerlichket) 해석은 저자의 이해를 제대로 평가하지도 못한 채 과소평가하거나, 또는 윤리적 권면에 그 본질적 의미를 부여하는 선교적 동기를 전적으로 곡해하고 있다. 더욱이, 이 해석은 교회의 선교가 재림에 대한 소망과 더불어 중요성에 있어서 감소했거나 전적으로 사라졌기 때문이 아니라 그것이 계속적으로 중요한 역할을 했기 때문에 신자들이 사회 제도들에 참여해야만 했다는 것을 인식하는데 실패하고 있다.

3) 회중 속에서의 행위

상기 표제어 아래서 우리는 예배 회중 내에서 어떤 방식으로 처신해야 하는가를 교훈하기 위해서 세 그룹들을 위한 권면을 검토하게 될 것이다. 첫째로, 회중 전체는 모든 사람들과 권세 있는 자들을 위해 기도하도록 권면 된다 (딤전 2:1-2). 그리고 나서 사람들과 그들이 어떻게 기도해야 하는지에 초점이 좁혀진다 (딤전 2:8). 마지막으로, 여인들이 그들의 치장과 남자들과의 역할 관계에 관하여 길게 교훈 된다 (딤전 2:9-15).

모든 사람들과 국가를 위한 기도

네 단어들을 가지고 본문에 묘사된 기도를 묘사한다: '간구' (deehsis), '기도'(proseuche), '도고' (enteuxis), 그리고 '감사' (eucharistia). 각 단어마다 독특한 의미를 지니기는 하지만, 여기서 기도에 대한 체계적 이론을 제시하는 것 같지는 않다.[291] 오히려, 네 술어들을 함께 취할 때 기도를 포괄적인 의미에서 "모든 사람들을 대신한" 회집된 공동체의 의무로 나타내는 것으로 보인다.[292] 하지만, 이러한 기도의 의도는 다른 요인들로부터 추론되어야 한다.

---

291) 그러한 체계적인 도식은 Origen, Orationes 14. 2에서 제시된다; 또한 Hendriksen, 91-92를 참조하라.
292) Bartsch (1965), 34; Dibelius and Conzelmann, 35. Cf. Kelly, 60.

공동체 기도의 두 핵심적 요점들 중에서—즉 "모든 사람을 위하여"(1절), "임금들과 높은 지위에 있는 모든 사람을 위하여"(2절) —두 번째 표현은 자주 저자의 명령을 이해하는데 있어서 결정적인 것으로 간주되어 왔다. 두 번째 '위하여'(hyper) 구절의 정서는 디아스포라 유대교 회당에서 나온 것일 수 있다.[293] 예레미야 29장 7절은 아마도 이교 정부들을 대신하여 이러한 기도 관습의 명분을 제공해주었다: "너희는 내가 사로잡혀 가게 한 그 성읍의 평안하기를 힘쓰고 위하여 여호와께 기도하라 이는 그 성이 평안함으로 너희도 평안할 것임이니라." 또는 바르취가 좀 더 핵심적으로 설명한 것처럼, "이방 나라와 그 주민을 위한 기도는 자기 백성의 안녕을 지향한 것이며 그렇게 함으로 의롭다 하는 평판을 얻게 될 것이다."[294] 이런 성격의 기도는 충성심의 표시로 간주되었다.[295] 그러나 이러한 명분이 과연 디모데전서 2장 2절에 있는[296] 정부를 위한 기도 이면에 있는가는 클레멘트의 의도와는 상관없이 의심받아야 한다. 왜냐하면 "모든 사람을 위한" 기도는 유대교의 모델과는 상당한 차이를 나타내고 있고 신약의 가훈윤리 전승과 연관하여 "임금 등을 위한" 기도가 이해되어야 할 방식을 결정하기 때문이다.[297]

첫 번째 문구는("모든 사람을 위하여") 기도 목록 초두에 등장하는 그 위

---

293) 특별히 Nauck (1950), 76; Bartsch (1965), 34-39; Dibelius and Conzelmann, 37-38를 참조하라. Cf. Jeremias, 19. 이런 실례들은 렘 29:7; 스 6:9-10; Ep. Arist. 45; 1 Macc 7:33; Josephus, BJ 2. 197; Philo, Leg. Gaj. 157, 317에서 발견된다.
294) Bartsch (1965), 34, 또한 35-36을 보라; Dibelius and Conzelmann, 38. Cf. Schürer (1973-79), 2: 311-13.
295) Ibid.; Dibelius and Conzelmann, 37.
296) 따라서 ibid.; Herr (1976), 74.
297) 참조 Bartsch (1965), 35-36.

치에서 처음 나타나듯이 본문의 사상을 주도한다. 하지만 더 중요한 것은 4절에서 "모든 사람"이란 말의 반복, 5절에서 불특정한 "사람"의 언급, 그리고 6절에 나오는 "모든 사람을 위하여"란 문구 등이 함께 결합하여 본문을 관통하는 "보편적" 관심을 강조해준다. 이러한 관심은 이 기도의 목적이 모든 사람의 구원이라는 점이 드러날 때 한층 더 분명하게 명기된다. "우리 구주 하나님"이란 칭호가 이를 지적해줄 뿐만 아니라(3절), 모든 사람과 관련한 하나님의 뜻이 그들의 구원에 있다는 점도 대담하게 선언된다(4절): 이를 성취하는 수단은 덧붙여진 전통적인 자료에서 표현된다(5-6절). 3-6절이 전적으로 구원을 다루고 있다고 말하는 것이 정확하다.[298] 따라서 3절은 1-2절의 명령을 보완하려는 의도를 갖기 때문에, 적어도 "모든 사람을 위한" 기도가 구원에 목표를 두고 있다는 결론을 피하기 어려워 보인다. "모든 사람"과 구원이란 주도적 주제들은 본문의 사상의 핵심을 함께 형성하고 있다.

그렇다면 2절의 교훈, 즉 "임금들과 높은 지위에 있는 모든 사람을 위하여 하라 이는 우리가 모든 경건과 단정한 중에 고요하고 평안한 생활을 하려 함이니라"는 교훈은 어떤 역할을 담당하는가? 바르취는 이 교훈이 첫 번째 진술에 우연하게 덧붙여진 교훈이라고 주장한다; 여러 "임금들"을 염두에 둔 것은 첫 번째 '휘페르'(hyper) 전치사 구가 각 나라의 백성에 초점을 두었기 때문이거나, 또는 그것을 다른 식으로 바라본다면, "모든 사람"은 어쨌든 "임금들과 권세의 자리에 있는 모든 사람"을 포함하기 때문이라는 것이다.[299] 그리고 그의 설명에 따르면,

---

298) 제3장에서 이미 언급된 바 있다 (4.22.2).
299) Bartsch (1965), 35-36; id. (1959), 389.
300) Bartsch (1965), 40-41.

"조용하고 평안한 삶"의 목표는 "모든 사람"을 위한 간구를 통해서 얻어진다.[300] 그러나 우리가 살필 것이지만, 이런 설명은 신약의 가훈윤리 전승의 영향을 평가하는데 실패하고 있다.

그렇다면 디벨리우스, 푀르스터, 슈바르츠는 기독교 소시민적 이상의 추구를 본절의 중심 이슈로 생각하는 정도까지 두 번째 교훈을 끌어올린 셈이다; 즉 고요하고 평안한 삶은 세상 질서와의 평화로운 공존에 의해서 존재하는데, 그러한 삶을 거의 감성적일만큼 갈구하는 태도가 정부 당국자들을 위해 기도하라는 그러한 명령 속에서 표현된다.[301] 그러나 비록 '히나'(hina) 구절을 정부를 위한 기도에 연결짓는 그들의 시도가 정확하다 할지라도, 그들은 본절의 중심점을 간과함으로써 이 기도의 궁극적인 목적을 잘못 해석하고 있다.

"임금들과 권세의 자리에 있는 모든 자들"을 위한 기도의 역할은 1절에 소개된 구원이란 중심 주제와의 관계, 그리고 신약 가훈윤리 전승과의 관계를 관찰함으로써 분명해진다. 우리는 이미 구원을 받도록 모든 사람을 위해 기도해야 할 선교적 의무가 전체 구절에 스며들어 있다는 것을 주목한 바 있다. 그것은 중심 사상이기 때문에, 국가를 위한 기도와 그에 따르는 평화로운 조건은 선교적 동기에 귀속될 개연성이 높다. 2절에 있는 국가를 위한 기도는 로마서 13장 1절 이하와 베드로전서 2장 13절 이하에 등장하는 전승을 통해 표현된 이해를 담고 있다 (cf. 딛 3:1); 즉 국가 제도는 기본적으로 악을 억제하고 질서를 유지하

---

301) Dibelius and Conzelmann, 38-41; Foerster (1959), 216. Schwarz(1983, 120)는 이러한 목표를 직접적으로 지혜 문헌에서 옹호되고 있는 조용한 삶에다 연결시킨다. 또한 Schrage (1982), 248; Hanson, 67; H.-D. Wendland (1975), 96; Brox, 124-25를 참조하라.

기 위해 고안된, 하나님의 창조 계획의 일부이며, 그 제도 자체는 교회에 의해 인정되어야 한다. 상기 두 구절에서 국가 제도에 대한 존경심이 분명하게 표현되는 반면(hypotassesthai 동사는 평상적인 술어이다), 디모데전서 2장 2절에서 복종하는 태도는 암시되어 있기는 하지만 사상의 흐름으로 인해 모호해진 감도 있다. 상기 두 구절에 등장하는 국가의 역할에 대한 설명은 디모데전서 2장 2절에서 존재하기는 하지만, 그것은 생략되어 "우리가 고요하고 평안한 생활을 하려 함이니라"는 표현으로 수정되었다. 로마서 13장 1절 이하와 베드로전서 2장 13절 이하에서 국가의 역할에 대한 보다 확장된 묘사와 비교할 때 디모데전서 2장 2절에서는 교회를 위한 유익들에 초점을 둔 점이 선명하게 드러난다. 왜냐하면 저자는 이 전승을 예배를 위해 모인 공동체의 특정한 상황과 기도를 통해 복음전도의 사명을 진작시켜야 할 그들의 의무에 적용시키고 있기 때문이다; 이 전승은 이 과제를 어떻게 해야 가장 잘 성취할 수 있는지를 공동체에 말해주고 있다. 이러한 선교 사상이 로마서 13장 1절 이하와 베드로전서 2장 13절 이하 배후에도 깔려있다는 사실은 부인하기 어렵다.[302] 예배의 문맥 속에서 국가에 대한 복종은 국가를 위한 기도 속에서 논증되고 실현된다. 그 결과로 기대되는 평안

---

302) 로마서 13장 1절 이하의 경우에 문맥은 선교 사상을 분명히 해준다. 대부분의 학자는 12장 20절을, 신자들이 외부자들에게 행한 선행의 구원적 의도를 지칭하는 것으로 해석한다 (Cranfield (1975-79), 2: 648-50; Käsemann (1980), 349 참조). 그리고 이와 관련하여 13장 1-7절은 악을 악으로 되갚지 말라는 사상으로부터 자연스럽게 흘러나온다 (Cranfield (1975-79), 2: 652-53). 바울에게 있어서 밑바닥 선은 항상 복음을 전하는 사명이다 (고전 9:19-23; cf. Hengel (1983), 49-54). 베드로전서 2장 13절 이하는 이방인들에게 선행을 하는 선교적 근본 목적을 정초하고 있는 11-12절의 동기에 의해 통제를 받고 있다 (Goppelt (1978a), 162; Kamlah (1970), 241).
303) 선교 동기는 지혜 문헌이 옹호하는 평안한 삶 가운데서 반영되어 있지 않다 (Sir 28:16; Eccles. 4: 6). 따라서 이 사실은 슈바르츠의 견해를 의심스럽게 만든다.

한 삶은 그러한 전승과의 연결점을 드러내고 있고, 이러한 생활을 영위하는 방식은("모든 경건과 단정한 중에") 국가에 대한 복종으로 얻어지는 평화로운 삶의 선교적 근본 동기를 한층 더 드러내준다. 왜냐하면 우리가 살핀 것처럼 이들 술어는 참된 그리스도인 생활의 선교적 증언 의도를 반영해주기 때문이다(cf. 딤전 3:7; 6:1; 딛 2).[303]

따라서 디벨리우스, 푀르스터, 슈바르츠는 평안한 삶을 목적 자체로 삼음으로써 핵심을 놓치고 말았다. 신약 가훈윤리 전승과 본절에서 선교적 주제의 압도적 등장은 정부를 위한 기도에서 나타나듯이 정부에 대한 인정이 저자에 의해서 (그리고 그가 채용한 전승에 의해서) 선교적 명분의 필요한 부분으로 간주되고 있음을 보여준다. 바르취는 "임금들"을 위한 기도가 우연하게 끼어들어 왔다고 잘못 결론짓고 있다. 이 구절이 보여줄 뿐만 아니라 신약 가훈윤리 전승과의 연계점이 확증해주듯이, 국가를 위한 기도, 즉 예배 공동체의 현실적인 복종의 태도는 교회의 복음전도 사명에 근본적인 것이다. 윤리적 전승에 따르면, "평안한 삶"은 국가의 기능의 직접적인 결과인데, 그것은 본절에서 공동체가 국가를 대신하여 드리는 기도에 의해서 진작된다; 그것은 "모든 사람을 위한" 기도로부터 직접적으로 파생되는 것은 아니다. 저자의 목적은 교회를 자극하여 그러한 사명을 위해 기도하도록 만드는 것이다. 그러나 전체 계획과 신약의 가훈윤리 전승에 따라서 공동체가 세상 질서와 적절한 제휴 관계를 맺는 일이(여기서 국가를 위한 기도 형태를 취한다) 요청되는데, 그렇게 함으로써 공동체는 자신의 증언의 삶을 살아가는데 도움을 받을 수도 있다.

몇몇 평행구들은 조용하고 존경스러운 삶이 보다 큰 목적을 위한 수단이라는 우리의 주장을 뒷받침해준다. 데살로니가전서 4장 11절은 조용한 삶을 살아야 할 소망을 증언에다 연결짓는다: "또 너희에게 명한 것같이 종용하여 자기 일을 하고 너희 손으로 일하기를 힘쓰라." 우리가 디모데전서 2장 2절과 다른 구절들에서 이미 관찰한 바에 비추어 볼 때(cf. 딤전 3:2-7; 6:1; 딛 2:10; 3:1-2), 목회서신의 저자가 "삶의 유형을 증거로" 강조하는 것은 초기의 바울 사상에서,[304] 특별히 본절과 목회서신 전체에 걸쳐서 선교적 강조점이 바르게 관찰될 때 조용한 삶이 담당하는 역할과 일치하는 것으로 보인다.

초기 교부들의 경우에 개념들의 유사한 연결이 분명하게 등장하는 것 같다. 모든 사람들의 구원을 위해 기도하라는 명령들은(1 Clem. 59:4; 61:1-3; Pol. Phil. 12:3) 국가를 위한 기도와 나란히 등장하고 있고, 적어도 Pol. Phil. 12:3의 경우에는 선교적 동기가 작용하고 있다(ut gructus vester manifestus sit in omnibus). 후대의 이러한 본문들 속에 나타나는 연결점은 목회서신의 것만큼 밀접한 것은 아니다; 아마도 기독교 소시민 윤리가 당대에 보다 전면에 부각된 목적 자체가 되었을 수도 있다.

디모데전서 2~3장은 세상을 향한 하나님의 택하신 증거자로서 교회를 염두에 두고 있다. 교회 자체는 "진리"를 위탁받았고(3:15), 결과적으로 그것을 "모든 사람들"에게 선포해야 할 책임을 지고 있다. 예배를 위해 모인 공동체는 이러한 맥락에서 세상에서 그들의 증언과 따라서

---

304) Contra Trummer (1978), 142-43; Dibelius and Conzelmann, 39. Schwarz(1983, 119)는 평행구의 존재를 주목하기는 하지만 선교 동기는 주목하지 못했다. 참조 Unnik (1964), 227-30.

복음의 선포가 가장 효과적으로 실행될 수 있도록 "모든 사람들"을 위해 간구하고 국가를 위해 기도해야 할 의무가 있다.

아마도 목회서신의 교회는 기도하기를 중단하지는 않았을 것이다. 오히려 저자가 하도록 격려하는 것은 모든 사람과 국가를 위한 기도이다. 일찍이 시사한 바대로, 이러한 권면은 아마도 교회가 세상을 향한 자신들의 책임을 소홀히 하게 된 모종의 어떤 문제가 이면에 놓여 있음을 지시할지도 모른다. 이러한 그릇된 이해를 바로잡기 위해서 아주 특정한 신학적 기초들을 지닌 권면이 주어지고 있고 그러한 권면은 권위가 있고 사도적인 논조를 띠고 있다. 여기서 우리의 관심은 기도의 동기를 드러내주는 부가적인 측면에 있다.

첫째로, 1-2절의 교훈은 하나님의 뜻과 직접적으로 연결되어 있다.[305] 비록 3절의 진술, 즉 "이것이 우리 구주 하나님 앞에 선하고 받으실 만한 것이니"라는 구절이 구약 희생제의와 비교해볼 때 기도를 "하나님이 기뻐하시는 제사"로 시각화하려는 의도를 지녔을 수 있지만,[306] '선한'(kalos)이란 말이 등장하고 칠십인경에서 그것이 하나님의 뜻과 연관하여 사용되었다는 사실 등은 오히려 그러한 기도를 단지 하나님의 뜻에 일치하는 행위로 특징짓는 것으로 보인다(cf. 5:4; 딛 3:8).[307] 4절의 진술은 이 점을 한층 더 분명히 밝혀준다. 규정된 행위를 해야 할

---

305) 2절 이후의 주된 단절은 3-4절이 1-2절을 한 단위로 지칭하고 있음을 시사해준다.
306) apodektos와 그 파생어 euprosdektos의 용례를 참조하라; 빌 4:18; 벧전 2:5; 롬 15:16. 부가적인 실례들과 논의에 대해서는 W. Grundmann, TDNT 2: 59를 보라.
307) 민 24:1; 신 6:18; 12:28을 보라. 참조, Bertram, et. al., TDNT 3: 543-44; Nauck (1950), 44-45.

주된 명분을 제공해주는 것은 하나님의 구원 의지이다("하나님은 모든 사람이 구원을 받으며 ... 원하시느니라"). 지금 하나님의 뜻에 호소하는 것은 정상적으로 어떤 정당화도 필요치 않는다. 모든 유대인이나 그리스도인은 그러한 추론의 의미를 인정하게 될 것이다; 하나님이 뜻하시는 것은 반드시 이루어져야 한다. 그러므로 다른 곳에서, 즉 목회서신만 아니라(딤전 5:4; 딛 3:8)[308] 바울서신에서도(예, 살전 4:3; 5:18)[309] 어떤 부가적인 정당화도 시도하지 않은 채 행위의 다른 측면들을 고무하기 위해서 이런 명분이 제시된다는 것은 놀라운 일이 아니다.

그러나 이 구절에서 저자는 하나님의 뜻이 사실상 "모든 사람"의 구원을 위한 기도를 요청한다는 것을 어느 정도 길게 해설한다. 그가 이 점을 해설하기 위해 정성을 기울이는 것은 아마도 공동체가 외부자들을 소홀히 했기 때문에 야기되었을 수 있다. 이런 이유 때문에 5절은 "하나님은 한 분이시요 또 하나님과 사람 사이에 중보도 한 분이시라"고 선언함으로써 하나님의 구원에 보편적으로 접근할 수 있는 신학적인 근거들을 제공한다. 전에 관찰한 것처럼, "한 분 하나님"이란 형식어는 바울에 의해서 일찍이 유사한 목적 때문에 사용된 바 있다. 하나님이 한 분이시라는 사실은 저자가 보기에 보편적 구원의 필요성을 강조해준다. 5절을 (또는 5-6절) 선행하는 부분과 연결짓는 추론적 접속사 '가르'(gar)는 결코 우연하게 끼어든 것이 아니다. 뿐만 아니라, 하나님께서 자신의 구원 의지를 집행하는 수단 자체가 보편적 접근성을 선포한다. 왜냐하면 "그리스도 예수께서 모든 사람을 위하여(hyper

---

308) Cf. Lips (1979), 210-12.
309) 참조, Schrage (1961), 163-74: "Dieser Wille Gottes ist der Gemeinde also bekannt und offenbar" (168).

panton) 자기를 속적으로 주셨다"는 것이 6절에서 선언되기 때문이다. 이것은 5절의 "사람들"과 4절의 "모든 사람들"을 분명히 해줄 뿐만 아니라, "모든 사람들을 위하여"란 진술의 메아리가 "모든 사람을 위하여" 기도하라는 1절에까지 소급해서 울리고 있다.

따라서 5-6절의 전통 자료는 하나님의 구원 의지가(3-4절) 어떤 방식으로든 "모든 사람들"을 포괄한다는 것을 증거해 준다. 더욱이, 이 전통 자료의 평행 주제들은 "사람들"과 "모든 사람을 위하여"란 문구의 사용과 더불어 모든 사람을 위하여 기도하라는 처음 명령을 확증해주고 있다. 권면과 그 연관된 전승이 잘 엮어져서 하나의 통일된 단위를 형성하고 있다. 이러한 권면 구절에서 하나님의 구원에 대한 보편적 접근성 개념이 개진되고 있음은 부인하기 어렵다. 저자에게 있어서 이를 위한 당연한 결론은 공동체가 모든 사람을 대신하여 그들의 구원을 위해 기도할 뿐만 아니라, 하나님의 뜻을 성취하는데 도움이 되는 환경을 조성하기 위해 국가를 위해 기도하는 것이다.

사도적 권위에 대한 호소 역시 언급되어야 한다. 왜냐하면 그것은 기도하라는 명령에 긴급한 논조를 더해주고, 그러한 교훈 배후에 있는 선교적 동기를 확증해주기 때문이다. 첫째로, 1절의 일인칭 단수 동사인 '파라칼로'(parakalo)는 사도적 요청이 이루어지고 있음을 드러내준다. 브제컬룬드(Bjerkelund)가 보여준 것처럼, 이 술어는 권면자와 피권면자들 사이의 밀접한 관계뿐만 아니라 이 경우에 권위적인 신분도 함축하고 있다. 왜냐하면 그는 그러한 권면을 할만한 사도이고 공동체의 설립자이기 때문이다.[310] 더욱이, 이 술어의 사용은 지금 막 명령되고 있는 내용을 단순한 도덕적 호소와 구분 짓는다. 왜냐하면 그 권면은 그리스도에 관한 권위 있는 전승에 근거하고 있기 때문이다.[311] 따라서 이 권면 동사는 피권면자들로 하여금 행동하도록 움직인다. 이는 복음 메시지가 그것을 요청하기 때문이기도 하고,[312] 권면자와 그의 백성의 관계가 친밀하고 권위적이기 때문이기도 하다. 이 술어는 바울서신[313]과 목회서신에서[314] 자주 그런 식으로 사용되고 있다. 일단 사도의 요청과 권위가 확립되면(딤전 1:12-16 참조), '파라칼로' 동사는 하나님의 택하신 사자를 통해서 그가 내리는 명령의 무게를 지니게 된다; 이것은 바울서신의 경우에서도 그렇고, 적어도 목회서신에서도 그렇게 의도되고 있다.

둘째로, 사도의 권위적 논조는 7절에서 강화된다: "이를 위하여 내가 전하는 자와 사도로 세움을 입은 것은 참말이요 거짓말이 아니니 믿음과 진리 안에서 내가 이방인의 스승이 되었노라." 비록 이 증거의 과제가 원칙적으로 전승과 그 권위를 실증하는 것이기는 하지만, 본절의 통일성은 바울의 선교적 소명에 대한 암시는 우연 이상의 것이라는 것을 강하게 시사해준다; 하나님의 구원 의지에 대한 강조점과 모든 사람의 구원, 즉 선교를 위한 공동체 기도의 결론이 이 점을 뒷받침해준다.

---

310) Bjerkelund (1967), 32, 188-90.
311) Behm, *TDNT* 5: 794-95; Cranfield (1962), 178; id. (1975-79), 2: 597: The term " denotes the authoritative summons to obedience issued in the name of the gospel."
312) Schrage (1961), 182-83; Furnish (1968), 92-109.
313) 예, 롬 12:1; 15:30; 16:17; 고전 1:10; 4:13,16; 16:15.
314) 딤전 1:3; 다른 곳에서 그것은 사도의 대표자들의 과제이기도 하다, 5:1; 6:2; 딤후 4:2; 딛 1:9; 2:6, 15.

따라서 모든 사람을 (그들의 구원을) 위한 기도와 평안한 조건을 제공해줄 수 있는 국가를 위한 기도는 하나님의 뜻과 그에 상응하는 그리스도 사건의 목적에 의해 요청되고 있을 뿐만 아니라, 결과적으로 교회에 의해서 지속되어야 하고 궁극적으로 완성되어야 할 바울의 선교적 소명에 의해서도 요청되고 있다.

우리는 여기서 저자가 자신의 기본적인 신학적 주제(선교)와 기도명령을 연관시키고 있음을 빠뜨릴 수 없다. 이미 보아왔듯이(제3장, 구원론 중에서 디모데전서 2:3-6을 설명한 곳을 보라), 전승(5-6절)은 현재적 실재로서의 구원이 그리스도 사건에 근거를 둔다는 기본적 진리를 말해준다. 물론, 이 메시지를 세상에 선포하는 것은 하나님의 구원계획 내에서 교회가 할 임무이다(3장, 교회와 그 사명 중에서 '하나님의 구원계획에서 본 교회'를 보라). 이 구절에서 드러나는 내용은, 그리스도 사건의 논리적이고 실제적인 결과로서, 교회가 모든 사람들의 구원을 위해 기도하는 것이다. 문맥의 사상적 흐름과 신약의 가훈윤리 전승은 국가를 위한 기도가 선교전략의 주요한 일부분이라는 것을 시사해준다. 그 이유는, 국가가 제공하는 평화로운 삶이말로 그리스도의 증인이 이 세상에서 "선한 삶을" 최대한 실천하도록 허용해주기 때문이다. 그러므로 기도에 관한 저자의 권면은 현재적 구원의 실재에 두었던 시도로부터 직접 나온 것이다; 또는 저자의 신학적 메시지가 이러한 특별한 반응을 요구했다고 말할 수 있다.

무엇보다 중요하고 기초가 되고 있는 선교적인 동기가 분명히 드러나 보인다. 그러나 그것은 보다 넓은 부분(딤전 2:1-3:13)을 포함하여 결론부에(딤전 3:14-16) 이르러서야 그 모습을 드러내는 교회에 대한 이해를 통해서 더 정확하게 입증된다. "진리의 터와 기둥"으로서 교회는 확실히 예배문의 네 번째 줄("만국에서 전파되시고")을 염두에 둔다고 할 수 있다. 그러므로 디모데전서 2:1-2에서 명하는 공동기도는 현실적인 의미에서 보면, 교회에 위임된 보편적인 선교 계획을 위한 기도 명령이다.

마지막으로, 이러한 권면으로부터 저자가 혹시 세상 질서에 속하여 존경받는 평화로운 삶을 (목적 자체로서 기독교 소시민 윤리와 같은) 열망하지 않았는가라고 추론하는 시도들은, 우리가 보았듯이, 정확한 주석에 의해서 무산된다. 국가와 그것이 제공하는 평화로운 삶을 위한 기도는 예수의 재림의 지연에 대해 실망한 결과가 아니라, 선교의 본질적인 부분이기 때문이다. 그리고 이같이 선교는 악한 현세대 속에서 증인의 경건하고 존경할 만한 모습을 세상에 나타내려는 목적으로 세상 질서에 참여할 것을 요구한다.

회중 속에서의 남자와 여자의 행실 (딤전 2:8-15)

이제 저자의 의도는 남자와 여자의 행실로 향한다. 이 부분의 권면에서 관심의 초점은 가르침과 권위 행사에 관련된 남녀간의 역할 관계를 재조정함에 있다(11-15절). 위에서 보았듯이, 신약의 가훈윤리 전승은 분명히 권면의 형태와 내용에 영향을 끼쳤다. 이것이 윤리와 그 의도를 이해하는데 갖는 기여들은 적당한 시점에서 밝힐 것이다.

① 남자에 대한 권면(8절)

---

316) *Ibid*. 53; Lock 30; DibConz 44.

'남자'(andres)는 "모일 때에 화를 내거나 다투지 말고, 손을 들어 경건하게" 기도하도록 가르침을 받고 있다. 염두에 두고 있는 기도는 아마도 1-2절에 이미 명령되었던 것일 것이다; 그것은 반복된 기도의 주제일 뿐만 아니라, 헬라어 분사(un)의 형태가 계속되는 구절 속에 연결된다.[316] 또한 "각처에서"(en panti toto)라는 문구는 1절, 4절, 5-6절에 표현된 하나님의 은혜에 대한 보편적인 접근이라는 생각을 반향하는 것이다(아래를 보라).

처소를 나타내는 이 문구와 그 뒤를 잇는 서술적 전치사구는 남자에 대한 명령 근저에 놓인 동기의 신학적 성격을 발견하는데 더 많은 도움을 준다. "각처에서"라는 구는 말라기 1장 11절을 암시하는 것으로 흔히 생각되어진다:

> 만군의 여호와가 이르노라. 해 뜨는 곳에서부터 해 지는 곳까지의 이방 민족 중에서 내 이름이 크게 될 것이라. 각처에서 내 이름을 위하여 분향하며, 깨끗한 제물을 드리리니 이는 내 이름이 이방 민족 중에서 크게 될 것임이니라.

바르취(Bartsch)는 이렇게 말했다: "자신들의 주가 선포한 것을 그같이 이해하고 전했던 공동체는 이로써 예언자의 약속이 성취되었음을 선포한 것이다."[317] 이 주장에 의하면, 모든 백성이 하나님을 섬길 것이라고 하는 약속은, 저자에 의해, 그리스도인들이 복음을 선포함으로 현

---

317) Bartsch (1965), 48. 또한, DibConz 45를 보라: 이 사람은, 이러한 교훈이 말라기 1장 11절이 인용된 또 다른 곳에서 나온 것임을 지지하기 위해, "각처에서"라는 말을 다루고 있다; Brox 131; Lock(30)은 이러한 가능성을 인정한다.
318) Bartsch (1965), 48-50.

재 성취된 것으로 취급된다. 그 결과로 현재는 더 이상 성전이 기도의 공식적인 장소가 아닌 것이다.[318]

신약성경의 곳곳에 있는 이런 구절의 사용을 조사해본다면, 아마도 의도적으로 암시했을 가능성이 증가된다; 특히 그것은 바울 서신 중에서 고린도전서 1:2, 고린도후서 2:14, 데살로니가전서 1:8로 제한된다. 고린도서의 구절 속에서는 특별히 말라기 1:11의 70인역 번역과 어떤 연관성이 있음을 생각할 수 있다. 고린도전서 1:2은 문제시되는 문구("각처에서")에 덧붙여 "이름을"(to honoma)이라는 문구를 구약 본문과 공유하고 있는데, 물론 이것이 지칭하는 신약 표현은 그리스도로 이해될 수 있다. 고린도후서 2:14은 "그를 아는 냄새"라는 말을 언급할 때 개념적으로 평행되는 점을 공통적으로 그 문구에("각처에서") 덧붙인다. 데살로니가전서 1:8은 "주의 말씀이 들릴 뿐만 아니라...각처에서"라는 말을 할 때 아주 비슷한 생각을 거기에서 반영하는 것 같다. 첫 번째로 인용된 예(고전 1:2)에서, 바울은 "주의 이름을 부르는 것"을 염두에 두는 반면에, 나중의 두 가지 예는 복음을 전파하는 선교사의 사명에 주의를 기울인다. 말라기 1:11의 사상으로 되돌아가 몇 자 적는 것은 자신에게 맡겨진 사역을 이방인을 위한 하나님의 약속된 축복의 성취로 파악한 바울 자신의 개념과 일치되는 것이다(롬 9-11장을 비교하라).[319] 우리의 구절(딤전 2:8-15)과 관련되는 한, 바로 앞에 언급한 본문은 하나님의 구원계획의 보편성과(1-6절) 이방인을 위한 바울의 독특

---

319) 또한 롬 15:9-13,16; 갈 1:15-16을 보라. Hengel(1983, 49-54, 특히 51-52), T. Holtz(1966, 321-30), 그리고 Munck(1959, 36-68)가 정확하게 연구한 바와 같이, 바울은 그의 사역을 구약 후기 예언자 특히, 이사야의 관점에서 이해하였는데, 이는 구원사적인 의미에서 "이방인을 위한 것"이었다. 또한 Kim (1981), 60, 91-99; Bruce 1982, 92를 보라.

한 소명(7절)이라는 양쪽 관심을 분명히 묘사하였다. 그러므로 교회와 그 사명의 구원사적인 의미를 강조하기 위해서 말라기 1:11을 언급하는 것은 디모데전서 2:1과 3:16 사이에서 전개된 사상의 흐름과 일치하는 것 같다.

그러나 '각처에서' 라는 말은 기껏해야 넓은 주제 안에 있는 한 조각에 불과하다고 말해야 한다. 이 문구 자체는 전체 구약 본문을 직접 인용하면서 결코 그 주제 안에서 확대 설명되거나, 특별히 탁월하게 해설되지 못한다. 그런 암시에 실제의 지역적 지시내용을 허용하는 것조차도 그 문구가 사용될 때마다 덧붙여지는 듯하다.[320] 디모데전서 2:8의 명령은 아마도 기도에 대해 널리 알려진 규칙을 나타내는 것인데, 이것은 초대교회의 구원사적인 자기 이해 위에 세워졌으며, 여기서는 에베소의 공동체에 적용되고 있다.[321]

후속되는 특별한 구절("분노와 다툼이 없이 거룩한 손을 들어")은 연합된 기도를 수행하는 방식을 서술한다. 나욱(W. Nauck)은 유대교를 덧붙여진 이 조건의 배경으로 정확하게 밝혔다.[322] 기도하는 손의 외형적인 모습은 유대교의 기도행위에 있어서 중요하였다. 처음에는 제의적이고 신체적인 요구였지만 (출 30:19-21), 곧이어 마음을 상징적으로 지칭하는 것이 되버린 그 순수함이 역시 요구되어졌다.[323] 신약성경

---

320) 고린도후서 2장 14절에서, 그 구절은 또한 "우리가 가는 모든 곳"이라는 의미처럼 보인다. 반면에, 데살로니가전서 1장 8절에서, 그것은 아마도 지역적인 기준에서 과장되어 있다.
321)
322) *Ibid.* 78; 또한 바르취(Bartsch) 1965, 54-57; Kelly 65-66을 보라.
323) R. Meyer and F. Hauck, *TDNT* 3: 421-26.

야고보서 4:8은 손과 마음의 순수성이야말로 하나님에게로 가까이 나아가게 하는 데 필수적인 것이라고 강조한다.[324] 현재의 본문에서, "분노와 다툼이 없이" 기도를 해야만 한다는 조건은, 만약 드려진 기도가 받아들여지기를 원한다면, 사람과 하나님과의 관계뿐만 아니라 동료인간과의 관계도 반드시 조정되어져야 한다는 것을 암시한다.[325]

아마도 기도의 거침돌이 논란이 되었을 개연성이 있는데, 이것은 상호적인 남녀간 도식으로부터 이미 분명해진 신약가훈 전승과의 연관성을 한층 더 나타내준다. 베드로전서 3:7의 가훈(Haustafel)에서 남편들은 "자신들의 기도가 막히지 아니하게 하기 위해서" 부인들을 귀히여기라는 말을 듣는다. 전승의 다른 측면들처럼, 이것은 원시 기독교 권면 전승으로부터 흡수된 것이다(cf. 마 5:23; 6:12, 14-15; 약 4:3).[326] 아마도 에베소 공동체내의 어떤 문제는 이러한 사람간의 자질문제를 통해서 암시되고 있을 것이지만, 그렇다면 그것은 다른 교회들에도 나타나는 공통적인 문제였을 것이다(cf. 빌 2:14).

저자가 예배 때 기도행위를 오직 남자에게만 제한하려고 했는지에 관해서는 확신하기 어렵다. 어떤 사람들은 유대교의 회당 배경에 의거하여, 이것이 바로 그 경우였다고(남자만 기도함) 주장한다.[327] 다른 사람들은 '이와 같이' (hosautos/9절)라는 말에서 여자들도 역시 기도를

---

324) Davids (1982), 166-67을 보라.
325) Nauck (1950), 78; cf. Kelly 66; Spicq 374.
326) G. Stählin, TDNT 3: 857.
327) E.G. Nauck (1950), 77: Hasler 23-24; Clark 1980, 194.
328) Bartsch (1965), 67; Barrett 55. Lock(31) and Moo(1980, 63)는 이런 가능성을 언급한다.

했을 가능성을 발견한다.[328] 그러나 두 가지의 사항을 고려해보면, 저자가 9절로 들어갈 때에 주제를 바꾸고 있음을 알 수 있다. 첫째로, '이와 같이'(hosautos)는 목회서신에서 권면적인 구절을 느슨하게 연결하기 위하여 더불어 사용된다(딤전 3:8, 11; 5:25; 딛 2:3, 6); 그리고 베드로전서 3:1과 3:7을 참조한다면, 여기서 이 단어의 사용은 가훈전승 형태의 권면과 관련이 있는 상호관계의 구성원들(아내와 남편)에 대한 전통적인 관심을 반영할 뿐이다. 그 공통적인 요소는 단지 권면하려는 의도이지, 권면의 내용은 아니다. 두 번째로, 어떤 동사가 9절에서 주어져야 한다면, 그것은 확실히 '...하기를 원한다'(bulomai)일 것이다. 왜냐하면 '기도하기를'(prosukestai)이라는 단어가 8절에 있는 동사를 완성시켰듯이, '단장하기를'(kosmein)이라는 단어가 9절에서 그 동사를 요구하기 때문이다.[329] 아마도 저자는 동일한 상황 속에서 남성들의 단장품에 대해서 그러한 것처럼, 여자들이 공회에서 기도하는 것에 대해서도 관심이 없었을 것이다; 여성들이 기도하는 것이 허용되었음을 전적으로 상상할 수 있을 것이다 (cf. 고전 11:5).

그러한 권면의 주요 동기는 교회의 사명을 다시 밝혀내기 위한 것이다. 우리가 보았듯이, 8절은 접속사 '그러므로'(oun)를 통해서 1-7절과 그리고 기도에 대한 공동적인 관심을 연결시키고 있다. 게다가 8절의 명령의 중요한 관심은 기도의 형태인 것으로 보인다. 즉 분노와 다툼이 없는 기도인데, 그래야만 확실히 효과적이고 받아들일 만한 기도가 될 것이다. 이것은 1절과 2절에서 문제시하는 보다 일반적인 명령으로부터 나온 자연적인 발전이 될 것이다. '각처에서' 라는 어구를 보면 말

---

329) Cf. BAG 97.

라기 1:11을 암시적으로 지칭할 가능성이 있는데(이 말은 "모든"이라는 개념을 지속하게 하고, 이방인에게 약속한 축복을 연결시키고 있음), 이 말은 계속되는 구절을 추가적으로 연결하도록 만든다. 1-2절에 주어진 긴급한 어조는 여기에서 '...하기를 원한다'(bulomai)라는 동사 속에서 반복된다. 그것이 바울의 주요 서신에서 두드러지지는 않을지라도, 목회서신에서만 바울의 명령에 대해 사용된 것은(딤전 2:8; 5:14; 딛 3:8) 바울 교훈의 구속력 있는 특징을 드러낸다.[330] 결국, 명백하게 드러나 보이는 신약의 가훈전승이라도, 그것이 이런 권면의 의도에 어느 정도의 영향을 끼쳤는지는 파악하기 어렵다. 선교를 돕는 이 중심 동기는 다른 요소들로부터 추론될 수 있는데, 그것은 평행이 되면서도 전승 내용에 관한 한 새로운 사상을 담고 있다. 예를 들면, 남자들이 기도하고 여자들도 역시 바울의 공동체에서 기도하는 것이 허용되어졌을 가능성을 암시하는 것은 전승이 에베소의 특정한 상황에 맞도록 수정되었다는 것을 암시한다.[331] 그러나 전승이 외부자의 견해에 대해 가진 공통적 관심은 남자들이 기도하는 방법에 대해 들을 때 나타난다; 왜냐하면 그러한 종류의 행동은 신앙 공동체에 나쁜 평판을 준 것이 분명한 거짓 교사들과 연관된 평행되는 행동들을 정죄하였기 때문이다 (cf. 딤전 1:6-7; 6:4-5; 딤후 2:16, 23-24; 딛 1:9-12; 3:9-10).

② 여자에 대한 권면 (9-15절)

---

330) Lips (1979), 참조. 86n.208 ; 또한 G.Schrenk, *TDNT* 1.632.
331) 남녀간의 사회적인 제도를 염두에 둘 때, 여기에서 남자들이 먼저 기도를 인도하였다는 것이 가능하다 (Clark 1980,194). 그러나, 9절에 뒤이어 나오는 장식과 관련하여서는, 맨먼저 마음에 둔 것은 기능이 아니라 품행이라는 것이 드러난다.

두 개의 다른 가르침이 9절과 12절 사이에 나타난다. 첫 번째 것은 공집회에서 여자의 적절한 단장과 관계가 있다(9-10절). 그리고 나서 주제는 여자의 역할로 바뀌는데, 그것은 여자가 가르치는 것과 남자를 주관하는 문제를 특별히 다룬다. 이러한 두 가지 주제를 함께 연결하는 것은, 우리가 앞으로 보겠지만, 전통적인 것이었다.

㉠ 적절한 단장 (9-10절) :

남자들에 관한 교훈의 대응부인 이 부분('이와 같이')은 주로 여자들의 외적인 단장보다는 영적인 단장을 요구하는 전통적인 훈계다. 이와 유사한 구절인 베드로전서 3:3-5이 보여주듯이, 영적인 단장에 관하여 여성들에게 교훈하고 이어서 순복함에 관하여 가르치는 것, 즉 이 두 경우에 나타나는 것은 신약 가훈전승의 윤리적 권면에 속하는 것이다.[332] 두 구절 사이의 문자적이고 개념적인 일치는 거의 우연이라고 할 수 없다.[333] 부차적인 뉘앙스는 "염치와 정절로"라는 문구가 나오는 디모데전서 2:9에서 나타난다. 이 문구에서 "염치"와 "정절"(혹 "자제", 혹 "신중")은 그 교훈에 대해 성적인 어조를 더하는 듯하다: 사실상 켈리(Kelly)가 주장한대로, 저자가 아마도 염두에 둔 것은 "그 같은 경우에서 자신의 외적인 매력을 이용하는 여성들의 부적절함과 또한 남성

---

332) 물론 그렇지 않다고 밝혀졌어도. cf. Selwyn (1946), 432-35; Michel (1948), 90; Clark (1980), 193-94.

333) 문자적인 유사점은 "단장"(kosmein)의 경우에 딤전 2:9=벧전 3:5; "아담한"(kosmios), "단장"(kosmos)의 경우에 딤전 2:9=벧전 3:3; "옷"(himatismo/himation)의 경우에 딤전 2:9=벧전 3:3; "금"(krusio/krusion)의 경우도 딤전 2:9=벧전 3:3. 개념적인 유사점은 머리와 관련되어 나타난다: 딤전 2:9의 "땋은 머리"(pregmasin)="머리를 꾸미고"(uprokes tricon).

334) Kelly 66: cf.

동료 예배자들에게 일어나기 쉬운 감정적인 동요"라는 것이다.[334] 그러나 우리가 살핀 것처럼, 여기에 언급된 장식의 종류(땋은 머리/pregma, 금/krusion, 진주/margaritai, 옷/himatismos, 고액의 물건/poruteles)는 관례상 부자 여성들의 치장을 연상하게 만들기 때문에, 이들 술어가 다루는 주제는 "부유한" 사람들의 허식 때문에 공동체가 약해지고 그 안에 있는 사회-경제적 하층민들의 감정을 상하게 할 수 있다는 것이다. 이 경우에 염치와 정절은-특히 후자는 그리스도인 생활에 대한 저자의 이론적 모델 중에서 두드러진 위치를 차지한다-온화함과 중용이란 동일한 기본 사상들을 전달하지만, 이것은 공동체내에서 사회적으로 존경을 받을 만한 균형감에 대한 필요를 강조하기 위한 것이다. 사회적인 계층 또는 성적인 부적절함이 궁극적으로 문제가 되는지에 관계없이, 저자는 분명하게 그리스도인 여성이라면 심지어 세상이 일반적으로 정죄하고 있는 허식적인 단장을 금하고 정숙함(염치)을 따를 것을 요구한다.

9절의 상반부("또 이와 같이 여자들도 아담한 옷을 입으며 염치와 정절로 자기를 단장하고")에 소개된 기독교적인 대안은 10절에서 설명되는 세상적인 단장과 대조되어("오직 선행으로 하기를 원하라. 이것이 하나님을 공경한다 하는 자들에게 마땅한 것이니라") 한층 더 분명하게 설명된다. 목회서신의 저자가 인정하는 유일한 외적 치장은 참된 기독교인 존재에 일치하는 것뿐이었다. 사실, 이들 여성들은 스스로를 '하나님을 공경하는' (theosebeian =eusebeia) 자들로, 즉 새로운 신앙 공동체의 진정한 구성원으로 주장을 하였다. 하지만 우리가 살핀 대로,

---

335) 위의 2를 보라.

저자가 염두에 두고 있는 이러한 새로운 삶은 하나님에 대한 진정한 지식과 거기에 따르는 행동양식을 요구할 정도로 대단히 신학적이다.[335] 여기서는 그들의 주장이 갖는 신비적 측면에 대해서 일말의 의심도 표현되지 않는다. 하지만 문제의 중심은 그들의 지나친 외적 치장에 놓여 있기 때문에 저자는 가시적인 기독교인의 삶인 '선행'(erga agatha)에 관한 자신의 이해를 부각시킴으로써 직접적으로 그들의 단장(치장)을 문제 삼고 있다. 그들의 허식적인 단장은 공동체를 당황하게 하였으며, 이것은 그들이 실제로 고백하는 것과 연결되지 않은 것이었다. 저자는, 이들 여성들이 회중 공동체나 외부인들을 향하여 마땅히 주목해야 할 것이 있다면, 그것은 자신들의 화려한 옷(이것은 교회내부에서 문제를 일으켰을 뿐만 아니라, 외부에서의 비판도 불러들였다)이 아니라, 염치와 정절로 단장하여서 완전해진 영적인 행위 속에 드러나는 하나님의 능력이라고 주장한다. 하지만 공동체 안팎에서 단순히 평화 공존하는 것 이상의 어떤 것이 문제가 되고 있다.

특별히, 위에서 본 바와 같이, 그리고 특히 베드로전서 3:1이하의 절과의 비교로부터 명백하듯이, 이러한 가르침이 나온 곳은 신약 가훈전승이다. 당시의 이교사회 속에서 잘 알려진 부유한 여성에 대한 풍자는 목회서신의 설명과 일치하기 때문에, 에베소 교회도 아마도 이교 사회에서 동일한 사회적 균열을 일으켰던 허식에 대해 일반적으로 거부하고 있는 것이 분명하다.[336] 물론 저자는 확실히 교회에서 서로 존경을 일으키는 행동을 염두에 두지만, 여기에서 가훈전승과의 닮은 점은 저자가 사회 경제적 차이 또는 다른 차이로 분열된 기독교 공동체를 살피게 될 외부자들을 계속하여 주목한다는 것이다. 그러므로 디모데전서

---

336) 위의 3.21를 보라.

2:1-7에서 소개하고 8절에서 재강조하고 있는 선교적인 동기는 아마도 역시 이런 경우에도 작용하는 것 같다; 권면의 의도는 단지 공동체내의 평화를 이루는 것을 넘어서 외부에서 지켜보고 있는 사람들에 대해 존경스러운 모습을 유지하는 것이다. 예배 모임이 목표로 하는 것이란 문제의 원인을 보여주고 그리고 신약의 가훈 전승이 어느 정도 수정되어야 하는 지를 결정하는 것이다. 그러나 존경할만하고, 지켜야 할 행동에 대한 관심, 보통 서로 연관되어 있는 복음증거에 대한 관심(cf 딤전 3:7; 6:1; 딛 2:5,10), 사건의 경위, 그리고 윤리적 전통 자체는 모두 그만큼 저자의 주된 관심은 교회의 선교사명이라는 것을 암시한다.

ⓒ 여성에 대한 순종의 명령(11-15절) :

ⓐ **최근에 토론되는 본문과 접근 방식들:**

● 최근 디모데전서 2:11-15의 의미에 대한 해석을 놓고 관심이 증가하고 있다. 두 가지 주요한 주장들이 제시되었는데 각각 그들의 주장에 대한 방대한 양의 연구가 있었다; 그러한 차이와 각 주장에 대한 수정, 보완에도 불구하고 각 주장들은 난관에 봉착했다. 차차 살펴보겠지만, 각 주장은 본문에 대한 매우 통찰력 있는 해석을 통해 기여를 했지만, 그로 인해 얻어진 이해를 손상시키는 허점을 보여 주었다. 이 글의 목적은 현재의 난국을 극복하고자 방법을 제시하는 것이다. 이제까지 무시되어온, 윤리적인 면의 근본적 고찰을 통하여 각 주장의 장점들이 적

---

337) 이러한 넓은 그룹들 중의 대표자들은 다음과 같다: Payne(1981), 169-97; P.K. Jewett(1975), 112-47; Evans(1983), 100-107; J.M. Ford(1973), 682-83; Spencer(1974), 215-22; Osborne(1977), 337-52; Kroeger(1979), 12-15; Stagg and Stagg(1978), 161-204; Stendahl(1966), 40-41.

절히 통합되어지고 그럼으로써 본문의 가르침을 효과적으로 설명할 수 있다. 그러나 먼저, 우리의 주해에 대한 서론으로 두 관점을 비평하고자 한다. 두 말할 것도 없이 본문의 의도를 푸는 열쇠는 '순종'(huipotage)의 의미와 13, 14절에서 창세기 자료에 의거하는 이유에 있을 것이다.

한편으로, 여자에게 가르침을 금한 것과 순종하라는 명령, 또는 창세기 자료에 대한 의존은 역시 보편적인 권위의 위계를 지키게 하려는 바울 측의 관심을 반영하지 않는다고 주장하는 사람들이 있다.[337] 오히려, 그것은 이단에 유혹당한 소수 여인들을 규제하기 위해 일시적 금지 명령을 내린 것이라 볼 수 있다는 것이다. 창세기의 아담과 이브에 대한 언급은 일종의 예 또는 설명으로써 이브의 유혹이 상당히 심대한 결과를 가지고 왔듯이, 그 같은 꼬임에 빠진 당대 에베소 여인들에게 나타난 그 유사한 결과를 보여주고 있다.[338] 따라서 14절은 매우 중요하다; "아담이 꾀임을 보지 아니하고, 여자가 꾀임을 보아 죄에 빠졌음이니라." 여기에 나타난 전제는 당시 여자들이 회중 집회에서 가르치고 있었을 뿐만 아니라, 사실상 이단자들의 잘못된 교리를 선전하고 다녔다는 것이다.[339] 물론 이 견해에 기본적으로 동의하는 학자들 중에도 의견이 분분하다. 예를 들면, 어떤 학자들은 여자들에게는 남들을 가르칠 수 있는 훈련 기회를 박탈했기에 가르칠 여건도 잘 마련되지 않았고 이

---

338) E.g. Payne (1981), 176; Spencer (1974), 219.
339) Payne(1981), 176, 191.
340) *Ibid.* 191; Scanzoni and Hardesty (1974), 70-71; Leonard(1950), 317-18. 다른 사람들은 바울이 평등 원리를 적용함에 있어서 일관성이 없었다고 주장한다; eg. P.K. Jewett(1975), 112-47; Stendahl(1966), 40-41; Stagg and Stagg (1978), 199-204.

로 인해 쉽게 이단자들의 사냥감이 되게 했던 여자에 대한 문화적 규제로 인해서, 바울의 이 명령이 더욱 필요하게 되었다고 한다.[340] 다양한 형태의 견해들은 차치하고라도, 보편적인 위계 구조란 사상은 갈라디아 3:28, 골로새서 3:11, 그리고 고린도전서 12:13에 나타난 사도 바울의 사상에 낯선 것으로 대부분의 옹호자들에 의해서 거부되고 있다.

또 하나의 다른 주장은 창세기의 내용이 모든 사람들에게 하나님의 창조 의지에 따라 남자와 여자가 확실한 위계 구조 안에서 공존하도록 지어졌다는 것을 분명하게 상기시켜 주려고 언급되었다고 보는 것이다. 이것은 적어도 결혼제도와 예배의 배경 속에 있는 남자와 여자에게 적용이 된다. 디모데전서 2:13은 존재론적 순서에 있어 남자의 우위를 뒷받침해주고 있다. 하나의 보편적 진리를 지적함으로써 그것은 11-12절의 금지 명령(추론사 '가르' 에 의해 소개됨) 배후에 놓인 이유가 되고 있음이 분명하다. 물론 교회 한편에서 일어난 어떤 소동 때문에 저자가 그런 금지 명령을 내렸을 수는 있다.[341] 흥미로운 것은 14절에서 여자는 본래 남자보다 더 쉽게 꼬임에 빠지기 쉬워, 본성상 권위를 행사하거나 가르치기에 부족하다는 식의 간접적인 설명이다.[342] "순종" (hypotage)은 창조된 역할의 순서를 의미하며 여자를 남자의 권한 아래에 두고 있다. 이런 견해의 주장자들 사이에도 차이는 있다. 성경의 기본적 해석에 동의하는 몇 학자들은 랍비식 전통이 특별한 고찰 없이 단순하게 적용되었다고 주장한다.[343]

---

341) 이러한 넓은 그룹들 중의 대표자들은 다음과 같다: Moo(1980), 62-83; id.(1981), 198-222; Hurley(1981), 195-220; Clark(1980), 194-205; Knight(1977). 208.
342) Clark(1980), 203; Hurley(1981), 216; Moo(1980), 70; Kelly 68-69.
343) Hanson, 72-74; Brox, 134-36. 창세기 내용에 대한 토의는 2.32.22.22절을 보라.

이상에서 소개된 양쪽의 견해에도 약간의 취약점이 있다. 첫 번째 주장은 여자들이 실제로 이단적 내용을 가르치고 있었음을 확신하는 증거가 부족하다. 바울이 거짓 교사들을 지칭하기를 원할 때에는, 남자들을 가리키고 있다(딤후 2:17-18; cf. 딤전 1:20). 또한 13절은 겉보기에는 11, 12절의 명령의 근거로서 어떤 예나 설명보다 더욱더 풍부한 어떤 것을 제시해주고 있는 것처럼 보인다; "이는..."(gar)의 효과가 너무 빨리 사라진다. 아마도 더 근본적인 것은 '순종'(hypotage)과 그것이 요구하는 순종의 성격에 대한 오해일 것이다. 일시적인 규제 명령과 연관하여 요청된 금지들과 복종들을 설명함으로써 11, 12절의 효과를 경감시키는 것은 신약 가훈 전승이 의도하는 복종의 측면을 전체적으로 파악하지 못하는 것이다. 긍정적인 측면으로는, 주장자들이 남자와 여자간의 보편적 위계질서와 갈라디아서 3:28, 골로새서 3:11, 고린도전서 12:13에서 주장되는 종말론적 평등의 원리 사이의 모순을 제대로 파악한 점이다.

두 번째 주장에서는 실현된 종말론을 해설하는 이단이 여자들에게 미쳤을 수 있는 파급 영향들을 과소평가하는 경향이 있다; 그렇게 함으로써 이 이론은 보편적인 통치와는 다른 어떤 것이 여인들에게 적용되었을 가능성을 축소한다. 그러나 보다 중요한 것은 남자-여자의 제도에 대한 바울의 견해를 이해함에 있어서 갈라디아서 3:28(그리고 이와 유사한 구절들)에 담긴 평등 전승의 중요성을 부정한 것이다. 무(D.J. Moo)가 주장하듯이, 갈라디아서 3:28은 "여성에 대한 바울의 핵심 구절"[344]은 아니지만, 골로새서 3:11과 고린도전서 12:13과 더불어, 교회가 다루어야만 할 사회 제도, 그중에서도 남자, 여자, 그리고 노예에 관

---

344) Moo (1980), 78.

한 주요사항을 이야기해 준다. 다시 말해서, 앞으로 살펴볼 바와 같이, 본절의 쟁점은 가르침과 권위를 주관하는 문제와 관련하여 공동체를 세움에 있어서의 남자와 여자의 역할 관계보다 더 광범위한 것이었다; 그것은 바로 사회 제도를 향하여 공동체가 가져야 할 입장과 관련된 것이었다. 이러한 주장의 경우에 있어서 역시, '순종'에 대한 근본적 오해는 적용되는 윤리의 이해를 불명료하게 만든다.

디모데전서 2:11-15의 권면에 대한 우리의 해석은 위에서 언급한 두 주장의 장점들을 통합하는 동시에 이 가르침의 배후에 있는 보다 근본적인 동기를 찾아내기 위해 그 이상으로 더 나가야만 한다. 먼저 이 권면의 성격이 신약의 가훈 전승과 연결된다는 것을 인식할 필요가 있다; 상호적인 권고(8-15절)와 '순종'의 태도, 사회 제도를 향한 자세에 대한 관심, 그리고 구약의 근거 구절에 대한 언급이 이에 해당된다.[345] 그렇다면 우리의 결론을 이러한 윤리적 전승의 목적에 따라서 생각하는 것이 중요하다; 그것은 기독교인들이 자신을 둘러싸고 있는 사회의 제도들을 인식하게 하고, 가능한 한 그들이 서있는 사회로 들어가게 한다. 그러나 이러한 명령은 사람들이 각 시기마다 사회 구조에 어떻게 반응해야 하는지 정확하게 설명해주기 보다는, 성령의 인도하심을 받는 양심이 하나님의 나라라는 렌즈를 통해 비판적으로 사회 상황을 관찰함으로써 적절한 적용과 대응을 식별해야만 함을 말해준다.[346] 디모데전서 2:8-15에 나타난 관계는 주로 남자와 여자의 관계에 관한 것이나, 특정 사항들의 적용에 있어서 에베소서, 골로새서, 그리고 베드로

---

345) 앞의 3.12절의 보라.
346) Goppelt(1981-82), 2:171-73.

전서의 가훈(Haustafeln)과의 비교상의 차이에도 불구하고 그 전승은 확실하게 적용되어져 왔다.

둘째로, 목회 서신을 고려할 때 바울 사상의 측면에서 생각하는 것이 허용된다면, "새로운 공동체"[347]에 대한 바울 사상의 형성에 있어 중요한 갈라디아서 3:28, 골로새서 3:11, 고린도전서 12:13은 목회서신에서 취급하는 세상의 제도를 향한 자세를 평가할 때 무시될 수 없는 구절들이다. 이러한 평등 이상이 실제로 또 다른 질서가 적용되어지는 상황에서 어떻게 확인될 수 있는지를 측정할 필요가 있지만, 우리가 이해하기로는 이것은 우선 바울의 "이미-아직"(already-not yet)이라는 종말론적 긴장 속의 구원 개념을 통해 이해되어야 하고, 둘째로, 복음을 위해 사회 속으로 들어가야 할 필요성에 대한 그의 이해 측면에서 고려되어야만 한다. 다시 말해 새로운 공동체 내에서 평등 이상이 진정 목표이기는 하나, 이것을 받아들이는 사회의 능력은 이것이 실행되는 데 필요한 속도를 견뎌야만 한다.

무(Moo)는 "에베소의 헬레니즘적 분위기에서 여자가 기독교 예배의 봉사자로서 가르치거나 관장하는 것에 대해 비판적 태도가 존재하였음을 거의 발견할 수 없었을 것"[348]이라 주장하지만, 이것은 분명 과장이다; 로마 제국시대의 헬레니즘적 사회에서 여성의 지위가 일반적으로 향상된 것은 사실이나 엄밀히 말하자면 원칙상 보장된 이 평등은 실제로는 정확히 교육 분야에서는(예로, 철학 학파들에서는) 지켜지지

---

347) Meek(1974), 180-208; id.(1977), 209-17; Gayer(1976), 135-53; Goppelt(1981-82), 2:146; Jervell(1960), 292-312을 보라.
348) Moo(1980), 81.

않았다.[349] 사회의 다른 분야에서 여성들의 지위가 얼마나 향상되었던 간에 학문적 영역에서 여성들의 참여는 거의 제한되었고 남성과 평등이라는 기초 위에서 전적인 참여는 극소수의 그룹에 제한되어져 있었다.[350] 이 시대의 세속적 가훈(Haustafeln)이 보여주듯이, 사회에서 남자와 여자의 경계를 잘 정한 위계적 신분을 포함하는 현상유지(the status quo)의 보존이 "세계 질서의 안정을 유력하게 상징하는 것이 되었다."[351]

그렇다면 사회 속에는 남녀의 역할 관계에 관하여 아직도 경직된 견해가 존재하고 있었기 때문에 기독교 공동체내의 남녀 관계를 접근할 때 조심할 필요가 있다. 이 말은 갈라디아서 3:28(그리고 이와 유사한 구절)의 평등 원칙이 그 특정 문제와 무관하다는 것을 의미하지 않으며, 또한 교회 안에서 사회적 평등 이외의 다른 것에 실제로 적용되었다는 것도 아니다. 오히려 주변 문화가 기독교로 인해 나타날 변화의 종류에 준비되기도 전에 평등 이상이 에베소 교회 내에서 이미 실행되어졌을 가능성이 있다는 것이다.

세 번째로 이와 관련하여 11절부터 15절의 권면을 유도했던 지엽적인 문제가 거반 분명히 있었다. 어떤 여자들은 가르치고 있었거나 가르칠 권리를 주장했다고 말하는 것이 안전하며, 마찬가지로 남자를 주관하는 권위를 갖는 다른 활동에 참여한 경우도 있었을 것이다. 그들이

---

349) Meeks(1974), 167-80. 노예해방의 문제는 Boer(1979), 256-62를 보라.
350) 에피큐리안들은 그와 같은 이상에 도달했다 (Meek 1974, 172-74). 심지어 대부분의 신비적인 종파에 있어서, 성적인 차이와 사회적인 역할은 입교의식 동안만 단지 실시되는데, 그 뒤이어서는 사회의 역할 양식은 주로 계속적으로 왔다 갔다 한다 (Nock1933, passim을 보라).
351) Meeks (1974), 180.

실제로 이단을 가르치고 있었다는 것을 확신 있게 보여줄 수는 없지만 (14절은 이를 확증하기엔 너무 모호하다), 그들의 행동이 거짓 교리의 주요한 교의에 큰 영향을 받았을 가능성은 있다. 우리의 연구를 요약하자면, 디모데후서 2:18은 거짓 교사들이 믿는 자들의 부활이 이미 일어났다고 선포하는 실현된 종말론을 소개하였다고 말한다. 바울 사상에 영향을 받았던 공동체였다는 것을 가정하면, 현세대를 종말이 "실현된" 세대로 보는 그런 개념의 첨가는 흥미로운 결과를 가져올 가능성이 있다. 그것이 구원론에 대한 이해에 방해가 되는 것은 별 문제로 치고라도, 갈라디아서 3:28(이하 유사한 절)에 보존된 전승이 약속한 평등에 근거하여 특히 여성과 노예들을 해방하는 것에 목적을 둔 운동을 쉽게 일으킬 수 있었다. 모든 상황을 고려했을 때 이것이 에베소의 상황이었으며, 예배 상황에서도 그러한 해방 경향이 지배 구조 속에서 자연히 나타났다.

평등 원칙이 이미 실현된 종말론에 대한 반응으로 자극되었다는 또 한 가지의 증거로서 아마도 노예 상황을 그 예로 들 수 있을 것이다(딤전 6:1-2). 노예들이 평등의 전승(갈 3:28; 골 3:11; 고전 12:13)에서 언급된 또 다른 사회 계층을 형성하고 있었다는 것뿐만 아니라, 그러한 상황들, 즉 해방을 위한 행동주의가 거기에 밀접히 병행되었다는 것은 주목할 만한 사실이다. 모든 가능성을 고려해 보았을 때 거짓 교사들의 영향으로 문제의 사회 그룹들 가운데에 지속적인 결과가 나타났다고 결론지을 수 있다.

고린도 교회의 유사한 상황과 비교해 보았을 때 이 사실은 더욱 확실해진다. 앞에서도 지적한 바처럼, 고린도전서의 거의 모든 장은 공동체 윤리의 많은 측면에 있어서 실현된 종말론의 영향을 보여주고 있다. 무엇보다도 주목할 만한 것은, 이 신학적 변화가 공동체 여성들의 해방 운동의 배경이 되었다는 것이다(고전 11:2-16; 14:34-35; cf.7:1ff). 더욱이, 갈라디아서 3:28(그와 유사구절)에 선언된 평등 원칙이 아마도 이러한 해방 운동의 근간이 되었음이 발견되었다. 그러므로 두 사회(에베소와 고린도)는 이러한 실현된 종말론의 영향 하에 놓여 있었고, 그리고 그들은 그 가능한 결과로서 여성들과 다른 사람들 가운데서 해방의 추세를 서로 공유했다. 각 상황에서 적용된 권면 속에 있는 놀랄 만한 유사성을 살펴볼 때(고전 14:34-35; 11:2-6; 딤전 2:11-13),[352] 실현된 종말론이 에베소의 몇몇 사람들에게 평등 전통을 활용하게 만들었다는 제안은 보다 더 그럴듯하게 된다.

이러므로 11절부터 15절까지의 권면을 불러일으킨 상황을 재고해 보면, 어떤 여자들은 회중 예배 가운데서 가르치고 있었고, 혹은 다른 방법으로, 남자들을 주관하는 권위를 가지고 있었다. 이 배후에는 직, 간접적으로 거짓 교사들의 영향이 있었을 것이다. 이러한 요인들과 권면에 대한 신약의 가훈 전승의 영향을 고려할 때에, 우리는 이 구절에 대한 주해를 착수할 수 있는 것이다.

ⓑ 디모데전서 2장 11-15절의 주해 :
● 가르침(11-12절):11절:"여자는 일절 순종함으로 종용히 배우라."

11절에는 여자의 순종이 초점을 이룬다. 여기서 고려해 볼 사항들

---

352) 428 - 436에 실린 특주를 참조하라.

은 (1) '여자' (guine)의 의미, (2) '종용히' (en hesuikia)의 의미와 (3) '일절 순종함으로' (en pase huipotage)의 의미이다. 이 시점에서 저자는 가르침에 몰입하는 예배집회의 특정한 부분을 생각하고 있었을 가능성이 있다. 바울은 다른 곳에서는 여자들이 교회에서 말할 수 있도록 규율을 정해 놓고 있었다(고전 11:5, 13 참조)[353]; 에베소 교회는 그의 이전 가르침을 알고 있었을 것이다. 하지만 11-15절에서의 관심은 명백하게 여자들이 가르치고 남자를 주관하는 문제에 집중되어 있었고, 여기에 그의 순종의 명령이 적용되는 것이다.[354] 12절과 달리 11절은 긍정적인 진술이라는 사실을 간과해서는 안 된다. 저자는 여자들이 사실상 배울 것이라는 것을 예상하고 있지만, 그럼에도 그 행위는 "배우라"(manthaneto)고 규정하고 있다. 그러므로 공회에서 여성을 가르치는 정당성에 대해 의심의 여지를 남기지 않는다.[355] 이러한 요인은 랍비 유대교와 관련하여 여인들에게 이런 교훈들을 설명하는 것을 금지시키는데,[356] 랍비 유대교는 예배 회중 내에서 여인들을 분리시키는 경향을 나타냈을 뿐만 아니라,[357] 여성들에게 율법을 가르치는 것조차 희미한 입장을 취하였다.[358] 이러한 고찰에 유념하여야 주해의 구체적인 문제들을 다룰 수 있다.

---

353) Cf. Hurley (1981), 200-201; Moo(1980), 74-75.
354) Cf. Clark(1980), 193-201.
355) 또한 Hurley(1981), 201; Moo (1980), 77을 보라.
356) 역으로 예를 들면, Nack (1950),78-79; 물론, 11-12a절은 저자 자신의 의견을 나타내고, 그 반면에 12b-15절은 랍비적 전통을 묘사한다고 그가 주장할지라도: 만약에 저자 자신의 견해가 보다 덜 랍비적이라면, 그것을 강화하기 위하여 랍비적 전통에 보다 덜 의지한 것일 수 있다. 또한 Fitzer (1963), 37을 보라.
357) Josepus, Ant.15.418-19; BJ5.199을 보라. Cf. Schürer (1973-79), 2; 447-48; Jeremias(1969), 374.

먼저 '여자'(guine)의 의미는 무엇인가? 8절과 9절에는 '남자'(andres)와 '여자'(gynaikes)가 언급된다. 이들은 남자와 여자를 지칭하는 것인가 아니면 남편과 아내를 지칭하는 것인가? 이를 남편과 아내의 관계로 제한하는 사람들은, 바울이 남편과의 관계 속에 있는 아내를 계속해서 관심을 기울일 뿐 아니라(엡 5:22; 골 3:18), 13절에서 15절까지 아담과 이브와 출산을 언급한 것에서 그 증거를 찾는다.[359] 엘리스(E.E. Ellis)는 디모데전서 2:11-12과 "아내들의 사역의 질서를 남편들에 대한 의무와 일치하는 것"으로 보는 고린도전서 14:33a-34의 유사성을 들어 위와 같은 관계로 제한한다.[360]

하지만 다른 여러 사항들 때문에 남자와 여자에 대한 일반적인 언급을 선호하게 된다. 표면상으로 8절과 9절은, "바울이 남편들에게 기도하도록 하고 아내들이 검소하게 꾸미도록 명령하는 것을 제외하고는"[361], 일반적인 남자와 여자를 다루고 있는 것 같다. 12절에서 '남자'(andros) 앞에 정관사나 소유대명사가 없는 것을 보면, 같은 구절 전반에서 언급된 '여자'(guine)의 남편을 칭하는 것처럼 보이지 않는다.[362] 마지막으로, 13절에서 창세기 자료를 선택한 것은 남편과 아내보다는

---

358) 자주 언급된 참고문헌은 jSot, 3.4.; 19a.7: "여성에게 토라를 가르치는 것보다 그것을 불태우는 것이 낫다". 또한, MSot.3.4.; Kidd.29b, 34a; bSanh.94b. MSot.3.4. 그리고 Ned.4.3은 실제로 그 가능성을 허용한다.
359) E.g. Hommes(1969), 13; Barrett55; Kähler(1959), 11; Kassing(1958), 39.
360) Ellis(1981), 217: "사람들의 사역이 그 사람의 결혼의 의무와 일치하고 그리고 그것에 의하여 자격이 주어진다는 원리는....특별히 아내들에게 사역의 자격을 주는 데 적용된다(결국 고전 14:34-35[예/딤전 2장]뿐만 아니라, 고전 11장에서도 나옴).
361) Moo (1980), 63-64; 또한 Knight (1977), 30-31을 보라.
362) Cf. 엡 5:22; 딛 2:5; 벧전 3:1('자기 남편에게' [tois idios andrasin]); 골 3:18('남편에게' [tois andrasin]).

여자와 남자의 제도를 언급하는 것과 일치된다. 신약 가훈(Haustafel) 전승에는 남자와 여자(또는 남편과 아내)에 대한 명령의 근거를 구약 자료에 두는 경향이 있다. 결혼제도가 특별히 다루어지고 있는 에베소서 5:31에서는 창세기 2:24이 인용되고 있는데, 그것은 "그러므로 사람이 그 부모를 떠나서 아내에게 합하여 그 둘이 한 몸이 될지니라"(마 19:5; 막 10:6-7)라고 하신 예수 자신의 말씀으로 연결된다. 역시 결혼을 마음에 두고서, 베드로전서 3:5-6는 사라가 그의 남편에게 순종한 것을 언급하고 있다. 그러나 남자와 여자, 그리고 공동체에서의 사회적 관계가 쟁점이 되고 있는 고린도전서 11:2-16 중에서 8절은 창세기 2:21-23을 언급하고 있고, 디모데전서 2:13은 창세기 2장의 창조에 대한 설명 중에서 "지음 받고"(plassein)라는 단어로 연결된다(창 2:7-8, 15절과 19절은 그 동사를 사용하고 있다). 창세기 2:21-23에서 핵심은 남자로부터 여자를 창조한 사실에 있지만, 24-25절에서는 관심사가 결혼제도로 옮겨진다. 고린도전서 14:34에서 여자(아내가 아닌)의 순종은 단순히 율법에 근거하고 있는데, 이는 고린도전서 11:8에 언급된 창조에 대한 언급과 같은 것일 것이다.

창세기 2장을 넘어 21-23절까지를 포함한 창조 내용과 24, 25절에서의 새로운 주제를 구별하는 것은 타당한 일이다. 21-23절에서 우리는 "남자"(아담, 21, 22, 23절; 이쉬[남자의 히브리어음], 23절)와 "한 여자", 혹은 "여자"(이솨[여자의 히브리어음], 22, 23절)를 접하게 된다. 이들은 이 창조부분에서 각각 여자와 남자로 구별되어서 지칭된다. 하지만 24, 25절에서는 "여자"가 소유 대명사에 의해 "아내"의 의미를 띠게 된다("그의 아내를"[24절]/"그의 아내가"[25절]). 히브리어나 헬라어에서, 또한 신약과 구약에서 이 용어들은 애매모호하다. 그래서 자주 소유 대명사나 혹은 유사한 다른 방식으로 남편과 아내를 의미하도록 보완되었다. 따라서 창세기 2:21-23은 여인으로서의 "여자"의 창조에 중점을 두고 있으며, 그리고 하나님의 창조 계획에 의하여 남자와 여자를 결혼 밖의 사회적 관계로 묘사한다. 그러나 24, 25절은 결혼제도의 시초를 서술함으로써, 양편을 함께 동등하게 하나님의 창조 의지의 권위 하에 있는 새로운 질서 속으로 연합시킨다.[363]

그러므로 신약에서 남성으로서의 남자와 여성으로서의 여자의 사회적 관계를 다룰 때, 창세기 2:21-23(남자를 창조한 것에 대한 부가적인 언급과 함께)이 인용할만한 가장 적합한 구절이었고, 남편으로서의 남자와 아내로서의 여자를 거론할 때에는 24, 25절에서의 결혼이 하나님의 창조 의지에 입각하여 주로 사용되었다. 그러므로 디모데전서 2:11-15(8-11)에서는 남자와 여자의 사회적 관계가 부각되고 있다고 결론을 내릴 수 있다. 또한 13절은 정확하게 "남자가 먼저 지음을 받고(창 2:7-8), 여자는 그 후니라(창 2:21-23)"[364]로 번역될 수 있다.

디모데후서 2:15에서 "해산"이 언급될 때, 아내가 분명 고찰되고 있지만 그것은 "전형적인" 의미에서일 뿐이다. 예를 들어, 대부분의 남자와 여자는 결혼을 하는 것이 그 시대의 규범이었으므로, 가장 적용범위

---

363) Rad(1972, 83-84; id.(1962-65), 1:149-50.
364) 목표하고 있는 아이를 낳는 자 (창 3:20)로서의 결혼한 여성이 아니라, 다소 단순하게 그 관계가 어떻든지 간에 첫 번째 여자로서 이브를 언급하는 것이 정상적이다. Cf. 고후 11:3; 제1에녹 69:6; 제2에녹 31:6; 신(랍비) 6:11; 2:31; 창(랍비) 8:9;11:9; 14:2; 17:8; 기타 등등; Shab.95a; Ber.61a; Erub.18a-b; Yeb.63a; Sanh.38a-b; AbZar.8a.

가 넓었던 상황이 그 공동체 여성들의 역할을 표현하는 용도로 쓰인 것이다.³⁶⁵⁾ 15절을 통해 그 구절에 소개된 복합적인 사회관계들은 한 때 "가정"이라는 일반적인 사회관계에 중점을 두었던 가훈(Haustafel) 전승이 어떻게 더 넓은 사회관계들로 확장되어 적용되었는지를 보여주는데, 이는 이미 바울 저작에서도 찾을 수 있다(고전 11:2-16; 14:33b-34; 롬 13:1ff; cf. 벧전 2:13ff).

또 다른 문제는 "종용히"(en hesuikia)라는 단어에 있다. 명확히 이것은 여성들이 배워야 할 자세를 묘사하고 있다. 하지만 그것이 "침묵"을 의미하는가, 아니면 단순히 "영혼의 조용함"을 의미하는가? 물론 두 가지의 의미가 모두 가능하지만,³⁶⁶⁾ 전자에 비해 후자가 현대 교회에서 그 구절의 적용 면에 있어 여성들에게 더 많은 자유를 허용하므로 후자가 주로 더 선호되어진다. "조용함"은 순종과 자연스럽게 조화되는 표현으로 내용에 잘 부합될 뿐 아니라, 다른 곳에서 바울이 사용한 것과도 일치한다(살후 3:12).³⁶⁷⁾ 그러나 본문은 "침묵"의 의미도 역시 적합하게 해주는데, 여기서 말로 하는 의사소통을 내포하는 넓은 의미의 가르침과 배움에 대한 언급이 설득력이 있기 때문이다.³⁶⁸⁾ 만약 이 두 가지 중에서 선택하여야 한다면, "침묵"이 아마도 선택되었을 것이다. 그러나 그 의미 특성상 "종용"(hesukia)이 "침묵"(sige)과 마찬가지로 그것이 사용되어지는 문맥상에서 정의되고 한정지어진다는 사실을 감안할 때,³⁶⁹⁾ "침묵(silence)"이라는 의미는 상대적으로 취급되어져야 한다. 예배 모임의 모든 면 혹은

---

365) 뒤의 p.426; Hurley (1981), 222-23을 보라.
366) BAG350; LS 657을 보라.
367) 역시 Payne (1981), 169-70; Clark(1980), 195; J.M. Ford (1973), 683.
368) Moo (1980), 64; id.1981, 199; Kelly 68; Hurley (1981), 200.

가르침을 받는 모임의 시간의 모든 상황을 고려하여 볼 때, 절대적 침묵이란 말을 표현할 필요가 없다. 그 용어의 두 번째 언급(12절)이 이러한 문맥에서 의미를 결정해 준다; "여자의 가르치는 것과 남자를 주관하는 것을 허락지 아니하노니 오직 종용할지니라." 이러한 대조가 "종용"(hesukia)의 의미를 명확하게 해 준다. 그러므로 "침묵은 절대적인 것이 아니지만, 여자가 가르치는 것이나 또는 남자를 주관하는 언행에만 적용되어진다…"[370] 이것은 또한 11절의 "종용함으로"(en hesukia)에도 적용된다. 왜냐하면 "침묵 속에서 배우는 것"은 이 부분에서 가르치는 것(12절의 didaskein de를 주목하라)과 마찬가지로 대조적인 입장에 있기 때문이다.

"종용히"(en hesukia)와 마찬가지로, 11절의 끝에 있는 "순종함으로"(en pase huipotage)라는 구절은 여성이 배워야 할 자세에 대해 말해주고 있다. 의심의 여지도 없이 여성들이 순종의 자세를 취할 것을 지시하고 있고, 위에서 말한 것처럼 순종이야말로 신약 가훈(Haustafel) 전승을 구별하는 전승 중의 하나인 것이다. 하지만 단순히 순종이나 복종이 여성들에게 요구된다고 말하는 것(혹은 다른 경우,

---

369) "종용"(hesukia)은 딤전 2:11-12에서 이런 방식으로 오직 상술된다; 문맥상으로 보면, 행 22:2에서의 완전한 침묵을 의미함을 요구한다. "종용하게 됨"(hesukazein)은 행 11:18(여기에서는, 베드로를 훼방하는 것과 관련하여 "침묵하게 되다"라는 어떤 의미를 가지는데[행 11:2], 왜냐하면 동시에 그들의 '침묵'은 '하나님께 영광을 돌리는 것'으로서 일종의 '말을 하는 것'과 일치하기 때문이다)과 행 21:14(여기에서는, '침묵하게 되다'는 '구하고 우는 것' [행 21:12]과 관련하여서 '의견을 말하는 것'과 일치하기 때문이다)에서 상대적으로 다루어진다. "침묵"(sigan)의 좋은 예는 고전 14:28로서, 여기에서의 "침묵"은 통역자가 없을 때에 말하는 것을 억제하는 것을 분명히 언급한다. G경드 1982, 243-45를 보라.
370) *Ibid.* 244.

아내나, 노예 혹은 공동체 전체에게)은 이 명령의 진정한 의도를 오해하게 한다. 고펠트(Goppelt)가 정확하게 지적한 것처럼 "우리는 '순종'(huipotage /huipotassethai)이라는 단어를 자동적으로 '-아래에(sub)'라는 접두어의 의미로 받아들인다." 그러나 신약에서는 그 강조점은 접두어에 주어지지 않고 어근인 "질서"(taxis)나 "질서를 유지하다"(tassesthai)에 있다.371)

"순종하다"(hypotassesthai)라는 말이 실제적으로 그 말이 쓰인 문맥에 따라 '정렬시키다, 임무를 부여하다, 복종시키다, 정복하다' 372) 등의 여러 가지 의미로 해석될 수 있다는 것은 잘 알려진 사실이다. 이런 면에서 볼 때 "~아래에 두다"의 기본적 의미를 무분별하게 신약에 나오는 모든 경우에 적용하는 것을 주의해야 한다. 이 동사의 능동형은 그리스도에게 대하여 천사나 권세들을 복종시키는 하나님의 강력한 힘이 묘사되어질 때 쓰이며, 그러한 경우에 위계에 대한 자리매김이 정확하게 묘사된다.373) 하지만, 단지 복종을 하고자 하는 분위기가 중간태나 권면의 어조에 의해 강조될지라도, 순종의 성격은 그리스도(고전 15:28)와 아내들(엡 5:21-22; 골 3:18; 딛 2:5; 벧전 3:1), 여성들(고전 14:34; 딤전2:11), 노예들(딛 2:9; 벧전2:18; 엡 6:5의 '순종' [hypakuein] 참조;골 3:22)과 모든 그리스도인(롬 13:1,5; 딛 3:1; 벧전 2:13)에 대해 표현될 때 각기 다르게 이해되어야 한다.

그러나 다른 사항들을 고려해 볼 때 "순종하라"는 기독교인들에 대

---

371) Goppelt (1981-82), 2:168; cf. G. Delling, *TDNT* 8: 43-45.
372) *Ibid*. 39-43; Barth (197)4, 2:708-715.
373) Cf. 롬 8:20; 고전 15:27-28; 엡 1:22; 빌 3:21(벧전 3:22).

한 명령에는 단순한 자의적 복종 이상의 것이 의도되어졌다는 것을 보여준다. 고린도전서 14:32에는 공동체에서의 질서(32절, 자신의 영을 통제하는 예언자와 관계상 "제재를 받음"[hypotassethai])와 화평(33절) 사이가 연결되는데, 이 모든 목적은 "모든 것을 적당하게 하고 질서대로 함"에 있다(40절). 다른 곳에서도 영적 지도력을 인정하는 문제가 있을 때에 순종이 공동체의 의무로 여겨졌다는 것이 명확하게 나타난다(고전 16:16; 벧전 5:5).

가훈(Haustafel) 권면에서도 같은 목적, 즉 화평과 조화, 또한 같은 의미상의 의무가 순종을 촉구하는 것으로 이해되어졌음은 의심의 여지가 없다. 하지만 사회 구조가 결부되어 있는 것에서 순종함이라는 명령의 의미를 판독하는 중요한 열쇠는 이 명령이 왜 지시되었는지를 아는 것이다. 이러한 관계로 고펠트(Goppelt)는 지적했다: "명령은 신약에서 원래 반역에 대해서가 아니라, 이탈에로 향한다."[374] 바울은 고린도전서 7장에서 결혼이라는 사회 구조로부터 금욕적으로 혹은 영적으로 벗어나려고 하는 행위와 싸웠다. 그런데 한편으로 14장에서 그는 이미 편지에 만연하여 있듯이 실현된 종말론의 영향 하에 있는 여자들을 직면하는데, 이 여자들은 공인된 남녀의 관습을 이탈하고 있었다. 문제가 되었던 것은 반역이 아니라 '이탈'이었다. 바울은, 고린도전서 7장의 가르침을 야기했을 것이 틀림없는 관련된 문제들을 직면할 때(예를 들면, 결혼한 신자들이 그 결혼을 경시하는 것[2-6절], 믿는 아내가 믿지 않는 남편을 떠나는 것[14절], 혹은 믿는 노예가 노예제도란 사회적 제약을 무시하는 것[21절] 등이 허용되는가 하는 문제들),[375] 세 번이나 그의 원칙을 명시했는데 그것은 바로 "각 사람이 부르심을 받은 조건이

---

374) Goppelt (1987b), 289; id.(1978a).176.

나 부르심에 그대로 거하라"(17, 20, 24절)는 것이었다. 고펠트가 더 깊이 고찰했듯이, 이 원칙은 신약 가훈 전승과 로마서 13:1ff, 고린도전서 11:7; 14:33b-35 등등에도 적용되며, 그리고 종종 순종의 명령과 함께 표현된다. 따라서 "'순종하라'는 말은 원래, '입장을 정리하라!' 는 의미인 것"[376]처럼 보인다. 우월함을 확고히 하려는 반역이 아니라 사회적 제도로부터의 해방이나 사회제도에 대한 신학적 경시가 문제시되었으므로 '순종'(hypotassesthai)은 기존 사회구조에 대해 기꺼이 따르기를 요구하는 것이다.

하지만 국가가 포함된 여러 사회 제도들에 대한 인식의 근간은 베드로전서 2:13에 가장 확실하게 나타나 있다; "인간에 세운 모든 제도를 주를 위하여 순복하되." "신약에서 창조질서(ktizo, 인간의 제도도 포함됨)와 그 파생어들은 하나님의 창조에 대해서만 사용된다."[377] 푀르스터(Foerster)는 "인간에 세운 모든 제도"(ktisis)는 "남자들"을 완곡하게 표현한 것이라고 제안하지만,[378] 문맥으로 판단해 보면, 그것은 인간이 만든 제도들, 예를 들어 국가나, 노예, 그리고 결혼제도를 일컬을 가능성이 훨씬 높다. "창조질서"(또는 제도,ktisis)라는 용어는 이러한 제도들이 하나님의 창조의 한 부분이라는 것을 확인시켜주며[379], 그리고 "주를 위하여"(dia ton

---

375) Thiselton(1978b), 518-19; Wolbert(1981), 72-74, 74-107.
376) Goppelt (1978a), 176 ; id.(1978b), 289.
377) W. Foerster, *TNT* 3:1028.
378) *Ibid.* 1035.
379) Goppelt (1978b), 292; id. (1978a), 182-83; Selwyn (1946), 172; Best (1971), 113. 헬라어의 용법상, 그 용어는 도시의 설립을 언급할 수 있었다...(Polyb.9.1.4). 더욱이, 구약에서는 국가가 하나님에 의하여 제도화되었다는 것을 받아들인다(사 5:25-30; 45:1; 단 2:21, 37-38; 4:17,32; cf. Wis. Sol.6:3).

kuirion)라는 말은 사회 구조에 대한 "순복"이 진정 하나님의 뜻임을
확립시켜준다.

같은 구절과 더불어 로마서 12:10과 빌립보서 2:3 등의 구절들을 고
찰하면서, 캄라(E. Kamlah)는 "순종함"(hypotassesthai)이 "다른 어떤
것이 아닌 겸손의 구체화이다"[380]라고 결론짓고 있다. 그런데 이것은
사실이다. 중간태로 이 동사를 사용하는 것에 초점을 맞춤으로써, 스스
로 순종하는 데서 나타나는 자원하는 태도 또는 심령과 겸손은 쉽게 드
러나고, 그리고 이것은 사람 사이의 관계를 규정하고 있는 로마서
12:10과 빌립보서 2:3의 핵심 구절과 일치한다. 캄라(Kamlah)는 또한
그 명령을 실행하는 데 있어서 요구되는 자발적인 겸손의 태도를 강조
하는 선교적 목적을 놓치지 않고 보고 있다.[381] 하지만 그의 결론은 순
종에 관한 명령의 실제적인 본질보다는 그 정신만을 설명해준다. 그것
은 바로 하나님의 절대 주권 속에 있는 사회적 제도들을 목표로 하고,
그리고 언급하는 사람들이 그들이 위치하는 그곳에 참여해야만 한다
는 것과, 그리고 선교를 해서 "자발적으로 순종하라"(hypotassesthai)는
권면적 의미가 적절하게 이해되어야 하는 것을 깨닫는 것이다.

디모데전서 2:11-15에서는 남자와 여자의 관계가 나타난다. 이러한
특별한 제도(남-여 관계)에서나 또는 순종하도록 명령되어진 다른 어
떤 제도에서도 권위 구조를 보편화시키려는 신학적 관심은 없었다. 창
세기 자료(13-14절)는 다른 각도에서 설명될 수 있다(아래를 보시오).
그러한 위계는 진정 그 시대의 사회 구조의 한 부분이었으며 그리고 신

---

380) Kamlah (1970), 241-43; 또한 Barth (1974), 2: 710-12를 보라.
381) Kamlah (1970), 241-42; 또한 Barth (1974), 2: 710-12를 보라.

약 가훈 명령에 의하면 그 구조와 역할 관계들은 존중되고 지켜져야만 했다. 하지만 "순종함/순종"의 명령은 어떤 문화에 제한되는 것이 아니라, "그것은 공동 협력이라는 면에서 제도들이 훌륭하게 생각되어지는 곳에서조차도 지속된다."[382]

현재의 본문구절에 나타난 '순종'은 위계적인 의미에서 1세기의 사회적 환경에 의해 정의되어지는 구조 속에 참여하는 것을 의미한다. 이것은 피할 수 없는 것이다. 특정한 문제는 바로 여자들이 예배 모임에서 가르치거나 남자를 주관하도록 허락되어야 하는가에 있었고, 그리고 신약 가훈 윤리는 가르침에 대한 문제와 관련하여 부정적인 대답이 주어졌거나 혹은 그러한 특별히 지나친 행위를 제한하기 위해 적용되었다. 이러한 행동양식을 계속 허용하는 것은 교회로 하여금 외부로부터의 혹독한 비판을 피하지 못하게 함으로써 교회의 위상을 손상시키는 일이었다.

- 12절: "여자의 가르치는 것과 남자를 주관하는 것을 허락지 아니 하노니 오직 종용할지니라."

이 구절에서 금지하는 사항들은 "허락지 아니하노니"(uk epitrope)와 두 상보적 부정사인 "가르치는 것"(didaskein)과 "주관하는 것"(authentein)에 의해 표현된다. 그러면 두 행동과 그 행동들 간의 관계에 대한 고찰을 해보겠다.

---

382) Goppelt (1981-82). 2:168.

목회서신의 중요한 사항은 사도의 교리를 잘 전수하고 보호하는 것이다.[383] 이러한 포괄적인 관심사 때문에 디모데는 다른 사람들을 가르치고 이 메시지를 잘 맡길 수 있는 신실한 남자들을 택하라는 명령을 촉구 받는다(딤후 2:2). 유사하게, 디모데 자신도 가르침을 수행하도록 명을 받게 된다(딤전 4:11; 6:2; 딤후 4:1). 그렇기에, 역시 감독의 직무에 대한 자격 조건(목록) 중에는 바로 가르칠 수 있다는 조건이 포함된다(딤전 3:2; 참조 5:17).

디모데전서 2:12의 "가르치는 것"(didaskein)의 의미는 이러한 고찰로부터 기본적으로 결정되어질 수 있다. 이 용어는 이 구절에서 공인된 교리의 "형성"으로 제한되기보다는,[384] 그리스도 사건과 그에 상응하는 윤리적 가르침에 관한 전통적인 케류그마(복음)를 포함하는, "가르침"(didaskalia)의 전달로 이루어진다.[385] 게다가, 바른 교리에 대한 관심과 서신들에 배어 있는 전언(소식)과 저자의 교회 질서에 대한 염려가 이 용어의 전문적인 중요성을 확고하게 한다.[386] 바울은 교회의 유지와 교화를 고려하면서, 교회에 있어서 가르침을 핵심이 되는 은사 중의 하나로 보았다(롬 12:7; 고전 12:28-29; 엡 4:11). 명백하게, 사도나 예언자 혹은 복음 전파자의 은사와 같이 이 은사는 특정 인물에게 제한되어져 있었다.[387] 그리고 물론 목회 서신 속에서 주된 관심사는 아니었을지라

---

383) 앞의 제3장, 5-12절을 보라.
384) Contra J. M. Ford (1973), 683.
385) 앞의 제3장, 5.1절을 보라; McDonald (1980), 126-27.
386) 본문은 확실히 페인(Payne.1981,173-75)이 강요한 것(예, 팜프렛을 나누어주는 것에 서부터 찬송을 쓰는 것 같은 것)과 같이, 일상적인 넓은 의미를 배제한다.
387) Greeven (1977), 325-26; Holmberg (1978), 99-100.

도, 디모데후서 2:2과 같은 구절 속에서는 동일한 이해를 얻을 수 있을 것 같다. 게다가 초기 바울에 따르면(갈 1:12-14; 고전 11:2; 살후 2:15; 3:6; 골 2:5-6), 가르쳐야 할 내용은 목회서신에 담겨져 있는 개념과 일치한다.[388] 전체적으로 보아, 예배 집회 시 관례적으로 행하여져 오던 "공식적"인 가르침 외의 다른 것을 12절에서 유념하였을 확률은 전혀 없다.[389]

"가르치는 것"(didaskein)과 "주관하는 것"(authentein)이 12절에서 동등한 뜻으로 증명이 되더라도, 권위 개념은 여기에 표현되는 가르침이라는 공식적 활동 속에 내재해 있는 것이다. 이것은 한편으로는 자격이 있는 특정 개인들에게 제한함으로, 다른 한 편으로 목회서신 안팎에서 가르침과 연관된 활동들로 인해 확인되어진다(권위를 함축하는 활동들; 골 1:28의 '권함'[nuthetein]; 딤전 4:11의 '명령함'[paranggelein]; 딤전 2:7; 딤후 1:11을 보라).[390] 초대 교회와 바울이 자연스럽게 가르침의 개념을 구상하게 도와준 유대 문화는 이러한 활동에 부여된 권한에 관한 설명을 더욱 도와준다. 교사는 가르침이 하나님으로부터 온 것이었고, 그는 도구였을 뿐이기에 일종의 권위를 소유하고 있었다. 게다가 교사와 배우는 자는 처음부터 그들의 관계를 잘 이해했다: "교사는 그의 견해를 단지 전파하지만은 않았다. 그는 배우는 자가 무엇을 받아들일지에 대해 자신의 기대를 나타냈다… 신약에서 가르침의 초점은 삶

---

388) 앞에 토의된 것인 제3장, 5:1-2절을 보라. 또한 Greeven(1977), 329-35; Holmberg (1978), 99-100을 보라.
389) 정확하게 Hurley(1981), 200-202; Moo (1980), 65-66; id. (1981), 200-202; Clark (1980), 195-97.
390) Moo(1980), 65-66. Holmberg (1978), 118-20을 보라.

의 방식과 그 삶의 방식 아래에 있는 진리를 가르치는 것이었다. 배우는 자들은 그러한 삶의 방식을 따르도록 기대되었던 것이다."[391]

"주관함"(authentein)을 직접적으로 지칭하는 용어의 뜻은 계속 활발한 논쟁의 대상이 되고 있다. 기독교 이전 시대에 있어서 그 용어를 거의 사용하지 않은 것과 신약 전후시대에[392] 이와 관련된 명사인 "주관함"(authentes)에 부여된 많은 뜻은 사태를 매우 복잡하게 한다. 그럼에도 불구하고, 일반적으로 교부들에 의해서 이 동사는 권위를 가지고 행동하는 것이나 권위를 유지, 소유함을 표시하기 위해서 사용되었다.[393] 12절의 "주관함"(authentein)에 대해서는 주로 두 가지 설명이 주종을 이루어왔는데, (1) "—에 대해 권한을 가지다." 혹은, (2) "권한을 빼앗다" 혹은 "위세를 부리다"가 그것이다. 바울이 여성에 대해서 전체적으로나 또는 지엽적으로 남자들을 주관하는 것을 금지한 것이 아니라, 다만 권한을 빼앗거나 그것을 오만하게 사용한 것만을 금지한 것이라고 주장하는 사람들은 두 번째의 정의를 선호한다.[394] 하지만, 나이트(G.W.Knight)가 확신 있게 주장한 것처럼, "이 용어와 그 파생어가 포함된 모든 자료들을 총체적으로 평가해본 결과, '주관하다'(authenteo)라는 단어의 의미는 권위의 영역 내에 위치하는데, 거기에다 우리는 매우 중립적인 개념을 둔다. 그리고 그것은 특별히 부정적인

---

391) Clark (1980), 196; K.H. Rengstorf, *TDNT* 2:137; Greeven (1977), 325-26; Holmberg (1978), 119-20.
392) 예, LS는 다음의 것을 제공한다(248): "자신의 손으로 [무엇이든지] 하는 이들, 실제 살인자"(Hdt.1.117; Eur.,Rhes.873; Thuc.3.58); "범죄자"(Polyb.23. 2); "완전한 주인, 독재자,지도자"(OrSib 7.69; 8.309). 또한 Knight (1984),143-57, 특히 153-54를 보라.
393) 많은 참고를 위하여서, *LPGL* 262를 보라.
394) 역시 Payne (1981), 175; Hommes (1969), 14-19; Barrett 55; Evans (1983), 103.

함의가 있는 것은 아니다."[395] 12절의 이 단어 사용에 있어서 저자의 부정적인 어투를 찾기 위해서는 어떤 종류이든 문맥상의 지시어가 필요하지만, 이것이 여의치 않다면 "~에 대해 권한을 갖다"가 "위세를 부리다"의 의미보다는 확실히 선호될 것이다.[396]

그렇다면 "가르치는 것"(didaskein)과 "주관하는 것"(authentein) 사이의 관계는 무엇인가? 이 두 부정사가 일종의 중언법을 형성할 가능성은 희미하나마 가능성은 있는데, 이 경우에 후자는 전자를 수식하고 "권위 있는 가르침"이란 개념을 표현해준다. 이 견해를 추종하는 한 학자로서 헐리(J.B. Hurley)는 11-12절의 구조를 근간으로 다음과 같이 제안한다:

> 11절은 조용히 순종적으로 배우기를 요구한다. 12절은 남자를 주관하거나 가르치는 일을 금지한다. 이 두 구절은 확실하게 유사하다. 조용히 배우는 것은 말로 가르치는 것과 정반대이며, 완전한 순종은 권위를 휘두르는 것의 반대이다. 두 구절은 같은 상황을 염두에 둔 것으로, 여성이 권한을 행사하여 가르칠 것이 아니라 조용히 배워야만 한다는 것이다.[397]

그러나 문법적으로 고려해 보면, 이 금지 조항이 아마도 밀접히 연

---

395) Knight (1984), 154: 또한 Moo (1980), 66-67을 보라.
396) Knight(1984), 154; Hurley (1981),202; Clark (1980), 197-98. 크뢰게(Kroeger 1974,14)가 제시한 의미(예,성적인 어떤 식의 관여인 번식활동에 참여하기)는 후기의 자료에 의거하기에, 동사를 수식하는 용어에 대해서는 의심스러운 해석이다(Moo (1980),67을 보라).
397) Hurley (1981), 201; 또한 Clark (1980), 198을 보라. Cf. Hommes (1969), 14: 가르침=남자 위에서 "대장노릇하기"

결은 되어 있겠지만, 서로 별개의 것으로 취급하는 것이 더 낫다. 먼저, "아니"(uk).... "아닌"(ude)이라는 구조를 살핀다면, 보통은 마음속에 두 가지 생각을 가진 것이다; 때때로 그 생각들은 서로 연결된 경우도 있지만(예, 살전 5:5), 초기 바울의 상황에 있어서는 두 가지 생각을 모두 염두에 둘 수 있다.[398] 둘째로, 이것을 염두에 둔다면, 이 경우에 있어 두 부정사 사이의 거리는 중언법을 형성하기에는 과도한 정신력을 요구하므로, 두 가지 개념이 표현되었다는 주장이 더욱더 지지된다.

하지만, "남자를 주관하는 것"(authetein andros)이라는 말은 무엇을 전달하고자 하는가? "가르침"(didaskein)이 한 여성이 "남자를 주관하는" 특정 상황을 표현하고, "주관하는 것"(authentein)은 일반적 규례를 표현한 것일 수 있다. 본질적으로 저자는 "나는 여자가 (집회에서) 가르치는 것을 허락하지 않는다. 그 이유는 여자들이 남자를 주관하는 것을 허용하지 않기 때문이다."와 같은 어떤 것을 말하려고 했을 것이다. 이런 경우, 여자가 가르치는 문제는 남녀라는 사회 제도(예, 자리를 차지함)에서 복종을 명하는, 보다 근본적인 원칙이나 지침을 제시하는 권면으로 인해 무색하게 되는데, 이것은 당 시대와 문화에서 여자들이 집회에서 남자들에게 순종함을 의미했을 것이기 때문이다. 11절에 소개된 "일절 순종함으로"(en pase huipotage)라는 명령은 특별히 12절에서 여자들이 가르친다는 절박한 문제에 적용되고, 그리고 더 확장되어 남자를 주관하는 것을 포함하는 모든 행위에 일반적으로 적용됨

---

398) 구문 분석 26번의 경우 중에서, 단지 두 번(살전 5:5; 빌 2:2)만이 동일한 생각을 두 번 표현할 정도이다. 물론, 이들 두 본문의 각 경우에 있어서, 그 생각은 은유적이다. Cf. 롬 2:28; 8:7; 9:16; 고전 2:6; 갈 1:1; 3:28; 살전 2:3.

으로써, 집회에 있어서 순종하라는 명령의 의미를 설명해준다. 가르침에 종사하는 여성들이나 혹은 형편에 따라서 다른 권위적인 행동을 하는 여성들로 인해 생긴 실제적 문제는 여전히 다양하게 다루어지고 있지만, 교정책으로 인용되어지는 것은 신약 가훈 전승에 기반한 보다 근본적인 명령이다.

그리고, 어떤 행동들이 이 "주관함"(authentein)의 영역에 해당되는지에 대해서는 아직도 논란이 되고 있다. "남자를 주관하는 것"(authentein andros)이란 말 후에 "오직 종용히 할지니라"(al einai en hesuichia)는 말을 대조시켜 놓은 12절에 근거하면, 저자가 예배 집회에서 말을 포함한 어떤 활동들을 마음속에서 그리고 있다는 것이 가능하다. 유사 구절인 고전 14:34-35은 역시 구체적인 예(다시 말해 예언들을 평가하는 것)를 제시해 준다(책 뒤의 부기를 보시오).

요약하기

이 두 절의 핵심사항은 예배 집회에서의 남자와 여자의 역할 관계이다. 평등 원칙을 실현해야 한다는 이단사상에 유혹된 어떤 여인들은 가르침에 관여하고 있어서, 결과적으로 저자로부터 순종의 명령을 이끌어내게 만들었다. 신약의 가훈 전승에 의거하면, 이방인들이 교회에 대해 잘못된 인상을 갖지 못하도록 하기 위해 여자들이 남자를 주관하는 그런 종류의 활동을 하지 못하도록 되어 있었다. 이 시점에서, 우리는 이 권면의 의도를 좀 더 명확히 밝혀내기 위해 13절에서 15절에 이어지는 기본 원리를 좀 더 면밀하게 살펴 볼 필요가 있다.

● 가르침의 근거(13-15절): 13절: "이는 아담이 먼저 지음을 받고 하

와가 그 후며, 아담이 속은 것이 아니고 여자가 속아 죄에 빠졌음이라. 그러나 여자들이 만일 정숙함으로써 믿음과 사랑과 거룩함에 거하면 그의 해산함으로 구원을 얻으리라."

이미 언급했듯이 창세기 자료를 설명한 것은 11, 12절을 해석하는 주요한 두 주장들을 뒷받침하는 데에 있어 매우 중요한 것이었다. 이미 살펴본 것처럼, 한편에서는 13, 14절이 예시 혹은 설명으로써 제시되었다고 주장했다. 그 중 한 학자인 페인(P.B. Payne)은 "디모데전서 2:13에 있는 "이는..."(gar/추론사)이 추론에 의한 것이 아니라 원문 그대로 설명하는 것이라면, 바울이 에베소 교회 여인들로 하여금 가르치는 것을 금한 실질적 이유는 이브가 아담 이후에 지어졌거나 사탄의 속임수에 넘어갔기 때문이 아니라, 에베소에 있는 어떤 여인들이 잘못된 가르침에 참여하고 있었다(또는 그렇게 하기 시작했기)는 것이다."라고 설명한다.[399] 여자들이 실제적으로 이단의 사상을 가르치고 있었다고 결정하는 데에서 생기는 문제는 이미 언급했으며, "이는..."(gar/추론사)이라는 말의 추론적인 사용 이외의 다른 것이 권면의 어조에 적합하다고 하는 것에 대한 의혹도 마찬가지로 이미 다루었다. 하지만 여기에서 13절을 간과하거나 축소하려는 경향을 발견한다. 페인(Payne)은 이후에, "이브도 역시 하나님에 의해 창조되었다."[400]는 것을 강조하고자 했었다고 제안하면서, 13절이 사실상 여성들에 대해 긍정적인 의도로서 의도된 것이라고 제시한다. 이미 살펴 본 것처럼, 다른 한편의 사람들은 이렇게 말한다; 바울은 여성의 역할 관계를 창조의 질서 속에서 고

---

399) Payne (1981), 176.
400) *Ibid.* 179.

정시키고 있었으며, 그리고 바울의 생각이 랍비적 사고로 후퇴했든지 아니했든지 간에, 여자들은 쉽게 속는 타고난 성향으로 인해 여자는 가르칠 자격이 없음을 확고히 하는 중이었다.

이미 언급된 단점에 관하여는 다른 설명이 필요할 듯하다. 우리가 당면 문제에 대해 창세기 자료와 15절을 적용시키는 저자의 의도를 설명한 상태에서, 신약 가훈 전승의 영향(이것은 이미 권면의 의미를 잘 밝혀 주고 있다)을 계속 염두에 둠으로써, 앞으로 우리가 취할 방법을 발견할 수 있을 것이다.

첫째로, 우리는 아내들에 대한 순종 명령은 창세기 2:24에서, 그리고 여성 일반에 대한 순종 명령은 창세기 2:21-23에 근거한다는 신약 가훈 전승의 경향을 일찍이 발견한 바 있다. 주목한 바와 같이 베드로전서 3:5-6은 예외였지만, 구약의 중요하고도 잘 알려진 결혼은 에베소서 5:31(그것은 마 19:5[막 10:6-7참조]에서 예수님이 결혼에 대해 토론한 것과 같음)의 이해에 도움을 주는데, 그것은 창세기 2:24에서 이끌어낸 것이다. 여자의 창조에 대한 설명은 고린도전서 11:8에 나와 있는데, 11:7은 창세기 1:26-27과 남자와 여자의 창조를 인용한다. 그리고 이 자료는 고린도전서 14:34의 율법(ho nomos)을 역시 염두에 두고 있었을 것이다. 디모데전서 2:13에는 두 번째 창조 설명이 확실하게 인용된다. "지음을 받음"(plassein)은 남자의 창조(창 2:7-8)와 연관되고, 창세기 2:24은 디모데전서 2:13b에 언급되어 있다. 여자가 "이브"라고 불리는 사실에도 불구하고, 여성으로서의 여자가 다루어진다[401]; 따라서 그 구절은 "아담이 먼저 지음을 받고 하와가 그 후니라"의 의미가 된다.

---

401) 이전의 409의 n.1을 보라.

창세기 자료가 무엇을 보여주고자 했는지를 결정하기 위해, 우리는 먼저 결혼과 관련하여 그것이 사용된 것을 살펴봐야 한다. 에베소서 5:22-33에서 아내들은 단순하게 순종하라는 명령을 받지만(22절), 그것은 창세기2:24(31절)에 기초한 그 같은 순종의 명령은 아니다. 오히려, 바울이 결혼과 그리스도 안에 있는 교회라는 두 가닥의 상징을 함께 엮는 반면에,[402] 창세기 2:24은 기본적으로 하나님의 창조의지 속에서 결혼의 연합(그리고 비유적인 부연으로 그리스도와 그의 신자들의 연합)을 확립시키고 있다.[403] 물론, 바울이 바로 그러한 전통의 경향에 대해 답을 주고 있을지도 모르겠지만,[404] 이 구절에서 창세기 내용을 랍비적으로 사용한 증거는 없다. 이혼의 합법성이 거론되는 마태복음 19:4이하에서 예

---

402) Barth (1974), 2:720-53; Sampley (1971), 148-63.
403) Barth (1974), 2:729-38; Goppelt (1981-82), 2:173; Sampley 1(971),101. 물론, 이 구절에서의 사상의 출현은 혼란스러울지언정, 창세기 자료가 부수적인 역할을 한다는 것을 멀리서조차 암시해 주는 것이 그 구절에서는 전혀 없다. 만약 이것이 여기에서의(그리고 고전11장과 14장에서) 바울의 의도였다면, 그는 창 3:16을 인용하는 것이 오히려 나을 듯하였다. (바르트[1974, 730-31]는, 바울이 창 1:26-27과 2:21-23을 인용하거나 언급하면서 이브의 속음이라는 구약의 주제 또는 여자들에게 두건을 쓰라는 명령을 언급할 때마다, 그는 여자에 대한 남자의 보편적인 우월을 지지한다고 그릇되고 가정한다. 랍비들은 창 2:24을 결혼이라는 신성한 제도를 위한 증거본문으로 사용했다; bSan 58a; Kidd 6a; BM 18a; GenRab 16:6; 18;5; 더 이상의 것을 위해서 Str-B 1:802-803을 보라. Cf. G.F.Moore (1927-30), 2:119.
404) Barth (1974), 2: 729-38.
405) Pesch (1977),2:123-24; Goppelt(1981-82),1:111을 보라.
406) Ibid. 2:173.

제4장 목회서신은 어떤 윤리적 교훈을 주는가? 449

수는 창세기 2:24을 인용하여 "따라서 하나님이 짝지어 주신 것을 사람이 나누지 못하니라"(6절).⁴⁰⁵⁾라고 지적하면서 하나님의 창조 계획에 있어 결혼의 발단을 자리매김함으로 결혼의 신성함을 확립시킨다. 바울은 이러한 결혼에 대한 이해를 반박한 것이 아니라,⁴⁰⁶⁾ 어느 정도 비유적으로 그 적용을 결혼 관계를 넘어서 교회로 확대시킨 것이다.

만약 창세기 자료를 사용한 것이 결혼 제도를 창조주로서의 하나님의 주권 하에 단지 두려고 했기 때문이라면, 즉 그것이 하나님의 주관 하에 있기에 그 제도에 찬성하기 위한 명령으로서 "순종하라"고 했다면, 이 창조 자료가 교회 안에서 남여 제도와 관련해 다른 식으로 기능했다고 볼 이유가 전혀 없다. 왜냐하면 그것은 신약 가훈 전승의 의도

---

407) 창2 :21-23에서 거룩한 의지에 의하여 결정된 남자의 우위를 증명하려는 시도는 새창조물을여자(이솨)라고 이름을 붙였던 남자(Vawter 1977,60; Hurley 1981, 209-212; Clark 1980, 26)가 절대적이지 않다는 사실에 근거하였다. 하나님이 동물을 창조하고 그것들을 데리고 와서 남자에게 그 이름을 정하게 하였기에(창2:18-19), 그 일을 남자는 했고(2:20), 또한 인간(남자와 여자, 창 2:18-19)의 권위하에 동물을 두었다., 그렇다고 따라서 남자가 이름을 붙인(2:24) 여자도 동일하게 추종적이라고 주장하는 것은 완전히 근거가 없는 것이다. 인간적인 차원에서 "이름을 정하는 것"과 권위 사이에 "근본적인" 연결을 확립하기 위하여 주창자들에 의해 어떠한 필적할만한 것도 제시된 적이 없다는 사실이 오히려 눈에 띤다; 이 문제에 대한 필로의 의견은 실제적이나 전적으로 분명하지는 않은 것으로서(Quest. Gen. 20), 이런 면에서 거의 충분하지 못하다. 어떤 경우에 권위가 수반될 수도 있으나, 확실하게 모두 그런 것은 아니다(J.A.Motyer,IBD 2:1050-53). 에반스(Evans 1983,16)는 창2:23("표준적인 이름붙이는 형식"에 본질적임)에서 여자의 이름을 정하는 것을 설명함에 있어서 "이름"이라는 명사의 생략은 "위에서 권위를 동반하는 것으로서의 이름정하기" 범주로부터 23절을 제거한다.

에 대한 우리의 이해에서 결과적으로 귀결되기 때문이다.[407] 로마서 13:1 이하에서 그 지지 근거를 찾는 것은 국가 제도라는 법령의 성격이고, 그리고 바울 사도는 이것은 전승이 확인하는 바대로 모든 "인간의 제도"에 참여하는 것이라고(벧전 2:13) 분명하게 확인하였다. 따라서 순종 명령의 의도가 설명되었으므로, 여자들이 남녀 제도의 사회적 제약으로부터 이탈을 금지하기 위해서, 그 제도 자체를 하나님의 창조 계획 속에 근거하도록 하는 것이 주된 관심사이었을 것이라고 이해된다; 결과적으로, 사회에 대한 정의(definition)가 지시하듯이 성경적 가르침이 그것과 모순되지 않는다면, "스스로 순종함"(hypotassethai)을 고수해야만 했을 것이다. 그리고 13절을 랍비 전통에 기초해서 설명하는 것과는 별개로,[408] 이 구절에서 보편적으로 적용할 수 있는 남성 우월주의의 어떠한 증거도 보이지 않는다. 물론 어떤 사람들은 창조에 관한 설명에 의거하는 것이 보편적 역할 관계를 확언하는 것이라고 주장하지만,[409] 이러한 주장은 모세도 역시 안식일을 지켜야 하는 근거를 창세기 자료에 의거하였다는 관찰을 통해서 무효가 된다(출 20:11). 대부분이 인정하듯이 이것은 하나님 나라의 도래의 시작으로 인해서 어쨌든 급진적으로 변화되었다; 이와 일치하게도, 13절에 대해 이런 설명을 제시하는 사람들은 갈라디아서 3:28(그 외 유사 구절)이 남녀 제도에 대해서 같은 식의 변화를 포함했을 가능성을 직면해야만 하지 않을까?

---

408) 의심없이 랍비들은 창 2:24을 창조 질서상 남성의 우수성을 입증하기 적용했다; 또한 그들은 창1:26에 대한 사변적 해석과 논쟁되고 있는 남자에 앞서서 여자가 죄속으로 타락한 이야기에 힘을 쏟았다. 본문과 랍비적 인용과 경향은 다음의 사람(예벨)에 의해 완전히 토론되었다; Jervell (1960), 71-121; 또한 Barth (1974),2: 725-29를 보시오.

409) Hurley (1981), 206-221; Clark (1980), 201-205; Moo (1980), 68-70, esp.70.

14절과 더불어 하나의 새로운 사상이 도입된다. 13절이 남자와 여자의 창조에 큰 비중을 두는 반면(창 2:7-8, 21-23), 14절은 여자가 속은 것을 언급한다(창3:1). 이미 살폈듯이, 디모데전서 2:13의 창조질서 속에다 남녀 제도를 근거시키고 있으나, 논제의 변경과 고린도후서 11:3에서 이브가 꼬임에 넘어갔다는 주제를 비슷하게 사용한 것은 디모데전서 2:14의 의도가 지엽적 상황으로 인해 가장 적절히 설명된다는 것을 암시한 것이다; 이 상황에서는 "아담이 꼬임을 보지 아니하고 여자가 꾀임을 보아 죄에 빠졌음이니라"라는 말은 "더더욱 아담(현재의 남편)은 꼬임을 당하지 않았으나, 아내가 꼬임을 당해 죄에 빠졌다"는 느낌을 준다.

이 절이 자주 랍비 사상과 연관되어져 왔기 때문에, 지역교회 상황을 해당 문제와 관련시켜 끌어오기 전에 그런 식으로 제안된 연결 가능성을 먼저 검토해야만 한다. 많은 사람들은 14절이 원죄를 진 이브가 아담보다 더 비난 받을만하다는 랍비 가르침을 암시하며,[410] 나아가 여기서 구체화된 죄는 이브가 빠진 죄가 성격상 성적인 것이라는 개념과 일치된다고 주장한다.[411] 확실히 유대 작가들은 대략 신약 시대와 동시대 즈음에 죄에 빠진 타락에 대해 사변하기 시작하였다.[412] 하지만 오직 후기 문헌(1세기와 그 이후)에 와서야(대개 랍비적인 문헌임), 뱀이 이브를 성적으로 유혹한 것에 대한 명백한 언급이 나타난다.[413] 이러한 연관 속에서 그렇게 많은 비중이 "꼬임을 받은"(echapatao) 일에 두어졌다는 것은 무척 놀라운 일이다. 왜냐하면 이 술어는 필연적으로, 또한

---

410) Jervell (1960, 304-305; Nauck (1950), 96-98; Hanson (1968), 76-77; Pelser (1976), 101.

심지어는 아주 자주, 성적인 연상을 갖지는 않기 때문이다. 또한 이러한 의미를 세속적 헬라어도 일반적으로 가지지 않으며, 70인역 성경에서도 결코 그런 의미로 쓰이지 않았다.[414] 또한 "죄"(parabasis)는 결코 "성적인 범과"를 암시하지 않는다.[415] 15절의 "해산"(teknogonia)에 대한 언급 때문에 디벨리우스(Dibelius)는 성적 유혹이라는 랍비적 전통이 여기에 나타난다고 결론짓기에 이르렀다; 그의 요점은 그녀의 죄에 대한 면책이 바로 그녀가 죄에 빠지게 된 동일한 수단을 통해서 이루어진다는 것이다.[416] 하지만 다음 부분에서 시사하는 것처럼, "해산"은 이런 랍비적 생각을 의도하는 것이 아니라, 디모데전서 5:14에서처럼 단지 여성들에게 관례상 인정된 역할을 반영하는 것이다.

마지막으로, 고린도후서 11:3은 역시 바울이 이런 랍비적 전통을 알고 있었고 그가 어느 정도 사용했다는 증거로서 제시되어졌다.[417] 여기서 관련된 부분은 "뱀이 그 간계로 이와를 미혹케 한 것같이...두려워하노라"라는 진술이다. 이전 구절에서 고린도 교회는 신부, 즉 "정결한 처녀"(parthenon hagnen)로 묘사되는데, 바울은 그녀를 그리스도께 드

---

411) Hanson (1968), 65-77; DibConz 47-48; Jervell (1960), 304-305; Baltensweiler (1967), 238; Kroeger (1979), 14. 낙(Nauck 1950, 96-98, 156 n.30)은 성적인 죄가 아닌 다른 랍비적인 배경을 주장한다.
412) 심지어 이러한 것들 중의 어떤 것의 날짜는 의심스럽다; 4Macc.18:6-8; Philo.Quest. Gen.1.47; Leg. All.3.59ff; Life of Adam and Eve 9-11; Apoc. Moses 22.
413) Protoevangelium of James 53:1; GenRab. 18; bSota 9b; BerRab. 18. 또한 Ellis 1957, 61-62를 보라.
414) A.Oepke, *TDNT* 1: 384-85; Nauck 1950, 156n.
415) Contra(반대로) Hanson (1968), 72-73.
416) Dibelius (1909), 177-78; DibConz47-48; 또한 Hanson (1968),74를 보라.

리고자 한다. 논쟁이 계속됨에 따라, "정결한 처녀"라는 비유적 표현은 이브가 성적 유혹('속임' [echapatan]으로 표기됨)을 당하기 전의 모습이라고 암시되는데, 이는 타락에 대한 랍비적 인식을 표현한다. 하지만 이것은 분명 바울이 명시한 것보다 결혼의 비유로부터 더 많은 것을 도출하려는 것이다. 그는 거짓 교사에게 속임을 당하여(딤전 2:14-15) 죄에 빠지게 된(고후 11:3b-4) 전체 교회에게 이브에 대한 언급을 적용하는 것이다. 아마도 이 구절에서는 뱀(사탄)이 진실한 교리를 왜곡하는 모든 이들의 원형이라는 신념이 작용하고 있는데, 목회 서신에서는 이것이 좀더 확장되고 있다(4:1의 "귀신의 가르침"과 5:15의 "사탄에게 돌아간"을 보라). 바울은 문맥이 확인해 주는 것처럼, 교리적인 왜곡('그 마음이 부패' [phthare ta noemata], 3절; 또한 4, 14, 15절을 보라)을 염두에 두고 있으며, 고린도 교인들에게 거짓 교리의 위협을 강조하기 위해 이브의 꼬임 당함이라는 모델을 묘사하면서 단순한 "꼬임"에 초점을 둔다.[418] 그러므로 바울이 마음속에서 랍비 전통을 더욱 사변적으로 전개시켰다는 명백한 증거는 없다.[419]

사실 디모데전서 2:14의 의도를 밝히는 방법은 고린도후서 11:3의 이브와 뱀에 대한 바울의 언급을 이해하는 것이다. 에베소 교회의 당시 상황을 재고해 볼 때, 거짓 교사가 끌어들인 실현된 종말론은 여자들(그리고 노예들)로 하여금 갈라디아서 3:28(그리고 유사한 구절)에 선언된 평등 선언을 실현하도록 충동질해서 그 결과 남자와 여자라는 사

---

417) Jervell (1960), 304; Nauck (1950), 156 n. 30 ; Dibelius (1909), 50-51; Hanson (1968), 71.
418) Harris (1976), 385; Goppelt (1978c), 131 n.17; Trummer (1978), 148-49.
419) Cf. Ellis (1957), 63.

회적 제약에서부터 벗어나게 만들었다. 그들은 이브와 고린도 공동체가 그랬듯이 참으로 꼬임을 당했는데 그 결과는 죄에 빠진 것이었다. 저자가 묘사하고자 원했던 것은 그들이 죄를 짓도록 만들어가는 방식, 다시 말해 진실을 속임으로 죄에 빠지도록 충동질하는 방식이었다.[420] 하지만 그들의 죄는 성적인 죄가 아니었으며, 책임이 먼저 누구에게 있는지도 다루어지지 않고 있다(롬 5장 참조). 오히려 신약 가훈 전승의 영향, 삶의 정황(Sitz im Leben)의 재구성, "순종함"의 의미, 그리고 특히 15절 등이 시사하는 것처럼, 그들의 죄는 사회 구조에서 벗어나는 (이탈함) 것으로 구성되었다. 고린도후서 11:3에서 이브에 관한 이야기를 고린도 교인의 상황에 적용하는 것은 그것이 왜 여기(디모데전서의 해당 본문)에서 묘사되었는지를 설명해 줄 뿐 아니라, 또한 디모데전서 2:13에서의 창세기의 자료 선택, 그리고 여기에서 다루어지는 문제가 속임을 당한 여인들을 포함하고 있다는 사실 등은 이러한 구약적 주제의 적용을 가장 적합하게 만들었다.

　신약 가훈 전승의 영향과 삶의 정황(Sitz im Leben)을 고려한 우리의 설명은 14절의 존재를 만족스럽게 설명해주며, 그리고 여자는 남자보다 본래 속임을 당하기 쉽다는 식으로 저자가 가르쳤다고 결론짓지 않도록 해 준다. 랍비들이 여자가 열등하다는 신학적 근거를 찾기 위해 지나칠 정도로 나간 것은 사실이지만, 예수님이나 바울이 비슷한 시각을 가졌다고 증명하기는 어렵다.

　5절은 13, 14절에서 추정되는 점, 즉 여자들이 사회제도로부터 이탈

---

420) Trummer (1978), 149.

함으로써 죄를 짓고 있다는 것을 지적하는데 도움을 주고 있고, 그렇게 함으로써 여자들을 향한 권면의 기초를 확고하게 결론짓도록 해준다. 구원의 약속은 긍정적 변화를 가져오지만, 그것은 단순히 13, 14절의 강도를 낮추기 보다는 이 상황에서 "참여"가 무엇인지를 설명해 주는 실제적인 처방을 제시하고 있다.[421] 이 구절에 대한 여러 해석 중에서,[422] 세 가지만이 여기에서 논의될 필요가 있겠다.

(1) 15절은 창세기 3:16의 심판을 염두에 두고서, 믿는 여자들은 안전하게 해산을 경험하게 될 것이라고 제안한다.[423]
(2) 15절은 창세기 3:15의 약속에 따라 그리스도의 성육신을 언급하고 있고, 따라서 믿는여인들이 "그리스도 탄생"을 통해 구원을 얻을 것이라고 주장한다.[424]
(3) 15절은 모성으로 특징지어지는 적절한 역할을 고수함으로, 여인

---

421) 역시 Moo (1980), 71; 많은 주석가들.
422) 이러한 견해들은 즉시 제외될 수 있다: (1) "기독교 여성들은 반드시 해산을 해야만 그것을 통해 구원을 경험할 것이다"(Scott28); (2)자신의 적절한 역할을 준행('아이 출산' [teknogonia])하고 그리고 기독교인의 덕을 유지함으로써, 여성들은 남자의 역할을 그릇되게 받아들이지 않게 될 것이다(Hurley 1981, 222); (3)기독교 여성들은 선행에 의해서 구원을 얻는다(cf. Spicq 383); (4) 사람이 죄를 짓는 수단, 그것을 통하여 구원을 받는다는 랍비적인 견해가 표명된다(DibConz 48; Baltesweiler 1967, 238).

그러나, (1) 통하여(dia)의 용법과 (2) 구원(sozein)이라는 단어의 용법과 (3) 아이 출산(teknogonia)이라는 단어의 용법에 있어서의 머뭇거림은 (4) 랍비적 사고가 14절(이러한 용어로 15절을 설명하기 위한 선행조건)에서 활동 중이라고 하는 것을 예증하지 못한다.
423) Moule (1959), 56을 보라.
424) E.g. Payne (1981), 177-79; Lock33
425) 이같은 설명에는 편차가 있지만, 일반적으로 일치된다; Moo (1980), 71-73; Kelly 69; Kassing (1958), 40. Cf. Hurley (1981), 222.

들이 자신의 구원을 실현시킬 수 있다고 주장한다.[425]

첫 번째 주장은 선택에서 제외될 수 있다. "구원 얻음"(sozein, "해산함으로 구원을 얻으리라")이 육체적 해산의 의미를 지닌다고 주장하지만, 이 견해가 신빙성이 없는 것은 본절이 죄로부터의 구원이라는 것을 지속적으로 지칭하기 때문이다.[426] 더욱이 그것은 함께 쓰인 "만일 정절로써 믿음과 사랑과 거룩함에 거하면"이라는 조건절과 의미가 맞지 않는다. 두 번째 견해 역시 창세기 설명을 가깝게 따르고 있으면서도 관사를 가진 "해산함"(he teknoginia)을 설명하려고 시도한다. 그렇지만 저자가 그리스도의 성육신을 지칭했을 가능성은 있지만, 거스리(Guthrie)가 지적하듯이, "그가 그것을 말하는데 있어서 그렇게 불확실한 방법을 선택했을 수는 없다."[427] 저자가 실제로 사회 구조를 따르는 것에 관심이 있었다는 주장이 맞는다면, 좀 더 만족스러운 설명이 있어야 할 것이다.

세 번째의 주장을 하는 사람들은 규정된 여성의 역할을 보편적으로 정의된 것으로 간주하기 때문에, 결과적으로 저자가 창세기 명령에 대한 순종을 심중에 품고 있었다는 추정을 한다. 하지만 우리의 판단으로 이것은 규범적인 역할이 거론될 때에만 옳다고 본다; 그러나 규범성을 결정하는 판단 기준이 소위 말하는 창조 질서라기보다는, 신약 가훈 전승이 제시하듯, 당시 사회에서 확립된 구조이다. 15절의 구원의 개념은 서신 전체에 걸쳐 명시된 것과 일치하지만, 구원이 실현되는 통로로서 사회 제도를 따르고 참여해야 할 필요성이 여기에 가장 명확하게 나타

---

426) 딤후 4:8은 예외일 수 있다: 제3장 4.1절을 보라.
427) Guthrie 78.

난다. 목회 서신에서 구원은 아직 이루어지지 않은 것으로 여겨진다. 구원의 완성은 전문 용어들인 "믿음, 사랑, 거룩, 정절"에 의해 특징 지워진, 진정한 기독교적 삶을 끝까지 살아낸 여인들을 위한 약속된 보상이 된다.[428] 여성 일반에 폭넓게 해당되는,[429] 관사를 지닌 "해산"이라는 용어는 사회에서 여성의 역할을 가정이라는 정황 속에 위치시킨다. 왜냐하면 대부분의 여성들이 기혼이었으므로, 이 역할은 이러한 문화에서 "순종" 명령의 뜻을 가장 잘 표현하는데, 이것을 예배 회중에 참여하는 여인에게 특별히 적용하는 작업이 여기서 적극적으로 확장되고 있다. "해산"의 동사형은 디모데전서 5:14에 나타나는데, 여기서 가정에서 여자의 역할이 어느 정도 좀더 자세히 그려지고 있다: "그러므로 젊은이는 시집가서, 아이를 낳고, 집을 다스리고, 대적에게 훼방할 기회를 조금도 주지 말기를 원하노라"(cf. 딤전 5:9-10; 딛 2:4-5). 그리고 이 구절에 나타난, 이러한 역할을 채택한 명분, 즉 외부자의 평가는 규범성의 기준이 용인된 사회 구조라는 것을 확증해 준다.

따라서 여성들을 향한 교훈들은 한층 더 분명한 근거를 갖게 되고, 신약 가훈 윤리의 명분은 그들에게 다음 사실을 상기시켜줌으로써 결론지어진다: 사회에서 정의된 남녀 제도를 붙들고 바로 그러한 노정 가운데서 참 기독교를 보존함으로써 구원이 현실화된다. 여기에는 적극적이며("만일 ...에 거하면") 적절한("해산함으로") 행동에 대한 이중적인 강조점이 존재하는데, 그 효력은 믿는 여인들과 그들의 삶의 방식을 주시하는 불신 세상 양편에서 흘러나온다.

---

428) 앞의 2절을 보라.
429) BDF 131-32 para. 252; Guthrie 77; Moo (1980), 71.

요약하기

이 구절들은 11, 12절의 순종 명령의 문제를 구체화하기 위해 주어진 것이지 사회제도에 대한 어떤 특정한 보편적 정의를 방어하는 것이 아니다. 13절은 하나님의 창조 계획 속에서 남녀 제도를 정초하고 있는데, 하나님이 제도 또한 만드셨기에 지켜져야 한다는 것이다. 14절은 이브가 꼬임을 당한 것을 주제로 하여 거짓 교사들에 의해 꼬임을 받은 에베소 여인들이 유사하게 죄에 빠진 것을 지적하고 있다. 그들의 죄는 사회 제도가 부과한 제약들로부터 이탈한 것이었다. 15절은 여성들에게 이러한 사회제도에 참여함을 통하여 그들의 구원이 이루어질 수 있다고 상기시킴으로써 권고를 마치고 있다.

〈 딤전 2:11-15의 함축들 〉

교회 사역에서 여성들의 역할에 대한 현 시대의 논쟁의 면에서 볼 때, 디모데전서 2:11-15의 함축들과 신약 가훈 전승의 의도를 좀 더 분명하게 밝히는 것이 중요하다. 종말이 완전히 이르기 전에는, 전승에 근거하여 선언된 순종의 명령을 따라야 할 필요가 있는데, 그것은 우리가 이해하는 바대로 사회제도로부터의 이탈이라기보다는 참여를 의미한다. 다시 말해 특정한 사회 제도에 대한 사회의 정의(definition)가 왜곡되어 있는 경우에, 이를 적합하게 만들기 위해서 타협하지 않고 그와 관련된 성경의 명령들을 사용해야만 한다. 하지만 그와 동시에 새로운 공동체는 종말론적인 평등 원칙을 실현시켜야 할 의무가 있다(갈 3:28; 골 3:11; 고전 12:13). 평등이 실현될 수 있는 속도를 조정(선교 명령의 중대성과 그 결과로서 선한 증인이 되어야 할 필요성 때문에)하는 것과 따라서 선한 증거를 수행해야 할 필요성은 교회를 둘러싸고 있는 사회 구조, 그리고 아마도 많은 경우 새로운 공동체의 구성원들 스스로가 자주 오래 잔존하는 시대적 문화 편견들을 떨쳐 버리는 능력일 것이다. 신약 가훈 윤리는 사회 제도들이 왜 지켜져야 하는지를 설명해주고 있을지언정(다시 말해, 선한 증인으로 삶으로써 복음을 앞당기기 위해서), 각 상황에서 어떤 종류의 "참여"를 일으켜야 하는지 정확하게 이야기해 주고 있지 않다. 이것은 다양한 사회 제도들과 연관된 기대되는 행동이 시간이 지날수록, 그리고 한 문화에서 다음 문화로 넘어갈 때 변하게 되는 것이라면, 오직 성령의 인도하심을 받은 공동체의 집단적인 양심에 의해서만 결정될 수 있다. 따라서 교회 구성원들의 사역 가능성은 (1) 남녀 제도에 대한 사회의 정의(定意), (2) 사회 구조의 변화들을 평화롭게 인내할 수 있는 신앙 공동체의 능력(불행히도 교회 내의 혼란이 복음에 피해를 줄 수 있는 만큼 주변 문화 구조를 무시하는 것도 피해를 줄 수 있으므로 변화를 피할 수는 없다.), 그리고 (3) 소유한 영적인 은사를 따라서 오직 정당하게 규제될 수 있는가 하는 것이다. 하지만 순종 명령이 어떤 문화나 시기 속에서 어떠한 구체적 모습을 갖는가는 상관없다. 왜냐하면 그리스도의 진정한 자유 속에 있는 것은 새로운 공동체 속에 거하든지 그렇지 않든지 간에 다른 사람들에 대한 겸허한 봉사를 통해서만 실현될 수 있기 때문이다(사실 그래야만 한다).

〈 특주: 딤전 2:11-15와 고전 14:33b-35의 관계 〉

디모데전서 2:11-15에 포함되어 있는 권고와 바울의 초기 사상 사이의 관계를 검토하기 위해서는, 고린도전서 14:33b-35과 비교가 필요하다(어떤 점에서는 고린도전서 11:2-16 또한 참조할 필요가 있다). 이 두 구절은 놀랄 만큼 유사하다. 양쪽 모두 예배의 상황을 다루고 있으며 (고전 14:26 및 딤전 2:8 참조), 양쪽 모두 여성[430]에게 복종의 명령을 적용한다는 점에서 기본이 되는 동일한 주제를 다루고 있는데, 그들은 실현된 종말론을 그 체계 속에 잘못 도입하여 사람들로 하여금 남성과 여성의 사회적 제도를 무시하도록 인도하였다. 고린도전서 14:34의 표면적 의미, 그리고 두 구절 간의 유사성은 풀이할 필요가 있겠다.

더욱 광범위한 측면에서 여성의 복종을 명하는 점은 34절의 제한 사항에서 명백하게 드러난다: "저희의 말하는 것을 허락함이 없나니, 오직 복종할 것이요." 그런데 사회적 관습에서 벗어나겠다고 선언하는 행위 자체는 "말하는 것"(lalein)을 통하여 나타나게 된다. "말하는 것"(lalein)이라는 술어의 의미는 이 구절에서는 해석의 난제(crux interpretum)에 해당된다. "말하다"는 술어와 같이 말한다는 의미를 가지는 동사는 대부분의 경우 문맥상의 의미 때문에 제한을 받게 되기 때문에, 일반적으로 "말하는 것"이 아니라 특정한 조건 하에서 "말하는 행위"를 의미하는 것이라고 보아야 한다.[431] 그러므로 고린도전서

---

430) 고전 14:34의 "여자들"(ai gunaikes)은 일반적인 여성을 지칭한 것으로 보는 것이 가장 합당하다. 왜냐하면, 고전 11:2이하에서는 부인을 포함한 모든 여성들이 예언과 기도를 할 수 있도록 허락된 것으로 간주된다(Jervell 1960, p.302 참조). 만일 부인들을 제한한다면, "나이 어리고 미성숙한 소녀들"이 "말하는 것"을 허락하는 것이 되기 때문에, 그러한 제한은 비상식적인 것이 될 수밖에 없기 때문이다(Grudem 1982, pp. 247-249 참조). 엘리스(Ellis)의 논의는 순수하게 35절('자기 남편에게', tous idious andras)에 의거한 것이다. 그러나 딤전 2:15와 마찬가지로, 이것은 평균적인 여성의 사회적으로 수용 가능한 대안을 유형화함으로써 복종의 명령을 확장한 것으로 추측된다.

431) 예를 들면, "말하는 것"(lalein)은 비유로 설명한 말씀(마 13:34이하) 또는 예수님의 가르침(요 18:20) 등의 구절에서 볼 수 있다. Grudem (1982), p. 244.

14:34에서 "말하다"라는 술어의 의미를 이해하려면 문맥에 근거한 매우 세심한 주의를 기울일 필요가 있다. 고린도전서 14:26-36의 큰 문단 구조를 설명하기 위한 다양한 시도가 이루어졌는데, 그 중 그루뎀(W.A. Grudem)의 시도가 가장 적합한 것이라 할 수 있다. 34절과 "말하는 것"을 적절하게 이해하기 위해서 그의 개요를 간략하게 인용하는 것이 도움이 될 것이다.

26절: I. 일반적 진술: 너희가 모일 때에 ... 모든 것을 덕을 세우기 위하여 하라
27절: A. 특정 사례 1: 만약 누가 방언으로 말하거든
    1. 두 사람이나 다불과 (많아야) 세 사람이
    2. 차서를 따라 하고 한 사람이 통역할 것이요
28절: 3. 만일 통역하는 자가 없거든
    a. 교회에서는 잠잠하고
    b. 자기와 및 하나님께 말할 것이요
29절: B. 특정 사례 2: 예언하는 자는 둘이나 셋이나 말하고 다른 이들은 분변할 것이요
30절: 1. 만일 곁에 앉은 다른 이에게 계시가 있거든 먼저 하던 자는 잠잠할지니라
31절: a. 너희는 다 ... 하나씩 하나씩 예언할 수 있느니라
    (1) 모든 사람으로 배우게 하고 모든 사람으로 권면을 받게 하기 위하여
32절: b. 예언하는 자들의 영이 예언하는 자들에게 제재를 받나니
33a: (1) 하나님은 ... 화평의 하나님이시니라
33b-34a: 2. 모든 성도의 교회에서 함과 같이 여자는 교회에서 잠잠

하라
34b: a. 저희의 말하는 것을 허락함이 없나니, 오직 복종할 것이요
       (1) 율법에 이른 것 같이
35절: b. 만일 무엇을 배우려거든 집에서 자기 남편에게 물을지니
       (1) 여자가 교회에서 말하는 것은 부끄러운 것임이라
36절: c. 하나님의 말씀이 너희에게로부터 난 것이냐 …
       (33b와 연결된 것 같고 표준적 관습을 권면함)

29절 이후의 바울 사상의 흐름에 대하여 그루뎀은 다음과 같이 요약하고 있다:

먼저, 바울은 특정한 사례를 제시하고 있다(B: 예언하는 자는 둘이나 셋이나 말하고 다른 이들은 분변할 것이요). 다음으로, 그는 29절 상반절에 대한 부가적 가르침을 제시한다(30-33a). 그리고 그는 29절 하반절에 대한 부가적 가르침을 제시한다(33b-36). 사실 바울에게 있어서 여성에 대하여 설명한 구절이 앞에 없기 때문에, 30-33a는 하나로 통합된 부분으로서, 어떠한 부분도 삭제될 수 없는 것이다.[433]

그루뎀의 구조 분석에 의거하여, 34절의 (그리고 35절 또한 마찬가지로) "말함"(lalein)은 예언과 그에 대한 평가를 다루는 부분에 연결되

---

433) Grudem (1982), p. 250.
434) *Ibid*. 251-252. "말하는 것"(lalein)에 대한 이러한 의미는 (1) 신약에서 "침묵"(sigan)과 "말함"(lalein)의 용례는 주로 문맥상의 제한을 받도록 사용되고 있으며, (2) "말함"(lalein)이 복종의 명을 위반하는 종류의 발언을 의미하는 것으로 사용되고 있고(이 범주에는 회합에서 이루어지는 모든 종류의 발언이 포함되는 것은 아니다. 11:3 이하 참조), (3) 본문의 구조 자체와 관련을 맺고 있다. Hurley, (1973), 216-218 참조.

는 것이 분명하며, 그러므로 "예언의 분변"⁴³⁴⁾에 대해 특별히 언급한 것이다. "말함"에 대한 이러한 해석은 구조적 측면에서 입증될 뿐만 아니라, 디모데전서 2:11-15의 가르침과 부합하면서도 고린도전서 11장의 바울의 가르침에 대해 존재할 수 있는 모순을 피하는 장점도 가진다. 그러므로 이것은 예배의 모임에서 여성의 복종 원칙을 위반하는 것은 일반적인 "말함"이 아니라 "예언을 분변함"이라고 해야 한다. 이와 마찬가지로, "말함"(lalein)과 유사하게 "잠잠함"(sigan) 또한 문맥의 내용으로 한정지어⁴³⁵⁾ "예언의 분변을 존중하기 위하여 잠잠하여야 한다"라고 이해되는 것이 좋다.⁴³⁶⁾

앞서 살펴본 바와 같이, 디모데전서 2:11-15와 고린도전서 14:34의 두 본문 뒤에는, 실현된 종말론의 도입으로 인해 발생된 유사한 문제가 존재한다(갈 3:28; 고전 12:13).⁴³⁷⁾ 따라서 남성들에게 일반적으로 제한한 역할에 여성들이 참여하는 것이 명백한 문제가 되듯이 마찬가지로, 남성과 여성에 관하여 문화적으로 규정된 관습으로부터 여성을 분리시키는 것도 문제가 되는 일이었다. 따라서 복종해야 한다는 명령이 제시된 것이다. 디모데전서 2:11-15에서 이것은 여자가 남자를 가르치거나 남자를 주관하는 권위를 지니는 것을 금지하는 것을 의미한다. 반면, 고

---

435) 이에 관한 가장 좋은 사례는 고전 14:28에서 방언을 말하는 사람에 대하여 바울이 다음과 같이 서술한 것이다: "만일 통역하는 자가 없거든 교회에서는 '잠잠하고'(sigato) 자기와 및 하나님께 말할 것이요" 여기에서 "잠잠하다"는 말은 찬송과 기도 등에서 그를 배제하는 절대적인 것이 아니라는 점이다.
436) Grudem(1982), 252; Hurley(1981), 189-194.
437) 고전 12:13에서 "남자와 여자"(arsen kai thelu)가 삭제된 것은 공동체 내의 여성들이 벌인 해방운동을 여기에서 명확하게 보여주는 것이라는 관점에서 상당히 시사적이다; Gayer(1976), 135-53; Jervell(1960), 293-295; Meeks(1974), 180-204.

린도서의 구절은 예언에 대하여 평가를 제한하는 것을 의미한다. 이때 어느 구절도 여성으로 하여금 절대적으로 침묵하기를 요구하는 것은 아니라, 금지된 행위와 관련하여 침묵을 유지하기를 요청한 것이다.

비록 두 기능 사이의 관계를 명확하게 한정짓는 것은 매우 어렵지만, 그것들 사이에 공통점이 많다는 점은 충분히 유추할 수 있을 것이다. 가르침은 의심할 바 없이 구약 성구의 해석과 더불어, 점차 성장하고 있는 초대교회의 지체들에게 그리스도의 가르침과 그리스도인의 윤리적 행동 규범에 관하여 설명하고 적용하는 것과 관계된 것이다. 그것은 물론 주의 깊은 분별을 필요로 하는 것이며 또한 그에 상당한 권위에 의거하여 수행되어야 하는 것이다. 예언을 분변함에 있어서 분별이라는 측면이 더욱 강조되어야 하겠지만, 이것이 단순히 예전부터 유지된 것과 새로운 발견 사이의 상호 관련성을 뜻하는 것이 아니다. 덧붙여서 말하자면, 어떤 점에서 예언은 윤리적 이유로 인하여 과거의 계시를 현재의 상황에 영적으로 적용하는 것이지만, 분별은 그러한 적용 자체가 또한 유효한지에 대한 결정을 수반한다는 것이다.[438] 어떠한 경우이든, 만일 여자가 남자를 가르치고 그들을 주관하는 권위를 가지는 것이 예배의 공동체에 있어서 남자와 여자의 관습적인 구조를 위반하는 것이라면, 예언의 분별에 있어서도 마찬가지라는 점이 도출되는 듯이 보인다.

제도에 있어서와 마찬가지로 구약에 근거한 금지사항에 있어서도

---

438) 예언과 가르침의 관계, 기능, 매개변수, 분별 등에 관한 전반적인 논의는 다음을 참조할 것. Grudem(1982), 181-230 ; Hill(979), 108-122, 132-133.

또 다른 유사성을 발견할 수 있다.[439] 구약에서 여성들로 하여금 침묵을 지키도록 명령하는 가르침이 없지만, 주어진 사회적 관습에 충실하도록 하라는 사례를 통하여 알 수 있듯이 "율법에 이른 것같이"라는 진술은 아마도 더 광범위한 복종의 원리를 언급하는 것이라 볼 수 있다. 많은 사람들은 바울이 창세기 3:16을 염두에 두었을 것이라고 주장[440]하지만, 남성으로부터 여성이 창조되었음을 자세히 설명하는 창세기 2:21-23을 염두에 두었을 것이라는 추측이 보다 안전한 추측이라 할 수 있다.[441] 이것은 고린도전서 11:8에서 남녀 제도에 관한 준수의 근거가 되는 것이었는데, 여기서 순종 명령이 명확하게 선포되도록 격려되었다.[442] 게다가, 디모데전서 2:13에서 동일한 제도를 창조에 정초시키기 위해서 창세기 2:21-23이 또한 활용된다.

끝으로, 언어적이고 개념적인 대비를 제시해야 하겠다. 첫째로, "잠잠하라(침묵)"는 말은 두 구절 모두에서 일정한 역할을 담당하고 있다. "잠잠하라"는 표현은 고린도전서 14:34의 서두에서 첫 명령형 동사(sigatosan)로 등장하는데, 이것은 "말하는 것"을 금지한다는 의미로서의 기능을 나타낸다. 디모데전서 2:11의 서두에서는 "배우라"

---

439) 바울의 저작에서 "율법"(ho nomos)은 일반적으로 구약을 언급하는 것이다. 이에 대한 예외를 발견할 수 있지만(롬 7:21; 8:2의 사례), 이러한 것들은 단지 문맥상의 의미를 명확하게 하기 위하여 사용된 것이다 ; W. Gutbrod, *TDNT* 4: 1069-78. 이러한 행위를 장려하기 위하여 공동체의 관습을 제정하려는 호소도 있지만(v. 33b ; Schrage, 1961, 120, 217 참조), 이것은 "율법"에 관한 언급에 대해서는 부차적인 것이다.
440) Ellis(1981), 214 ; Dautzenberg(1975), 261. 등을 참조.
441) Feuillet(1975), 165-167. 참조.
442) 그럼에도 불구하고 이것을 다르게 이해하는 학자들도 존재한다. Jervell(1960), 293-312 ; Gayer(1976), 128-131 ; Hurley(1981), 162-184. 참조.

(manthaneto)라는 형태의 첫 명령형이 나타나는데, 이때 "종용하라"는 말은 여성들의 배우려는 태도를 설명한다. 그러나 12절에서 나타나는 것처럼 "종용하라"(hesukia)는 것은 남성에 대해 여성이 권위를 행사하고 가르치는 것에 대한 반대(안티테제)로서, 고린도전서 14:34의 "잠잠하라"(sigatosan)라는 술어와 명확한 대조를 이룬다.

둘째로, 두 구절 모두 부정어(uk) 표현과 더불어 "허락하다"(epitrepein)라는 동사를 사용함으로써 금지의 의미를 표시한다. 고린도전서 14:34에서 이 동사의 형태는 비인칭 형태인(3인칭 단수 수동태) 반면, 디모데전서 2:12에서는 1인칭 단수로 나타나고 있다. 금지 자체에 관한 유사성에 관해서는 앞서 살펴본 바 있다.

셋째로, 여성의 태도를 명하는 "복종함"(huipotassesthai)이 고린도전서 14:34에서는 "말함"(lalein)을 대신하여 채택되는데, 이것은 디모데전서 2:11에서도 마찬가지로 사용되지만 향후 수용 가능한 여성의 태도에 대하여 더 자세히 설명하는 명사적인 표현으로 사용되었다. 이는 "배우라"는 것이 "가르침"과 대조되는 의미로 사용된 것과 마찬가지로 해석할 수 있는 사례이다. 용어 형태상의 차이점에도 불구하고, 복종의 명령이 각 구절에서 핵심이 된다.

끝으로, 각 구절에서 "배움"(manthanein)이 나타나는데, 이것은 물론 동일한 이유에서 제시된 것은 아니다. 고린도전서 14:35에는 "만일 무엇을 배우려거든 집에서 자기 남편에게 물을지니라"고 서술되어 있다. 이때 "배운다"는 것은 아마도 예언에 관하여 질문이 있을 경우를 일컫기 위하여 사용된 것일 것이다. 그리고 이 규정은

"바울이 금지하는 바로 그 비평들을 자명한 형태로 표현하기 위한 발판으로 사용될 수 있는"[443] 무해한 질문을 묻는 것처럼 가장함으로써 34절의 금지 명령을 슬쩍 우회하려는 여인들을 예상하면서 덧붙여졌을 수 있다. 디모데전서 2:11에서 "배움"은 서두 명령법을 형성하고 있고 주요 금지사항과 보다 밀접하게 관련되어 있다.

요약하면, 두 구절은 상당히 유사하다. 용어상의 유사성도 놀랄 만하지만, 가장 중요한 공통된 특징은 예배 집회 내에서 여성들에게 부과된 복종 명령이 담당한 역할이다. 각 경우에, 금지 사항은 사회적 관습이 적합하게 준수되도록 하기 위하여 그러한 명령이 어떻게 적용되어져야 하는지에 관하여 설명한다. 그렇다면 당 시대와 문화에 있어서 "복종"에 해당하는 역할 관계가 바울에 의해서 보편적이며 영구적인 것으로 간주되었는가 하는 질문이 계속 제기되어야 한다. 그러나 우리가 살핀 것처럼, 적절하게 이해된 "복종"이란 가능한 한 사회가 정의한 대로 사회 구조의 특정한 제도에 참여할 것을 요청한다는 것이다. 각 경우에 있어서 문제는 영적인 열광 상태에서 제도를 무시하려는 여성들에게서 발생된다. 복종이라는 말이 경우에 따라서 "아래"라는 글자 그대로의 의미를 수반하는 것은 남성과 여성의 창조 질서에 의하여서가 아니라, 하나님께서 창조하신 제도가 문화에 의하여 위계적인 용어로 정의되어졌다는 사실에 의한 것이다; 그러나 제도에 참여하는 것은 그러한 "창조" 신분의 당연한 결과이다(cf. 벧전 2:13).

이 두 구절 가운데 발견되는 예외적인 평행점들을 고려할 때, 이들의 문헌적 관계가 어느 정도 관심을 끄는 주제가 되었다는 점은, 특히

---

443) Grudem (1982), 253.

목회서신의 저작자 문제와 관련해서, 놀랄 만한 일은 아니다. 이와 관련하여 몇 가지 중요한 제안들이 개진되어왔다. 어떤 사람들은 본문 및 문예 비평적 입장에 근거해서, 고린도전서 14:34이 디모데전서 2:11 이하에 있는 후대의 원 자료에서 끌어온 해석이라고 주장한다.[444] 어떤 초기 필사자들은 14장 끝에서 34-35절을 제거하고자 하였는데, 왜냐하면 이들 구절은 11장의 가르침과 모순되지 않으면서도 사상의 흐름에 어떻게 들어맞는지 이해하는데 난점을 지녔기 때문이다. 그러나 대안으로 제시된 40절 이후의 위치를 뒷받침할 만한 본문상의 증거가 미약하고(어떠한 사본도 이들 구절을 통째로 삭제하지는 않았다), 앞서 검토한 설명은 26-36절에서 사상의 논리적 흐름을 제공해줄 뿐만 아니라 11장으로 인해 제기된 모순에 대한 해결책을(다른 해석들이 설명하기 어려운 부분이기도 하다) 제공해 주기도 한다.[445]

트럼머(Trummer)는 두 번째 입장을 취하는데, 그는 고린도전서 14:34이 바울의 초기 사상이며 디모데전서 2:11 이하는 이후에 더 발전된 바울 전승을 보이는 것이기 때문에 서로 차이가 난다고 주장한다.[446] 그의 기본 논점은 고린도전서 14:34의 본문이 더욱 일반적인 것이며, 디모데전서 2:11 이하는 초기의 가르침을 해석하는 시도라는 것이다.[447] 이러한 시사점들은 보다 일반적인 술어인 "말함"(lalein, 이에 관해 트럼머는 예언에 대한 평가라기보다는 "가르치는 대화"라고 이

---

444) Dautzenberg (1975), 270-73; Fitzer (1963), 6-14; Gayer (1976), 132-34.
445) 특히 Ellis (1981), 231-20; Grudem (1982), 240-41; Feuillet (1975), 162-70 참조
446) Trummer (1978), 144-51; Mitchel (1948), 90-94; Barnett (1941), 258과 비교.
447) Trummer (1978), 144.

해한다)에서부터 "가르침"(didaskein)이라는 정확한 의미까지 도출된다. 그러므로 후자의 해석에 의거하여, 고린도전서 14:34에서 금지하는 것은 "말함" 자체가 아니라 가르치는 행위이다. 이와 마찬가지로 고린도전서 14:35의 '배우려거든' 이라는 구절에 등장하는 욕구는 디모데전서 2:11에서는 명령으로 제시된다. 두 구절 모두에서 여성의 복종은 금지에 기초를 두고 있는 것이기는 하지만, 이것의 근거는 고린도전서 14:34에서는 단지 "율법"으로 묘사되지만, 목회서신에서는 보다 구체화되어 분명하게 거명된다. 끝으로, "허락되다"(epitrepetai)가 "허락하다"(epitrepo)로 바뀐 것은 바울의 초기 자료로부터 후기 바울 전승(Paulustradition)으로 전환되어가는 과정과 조화된다.

그러나 트럼머(Trummer)가 제안한 것처럼 일반적인 것에서 특정한 것으로 바뀌어간다는 견해가 지탱될 수 있는지는 의심스럽다. 먼저, 고린도전서 14:34에 관한 우리의 해석에 근거하여, "말함"(lalein)은 "가르침" 또는 가르치는 대화를 지칭하는 것이 아니라, 특정하게 예언에 대한 평가를 지칭한다. 따라서 35절에서 언급된 "배우려거든" 이라는 표현은 예언에 대한 평가와 그 과정의 일부인 질문 제기의 맥락 속에서 이해되어야 한다. 디모데전서 2:11의 "배우라"는 것은 예언의 분변과 연결되어 있는지 여부가 명확하지 않으며, 여기서 "배우라"는 명령은 "가르침"을 금지하는 반대(안티테제)로 이해되어져야 한다. 그렇다면 "율법"(ho nomos)이 무엇을 지칭하는지 명확하지 않다고 간주하는 것은 불필요하다. 바로 앞 3장에서 서술한 것처럼, 만약 바울이 창세기 2:21-23을 언급함으로 여자의 복종명령의 근거를 삼았다면, "율법"(ho nomos)에 관한 간단한 언급은 특정한 구약자료를 상기하기에 필요한 모든 것일 수 있다(만일 그것이 남성과 여성 제도에 있어서 여성의 참여라는 동일한 문제를 다루는 것이라고 이해된다면). 결국, 동사의 형태 변화는 어떠한 것도 결론적으로 증명할 수 없는 것이다. 바울 사도가 이미 널리 알려진 원칙을 그 자신의 정책으로 수용하여 언급했다고 생각할 수도 있을 것이다; 디모데전서 2:12에서 바울이 그 가르침을 작성한 장본인이라는 주장이 들어있지 없지만, 거기에는 사도적 승인(apostolic endorsement)이라는 동기부여적 요소가 덧붙여져 있다. 간단히 말해서, 두 본문들에 관한 면밀한 분석을 통하여 트럼머의 설명이 다소 빈약하다는 사실이 밝혀진다.

엘리스(Ellis)는 보다 더 설득력 있는 주장을 전개한다. 그는 이 구절의 유사한 특징들이 "직접적인 문예적인 관계보다는 두 구절이 빚을 지고 있는 공통적인 전승 또는 기존의 규정"을 지시한다고 주장한다.[448] 우리가 제안하였듯이, 각 경우에 적용되는 전승은 신약 가훈(Haustafel) 전승이라고 정의될 수 있다. (1) 두 교회는 십중팔구는 일부 여성들을 종말론적 동등성의 원칙을 실행하도록 이끌었던 실현된 종말론의 소개로 인해 혼란을 겪고 있었다. (2) 결과적으로 그들은 정의상 그들의 활동들을 예배 집회 내에서 제한시킨 남-여 제도로부터 떠났다. (3) 이러한 해방 경향은 사회 제도를 위반하는 활동들에 종사했던 각 교회의 여인들 가운데서 비슷하게 나타났다. 이러한 혼란을 해소하고 질서를 회복하기 위하여 '신약 가훈 윤리'(NT Haustafel ethic)가 적용되었다: (1) 사회 구조 속에 다시 복귀하는 일은 "순종"이란(hypotassesthai/hypotage) 술어를 빌려 명령된다. (2) 실제로 이것은 특별히 금지된 행위를 삼가는 것을 의미하는 것이다. (3) 창세기의 남-여

---

[448] Ellis (1981), 214-15.

제도에 대한 설명은 이러한 제도에 참여할 필요성을 구체화하기 위해서 요청되었다.

목회서신의 진정성은 이로써 증명된 것은 아니다. 왜냐하면 사려 깊은 학생은 자신의 교사의 원칙을 그 교사와 했던 것과 같이 정확하게 적용할 수 있기 때문이다. 그러나 이 두 구절을 비교해보면 고린도전서 14:34로부터 디모데전서 2:11 이하로 사상이 발전되었다는 제안을 배제하게 만들며, 두 구절들을 바울적인 것으로 보지 못하도록 만드는 증거는 존재하지 않는다.

요약하기

교회만 아니라 남자, 여자들에게 기도하라는 교훈들은 특별한 문제들로 인해 요청된 것이었다. 그러나 이 권면은 부분적으로는 세속적인 윤리 규범으로부터, 그리고 부분적으로는 초대 기독교 윤리 전통으로부터 끌어온, 관계없는 단편들로 구성된 것이 아니다. 또한 디벨리우스(Dibelius)를 비롯한 많은 사람들이 기독교 소시민윤리(Christliche Bürgerlichkeit)라는 용어로 일컬었던 것을 장려하는 것은 균형 잡힌 어떤 해석으로 간주될 수 있는 것도 아니다. 신약 가훈 전통이 사실상 적용되었지만, 그것이 격려하는, 교회가 세상을 향해 갖추어야 할 존경을 받을 만한 자세는 결코 목표 자체가 아니다. 반면에 전승은 그 권면에 내적 일관성을 주입하는데, 그 일관성은 교회의 존재 이유와 기독교인의 생활방식 모두에 대한 조심스럽게 파악한 시종일관한 이해를 드러내준다. 통합적인 이 원칙은 선교적 동기이다; 그것은 공동체의 기도를 규정할 뿐만 아니라, 여인들의 행위에도 영향을 미친다. 왜냐하면 여인들은 교회의 목적 또는 교회의 메시지의 어떤 불가피한 결과가 사회적 무정부상태라고 세상에 시사할 만한 행위들에 (예를 들면, 남자들을 가르치는 것이나 주관하는 것) 참여하지 못하도록 금지당하고 있기 때문이다. 개별 신자의 성장이 이 모든 것에서 간과되는 것은 아니지만 (15절 참조), 강조점은 분명히 공동체 내에서 존경받을 만한 행위를 해야 한다는 데 놓여 있다. 이러한 강조점은 결국 복음 선교를 통해 세상을 구원하기 위한 목적을 지향한다. 우리가 살펴본 것처럼, 저자의 윤리 사상을 그의 신학적 메시지에 근거시키는 것은 논리적이면서도 분명하다. 교회에 그 선교적 의무를 상기시키고, 기도하는 일과 증인으로서 존경받을 만한 삶의 방식에 온전히 참여할 것을 요청하는 것은 구원이 과거 그리스도 사건 속에서 시작되었다는 그의 선포에 있다.

4) 지도자에 대한 권면

(1) 교회의 공적인 구조

이 부분에서 우리는 목회서신에서 그려진 교회가 어떻게 그리고 어느 정도까지 조직화되었는지에 관하여 가능한 대략적으로 파악하려고 노력하는 가운데 초기와 후기 저작을 배경으로 해서 등장하는 직무들에 대해 검토하고자 한다. 우리는 먼저 "감독"(episkopos)과 "장로"(presbuiteros)라는 직책을 다룰 때 우선 그것들의 상호관계의 관점에서부터 다룰 것이다. 그런 다음에 "장로"(presbuiterion)라는 용어에 관하여 살펴볼 것이다. 그리고 직책에 관한 논의는 "집사"(diakonos)를 검토함으로써 보충할 것이다. 마지막으로, 디모데와 디도 그리고 그들의 직분의 본질과 공동체의 권위 구조에 관하여 논의할 것이다.

① 감독과 장로

㉠ 배 경 : "감독"(episkopos)이라는 용어는 목회서신(딤전 3:2와 딛 1:7)에서 오직 2번 등장하는데(cf. 행 20:28 ; 빌 1:1과 비교), 각 경우에 직무의 자격을 의미한다. 이러한 용어가 공동체의 지도층을 가리켜 사용된 것은 두 가지 배경 중 하나에 의거하여 종종 설명된다. 첫째로, "감독"은 그리스의 세속 세계에서 다양한 종류의 직책을 나타내는 용어로 역할을 하였는데, 여기에는 국가 공무원, 지방 공무원, 공동체 지도자 들이 이러한 호칭을 보유할 수 있었으며, 각 직책은 "관리 감독"을 수행하는 것으로 이해되었다.[449] 헬레니즘 유대교 전통은 그 용어를 70인역(LXX)에서 채용함으로써 그 함축적인 의미를 세속 헬라어에서 끌어왔다.[450] 둘째로, 어떤 사람들은 신약의 감독 직책은 유대교 분파 공동체에서 발견되는 유사 직책의 발전과 관련하여 더 잘 이해될 수 있다고 주장한다. CD와 1QS에서 메바케르(mebaqqer)라는 용어는 공동체의 지도자를 표시한다.[451] "메바케르"(Mebaqqer)와 신약의 "감독"(episkopos) 간의 평행점은 기본적인 자구상의 유사성으로 구성되는데, 그것은 각 경우에(비록 1QS에서는 그렇지 않지만) 어떤 영적인 자질뿐만 아니라 기능상의 기본적인 유사성을 요청한다.[452] 그러나 균형을 찾는다면 두 직무들 사이의 차이점은 어떤 확정적인 연결점도 상정

---

449) H. W. Beyer, *TDNT* 2: 611-14 ; Gnilka (1976), 38-39 ; Dibelius (1911), 44-45.
450) 참고문헌 및 논의에 관해서는 Beyer, *TDNT* 2:614-15를 참조할 것.
451) CD 9:18,19,22; 13:6,7,13,16; 14:8,11,13,20; 15:8,11,14; 1QS 6:12,20. Jeremias (1969), 260-62; Nauck (1957), 207. Cf. Lohse (1971b), 284n.46: " 집회를 인도하는 것은 장로의 손 안에 있다".
452) Greehy (1977), 33-35; Jeremias (1969), 261; Beyer *TDNT* 2:618-19

하지 못하게 만들 만큼 두드러진다: (1) CD에서의 "메바케르"(Mebaqqer)는 "진영의 감독자"(14:8)로서 그는 너무 군주적이어서 3세기경의 감독(bishop)에 더 잘 일치하는 존재이다; 또한 (2) 쿰란의 직책에는 집사(deacon)와 같은 인물에 대해서는 어떤 언급조차도 없다.[453] 그렇다면, 전반적으로 초대교회에서 "감독"(episkopos)이라고 사용된 직책의 의미는 일반적으로 헬라 세계에서 관리자들의 다양한 직책으로부터 나온 것처럼 보인다.

"장로"(presbuiteros)는 목회서신에서 4회 등장하는데, 디모데전서 5:1, 17, 19, 디도서 1:5에서 나온다. 첫 번째 사례는 단순히 나이든 남성을 일컫는 것인데, 5:2에서 이와 유사한 장로의 여성 명사, "여장로"(prosbytera)는 나이든 여성에 관하여 일컫는 말로 사용되고 있다(딛 2:2 참조). 그 나머지의 경우 일반적으로 "장로"(presbuiteros)는 기독교 공동체의 직책(office)을 표시하는 것으로 인정되고 있다. 이 용어는 어떤 직책이 아니라 엄격히 말해서 공동체 내의 나이든 남성을 지칭하는 것이라는 예레미야스(Jeremias)의 주장은 널리 받아들여지지 않고 있다.[454] 그러나 실제로 유대교 회당에서 비롯되어 초대 교회에서 공동체의 지도자를 지칭하기 위해 사용된 용어라는 것이 실제적으로 확실하다.[455]

---

453) 또한 쿰란과 다마스커스 지역이 초대교회에 영향을 줄 수 있었던 것처럼, 공동체가 얼마나 작고 그리고 상대적으로 소외되었는가를 역시 의문시할 수 있다; Beyer, *TDNT* 2: 618-19. Cf. Greehy (1977), 33-35; Goetz(1931), 89-93.
454) Jeremias (1961a), 101-104; Nack (1950), 81-84.
455) Michaelis (1953), 28-29, 35; Bornkamm *TDNT* 6: 662-63; Nack (1950), 81-84; Lohse (1980), 62; Goppelt (1970), 226. 유대인의 사고에 있어서 직함의 발전에 대해서는, Bornkamm, *TNDT* 6: 655-61을 보라.

저작권 문제에 관한 한 어떤 사람들은 바울서신에서 "장로"(presbuiteros)가 공동체의 지도자를 지칭하는 것으로 사용되지 않는다는 것을 문제시한다.[456] 그러나 바울 편에서 그러한 관행이 목회서신 밖에서 바울의 선교활동에 대한 누가의 설명(cf. 행 14:23; 20:17)을 통해 암암리에 확인되고 있고, 사역 활동에 초점을 두려는 경향에 비해서 바울이 칭호들을 일반적으로 채용하는 경우가 상대적으로 드물다는 점을 염두에 둘 때, 이 점은 어떤 측면에서 힘을 잃게 된다.[457] 결국, 그러한 증거가 저작자 문제와 연관하여 어떻게 이해가 되든 간에, 그리고 목회서신에서 직무들에 대한 관심 증가가 얼마나 많이 나타나든지 간에, 바울이 "장로"(presbuiteros)라는 호칭에 익숙했을 가능성이 있다.

ⓒ **문제의 주요 해법** : 두 용어의 배경에 대하여 고려해 볼 때, 우리는 목회서신에서 그 용법상의 문제점에 대하여 접근할 수 있다. 두 용어의 관계(동일한 직무에 대한 두 개의 호칭인가, 완전히 분리된 직책들을 지칭하는 호칭인가, 혹은 그 사이에 존재하는 어떤 호칭인가?), 그리고 이로부터 기인하는 의문으로서 목회서신에서 묘사된 교회에서 얼마나 많은 감독들이 한 번에 일하는지 등이 문제의 핵심이다.

우선 제시되어 있는 주요 해법으로부터 시작하는 것이 도움이 될 것이다. 첫 번째는, 복수명사인 "장로들"(presbuiteroi)과 "집사들"

---

456) 예를 들어, Trummer (1978), 213을 보라.
457) Cf. Bornkamm, *TNDT* 6: 664. 목록표의 상단부에는 다음과 같은 용어가 있다 : 다스리는자 (proistamenoi), 수고하는 (kopiontes); cf. 돕는 (antilemfis), 다스리는 (kubernesis) 은사들.

(diakonoi)에 대조되고, 단수 형태로 등장하는 "감독"(episkopos)에 기초하여, 감독의 직무는 목회서신에서 군주적인 기능을 가졌다고 흔히 주장되어 왔다. 한 감독이 지역 교회를 관장하는 것으로 생각되었는데, 그것은 장로의 직분과 구별되는 것이다[458]; 그러므로 감독(bishop), 장로(presbyters), 집사(deacons)의 세 직책들(offices)을 구별할 수 있다.

두 번째 해법은 유사하게도 다음과 같이 제안한다: 즉, 감독은 단수형으로 이해되지만, 장로회와 공동체를 주관하기 위해 장로들 중에서 선택, 선출, 지명이 되었다는 점에서는 장로회(presbuiterion. 딤전 4:14)와 밀접하게 연관되어 있다는 것이다.[459] 립스(Lips)에 의하면, 이러한 해법은 단수형인 "감독"(episkopos)과 "장로들"(presbuiteroi. 딛 1:5-7)과의 밀접한 관계, 그 양자에 대해 가장 만족할 만한 설명을 한다.[460]

세 번째로, 어떤 사람들은 단수인 "감독"(episkopos. 딤전 3:2 ; 딛 1:7)이 일반적으로 호칭된 것이므로, 공동체 내에서 감독의 집단이 존재함을 보이는 것이라고 설명한다. 디모데전서 5:17 이하에서 설교와 교육을 그 업무로 삼고 있는 "다스리는 자"(proestotes)라고 불리는 사람들과 일치하는 장로들의 대규모 집단의 부분을 형성함을 보여준다.[461] 메이어(J.P. Meyer)는 디도서 1:5-7에 있는 두 직책의 분명한 일대

---

458) 주장하는 이들 가운데에서도 차이가 있다; Blum (1963), 55; 바르취(Bartsch, 1965)는 직무상의 차이를 보았다(그러나, 아직까지 일인 지배적인 감독은 아님); 그 이하 (1965, 265)의 내용은 직무상의 차이에 호감을 갖는 저자의 개념과 상당한 것이 있는 실제적인 사태를 구별한다.
459) Lohse (1980), 67; Hahn (1973), 89-90; Lips (1979), 113-14; DibConz 56; Gnilka (1976), 35; cf. Schmithals (1969), 238.
460) Lips (1979), 113.

일 일치를 관찰하면서, 에베소 교회에서 관찰할 수 있는 업무 분담이 (딤전 5:17) 그레데 교회에서 존재하지 않는 이유는 여전히 그레데 교회가 최근에 생겼고 그래서 발전적인 면에서 아직 앞서지 않았기 때문이라고 주장한다.[462]

이와 유사하게, 네 번째 설명은 단수형태의 "감독"(episkopos)이 더 일반적으로 이해되어야만 한다고 주장한다. 그러나 이 경우에 감독과 장로는 동일한 직책에 대한 두 명칭으로 간주될 수 있다. 세 번째 해법에 따라서, 공동체는 감독들/장로들의 단체 또는 협의회에 의하여 통치되는 것이라고 생각된다.[463]

목회서신의 교회 질서에 관한 상세한 설명을 행하기에 앞서, 절차상 위에서 개관한 해결책들로 범위를 한정하면서, 우리는 목회서신에서 묘사된 것과 종종 비교되는 저술들 속에서 "감독"(episkopos)과 "장로"(presbuiteros)가 역할을 담당하던 방식에 대하여 살펴보아야만 한다. 이것을 통해 목회서신에서 사용된 용어의 용법이 명료해질 것이다. 따라서 첫 번째로 우리는 우선 초기 교부들의 저술들(클레멘트 1서, 디다케, 이그나티우스 서신, 헤르마스의 목자들)에 관하여 살펴볼 것인데, 이들 저술의 연대는 1세기 말에서 2세기 초엽의 몇 십 년 사이에 저술된 것이다. 두 번째로, 그 외 신약의 여러 곳(사도행전, 빌립보서, 베

---

461) Kertelge (1972), 147; Bornkakmm, *TDNT* 6: 668; Floor (1976), 87; Beyer, *TDNT* 2: 617; Goppelt (1970), 189-90; cf. Lohfink (1977), 102.
462) Meier (1973), 324-39.
463) Schweizer (1961), 85; Michaelis (1953), 52-53; Kelly 13, 73-74; Ridderbos (1975), 457; Knight (1975), 112-15; Lohfink (1977), 102; cf. Roloff (1965), 265.

드로서, 야고보서 등)에서 사용된 그 용어에 관하여 검토할 것이다. 바라기는, 이 두 그룹의 저술들을 배경으로 해서 목회서신의 교회 질서가 어느 정도 밝혀지게 되기를 기대한다.

ⓒ 교부들 및 다른 신약 저술들의 증거 :

- 클레멘트 일서

고린도 교회에 보낸 클레멘트의 서신에서 대체적으로 등장하는 직분에 대한 분명한 관심은 소수 개인들이 감독에 대해 반란을 일으켰기 때문에 나타난 것이다(44:1, 4; 47:6). 그 응답으로 클레멘트는 그리스도의 사도가 "그 첫 번째 열매로서 '감독과 집사'를 임명하였음을 주장하고(42:4), 이것은 사실상 새롭게 도입된 것이 아니라 구약 성경과 일치하는 것이라고 주장한다(42:5; 사 60:17에서도 분명하게 나타남). 또한 감독의 직분은(아마도 집사의 직분에 있어서도 마찬가지일 것이라 추측되는데) 한 세대로부터 다른 세대로 이어지도록 준비가 이루어졌다; 감독이 그 후계자를 지명하든지, 아니면 교회 내의 합의에 의하여 명망 있는 사람이 그렇게 지명되었다(44:3). 그러나 감독의 직무를 제적하는 확립된 관행이 깨어지게 됨에 따라, 선한 사람들이 충분한 이유도 없이 변덕스러운 몇몇 개인들에 의해서 감독 직무를 박탈당하는 일이 생겨나게 되었다(44:4-6; 47:6). 이러한 논의가 진행되는 과정에서 감독과 집사의 직무는 널리 입증 되어졌다. "감독"(episkopos)은 "장로"(presbuiteros)와 같은 것이라고 간주되었는데, 이는 47:6과 44:4-5의 대조에 의하면 분명한 것이다.[464] 동일한 구절은 고린도 교회 내의 조직 상황이 다수의 감독들/장로들을 필요로 했다는 것을 또한 밝힌다(47:6). 참고자료에 따르면 동일한 개인에 대한 언급으로서 "지도자들"(hegumenoi, 1:3)과 "직원들"(prohegumenoi, 21:6)이 나타나기도 한다.

다스리는 자(bishop)의 직분은 "감독"(44:1, 4, 4:7)이라고 일컬어진다. "다스리는" 것 이외에, 감독의 직분과 관련된 몇 가지 사항이 덧붙여진다.[465] 그러므로 클레멘트 일서에서 감독 직분은 개 교회의 범위에 한정되지만(만약 "고린도에 있는 하나님의 교회"가 한 공동체 이상의 것을 언급하는 것이 아니라면), 그렇다고 그것이 군주적인 단일 지배체제를 나타내는 것도 아니고, 감독들과 장로들 사이의 차이점을 나타내는 것도 아니다. 감독들은 은사, 기술 또는 사역에 따라서 타인들과 구별되는 장로들일 가능성이 있지만, 그러한 차이점이 곧바로 분명해지는 것은 아니다.

- 디다케

디다케의 삶의 정황(Sitz im Leben)은 여전히 논란의 대상이다; 아마도 시리아에서 1세기 말이나 초에 저작되었다는 설이 아직은 가장 논란이 적다.[466] 감독과 집사에 관해서는 거의 언급된 바가 없기는 하지만, 15:1에서 서술되고 있다. 사실상 이 자료들은 특정한 지역(예를 들면, 시리아) 내에서 개별 교회가 갖는 관행과 조직을 어느 정도 표준화하고자 하는 시도를 나타내는 것이다.[467] 따라서 비록 장로들에 관한 언급이 있기는 하지만 단일 공동체 내에서 다수의 장로가 포함되어 있다는 점에서 교회 질서의 개념에 관하여 다시 한 번 주목할 필요가 있다.

---

464) 슈바이처(Schweizer 1961, 49)는 "장로와 감독으로 알려진 두 편이 여기에서 잘 연합되었다"고 주장한다. 그러나, cf. Campenhausen (1969), 84.
465) 그렇더라도(though) ibid. 85를 보라.
466) 이 문제에 관한 일반적인 토론을 위해서 다음을 보라: Audet (1958), 187-210; Streeter (1929), 76, 144-45. Cf. Goppelt (1970), 123-35.
467) Streeter (1929), 144; Audet (1958), 206-210.

비록 일반적으로는 사도들, 예언자들, 그리고 교사들이 한 공동체로부터 다른 공동체로 옮겨 다니는 교회 사역자임에도 불구하고 핵심적인 인물들이라는 것 또한 확인할 수 있다.[468] 어느 경우가 되었건 간에, 여기서는 단일 지배체제로서의 감독에 관한 사상이 나타나지 않는다; 그러므로 보다 많은 배려와 명성이 예언자에게 주어졌지만(10:7, 13), 감독들과 집사들은 지역 공동체 내에서 예언자들과 교사들의 직무들을 수행할 수 있다(순회사역자가 없을 경우?).

- 이그나티우스(Ignatius)의 서신들

이 일곱 개의 편지 자료들에는 교회 조직에 대한 지속되는 개념이 나타난다. 하지만 기억해야 할 것은 표현되는 것이 실제 교회 상황에 대한 보고라기보다는 저자의 희망이나 이상일 수 있다는 것이다. 각 교회는 한 명의 감독과[469] 장로회[470]와 집사회[471]에 의해 다스려진다. 로마 교회에 보내는 그의 편지에서 이 직분들에 대한 언급이 결여되어 있다는 사실은 놀라운 것이지만, 이는 로마 교회가 확고히 조직되어 다른 교회들이 겪었던 문제들을 하나도 겪지 않은 사실 때문일 수 있겠다.

비록 로마 교회들의 실제 상황 속에서 감독이 어떤 식으로 장로들과

---

468) Schweizer (1961), 142-44.
469) Ign. Eph. 1:3; 2:1,2; 4:1; 5:1,2,3; Ign. Mag. 2:1; 3:1,2; 4:1; Ign. Tral. 1:1; 2:1; 3:1; 7:1; Ign. Smyr. 8:1; 9:1; Ign. Pol. 5:2; 6:1.
470) Ign. Eph. 2:2; 4:1; 6:20; Ign. Mag. 13:1; Ign. Tral. 2:2; 7:2; 7:2; 13:2; Ign. Phil. 4:1; 5:1; 7:1; 8:1; I후. Smyr. 8:1; 12:1; Ign. Pol. 6:1.
471) Ign. Eph. 2:1; Ign. Mag. 2:1; 6:1; 13:1; Ign. Tral. 2:3; 3:1; 7:2; Ign. Phil. 4:1; 7:1; 10:2; Ign. Pol. 6:1.

관계되는지를 확신하는 일은 어렵지만, 적어도 이그나티우스의 생각은 감독이 이그나티우스 빌 8:1에서 "장로들의 모임"(sunedrion tu episkopou)으로서 장로회를 설명한 것같이, 감독은 그 협의회를 권위있게 주관한 것으로 사료된다. 그러나 사실상 이것은 군주적인 감독 통치가 아닌 어떤 다른 제도를 실천했던 교회들에 대해서 자신의 선입견을 몰래 삽입한 것 이외의 다른 것은 아닌 것 같다.[472] 그의 유추는 적어도 그가 감독에게 부여하고 싶었던 막강한 권위를 확인시켜 주며 동시에 각 교회의 위계구조에 대한 그의 관점을 드러내어 준다: 그것은 곧 감독은 신이며 장로들은 사도회이고, 집사들은 예수 그리스도의 집사회라는 것이다.[473] 이그나티우스가 염두에 둔 감독의 권한은 감독을 배제하고 세례를 주거나 애찬을 하는 것(Ign. Smyr. 8:2; 그의 결혼 집례의 역할 참조; Ign. Pol 5:2)이 불법이라는 그의 주장에서 결정적으로 드러난다. 감독이 그의 (지역?) 교회보다 더한 권한을 가진다고 생각하는 명확한 암시는 보이지 않으며, 그의 권위적인 역할을 수행할 때에 장로회와 연합하여 수행하도록 되어 있었다(Ign. Eph. 4:1). 교회들이 실제로 어떤 상황에 처했든지 간에, 이그나티우스 자신의 견해들은 예를 들어 클레멘트 1서에서 주장했던 것들과는 다른 변화된 관점을 드러낸다.[474]

---

472) 바우어(Bauer, 1972, 61-77)는 예를 들어 서머나의 상황에 대한 이그나티우스의 재구성과 이그나티우스의 설명으로부터 실제상황의 자세한 것들을 평가하려고 시도할 때에 주의를 요구하는 폴리갑의 재구성 사이의 상이점을 지적한다. Cf. Gonzalez (1970), 1:73.
473) Ign. Mag. 6:1; cf. Ign. Eph. 6:1; Ign. Tral. 3:1; Ign. Smyr. 8:1; 9:1.
474) Cf. Bauer (1972), 61-77.

- 헤르마스의 목자서

헤르마스의 목자서가 교회 질서에 기여한 바를 평가하는 것은 쉽지 않다. 먼저 전체 교회가 지역 공동체보다는 좀더 큰 관심사였던 것처럼 보이는데(일서 1:6), 여기서는 "교회의 지도자들"(proegumenoi, 이서 2:6)과 "감독들"(5:1)에 대한 호칭을 어느 정도 명확하게 하지 않는다. 저자는 지역 교회를 주관하는 한 명이나 그 이상의 감독이나 지도자를 마음속에 그리고 있는가? 교회는 "지도자"(proegumenoi)와 "관리자"(protokathedritai, 삼서 9:7)를 가지며(이는 단순하게 이서 2:6에서는 단순하게 "지도자"[proegumenoi]라고만 언급됨), 그리고 "교회를 감독하는 장로들과 함께"(이서 4:3)라는 구절을 발견할 수 있다는 점으로 미루어 저자의 마음속에서는 감독들과 장로들이 동일했음을 생각할 수 있고,[475] 그래서 많은 사람들이 지역 공동체를 함께 지배했을 가능성이 높다. 교회(전체이든 로마 교회이든 간에)는 사도와 감독들과 교사들과 집사들이 하나의 돌이 되어서 건물을 이룬다는 식의 모델 위에서 공식적으로 지어지는 것으로 여겨진다.

명백하게, 이 서신들이 속한 시기인 A.D. 90-125에는 교회 조직에 많은 다양성이 있었다. 이그나티우스가 규정한 노선을 따라 지역 교회의 권위 구조를 공고히 하는데 기여했던 역사적, 지리적 요인들을 확인하는데서 나타나는 난점들 때문에 문제들이 복잡하게 얽혀지고 말았다. 그리고 그의 경우에 그가 옹호한 견해들이 무엇보다도 감독의 위치를 공고히 하려는 자기 자신의 관심을 나타내든지, 또는 아마도 그가 편지

---

475) Schweizer (1961), 158-59.
476) Reicke (1957), 143-56을 보라.

한 소아시아 교회들 가운데서 실제로 존재했던 권위 구조보다는 안디옥의 상황들을 반영했을 가능성이 높다. 동시에 우리는 감독 체제로의 발전이 다원적 조직에서 일원적인 것으로 지속적으로 진행되었는지 확신할 수도 없다.[476] 하지만 어떠한 경우에서도 적어도 확실한 점은, 특히 클레멘트 1서와 디다케로부터, 약 1세기 말경에 지역 교회(적어도 이러한 경우에는)가 장로들이나 지도자들이라고 불리던 다수의 감독들에 의해 다스려졌으며, 그 직분이 "감독"(episkope)이라는 용어로 호칭될 수 있었다는 것이다. 한 감독이 장로들의 위원회(장로회)와 집사회를 주관하게 되는 쪽으로 발전한 것은 모든 가능성을 고찰하여 볼 때 그 후의 단계이거나 나중에는 널리 확산되었지만 초기에는 지리적으로 제한되던 현상을 설명해준다.

- 신약의 다른 서신들

이제 우리는 사도행전과 빌립보서, 베드로전서와 야고보서에서 사용된 '감독'과 '장로'라는 단어 사용에 주의를 기울여보고자 한다. 사도행전에서 "장로"(presbyteros)라는 용어는 교회의 "연장자들"(elders)을 지칭하는 말로 열 번이나 등장한다.[477] 이중 여러 개는 예루살렘 교회의 장로들을 지칭하는데, 이들은 사도들과는 구별되어야 한다(11:30; 15:2, 4, 6, 22, 23; 16:4; 21:18).[478] 그들의 직분은, 이미 강조된 바와 같이, 유대교 회당 내에서의 유사한 직책으로부터 도출되었다; 이 것은 사도행전에서 유대인의 "장로들"을 지칭한 것(2:17; 4:5, 8, 23; 6:12; 22:14; 24:1; 25:15; 22:5의 단수격인 장로를 또 참조하시오)과 기독

---

477) 11:30; 14:23; 15:2,4,6,22,23; 16:4; 20:17; 21:18.
478) Cf. Michaelis (1953), 28-29, 35.

교 지도자들이 예루살렘에서 이 용어를 처음으로 채택한 사실에서 뒷받침될 수 있다. 물론 "장로"가 기독교 장로들을 지칭하는 일이 일어나지는 않았을지라도, 이 용어가 그들을 집합적으로 표현하기 위해 사용되기는 쉬웠다. 바울의 선교활동과 관련하여 "장로"라는 단어는 그가 세운 교회를 주관하도록 그에 의해 임명된 지도자들을 묘사하기 위해 쓰였다(14:23; 20:17). 따라서 누가에 의하면 바울은 교회들을 감독하는 장로들의 임명에 대해 알고 있으며 그리고 적극적으로 임명하려 했던 것같이 보인다.

"감독"(episkopos)이라는 용어는 또한 에베소 교회의 "장로들"에게도 적용된다. 사도행전 20:17-35은 에베소 교회 지도자들과 바울의 마지막 만남을 묘사하고 있다: 바울은 밀레도에서 사람을 에베소에 보내어 "교회의 장로들"을 청했다(17절); 그리고 이것은 28절로 연결된다: "너희는 자기를 위하여 또는 온 양 떼를 위하여 삼가라 성령이 저들 가운데 너희로 감독자를 삼고... 교회를 치게 하셨느니라." 이 경우의 "감독자"(episkopos)는 실질적으로 직책이라기보다는 역할을 더 묘사하는 것일 수 있다.[479] 하지만 이 용어가 "장로들"이라고 불리는 집단에게만 제한되어 있다는 것과, 특정한 기능(지도, poimeinein)이 이들 무리들에게만 연관되어 있다는 사실은 매우 중요하다. 그러므로 이 시점에서 바이어(H.W. Beyer)가 결론짓듯이, "그 직분은 이미 실질적으로 존재하고 있다"고 보인다.[480] 결과적으로 우리는 이 구절들이 에베소 교회에서 다수의 감독들이 실재했음을 분명하게 지시하면서, 모든 장로들을 감독들로 불렀다는 점을 간과해서는 안 된다.

---

479) Schweizer (1961), 71; 또한 H.J. Michel (1973), 92-92; Schnackenburg (1977), 419-23.
480) Beyer, *TDNT* 2:616.

바울이 빌립보서의 서두에서 쓴 감독이라는 술어의 등장을 고려해 볼 때, "감독들과 집사들"을 이 교회에서 직책을 가진 자들 이외의 다른 어떤 사람들을 지칭하는 것으로 제쳐 두기는 어렵다.[481] 이 호칭들을, 바울에게 헌금을 모아서 운반하는 일을[482] 했던 자들에 대한 묘사로 한정하려는 시도들은 신빙성이 많이 떨어진다(물론 이런 문제들은 의심할 것도 없이 하나 또는 다른 직무, 아니면 두 직무 모두의 관리 의무들 가운데 일부를 포함했을 것이다).[483] 이 구절을 해석할 수 있는 다른 방법은 이 두 명사가 모두 감독자(즉 "봉사하는 감독자들")[484]를 지칭하는 것으로 보는 것이지만, 이것을 확신할 수 있는 방법은 없다.

마지막으로, 야고보서 5:14과 베드로전서 5:1에서 "장로들"을 공식적 교회 지도자들로 지칭하는 것을 언급하고자 한다. 야고보서 5:14에서 이 용어를 사용한 것은 사도행전의 지역 교회 지도자들을 임명하는 그러한 경향과 일치된다. 이 경우에 장로들의 특별한 기능과 병든 환자가 있을 때 그들을 불러야 한다고 강조하는 방식 등은 전체 교회의 장로들이 특별한 중보기도의 권한을 부여받은 자로 간주되었다는 것을 시사해준다; 치유 은사는 물론 이 직분의 자격요건은 아니었지만 이 직분 자체와 연관된 능력이었다.[485] 데비스(P.H. Davids)가 보여주듯이, "장로들"을 지칭할 때 전체 교회와 연관시키려고 한 시도나,[486] 또는 그

---

481) Ibid.; Gnilka (1976), 32-39; Knight (1975), 112; Ridderbos (1975), 455-56(esp. n. 85), 457, 473.
482) 역시, 예를 들자면, Lohse (1980), 63-64.
483) Beyer, *TDNT* 2: 616; Ridderbos (1975), 455-56. n.85; Gnilka (1976), 32-39.
484) Collange (1979), 37-41; Hawthorne (1983), 10.
485) Davids (1982), 194; Schweizer (1961), 185.

들을 유대인 회당의 기독교 이전 실체로 보려는 시도나[487] 입증될 수 없는 것이다. 야고보서 5:14은 확실히 초기 기독교 지역 공동체 구조 내에 이러한 지배 집단이 있었음을 분명히 보여준다.

장로의 직무는 베드로전서 5:1에서도 유사하게 증언된다. 물론 5:5에서 이 용어는 단순하게 "연장자들"을 지칭하지만, 1절에서 이 용어를 2절("너희 중에 있는 하나님의 양무리를 치되 [감독함]")의 교훈과 합쳐서 고려해보면(그것은 전통적으로 장로의 기능[행 20:28 참조]을 서술한 것임),[488] 그것의 직무적 의미를 나타내어 준다.[489] "감독을 하는"(episkopuntes)이란 술어가 원문이라면,[490] 감독과 장로의 상호 교환성을 한층 더 증거해줄 수 있고, 비록 동사의 형태로 쓰이기는 했지만, 그러한 연관성은 행 20:28에서 관찰된 것처럼 강하게 고려될 수는 없다.

따라서 이 네 개의 신약 서신들에서 나타나는 교회 질서의 모습은 모든 면에서 완전하지는 않을지라도, 다음과 같은 것을 제시한다: (1) '감독'과 '장로'는 적어도 초기에는 지역 교회에서 동일한 직분을 위하여 상호 교환적으로 호칭되었다. (2) 이 직분은 다수의 구성원들로 구성되어 있었다고 제안할 수 있다. 주변의 관련 문헌들에서 얻은 증거를 고찰함으로써, 우리는 비로소 목회서신에서 나타나는 감독과 장로의 관계를 고찰하는 위치에 있게 된다.

---

486) K.L. Schmidt, *TDNT* 3:513.
487) Davids (1982), 192-93.
488) Michaelis (1953), 97-99; Nauck (1957), 202-203, 206.
489) Bornkam, *TDNT* 6:665; Selwyn (1946), 227; Schweizer (1961), 111.
490) 사본상의 문제는 해결하기 어렵기에, 이 단어가 진짜인지는 의문시 된다; *TCGNT* 695-96; Nauck (1957), 200-201.

ⓐ **목회서신에서의 감독과 장로** : 위에서 고찰해 본 네 가지 해석 가운데, 우리는 네 번째 견해를 선호할 것을 제안하고자 한다; 다시 말해 단수형의 "감독"(episkopos, 딤전 3:2; 딛 1:7)은 장로와 유사한 것으로서 총칭적으로 이해되어야 하며, 이 둘은 그 자체적으로 다수의 구성원들로 이루어진 같은 직분을 지칭한다. 먼저, 문헌들에 등장하는 이 용어들에 대한 고찰이 이러한 해석을 가능하게 해 준다. 고찰한 문헌들 가운데, 이그나티우스 서신에서만 여러 장로들을 주관하는 지배적인 감독의 증거를 제시해 준다. 하지만 한편으로는 그의 서신들이 저술된 시기가 목회서신이 저술된 시기 바로 직후이며, 그리고 다른 한편으로는 교회 질서에 대해 그가 제시하는 모습이 종종 사실보다 매우 이상적이어서, 그것이 소아시아 전체에 걸쳐 확장되기는 어려웠을 것으로 보인다. 역으로, 좀더 비슷한 시기에 속한 문헌들은(사도행전과 클레멘트 1서) 이 두 직분간의 관계 성격과 한 공동체에서 한번에 직무를 가졌던 사람들의 수를 증언해 주는데, 이는 목회서신에서 우리가 제시하는 바이다. 하지만 목회서신이 저술된 정확한 시기를 정하는 문제가 논란이 되고 있기 때문에, 결국 우리의 설명에 대한 증거는 이 서신들 자체로부터 얻어져야 할 것이다.

이를 위해 이제 이 두 용어가 매우 밀접히 연결되어 있는 디도서 1:5-7을 보고자 한다. 5절에서 디도는 자신이 "각 성에 장로들을 세우게 하려고" 그레데에 남겨졌다고 한다; 각 도시에서 (즉, 각 지역의 신앙 공동체에서) 많은 수의 장로들의 존재가 규범이 된 것 같다.[491] 같은 방식으로 디도의 임무를 돕는 데 필요한 자격조건이 제시되었지만, 복수에서 총칭적인 단수로의 전환이 뚜렷하다: "책망할 것이 없는 자"(6절). 이러한 자격에 대한 근거는 7절에 명시되어 있다: "감독은 책망할 것이 없어야 하리니." 장로에 대한 구절(6절)과 감독에 관련된 구절(7절) 간에는 두 가지의 접촉점이 있다. 먼저, "왜냐하면"(gar)이라는 단어에 의해 형성된 문법적 연관성이 그것이다. 하지만 두 번째로 똑같이 중시되어야 할 것은, "책망할 것이 없는"이라는 단어가 이중적으로 나타난 것인데, 첫 번째의 것은 장로에 관련하여(6절), 그리고 두 번째로는 감독에 관련하여(7절) 쓰이고 있다. 6-7절에서 글의 구문론적 배열이 제대로 되어 있지 않음을 인정한다. 즉, 6절은 조건문에서 귀결절이 생략되어 있지만, 이것은 7절에서 시작되는 전통적인 "직무 규정"이나 도식의 삽입을 통해서 설명될 수도 있다(아래를 보시오). 그러나 어떤 경우든 이 두 직분이 동등한 것으로 여겨진다는 사실은 상대적으로 명확하다. 단수 명사로서의 감독(7절)은 5절부터 6절까지 연속 등장하는 단수명사로서의 장로와 마찬가지로 총칭적 용어이기 때문에, 결과적으로 이것은 각 교회에 실제로 다수의 감독들이 있었을 가능성을 매우 높여준다.

디모데전서 3:2ff에서 감독의 자격조건과, 5:17에 기술된 장로의 임무에 대한 설명을 비교해 보면 이와 유사한 증거를 찾을 수 있다. 특별히 "다스리다"(prostenai)는 술어는 교회와 관련된 각각의 역할을 묘사하는 데 사용되고 있으며,[492] 그리고 어떤 장로들은 감독들에게 요구되는 의무인 "가르치는 것"(didaktikos, 3:2)에 참여하고 있었음을 볼 수 있다. 5:17에서는 3:2ff에서 볼 수 없었던 직분의 구분이 나타난다. 하지

---

491) Meir (1973), 337 and others. 많은 사람들은 그 구절이 실제상황을 반영하지 않는다고 주장한다; 예, Brox 282-83; Hasler 87-88.
492) Cf. Lips (1979), 114; Bartsch (1965), 107.

만 이러한 차이로 유발되는 문제점들은 역시 3:2ff(아래를 보라)의 전통적 도식에 의해 해결되어져야 한다. 감독과 장로를 비교해 볼 때 생기는 수적 차이는 전자(감독)가 총칭적인 것으로 정당하게 설명되어지면 그다지 중요하지 않다.

우리의 견해에 대한 반대 의견을 다루기 이전 단계에서, 디모데전서 3:2ff과 디도서 1:6ff에서 전통적 규정이나 도식을 채택한 증거가 다루어져야만 한다. 그러한 차용어의 가능성은 다음과 같은 요소들에 의해서 제시된다.

1. 각 경우에서 감독 규정에 대한 매우 유사한 서론적 설명
딤전 3:2 "감독은 책망할 것이 없어야 하며"
딛 1:7 "왜냐하면 감독은 책망할 것이 없어야 하리니"
이러한 서론을 연결해주는 데 이용된 서로 다른 불변사들은 다소 선행하는 내용에 의해 바뀌어 진다.[493] 반면에, "결백한"(anengklemptos)과 "책망할 것이 없는"(anengkletos)이라는 서술 형 용사가 동의어인데[494], 후자로 바뀌어 쓰인 것은 아마도 6절에서 그 용어가 이미 쓰였기 때문일 것이다.

2. 디모데전서 3:2에서와 디도서 1:6에서 각각 감독과 장로의 요건 중 처음 제시한 두 가지 특성이 눈에 띠게 결합하는 현상

---

493) 딤전 3:2에서, 그 규약은 '선한 일'로서 감독의 직무를 묘사하는 충실한 말에 의하여 시작되어지며, 그리고 뒤따르는 자질은 충실한 말의 논리적이고 필연적인 결과로서 소개되어진다(un=그러므로). 하지만, 딛 1:6-7에서, 감독의 규약은 그가 바라보는 바 그 기준이 구체화된 것으로 제시된다(6절). 그러므로 gar(왜냐하면)가 사용된다. Cf. Schwarz (1983), 92.

494) Vögtel (1936), 55; cf. Verner (1983), 70.

딤전 3:2 "책망할 것이 없고 한 아내의 남편이 되며"
딛 1:6 "책망할 것이 없고, 한 아내의 남편이며"
디도서의 경우 다시 배열되어 결과적으로 이러한 자격 요건들이 직접적으로 장로와 연결되기는 했지만, 모든 가능성을 고려해 볼 때 이 요건들의 순서는 전통적인 형태를 가리킨다.[495]

3. 두 가지 요건 목록표의 내용들은 대략적으로 비교될 수 있다.[496]

딤전 3:2이하	딛 1:6이하
책망할 것이 없음	책망할 것이 없음
한 아내의 남편이 됨	한 아내의 남편이 됨
나그네를 대접함	나그네를 대접함
아담함	선을 좋아함
절제함	절제함
자녀들을 복종하게 함	믿는 자녀를 둠
근신함	근신함
가르치기를 잘함	미쁜 말씀을 지킴
	의로움
	거룩함
관용함	고집대로 하지 않음
다투지 아니함	급히 분내지 않음
술을 즐기지 않음	술을 즐기지 않음

---

495) Cf. Trummer (1970), 474; Schwarz (1983), 74-76; Verner (1983), 70, 72.
496) 이 도표는 DibConz 113을 개작한 것이다.

딤전 3:2이하	딛 1:6이하
구타하지 않음	구타하지 않음
돈을 사랑하지 않음	더러운 이를 탐하지 않음
자기 집을 잘 다스림	(방탕하다 하는 비방이나 불순종하는 일이 없는 믿는 자녀를 둠)
새로 입교한 자가 아님	

　분명히, 가감하거나 빼버린 내용은 완벽한 조화를 이루지 못하게 하지만, 이런 것들이 전통적 양식이 되는 데에는 불필요한 준거가 된다. 그 예로 "새로 입교한 자가 아님"을 생략한 것은 이 전통을 상대적으로 초기 발달단계에 있는 그레데 교회들에 적용시키는 데 필요한 수정 절차였을 것이다.[497] 전체적으로 볼 때, 목록들은 형식과 내용에 있어서 동등하고 무엇보다도 목적의 면에서 볼 때 아주 확실하며, 그리고 결합된 많은 이런 구절들은 직분의 자격요건을 제시하는데 전통 양식과 형식이 도입되었음을 제시한다.[498]

　이제 우리 견해에 대한 반대 의견들을 살펴보고자 한다. 립스(Lips)는 먼저 "가르침"이 모든 감독들의 본질적으로 중요한 역할이자 요건으로 명시되어 있는 반면(딛 1:9; 딤전 3:2), 디모데전서 5:17에는 장로들 중 일부분만이 이러한 교사의 책임을 가졌다는 근거로 감독과 장로를 완전히 동일시하는 것에 반대한다.[499] 그러나 만약 디모데전서 3:2ff

---

497) 또한 Meier (1973), 337; Kelly 78을 보라.
498) Vögel (1936), 239-43; Herr (1976), 81; DibConz 132-33, 50-51.
499) Lips (1979), 114.

과 디도서 1:7ff이 전통적 양식을 대변한다면, 가르침과 같은 기능적 자격 요건들을 원형적인 것으로 명기해놓았음을 생각해 볼 수 있다; 다시 말해서 3:2의 "가르치기를 잘하며"라는 말은 적어도 5:17에 의도된 그런 의미로 이 직분을 가진 모두를 충족시킬 필요는 없는 것이다.[500] "미쁜 말씀의 가르침을 그대로 지켜야 하리니. 이는 능히 바른 교훈으로 권면하고 거스려 말하는 자들을 책망하게 하려 함이라"는 디도서 1:9의 가르침과 관련된 좀 더 구체적이고 특정한 명령은, 미성숙한 교회와 그릇된 가르침에 속기 쉬운 나약함이란 두 가지 딜레마를 동시에 보여주던 당시의 역사적 상황을 재고하여 볼 때, 이상보다는 현실적 필요를 반영했을 것이다.[501] 아마도 그러한 상황에서 지도자들은 아마도 반대에 대처할 수 있어야만 했을 것이다. 따라서 이러한 난점이 우리의 주장을 반드시 약화시키지는 않는다.

립스(Lips)는 또한 단수형 감독(딤전 3:2; 딛 1:7)이 복수형 장로들(딤전 5:17; 딛 1:5)과 대조적으로 총칭적 의미로 쓰였다는 설명이 부적절함을 찾아낸다. 저자의 경향은 총칭적 개념들은 무관사 명사로 표현하기 때문에, "감독"과 함께 쓰인 관사는 실질적 단수로 쉽게 이해되어지며, 따라서 이 공동체들이 군주적인 지도체제를 가지고 있었다는 견해

---

500) Schweizer (1961), 86 n. 333. Cf. DibConz 53: "'가르치는 기술이 있는'(didaktikos)이라는 말은 감독이 그의 일상적인 의무로서 가르치는 직무를 이미 가지고 있음을 증명하는 것은 아니다. 그러나, 이 점에 있어서 어떤 능력이 요구되어진다." 또한 Knight (1975), 115.
501) 립스(Lips, 1979, 114)는 암시적으로 그리고 헤어(Herr, 1976, 81)는 분명하게 딛 1:9는 딤전 3:2의 didaktinos(가르치기를 잘함)의 평행구라고 제안한다. 그러나, 아마도 무엇인가 일어난 일은 전통적인 목록표가 그레데의 삶의 정황(Sitz im Leben)에 적용되었다는 것이다.

를 뒷받침하고 있다고 주장한다.[502] 더욱이, 그는 감독의 행동 강령에 있어 전통적인 자료를 사용한 것은 그 주장의 효과를 경감시키지 않는다고 판단한다.[503] 하지만 저자의 성향과 관련하여, 립스에 의하여 인용된 디모데전서 1:9; 2:11, 12; 5:1, 9, 19; 디모데후서 2:24; 디도서 3:10에 의해 관사 없이 총칭적으로 쓰인 예들 중에서 어떤 것도 이에 상응하는 전통적 양식을 보여주는 것이 없다는 사실은 주목할 만하다. 그리고 이와 관련하여, 저자가 이러한 전통을 심지어 그의 뜻대로 수정할 수는 있겠지만, 감독의 전통적 성격에 대한 호소는 비중 있게 보인다. 왜냐하면 먼저 우리가 제시한 관사 총칭어들의 위치에서 이러한 전통이 거의 복사된 것처럼 보이기 때문이다:

딤전 3:2 "감독은 책망할 것이 없어야 하며"
딛 1:7 "감독은 책망할 것이 없어야 하리니"

립스(Lips)는 디모데전서 3장에 열거된 두 번째의 자질들 중에 해당하는 복수형태의 "집사들"의 쓰임도 또한 첫 번째 줄의 "감독"이라는 말을 강조하기 위한 것이라고 주장한다; 가정하건대, 한 용어가 총칭적이라면 다른 한 용어도 마찬가지여야 한다는 것이다.[504] 하지만 자격 요건들을 나열하는 기본적인 틀이 계속되더라도, 감독의 행동 강령과 같이 공식적으로 구별된 모습은 "dei...einai"(딤전 3:2; 딛 1:7) 또는 조건절의 도입형식인 "ei tis"(딛 1:6; 딤전 3:1)가 없음으로 인해 경감된다.

---

502) Lips (1979), 114-15. 그는 무관사적 총칭의 경우로서 딤전 1:9; 2:11,12; 5:1,9,19; 딤후 2:24; 딛 3:10(see 115 n. 110)을 인용한다.
503) *Ibid.* 115 n. 110.
504) *Ibid.* 115.

이것은 여집사들이나 집사들의 아내들에 대한 자격 요건을 삽입하여 글의 흐름에 지장을 주는 11절 또한 마찬가지이다. 3:8-13의 경우 "전통"이라는 용어는 사실상 형식(다시 말해 자격요건의 나열)이나, 등장하는 그런 종류의 자질들을 언급하는 것으로 제한되어져야 할 것이며, 디모데전서 3:2ff과 디도서 1:6ff과 대비되어져서 직접 관계된 직분으로 확대되어서는 안 된다; 예를 들어, 감독의 자격 조건들은 수정의 기미를 보여주는 반면에, 적어도 저자 스스로가 임의로 사용할 수 있었던 형태로서 "감독"(episkopos)이라는 용어를 억제했던 것으로 보인다. 하지만 저자는 전통적 도식에 의거하여 전통적 자료로부터 집사의 자격 요건들을 제시하는 데 매우 창의적이다. 특정한 자격요건들이 중복되는 것은 여기에서 어느 정도 뒷받침된다.

립스의 반대 견해에 대한 대답으로서, 우리는 감독이 장로의 모임의 최고 책임자라는 그의 설명을 배제시킬 수 있다. 주변의 문헌들에서 얻어지는 일치되는 증거들과 디도서 1:5ff, 디모데전서 3:2ff, 또한 5:17에 주어진 암시들과 감독의 행동 양식의 전통적인 형태는 아주 작은 것들이지만, 다수의 감독들이 있었음을 시사해 준다.

나머지 두 가지 해결책들도 역시 이미 열거된 증거들을 볼 때 좀 억지스럽다. 감독이 장로들과는 완전히 구별되는 일인 지배자(monarch)라는 주장은 디도서 1:5-7에서 나타나는 두 용어간의 밀접한 관계와 두 역할이 중복되는 것(딤전 5:17과 비교하여 딛 1:5-7과 딤전 3:2ff)을 적절히 설명해주지 못하며, 그것이 지탱하는 것보다 더 큰 비중을 단수형태의 "감독"에 두고 있다. 게다가 주변의 문헌들을 살펴 볼 때, 목회서신은 결론적으로 입증할 수 있는 것보다 상대적으로 늦은 시기의 저술이라는 점은 다수의 감독들이 있었을 가능성을 안전하게 제거해주는 데 필요한 것처럼 여겨진다. 감독들이 "가르치고 설교하던" 장로들 중의 작은 집단을 나타낸다는 메이어(Meier)의 제안은 가능하다. 하지만 그는 인위적인 구분일 수도 있는 것에 큰 강조를 두고 있다; 다시 말해, 모든 감독들은 "교사들"이어야만 하는데, 그는 이들이 "말씀과 가르침에 수고하는 이"를 지칭하는 것으로 여긴다.[505] 물론 이러한 가능성이 완전히 제외될 수는 없지만, 디모데전서는 그러한 관계에 대한 유일한 힌트를 제공하고 있으며, 그리고 디도서 1:5-7과 다른 관련된 문헌들은 좀더 단순한 일대일 등식을 제시한다. 사실 감독의 직분 내에서 예를 들어 개인적 은사를 근거해서 볼 때, 그러한 기능적인 구별이 존재하지 않았을 이유는 없다.

요약컨대, 틀림없이 완전한 확실성을 가질 수는 없지만, '감독'은 아마도 '장로'와 유사한 말로서 같은 직분을 지칭하며, 결과적으로 이 직분이 다수의 구성원으로 이루어져있었다고 제안하는 바이다. 디모데전서 5:17을 근거로 하여 보면, 어떤 집단 내에서 기능상의 특징이 존재해 있었는데 어떤 이들은 확실히 설교와 가르치는 성향이 강했지만(혹은 보다 적절한 은사가 있었지만), 이들 모두는 "다스리는 자들"로 규정되었다. 만약 이러한 구분이 형식화되어지고 그래서 구별할 방법이 없다면, 목회서신이 후기의 감독 체제의 방향으로 움직이고 있음을 보여주는 가능성이 허용되어야만 한다. '장로'가 저자에 의해 선호된 용어이고(비록 '장로'가 세 번 등장한 점을 세 번 쓰인 "감독"에 견주어 볼 때 이 사실을 확증해주지는 못하지만) '감독'이 채택된 전통

---

505) Meier (1973), 328; Floor (1976), 87.

규정에 내포되어 등장하기는 하지만,[506] 그럼에도 불구하고 그는 그 전통적 명칭을 인용하는 데 주저하지 않는다. 이것은 그 용어가 그에게 뿐 아니라 독자들에게도 이미 잘 알려져 있음을 나타내준다.

② 장 로

"장로"(presbyterion)라는 용어는 신약에서 3번 나온다. 누가복음 22:66과 사도행전 22:5에서 이 용어는 유대인 연장자의 모임을 가리킨다. 이그나티우스의 서신에서 사용된 이 용어는 역시 기독 공동체 안에서의 장로회나 장로들의 모임을 지칭한다.[507] 디모데전서 4:14에서 이 용어가 쓰였을 때, "안수"의 정확한 의미가 무엇으로 밝혀졌건 간에 이것은 거의 확실히 장로회나 장로의 모임을 의미한다.[508] 하지만 이 용어가 쓰인 구절("곧 장로의 회에서 안수받을 때에")은 고려해 보아야 할 하나의 대안적인 해석을 가능하게 했다.

예레미야스(J. Jeremias)[509]와 다우베(D. Daube)[510]는 문제의 이 구절은 사실 히브리어 전문 용어 "장로들이 안수함"(simkat zeqenim)을 그대로 번역한 것으로써, "(임직식을 위한) 장로직의 안수"를 의미한다고 보았다. 속격 "장로들의"란 말은 그렇다면 행동 자체의 주체(다시 말해 장로의 회)라기보다는 안수 행위의 결과를 표시하는 것이다. 그

---

506) *Ibid.* 를 보라.
507) Ign. Eph. 2:2; 4:1; 6:20; Ign. Mag. 13:1; Ign. Tral. 2:2; 7:2; 13:2; Ign. Phil. 4:1; 5:1: 7:1; 8:1; Ign. Smyr. 8:1; 12:1.
508) Lips (1979), 241-42; Meier (1973), 340-44: Floor (1976), 88-89; Schweizer (1961), 209; DibConz 71; Maehlum (1969), 73.
509) Jeremias (1957), 127-32; id. (1961a), 101-104.
510) Daube (1957), 125; id. (1956), 244-46.

리고 문맥상 이 구절은 디모데가 "장로직의 특권"을 얻었음을 말해준다. 특히 예레미야스의 입장에서, 이러한 해법은 이 구절이 디모데후서 1:6에 있는 "나[바울]의 안수함으로"란 표현과 비교할 때 나타나는 분명한 모순을 해결하기 위한 목적을 지닌 것 같으며, 반면에 덤으로 그것은 유대인들이 모국에서만 배타적으로 안수를 하였으므로 목회서신이 이른 시기에 쓰였음을 지지해 준다.[511]

어떤 이유이건 간에 우리는 이 해결책의 잠재적 매력을 살필 수 있고, 어떤 사람들은 사실 그 주장을 받아들였다.[512] 하지만 이 견해를 뒷받침하는 증거의 강점은 장로회가 분명하게 그려지는 곳에서 이 술어가 등장하는 다른 두 신약 용례들을 배경으로 점검되어야만 한다. 먼저, 예레미야스가 소개한 평행점들은(여기서 장로는 "연장자가 된 특권"이란 뜻을 갖는다고 함) 신빙성이 없는 것으로 드러났다.[513] 둘째로, 이 술어를 유대교 의식으로 설명하는 데는 난점들이 존재한다: (1) 전문적인 용어인 "장로들의 안수"(simkat zeqenim)가 증언되는 시기는 어느 정도 후대의 것이다.[514]; (2) 안수하는 랍비의 관행은 "예언을 통하

---

511) Jeremias (1961a), 101-102.
512) E.g. Kelly 108; Holz 111.
513) 카츠(Katz, 1960, 27-30)는 예레미야스가 presbuitereion은 Sus. 50에서 보다 정확하게 "연장자가 된 특권"으로 언급된 특성을 참조하기 위하여 의도된 presbeion으로부터 고의적으로 변화된 것이라고 생각하는 잘못을 하였다고 지적한다. 문법적인 근거에서, presbuiterion은 "연장가가 된 특권"이라는 함축된 뜻을 가질 수 없다. 왜냐하면, 그 용어는 "가상적인 축소 철자인 presbeion의 잘못된 분석"이기 때문이다. 예레미야스(Jeremias, 1961a, 102)는 원래의 presbuiteru가 변형된 것으로 인용한다(Josephus, AP.2. 206).
514) E.g. bSan. 13b; Tos. San. 1.1. (또한 Lohse, 1951, 28을 보라). See Spicq 724-25.

여"란 문구와 상관될 만한 어떠한 것도 포함하지 않고, "단지 일련의 전통에 있어서 계속성을 상징한다"고 주장되어져 왔다.[515] 세 번째로 신약에서 안수행위 뒤에 소유격이 나올 때(cf. 딤후 1:6; 행 8:18), 그 소유격의 의도는 일정하게 그 행위를 한 사람(이나 사람들)을 뜻하는 것이다.[516] 이러한 경향은 디모데전서 4:14에서 "장로들의 회"와는 상응하지만 "연장자라는 특권"과는 상응하지 않는다. 마지막으로, 디모데가 어디에도 "장로"로 불리지 않은 것은 주목할 만하다.

끝으로, 학자들이 "장로"에 대한 예레미야스와 다우베의 견해를 받아들이기를 꺼리는 데에는 그만한 근거가 있는 것같이 보인다.[517] 좀더 그럴듯하게, "presbyterion"을 유대 장로를 지칭하는(눅 22:66; 행 22:5) 전문용어로 사용한 것은, 일단 기본 술어인 "presbyteros"가 변경된 이래로 그 용어를 기독교 장로의 회를 뜻하는 말로 이전시킬 만한 충분한 기초를 확실히 제공하였다.[518]

③ 집 사

집사직의 기원과 역할이 여전히 명확하지는 않지만, 이 직분은 빌립보서 1:1[519]에서 언급되어지며, 디모데전서 3:8-13에서도 명확히 거론되

---

515) Meier (1973), 341.
516) *Ibid.*
517) 덧붙여서, 다음의 비판적인 평가들을 보라: Bornkamm, *TDNT* 6:666; Lips (1979), 242; Kümmel (1975), 381; cf. Foor (1976), 88-89; Maehlum (1969), 73; Schweizer (1961), 209 n. 812.
518) Meier (1973), 341; Bornkamm, *TDNT* 6:666; Michaelis (1953), 45, 51-52; Schweizer (1961), 209 n. 812.
519) 콜렌지(Collange, 1979, 37-41)와 호돈(Hawthone, 1983, 10)은 diakonos가 episkopois를 수정한 것이라고 제안하나, 이것을 증명할 방법이 없다.

고 있다. 유래에 관하여는 사도행전 6:1-6에서 일곱 집사들이 예루살렘 교회 내에서 일정한 실제 문제들을 주관하도록 안수 받았다는 사실 이상으로 살필 만한 것은 없다(2절에 "섬기는 것"[diakonein]이라는 용어가 나온다). 하지만 이것은 기껏해야 상징적인 유사성을 제시해 줄 뿐이다. 여기에서 식탁–봉사라는 실질적인 봉사를 지칭하는 동사의 사용이나, 또는 좀더 일반적으로 식량의 배급을 주관하는 일, 게다가 빌립보서 1:1과 디모데전서 3:1-2, 8에서 감독과 집사를 묘사하는 중 집사를 감독 다음에 표기한 것, 그리고 디모데전서 3:8-13에서 가르침과 주관하는 일이라는 자질을 빼 놓은 것 등은, 집사의 직분이 실질적인 필요와 봉사에 관계되는 일을 감독하고 주관하기 위해 세워졌다는 추정을 하게 한다.[520] 그 이상으로 확대하여 집사의 의무 중에 복음을 선포하는 사역이나[521] 혹은 성찬을 주관하는 것을[522] 포함시키는 것이 안전한가 하는 것은 불분명하다. 그렇지만 "집사의 일을 하는 것"(diakonein/diakonia)이 신약에서 복음 사역의 모든 면과 결부되어 있음은 주목할 만하며, 이것은 복음 선포하는 임무가 이 집사의 직분에도 어느 정도 공유되었을 가능성을 일괄적으로 일축해 버리는 것을 경계를 한다.[523] 하지만 사실상 신약에서 이 직분의 역할과 관련하여 거의 아무것도 쓰여 있지 않고, 그 역할의 특성을 파악하려는 시도가 얼마나 가능성이 있는지는 모를 정도로 대부분 추정에 의존하고 있는 실정이다. 빌립보서 1:1(아마도)과 디모데전서 3:8과 12절로 보건대, 우리가

---

520) Beyer, *TDNT* 2: 90; Ridderbos (1975), 459-60; Brox 151-52.
521) Gnilka (1976), 35 : 진실로 그는 선포자의 사명을 가졌을 것이다. 그는 '깨끗한 양심에 믿음의 비밀을 가진 자' 이어야만 한다는 요건이 있는데(3,9), 그것은 마치 인접한 신약성경에 있는 diakonein에 관한 서론과 같다. Cf. 39.
522) Holtz 82-88.
523) Kelly 80-81에 있는 토론을 보라.

알 수 있는 것은 특정 집단과 관련하여 구체적인 역할이 초대 교회의 어느 시점에서 발달하기 시작했다는 것이다.[524] 이 본문들에서 감독과 맺고 있는 관계, 그리고 신실한 봉사에 대해 보상할 것을 약속한 것 등은 (딤전 3:13)[525] 집사의 직분상의 위치를 확인시켜 주고 있다.[526]

11절에 나타난 집사의 행동 강령에 있어 "여자들도 이와 같이"라는 말 속에 어떤 집단이 예견되어 있는지는 아직도 수수께끼이다. 이에 대해 두 가지 해결책이 현재 지배적이다:

1. 이것은 집사들의 아내들을 지칭한다.[527]
    a. 11절의 "여자들"의 자격조건은 집사의 행동 강령의 중간에서 다루어진다; 각기 다른 직분을 다루고자 한다면, 왜 여집사들에 대해서 맨 마지막까지 내버려두지 않는가?
    b. "여자들"(gynaikas)은 "아내들"을 칭하기에는 적절하지만, 어떠한 직분을 칭하기에는 너무 일반적인 용어이다.
    c. 한편으로 2:11-15이 감독의 아내들로 하여금 가르치거나 남자

---

524) Schwarz (1983), 39.
525) 보상은 이중적이다: bathmon은 진전이라는 말로 해석되지 않는데(이후의 교회 내에서처럼), 그 진전이라는 말은 집사가 충실한 봉사를 통하여 감독의 반열로 나아갈 수 있는 그런 생각으로 이끈다(contra Bartsch 1965, 91, 107; correctly DibConz 59; Brox 155; Kelly 85; Lips 1979. 117 n.122). 그리고 그것은 천상의 재능이라는 의미는 아니다 (그노시스를 통하는 영지주의적인 진보의 모델이든, 혹은 단순히 하나님과의 더욱 밀접한 관계라는 생각에서든지 간에). 왜냐하면, 이것은 보상의 두 번째 부분을 항상 참인 것으로 만들기 때문이다. "믿음에 큰 담력을"(pollen pahresian en pistei)이라는 말은 그리스도를 진정으로 믿는 것과 연결된 하나님에 대한 확신에 거의 확실히 초점을 맞춘다(Kelly 85; Brox 155; cf. DibConz 59).
526) Cf. Kelly 80; Lips (1979), 117; Dunn (1977), 115.
527) Lips (1979), 117-18; Ridderbos (1975), 461 n.99; Weidinger (1928), 70.

를 주관하는 것을 금하고있고, 다른 한 편으로 아내들이 2,4절과 디도서 1:6에 암시적으로 포함되어 있으므로 감독의 행동 강령에 있어 그러한 필요조건을 생략하더라도 문제는 발생되지 않는다.

2. 이것은 여자 집사의 직분을 지칭한다.[528]

   a. "이와 같이"(hosautos)는 "남집사"와 동등한 별개의 집단이 언급됨을 시사한다.

   b. 집사들의 아내들을 염두에 두었더라면, 선행하는 정관사나 "여자들" 이후에 소유격 대명사가 뒤따르는 것을 반드시 기대하게 된다.

   c. 감독의 아내들과 관련된 유사한 문구가 없는 것은 11절에서 여집사들을 의미한 것이 아니라면 문제가 될 수 있다.

   d. 문맥상 여자들의 직책을 칭하는 것으로 보인다.

   e. 롬 16:1의 "일군인.. 뵈뵈"에서 그 선례가 나타난다.

   f. 여집사에 대한 전문 용어는 아직 없었으며, 만약 그 집단이 이미 인정을 받았으면 집사에 대한 논의 가운데서 "여자들"이라는 말은 쉽게 이해되었을 것이다.

이 두 가지 입장 중에서,[529] 확실한 증거가 적기 때문에 그 문제에 대한 답은 아직 개방되어 있기는 하지만 그래도 두 번째 주장이 약간 더

---

528) Schweizer (1961), 86 n. 334; Kelly 83-84; Hurley (1981), 231-33; Barrett 61-61; Lock 40; Brox 154.

529) 여기에 보여진 여자는 남집사들의 "결혼하지 않은 보조자들"이라는 제안(Lewis 1979, 167-75)은 자격요건/의무의 목록표에서의 어떠한 생략에 대한 설명에 도움을 줄 수는 있지만, 그것은 오로지 무언의 논쟁에 근거하였기에, 장기적으로는 의심스러운 도움에 속한다.

선택할 만하다(cf. b, e, f 항목).

④ 디모데와 디도의 위치

로로프(J. Roloff)가 제안하였고, 이 문제에 관한 주해서들과 최근의 연구들이 확언하여 주듯이, 디모데와 디도서의 위치에 대한 네 가지의 주요한 설명이 개진되어왔다.[530] 이중 두 가지는 다소 빨리 제외될 수 있을 것이다. 어떤 이들은 디모데와 디도가 일인지배의 감독을 대표한다고 주장하며,[531] 다른 이들은 그들의 역할은 그 활동과 권한이 한 공동체의 영역을 넘어 그 지역의 여러 공동체들에게 미쳤던 대도시 감독이나 교구 감독의 역할과 상응했을 것이라고 한다.[532] 하지만 세 가지 점이 상기 견해를 적절치 못하게 만든다. 먼저, "감독"이라는 직분의 개념은 목회서신에는 매우 생소한 것이었는데, 우리가 이미 보았듯이, 이들 서신에서 감독과 장로가 동일 직책이라는 것과, 이 직책을 다수가 차지하고 있었다는 것을 나타내주는 좋은 사례가 이를 증거한다. 사실 이그나티우스 서신을 제외하고는 이 직분에 대한 두 가지 해석에 대한 확실한 증거는 마음속으로 추론되어야 한다. 두 번째로 이것은 이러한 입장을 가진 사람들로 하여금 목회서신이 쓰인 시기를 늦게 추정하게 하는 경향을 갖도록 만드는데, 우리가 주장한 것처럼, 그 시기는 확실치 않으며 보완할 필요성이 있다.[533] 분명히, 이 주장은 첫 번째보다는

---

530) Roloff (1965), 250-51.
531) E.g. Campenhausen (1969), 107-108.
532) 또한 같은 책 108에 의해 제시되었다. 로로프 (Roloff 1965, 251)에 의하면: "이미 고대 교회의 주석은 디모데서와 디도서의 내용 속에서 감독의 거대한 정치권력을 보았다." 그는 언셜(대문자 사본) K와 미니스쿨레(소문자 사본) 1908판과 데오도레 오브 몹수에스티아 II. 121을 인용한다 (cf. DibConz 57).
533) 앞의 제2장의 2.4를 보라.

덜 중요하기는 하지만 시기를 추정하는 것이 확실하지 않다면, 그 추정에 많은 부분을 의존하고 있는 해석 또한 믿을만하지 못하다. 세 번째로, 어떤 직책이나 서열의 칭호도 각 개인에게 붙여지지 않았다는 점을 언급해야 하는데, 이를 달성하기 위해 끌어들인 교회 직무나 칭호들이 2세기나 그 이후의 발전에 아주 분명히 관련이 있었던 시기에 특별히, 그러한 칭호를 부여하려는 노력을 방해하는 것처럼 보인다.[534] 어쨌거나 디모데를 묘사하는 전문용어는 분명하다: "그리스도 예수의 일꾼(딤전 4:6), 하나님의 사람(딤전 6:11), 주의 종(딤후 2:24), 전도인(딤후 4:5)".[535] 하지만 전문적 용어에 가까운 "전도인"(euanggelistes)을 제외하고는[536] 이들 용어들은 그 직책을 말해주기에는 너무 일반적인 용어들이다.

디모데와 디도의 역할을 설명해 주는 다른 두 가지는 아직 거론되지 않았다. 많은 사람들은 이들이 사도가 파송한 자들이었다고 주장한다.[537] 이 명칭은 바울에 의해 사용된 "사도"의 의미와는 구별되어야 할

---

534) Lips (1979), 107; DibConz 57; Lock xix.
535) Cf. Roloff (1965), 251-52; Lips (1979), 107 n. 75.
536) 로로프(Roloff 1965, 251-52)와 헤게르만(Hegerman 1970, 56-60)은 딤후 4:5의 명령(전도인의 일을 하라)을 디모데의 역할을 명료하게 하려는 시도 속에서 강조한다. 엡 4:11에 근거하여, 복음전파자(uanggelistes)는 사역의 주요한 특징 중의 하나로 보여지며, 그리고 실행의 범위는 교회내부로 간주될 수 있다. 그러므로 사도의 학생으로서의 디모데는 "복음전파자"로 칭할 수 있으며, 그리고 바울 사역과 아주 가깝게 연결되어 있었다. 그 용어 자체는 복음의 선교적 선포자를 지칭한다; Schmithals (1963), 23. Cf. Ollrog (1979), 23.
537) Jeremias 1-2; Kelly 13; Lock xix. 신빙성이 올르그(Ollrog, 1979, 23)와 로로프(Roloff, 1965, 250)에 의해 거부되거나 혹은 의문시되지만, 여전히 그들은 묘사된 그 인물들은 사도의 파송자였다고 주장한다.

것이다; 왜냐하면, 던(Dunn)이 설명하듯이, 사도는 "부활 당시에 부활 예수에 의해 개별적으로 위임을 받은 사람"이거나 모든 권위를 가진 자로서 다른 곳에서(고후 8:23; 빌 2:25) 교회를 대표하도록 교회가 파견한 사람을 지칭하는 말이었다.[538] 목회 서신에 기록되었듯이(특히 딤전 1:3과 딛 1:5), 디모데와 디도는 이 두 가지 분류 모두에 속하지 않으며, 사도의 파송자로서 표현되는 듯하다. 서신들이 가명으로 쓰였다고 생각하는 다른 사람들은 이들이 문자 그대로 "사도의 전통을 지키는 사람들"로서, 그리고 "직위를 가진 사람들의 귀감"으로서 봉사하는 전형적인 인물로 기능을 한다고 주장한다.[539] 우리의 판단으로는 첫 번째 주장을 선호하지만, 그렇다고 두 번째 견해가 근거 없이 무시될 수는 없다. 두 번째 주장은 역사적으로 믿을만한 상황을 제시하기는 하지만, 전적으로 가상적인 상황에 의존하고 있다. 하지만 우리가 보았듯이, 서신들에서 나타난 명백한 상황의 사실성을 반대할 강제적인 근거는 없으며, 그리고 이것은 디모데와 디도를 바울의 동역자로 지칭하는 것을 포함한다.[540] 이 기본적인 사실성은 만약 바울이 죽은 후에 서신들이 에베소와 그레데에 전해졌거나 혹은 어떤 이가 바울의 이름으로 편지들을 썼다 해도 여전히 유효할 것이다.[541] 결국, 기술된 상황들이 사실이든 그렇지 않든 간에, 적어도 디모데와 디도는 사도의 파송자로 묘사되었으며, 바울의 명령대로 에베소와 그레데에 각각 남았음은 이야기할 수 있겠다. 그와 같이, 이 둘은 사도의 복음을 잘 지키고 전수할 책임이

---

538) Dunn (1975), 273, 274.
539) Esp. Stenger (1974), 252-67; Trummer (1978), 76-78; Lips (1979), 108; Brox (1969), 88-94; DibConz 57.
540) 앞의 제 2장 2.4를 보라.
541) Maelum (1969), passim(도처에).

있었으며, 또한 공동체 지도자들이 따를 수 있는 적절한 본보기를 마련할 책임이 있었다.

사도의 파송자로서 디모데와 디도는 공동체에 관련한 일을 주관하는 위치에 있었다.[542] 하지만 사도의 임무가 늘어나는 것처럼 그들의 임무가 어떤 한 공동체에 제한된 고정적 직위는 아니다. 이들 둘은 가르치고 지도자들을 임명하고, 복음을 수호하고, 거짓 교사들에 반대하는 일을 통하여 그들이 맡은 사람들의 성장을 진작시키는 일에 종사하였다. 하지만 아마도 그들이 맡은 공동체 내의 사역은 한시적이었을 것이며(딤후 4:9), 교회를 안정화시키는 데 도움을 줄 수 있는 특정한 필요들(딤전 1:3; 딛 1:5)을 충족시키는 데 그 뜻이 있었을 것이다.

요약하기

목회서신에 묘사된 교회의 직무 구조는 감독/장로의 치리회로 구성되어 있는데, 그들 중 각자의 기능에 따른 구별이 확연히 있었으며 집사라 불리는 그룹은 남자와 여자로 구성되어 있었을 것이다. 집사는 디도서에는 거론되지 않는데, 디도의 주된 임무가 장로들/감독들을 임명하여 그레데의 교회들을 다스리게 하는 것이었으므로, 집사들은 공식적으로 거기에 아직 존재하지 않았던 것으로 보인다. 디모데와 디도가 있었다는 것은 그 지역 공동체가 아직도 사도의 권한에 속해 있었다는 것을 보여준다. 이들은 그들의 보호 하에 있는 공동체 내에서 공식적인 지위는 없었지만, 공동체들의 구조는 명백하게 전체적인, 혹은 교회간의 직책이 제공해 줄 수 있는(이 경우에는 사도의 임무이거나 혹은 디

---

542) Holmberg (1978), 58-59; Maehlum (1969), passim.

모데와 디도에게서 나타나듯 그 임무의 확대) 어떠한 외부의 도움과 지도를 허락하고 있었다. 목회서신에 묘사된 것처럼 지역 공동체의 직무 형태는 물론 분명히 교회의 효율적 운영과 영적 안위를 진작시키기 위해 고안된 것이긴 하지만, 특별히 사도를 보내게 되는 것과 관련된 문제들, 다시 말해 이단의 문제와 후세에게 복음을 안전하게 전해야 할 필요성이라는 관점으로부터 고찰된다.

(2) 교회 직원들에 대한 권면

관계있는 자료들이 포함하고 있는 목록들[543](딤전 3:1-7, 8-13; 딛 1:6-9)은 아마도 어떤 면에서는 세속적인 환경에서 사용되는 의무규약과 관련이 있다.[544] 또한, 우리가 앞에서 본 바와 같이, 적어도 감독의 목록은 공통의 근거를 가진 것으로 보인다. 이제 보여주겠지만 세 가지의 규정 모두는 일치된 목표를 가지고 있으며, 그것은 교회가 편리에 따라 자신의 목적에 맞도록 채택된 일반적으로 인정된 자질을 임의로 나열한 것 그 이상이다. 따라서 세 가지의 목록들은 그 윤리적인 윤곽과 목적을 자세히 설명하기 위하여 검토되어야 할 것이다.

① 디모데전서 3장 1-7절

이 같은 목록이 전통적인 구조의 흔적을 나타내지만, 5-7절 안에서 특별한 것이 첨가된 것은 분명하다. 사실상, 이 규정의 초점은 6-7절에

---

543) 딤전 5:17-25은 장로의 직분이 조회되고 있으나, 여기에서의 관심사는 다르기에, 거의 도움이 되지 않는다.
544) Bartsch(1965), 82-111; Herr(1976), 77; Vögtle(1936), 51-16; Trummer(1970), 473-75; Schwarz(1983), 19-98을 보라.

있다. 여기에서 새로 입교한 자(예, 아마도 최근에 세례를 받은 자)[545]는 교만하여져서 "마귀를 정죄하는 그 정죄에 빠질까" 염려되어서 그 직분에서 제외되었다. 긍정적인 측면에서 이같은 염려를 피하기 위해 외부자로부터의 선한 '증거'가 요구된다: "비방과 마귀의 올무에 빠질까 하여." 헤르(Herr)가 지적하듯이, 이러한 요구는 특별한 교회의 요구와 부합한다.[546] '마귀'가 사단 혹은 중상하는 사람을 지칭하는지를 확실하게 결정하기 어렵지만, 심지어 사단이라고 상상하더라도, 언급한 활동은 사단이 사용하는 사람을 통해 이루어지는 것으로 간주될 수 있다(cf. 딤전 5:15, 여기에서는 이단의 반대가 "사단"으로 집합적으로 묘사된다). 그러므로 6절과 7절 모두에서, 그러나 더욱 명백하게는 7절에서, 외인들은 기독교 믿음에 대한 잠재적인 비판자 혹은 그보다 더한 자로서 간주된다.[547] '증거'는 특별히 직분을 맡을 후보자들에게 동반되는 생활방식의 증거를 말한다.[548] 심지어 시험을 치르는 공동체의 입장에서 본다면, 관심사항은 그 직분을 맡을 후보자 자신의 영적인 복지가 아니다[549]; 그것보다는 5절을 보면, 공동체의 복지가 조심스럽게 소개된다(적어도 저자가 사용한 것 배후에 세속적인 규례가 놓여 있는 한에서). 그렇다면 궁극적으로 감독들을 조심스럽게 선택하는데 걸려 있는 현안은 세상 앞에서 공동체의 평판이며, 그들을 선택하는 주요한 기준은 '선한 증거'이다.

---

545) Jeremias(1961b), 33; Schwarz(1983), 59.
546) Herr(1976), 78; 또한 Vögtle(1936), 240-43을 보라.
547) Cf. Lippert(1968), 30-31. Schwarz(1983), 59-60는 "그 같은 외인들"을 참고인(보증인)으로 간주한다.
548) Beutler(1972), 187; Brox(1961), 36; Trites(1977), 208.
549) Lippert(1968), 32.

그러나 이러한 사상은 "책망할 것이 없으며"라는 용어와 더불어 목록 앞부분에 소개되는데, 5-7절은 이 점을 실제로 구체적인 영적인 술어들로 분명하게 설명해주는 역할을 한다. 나열된 모든 자질 혹은 요구 사항 중에서 "책망할 것이 없으며"(anepilemptos)라는 것이 성격상 모호한 유일한 술어이지만, 뒤따르는 목록들은 그것을 설명한다는 것을 암시한다.[550] 첨언하면, 7절에서(또한 6절에서) '선한 증거'라는 보다 폭넓은 개념으로 되돌아간 것은 그 사상이 한바퀴 완전하게 순환되었음을 표시한다; "책망할 수 없음"이라는 일반적인 생각에서부터 발전이 계속되어서 특별한 내용의 윤곽을 그리는 부분을 넘어 포괄적이지만 완전히 정의된 "선한 증거"라는 개념으로 되돌아간 것이다. 심지어, '마땅히'(dei)라는 용어의 반복(2절과 7절)도 함축된 사상의 흐름을 지지한다. 그러므로 목록들은 단순히 덕과 기준의 일람표가 아니라, 지도자 후보의 평판을 시험하기 위한 의도 하에서 사려 깊게 만든 장치이다.

"책망할 것이 없으며"라는 말은 관찰 가능한 행동의 측면에 관심을 가지게 한다.[551] 후속되는 목록의 항목들은 거의 설명을 요구하지 않는다. "명민함"(여기에서 '침착함' [nephalios]은 아마도 비유적인 의미를 가짐[552], "자제"(근신; sophron)라는 관습적인 자질, 그리고 "존경할만함"(kosmios. cf. 딤전 2:9)이 요구되고, 이와 더불어 아마도 사역과 관련하여 필요한 자질, 즉 "손님을 환대함"(philosenos)과 "가르치는 능력"

---

550) Cf. Vögtle(1936), 55-56; G. Delling, *TDNT* 4:9; Schwarz(1983), 46.
551) Lippert(1968), 35; Schwarz(1983), 45.
552) Kelly 76.
553) Herr(1976), 77.

(didaktikos)이 더 요구된다.[553] 금지된 행태로서 "독주"(paroinos)를 마시고 "폭력"(plektes)을 행하는 것 등은 관용하고(epieikes) 평화로운(amakos; cf. 딛 3:2) 자세로 다스려져야 한다. 덧붙여서, 감독은 "돈으로부터 초연하여야"(aphilarguilos) 한다. 가정생활과 연관된 자질들은 자신의 가족을 잘 다스리는 능력을 포함하는데, 그것은 자녀를 다스리는 능력을 통해 증명된다(4절); 이것은 하나님의 교회를 다스리기를 바라는 사람에게 정당하게 요구되는 자질이다(5절). 후속되는 부분에서 되풀이해서 주목하였듯이, 여기에 "선한 증거"의 요소로서 제시된 자질들은 모든 신앙인에게 요구된다.

다만, "한 아내의 남편"(3:12)이라는 말은 더 많은 설명을 필요로 한다. 왜냐하면 그것은 계속해서 해석상의 난제가 되어왔기 때문이다. 이 구절에 대해 몇몇 해석들이 있어왔다.

(1) 그것은 일부다처제를 금지한다.[554]

순교자 저스틴의 「트리포와의 대화」(100.134)가 이것을 지지하기 위하여 자주 인용된다. 그러나 핸슨(Hanson)은 이러한 설명이 전혀 그럴듯하지 않다고 주저 없이 지적한다. 왜냐하면 "일부다처제에 접근하는 어떠한 것도 교회의 엄격한 도덕적 기준에 맞지 않았기 때문이다."[555] 일부일처제는 그리스-로마 세계에서 거반 아주 널리 받아들여진 결혼의 관행이었다.[556] 물론 유대교의 모임에서 일부다처제의 가능성이 존

---

554) E.g. DibConz52; Lock36-37.
555) Hanson78.
556) Meeks(1983), 101
557) Cf. Str-B 3: 648-50.

재한다고 하더라도,[557] 그리고 심지어 그들이 자신들의 디아스포라적인 환경의 관습을 채택했을지라도 그렇다.[558] 더욱이 일부다처제는 5장 9절의 "한 남편의 아내"의 경우에도 적용될 수 없다. 왜냐하면 그리스-로마의 또는 유대인의 여성들이 한 명 이상의 남편을 가졌다는 증거가 없기 때문이다.[559]

(2) 그것은 배우자가 죽은 이후에 재혼을 금지하는 것이다.[560]

이것은 헬라 세계에서 남편이 죽은 이후에 다시 결혼하지 않고 머물러 있는 여성들을 우대하는 경향(그들에게는 univira[한 과부][561]라는 명칭을 수여하였다)에서부터 지지된다. 그러나 이러한 해석은 5장 14절과 상치되는데, 여기서는 젊은 과부들은 재혼할 것을 권유받기 때문이다; 이 구절을 이렇게 이해한다면("한 아내의 남편" 그리고 "한 남편의 아내"가 서로 동등한 표현이라는 것을 가정함), 젊은 과부들은 당연시 미래에 도움을 받을 자격이 없는 것이 된다 (cf. 고전 7:39).

(3) 이혼 후의 재혼이 금지된다.[562]

신약에서 일반적으로 이혼문제에 대한 강한 입장을 가정할 때에도 재혼을 금지하는 규칙에 대한 예외가 있었는데, 간음의 경우(마5:32; 19:9)나 불신 배우자에 의하여 버림을 받았을 경우(고전 7:15)가 그러한 실례이다. 더욱이, "한 아내의 남편"은 확실히 그러한 생각을 표현할

---

558) Hengel(1974a), 101; Verner (1983), 44-47을 보라. 물론, 그 부분들은 어떤 변화를 거부했다(Henge l1974a, 243을 보라).
559) Verner(1983), 129, cf. 45; Hanson78.
560) Baltensweiler(1967), 240; Brox142-44;
561) 증기를 위하여서, Lightman and Zeisel(1977), 19-32를 보라.
562) Bartsch(1965), 130; Schulze(1958), 300; Hanson78; Jeremias24.
563) 비슷한 용어인 한 과부(univira)의 배경을 판단할 때; 바로 두 번째 앞의 주해를 보시오.

수 있는 분명한 방법은 아니다.[563]

(4) 보다 개연성이 있는 것은 이 구절이 충실한 결혼 생활을 그리고 있다는 견해이다.[564]

목록 내에서 사상의 흐름은 좀 더 사소한 것에서부터 더 중요한 것으로(인적인 것에서 교회생활로, 가정적인 것에서 공적인 기능들로) 이동하기 때문에, 결과적으로 어떤 사람이냐 또는 그가 사적인 생활에서 무슨 일을 하느냐 하는 것은, 우리가 이미 여러 군데서 살폈듯이, 교회를 위하여 회피할 수 없는 결과들을 갖는다. 이와 연관하여 정상적인 가정생활과 잘 훈육된 자녀들에 대해 초점을 두는 것은 이들에게서 정상적인 사회관계가 기대된다는 것을 암시한다(예를 들면, 구성원들이 누구이든지 간에 신앙 공동체와 세상이 보기에 용납할 만한 결혼 등이 그것이다). 그러므로 "책망할 것이 없음"과 "선한 증거"를 위해 필요한 인격적이고 가정적인 자질들을 해설하는 목록은 주어진 결혼 내에서 충실한 태도를 포함하였을 가능성을 높일 것이다; 문제는 얼마나 자주 사람이 결혼을 할 수 있는가라는 것이 아니며, 무엇이 합법적인 결혼을 구성하는가라는 것도 아니다. 그런 것보다는 현재의 결혼 생활에서 자신이 스스로 어떻게 행동을 하는가라는 것이다.[565]

그러므로 감독 규정은 후보자에게 선한 증거 또는 평판을 요구하는 것으로 판단될 수 있으며, 그것은 여러 가지 특별한 목록들을 통해서 도출된 "흠 없음"으로 구성된다. 교회 자체의 안녕을 위한 관심이 여기에서 우선적인데, 왜냐하면 교회의 지도자에게 반영되는 것은 교회에

---

564) Trummer(1970), 471-84; Barrett58-59; Saucey(1974), 229-40.
565) 특히, Trummer(1970), 477-82를 보라.

도 반영된다고 이해되기 때문이다.

그러나 이러한 목록의 궁극적인 의도는 무엇인가? 리퍼트(Lippert)는 교회 밖에 있는 사람들의 견해에 관심을 갖는다고 해서 반드시 선교적 의도를 염두에 둔 것이 아니라, 단지 "그것으로써 마귀가 자신의 지배를 확장하지 않도록"[566] 할 뿐이라는 것이다. 하지만 이 견해는 지지하기 어렵다. 한편으로 그는 이 부분(3:14-16)에 대한 결론 가운데 표현된 강한 강조를 부정하는데, 그것은 교회의 선교적 의무에 관한 것으로 복음의 보존과 그것의 선포, 양자를 포함한다. 교회(그리고 지역 공동체도 염두에 둔다)는 생생한 은유들(15절)과 두드러진 찬송시 단편(16절)을 지닌 선교적 술어들로 대담하고도 명백하게 정의된다.[567] 마찬가지로, 보다 더 큰 부분을 소개하는 도입부(2:1-7)는 하나님의 구원계획(근본적인 의도들이 대체로 함축되어 있는 이곳에서 주목하지 않고 그냥 지나칠 수 없는 점이다) 속에서 교회가 담당하는 역할에 비중을 둔다. 다른 한편으로, 구원의 현재적 실재라는 주제는 서신의 각 부분을 관통하는 선포를 통해서 전달되는데 그 주제는 외부자에게 좋은 평판을 얻는 감독을 강조하는 것이 단지 세상과의 평화 공존을 목적 자체로 삼아 그것을 증진하려고 의도된 것일 뿐이라고 설명하려는 사람들 면전에서 사라지고 만다. 저자의 신학적인 주제를 가정한다면, 교회의 지도자에게 요구되는 선한 평판은 저자가 심중에 품은 선교적 관심을 확실히 가지는 것 같다. 감독의 선한 증거는 선교적인 사역을 완성함에 있어서 도움이 되는 교회의 증거와 연결이 되어 있다.

---

566) Lippert (1968), 33.
567) 특별히, 제3장 중에서 4.23; 6.1; 5.3의 부분을 보라.

② 디도서 1장 6-9절

아주 비슷하지만, 디도서 1장 6-9절의 목록은 디모데전서 3장 1-7절과 비교하면 약간 다른 점이 나타나 보인다. 첫 번째, 디도서에 있는 목록은, 아마도 1장 5절로 판단을 해보면 연령의 자격요건을 생략하는데, 그 이유는 그레데에 있는 교회들이 에베소보다 더 근래에 생긴 것이기 때문이다. 두 번째, "믿는 자녀를 두는"(6절) 조건은 디모데전서 3장 4절의 "자녀들로 복종하게 하는"이라고 하는 대응부보다 더 엄격한 자격요건을 표현한다.[568] 이러한 설명에 대하여, 저자는 그레데에 있는 기독교인 가정의 생활방식을 가정한다. 이것이 가능한 해석이기는 하지만, "믿는"(pista)이라는 형용사는(비록 pistis 단어 그룹을 목회서신에 있는 '믿음'과 연관하여 압도적으로 사용함에도 불구하고), "미쁘다. 이 말이여"라는 신앙고백문의 경우처럼(딤전 1:15; 3:1; 4:9; 딤후 2:11; 딛3:8), "신뢰할 만한"이라는 보다 중립적인 의미를 나타낼 수 있다.[569] 그런데 형용사의 의미는 그것이 수식하는 명사와 그것이 사용된 문맥에 완전히 의존하는 것이다. 종교적인 함축이 "미쁘다. 이 말이여"라는 신앙 고백문에 부가되어지는데, 왜냐하면 내용상 그것이 신학적이든, 윤리적이든 간에 그것이 용인된 사도적인 전승의 부분들을 소개하기 위하여 사용된 것이기 때문이다: 이 말은 "믿음직한" 또는 "믿어지는"일 수 있다. 그러나 디도서 1장 6절("믿는 자녀를 둔"이라는 말은 "방탕하다 하는 비방이나 불순종하는 일이 없는"이라는 말과 대조됨)에서, "믿는" 자녀가 염두에 두어지고 있는지는 즉각적으로 명백하지는 않다. 오히려 그 규정은 디모데전서 3장 4절에서 말한 것처럼 "복종하는" 이들, 즉 방탕하다거나 반항적이라는 비난들을 피하는 삶을 영위하는

---

568) Lippert(1968), 48; DibConz132.
569) Knight(1979), 8; Schwarz(1983), 66-67.

"믿음직하고"/"충성스러운" 자녀들을 염두에 두는 것 같다.[570] 세 번째, 디도서에 있는 목록은 디모데전서 3장 7절에 나타나는 외부자를 향한 후보자의 평판에 대한 명백한 언급을 생략한다.

그러나 더욱 두드러지는 점은 두 개의 목록이 일치하는 수준이다. 많은 요구사항들이 함께 공유되며, 술어들이 되풀이되지 않는 곳에서도 유사한 개념들은 자주 나타난다. 그러나 덜 분명하기는 하지만 현재의 연구에 보다 중요한 것은, 디도서에 있는 목록이 후보자의 평판이나 증거를 평가하기 위한 가이드라인을 정초하려는 디모데전서의 목록과 동일한 목적에 의해 지배되었다는 사실이다.

이러한 목적으로 "책망할 것이 없음"(anengkletos, '결백함' [anephilemptos]과 실제적인 유사어[571])은 두 번이나 목록의 서두에 등장한다. 디도서 1장 6절에서 일반적인 요구사항은 "책망할 것이 없는 자라야 할지니"라는 조건과 같이 약간은 덜 공식적으로 표현된다. 그리고 나서 "책망할 것이 없음"은 이 구절의 나머지 부분에서 한층 더 정의된다; 여기서 강조되는 것은 가정생활에 속한 것인데, 결혼 생활에 충실한 것과 성장한 자녀들을 다스리는 능력 같은 것이 그것이다. 이런 방식으로 디도서 1장 7절의 "책망할 것이 없음"은 감독 규정에 대한 공식적인 서론("감독은 책망할 것이 없어야 하리니") 속에서 되풀이되는데, 이것은 "하나님의 청지기"로서 받아들이기 위한 필수적 조건이다. 이 경우에 "책망할 것이 없음"(anengkletos)은 대부분 디모데전서의 것과 동일한 자격들을 통해 설명된다: 그는 교만해서는 안 되고, 화를 잘

---

570) *Ibid.* 67.
571) Lippert(1968), 48.

내지 않고, 술을 즐기지 아니하고, 더러운 이를 탐하지 아니하여야 한다; 그리고 반드시 나그네를 대접하고, 선한 것을 좋아하고, 근신하며, 절제하여야만 한다. 이러한 모든 항목들은 디모데전서 3장에 있는 목록의 어조와 일치하며, 그리고 사람의 행위 속에서 탐지할 수 있는 것이다. 디도서 1장 8절에서의 "의롭고" "거룩하며"라는 말은 디모데전서 3장에는 보이지 않지만, 그것들도 쉽게 이해할 수 있는 자질이다.

후보자가 "사도적인 전통을 따라서, 미쁜 말씀(또는 선포)을 확고히 지켜야 한다"(9절)는 요구사항은 특정한 문맥에 맞도록 고안되어진 것 같다. 디모데전서 3장과 대조해볼 때, 거짓 교사에 대한 관심은 디도서 1장에 있는 감독/장로의 선출 문제와 아주 밀접하게 관련이 있다; 디도서 1장 10절은 9절의 요구사항 중에서 지칭된 자들을 거부하는 문제를 즉각 다룬다. 그 같은 요구의 목적은 특정한 문제와 관련하여 표현된다; "'바른 교훈'으로 권면하고 거스려 말하는 자들을 책망하기 위해." 10절 이하에서 '바른 교훈'에 대한 언급과 "거스려 말하는 자들"에 관한 관련된 토론은 ("왜냐하면"[gar]) 이단과의 싸움이 감독 규정 속에 구체화되고 있음을 드러내준다. 그러므로 후보자가 가르치기를 잘해야(딤전 3:2) 할 것을 단순하게 요구하는 대신에, 상황은 보다 정확한 설명을 요구하였다.[572] 이 구절에서 이단에 대해 보다 더 큰 관심을 갖는 것 역시 외부자에 대한 관심의 감소를 설명해줄 수 있다(cf. 딤전 3:7); 그러나, 우리가 앞으로 보겠지만, 이러한 관심은 전적으로 결여되어 있는 것은 아니다.

따라서 디모데전서 3장에서처럼, 디도서 1장 6-9절에 있는 감독 규

---

572) Cf. Herr (1976), 81.

정은 공인된 명성에 본질적인 자질들이라는 근거 위에서 후보자의 적합성을 측정하기 위해 고안된 것이다. 공적인 의견은 되풀이해서 등장하는 "책망할 것이 없음"(anengkletos)[573]이란 술어를 통해서 강조되고, 가정과 교회, 개인적 영역과 연관해서 그 특정한 설명은 지도적인 위치에 대한 고도의 투명성을 논증해준다. 다시 한 번, 지도자를 택할 때 취해야 할 신중성은, "하나님의 청지기"에 대한 언급(딤전 3:5)과[574] 교리적인 순결함에 대한 관심(9절)이 보여주는 바와 같이, 공동체의 복지를 염두에 두기 때문이다.

마지막으로, 후보자의 평판이 어느 정도까지 미쳐야 한다고 기대되고 있을까? 리퍼트(Lippert)는 주장하기를, 디모데전서 3장 7절과는 대조적으로 여기서는 평판이 교회의 울타리를 넘어 미치는 데 대한 관심이 나타나지 않는다고 한다; 디모데전서 3장 7절처럼 분명한 시사점의 결여는 이 점을 뒷받침한다고 생각되는 반면, 생략된 부분은 이단에 대한 보다 긴박한 관심을 통해 설명될 수 있다.[575] 그러나 반대자들에 대한 저자의 보다 날카로운 초점을 인정한다고 해도, 다른 요소들은 외부자의 견해에 민감한 자세를 갖는 것이 이 경우에서도 후보자의 명성을 시험하려는 저자의 소망에 영향을 주고 있음을 시사해준다. 첫째로, 신약 가훈윤리 전승에 영향을 받은 권면 부분은(딛 2:2-3:2) 전체에 걸쳐서 나타나는 복음증거/선교적 동기를 나타낸다(특별히, 2:5, 8, 10; 3:3). 둘째로, 구원을 현재적 가능성으로서 간주하는 되풀이해서 등장하는 주제와(cf. 2:11-14; 3:4-7) 그리고 이 서신의 두드러진 서론(1:1-3)은 저

---

573) Cf. Lippert (1968), 49.
574) Ibid.
575) Ibid.

자가 교회의 선교적인 의무를 마음에 확고하게 가지고 있었음을 여전히 의미한다. 그러므로 거짓 교사에 대해 관심을 두는 것은 외부자가 교회와 연관된 이단자들로 인해서 교회를 부정확하게 판단할 위험성 때문이었다. 교회와 이단자들의 이 같은 잘못된 연관성 때문에 목회서신의 저자는 디도에게 2:2-10에서 예증된 것과 같은 방식으로 가르칠 것을 권면하고 있다; 즉 참된 신자, 여기서는 장래의 감독의 생활 유형은 교회의 명성과 증거에 손상을 줄 수 있는 외부인의 비평을 불러일으키지 않아야 한다는 것이다.

③ 디모데전서 3장 8-13절 (집사 규정)

누구나 이 목록이 감독에 관한 두 개의 규정과 동일한 의도를 가진다는 것을 별 어려움이 없이도 알 수 있다. 물론 아마도 여집사들을 지칭하여 "여자들"에 관한 요구조건을 삽입한 것은 이 목록을 다른 것들과 구분시키기는 하지만, "책망할 것이 없음"(10절)이라는 말은 유사한 초점을 드러낸다.

8-9절은 "책망할 것이 없는"이 의미하는 바가 무엇인지를 설명한다. 그래서 구절들 간의 관계가 중요하다. 8절에서 요구되는 특성들은 익숙하고, 관찰 가능한 범주들에 해당한다: "신중함"(semnos), "성실함"(me dilogus), "술에 인박히지 아니함"(me oino pollo prosechontas), "더러운 이를 탐하지 않음"(me aischrokerdes). 이런 식으로 범주화된 옳은 행위는 9절에서는 "순전한 교리"와 연결된다; 부사적 분사인 "가진 자"(echontas)와 여기서처럼 다른 곳에서 윤리와 교리의 이러한 관계를 표현한 것은, "선한 양심"(딤전 1:5, 19)의 개념과 연관하여, 이 점을 지지한다. 저자에게 있어서 "깨끗한 양심"이란 신자로 하여금 "신

앙"(예, 그리스도에 대한 신앙의 수직적인 자세)으로부터 경건한 행동이라는 용납할 만한 행위에 이르기까지 필요한 움직임을 취할 수 있도록 결정하는 기관을 의미한다.[576] 그러나 정확한 교리를 붙잡는 것도 역시 결단의 일이며, 따라서 그 자체로 윤리적인 활동의 형태를 가진다.[577] 그러므로 여기서 관계들이 어느 정도 확대되기는 할지라도, 옳은 행위는 바른 교훈을 받아들이는 것에 의존하게 되어 있다; "깨끗한 양심"은 양자를 위해 필요하다. 사상의 흐름을 살펴보면 10절에서 지칭되는 '시험'("이에 이 사람들을 먼저 시험하여 보고"; 후보자의 "책망할 것이 없음"을 정립하기 위하여 고안된 것임)은 8-9절에서 선언된 기준에 의존한다는 것을 암시한다. 물론 그의 증거는 후보자의 삶의 공적인 차원에 속하는데, 그것은 "책망할 것이 없음"과 시험 모두를 지칭할 때 강조된다.[578]

"책망할 것이 없음"에 대한 설명은 11절('여자들' 관련해서)과 12절(여기서는, 남자집사들이 다시 목표가 됨)에 있는 부가적 요구사항의 일람표에서 계속된다. 또 다시, 행동의 목록들은 친숙한 것들이다. 여자들은 '단정하고,' '참소하지 말고,' '절제하며,' 모든 일에 충성된 자라야만 한다. 결혼에 충실한 태도와 자신의 자녀들과 집안을 다스리는 기술과 같은 통상적인 가정생활의 속성들은 남자들과 관련해서 열거된다.

간단히 말해서, 집사들의 경우에 "책망할 것이 없음"은 감독의 경우

---

576) 이전의 2.21.1을 보라.
577) *Ibid.* 303-304.
578) Lippert (1968), 36;cf. Schwarz (1983), 65.

와 동일한 차원을 나타낸다. 이 목록은 후보자의 증거의 성격을 확립하기 위한 적절한 기준을 설명하기 위해 고안된 것이다. 그 규정 속에서 "책망할 것이 없는" 자질의 중심성은 선한 평판에 대한 관심을 강조하는 것이다.

우리는 저자가 너무도 중요한 선한 평판을 신앙 공동체 밖으로까지 확대하는지 아니면 신앙 공동체 안에서만 필요한 것으로 생각하는지를 물어야만 한다. 리퍼트(Lippert)는 제안하기를, 후보자의 교리적인 순결에 대한 강조(9절)는 신앙 공동체 내에서 증명된 평판을 주로 염두에 두고 있음을 시사해준다는 것이다.[579] 그러나 이 경우에 7절에서 감독과 관련하여 강조되는 외부자의 교회평가에 대한 분명한 관심은 집사에 대한 시험이 관련되는 곳에서 의 확실하게 추정되고 있다; 두 목록의 밀접한 유사성과 "책망할 것이 없음"에 대한 공유된 관심은(마찬가지로 비교할 만한 행위 세부사항들을 통해서) 여기에서 확고한 지지 기반을 제공한다.

마지막으로, 감독 규정의 밑바닥에 깔린 동기, 즉 방어-변증적인 동기보다는 선교적인 의무는, 확실히 이러한 목록에까지 확대된다. 동일한 이유들이 적용된다: (1) 교회의 사명과 구원에 대한 강조와 함께 14-16절은 이러한 목록에 한층 더 가깝다; (2) 2:1-7이 본 섹션 후반부에 미친 영향은 마찬가지로 강하다; 그리고 (3) 교회의 선포를 통해 중개되는 현재적 구원이라는 포괄적인 주제는 마찬가지로 타당하다. 덧붙여서, "복음을 확고하게 붙잡을" 필요성을 강조하는 9절에서 복음에 대

---

579) Lippert (1968), 36

한 언급은 구원에 대한 관심을 고조시킨다; 이 복음이 구원하게 만든 다! 8절에서 열거된 자질들은 바른 교리에서 나올 뿐만 아니라, 또한 후보자가 복음을 받아들인다는 것을 눈에 띠도록 확립해 준다. 다른 두 가지 목록의 경우에서처럼, 이 목록의 목적은 집사가 세상에서 교회의 복음증거를 세상에서 더럽히지 않도록 하는 선한 평판을 가질 것을 확실하게 하려는 것이다. 이러한 목적 저변에는 복음을 전파하고 구원을 확장하는 선교적인 위임명령이 놓여 있다. 디모데전서 2:1~3:13에 제시된 모든 권면에 대한 설명으로서 교회 내에서 바른 행위를 하는 것이 요청되고 있다는 것을 분명히 해준다. 왜냐하면 15절과 16절의 나머지 부분이 시사하고 있고, 본 구절 내내 등장하는 선교 동기가 확증해주는 것처럼, 요청되는 것은 구원의 메시지를 선포하는 교회의 의무이기 때문이다. 이단과 그 결과로 야기되는 도덕적 일탈이 교회에 대한 외부자의 견해를 낮추고 따라서 세상 속에서의 교회의 선교를 방해하도록 위협하는 상황에서 그와 같은 관심은 쉽게 이해될 수 있다.

요약하기

본 섹션 초두에 언급한 것과 같이, 세 목록들은 일정한 목적을 가진다. 각 목록은 직책을 맡는데 기본적인 자격으로서 "책망할 것이 없음"이 의미하는 바를 설명하기 위해서 개인적이고 가정적이며 또는 직무적인 범주들에 들어맞는 자질들을 나열하고 있다. 이러한 자격과 디모데전서 3:7에 나오는 특정한 언급을 통해서 교회 밖에 있는 자들과 자연히 교회 안에 있는 자들에게 후보자의 증거에 관한 신중함이 표현된다. 물론 직무를 위한 기준으로서 잘 알려진 자질들의 목록들 속에서 존경할 만함, 즉 기독교 소시민 윤리를 찾아보려는 유혹이 생길 수는 있지만, 목록들의 실제 모습과 그것들 저변에 깔린 선교적 관심은 그런 식의 정체된 설명의 부적절성을 드러내줄 뿐이다. 슈바르츠(Schwarz) 역시 후보자에게 기대되는 자질들이 이단자들의 생활 유형을 구획 짓는 성향들에(1983, 82-84)[580] 대한 반대 모습을 제시한다고 제대로 보기는 하지만, 권면의 선교적 동기를 소홀히 함으로써 윤리를 허공에 뜬 것처럼 내버려 두고 만다. 그것은 또 다시 저자의 윤리적 가르침의 최종적인 원인을 찾는 문제이기도 하다. 환언하면, 현대 해석자들의 간과에도 불구하고, 저자의 신학은 그의 윤리적 권면을 수립할 때 가장 근본적인 질문인 "왜?"를 계속해서 제기하는 것을 불가피하게 만들며, 시종일관하게 "선교 때문에!"라고 답변하게 만든다. 이러한 관점에서, 이러한 목록들을 통해서 제시된 윤리의 모습은 목회서신에서 해설된 중심적 신학적인 관심사와 일치한다. 그것들의 신학적 메시지는 목회서신 내내 종종 등장하는 전승 단편들에 의존하는데, 이단이 제기한 위협과 더불어 저자가 경건한 남자들(여자들)을 지도자로 선택할 때 가졌던 관심사를 통제한다.

(3) 디모데에게 권면함

디모데에 대한 권면에 주의를 기울일 때(디도에게는 거의 확대된 권면을 하지 않는다), 내용과 형식면에서 모두 관심사들의 변화가 나타났다는 것은 즉각 분명해진다. 두 가지 점들이 이러한 변화를 강요한다. 첫째로, 권면은 이제 개인적이고 직접적이며, 적어도 사도가 그의 후계자들에게 친밀하게 전해준 교훈들의 형태를 띠고 있다. 둘째로, 권면은 복음의 사역자로서 디모데의 충성에 관심을 가진다. 디모데를 이런 식으로 격려하는 바울적 모델의 사용뿐만 아니라 교훈들의 내용도 이들 구절이 왜 목회서신의 윤리에 대한 기독교 소시민적 해석 가운데

---

[580] 또한 2장, 2.32.1-3을 보라.

서 아무런 역할도 못하는지를 설명해준다. 흔히 개인적인 권면은 목회서신에다 진정성의 분위기를 부여하거나, 또는 디모데와 디도를 이단과 싸울 때 따라야 할 2세기 교회의 모델들로 제시하려는 시도로 간주되고 있다.[581]

우리가 앞서 살폈듯이, 디모데에 대한 권면 밑바닥에 깔린 것은 기독교인 생활에 대한 시종일관한 접근이라고 할 수 있는데, 그것은 기독교인 존재를 "앎"과 "행위" 간의 균형으로 파악한다. 디모데의 경우에 윤리는 시종일관하게 그리스도-사건, 개인적인 구원, 그리고 교회의 사명을 모두 기독교인의 삶의 기초를 세우고 동기를 부여하는 요소로 함께 결합시키는 동일한 신학적 전제로부터 대두된다. 사실상, 공동체 내의 다양한 그룹에 대한 권면은 올바른 행동을 규정함으로써 "선한 증거"를 영속화하는데 한결같이 초점을 두는 반면에, "증거," 즉 복음 선포의 다른 반면은 디모데의 경우에서 강조된다. 각 경우 저변에 놓여 있는 것은 교회의 선교적 의무이다.

① 개인적인 행위

디모데의 개인적인 품행에 대한 소개는 덕 목록을 사용한 것과 그에게 경건을 추구하라고 권면한 점을 검토함으로써 구성될 수 있다. 네 차례나 디모데는 덕목들을 수단으로 해서 그것들에 의해 특징화된 행위를 채택하라고 권고를 받는다. 바울서신에서처럼(cf.갈 5:22; 엡 4:2-5;골 3:12-14; 고후 6:6), 그리고 특별히 디모데전서 6:11과 디모데후서 2:22의 "피하고-좇으라"(phugein-diokein)라는 형식문에 나타난 것처

---

581) e.g. Stenger(1974), 252-67; Trummer(1978), 76-78; Lips(1979), 108; Brox(1969), 88-94; DibConz 57.

럼, 이런 고안 장치는 금지된 행위, 즉 옛 시대의 특징을 그리스도 안에서의 행동(자주 대비되는 악 목록 가까이에 있음)과 대조하고자 한다 (갈 5:20-21;골 3:8;엡 4:31;딤전 6 :4ff.; 딤후 3:2ff.).[582] 행위를 대조하는 일은 신학적인 대조 문구인 "전에는–이제는"(pote-nuini)의 대조가 지닌 윤리적 차원을 제공한다(cf. 딛3: 3-4; 골 3:7-8,12-14).[583] 대조의 형식인 "피함–좇음"(phugein–diokein)은, 근접 문맥과 결합하여, 디모데가 디모데전서 6:11과 디모데후서 2:22에서 거명된 곳에서 거짓 교사들을 염두에 두고 있음을 확립해 주는데, 동일한 것이 디모데전서4:12과 디모데후서 3:10에서도 분명하게 나타난다. 목록에 있는 술어들이 보여주는 것처럼, 진정한 기독교인의 생활방식은 디모데에 의해 채택된 대안적 삶의 유형이 되어야 한다; 각 특징들은 믿음의 삶을 원리적으로 정의하기 위하여 저자에 의해 사용된 언어 연결망으로부터 끌어온 것

딤전 4:12	딤전 6:11	딤후 2:22	딤후 3:10-11
믿는 이에게 본이 되어	의를 좇고	의를 좇고	네가 과연 보고 알았거니와-나의...
말로	경건을	믿음을	교훈으로
행실로	믿음을	사랑을	행실로
사랑으로	사랑을	화평을	의로
믿음으로	인내를		믿음으로
정절로	온유를		오래참음으로
			사랑으로
			인내로
			핍박으로
			고난으로

이다.

초기의 바울이 자신의 기독교적인 목적을 위하여 악덕의 목록형태를 수정한 것처럼,[584] 목회서신의 목록들도 특별히 구성된 것이다. 첫째로, 대다수의 용어는 기독교인의 생활방식을 묘사하기 위한 저자의 전문적인 어휘로부터 나온 것이다(2절을 보라). 전반적으로, 그것들은 신자의 삶을 표시하는 자질들을 표현한다. 그러나 또한 그 목록들은 특정한 구절들을 위해 주조된 흔적을 드러낸다. 디모데전서 4:12에서 첫 번째 두 항목들은("말과 행실로") 말과 행위라는 대부분의 관찰가능한 생활을 포괄한 것이다. 그것들은 의심할 바 없이 사랑, 믿음, 정결과 같은 친숙한 자질들로 완성되는 목록을 선도하는 위치에 등장한다. 왜냐하면 여기서 디모데는 신자의 모범이 됨으로 자신의 연소함에 대한 사람들의 편견을 극복하도록 명령을 받기 때문이다. 첨언하면, 1-10절에서 번갈아 등장하는 거짓 교사, 그들의 교리들, 그리고 경건에 대한 금욕적 견해 등도 역시 이에 대비되는 생활방식의 처방을 요구해왔다. 그런데 이런 요구는 그들이 포기했던 것들을 이제 다시 돌아보라는 숨겨진 경고 역할을 하고 있으며, 그런 것들 중에 특정하게 말과 행위가 저자의 목록에서 중요한 것일 것이다.

이 점에서 디모데에게 "오직 경건에 이르기를 연습하라"(v.7b)고 한 인근의 권면이 언급되어야 한다. 여기서, 지식 지향적인 경건에 연관

---

582) Kamlah(1964), 35n.1,38, 198-99; Vögtle(1936), 9-55; Schrage(1961), 63-64; Merk(1968),72-74.
583) Schrage는 바울에 대해 이렇게 쓴다(1961,64): "그러므로, 바울은 이전(pote)과 이제(nuini)사이의 차이점을 표시한다.....옛사람을 벗고, 새사람을 입는 것으로 뿐만 아니라, 미덕과 악덕의 목록표로써." 또한 Merk(1968), 73-74를 보라.
584) Furnish(1968), 86-88; Schrage(1961), 197,200-201을 보라.
585) Knight(1979), 62-63.

된, 이단자에 의해 조장된 금욕주의적인 엄격주의와는 구별되게, 디모데는 참된 경건을 추구하도록 가르침을 받는다. 우리가 보아왔듯이, 저자가 의도하는 것은 결국 적절한 행동으로 나타나는, 하나님/그리스도에 대한 올바른 지식으로 구성된 진정한 기독교적인 삶의 추구이다. 여기서의 초점은 관찰가능한 측면에 놓여 있는데, 그것은 이단자의 경우에 금욕적으로 표현되어진 것이지만, 디모데의 경우에는 훨씬 더 광범위한 것임에 틀림없다. 9-10절의 진술은, 하나님의 구원 의지에 근거해서, 8절의 미쁜 말씀이[585] 디모데로 하여금 참 경건을 추구하도록 동기 부여하도록 규정한 내용을 뒷받침한다; 구원이 개인의 삶에서 성공적으로 구현될 수 있는 것은 바로 이러한 경건을 추구할 때이며 금욕 자체는 별 효과가 없다.

두 번째 목록인 디모데전서 6:11은, "이것을 피하고—좇으라"라는 한 쌍의 진술이 보여주듯이, 특별히 거짓 교사들의 행위와 대조하면서 생겨난 것이다. 처음 네 술어들, 즉 "의와 경건과 믿음과 사랑"도 역시 특별한 어휘로부터 나온 것이며, 일상적인 믿음 생활의 측면들을 특징화하고 있다. 여기서 그것들은 4-10절에 나타난 거짓 교사들의 왜곡된 행위와 대조되는 위치에 있다.[586] 경건은 이 목록에 포함되나, 다른 곳에서는 포함되지 않는데, 왜냐하면 5-6절에 나오는 경건에 대한 이단자의 거짓된 개념들에 관한 토론 때문이다.[587] 그러나 오래 참음은 12절에서 암시된 증거 사역과 연관된 인내심을 내다보는 것 같다(cf. 딤후3:10; hypomenein, 딤후 2:10, 12).[588] 만일 '프라우파띠아'(praupathia)와 '프

---

586) Cf. Thurén(1970), 243-44.
587) Lips (1979), 180, 86-87n.209.
588) 2.22.5절을 보라; Vögtle(1936),172.

라우테스'(prautes)를 실질적인 대등 개념들로 간주하는 것이 옳다면 (딤후 2:25; 딛 3:2), 배교자들이든지(딤후 2:25) 아니면 전에 복음의 빛을 전혀 받지 못한 자들이든지(딛 3:2), 아니면 둘 다이든지 불신자들을 향한 신자의 인내심이 있고 온유한 태도를 규정하는 셈이다.[589] 이러한 태도는 그들의 회개를 염두에 두고 있다.

비슷하게, 디모데후서 2:22의 목록은 이단자의 행실과 죄인의 회개를 대조하는 것을 염두에 둔다(25절의 경우는 특히 이단자를 말함). "피하고-좇으라"는 동일한 형식이 채택되지만, 이 경우에는 디모데는 청년의 정욕을 피하라는 교훈을 받는데, 어쩌면 이것은 청년의 일반적인 경향에 대한 언급이지만,[590] 14-21절에 제시된 생각의 흐름과 그들의 행위묘사를 보면 이단자의 행실을 더 지칭하는 듯하다.[591] 또다시, 용인된 행실은 의, 믿음, 사랑으로 표시된다. 윤리적인 문맥(cf. 딤전 1:2; 딤후 1:2; 딛 1:4) 속에서 화평이라는 단어가 22절에서 유례없이 등장하는 것은, 우선은 디모데가 이단자들의 논쟁 때문에 피해야 하는, 2장 23절(어리석고 무식한 변론)에 언급한 거짓 교사들의 성향과 직접적으로 대조하여 설명될 수 있다. 둘째로, 그것은 24-25절의 두 번째 간략한 목록에 나타난 것은 침착함과 관심어린 태도와 평행을 이루며, 이것은 이단자를 되돌려 회개시켜서 그를 구원하도록 하기 위해(26절) 주님의

---

589) F. Hauck과 S. Schulz, *TDNT* 6:650을 보라. Vögtle은 praupathia를 이단자의 악한 성향에 대한 답변 또는 교정을 위한 사랑의 표현이라고 주장한다.
590) 역시, e.g. Kelly 188-89; DibConz 113.
591) Metzger (1977), 129-36. 메츠거의 설명은 14-26절을 통하여 보다 통합된 사상의 발전을 옹호하는 이점을 가진다; 만약에 디모데 자신의 청년적인 정욕을 마음에 둔 것이라면, 사상과 권면의 와해는 피할 수 없다.

종이 나타내야만 하는 자질이다; 말다툼 대신에 친절을, 잘못되었을 때 인내와 온유함을 나타내야 한다.[592] 24절과 25절의 상반부의 덜 정형화된 두 번째 목록은 사역에 전적으로 초점을 맞추는데, 그것은 "주의 종," "가르치기를 잘하며," "징계하는"과 같은 술어들의 언급에 의해서, 그리고 무엇보다도 구원에 이르는 회개라는 바람직한 목표에 의해서 나타난다. 그러므로 기독교인의 행실과 증거/사역은 서로 밀접하게 연결되어 있다.

이러한 연관성을 보다 아주 분명하게 논증하는 것은 디모데후서 3장 10, 11절에 있는 목록이다. 디모데가 복음 사역에 참여할 때 관계되는 특징들, 즉 "오래 참음"과 "인내,"[593] 그리고 보다 특정한 "핍박"과 "고난"이[594] 여기서 그리스도인 생활의 보다 친숙한 윤리적 측면들에 덧붙여지는데, 즉 바울의 가르침, 행위, 믿음, 그리고 사랑 안에서 그를 "따르는" 삶이 그것이다. 이러한 목록과 더불어서 역시 이단자들과의 대조가 이루어진 다(cf 1-9절 그리고 10절; "네가 과연..."[su de...]).

저자는 덕의 목록과 경건 개념을 수단으로 해서 디모데에게 새로운 생활을 나타내도록 명한다. 그러나 여기에 숨겨진 정확한 동기는 명령이 주어지는 상황과 함께 변화하는데, 특정한 문맥 속에서 사상의 발전과 채택된 새로운 술어들에 의해서 그런 변화가 감지되기도 한다. 예를 들면, 디모데전서 4:12에서 새로운 생활은 주로 다른 신자들을 위한 모

---

592) Vögtle(1936), 172을 보라.
593) *Ibid.*
594) Cf. Baumeister (1980), 197.

범으로 현현되어진다. 그러나 6:11에서 의도는 개인적인 필요들을 지향한다; 디모데 자신의 영적 진전이 무엇보다도 염두에 두어지고 있다 (12, 14절). 물론 성실한 사역은 그에게 있어서 확실히 그리스도인 존재의 일부인 것처럼, 보다 더 일반적으로 "선한 증거"도 목회서신 수신자들인 다른 모든 신앙인 그룹의 경우에도 의무적인 것이다. 그리고 나서 디모데후서 2:22-25에서, 디모데의 행실에 대한 관심은 거짓 교사에 대한 선교적인 관심의 주변을 맴돈다. 한편, 그의 행실을 특징짓는 자질들은 일반 신자들에게 참된 기독교인의 생활방식을 나타내도록 권면하는, 저자에 의해서 사용된 술어의 그물망으로부터 끌어온 것이다. 디모데는 아주 높은 행실의 수준을 요청받는 것이 아니라, 지도자이기에 당연히 그리스도 안에서 신앙생활을 대표해야만 한다(딤전 4:12). 그러나 다른 한편으로, 이러한 행실은 사역의 효율을 보증하기 위하여 생각해낸 것으로, 디모데후서 2:22-26에서 특별히 시사하듯이, "선한 증거"라는 개념과 따로 구분되어서는 안 된다.[595] 여기서 다시, 비록 매우 특정한 사역 의무들이 디모데를 향한 권면을 공동체내의 다른 신앙인 그룹을 위한 권면으로부터 구분하기는 하지만, 관찰 가능한 행실이 각 경우마다 선교 사명을 고무하는 목적을 지향한다는 사실은 주제상의 연결점을 제공해 준다.

② 특별히 목회와 관련된 가르침

디모데를 위한 권면의 더 많은 부분은 목회에 관한 것이다. 세 가지 관련이 있는 관심사가 교훈들에 영향을 미친다. 첫째, 이단의 위협은 저자로 하여금 목회사역에 있어서의 신실함을 강조하도록 만든다. 둘

---

595) Cf. Lippert (1968), 36.

째, 목회사역은 디모데와의 관련해서는 도덕적 의무로서 진술되어진 다. 마지막으로, 이 모든 것 위에 고난을 받으라는 요청이 더해진다.

㉠ **이단에 대한 반대** : 디모데와 디도의 주요 임무 중의 하나는 거짓 교사들의 공격으로부터 그들이 돌보는 교회들을 보호하는 것이다. 이 직무는 이단에 대한 직접적인 대결과 덜 직접적인 방어 조치들(사도적 가르침을 보호하고 주의 깊게 전수하는 조치)을 포함한다.

디모데는 약간 다른 표현들로 두 번 명령을 받는데, "선한 싸움을 싸우라"(딤전 1:18; 6:12; cf. 딤후 4:7는 바울과 관련해서)는 것이다. 비록 개념적으로 같은 것이지만, 디모데전서 1:18의 "선한 싸움을 싸우며"라는 표현은 군사적인 이미지[596]를 이용해서 디모데를 군인으로 간주하는 반면, 6:12의 "선한 싸움을 싸우라"(cf. 딤후 4:7)라는 표현은 아마도 운동경기의 비유[597]에서 나온 것일 것이다. 여기 채택된 아곤(agon = 싸움), 그리고 연관된 "싸우다"(stratcia)라는 주제는, 피츠너(V.C.Pfitzner)가 설득력 있게 주장하는 바에 따르면, '바울의 초기 서신들에서 사용된 이래 자연스럽게 발전된 것"이다.[598] 바울의 계승자인 디모데에게 준 비유 적용에서 이해할 만한 발전을 엿볼 수 있다. 반면에, 바울은 이전에 그 이미지를 자신의 사역이나 혹은 그의 교회 사역

---

[596] Pfitzner (1967), 165-71, 156-64를 보라.
[597] *Ibid.* 179 and n. 1. 어떤 이들(예를 들어 Barton 1959, 880-81 ; MM8)은 이 구절이 전투나 전쟁상황을 암시하며, 운동경기 이미지는 희미하다고 주장한다. 하지만 그 운동경기의 의미는 딤후 4:7의 그 연결된 구절 "그 달려갈 길을 마치고"(ton dromon teteleka), 그리고 가까이에 있는 딤전 6:11의 '좇음'(dionein)이 제안하는 것처럼 여전히 완전해 보인다(Pfitzner 1967, 179 n. 1).
[598] *Ibid.* 165.

과 연관지어 사용했었다.⁵⁹⁹⁾ 그러나 이러한 후기의 적용에 있어서, 두드러진 간과되어서는 안 된다. 즉, 초기 바울에 있어서처럼 배경을 형성하는 것은 전투 상황(Kampfsituation)이라는 것이 간과되어서는 안 된다.

각 구절들과 관련해서 거짓 교사들과의 갈등을 쉽게 찾아볼 수 있다. 디모데전서 1:18의 첫 번째 문구에서 권면적인 의도와 이단들과 관련된 가르침의 연결을 함께 볼 수 있다; "내가 네게 이 경계로써 명하노니"라는 문구는 3-5절의 이전 "명령"(faranggelein)을 돌아보게 만들고, "그것으로 선한 싸움을 싸우며"라는 진술 속에서 표현된다.⁶⁰⁰⁾ 분명히, 3-20절은 "선한 싸움"을 이해하기 위한 적절한 맥락을 형성한다. 하지만 그 구절은 단순히 디모데로 하여금 거짓 교사들을 논쟁적인 토론에 끌어들이기를 요구하는 것은 아니다. 그 보다 그의 임직("전에 너를 지도한 예언을 따라," 18절)⁶⁰¹⁾에 대한 언급과 목회사역을 위한 바울의 부름의 본보기는(11-16절) 오직 복음과 싸움을 싸울 것을 제안한다(5절을 보라). 바울이 고린도에서 대적들과 투쟁했을 때, "싸움"(strateia)의 이미지는 정확히 이 무기, 곧 복음을 선포하는 것을 염두에 둔 것이다; 전투 이미지는 바울의 모든 사역을 전체적으로 아우를 수 있을 뿐 아니라, 또한 전투 상황이라는 말에서 구체적인 표현을 발견할 수 있다.⁶⁰²⁾ 바울의 경우에서처럼, 디모데의 선포 목표는 그의 적들을 멸망시키는

---

599) 빌립보서를 보라. 1:27-30; 2:16; 3:12-14; 4:3; 고전 9:24-25; 골1:28-2:2; 살전 2:1-2; 고후 10:3-5;6:7. 또한 피츠너(1967), 157-64를 보라.
600) 이것은 딥콘츠(DibConz)(32)와 다른 주장이다. 그는 "명하다"(faranggeleia)가 뒤따르는 가르침들과 서신을 전체적으로 언급하는 것이라고 주장한다.
601) Lips (1979), 173를 보라.

것이 아니라, 반대로 그들을 구원하는 것이다(5절; cf 딤후 2:25-26). 따라서 여기서 "선한 싸움을 싸우라"는 것은 신실하게 복음을 선포하여 거짓 교사들에 대항하고, 그들을 바로잡고, 바라건대 그들을 회심시키는 복음의 군사로서의 역할을 디모데에게 주는 것이다.

유사하게, 6장 12절의 "선한 싸움을 싸우라"는 명령은 전투상황을 고려한다. 3-10절은 이단들의 어그러진 행위에 대한 고발들로 채워지고, 뒤따르는 11절은 뒤를 돌아본다(look backward)는 측면에서 디모데로 하여금 그리스도인의 행위를 추구하도록 촉구하고, 장래를 향한다(look forward)는 측면에서 복음사역에 대한 반대를 견디는 데 필요한 견고함과 인내를 격려하는 것이다.[603] 투렌(J. Thuren)이 논증하듯이, 3-21절이 통일성 있는 단락을 구성하기 때문에, 11-16절은 이단에 반대하는 저자의 관심이라는 관점에서 가장 잘 살필 수 있다.[604] 다시 한 번, 이 구절(아래를 보라)의 명령의 맥락은 "믿음의 싸움"이 복음을 선포하는 것으로 이루어진다는 것을 암시한다; 더욱이 3절은 "싸움"(agon)이 거짓 교사들을 반박하기 위해 바른 교리를 설교하는 것을 포함함을 암시한다. 12절의 "그 믿음의"(tes fisteos)라는 소유격 수식구를 통해 이 구절의 진술이 복음에 대한 것이라는 사실을 확인할 수 있다[605]; "믿음을 지켰으니"라는 바울의 증언도 같은 생각을 표현한다(딤후 4:7). 이처럼 디모데는 복음 사역이라는 경기에서 끈기 있는 선수가 될 것을 명령받고 있다. 신실한 복음 선포와 그에 따른 거짓 교사들에 대

---

602) Pfitzner (1967), 60.
603) 이전 부분(3.43.1, pp.477-78.)을 보라.
604) Thurén(1970), 241-53, 특히 242-44. 또한 Pfitzner(1967), 179을 보라.
605) Contra *ibid*.179. 앞의 3장 5.1부분을 보라.

한 반박이 이단적인 환경에 대항하여 광범위하게 나타나지만, 다시 한 번 멸망이 아닌 구원이 그 투쟁의 궁극적인 목표이다.

디모데의 사역을 핍박 중에서 복음을 선포하는 것으로 보는 이 두 가지 일반적인 명령들은 지역 상황에서 싸움을 격려하기 위해 주어진 여러 특정한 명령들을 포함하고 있다. 몇 군데서 직접적인 대결이 촉구되고 있는데(딤전 1:4; 딤후 2:14, 25; 4:2; 딛1:13), 그 표현들은 사도 바울의 후계자가 이 임무에 있어서 사도와 비슷한 권위를 부여받았음을 보여주는 것이다.[606] 다른 곳에서는 같은 대결이 좀 덜 직접적으로 권고되고 있다(딤전 4:6,11; 딛 3:1). 그들은 자신의 안전을 확보하기 위해서 거짓 교사들의 이론에 참여하는 것과 그것에 휘둘리는 것을 피하고(딤전 4:7; 6:20; 딤후 2:14, 16, 23; 딛 3:9), 그들의 교회들도 같은 일을 해야 하고(딤전 4:6, 16; 딛 3:8), 이단들을 반대하려고 무익하고 허탄한 논쟁에 참여하는 것을 피할 것을(딤후 2:23-24; 딛 3:9) 명령받는다. 대신에 복음의 긍정적인 목표에 상응하게 그들은 해를 입었을 때 인내심 있는 끈기로 대응해야 하며, 대적들을 바로잡아서 누군가는 회개하도록 해야 한다(딤후 2:24-26; 딛 1:13). 따라서 신실한 복음 선포가 모든 대적하는 세력들에 대한 부단한 투쟁으로서 묘사되지만, 대항이 아무리 격렬하다 하더라도 구원이라는 선교적 목표는 결코 희미해지지 않는다.

그러나 투쟁이 계속되기 위해서 무기 자체가 보호되어야 한다. 이 목적을 위해 "부탁한 것"(paratheke)이란 개념이 "부탁한 것을 지키라"

---

[606] 특히 Maehlum (1969), 35-42, 기타 여러 곳을 보라.

는 명령과 함께 도입된다. 지금껏 살펴 온 것처럼, 이 개념은 아마도 어떤 상품이 허가받은 대리인을 통해 한 당사자로부터 다른 사람에게 안전하게 전달되는 세속사회의 "위임" 제도로부터 빌어 왔을 것이다. 게다가, 목회서신들에서 "부탁한 것"이 기본적인 복음 메시지, 곧 바울 복음의 개요를 언급하는 것을 볼 수 있다. 우리는 "부탁하다" (paratithesthai, 딤후 2:2; cf. 딤전 1:18)와 "지키다"(phulassein, 딤전 6:20; 딤후 1:12,145)는 동사들이 이중의 관심, 곧 (1) 거짓 교사들의 위험으로부터 "부탁한 것"을 수호하고, (2) 그것을 후 세대들에게 전수해야 한다는 관심을 드러낸다는 사실에 주목했다. 디모데는 두 번에 걸쳐서 이 위임을 지키라고 명령받는다(딤전 6:20; 딤후 1:14). 그리고 각 경우에, 문맥을 통해서 볼 때, 주로 이단들의 활동 때문에 그럴 필요가 생겼다는 것이 분명하다. 일단 부탁한 것을 다른 사람들에게 전수하라는 명령이 내려졌고(딤후 2:2), 여기서도 거짓 교사들과의 갈등이 동일하게 보인다. 주목했듯이, 이 이중 명령의 기저에 복음 사역의 지속성을 확보하려는 저자의 관심이 놓여있다.

"선한 싸움을 싸우라"는 명령은, 디모데전서 1:18에서 "맡기다" (paratithesthai)란 술어가 사용된 점에서 암시되는 것처럼, 아마도 "부탁한 것"(paratheke)이란 개념과 관련되어 있는 것 같다.[607] 거기서 우리는 "내가 네게 이 경계로써 명하노니"란 진술이 3-5절의 이전 명령을 (거기서 5절의 "명령"[he paranggellia]은, 진술된 목표가 암시하는 것처럼, "복음"과 동의어이다.) 소급해서 가리킨다는 것에 주목했고, 또한 "선한 싸움을 싸우라"는 진술에서 또한 그 표현을 발견한다. 따라서

---

607) 또한 *ibid.* 84-85페이지를 보라.

"부탁한 것"을 "지키는 것"은 그것을 숨기는 것이 아니라 대신에 그것을 혼잡되지 않도록 신실하게 선포하는 것과, 그것을 전수할 때 그것을 다음 세대들에게 주의 깊게 가르치는 것을 요구한다는 의미를 갖는다.

그러므로 이단 환경은 디모데와 디도에게 주어지는 권면을 어느 정도까지는 구성한다. 사도의 동역자는 진행 중인 전투를 수행하는, 한 사람의 군사이다. 하지만 그의 무기는 복음이고, 그 권면의 기저에 있는 것은 교회의 선교 의무라는 토대이다; 이것은 그 긴급성과 대적을 대항하는 방법 양자를 다 결정하는 것이다.

ⓒ **도덕적 의무로서의 목회사역에 있어서의 신실함** : 디모데의 사역을 믿음과 양심에 의지하게 하고 과거에 있었던 안수 사실을 돌아보게 함으로써, 저자는 목회사역에 있어서의 신실함이 그리스도 안에 있는 디모데의 삶의 핵심적인 부분이라는 것을 강조하고 있다. 결과적으로, 그가 어떻게 복음에 봉사하느냐 하는 것은 심판 날에 그의 성과에 영향을 미치게 될 것이다.

ⓐ **믿음, 양심 그리고 사역의 필요한 결합(딤전 1:18-19)** : 디모데에게 "선한 싸움을 싸우라"고 하는 명령 속에서 폭넓게 묘사되는, 디모데에게 할당된 과제를 성취하기 위해서, 믿음과 착한 양심(딤전1:19)의 적절한 결합이 요구된다. 이전에, 우리는 "믿음"이 바른 교리 위에 근거해서 그리스도를 믿는 바른 자세를 의미한다는 것과, "선한 양심"은 "아는" 믿음으로부터 그에 상응하는 행위 또는 "행함"으로의 이동을 허용하는 기관(organ)을 지칭한다고 결론을 내렸다;[608] 이 경우에 "행함"의 국면은 "선한 싸움을 싸우는" 것, 다시 말해 복음을 선포하는 것

으로 대표된다. 이단들이 이 필수적인 요소들을 거절한 것은 결코 우연이 아니다(19-20; 5-6절). "행함"이라는 관점에서 볼 때 그들이 철저하게 비난받는 것 또한 놀랄 일이 아니다. 왜냐하면 복음 선포의 목적, 즉 5절에서 진술된 것처럼 믿음(그리스도를 믿는 자세)과 "선한 양심"의 적절한 결합으로부터 나오는 행위로 특징지어지는 존재는 달성되지 않았고 또는 포기되었기 때문이다. 그리스도인의 생활방식 중에서 "행함"의 국면은 5절에서 "사랑"이라는 단어로써 보다 일반적으로 표현되고 있다. 하지만 18-19절에서 디모데에게 주어지는 권면에서는 이것이 좀 더 구체적으로 "선한 싸움을 싸우는" 형태를 취한다; 이들 요소들의 공식화된 결합이 되풀이된다는 것과(또한 딤전 3:9을 보라), 핵심 용어들이 반복된다는 것은 일반적인 원리가 여기서 상술되고 있음을 암시한다.[609]

결과적으로 디모데가 "선한 싸움을 싸울 것"을 명령받았을 때, 그는 오로지 그리스도 사건(Christ-event)의 결과로서 되어질 수 있는 것만을 행하도록 요구받은 것이다; 사역자에게 목회사역이란 믿음의 삶의 윤리적인 국면이기 때문이다. 이 권면에는 단순히 디모데에게 "적당히 사역을 감당하라"는 명령보다 확실히 더 깊은 의도가 있다; "믿음"과 "선한 양심"을 버리는 것, 그리고 거짓 교리를 가르치는 것은 이단들에게 있어서 양심의 무감각함과 행동의 타락은 말할 것도 없고(딤전 4:2-3), 자신들의 믿음의 파괴로 귀결된다(19절). 만약 디모데도 그들처럼 실패한다면, 그의 사역뿐만 아니라 그의 모든 그리스도인 존재 자체가 위험에 빠지게 될 것이다. 따라서 목회사역과 관련한 간곡한

---

608) 이전 부분(2.21.1.)을 보라.
609) *Ibid.* pp. 302-303.

호소는 윤리적인 권면이다.

  ⓑ **임직 구절** : 목회사역에 관한 개인적인 책임은 디모데의 직책에 대한 호소에 의해서 더욱 강조되고 있다. 이것이 어떻게 성취되는가를 보기 위해서 우리는 디모데전서 6:12ff에 집중할 것이고, 우리의 논의를 다른 구절들로부터 얻은 관찰들로 보충할 것이다. 이들 구절을 보면 임직은 특별히 사역과 관계된 행위를 어떤 한 관점으로부터 동기부여 하기 위해 비슷한 방식으로 소개된다(예, 딤전 1:413-16; 딤후 1:6ff). 그러나 우선 임직의 중요성과 의미에 관한 질문들에 대해서 간략하게 고려해 봐야 한다.

  • **임직의 중요성** : 어떤 의미에서 임직이 목회서신에서 암시된다는 것에 대해서 널리 동의하고 있다. 립스(Lips)가 이 문제에 관해서 행한 가장 최근의 연구에서 적어도 10군데 본문들이 임직을 지칭하는 구절로 인용되고 있다.[610] 우리의 관심은 개인적인 권면을 다루는 섹션에 속하는 본문들에 있는데, 이들 본문은 디모데로 하여금 자신의 임직 사건을 회상하게 만든다(즉 딤전 4:14; 딤전 6:11-16; 딤후 1:6; cf. 딤전 1:18).
  신약성경에서 임직의 이해에 관한 토론이 계속되는 동안, 대부분의 의문들은 기본적으로 해결되었다. 해결되지 않은 질문들은 최소한 합리적인 설명이 가능하다. 예를 들어, 사도행전과 목회서신들을 통해서 볼 때, 손을 얹어 안수하는 의식은 적어도 하나님이 특정한 사역을 위해 구별한 개인들을 인정하고 승인하는 것과 연관되어 있다; 목회서신에서 디모데의 "임직"에 대한 묘사가 어느 정도까지 이전의 관습들의 발전을 나타내는지는 아직 살펴볼 여지가 있다. 또한, 그 의식은 의심

---

610) 딤전 1:18; 3:10; 4:14; 5:9, 22; 6:11-16; 딤후 1:6, 13; 2:1-2; 딛 1:5; Lips(1979), 173-82.

의 여지없이 유대교로부터 나온 것이다.⁶¹¹⁾ 게다가, 비록 디모데전서 4:14(디모데의 임직이 장로들의 안수로 되어진 것을 암시하는)과 디모데후서 1:6(그 안수행위를 오직 바울에게만 돌리는) 사이의 명백한 불일치를 해결해 보려는 몇몇 시도들이 있었지만, 동일한 사건이 단순히 약간 다른 관점들에 의해서 관찰되고 있기 때문에 두 가지본문이 모두 사실이라고 생각하는 것은 전혀 비합리적이지 않다. 그럼에도 불구하고, 대부분의 현대의 학자들은 그 차이를 목회서신 중에서 바울 이후 시대의 목적을 지키려는 의도적인 전략으로서 설명한다; **(1)** 바울의 유언이 담긴 디모데후서 내의 설명은 사도와 디모데 사이의 밀접한 관계를 묘사해준다. 반면에, **(2)** 장로회에 의한 안수라는 당시 교회의 현실 관습이 동시에 정당화되고 있다.⁶¹²⁾ 하지만 이러한 설명이 가능하다 할지라도, 두 편지의 독특한 성격은 또한 왜 한 본래의 사건이 두 가지 방식으로 묘사되는지를 설명해 준다. 디모데후서 1:6에서 디모데를 향한 권면은 사적인 것이며 사도 후계자로서 그에게 주어지는 것이지만, 반면에 디모데전서 4:14에서 근접 문맥은 명확하게 교회의 질서와 관련이 있다. 그리고, 비록 많은 것이 전치사의 변화로부터 생겼다고 하지만(딤전 4:14의 meta로부터 딤후 1:6의 dia에로,)⁶¹³⁾ 바울이 일단의 장로 그룹의 도움으로 디모데를 임직했다는 가능성을 최종적으로 배제할 도리는 없다.⁶¹⁴⁾

---

611) 예를 들어, Lock (85)와 Maehlum (1969), 72-74, 84은 두 개의 분리된 행위가 암시되고 있다고 제안한다. 예레미야스 (1957), 127-32와 Daube (1956), 244-45는 "장로의 회에서 안수받음"(efithesis ton keiron tou presbuiteriu)을 장로가 되기 위해 안수하는 것을 언급하는 것으로 설명함으로써 그 긴장을 해결한다.
612) Lips (1979), 242-43; DibConz 71; Brox, 229.
613) Lips (1979), 250-53를 보라.
614) 또한 Michaelis (1953), 74; Spicq 517-18; Roloff (1965), 259; cf. Hanson, 121을 보라.

아마도 가장 큰 문제점은 목회서신들에 진술되어 있는 대로의 임직의 성격에 관한 것이다. 디모데 위에 손을 얹었다 하더라도, 대체 무슨 일이 벌어진 것으로 이해되는가? 이 질문에 대한 대답은 보통 디모데전서 4:14과 디모데후서 1:6의 은사(charisma)가 어떻게 해석되어지느냐에 따라 결정된다:

딤전 4:14 "네 속에 있는 은사 곧 장로의 회에서 안수 받을 때에 예언으로 말미암아 받은것을 조심 없이 말며," 딤후 1:6 " 내가 나의 안수함으로 네속에있는하나님의 은사를 다시 붙일 듯하게 하기 위하여 너로 생각하게 하노니"

이제 곧 보게 될 것처럼, 아직도 불연속성을 옹호하는 많은 사람들은 바울이 은사적 사역을 염두에 두었으나 목회서신들이 씌어진 무렵에는 반대 현상, 곧 제도화된 직무(Amt) 개념이 우세했다고 주장하는데,[615] 이들은 너무 지나치게 문제를 단순화시켰다. 우리는 바울서신들에서 조금도 은사(Charisma) 문제를 직무(Amt)와 대조하여 다룰 수 없고, 또 정말

---

615) 불연속성 주장은 보통 다음과 같이 정리된다. "(1) 바울은 목회서신들이 보여주는 것 같은 하나의 공식적인 조직체의 개념을 거의 혹은 전혀 갖고 있지 않았으며, 사도행전은 뒷 시대를 거꾸로 바울의 시대 속으로 읽어 들어가는 것이다. 따라서, 바울이 보기에 목회사역은 고전 12장과 롬 12장이 전형적으로 보여주듯이, 전적으로 카리스마적 자질의 문제이다; 오직 하나의 완전한 지체"(body)사역만이 알려졌다(Käseman 1970,1:109-134 ; Lips 1979, 84-96; Dunn 1977, 109-114). (2) 성령과 질서는 고전 12-14장에서의 질서에 대한 강조와 "인도"와 "다스림"이 인정된 직임들이라는 증거를 기초로 해서 수용되고 있다(Schweizer 1961,181-83을 보라; 그 견해들에 대한 개요와 변이들을 보려면 Schulz 1976b, 448-50을 보라). (3) 권위와 질서가 카리스마와 결합되고 있으며, 공동체는 그 사역의 정당성을 인정하고(Schweizer 1961, 99-104; Lips 1979, 197; Käseman 1970, 1: 121, 124-25), 모든 멤버들은 사랑(agape)이라는 통제하는 요소의 권위 아래에서 사역에 참여한다(Käseman 1970, 1: 121; Schweizer 1961, 101-102; Lpis 1979, 192, 197). (4) 하지만 어떤 제도화된 직임에 대한 개념도 바울에 반대해서 보호되고 있다 (Schweizer 1961,185-87;Käseman 1970,1:123-24; Lips 1979,

이지 그럴 필요도 없지만 그것은 우리가 불연속성 해법을 거부하는 것에 대해 정당성을 제공할 것이다.

목회서신들에 있는 증거는 참으로 초기 바울의 교회론적 사상들과 어느 정도 균형이 유지될 수 있다. 그리고 이렇게 행하여짐으로써, 과격하게 불연속성을 단정했던 사람들의 어떤 가설들이 잘못된 것이었음을 알게 된다. 첫째, 전에 주장했듯이, 초기 바울은 영적인 사역들과 공존했던 교회의 조직을 분명히 인식하고 있었다(cf. 빌 1:1; 행 14:23; 20:17ff.). 이것이 그 경우라면, 아마도 목회서신들에서 저자가 모든 성도들이 성령의 은사들을 소유했다고 가정하는 주장에 더욱 신뢰가 갈 수밖에 없다.

틀림없이 의문스러운 두 번째 가설은, 디모데와 디도가 모든 세부적인 면에서 임직자, 곧 감독들/장로들과 집사들을 위한 모델이라는 것이다. 그러나, 첫째로, 이러한 주장은 다소 증거를 넘어선다. 모델을 명백하게 언급하는 곳에서는 모든 성도들을 염두에 두고 그렇게 한다(딤전 4:12). 그러나 바울에게서 다른 충성스런 사람들에게 메시지를

196-200). 거꾸로, 목회서신들에서는 그러한 그림이 무척 다른 것으로 생각되어진다. (1) 카리스마는 오직 디모데와만 관련되어 있다(딤전 4:14; 딤후 1:6). (2) 그러니까, "받은 것"(didonai,딤전4:14)과 "은사"(charisma)의 결합은 이전의 바울에 비해서 훨씬 정형화된 개념을 드러낸다(Lips 1979, 196-200). (3) 더욱이, 그것을 "네 속에 있는 은사"(tou en soi charismatos,딤전 4:14)로 묘사하는 것은 "객관적이고 사실적인 양으로 이해될 것"이라는 내용으로 생각된다(Lips 1979, 207; cf. Brox 181; Schlier 1956, 136-37). (4) 카리스마는 목회사역과 연관되어 있으며 일반 공동체 멤버들은 그것으로부터 배제되어 있는 것처럼 보인다(특히, Lips 1979, 212, 219-20). (5) 이처럼, 이제 은사(charisma)는 완전히 직임의 의무를 수행할 수 있는 힘과 능력의 공급과 결부된다(Lips 1979, 221-22; Schlier 1956; Blum 1963, 58).

전할 것을 위임받은 디모데가 지역 공동체의 사역자들을 임명하는 디모데후서 2:2을 보면, 디모데는 바울을 통해 폭넓은 범위의 권위를 반드시 넘겨받은 것은 아니다. "은사"(charisma)를 특별히 오직 디모데와만 연결짓는 것(목회서신들에서 일반 성도들에게는 사용되어지지 않는다)은 순회설교자 바울의 조수/계승자로서(지역 감독으로서가 아닌) 그의 고유 위치에 의해 설명되어질 수는 없는가? 다른 임직과 관련해서는 은사나 "예언들"에 대한 언급이 없다는 사실에서, 얼마간 이에 대한 지지를 발견할 수 있다(딤전 5:22; 3:2ff., 8ff; 딛 1:5; cf. 딤후 2:2); 그러므로 디모데의 임직이 독특한 것으로 보인다. 만약 그렇다면, 이 경우에 있어서 "은사"(charisma)는 특수하게 사용된 것이지만, 여전히 그가 부여받은 특별한 은사, 사역, 능력, 기름부음, 기타를 표현하는 바울의 용법과 일반적으로 조화가 된다. 이러한 부여 방법의 수단을(즉 "장로회가 〔바울이〕 손을 얹으면서 하는 예언을 통해" 하는 방법) 묘사하는데 사용된 어휘는 하나님께서 이 은사를 디모데에게 전달하시는 방법을 정확히 가리키거나(문법이 이를 지지하는 것처럼 보인다), 혹은 아마도 좀 더 느슨하게 그 은사가 공적으로 인정되어지는 방법을 묘사한다고 할 수 있다.[616] 하지만 두 가지 경우에서 모두, 디모데의 임직이 모든 면에 있어서 대표적이라는 것을 의미하는지는 확실하지 않다.

초기 바울에 의해서 영적인 은사라고 여겨진 어떤 능력들, 다시 말해 가르치는 은사(롬 12:7), 다스리는 은사(롬 12:8)들이 감독/장로의 직임에 요구조건으로 간주되었다는 사실은 또한 주목할 만하다(딤전 3:2ff.; 딛 1:6ff.; 딤전 5:17). 우리가 판단하기로, 직무를 위한 선결조건

---

616) Lips(1979), 240-47에 있는 토론을 보라.

으로서 어떤 은사들의 소유를 암시하는 면들이 있을 수 있는데, 그것은 외관상 영적 사역과 조직적 사역의 바울적인 조정이라고 하는 것과 일치되는 것으로 보인다.

목회서신에서 디모데의 임직은 바울과 디모데 사이의 개인적인 접촉의 한 특별한 지점인 것으로 묘사된다. 우리가 "임직"을 말할 때, 그것은 한 특정한 사역을 위해서 개인을 "따로 구별하는 것"을 공식적으로 인준하는 것을 표시하는 의식이나 사건을 의미한다. 이것이 디모데의 경우와 관련해서 최소한 그의 특별한 "은사"(charisma)의 인정, 다시 말해 은사의 상징적인 수용 또는 어쩌면 은사의 실질적인 수납을 가리킨다. 우리의 주된 관심사는 다음과 같은 질문으로 표현될 수 있을 것이다. "이 사건의 중요성은 무엇인가?"

이 질문에 대한 대답은 적어도 한 노선 이상을 따라서 움직인다. 첫째, 임직은 공적인 성격을 갖는다. 그래서 세례의식과 유사한 방식으로 후보자를 신앙의 공동체에게 소개하려는 의도를 갖는다.[617] 이처럼 손을 얹는 행위는 본질적으로 성령의 그 은사 안에 내포된(동시에 최소한 상징적으로 전해진) 권위와 능력을 공식적으로 인정하는 것을 의미했다.[618] 디모데의 경우에, 임직 과정에서 예언이 한 역할을 담당했다 (딤전 1:18; 4:14). 만약 디모데전서 4:14의 "예언으로 말미암아"(dia propeteias)가 복수 목적격, 즉, "예언들 때문에"를 의미한다면, 디모데의 소명에 대한 예언적 인정을 가장 우선순위에 두어야 하는 것이 분명하다. 그러나 만일 소유격 전치사구인 "예언을 통하여"를 뜻한다면, 물

---

617) *Ibid.*,(260-63)을 보라; Käsemann (1957), 261-68; Goppelt (1970), 200-201.
618) Lips(1979), 223-65를 보라; Maehlum (1969), 84-88.

리적으로 손을 얹는 행위와 예언을 밀접하게 연결시키고 있음을 알 수 있다.[619] 양쪽의 경우 모두, 아마도, 예언(이 문맥 안에서 하나님의 선택을 선포하는 행위로서의 예언)은 사도행전 13:2-3을 통해 유추해 보자면,[620] 임직에 있어서 본질적인 것이다. 아마도 저자가, 세례의식에 대해 이해하고 있는 것과 같이, 신체적으로 손을 얹는 행위는 예언적 언변을 통해서 드러난, 하나님의 택하시고 자격을 갖추게 하셨음을 공적으로 인정하여 비준하는 것에 지나지 않는다. 공동체의 증인들의 관점에서 본다면, 디모데의 권위와 능력을 인정하고 철저하게 복종할 의무는 그들 스스로에 의해서 받아들여진 것이다.

하지만 세례에서처럼, 임직은 임직 받은 자(이 경우에는 디모데)의 책임에 대해서 가시적으로 초점을 맞춘 것이다. 우리는 우선 이것을 그가 임직 받을 때 있었던 "증인들"에 대한 언급에서 볼 수 있다(딤전 6:12; 딤후 2:2).[621] 이들 증인을 상기시키는 것은 그로 하여금 그의 서약과 신앙고백의 역사적인 순간을 돌아보게 하려는 의도를 갖고 있다.[622] 그 다음으로, 미첼(O. Michel)이 지적하듯이, 디모데전서 6:12-13 안에 내포된 유사어구(homologia)의 개념은 "구속력 있는 신앙고백"의 개념을 수반한다;[623] 이 임직의 맥락에서(아래를 보라) 임직은 의무를 의미한다. 이 구절에서 "명령을 지키는 것"에 대한 언급(14절)은 임직예

---

619) Lips(1979), 252-53.
620) DibConz 71.
621) Brox 213.
622) Trites (1977), 209, 223를 보라.
623) Michel, *TDNT* 5: 211.
624) Käsemann (1957), 266.

식에 내재된 의무감을 강화하는 것이다.[624] 마지막으로, 임직에 있어서의 디모데의 의무는 연관된 직임들을 통해서 나타난다;[625] 그는 설교자요 교사로서 공동체와 불신 세상을 향한 교회의 사명에 대하여 의무가 있다. 그리고 이단과 관련하여, "부탁한 것"(paratheke)을 그에게 맡기는 것(또한 그의 임직과 연관된 딤후 2:2; 딤전 1:18; 6:12을 보라)[626]은 매우 실제적이고 절박한 의무를 드러낸다; 다시 한번, 그 위험이(즉 기독교 메시지가 타협될 때 발생하는 위험성) 복음에 대해 갖는 중요성은 공동체와 선교에 대한 후속되는 위험에 의해서 주로 평가된다. 이런 방식으로 아마도 자명하거나 가정되는 것이 분명해진다: 즉, 디모데가 과거에 경험한 임직이 지속되는 의무들을 포함한다는 사실이다.

본 섹션에서(딤전 6:12ff. ; 딤전 4:13-16과 딤후 1:6ff.) 우리의 관심을 끄는 이들 구절에서 강조되는 것은 임직의 이러한 개인적인 측면이다. 다시 말해서, 임직 사건을 회상하는 것은 디모데에게 개인적으로 신실할 것을 격려하기 위한 것이다. 그의 생애의 이 결정적인 사건에 호소함으로써 저자는 목회사역의 윤리적인 의무를 또 다른 방법으로 드러내는 것이다.

• **임직과 관련된 권면의 관심사들**: 디모데전서 6:12ff.은 이러한 탐구에 있어서 우리의 근거 구절 역할을 하는데, 물론 다른 구절들도 특별히 사역과 관련하여 디모데에게 준 권면 배후의 동기부여적 관심사들을 설명하기 위해 끌어다 쓸 것이다. 케제만(Käseman)과 브록

---

625) Lips (1979), 262-63.
626) *Ibid*. 264.

스(Brox)가 보여 주었듯이, 6:11-16 구절에서 최소한 12-16절은 세례보다는 임직에 중심을 두고 있다.[627] 어떤 측면에서는 그들의 결론이 수정되어야 하지만, 전체적으로 볼 때 그들의 주장은 몇 가지 이유로 인해 설득력이 있다.[628] 첫째, "선한 증거"(kale homologia 또는 '선한 고백,' 12절)는 이 문맥에서 임직을 암시하는 것으로 보이는데, 왜냐하면 빌라도 앞에서 있었던 예수 자신의 증거에 관한 언급은 사역을 위한 보다 나은 모델이 되고 있고 따라서 세례를 지칭하기보다는 임직을 지칭하기 때문이다; 예수의 증거와 임직시 디모데의 증거는 악한 세상의 핍박과 그것이 함축하는 고난에 대한 평가를 공유한다. 더욱이, 디모데의 "선한 증거"가 "많은 증인 앞에서" 이루어졌다는 사실도 또한 임직 정황을 시사하는데, 아마도 임직을 암시하는 것이 분명한 디모데후서 2:2("많은 증인 앞에서")의 평행구에 기초해서 볼 때 그렇게 판단할 수밖에 없다.[629] 둘째, "하나님의 사람"이라는 용어는 아마도 하나님의 종

---

627) 세례 배경을 더 선호하는 사람들은 Beasly-Murray (1962), 204-205; Kelly, 142; Windisch (1935), 219 등이다. cf. Thurén (1970), 246 n. 18, 그는 다음과 같이 제안한다: "Das Bekenntnis scheint freilich mehr Zeugnis einer Einzelperson als Verkundigung und Lehre eines Amtstragers zu sein."(그 인식은 한 사람의 확증을 선포와 직원의 규범이 되는 것으로 확실히 보는 것 같다).
628) Käsemann (1957), 261-68; Brox, 212-19; Roloff (1965), 261; Hanson 110; DibConz 87을 보라. cf. Lips (1979), 177-80 그는 그 구절에 있어서 임직의 중심성에 대해서 덜 확신한다.
629) Ibid. (181-82, 166-72); DibConz 108; Brox 240을 보라
630) 케제만(Käsemann 1957, 267-68)은 사실상 "하나님의 사람"이 헬라적 유대교에 있어서 pneumaticos의 대체어가 되었기 때문에, 목회서신들에서 성령이 임직식 과정을 통해서 주어졌다는 그 믿음의 증거가 그 구절에서 분명히 나타난다고 주장하고 있다. 하지만 구약성경의 "하나님의 사람" 개념(예를 들어, 삼상 2:27; 왕상 12:22; 13:1; 신 33:1; 시 90:1)에 대한 하나 이상의 평행구절이 여기서 확인될 수 있는지 의심스럽다. 또한 Hanson(109); DibConz(87-88); Lips(1979), 178을 보라.

제4장 목회서신은 어떤 윤리적 교훈을 주는가? 545

으로서의 디모데에 대한 특별한 묘사이기 때문에 (그가 성령을 소유했다는 암시와 더불어), 임직을 지칭한다는 점을 뒷받침한다.[630] 다음으로, "명령"(entole, 14절)은 아마도 임직 받을 때 디모데에게 부여된 사명, 곧 항상 수행되어야 하는 임무를 언급한다. 마지막으로, 여기 임직에 대한 언급은 이 서신 전체의 논조와 더 잘 일치하는데, 디모데전서는 여러 경우에 걸쳐서 사역자로서 디모데의 의무들을 지칭하고 있다(cf. 딤전 1:18; 4:11-16; 6:11-12, 20; cf. 5:22, 24-25).[631]

하지만 이미 주목한대로, 케제만과 브룩스에 의해 발전된 논제는 약간의 수정이 필요하다. 첫째, 11-16절이 공적인 임직권면(Ordinationsparänese)을 표현하는지 의심스러운데, 왜냐하면 저자 자신의 사상과 다양한 연관성들이 분명하게 보이기 때문이다. 립스(Lips)는 옳게도 다음의 몇 가지 것들에 주목한다:[632] (1) "오직 너...이것들을"(su de... tauta. cf. 딤후 3:10, 14; 4:5; 딛 2:1)이라는 전환 구절과 "피함과 좇음"(peugein–diokein)의 대조(cf. 딤후 2:2)가 저자의 언어와 일치한다; (2) "하나님의 사람"(11절)이 또한 디모데후서 3:17에서 반복된다; (3) 11절의 덕목에 특별히 "경건"이 포함된 것은 저자의 입장을 드러낸다; (4) "선한 증거"(12, 13절)란 표현에 들어있는 형용사 "선한"(kale)은 저자가 즐겨 사용하는 단어 중 하나이다; (5) "증거"와 "명령"(14절)을 함께 나란히 놓은 것은 거짓 교사들과 관련하여 이 두 술어가 등장하는 디도서 1:14-16과 명백하게 비슷한 것이다;[633] 그리고 (6) 엄숙한 표현인 "하나님 앞에서"(12절)는 저자에 의해서 잘 사용되고 있다(딤전 2:3; 5:4, 21; 딤후

---

631) Brox 212.
632) Lips (1979), 179-80.
633) cf. Thurén (1970), 247.

2:14; 4:1).[634] 덧붙여, 이전에 이미 언급한 바 있는 투렌(Thurén)의 발견들(6:3-21에 걸쳐서 밀도 있게 발전된 사상을 확증함)은 저자가 스스로 공적인 고백 전체를 구성하지 않았다 하더라도 적어도 그것을 중요하게 수정했을 가능성을 한층 더 높여준다.[635]

둘째, 11절은 주로 문장 전환 역할을 담당할 가능성이 있다. 왜냐하면 "오 하나님의 사람아"라는 호격 형태가 권면 섹션을 도입하고 후속되는, 특별히 사역과 관련된 교훈들을('인내'와 '온유'라는 용어의 도움을 받아) 내다보는 반면에, 덕목 역시 그것이 디모데에게 이단들의 행위와 구별된 개인적인 품행의 기준을 유지하도록 격려한다는 점에서 3-10절을 뒤돌아보게 만들기 때문이다. 사상은 12절에서만 완전히 임직으로 전환된다.

마지막으로, 14절에 언급된 "명령"(entole)의 의미에 대해서 약간의 설명이 필요하다. 케제만과 브록스는 그것이 직무지시(Amtsauftrag)를 언급하는 것이라고 주장하는 반면[636], 립스(Lips)는 "피함과 좇음"(pygein-diokein) 형식문의 소개(11절)가 그 술어에 윤리적 강조점을 부여한다고 주장한다.[637] 확실히 서두 형식과 조심스럽게 구조화된 3-21절 전체의 사상은 12-16절을 윤리적인 빛으로 채색시키고 있다. 더욱이, 위에서 본 것처럼, 디모데전서 1:19에서 "믿음"과 "착한 양심"을 사려 깊게 결합시킴

---

634) 립스(Lips 1979, 180)는 또한 1인칭 단수 "명령하다"(paranggello)는, 단순 명령형이 그렇듯이, 정형화된 Ordinationsparänese(임직권면) 개념과 맞지 않는다고 지적한다.
635) 쑤렌(Thurén 1970, 241-44)은 그 부분들을 하나로 연결시키는 연관들을 보여준다: 6-10절은 "부"를 다룬다; 12절과 19절은 "생명을 취하라"(epilabeisthai tes zoes)는 구절을 포함한다.
636) Käsemann (1957), 266; Brox 217.
637) Lips (1979), 178-79.

으로써 목회사역은 하나의 윤리적인 문제가 되었다. 그러므로 우리의 판단에 따르면 14절의 "명령"은 문맥에 근거해서 볼 때 임직 때 디모데에게 주어진 임무, 다시 말해서 "부탁한 것"(paratheke)을 맡기는 것을 포함해서 "선한 싸움을 싸우는 것"을 지시한다(딤후 2:2; 딤전 1:18; 6:20; 딤후 1:12-14).[638] 하지만 "내가 명하노니...이 명령을 지키라"는 표현 자체, 그리고 보다 폭넓은 문맥인 3-21절의 취지는 임직의 임무를 윤리적인 빛 가운데서 보도록 만든다.

따라서 우리의 근거 구절은 임직 사상에 의해서 지배받는다. 직접적인 고려 대상이 아닌 다른 구절들도 또한 디모데의 임직에 관한 진술에 의해 영향을 받는다(딤전 4:13-16; 딤후 1:6ff.; 2:2ff.; cf. 딤전 1:18).[639] 우리가 살핀 것처럼, 임직은 의무를 포함하고, 이제 남은 것은 이 의무가 디모데를 위한 권면 가운데서 따라 움직이는 노선들이 어떤 것인지 밝히는 것이다. 동기를 부여하는 다양한 장치들은 성실한 사역이 자신을 위해서나 다른 사람들을 위해서나 디모데에게 요청된다는 것을 보여줄 것이다.

첫째로, 디모데 자신의 영적 건강에 대한 저자의 관심은 분명하다. 한편으로 그의 구원이 핵심 문제이다. 디모데전서 6:12에서 사역에 충실하는 것은 직접적으로 "영생을 붙드는 것"과 연결되는데, 이것은 마치 부자들의 경우에 책임 있는 그리스도인 생활이 마지막 구원을 얻기 위한 조건으로 제시되는 것과 같다(18-19절). 비슷하게, 디모데전서 4:16에서 임직의 의무들을 회상하고 진보를 이루는 일에 착념하라는

---

638) cf. Brox 217; DibConz 89; Käsemann (1957), 266.
639) Lips (1979), 161-82의 책에 있는 논의를 보라.

바울의 호소는 구원을 이루려는 디모데 자신의 필요에 근거하는 것이다: "이것을 행함으로 네 자신을 구원하리라." 사실 디모데가 영생에 이르도록 개인적 진보를 나타내는 일에 초점을 두는 것은 4:6-16에 걸쳐 내내 분명하게 나타난다. 디모데가 관심의 중심에 있으며 (2인칭으로 지시하는 것을 보라= 6, 7, 11, 12, 13, 14, 15, 16절), 그의 성장은 일반적으로는 "진보"(prokope, 15절)[640]로 묘사되고, 특별히 7-8절에서는 경건이 내생에 있어서 유익하다고 언급된다. 그러나 특별히 11-16절에서 그의 진보는 사역에 충성하는 삶과 밀접하게 연관되고, 도덕적 진보의 필요성을 강조하는[641] 이 개념은 저자가 사역의 윤리적 국면에 관한 그의 개념을 좀더 포괄적으로 표현하기 위해서 사용되어진다. 그리고 나서 디모데후서 2:2-13에서 디모데에게 그의 사역에 관해 건네진 확장된 권면은 케류그마 전승(8절), 바울의 모델(9-10절), 그리고 미쁜 말씀들(11-13절)에 정초하여 있는데, 이 모든 것이 결합하여 무엇보다도 다음 사실을 해설하는 구실을 한다: 즉, 심판 날에 성공적으로 나타나기 위해서 디모데는 자신에게 맡겨진 사역을 인내심을 갖고 수행할 것을 요청받는다.[642] 분명히, 디모데를 향한 권면은 디모데 자신의 영적인 안위가 저자의 가장 주된 관심 중의 하나라는 것을 나타내 보여주는데, 이것은 직접적으로 그의 사역 수행과 연결되어 있다.

디모데 자신의 영적 건강에 관한 관심은 또한 다른 여러 방식들로 강화되고 있다. 첫째로, 디모데전서 6:13의 엄숙한 명령, 즉 "하나님 앞과... 그리스도 예수 앞에서"(cf. 딤후 4:1; 딤전 5:21)라는 표현은 디모데

---

640) *Ibid.* 163-65.
641) Stählin, *TDNT* 6: 706-707; Lips (1979), 163-65.
642) 앞 부분(3장, 4.25.2부분)을 보라.

의 임직, 따라서, 권면에 관한 한, 그의 현재적 사역에 귀속된 개인적 결과들을 강조해준다.[643] 그리고 나서 임직 소명을 되풀이하고 그것을 14절 문구에("점도 없고 책망받을 것도 없이 이 명령을 지키라") 맞춰 재구성한다는 사실은 디모데로 하여금 자신의 사역을 성취되어야 할 개인적 의무의 관점에서 바라보도록 만든다; "명령"이란 말은 임직 소명을 윤리적인 빛 속에서 보도록 만들고, "점도 없이"(aspilos) 또는 "책망 받을 것이 없이"(anepilemptos)와 같은 수식어들은 임직 소명에 대한 충성이 어느 정도까지 필요한지를 분명히 함으로써 주제를 강화한다.[644] 덧붙여, 이 지점에서 재림(parousia)을 지칭하는 구절은 ("주가 나타나실 때까지," 14절), 임박성과 그것과 연관된 심판에 대한 암시 때문에, 그 명령에다 현세대의 특징인 긴급성과 긴장을 주입시킨다.[645] 5:22과 24-25절의 매우 특정한 교훈들 가운데서 디모데가 어떤 사람들을 장로로 세워야할지를 조심해야할 이유로서 개인적인 결과들도 강조되고 있다.[646]

하지만 충실한 사역이 강조되는 또 하나의 부가적인 이유는 디모데가 하나님의 사역자로서 하나님의 백성에게 의무를 지고 있었다는 사실에서 발견된다. 디모데전서 4:11-16에서 그의 진보와 임직 소명에 대한 충성이 그가 교회에서 섬기는 사람들의 유익을 위한 것으로 나타난

---

643) 슈라게(Schrage, 1961, 84-85)는 하나님의 임재가 신자의 삶과 행동을 현재의, 그리고 사적인 하나님과의 관계 속에서 경험하게 해 준다고 밝히고 있다.
644) cf. DibConz (89); Spicq (572); Hanson (112)은 "점도 없고 책망받을 것도 없음"이 "믿음의 보증"을 안전하게 지키는 것을 언급한다고 말한다; 이것은 거의 같은 것이다.
645) 앞 부분(3장 2.부분)을 보라; Völkl (1961), 339.
646) 17-25절은 장로들과 그들의 직임을 위한 선택을 조망하는 하나의 단위로서 간주되어야 한다. Adler (1963), 1-6; Meier (1973), 324-41; Fuller (1983), 258-63을 보라.

다 (16절). 보다 폭넓은 공동체를 향한 의무는 일반적인 그리스도인의 행위를 본받음으로서 시작하며 (12절), 이것은 의심할 여지없이 "진보"(15절)에 포함된다. 여기서 사역과 행위가 함께 결합되어 디모데의 그리스도인 존재 전체를 형성하게 된다.[647] 따라서 충성스러운 사역은 사적인 방향성뿐만 아니라 공적인 방향성도 가지고 있다.[648] 16절은 삶의 방식과 임직소명에 대한 신실함, 그리고 특히 이 경우에 "가르침"과의 연관성을 명백히 해준다. 4:1-16절을 한 번 살펴보기만 해도, 거짓 교사들은 두 가지 평가에서 모두 실패했다는 것을 알 수 있으며, 그렇게 해서 그들은 그들 자신뿐만 아니라 (4:1-2) 그들의 말을 따랐던 사람들에게도 고통을 주었음을 알 수 있다 (4:3; 딤후 2:18; 딛 1:11). 그러므로 디모데는 참된 교사로서 진실한 "경건"(7b-8, 12절)을 가지라는 권면을 받게 되고 또한 그의 사역을 신실하게 감당하라고 요청받는다 (6-7a, 11, 13-16절). 게다가, 디모데의 "진보"는 모든 사람들에 의해 인정된 것으로서 구원에 이르는 진보였으며, 거짓 교사들의 "점점 나아감"(prokopein)과 강한 대조를 이룬다; 그들의 진보는 점점 더 "불경건"(딤후 2:16)과 "악한 것"(딤후 3:13)에로 나아가는 것이기 때문에 모든 사람들 앞에서 동일하게 속이 드러나게 될 것이다(딤후 3:9).[649]

요약하면, 디모데는 자신에게 위탁된 사역에 성실할 것을 격려하기 위해서 그의 임직을 상기할 것을 권면 받는다. 임직은 의무를 암시하고, 그리고 저자가 이러한 동기부여적 장치를 사용함으로써 윤리적이고 도덕적인 헌신으로서의 사역의 모습을 완성하고 있다. 우리가 살핀

---

647) Stählin이 옳다. *TDNT* 6: 714.
648) Lippert (1968), 37-38; Lips (1979), 165; Stählin, *TDNT* 6: 714.
649) *Ibid.* 715.

것처럼, "선한 싸움을 싸우는 것"은 단지 합당한 은사를 통해서 중개된, "믿음"과 "선한 양심"의 적절한 결합에서 귀결되는 수평적인 결과인데, 이것은 마치 보다 더 일반적인 "선행"이 공동체 구성원들을 위한 것과 같다.

ⓒ **고난과 선교를 위한 부르심**: 고난에 대한 신약성경의 개념의 배경을 탐구해 들어가거나 그 의미 흐름들을 기술하는 것은 우리의 연구의 영역을 넘어가는 것이다. 바울에게 뿐만 아니라 신약성경에서도 고난은 복음 선포와 밀접하게 관련된다는 것이 일반적으로 동의되고 있다는 사실만 지적하는 것만으로도 충분하다.[650] 다른 곳과 마찬가지로 목회서신들에서 고난이나 핍박은 그리스도를 위한 삶의 예견된 결과로서 간주된다 (딤전 3:12). 우리의 관심은 고난의 부르심이 사역과 관련해서 디모데에게 주어지는 권면에 대해 갖는 함축들에 있다. 고난이 복음전도의 사명과 깊이 관련되어 있는 것을 보게 될 것이다.

고난에의 부르심은 디모데후서에 가장 분명하게 언급되는데, 각 경우에 디모데에게 동기부여를 제공하기 위해 바울의 모델이 제안되고 있다. 디모데후서 1:8은 다음과 같이 디모데를 촉구한다: "복음과 함께 고난을 받으라." 우리는 전에(3장을 보라) 복음이 선포될 때 구원하는 "하나님의 능력"이라는 사실을 설명하기 위해서 9-10절이 기록되었다고 결론지었었다. 바울적인 모델을 소개하는 11절은 복음 선포에 대한 관심을 확증해주고 있고, 12절은 거기에다 고난 사상을 연결시킨다 ("이를 인하여 내가 또 이 고난을 받되"); 바울은 구원의 복음을 선포하

---

[650] 예를 들어 Guttgemanns (1966), 126-98, 282-328; Baumeister (1980), 156-91; W. Michaelis, *TDNT* 5: 919-23, 937-38; Sweet (1981), 101-117을 보라.

는 사람으로 세움을 받았으며, 그것에 수반되는 고난을 견디라는 부르심을 입었다. 마찬가지로, 디모데 역시 바울의 발자취를 뒤따르도록 부름을 받는데, 그것은 바울이 시작한 선교 사역을 인내로서 지속하는 것이다. "내게 들은 바 바른 말을 본받아 지키는 것"에 관해서 덧붙여진 설명은 "부탁한 것"(12, 14절), 따라서 복음을 지칭하는데, 그것은 부정적 본보기로서 거짓 교사들을 염두에 두고 있다는 것을 시사해준다. 그러므로 고난은 참된 복음 선포자의 한 표지가 된다(cf. 3:12).

2:3에서 고난을 받으라는 요청이 다시 제시된다: "그리스도 예수의 좋은 군사로 나와 함께 고난을 받을지니." 4-6절에서 후속되는 세 가지 이미지들은(군인, 운동선수, 그리고 농부) 고린도전서 9:7, 24-27을 다소 닮았다.[651] 하지만 닮았다고 해서 그 이미지들이 다르게 사용되었다는 사실이 감추어지는 것은 아니다. 고린도전서 9:7에서 군인과 농부는 복음전도자의 생계문제와 관련해서 언급되고 있으며, 우리가 지금 살피고 있는 구절에서는 이 문제가 제기되지 않았다. 고린도전서 9:24-27의 운동선수는, 규칙을 따라 인내심으로 달리는 것이 강조된다는 점에서, 좀 더 유사하다고 말할 수 있다. 어떤 경우든 우리의 본문에서 등장하는 은유들은 3절의 처음 명령을 상술하기 위해 의도된 것이다. 브록스(Brox)는 그것들이 고난을 "매일 당하는 순교(Martyrium Tag für Tag)"[652]와 관련하여 묘사하기 위해 의도된 것이라고 제안한다. 그는 일상적인 행위들의 이미지들로부터 규범성의 개념을 끌어온다. 바우마이스터(Baumeister)는 그리스도의 군사의 고난은 "타협하지 않음

---

651) Pfitzer (1967), 171; Trummer (1978), 151-52; Lindemann (1979), 146 n. 102; Barnett (1941), 267; Hanson, 129-30.
652) Brox 241.

(Kompromisslosigkeit), 끈기(Anstrengung), 그리고 노력(Muhe)"의 관점에서 조망된다고 제안하는데, 이것은 각 인물의 노력에 부착된 자질들이나 조건들을 더 강조해준다.[653] 실제로 두 사람 다 옳다. 왜냐하면 이들 이미지는 매일 매일의 견인(堅忍)이라는 사상을 함축하고 있고, 타협의 위험들과 지속적인 수고를 경주하고 꾸준히 애쓸 필요성들이 디모데의 상황에 분명히 적용될 수 있기 때문이다. 또 다시, 거짓 교사들을 염두에 두고있다; 여기서 경계되고 있는 것은 아마도 그들의 약함(weakness)일 것이다―그들은 분명히 타협해버렸으며 잘못된 가르침과 타락한 행위들을 통해서 규율을 파괴했을 뿐만 아니라, 인내하지 못함으로써 열매를 나누어가질 권한을 잃어버리고 말았다. 복음 선포 사상이 무엇보다도 염두에 두어지고 있는데, 후속되는 전승 단편과 (8절) 복음으로 인한 바울 고난의 모델(9-10절)이 이를 분명하게 해준다. 그리스도의 군사가 된다는 것은 복음의 사명을 위해서 고난을 받을 준비가 되어 있다는 것을 의미한다.

그러나 중요한 것은 미쁜 말씀이 고난과(12절, "참으면") 내세에서 그리스도와 함께 하는 영광을 연결짓는다는 것이다.[654] 하지만 고난은 "만일 우리가 인내하면"("참음"이 바울의 고난과 연결되는 10절 참조)이라는 표현 속에 함축되어 있는데, 그것은 한층 더 부연 설명되지 않는다. 그리고 중심 사상은 인내로써 복음을 선포하는 것에 놓여 있으며, 그것은 불가피하게 고난을 가져온다. 구속 과정으로서 순교를 염두에 두고 있다는 시사는 존재하지 않는다.[655] 그럼에도 불구하고, 디모데

---

653) Baumeister (1980), 196.
654) *Ibid.*
655) 앞의 책과 달리. 197; 이 책의 앞 부분(제 3장, 4.25.2, p.207)을 보라.

에게는 복음을 선포하고 고난을 받는 것밖에 다른 선택의 여지가 없다는 것은 분명하다; 전자의 부르심은 후자의 부르심이기도 하다. 그리고 바울에 관한 회상이 생생하게 그려지듯이, 그렇게 커다란 희생을 치를 것을 요청하는 것은 그 모든 저변에 깔려 있는 구원의 선교이다: "그러므로 내가 택하신 자를 위하여 모든 것을 참음은 저희로 그리스도 예수 안에 있는 구원을 영원한 영광과 함께 얻게 하려 함이로다"(10절).

고난과 핍박이 3:10-12에서 바울과 디모데를 위한 규범으로서 묘사되고 있는데, 진실로 이것은 모든 성도들을 위한 것이기도 하다. 또 다시, 이단자들의 삶의 양식과의 대조가 이러한 방식으로 대담하게 진술되고 있는 것으로 보인다. 여기서 바울의 모델이 채용되고 있다는 사실은 또한 복음사역을 염두에 두고 있음을 암시한다. 화평한 삶을 살고 사회 구조를 인정하면서 남의 존경을 추구하는 것과, 복음 때문에 고난을 받는 것 사이의 적절한 균형 혹은 긴장이 3:12에서 명백하게 강조되고 있다. 그리스도를 위해 사는 것은 필연적으로 고난을 초래한다. 왜냐하면 복음 선포가 "선한 증거"를 통해 용이하게 되기는 하지만 때로 그것은 고난을 불러일으키기 때문이다.

디모데에게 주어지는 마지막 명령에서 고난을 받으라는 부르심은 복음 사역과 밀접하게 연결되어 있다: "그러나 너는 고난을 받으며...전도인의 일을 하며"(4:5; cf. 4:2, "너는 말씀을 전파하라." 디모데는 성실하게 말씀을 전파하고 가르치라는 부르심을 받는데, 이를 위해 인내심을 나타내는 것은("범사에 오래 참고," 2절) 죄인들의 회개를 염두에 두고 있다. 그가 이런 명령을 받는 것은 명령의 엄숙성과 심판하러 오실 그리스도 재림의 확실성과 임박성 때문만 아니라(1절) 현존하는 이단들 때문이기도 하다. 이런 정황에서 고난은 이단자들의 반대와 직접 연결된다. 하지만 바울적인 모델이 계속해서 확증하고 있듯이(6-8, 14-18절), 그러한 고난은 출처가 무엇이든지 간에 복음을 선포하라는 부르심의 일부분에 불과하다. 2절에서 "오래 참음"을 언급하는 것은 다시 한 번 구원의 선고가 고난을 받기까지 충성해야할 이유라는 것을 보여 준다; 17절의 바울 자신의 고백은 그가 고난을 면제받은 것이 아니라 "나로 말미암아 전도의 말씀이 온전히 전파되어 이방인으로 듣게 하려고" 주님이 그를 강하게 만드셨다는 것이다. "온전히 전파" 됨(pleroforein)이 또한 디모데의 임무를 묘사하는 마지막 단어인 것은 아마도 우연은 아닐 것이다(5절); 그는 바울의 사명을 수행해야 한다.

신실함, 고난, 그리고 선교적 동기의 동일한 연결을 디모데전서 6:12-14에서 볼 수 있다. 여기서 "많은 증인 앞에서 선한 증거를 증거하라"(12절)는 명령은 13-14절에서 다시 강조되고 있다:"내가 너를 명하노니...너는 이 명령을 지키라." 하지만 그 한계들을 정의하는데 도움을 주는 것은 이 명령에 삽입된 그리스도의 모범이다: "본디오 빌라도를 향하여 선한 증거로 증거하신 그리스도 예수." 이 경우에 브록스(Brox)가 "증거"를 메시아직의 문제에 대한 그리스도의 "예(yes)"로 해석하는 것은 옳다.[656] 그러나 예수의 입술 고백이(여기서는 디모데의 미쁜 말씀과 동일시된다) 그의 수난 시작 지점에서 이루어졌다는 점에서 고난 사상이 존재하며 그 위협과 분리해서 생각할 수 없다.[657] 게다가, 추가적인 함의들이 디모데가 지켜야 하는 "명령"에 적용되거나 그것을 정의하는데 도움을 주는 예수의 상황으로부터 등장한다. 첫째로, 예수

---

656) Brox (1961), 33; Bousset (1970), 300; Baumeister (1980), 199-200; Trites (1977), 209.
657) Beutler (1972), 176; Baumeister (1980), 199-200; Käsemann (1957), 264.

께서 적대적인 세상('빌라도'라는 이름으로 요약된다)에 직면하여 선언하신 것처럼, 디모데의 선포 역시 (1) 적대적인 거짓 교사들과 (2)불신하는 세상 앞에 나아가는 것이다.[658] 11절의 서론적인 윤리 명령에서 "인내"와 "온유"을 언급한 것은 그러한 압박들을 견뎌내면서도 여전히 죄인들의 회개를 목표로 붙잡는데 필요한 오래 참음과 인내를 권면함으로써 고난에 대한 이러한 부름을 예시하고 있다. 이렇게 말씀을 전하라는 부름이 예수의 모범을 제시하는 것과 더불어 절정에 이른다; 고난은 악한 세상을 향한 선포에 수반되는 것이다. 환언하면, 선교적 선포, 그리고 선교적 선포자는 이점을 인정하고 견고하게 서야한다.

목회서신에서 디모데에게 복음을 선포하라는 부름, 또는 그 부름을 상기시키는 것은 이것이 또한 고난을 견디라는 부름이기도 하다는 점을 상기시키는 것에 의해 조건지어져 있다. 각 문맥은 선교적인 복음 선포를 특별히 염두에 둔 것이라는 점을 드러내는데, 일반 세상이든지 거짓 교사이든지 그들이 바로 메시지가 의도하는 수납자(recipient)이다. 어느 경우이든 고난을 불러일으키는 것은 악하고 적대적인 환경에서 복음을 선포하는 것이며, 그러한 대가 지불을 요구하는 것도 구원이란 목표 때문이다. 감옥에서 죽음의 문턱에까지 이르렀던 바울, 그리고 자신을 기다리던 수난에 직면해서 빌라도 앞에 선 예수(두 분 다 택함을 받은 자의 구원을 염두에 두고 있었다) 교회의 사명을 이루기 위해 디모데가 따라야 할 모범을 제공한다.

요약하기

---

658) *Ibid.*; Baumeister 200; Brox 1961, 35; Beutler (1972), 176; cf. Trites (1977), 210.

직접적으로 디모데가 언급될 때, 개인적인 품행과 사역에 관한 가르침들이 제기된다. 몇 가지 미덕의 목록들과 경건이라는 개념을 통해서, 그는 모든 성도들이 경험할 동일한 그리스도인의 생활방식을 추구하라는 권유를 받는다. 통상적인 어휘들은 공인된 행위들을 역사적으로는 그리스도 사건과, 그리고 실존적으로는 회심과 연결시킨다. 특별히 사역과 관련하여 디모데에게 주는 가르침들은 바른 복음을 선포함으로써 이단들에 대항하라고 그에게 명령한다. 이런 방식으로 복음에 대한 위협과, 따라서 거짓 교사로 인해 발생한 선교적 사명에 대한 위협이 제지될 수 있다. 다른 한 관점에서 볼 때, 성실한 사역은 도덕적이고 윤리적인 의무가 된다. 디모데전서 1:18-19에서 디모데의 복음 선포 소명은 "믿음"과 "선한 양심"의 공식적인 결합과 더불어 나란히 설명되는데, 이것은 그의 경우에 있어서 사역이 믿음의 특별한 성취이며 "선한 일들"과 사랑의 구체적인 실례들임을 보여주는 것이다. 사역의 도덕적 측면은 디모데의 임직에 대한 언급을 통해서 더욱 강조된다. 임직은 의무를 내포하며, 이렇게 디모데로 하여금 자신의 임직에 주목하게 함으로써 거기에 상응하는 신앙고백의 구속력 있는 성격을 다시금 염두에 두게 한다. 사역은 이렇게 윤리적인 문제가 된다. 여기에 못 미치는 것은 디모데와 공동체 모두에게 치명적인 결과를 가져오게 된다.

사역과 관련한 권면에 있어서 크게 강조되는 부분은 사명의 동기에 관한 것이다. 이것은 고난과의 연관 속에서 가장 선명하게 표현된다. 복음을 선포하라는 부름은 또한 고난을 받으라는 부름이며, 이같이 큰 개인적 대가를 정당화해주는 명분은 구원이라는 선교적인 목적이다.

3. 결론

1. 저자는 용어들을 교환하면서 그의 메시지의 윤리적 부분을 명확하게 말하고자 한다. 우리는 이론상적으로 그리스도인의 생활방식에 관한 그의 모델을 재구성하기 위해서 문맥들을 통해 핵심 용어들을 간추려냈다. 한편으로, 우리는 시종일관하게 믿음의 삶은 역사적으로 그리스도 사건에 뿌리를 두고 있다는 사실을 발견했다. 다른 한편으로, 그것은 실존적으로 회심의 사건에 연결되는데, 이것은 그리스도를 믿음으로 만나는 것으로 궁극적으로 그리스도 사건으로 거슬러 올라간다. 그리스도인의 생활방식은 수직적으로 그리스도를 아는 지식과 수평적으로 성령을 통한 가시적인 작용 사이의 부단한 상호작용의 삶으로서 정의되어진다.

2. 이 책 4장의 대부분은 그리스도인의 실천적인 생활방식에 대한 저자의 개념을 살피고 있는데, 그것은 공동체 내 다양한 그룹들에게 주어지는 구체적이고 윤리적인 권면들을 통해 드러난다. 첫째로, 우리는 신약 가훈윤리가 저자의 사상과 설명에 미치는 영향을 탐구했으며, 사실상 이 전승의 형태와 목적이 작동되고 있음을 발견했다. 이러한 깨달음과 더불어 사회적 존경에 대한 강조는(사실상 권면 전체를 통해서 나타남) 주변의 사회와 그 제도들에 대한 신앙 공동체의 태도에 관한 저자의 관심에 적절히 귀속될 수 있다. 게다가, 가시적인 사회적 존경에 대한 이러한 관심은 선교지향적인 것으로 입증된다. 하지만 선교에 대한 동기를 성립시키는 것은 단지 가훈 윤리만이 아니다. 가끔 문맥상의 시사점들은 규정된 행위를 외부자의 의견에 대해 관심과 묶어놓았다. 그리고 많은 사람들이 비록 이것이 단지 방어적인 목적을 염두에

둔 것이라고 주장하지만, 포괄적인 신학적 주제들 즉, 특별히 현세대의 구원과 그것을 불신 세상에 중개하는 교회의 역할에 관한 강조와 같은 주제들은 거의 모든 경우에서 선교적 영향을 명백하게 확증해준다. 저자는 그의 윤리를 공식화하고 전하는 데 있어서 부단히 자신에게 "왜?"라는 질문을 던지고 있으며, 그의 신학이 제안하듯이, 그는 한결같이 "세상을 향한 교회의 선교적 의무 때문에!"라는 말로 질문에 대답한다. '세상에서 존경을 받는 것'은 사회 제도들과 관련한 규칙이며, 그리고 신약 가훈 윤리는 이들 사회 제도들이 기피되기보다는 참여의 대상이라는 것을 가르쳐준다. 왜냐하면 그것들은 참된 그리스도인 존재의 "선한 증거"가 살아지고 세상에 전달되는 통로들이기 때문이다. 그것들은 또한 하나님의 창조질서(ktisis)의 일부이며, 따라서 가능한 한 존중히 여김 받고 인정받아야 한다. 다시 말해서, 성경의 도덕적 명령들을 위반하는 것이 아닌 한 그렇게 해야 한다. 특별히 디모데에게 주어진 권면을 통해서 볼 수 있듯이, 고난이 그리스도인 실존에 있어서 한 역할을 감당하고 있다는 사실을 회피할 수는 없다. 사회 속에서 존중받으면서 산다고 복음 선포 의무를 회피해도 되는 것이 아니다. 오히려 그것은 필연적으로 고난을 초래하는 것이다. 고난은 모든 신실한 성도들의 삶의 운명이지 단지 선교사만의 통탄할 운명이 아니라는 사실은 디모데후서 3:12이 분명히 밝히고 있다.

3. 공동체를 위한 권면의 많은 부분은 거짓 교사들의 행위들 때문에 야기되었다는 사실을 엿볼 수 있었다. 그들의 실현된 종말론 이론은 해방 경향 배후에 놓여 있었으며, 반면에 그들의 가르침과 실천의 다른 부분은 잘 속는 성도들 사이에서 주변 세상의 사회적 구조를 무시하도록 조장했다. 궁극적으로, 주변 세상 속에서 공동체의 증거가 손상될

것이고, 선교적 사명은 그들의 영향에 의해서 훼방을 받을 것이다. 그러므로 저자는 연약한 개인들의 구원을 위할 뿐만 아니라 교회의 사명을 보호하기 위해서 바른 신학(3장을 보라)뿐만 아니라 그에 상응한 바른 윤리를 재차 역설한다. 따라서 저자에 의해서 제안된 존중받을만한 윤리는 성격상 교정과 구원을 위한 것이지 그것 자체가 목적인 것으로 간주되어서는 안 된다는 사실이 분명해진다.

4. 마지막으로, 우리가 탐구한 것에 기초해서 볼 때, 디벨리우스(Dibelius)와 많은 사람들에 의해서 옹호되어 온 윤리 해석, 즉 기독교 소시민윤리(Christliche Bürgerlichkeit)는 다음과 같은 핵심점을 상실했다고 확실히 말할 수 있다: (1) 그는 신약 가훈윤리 전승이 권면에 미친 영향을 오해하였고, (2) 사회적 존경 배경에 깔린 궁극적인 선교적 동기를 소홀히 하였다. 그것은 가훈 윤리에 의해서 뿐만 아니라 그 문제에 대해서 역시 급진적으로 오해되어 온 지배적인 신학적 구조에 의해서도 압도적으로 표현되어지고 있다. 목회서신에서 그려진 그리스도인의 생활방식에 대한 그림은 초기 바울의 그것과 현저히 유사하다. 그것은 그리스도에 대한 지식 또는 그리스도를 믿는 신앙의 수직적 관계로 구성되어 있고, 이 수직적 관계는 또한 인간 실존이라는 수평적인 국면 위에서 작동되어야만 한다. 그리고 이것은 복음 선포를 돕기 위해 선한 증거를 제시하는 선교적 의무를 통해 크게 동기 부여되고 있다. 교회의 유일한 목적이 재림의 지연으로 인한 실망 때문에 세상에서 안락하게 지내기 위해 존경할 만한 윤리를 추구하는 것뿐이라고 주장하는 것은 목회서신에 규정된 윤리의 의도를 잘못 해석한 것이다.

기독교 소시민 윤리 해석에 이의를 제기하려는 슈바르츠(Schwarz)

의 노력은 그가 확증하려는 것 때문에라기보다는 그가 확증하지 못하는 것 때문에 부적절하다. 윤리적 삶의 명령법이 예수 그리스도 안에 있는 구원의 직설법에 닻을 내리고 있으며, 또한 저자가 고무하는 존경할 만한 삶이 거짓 교사들의 파괴적인 삶의 유형에 반대가 된다고 그가 주장한 점은 옳다. 하지만 그는 참되고 관찰 가능한 그리스도인 존재 배후에 놓인 동기로서 선교 사역의 중요성을 시종일관하게 간과하고 있다. 더욱이, 삶의 반응을 요구하는 것은 단지 구원에 대한 직설법만이 아니다. 오히려 현세대와 그리스도 사건을 통해서 그 안에 소개된 구원이 아직 완성되지 않았다는 믿음은 참된 그리스도 생활방식을 추구할 것을 요청하는데, 이는 개인의 구원과 선교적인 과업이 그것에 달려 있기 때문이다. 이러한 요소들은 목회서신의 윤리적 메시지를 기독교 소시민 윤리 해석으로부터 구별 짓게 만든다..

제 5 장

결 론

1. 결과의 요약

간단명료하게, 연구의 두드러진 결과들을 항목별로 기술해 보도록 하자. 세부사항들과 좀 더 확장된 논의는 각 장들의 주요 '결론부' (2장 ; 3장 ; 4장)와 전체에 걸쳐서 있는 '요약들' 에서 찾아 볼 수 있다.

1) 목회서신의 배경

서신의 배경 중에서 가장 의미심장한 국면은 공동체(교회)에 영향을 끼쳤던 이단이다. 우리의 목표는 그 운동의 정체를 규명하고자 시도한 것이었는데, 그 과정에서 이단의 가르침과 실천이 실제로 공동체 회원에게 영향을 주었음을 보여주었다.

(1) 부족하긴 하여도 거짓 교사들과 그들의 신념에 대한 자료는 이단의 혼합주의적 특징을 지적해준다(이단은 유대교적 요소[혹은 유대주의화되고 있는 요소]와 "영적"(pneumatic)이라는 말로 더 많이 불리어지는 특징을 드러낸다). "영적"이라는 말은 후기 영지주의 방향으로 움직이고 있음을 암시한다는 의미에서 "영지주의적인" 경향으로 분명히

설명될 수 있다.

(2) 이 이단은 실제로 역사 속에 존재했던 운동이었지 디벨리우스와 콘첼만 그리고 다른 이들이 제안하듯이 가상적으로 만들어진 구성물이 아니다. 어떤 중요한 측면들, 예를 들어 이단이 끌어들인 실현된 종말론과 그것이 공동체 회원에게 끼친 결과적인 영향을 고려할 때 목회서신의 상황은 고린도의 상황과 유사하다. 바울이 사역을 마치는 중인 A.D. 60-70년보다 더 늦은 것으로 목회서신의 연대를 추정할 이유는 없어 보인다.

(3) 거짓 교사들은 공동체에게 결정적인 영향을 주었다. 에베소 교회에서 여자들과 노예들 사이에서 있었던 이탈(해방) 운동은, 십중팔구 실현된 종말론의 신념과 연결되어 있었다; 그것이 그들을 꾀어서 바울적인 평등의 원리(갈 3:28)를 내세우게 만들었다. 이단의 종말론적 열광주의는 또한 그들이 결혼을 금지했던 배경이 되었으며, 그것은 궁극적으로 구원론에 대한 교회의 이해를 변경시킬 가능성을 가지고 있었다. 거짓 가르침에 의해 발생한 결과에 대한 저자의 관심은 목회 서신의 모든 부분에까지 이른다.

(4) 결과적으로 이단이 신자들의 신념과 행실에 끼쳤던 영향력을 이해하지 않고서 목회서신의 신학적 혹은 윤리적 가르침을 정확히 해석하는 것은 불가능하다. 이러한 이단의 영향들로 인하여 목회서신의 저자의 진술은 어느 정도 형성될 수밖에 없었다.

2) 목회서신의 신학적 구조

우리는 현대적인 해석의 경향을 염두에 두고서, 목회서신을 쓴 저자의 사상에 대해 그 신학적 구조를 조사하고 설명하고자 착수했는데, 이는 저자의 윤리적 가르침을 더욱 더 연구하고자하는 과정에서 한 것이다. 우리는 다음과 같은 결론에 도달했다.

(1) **종말론.** 우리는 저자의 종말론에 관한 연구를 통하여 그의 강조점이 현세에 놓여있다는 것을 보여주었다. 저자의 종말론의 구도는 기본적으로 현시대의 진정한 본질과 "마지막 날들,", 그리고 그 안에 처해 있는 교회의 책임을 이해하기 위해 그리스도 사건의 주요한 입장을 표현하고자 하는 하나의 전달수단이다.

(a) 전환 도식은 그리스도 사건에 의해서 이루어진 현시대내의 변화를 강조한다; 구원과 새로운 삶의 양식이 도입되었다.
(b) 신현 도식은 중간 시대(zwischenzeitlich)의 성격과 그것의 완성의 필요를 강조함으로써 강화되고 있다.
(c) 재림에 대한 저자의 생생한 소망은 긴장의 요소를 제공한다.

심지어 이 단계에서도 그리스도를 통해 도입된 시대와 구원에서 나타나는 "이미-아직"의 긴장과 마찬가지로, 그리스도 사건과 구원의 현저한 특징이 드러났다. 함축되어 있는 의미는 금세의 삶은 종말에서의 완성을 위한 디딤돌이라는 것이다. 이와 반대로, 이단의 실현된 종말론은 전적으로 과거에 초점을 맞추었다; 이단의 경우, 구원은 완성되었거나 또는 그리스도인의 삶에 대한 영지-지향적인 접근(gnosis-oriented approach)을 통해 완전히 획득이 가능할 수 있다. 그래서 금세의 삶은 구원 경험보다 부차적인 것이 되어버렸다. 분명히 목회서신의 저자가 시대에 대해서 바르게 이해할 것을 역설하는 것은 이단의 가르침이 어지럽혀 놓은 균형 혹은 긴장을 회복하려는 의도였었다.

(2) 구원론. 목회서신의 저자의 신학적 메시지의 중심 주제는 전통적인 공식적 표현에 대한 주해를 통해서 드러난다. 매번 그리스도 사건이 그 핵심이고, 저자의 구원개념 중에서 어떤 측면도 그것에 연결된다. 구원은 영생과 그리스도의 부활 생명에 현재 참여하는 것으로 특징 지워진다. 구원은 죄의 영역으로부터 나와서 새로운 삶의 방식 안에서 스스로를 표현한다. 그것은 하나님의 은혜로운 선물로서 그리스도 사건을 통해서 달성되었다. 하지만 역시 구원은 신자 안에서 시작되었으나 아직 완성되지 않은 하나의 과정임이 알려지고 있는데, 이것은 바울의 이해와 완벽하게 일치되는 견해이다.

(3) 메시지. 복음선포 그리고 교회. 이와 같은 것들에 대한 목회서신 저자의 개념은 그의 중심적인 주제에 의해서 결정된다. 복음 선포는 과거의 그리스도 사건과 현시대의 구원의 실재를 연결한다. 메시지는 이단으로부터 보호되어야만 하는데, 그 이유는 구원이 이 세상에서 메시지를 통해 중개되기 때문이다. 이와 상응하게, 하나님의 독특한 백성인 교회는 그 분의 구원의 계획 속에서 복음을 선포하고, 수호하는 임무를 완수하기 위해서 창조되었다.

전체적으로 저자의 신학은 현시대 내에서의 구원이라는 중심 주제를 중심으로 해서 구성되어 있다. 그 구조는 부분적으로는 이단과 그리고 그것이 공동체들에 준 위협에 의해서 결정된다. 한편으로, 거짓 교사들은 개인들을 꾀어 들이고 있는 중이었다; 부활이 이미 발생했다는 거짓 교사들의 주장은 구원에 있어서 이미와 아직 사이의 긴장을 없애 버렸는데, 이것은 윤리에 심각한 결과를 가져왔다. 다른 한편으로, 이들 거짓 교사들은 그리스도 사건의 메시지 그 자체와 그 메시지에 의존했던 선교적인 의도를 위협했다. 저자는 "시대", 구원 그리고 구원의 메시지를 선포하고 수호해야 하는 교회의 의무에 대한 바른 이해를 역설함으로써 이단에 대항한다.

우리는 목회서신을 쓴 저자의 신학을 이해한 바대로, 기독교 소시민 윤리(the christliche Bürgerlichkeit) 관점의 주요 전제(다시 말해, 재림의 지연에 대한 실망으로 인하여 교회의 신학적 사상의 많은 부분이 변화되었다)는 근거가 없다고 제안하고 싶다. 목회서신에는 '권위가 떨어지고, 완만하게 된 종말론' 혹은 "초기 가톨릭적인" 구원의 개념에 대한 확고한 증거가 없다.

3) 목회서신의 윤리적 구조

목회서신의 저자의 사상을 고찰함에 있어서 우리의 목표는 그의 권면의 특별한 측면을 설명하고, 특히 그가 권고하는 삶의 방식을 추구하기 위해서 강조되는 동기를 확정하는 것이었다. 우리는 두 가지 단계로 진행했는데, 첫째는 그가 사용한 전문 용어로부터 그리스도인의 실존에 대한 저자의 모델을 원리적으로 취합하는 것이고, 둘째는 그의 구체적인 권면들을 살펴보는 것이었다.

(1) 원리로 보는 그리스도인의 실존(삶의 방식). 그리스도인 실존에 대한 저자의 이론적인 모델은 광범위하다.

(a) 전체(믿음/pistis, 경건/eusebeia, 선한 일/kala erga)와 부분들(특

히, 양심/suneidesis, 사랑/agape, 믿음--사랑/pistis---agape)과 관련해서, 그리스도인의 존재는 믿음의 적절한 자세와 이 자세로부터 나오는 지켜야만 할 생활 형태로서 묘사된다. 믿음과 사랑의 역동적 관계가 중요하다.

(b) 물론 기본적이긴 하지만, 이러한 개념은 믿음/지식과 실천의 측면, 수평과 수직적인 것들을 함께 회복하기 위한 목표를 가지고 있다. 그런데 이것들은 이단들이 그들의 영지 지향적인 경건으로써 분리시켜 놓아서 둘 다 왜곡되고 말았다.

(c) 믿음이라는 단어 그룹의 사용은 사도적 복음에 근거한 신앙의 수직적 자세의 필요성을 강조한다.

(d) 바른 지식(예, 믿음)과 적절한 행실의 관계에 대한 중요성은 세 가지의 용어들을 통해서 강조된다: 경건은 그리스도에 대한 바른 지식과 행위 사이의 지속적인 상호작용으로서 그리스도인의 전체 생활방식을 정의하고 있다; 양심은 수직적(믿음/지식) 자세로부터 실천(선행들, 사랑)이라는 수평적 차원으로의 이동을 가능하게 해 주는 내적 도구이다; 믿음-사랑의 결합은 그리스도에 대한 진정한 믿음 속에서 용납될 수 있는 행동을 가르쳐준다.

이단들의 영지 지향적 영적 생활에 대한 더 많은 답변은 그리스도인 존재를 관찰가능하고 존경받을 만한 것으로 묘사하는 몇몇 용어들을 통해서 주어진다: "자제, 사랑, 의, 단정함"(sofrosuine, agape, dikaios, semnos) 등. 사실 저자가 사용한 용어들 중 많은 것들은 이방의 윤리 사상에서도 널리 통용되는 것으로, '존경할만함'에 초점을 맞춘다. 이렇게 그리스도인의 삶에 있어서 현저한 측면은 세상의 눈에 드러나는 존경할 만할 점을 가진다는 것이다. 그러나 새로운 생활 방식은 믿음과 그리스도 사건에 견고히 닻을 내림으로써 (특히 디도서 2:11-12) 이 윤리는 헬라 사상과 구별되며, 그리고 세상과 단지 평화롭게 공존하는 것보다 더욱 깊은 관심으로 지향하는 방향을 지시하는 일이 시작된다. 중요한 용어로 묘사되는 원리상의 그리스도인 실존은 저자의 메시지의 신학적 구조와 일치한다; 그리스도 사건은 새로운 생활 방식의 근원으로서 핵심적인 것이다.

(2) 실천에 있어서 그리스도인의 생활방식. 우리는 이 부분의 연구에서 저자의 윤리에 대한 의미와 동기에 관한 질문에 명확한 답변을 할 수 있다. 비록 우리가 이미 내린 결론에서 '기독교 소시민 윤리' 라는 해석의 가정에 대해서 앞서 이의를 제기했지만, 여기서 이 견해의 타당성이 최종적으로 검증되어질 것이다. 점차적으로 우리의 결론은 명백해질 텐데, 저자의 사상의 윤리적 구조의 핵심적 특징들을 기술하는 방식으로 그렇게 할 것이다: 형식, 존경할만함에 대한 강조, 행동의 근원, 그리고 행동의 동기. 이러한 모습은 다양한 사회적 그룹들과 공동체에 대한 권면(기독교 소시민윤리의 해석이 기초하고 있는 전체적이고, 윤리적 가르침)으로부터 구성되어질 것이다.

(a)형식. 권면의 많은 부분은 신약 가훈윤리 전승의 영향을 받은 흔적을 보여준다(4장). 이 전승이 '존경받을 만하고' 사회적으로 '용납될 수 있는' 행위를 격려한다는 것은 사람들에 의해 널리 호응을 받고 있다. 하지만 이 안에 있는 의도에 대해서는 논쟁이 되고 있다.
1. 표현형식에 관한 최근의 연구는, 그것이 공동체내의 사회 구조와 주변 사회구조 사이의 균형을 재확립하는 데 적용되었음을 말해준다.
2. 그러한 균형은 교회의 사명을 촉진하기 위한 의도를 지녔다.

(b) 존경할만함에 대한 강조. 이것에 대한 강조는(이미 원리상의 그리스도인 실존 방식에 대한 저자의 모델에서 주목되었음), 전문적인 용어와 구체적인 권면 내에 있는 가훈 윤리의 영향을 통해서 표현되었다. '존경할만함'이 드러나게 되는 방식은 말씀을 받고 있는 (수신자의) 상황에 따라서 달라진다.

1. 여성과 노예들의 경우(4장)에 존경할만함은 그들이 나와 버렸던 사회제도들에 순종하고 참여함으로써 표현된다. 두 경우 모두에 가훈 윤리의 복종 명령이 적용되고 있다.

2. 디도서 2장 2절부터 3장 2절(3장)까지에 언급된 사회 그룹들은 주요 용어들의 사용과 가훈 명령을 통해서 특정한 사회제도(5, 9절; 3:1)에 참여할 것과 그리고 존경할만하고 사회적으로 용납될 만한 행동을 할 것을 위해 격려를 받는다.

3. "참 과부"들은(3장) 공동체 안에서 "선한 행실들"을 나타내 보여야 하며, 특히 외인들이 보기에 좋지 않은 행동은 하지 않아야 한다. 젊은 과부들은 사회적으로 용납될만한 가정적인 역할을 택하라는 격려를 받고 있다. 어려움 가운데 있는 과부를 돕는 것은 일반적으로 세상 사람들의 눈에도 존경을 받을 만한 행동이다.

4. 예배를 위해 모인 전체 회중은 신약 가훈윤리에 의해 국가를 용인하는 의무를 지게 된다. 이러한 제의적 상황에서의 순종은 국가를 위한 교회공동체의 기도를 통해서 행해진다. 그 결과로 고요하고 평안한 생활(더 나아가 경건"과 "단정함"이라는 전문 용어로 규정되는)을 할 수 있게 되며, 또한 이것은 존경할만한 생활에 가장 도움이 되는 환경이 되지만 그러나 그 구절의 궁극적인 목표로 간주될 수는 없다(3장).

5. 감독과 집사에 관한 규정들(3장)은 후보자들의 "책망할 것이 없음"을 검증하기 위해 의도된 것이다. 그 규율의 양식은 아마도 세속적

인 헬라 세계로부터 빌려온 것이었다. 특별히 개인적이고 집안일에 관한 행동과 관련된 것들이 열거되는데, 이는 세속적인 '존경할만함'의 사상과 일치한다. 중요 단어들의 사용이 뚜렷하다.

(c) 행동의 근원. 이것을 통해서 우리는, 저자에게 있어서 그리스도 사건은 신자로 하여금 이 존경할만한 행위를 드러내는 것을 가능하게 하는 데 결정적인 요소임을 말하고자 한다. 디모데후서 2장 12절은 이 점을 명확히 해 준다. 그리고 이미 그리스도 사건과 연결된 핵심적인 용어의 사용은 회심이 진실한 그리스도인 존재의 전제 조건이 된다는 것을 확증해 준다. 저자는 이러한 생활을 "바른 교리"에 순응하는 것으로 덧붙여 설명하는데, 이는 그리스도 사건에 중심을 둔 것이다. 저자가 그 권면을 밑받침하기 위해서 전통적인 표현들(딛 2:11-14; 3:4-7; 딤전 3:16)을 사용하는 것을 보면, 그리스도의 출현으로 믿음이라는 새 생활의 가능성이 소개되었다는 사실이 무엇보다 더욱 분명하게 된다.

(d) 행동의 동기. 우리는 그리스도 사건에 의해 제시되고 그것에 연결되어 있는 '존경할만한' 생활의 형태가 선교적 사명에 의해서 동기 부여되고 있다는 점을 증명했다; 다시 말해, 복음을 장려할 선한 증인들을 만들어 내기 위해서 '존경을 받을 만한' 생활의 형태가 의도되었다.

1. 문맥상의 지시들을 보면, 외인들을 자주 염두에 두고 있음을 보여 준다(딤전 3:7; 5:14; 6:1; 딛 2:9; 3:2, 8; cf. 딤전 2:1).
2. 신약 가훈전승의 의도, 다시 말해 주위의 사회 구조들과의 균형을 확립하는 것은 외부인자의 입장에서 '받아들일만함'이라는 개념이 인정되고 있음을 암시한다.

3. 모든 사람들과 국가를 위한 기도의 경우(딤전 2:1-2)에 있어, 구원하시려는 하나님의 의지(3-4, 5-6절)가 그 구절의 핵심이다. 평온한 삶의 조건을 만들기 위해서 의도된 국가를 위한 이러한 기도는, 여기에서 명백하게 울려 퍼지는 선교적인 관심사를 추종한다.

4. 저자의 지배적인 신학적 관심들(현재의 실재로서의 구원 그리고 뒤따르는 교회의 과업)은 목회서신 전체를 아우르고 있는 권면의 의도를 가르쳐 준다. 그리고 디모데전서와 디도서는 교회의 선교적 사명에 대해 선포된 관심에 의해서 깊게 영향을 받았다는 것이 명백하다. 이 중심적 주제는 왜 외부인의 의견이 고려되고 있는지를 정확히 설명해 준다; 전체로서의 세상을 대표하는 외부자는 긍정적으로든 부정적으로든 신자들의 평판에 의해 영향을 받기 때문에 외부자야말로 교회 사명의 목표이다. 목회서신의 신학은 윤리의 배후에 있는 동기는 선교적 사명이지 변증적인 방어가 아니라는 사실을 시사해 준다.

5. 디모데에 대한 개인적 권면은 많은 부분에 있어 교회의 선교적 사명과 관련이 있다. 그는 사람들의 회개를 염두에 두고서 복음을 가지고, 거짓 교사들에게 대항하라는 부름을 받았는데, 그 이유는 복음은 현시대에 있어서 구원을 중재하는 수단이 되기 때문이다.

(3) 기독교 소시민윤리 해석과 슈바르츠의 이의 제기의 부적절성. 목회서신의 윤리에 대한 이러한 양자의 접근법이 부적절하다는 것은 저자의 신학과 윤리의 본질적인 특징이라고 파악한 것에 맞서 대처하지 못하는 그들의 무능력에 의하여 측정될 수 있을 것이다. 우리는 그들이 저자의 신학을 잘못 해석했음을 주목했는데, 이제 윤리적 가르침에 대한 그들의 해석에 대한 평가를 요약할 수 있다.

(a) 형식. 여기서의 약점은 신약 가훈전승과 선교적 사명 사이의 연결을 주목하지 못하는 것으로 나타난다. 디벨리우스 이래로, 슈바르츠를 포함한 많은 이들은 목회서신에 있어서 이 점을 중요하게 취급하는 데 실패했으며 정해진 윤리의 요점을 놓치고 말았다.

(b) '존경할만함'에 대해 초점을 맞춤. 명백하게 이 점에 있어서 우리는 목회서신의 저자가 지킬 만하고, 존경할만한 행위의 필요에 대해서 강조했음을 인정했다.

(c) 행동의 근원. 다시 대부분의 학자들은, 목회서신의 저자가 그리스도 사건과 그가 명령하는 존경할만한 행위 사이를 연관시키고 있음을 발견한다. 하지만 기독교 소시민윤리의 주장자들은 다음과 같이 주장한다: 즉, "과거의 사건과 현시대의 연장(elongation)으로 신학적 초점이 전환되었기에, 세상 속에서 존경을 받을만한 고요하고 평온한 생활은 재림에 대한 소망이 약화된 그러한 입장에서 그리스도 사건을 의당히 재해석한 것이라고 결론을 내린다." 그러나 신학적 사고에 있어서의 이런 전환은 입증될 수 없다. 새로운 생활의 근원은 그리스도 사건이다. 하지만, 다시 강조하지 않을 수 없는 것처럼, 그 윤리가 설명되어질 수 있는 것은 오직 그러한 동기를 이해함을 통해서 이다.

(d) 행동의 동기. 우리의 해석은 단번에 기독교 소시민윤리의 해석과 그것에 대한 슈바르츠의 이의 제기로부터 모두 벗어난다. 우리는 우리의 주석에서 이전에 요약하고 길게 기술한 모든 이유들로 인해, 선교적 동기가 윤리적 권면의 기저에 깔려 있음을 보아야만 한다. 평가하자면 그 해석들 모두는 저자의 메시지의 신학적 구조를 잘못 해석하거나 혹은 간과함으로써 이러한 선교적인 관심사를 주목하는 데 실패하고 있다. 저자가 용인해 주는 생활 형태는 선한 증거를 제시함으로써 선교적 사명을 촉진하는 그런 것이다. 동시에, 그것은 거짓 교사들에 의해

서 공동체의 행동 속으로 도입된 타락한 경향들을 교정하며, 그렇게 함으로써 세상 속에서의 교회의 평판을 보호한다.

4) 목회서신에서의 신학과 윤리의 통합

신학과 윤리학은 통일성 있는 구조를 지향하는 저자의 사상 안에서 함께 어우러진다. 한편으로, 신학은 그리스도-사건과 구원이 상호 관련된 초점을 형성하는 그러한 방식으로 제시된다. 이것은 참으로 저자의 사상의 구원사적인 직설법들로 구성된다. 하지만 그리스도인 존재는 반응이라는 명령법(imperative of response)을 포함한다. 원리상, 그것은 바울적인 방식 내에서 '그리스도에 대한 믿음 혹은 지식' 과 '사랑 안에서 이것의 수평적인 작용' 의 통합으로서 공식화된다. 저자는 이러한 통합이 회심과 그리스도 사건에 관한 바른 교리들을 받아들이는 것에 달려 있음을 분명히 밝힌다. 더욱이, '아직 완성되지 않은' 구원의 성질은 신자들로 하여금 수직적 차원과 수평적 차원 사이의 생산적인 균형을 유지하기 위해 애쓰는 의무를 지워 주는데, 그 이유는 특별히 그 둘 사이에 쐐기를 박아 이 둘을 벌려놓고 각각의 차원을 왜곡시킨 현존하는 이단들 때문이다. 실천에 있어서, 이 이론적인 모델은 관찰 가능하고, 존경할만한 하기도 한 행동 안에서 표현된다. 하지만 이 상황에서 신학적인 정신적 지주(mooring)가 결코 포기된 것은 아니다. 왜냐하면 저자가 전문 용어들을 사용함으로써 제시하는 '행위' 는 특정한 처지에 따르는 '믿음' 의 적절한 작용이라는 점을 반복해서 보여주기 때문이다. 이와 동일하게, 윤리적 행실이 교회의 복음 전도 사명에 있어서 얼마나 필수적인가를 강조함으로써 이 행동에 동기를 부여하는 사실은 신학에 대한 윤리의 상보성(complementarity)을 드러낸다. 직설법은 명령법의 근거가 되고 또한 그것을 필요로 한다. 이렇게 신학과 윤리는 서로 촘촘하게 직조되어 있다. 의심의 여지없이, 저자의 메시지의 신학적, 윤리학적 측면이라는 두 구조는 이단들과 그것의 특정한 성격과 결과에 의해서 결정되었다. 그것들이 야기했던 분열의 뿌리에는(그것은 매우 주목할 만하고 구체적인 윤리적 결과들을 낳았는데) 복음에 대한 왜곡이 놓여있다. 이처럼, 저자의 교정적이고 신학적이며 윤리적인 반응의 중심에는 믿음과 행위, 바른 신학과 거기에 일치하는 윤리의 재통합이 있다. 그리고 그 균형을 유지하는 것이 교회의 선교적인 기획의도였다.

2. 함축된 의미와 그 중요성

이 논문의 결과들은 최소한 세 가지의 논쟁점과 관계가 있다. 첫째, 신학과 윤리학의 관점에서 볼 때 목회서신을 쓴 저자의 메시지의 구조는 흔히 고려된 것보다 더욱더, 바울의 이전의 메시지들을 아주 더 가깝게 이해할 것을 제안한다. 비록 저자가 누구인가 하는 문제에 관해서 비록 최종적인 답변을 시도할 수 없다고 하더라도, 우리의 연구에서 발견한 것들은(특히 유력했던 기독교 소시민윤리 해석의 부적절함이 입증되었다는 관점에서 볼 때), 그 문제들에 적용되어야만 한다고 진술할 수 있다. 만약 현재의 연구의 결과들이 지속된다면, 목회서신은 바울 사상으로부터 쉽게 떼어놓을 정도로 그렇게 생각할 수 없을 것이다.

두 번째, 특히 여성들과 노예들에게 주어진 권면을 고려해 볼 때, 그리고 좀 더 많은 자유를 향하는 이들의 움직임이 사회구조에 의해서 평가되어야 한다는 사실을 주목할 때, 복음과 사회적 활동의 관계에 대한 질문이 일정한 정도로 수면에 떠오른 셈이다. 우리가 깨달은 가이드라인들은 다음과 같다: (1) 사회 제도들은 그들이 관계하는 한 존중되어야 되고 그리고 그 안에 참여해야만 한다는 것; 그리고 (2) 이것은 복음선포(규칙이 없는 행위와 혁명적인 행위에 의해서 방해될 수 있음)를 촉진하기 위해서 그렇게 해야 한다. 그러나 이 점에 있어서, 제도와 그 제도와 연관된 행위의 양식에 대한 어떠한 사회의 정의 간의 차이는 인정되어야만 한다. 예를 들어, 결혼에 대한 사회적 정의가 그 문제에 관한 성경적 가르침과 분명히 모순된다면, 사회가 어떻게 반응한다 하더라도 사회제도의 행동 양식들은 하나님의 계시된 뜻이 더 이상 위반되지 않는 그 지점까지 조정되어야만 한다. 이처럼 신약 가훈윤리는 결코 타협을 옹호하지 않는다. 그것은 단지 사회 제도들은 선교적 임무를 위한 필요한 통로가 되며, 그리고 가능한 한 그 문화가 규정하는 대로 그것에 참여해야 한다고 가르칠 뿐이다. 두말할 필요도 없이, 이것은 복음전도와 사회적 활동의 문제에 관해서 어떤 의향을 갖고 있기에, 우리의 결과들은 주로 사회적 활동으로 지향된 "교회"안의 어떤 운동들은 재평가 되어야만 한다고 제안한다. 즉 일반적으로 신약 가훈의 관점에서 모든 영역들을 더욱 연구해 볼 필요가 있다.

마지막으로, 오늘날 교회 안에서의 여성의 역할이라는 구체적인 문제가 연구과정 중에 피할 수 없게도 다루어졌다. 우리의 결론이 옳거나 혹은 한층 더 그 문제에 관해서 어떤 새로운 빛을 던져주는 데 성공했다면, 이 같은 전통적인 견해는 계속해서 성경 해석에 근거해서 숙고되어져야만 한다. 우리의 연구 결과들은, 이 문제에 관한 해

답이야말로 교회가 주변 사회와 어떻게 관계할 것인가라는 보다 더 폭넓은 문제와 결부되어 있음을 내어 비추고 있다. 다시 말하자면, 이러한 사회학적인 문제들을 고려해볼 때, 신약성경 내의 가훈 윤리에 관한 지속적인 연구가 요청되는 것으로 생각된다.

참고문헌

참고문헌 중에는 어떤 사전들과 백과사전들에 실린 논문들은 생략되었다(예, *TNDT*와 *NIDNTT*). 하지만 각주에 실린 인용들은 참고 자료로는 충분한 정보를 제공해줄 것이다.

Adler, N. 1963. "Die Handauflegung im NT bereits ein Bussritus? Zur Auslegung von 1 Tim 5:22." In *Neutestamentliche Aufsätze. FS für Prof. Josef Schmid*, pp. 1-6. Edited by J. Blinzler, O. Kuss, F. Mussner. Regensburg.

Aland, K. 1961. "The Problem of Anonymity and Pseudonymity in Christian Literature of the Fitst Two Centuries." *JTS* 12:39-49.

Albright, W. F. 1956. "Recent Discoveries in Palestine and the Gospel of John." In *The Background of the New Testament and its Eschatology*, pp. 153-71. Edited by W. D. Davies. Cambridge.

Alford, H. 1865. *The Greek Testament*. 4 Vols. London.

Allan, J. A. 1963. "The 'in Christ' Formula in the Pastoral Epistles." *NTS* 10:115-21.

Aranzamendez, R. 1983. "Theissen's Social Stratification of the Corinthian Church: A Response." Paper presented at the Tyndale Conference, NT Study Group, Cambridgy, England,

July.

Audet, J.-P. 1958. *La Didaché*. Paris.

Aune, D. E. 1975. "The Significance of the Delay of the Parousia." In *Current Issues in Biblical and Patristic Interpretation*, pp. 95-103. Edited by G. F. Hawthotne. Grand Rapids.

_____. 1983. *Prophecy in Early Christianity and the Ancient Mediterranea World*. Grand Rapids.

Balch, D. L. 1981. *Let Wives Be Submissive: The Domestic Code in 1 Peter*. Chico, CA.

Balsdon, J. P. V. D. 1962. *Roman Women: Their History and Habits*. London.

_____. 1969. Life and Leisure in Ancient Rome. London.

Baltensweiler, H. 1967. *Die Ehe im neuen Testament*. Zürich.

Bandstra, A. J. 1974. "Die the Colossian Errorists Need a Mediator?" In *New Dimensions in New Testament Study*, pp. 329-43. Edited by R. N. Longenecker. Grand Rapids.

Banks, R. 1980. *Paul's Idea of Community*. Exeter.

Barbour, R. s. 1979. "Wisdom and the Cross in 1 Corinthians 1 and 2." In *Theologia Crucis - Signum Crucis*, pp. 57-71. Edited by C. Andresen, G. Klein. Tübingen.

Barnett, A. E. 1941. *Paul Becomes a Literary Influence*. Chicago.

Barr, J. 1969. *Biblical Words for Time*. London.

Barrett, C. K. (= Barrett) *The Pastoral Epistles*. Oxford, 1963.

_____. 1965. "Things Sacrificed to Idols." *NTS* 11: 138-53.

_____. 1974. "Pauline Controversies in the Early Chruch." *NTS* 20:

229 - 45.

Bartchy, S. S. 1973. *MALLON CRHSAI: First-Century Slavery and 1 Corinthians 7:21*. Missoula.

Barth, M. 1974. *Ephesians*. 2 Vols. Garden City, NY.

Barton, J. M. T. 1959. "Bonum Certamen Certavi . . . Fidem Servavi (2 Tim. 4.7)." *Bib* 40:878-84.

Bartsch, H.-W. 1959. "Die neutestamentlichen Aussagen über den Staat." *EvT* 19:375-90.

_____. 1965. Die *Anfänge urchristlicher Rechtsbildungen. Studien zu Pastoralbriefen*. Hamburg.

Bauckham, R. J. 1980. "The Delay of the Parousia." TB 31: 3-36.

Bauer. W. 1972. *Orthodoxy and Heresy in Earliest Christianity*. London.

Baumeister, T. 1980. Die *Anfänge des Martyriums*. Münster.

Baumert, N. 1973. *Tägliche sterben und auferstehen*. München.

Baur, F. C. 1835. *Die Sogenannten Pastoralbriefe des Apostels Paulus aufs neue kritisch untersucht*. Stuttgart/Tübingen.

Beare, F. W. 1959. A *Commentary on the Epistle to the Philippians*. New York.

Beasley-Murray, G. R. 1962. *Baptism in the New Testament*. Exeter.

Beker, J. C. 1980. *Paul the Apostle*. Philadelphia.

Berge, P. S. 1973. " 'Our Great God and Savior' : A Study of *sotér* as a Christological Term in Tit. 2:11-14." Th. D. dissertation, Union Theological Seminary.

Bernard, J. H. (= Bernard) *The Pastoral Epistles*. London, 1906.

Best, E. 1955. *One Body in Christ*. London.
———. 1971. *1 Peter*. London.
Betz, H. D. 1965. "Orthodoxy and Herewy in Primitive Christianity." Int 19: 299-311.
———. 1979. *Galatians*. Philadelphia.
Betz, O. 1957. "Felsenmann und Felsengemeinde. Eine Parallel zu Mt. 16, 17-19 in den Qumrantexten." *ZNW* 48: 49-77.
Beutler, J. 1972. *Martyria. Traditionsgeschichtliche Untersuchungen zum Zeugnisthema bei Johannes*. Frankfurt.
Binder, H. 1967. "Die historische Situation der Pastoralbriefe." In *Geschichtswirklichkeit und Glaubensbewahrung*, pp. 70-83. Edited by F. C. Fry. Stuttgart.
Bjerkelund, C. J. 1967. *Parakalo*. Oslo.
Black, M. 1961. *The Scrolls and Christian Origins*. London.
Blum, G. G. 1963. *Tradition und Sukzession*. Berlin/Hamburg.
Böhlig, A. 1967. "Der judische und judenchristliche Hintergrund in gnostischen Texten von Nag Hammadi." In *Le Origini dello Gnosticismo*. Edited by U. Bianchi. Leiden.
Boer, W. den. 1979. *Private Morality in Greece and Rome*. Leiden.
Boismard, M. -E. 1956. "Une Liturgie Baptismale dans la Prima Perti, I." RB 63: 182-208.
———. 1957. "Une Leturgie Baptismale dans la Prima Petri, II." RB 64: 161-83.
———. 1961. *Quatre Hymnes baptismales dans premiere Epître Pierre*. Paris.

Bornkamm, G. 1971. *Paul: Paulus*. New York.
_____. 1973. "The Heresy of the Colossians." In *Conflicht at Colossae*. Pp. 127-45. Edited by F. O. Francis, W. A. Meeks. Missoula.
Borsch, F. H. 1967. *The Son of Man in Myth and History*. London.
Bousset, W. and Gressmann, H. 1926. *Die Religion des Judentums im späthellenistischen Zeitalter*. Tübingen.
Braun, H. 1966. *Qumran und das Neus Testament*. 2 Vols. Tübingen.
Bring, R. 1969. *Christus und das Gesetz*. Leiden.
Brox, N. 1961. *Zeuge und Märtyrer*. München.
_____. (= Brox) *Die Pastoralbriefe*. Regensburg, 1969.
_____. 1969. "Zu den persöhnlichen Notizen der Pastoralbriefe." BZ 13: 76-94.
_____. 1975. Falsche *Verfasserangaben*. Stuttgart.
Bruce, F. F. 1963. "'Our God and Saviour' : A Recurring Biblical Pattern." In *The Saviour God*, pp. 51-66. Edited by S. G. F. Brandon. Mancheste.
_____. 1970. *Tradition Old and New*. Exeter.
_____. 1971. "Galatian Problem. 3: The 'Other' Gospel." *BJRL* 53: 253-71.
_____. 1982. *Commentary on Galatians*. Grand Rapids.
Bultmann, R. 1952-55. *Theology of the New Testament*. 2 Vols. London.
Burger, C. 1970. *Jesus als Davidasohn*. Göttingen.
Burton, E. DeWitt. 1921. *The Epistle to the Galatians*. Edinburgh.
Bussmann, C. 1975. *Themen der paulinischen Missionspredigt auf dem*

Hintergrund der spatjudisch-hellenistischen Missionsliteratur. Frankfurt.

Campbell, J. Y. 1948. "The Origin and Meaning of the Christian Use of the Word *ekklesia.*" *JTS* 49: 130-42.

Campenhausen, H. von. 1936. *Die Idea Martyrium in den alten Kirche.* Göttingen.

_____. 1963. "Polykarp von Smyrna und die Pastoralbriefe." In *Aus der Frühzeit des Christentums,* pp. 197-252. Tübingen.

_____. 1968. *Tradition and Life in the Church.* London.

_____. 1969. *Ecclesiastical Authority and Spiritual Power in the Church of the First Three Centuries.* London.

Carson, D. A. 1980. "Hermeneutics: a brief assessment of some recent trends. *Themelios* 5: 12-20.

Chase, F. H. 1909. *Confirmation in the Apostolic Age.* London.

Chilton, B. 1982. "Jesus ben David: reflections on the Davidssohnfrage." *JSNT* 14: 88-112.

Clark, S. B. 1980. *Man and Woman in Christ.* Ann Arbor, MI.

Collange, J.-F. 1979. *The Epistle of Saint Paul to the Philippians.* London.

Collins, R. F. 1975. "The Image of Paul in the Pastorals." *LTP* 31: 147-73.

Colpe, C. 1961. *Die religionsgeschichtliche Schule.* Göttingen.

Colson, F. H. 1918. " 'Myths and Genealogies' A Note on the Polemic of the Pastoral Epistles." *JTS* 19: 265-71.

Connolly, R. H. 1929. *Didascalia Apostolorum.* Oxford.

Conzelmann, H. 1969. *An Outline of the Theology of the New Testament*. New York.
_____. 1975. 1 *Corinthians*. Philadelphia.
Coppens, J. 1968. "'Mystery' in the Theology of Saint Paul and its Parallel at Qumran." In *Paul and Qumran*, pp. 132-58. Edited by J. Murphy-O' Connor. London.
Craig, W. L. 1980. "The Bodily Resurrection of Jesus." *In Gospel Perspectives, I*, pp. 47-74. Edited by R. T. France, D. Wenham. Sheffield.
Cranfield, C. E. B. 1960. "Some Observations on Rom. Xiii.1-7." *NTS* 6: 241-452.
_____. 1962. "The Christian's Political Responsibility According to the New Testament." *SJT* 15: 176-92.
_____. 1975-79. The Epistle to the Romans. 2 Vols. Edinburgh.
_____. 1982. "Changes of Person and Number in Paul's Epistles." *In Paul and Paulinism*, pp. 280-89. Edited by M. D. Hooker, S. G. Wilson. London.
Cranford, L. 1980. "Encountering Heresy: Insight from the Pastoral Epistles." *SWJT* 22: 23-40.
Crouch, J. E. 1972. *The Origin and Intention of the Colossian Haustafel*. Göttingen.
Cullmann, O. 1950. *Christ and Time*. Philadelphia.
_____. 1957. *The State in the New Testament*. New York.
_____. 1963. *The Christology of the New Testament*. London.
Dahl, N. A. 1954. "Formgeschichtliche Beobachtungen zur

Christusverkündigung in der Gemeindepredigt." In *Neutestamentliche Studien für Rudolf Bultmann*, pp. 1-9. , Edited by W. Eltester. Berlin.

Dalbert, P. 1954. *Die Theologie der hellenistisch-jüdischen Missions-Literatur unter Ausschluss von Phillo und Josephus.* Hamburg.

Dalman, G. 1902. *The Words of Jesus.* Edinburgh.

Dalton, W. E. 1965. *Christ's Proclamation to the Spirits: A Study of 1 Peter 3:14-4:6.* Rome.

Daube, D. 1956. *The New Testament and Rabbinic Judaism.* London.

―――. 1957. "Evangelisten und Rabbinen." *ZNW* 48: 119-26.

Dautzenburg, G. 1975. *Urchristliche Prophetie.* Stuttgart.

Davids, P. H. 1982. *The Epistle of James.* Grand Rapids.

Davies, R. E. 1970. "Christ in our Place? The Contribution of the Prepositions." *TB* 21:71-91.

Deichgräber, R. 1967. *Gotteshymnus und Christushymnus in der frühen Christenheit.* Göttingen.

Deissmann, A. 1927. *Light from the Ancient East.* New York.

Demarest, B. A. 1980. "Process Theology and the Pauline Doctrine of the Incarnation." In Pauline Studies, pp. 122-42. Edited by D. A. Hagner, M. J. Harris. Grand Rapids.

Denniston, J. D. 1954. *The Greek Particles.* Oxford.

Dey, J. 1937. *PALIGGENESIA. Ein Beitrag zur Klärung der religions-geschichtlichen Bedeutung von Tit. 3.5. Medeutung von Tit. 3.5.* Münster.

Dibelius, M. 1909. *Die Geisterwelt im Glauben des Paulus.* Göttingen.

_____. 1911. *An die Thessalonicher I, II. An die Philipper.* Tübingen.
_____. 1931. *Die Pastoralbriefe.* Tübingen.
_____. 1959. Die *Formgeschichte des Evangeliums.* Tübingen.
Dibelius, M. and Conzelmann, H. (= DibConz) *The Pastoral Epistles.* Philadelphia, 1972.
Dibelius, M. and Greeven, H. 1953. *An die Kolosser, Epheser, an Philemon.* Tübingen.
Dodd, C. H. 1952. *According to the Scriptures.* London.
Dover, K. J. 1974. *Greek Popular Morality.* Oxford.
Dunn, J. D. G. 1970. *Baptism in the Holy Spirit.* London.
_____. 1975. *Jesus and the Spirit.* London.
_____. 1977. *Unity and Diversity in the New Testament.* Philadelphia.
_____. 1980. *Christology in the Making.* London.
Dupont, J. 1952. *SUN CRISTWI.* Paris.
Dupont-Sommer, A. 1962. *The Essene Writings from Qumran.* New York.
Easton, B. S. (= Easton) *The Pastoral Epistles.* London, 1948.
Eder, W. 1980. *Servitus Publica.* Wiesbaden.
Ellis, E. E. 1957. *Paul's Ues of the Old Testament.* London.
_____. 1959. "The Problem of Authorship: 1-2 Tim." *RevExp* 56: 343-54.
_____. 1961. *Paul and His Recent Interpreters.* Grand Rapids.
_____. 1968. "Those of the Circumcision." In F. L. Cross, ed., *Studia Evangelica* 4: 390-99. Berlin.

_____. 1975. "Paul and His Opponents: Trends in Research." In *Christianity, Judaism, and Other Greco-Roman Cults*, 1: 264-98. Edited by J. Neusner. Leiden.

_____. 1981. "The Silenced Wives of Corinth (1 Cor. 14:34-35)." In *New Testament Textual Criticism*, pp. 213-20. Edited by E. J. Epp, G. D. Fee. Oxford.

Ernst, J. 1969. "Die Witwenregel des ersten Timotheusbriefes-ein Hinweis auf die biblischen Ursprünge des weiblichen Ordenswesens?" TGI 59: 434-45.

Evans, M. 1983. *Women in the Bible*. Exeter.

Falconer, R. 1941. "1 Timothy 2,14.15. Interpretative Notes." *JBL* 60: 375-79.

Fensham, F. C. 1962. "Widow, Orphan, and Poor in Ancient Near Eastern Legal and Wisdom Literature." *JNES* 21: 129-39.

Feuillet, A. 1975. "La dignit? et le role de lla femme d'apre's quelques textes pauliniens." *NTS* 21157-91.

Filson, F. V. 1939. "The Significance of the Early House Churches." *JBL* 58: 109-112.

Fitzer, G. 1963. *"Das Weib schweige in ter Gemeinde."* München.

Floor, L. 1976. "Church Order in the Pastoral Epistles." *Neot* 10: 81-91.

Foerster, W. 1959. "euvse,beia in den Pastoralbriefen." *NTS* 5: 213-18.

Ford, D. 1979. *The Abomination of Desolation in Biblical Eschatology*. Washington, D.C.

Ford, J. M. 1971. "A Note on Proto-Montanism in the Pastoral

Epistles." *NTS* 17: 338-46.

_____. 1973. "Biblical Material Relevant to the Ordination of Women." *JES* 10: 669-94.

Fowler, P. B. 1974. "An Examination of 1 Tim. 3:16b: Its Form, Language and Historical Background." Ph.D. dissertation, University of Edinburgh.

France, R. T. 1971. *Jesus and the Old Testament*. London.

_____. 1977. "Exegesis in Practice: Two Wamples." In *New Testament Interpretation*, pp. 252-81. Edited by I. H. Marshall. Exeter.

Francis, F. O. 1973. "Humility and Angel Worship in Col. 2:18." In *Conflict at Colossae*, pp. 163-96. Edited by F. O. Francis, W. A. Meeks. Missoula.

Fridrichsen, A. 1942. "zu aoveìsqai im NT insondernheit in den Pastoralbriefen." *ConNT* 6: 94-96.

Fuller, J. W. 1983. "Of Elders and Triads in 1 Timothy 5.19-25." NTS 29: 258-63.

Funk, R. W. 1967. "The Apostolic Parousia: Form and Significance." In *Christian History and Interpretation*, pp. 249-68. Edited by W. R. Farmer, et al. Cambridge.

Furnish, V. P. 1968. *Theology and Ethics in Paul*. Nashville.

Gärtner, B. 1965. *The Temple and the Community in Qumran and the New Testament*. Cambridge.

Gaston, L. 1970. *No Stone on Another*. Leiden.

Gayer, R. 1976. *Die Stellung des Sklaven in den paulinischen*

Gemeinden und bei Paulus. Bern/Frankfurt.

Georgi, D. 1964. *Die Gegner des Paulus im 2. Korintherbrief*. Neukirchen-Vluyn.

Gerhardsson, B. 1961. *Memory and Manuscript*. Lund.

Giese, G. 1953. "CARIS PAIDEUOUSA. Zur biblischen Begründung des evangelischen Erziehungsgedanken." *ThViat* 5: 150-73.

Gnilka, J. 1969. "Geistliches Amt und Gemeinde nach Paulus." *Kairos* 11: 95-104.

_____. 1971. *Der Epheserbrief*. Freiburg.

_____. 1976. *Der Philipperbrief*. Freiburg.

Goetz, K. G. 1931. "Ist der Mebaqqer der Genizafragment wirklich das Vorbild des christlichen Episkopats?" *ZNW* 30: 89-93.

Gonzalez, J. L. 1970. *A History of Christian Thought*. 3 Vols. Nashville.

Goodspeed, E. J. 1937. *Introduction to the New Testament*. Chicago.

Goppelt, L. 1968. *Christologie und Ethik*. Göttingen.

_____. 1970. *Apostolic and Post-Apostolic Times*. London.

_____. 1973. "Jesus und die 'Haustafel'-Tradition." In *Orientierung and Jesus*, pp. 93-106. Edited by P. Hoffmann. Freiburg.

_____. 1978a. *Der Erste Petrusbrief*. Göttingen.

_____. 1978b. "Prinzipien neutestamentlicher Sozialethik nach dem I. Petrusbrief." In *Neues Testament und Geschichte*, pp. 285-96. Edited by K. Baltensweiler, B. Reicke. Göttingen.

_____. 1978c. *Typos*. Grand Rapids.

_____. 1981-1982. *Theology of the New Testament*. 2 Vols. Grand Rapids.

Grabbe, L. L. 1979. "The Jambres Tradition in Targum Pseudo-Jonathan and its Date." *JBL* 98: 393-401.

Grant, R. M. 1959. *Gnosticism and Early Christianity*. New York.

Greehy, J. 1977. "The Qumran Mebaqqer and the Christian Episkopos." *PIBA* 2: 29-36.

Greeven, H. 1977. "Propheten, Lehrer, Vorsteher bei Paulus. Zur Frage 'Ämter' im Urchristentum." In *Das kirchliche Amt im Neuen Testament*, pp. 305-61. Edited by K. Kertelge. Darmstadt.

Groningen, G. Van. 1967. *First Century Gnosticism*. Leiden.

Grudem, W. A. 1982. *The Gift of Prophecy in 1 Corinthians*. Washington, D.C.

Gülzow, H. 1969. *Christentum und Sklaverei in den ersten drei Jahrhunderte*. Bonn.

Güttgemanns, E. 1966. *Der Leidende Apostel und sein Herr*. Göttingen.

Gundry, R. H. 1970. "The Form, Meaning and Background of the Hymn Quoted in 1 Timothy 3: 16." In *Apostolic History and the Gospel*, pp. 203-222. Edited by W. W. Gasque, R. P. Martin. Exeter.

Gunther, J. J. 1973. *St. Paul's Opponents and their Background*. Leiden.

Guthrie, D. (= Guthrie) *The Pastoral Epistles*. London, 1957.

_____. 1962. "The Development of the Idea of Canonical Pseudepigrapha in New Testament Criticism." *VoxEv* 1: 43-59.

_____. 1970. *New Testament Introduction*. Downers Grove.

_____. 1981. *New Testament Theology*. Downers Grove.

Haenchen, E. 1958. "Gnosis und NT: Pastoralbriefe und Gnosis." *RGG*

II: 1654-55.

_____. 1969. "Neutestamentliche und gnostische Evangelien." In *Christentum und Gnosis*, pp. 19-45. Edited by W. Eltester. Berlin.

Hahn, F. 1969. *The Titles of Jesus in Christology*. London.

_____. 1973. *The Worship of the Early Church*. Philadelphia.

_____. 1976. "Taufe und Rechtfertigung. Ein Beitrag zur paulinischen Theologie in ihrer Vor- und Nachgeschichte." In Rechtfertigung, pp. 95-124. Edited by J. Friedrich, et al. Tübingen.

Hamerton-Kelly, R. G. 1973. *Pre-existence, Wisdom, and the Son of Man*. Cambridge.

Hanson, A. T. 1968. *Studies in the Pastoral Epistles*. London.

_____. 1981. "The Use of the Old Testament in the Pastoral Epistles." *IBS* 3: 203-219.

_____. (= Hanson) The Pastoral Epistles. London, 1982.

Harnisch, W. 1973. *Eschatologische Existenz*. Göttingen.

Harris, M. J. 1976. "2 Corinthians." In *the Expositor's Bible Commentary*, Vol. 10. Grand Rapids.

_____. 1980. "Titus 2:13 and the Deity of Christ." *In Pauline studies*, pp. 262-77. Edited by D. A. Hagner, M. J. Harris. Grand Rapids.

Hartman, L. 1963. *Testimonium Linguae*. Lund.

_____. 1966. *Prophecy Interpreted*. Lund.

Hasler, V. 1977. "Epiphanie und Christologie in den Pastoralbriefen."

TZ 33: 193-209.

_____. (= Hasler) *Die Briefe an Timotheus und Titus*. Zürich, 1978.

Haufe, G. 1973. "Gnostische Irrlehre und ihre Abwehr in den Pastoralbriefen." In *Gnosis und Beues Testament*, pp. 325-40. Edited by K.-W. Tröger. Mohn.

Hawthorne, G. F. 1983. *Philippians*. Waco, TX.

Hegermann, H. 1970. "Der geschichgliche Ort der Pastoralbriefe." In *Theologische Versuch*, II, pp. 47-64. Edited by J. Rogge, G. Schille. Berlin.

Hendriksen, W. (= Hendriksen) A *Commentary on I and II Timothy and Titus*. London, 1964.

Hengel, M. 1974a. *Judaism and Hellenism*. London.

_____. 1974b. *Property and Riches in the Early Church*. Philadelphia.

_____. 1976. *The Son of God*. London.

_____. 1980. *Jews, Greeks, and Barbarians*. London.

_____. 1981. *The Atonement*. Philadelphia.

_____. 1983. *Between Jesus and Paul: Studies in the History of Earliest Christianity*. London.

Herr, T. 1976. *Naturrecht aus der kritischen Sicht des Neuen Testaments*. Munich/Paderborn/Vienna.

Hill, D. 1967. *Greek Words and Hebrew Meanings*. Cambridge.

_____. 1979. *New Testament Prophecy*. London.

Holmberg, B. 1978. *Paul and Power*. Lund.

Holtz, G. (=Holtz) *Die Pastoralbriefe*. Berlin, 1972.

Holtz, T. 1966. "Zum Selbstverständnis des Apostels Paulus." *TLZ* 91:

321-30.

Hommes, N. J. 1969. "Let Women be Silent in the Church: A Message Concerning the Worship Service and the Decorum to be Observed by Women." *CTJ* 4: 5-22.

Hooker, M. D. 1973. "Were There False Teachers at Colossae?" In *Christ and the Spirit in the New Testament*, pp. 315-31. Edited by B. Lindars, S. S. Smalley. Cambridge.

Horsley R. A. 1978. "How Can Some of You Say that There is No Resurrection of the Dead? Spiritual Elitism in Corinth." *NovT* 20: 203-31.

Howe, E. M. 1980. "Interpretations of Paul in the Acts of Paul and Thecla." In *Pauline Studies*, pp. 33-49. Edited by D. A. Hagner, M. J. Harris. Grand Rapids.

Hughes, P. E. 1977. *A Commentary on the Epistle to the Hebrews*. Grand Rapids.

Hurd, J. C. 1965. *The Origin of 1 Corinthians*. London.

Hurley, J. B. 1973. "Did Paul Require Veils or the Silence of Women?" *WTJ* 35: 190-220.

――――. 1981. *Man and Woman in Biblical Perspective*. Leicester.

Jaubert, A. 1963. "L' Image de la colonne (1 Tim 3:15)." *AnBib* 17-18/II: 101-108.

Jentsch, W. 1951. *Urchristliches Erziehungsdenken*. Gütersloh.

Jeremias, J. 1957. PRESBUTERION ausserchristlich bezeugt." *ZNW* 48: 127-32.

――――. 1961a. "Zur Datierung der Pastoralbriefe." ZNW 52: 101-104.

_____. 1961b. *Infant Baptism in the First Four Centuries*. London.

_____. 1966. *ABBA*. Göttingen.

_____. 1969. *Jerusalem in the Time of Jesus*. London.

_____. 1971. *New Testament Theology*, I. London.

_____. (= Jeremias) *Der Brief an Timotheus und Titus*. Göttingen, 1975.

Jervell, J. 1960. *Imago Dei: Gen. 1.26ff. im Spätjudentum, in der Gnosis und in den paulinischen Briefen*. Göttingen.

Jewett, P. K. 1975. *Man as Male and Female*. Grand Rapids.

Jewett, R. 1971a. *Paul's Anthropological Terms*. Leiden.

_____. 1971b. "The Agitators and the Galatian Congregation." *NTS* 17: 198-212.

Johnson, L. T. 1978-79. "II Timothy and the Polemic Against Fales Teachers: A Re-examination." *JRelS* 6-7: 1-26.

Judge, E. A. 1960. *The Social Pattern of the Christian Groups in the First Century*. London.

Kähler, E. 1959. "Zur 'Unterordnung' der Frau im Neuen Testament." *ZEE* 3: 1-13.

Käsemann, E. 1949. "Ein neutestamentlicher Überblick." *VF* pp. 191-218.

_____. 1957. "Das Formular einer neutestamentlichen Ordinationsparänese." In *Neutestamentlichen Studien für Rudolf Bultmann*, pp. 261-68. Edited by W. Eltester. Berlin.

_____. 1959. *Das wanderende Gottesvolk: Eine Untersuchung zum Hebräerbrief*. Göttingen.

_____. 1962. "Zum Thema der urchristlichen Apokalyptik." *ZTK* 59: 257-84.
_____. 1969. *New Testament Questions of Today*. London.
_____. 1970. *Exegetische Versuche und Besinnungen*. (2 Vols. In 1) Göttingen.
_____. 1980. *Commentary on Romans*. Grand Rapids.
Kamlah, E. 1964. *Die Form der katalogischen Paränese im Neuen Testament*. Tübingen.
_____. 1970. "Upota,ssesqai in den neutestamentlichen 'Haustafeln'." In Verborum *Veritas*, pp. 237-44. Edited by O. Böcher, K. Harvard University.
_____. 1973. "The Background and Significance of the Polemic of the Pastoral Epistles." *JBL* 92: 549-64.
Kassing, A. 1958. "Das Heil der Mutterschaft. 1 Tim 2,15 in biblischen Zusammenhängen." *LM* 23: 39-63.
Katz, P. 1960. "The Text of 2 Maccabees Reconsidered." *ZNW* 51: 10-30.
Kehl. N. 1969. "Erniedrigung und Erhöhung in Qumran und Koloss?." *ZTK* 91: 364-94.
Kelly, J. N. D. (= Kelly) *A Commentary on the Pastoral Epistles*. London, 1963.
Kertelge, K. 1972. *Gemeinde und Amt im Neuen Testament*. München.
Kim, S. 1981. *The Origin of Paul's Gospel*. Tübingen.
Kittel, G. 1921. "Die genealogi,ai der Pastoralbriefe." ZNW 20: 49-69.
Klaiber, W. 1982. Rechtfertigung und Gemeinde. Göttingen.

Klauck, H.-J. 1981. *Hausgemeinde und Hauskirche im frühen Christentum*. Stuttgart.

Klein, G. 1961. Die *Zwölf* Apostel. Göttingen.

Knight, G. W. 1975. "The Number and Functions of Permanent Offices in the New Testament Church." *CSR* 1: 111-16.

_____. 1977. *The New Testament Teaching on the Role Relationship of Men and Women*. Grand Rapids.

_____. 1979. *The Faithful Sayings in the Pastoral Letters*. Grand Rapids.

_____. 1984. "Au,qente,w in Reference to Women in 1 Timothy 2:12." *NTS* 30:143-57.

Knoch, O. 1973. *Die 'Testamentare' des Petrus und Paulus*. Stuttgart.

Köster, H. 1964. "Häretiker im Urchristentum als theologisches Problem." In *Zeit und Geschichte*, pp. 61-76. Edited by E. Dinkler. Tübingen.

_____. 1965. "GNWMAI DIAFOROI: The Origin and Nature of Diversification in the History of Early Christianity." *HTR* 58: 279-318.

_____. 1980. *Einführung in das Neue Testament*. Berlin/New York.

Kramer, W. 1966. *Christ, Lord, Son of God*. London.

Kroeger, C. C. 1979. "Ancient Heresies and a Strange Greek Verv." *RJ* 29: 12-15.

Kümmel, W. G. 1975. *Introduction to the New Testament*. London.

Ladd, G. E. 1974. *A Theololgy of the New Testament*. Grand Rapids.

_____. 1975. *I Believe in the Resurrection of Jesus*. London.

Lampe, G. W. H. 1967. *The Seal of the Spirit.* London.

Lane, W. L. 1964. "1 Tim iv.1-3: An Instance of Over-Realized Eschatology?" *NTS* 11: 164-67.

Langkammer, P. H. 1971. "Literarische und theologische Einzelstücke in 1 Kor. Viii.6." *NTS* 17: 193-97.

Lee, E. K. 1961. "Words Denoting 'Pattern' in the New Testament." *NTS* 8: 166-73.

LeFort, P. 1974. "La responsabilité politique de l' Eglise d' après les épitres pastorales." *ETR* 491-14.

LeMaire, A. 1972. "Pastoral Epistles: Redaction and Theology." *BTB* 2: 25-42.

Leonard, E. A. 1950. "St. Paul and the Status of Women." *CBQ* 12: 311-20.

Lewis, R. M. 1979. "The 'Women' of 1 Timothy 3:11." *BSac* 136: 167-75.

Lightfoot, J. B. 1973 (reprint). "Tne Colossian Heresy." In *Conflict at Colossae*, pp. 13-59. Edited by F. O. Francis, W. A. Meeks. Missoula.

Lightman, M. and Zeisel, W. 1977. "*Univira:* An Example of Continuity and Change in Roman Society." *CH* 46: 19-32.

Lincoln, A. T. 1981. *Paradise Now and Not Yet.* Cambridge.

Lindemann, A. 1979. *Paulus im ältesten Christentum.* Tübingen.

Lippert, P. 1968. *Leben als Zeugnis.* Stuttgart.

Lips, H. Von. 1979. *Glaube - Gemeinde - Amt. Zum Verständnis der Ordination in den Pastoralbriefen.* Göttingen.

Lock, W. (= Lock) *A Critical and Exegetical Commentary on the Pastoral Epistles*. Edinburgh. 1924.

Lohfink, G. 1971. *Die Himmelfahrt Jesu*. München.

_____. 1977. "Die Normitivität der Amtsvorstellungen in den Pastoralbriefen." *TQ* 157: 93-106.

_____. 1981. "Paulinische Theologie in der Rezeption der Pastoralbriefe." In *Paulus in den neutestamentlichen Sp Spätschriften*, pp. 70-121. Edited by K. Kertelge. Freiburg.

Lohse, E. 1951. *Die Ordination im Spätjudentum und im Neuen Testament*. Göttingen.

_____. 1956. "Zu den 1 Cor. 10,26. 31." *ZNW* 47: 277-80.

_____. 1963. *Märtyrer und Gottesknecht*. Göttingen.

_____. 1969. "Pauline Theology in the Letter to the Colossians." *NTS* 15: 211-20.

_____. 1971a. *Colossians and Philemon*. Philadelphia.

_____. 1971b. *Die Texte aus Qumran*. München.

_____. 1980. "Die Entstehung des Bischofsamtes in der frühen Christenheit." *ZNW* 71: 58-73.

Longenecker, R. N. 1964. *Paul: Apostle of Liberty*. Grand Rapids.

_____. 1968. "Some Distinctive Early Christian Motifs." *NTS* 14: 526-45.

_____. 1981. (reprint of 1970). *The Christology of Early Jewish Christianity*. Grand Rapids.

Lührmann, D. 1965. *Das Offenbarungsverständnis bei Paulus und in paulinische Gemeinden*. Neukirchen.

_____. 1975. "Epiphaneia. Zur Bedeutungsgeschichte eines griechischen Wortes." In *Tradition und Glaube*, pp. 185-99. Edited by G. Jeremias, *et al*. Göttingen.

_____. 1978. *Der Brief an die Galater*. Zürich.

Lütgert, W. 1909. *Die Irrlehrer der Pastoralbriefe*. Gügersloh.

Luz, U. 1976. "Rechtfertigung bei den Paulusschülern." In *Rechtfertigung*, pp. 365-83. Edited by J. Friedrich, *et al*. Tübingen.

Maehlum, H. 1969. *Die Vollmacht des Timotheus nach den Pastoralbriefen*. Basel.

Malherbe, A. J. 1977. *Social Aspects of Early Christianity*. Baton Rouge, LA.

Manns, F. 1979. "L' Humne judéo-chrétien de 1 Tim 3:16." *Euntes Docete* 32323-39.

Marshall, I. H. 1969. *Kept by the Power of God*. London.

_____. 1970. *Luke: Historian and Theologian*. Exeter.

_____. 1973. "New Wine in Old Wineskins: V. The Biblical Use of the Word 'Ekklesia' ." *ExpTim* 84: 359-64.

_____. 1977. *The Origins of New Testament Christology*. Downers Grove.

_____. 1978. *The Epistles of John*. Grand Rapids.

Martin, R. P. 1967. *Carmen Christi*. Cambridge.

_____. 1974. *Worship in the New Testament*. London.

_____. 1976-78. *New Testament Foundations*. 2 Vols. Grand Rapids.

_____. 1977. "approaches to *New Testament Exegesis*." In *New Testament Interpretation*, pp. 220-51. Edited by I. H. Marshall.

Exeter.

_____. 1981. *Reconciliation*. Atlanta.

Mauser, U. 1967. "Galater iii.20: Die Universalität des Heils." *NTS* 13: 258-70.

McDonald, J. I. H. 1980. *Kerygma and Didache*. Cambridge.

McEleney, N. J. 1974. "The Vice Lists of the Pastoral Epistles." *CBQ* 36: 203-219.

McNamara, M. 1966. *The New Testament and the Palestinian Targum to the Pentateuch*. Rome.

McRay, J. 1963. "The Authorship of the Pastoral Epistles: a Consideration of Certain Adverse Arguments to Pauline Authorship." *RestQ* 7: 2-18.

Meeks, W. A. 1974. "The Image of the Androgyne: Some Uses of a Symbol in Earliest Christianity." *HR* 13: 165-208.

_____. 1977. "In One Body: The Unity of Mankind in Colossians and Ephesians." In *God's Christ and His People*, pp. 209-217. Edited by J. Jervell, W. A. Meeks. Oslo.

_____. 1983. The First Urban Christians. London/New Haven.

Meier, J. P. 1973. "Presbyteros in the Pastoral Epistles." *CBQ* 35: 324-41.

Merk, O. 1968. Handeln aus Glauben. Marburg.

_____. 1975. "Glaube und Tat in den Pastoralbriefen." *ZNW* 66: 91-102.

Merklein, H. 1973. *Das kirchliche Amt nach dem Epheserbrief*. München.

Merrill, F. E. 1952. *Society and Culture*. Englewood Cliffs, NJ.

Metzger, W. 1977. "Die *neoterikai epithymiai* in 2 Tim. 2,22." *TZ* 33: 129-36.

_____. 1979. *Der Christushymnus. 1 Timotheus 3,16 Fragment einer Homologie der paulinischen Gemeinden*. Stuttgart.

Michaelis, W. 1930. *Pastoralbriefe und Gefangenschaftsbriefe*. Gütersloh.

_____. 1953. *Das Ältestenamt der christlichen Gemeinde im Lichte der heiligen Schrift*. Bern.

Michel, H.-J. 1973. *Die Abschiedsrede des Paulus an die Kirche, Apg 20,17-38*. München.

Michel, O. 1948. "Grundfragen der Pastoralbriefe." In *Auf dem Grunde der Apostel und Propheten*, pp. 83-99. Edited by M. Loeser. Stuttgart.

_____. 1966. *Die Brief an die Hebräer*. Göttingen.

Mohrmann, C. 1953. "Epiphania." *RSPT* 37: 644-70.

Moo, D. J. 1980. "1 Timothy 2:11-15: Meaning and Significance." *TrinJ* 1: 62-83.

_____. 1981. "The Interpretation of 1 Timothy 2:11-15: a Rejoinder." *TrinJ* 2: 198-222..

Moore, A. L. 1966. *The Parousia in the New Testament*. Leiden.

Moore, G. F. 1927-30. *Judaism in the First Centuries of the Christian Era*. 3 Vols. Cambridge, MA.

Morris, L. 1955. *The Apostolic Preaching of the Cross*. London.

_____. 1981. Hebrews. Grand Rapids.

Mott,   S. C. 1978. "Greek Ethics and Christian Conversion: The Philonic Background of Titus 2:10-14 and 3:3-7." *NovT* 20: 22-48.

Moule, C. F. D. 1959. *An Idiom Book of New Testament Greek*. Cambridge.

_____. 1965. "The Problem of the Pastoral Epistles: A Reappraisal." *BJRL* 47: 430-52.

_____. 1981. The Birth of the New Testament. Rev. ed. London.

Mounce, W. D. 1981. "The Origin of the New Testament Metaphor of Rebirth." Ph.D. dissertation, University of Aberdeen.

Müller,   U. B. 1976. *Zur frühchristlichen Theologiegeschichte Judenchristentum und Paulinismus in Kleinasien an der Wende vom ersten zum zweiten Jahrhundert*. Gütersloh.

Müller-Bardorff, J. 1958. "Zur Exegese von 1 Tim. 5,3-16." In *Gott und die Götter*, pp. 113-33. Edited by G. Delling. Berlin.

Munck, J. 1959. *Paul and the Salvation of Mankind*. London.

Munro, W. 1983. *Authority in Paul and Peter*. Cambridge.

Murphy-O'Connor, J. 1965. "La 'vérité' chez Paul et à Qumran." *RB* 72: 29-76.

Muzumdar, H. T. 1966. *The Grammar of Sociology*. London.

Nauck,   W. 1950. "Die Herkunft des Verfassers der Pastoralbriefe. Ein Beitrag zur Frage der Auslegung der Pastoralbriefe." Dissertation University of Göttingen.

_____. 1957. "Problem des frühchristlichen Amtsverständnisses (1 Pet 5,2f.)." *ZNW* 48: 200-220.

Nebe, G. 1983. *"Hoffnung" bei Paulus*. Göttingen.

Nieder, L. 1956. *Die Motive der religiös-sittlichen Paränese in den paulinischen Gemeindebriefen*. München.

Niederstrasser, H. 1967. *Kerygma und Paideia*. Stuttgart.

Niederwimmer, K. 1975. *Askese und Mysterium*. Göttingen.

Nissilä, K. 1979. *Das Hohepriestermotiv im Hevräerbrief*. Helsinki.

Nock, A. D. 1928. "Notes on the Ruler-Cult, I-IV." *JHS* 48: 21-43.

_____. 1933. *Conversion*. Oxford.

Norden, E. 1923. *Agnostos Theos*. Berlin.

Oberlinner, L. 1980. "Die 'Epiphaneia' des Hilswillens Gottes in Christus Jesus. Zur Grundstruktur der Christologie der Pastoralbriefe." *ZNW* 71: 192-213.

O'Brien, P. T. 1982. *Colossians, Philemon*. Waco, TX.

Olbricht, T. H. 1971. "Colossians, and Gnostic Theology." *RestQ* 14: 65-79.

Ollrog, W.-H. 1979. *Paulus und seine Mitarbeiter*. Neukirchen.

Osborne, G. R. 1977. "Hermeneutics and Women in the Church." *JETS* 20: 337.

Paschen, W. 1970. *Rein und Unrein: Untersuchung zur biblischen Wortgeschichte*. München.

Paton, W. R. And Hicks, E. L. 1891. *The Inscriptions of Cos*. Oxford.

Pax, E. 1955. *EPIFANEIA. Ein religionsgeschichtlicher Beitrag zur biblische Theologie*. München.

Payne, P. B. 1981. "Libertarian Women in Ephesus: A Response to Douglas J. Moo's Article, '1 Timothy 2:11-15: Meaning and

Significance'." *TrinJ* 2: 169-97.

Peel, M. L. 1970. "Gnostic Eschatology and the New Testament." *NovT* 12: 141-65.

Pelser, G. M. M. 1976. "Women and Ecclesiastical Ministries in Paul." *Nect* 10: 92-109.

Perkins, P. 1980. *The Gnostic Dialogue*. New York.

Perrin, N. 1970. "The Use of (para-) dido,nai in Connection with the Passion of Jesus in the New Testament." In *Der Ruf Jesu und die Antwort der Gemeinde*, pp. 204-212. Edited by E. Lohse, et al. Göttingen.

Pesch, R. 1966. "Christliche Bürgerlichkeit." *An Tisch des Wortes* (Stuttgart) 14: 28-33.

_____. 1977. *Markusevangelium*. 2 Vols. Freiburg.

Peterson, E. 1926. *EIS QEOS*. Göttingen.

Pfister, F. 1924. "Epiphanie." *PWSup* 4: 277-321.

Pfitzner, V. C. 1967. *Paul and the Agon Motif*. Lieden.

Pierce, C. A. 1955. *Conscience in the New Testament*. London.

Popkes, W. 1967. *Christus Traditus*. Zürich.

Prümm, K. 1928. "Herrscherkult und Neues Testament." *Bib* 9: 3-25; 129-42; 289-301.

Quispel, G. 1972. Gnosis *als Weltreligion*. Zürich.

Rad, G. von. 1962-65. *Old Testament Theology*. Edinburgh.

_____. 1972. *Genesis*. Philadelphia.

Reicke, B. 1946. *The Disobedient Spirits and Christian Baptism: A Study of 1 Pet. III:19 and its Context*. Copenhagen.

_____. 1957. "The Constitution of the Primitive Church in the Light of Jewish Documents." In *The Scrolls and the New Testament*, pp. 143-56. Edited by K. Stendahl. New York.

_____. 1964. *The Epistles of James, Peter and Jude*. Garden City, NY.

_____. 1970. "Caesarea, Rome and the Captivity Epistles." In *Apostolic History and the Gospel*, pp. 277-86. Edited by W. W. Gasque, R. P. Martin. Exeter.

_____. 1976. "Chronologie der Pastoralbriefe." *TLZ* 101: 81-94.

Reitzenstein, R. 1927. Die *hellenistischen Mysterienreligionen*. Leipzig/Berlin.

Rengstorf, K. H. 1953. "Die neutestamentlichen Mahnungen an die Frau, sich dem Manne unterzuordenen." In *Verben Dei manet in aeternum*, pp. 131-45. Edited by W. Foerster. Witten.

_____. 1967. *Die Auferstehung Jesu*. Witten.

Ridderbos, H. 1975. Paul: An Outilne of His Theology. Grand Rapids.

Riekkinen, V. 1980. *Römer 13. Aufxeichnung und Weiterführung der exegetischen Diskussion*. Helsinki.

Riesenfeld, H. 1947. "The meaning of the Verb ἁρνεῖσθαι." *ConNT* 11: 207-19.

Rist, M. 1942. "Pseudepigraphic Refutations of Marcionism." *JR* 22: 39-62.

Robertson, A. T. and Plummer, A. 1914. *The First Episgle to the Corinthians*. Edinburgh.

Robinson, J. A. 1903. *Ephesians*. London.

Robinson, J. A. T. 1962. *Tweleve New Testament Studies*. London.

_____. 1976. *Redatiing the New Testament*. Philadelphia.
Robinson, J. M. 1965. "Kerygma and History in the New Tesament." In *The Bible and Modern Scholarship*, pp. 114-50. Edited by J. P. Hyatt. Nashville.
Rogers, P. 1978. "The Pastoral Epistles as Deutero-Pauline." *ITQ* 45: 248-60.
Roller, O. 1933. *Das Formular der paulinischen Briefe*. Stuttgart.
Roloff, J. 1965. *Apostolat-Verkundsigung-kirche*. Gütersloh.
_____. 1972. "Anfänge der soteriologischen Deutung des Todes Jesu (Mk, x.45 und Lk. Xxii.27)." *NTS* 19: 38-64.
Romaniuk, K. 1974. *L'amour de Père et du Fils dans la soteriologie de saint Paul*. Rome.
Rudolph, K. 1977. *Die Gnosis*. Göttingen.
Russell, E. A. 1977. "The Development of Ministerial Orders in the New Testament." *PIBA* 2: 5-28.
Sampley, J. P. 1971. *'And the Two Shall Become One Flesh'*. Cambridge.
Sand, A. 1971. "Witwenstand und ?mterstruktur in den urchristlichen Gemeinden." *BibLeb* 12: 186-97.
Sanders, J. T. 1971. *The New Testament Christological Hymns*. Cambridge.
_____. 1975. *Ethics in the New Testament*. London.
Sandmel, S. 1956. "Myths, Genealogies, and Jewish Myths and the Writing. Of the Gospels." *HUCA* 27: 210-211.
Saucey, R. L. 1974. "The Husband of One Wife." *BSac* 131: 229-40.

Scanzoni, L. and Hardesty, N. 1974. *All Were Meant to Be: A Biblical Approach to Women's Liberation*. Waco, TX.

Schelke, K. H. 1964. *Die Petrusbriefe, Der Judasbrief*. Freiburg.

Schierse, F. J. 1959. "Eschatologische Existenz und christliche Bürgerlichkeit." *GL* 32: 280-91.

_____. 1973. "Kennzeichen gesunder und kranker Lehre. Zur Ketzer-Ploemic der Pastoralbriefe." *Diakonia* 4: 76-86.

Schlatter, A. 1927. *Der Glaube im Neuen Testament*. Stuttgart.

_____. 1955. *The Church in the New Testament Period*. London.

_____. (= Schlatter) *Die Kirche der Griechen im Urteil des Paulus*. Stuttgart, 1962.

Schlier, H. 1956. *Die Zeit der Kirche*. Freiburg.

_____. 1972. "Zu Rö 1,3f." In *Neues Testament und Geschichte*, pp. 207-18. Edited by H. Baltensweiler, B. Reicke. Tübingen.

Schmithals, W. 1961. "Pastoralbriefe." *RGG* V: 144-48.

_____. 1969. *The Office of the Apostle in the Early Church*. Nashville.

_____. 1972a. *Gnosticism at Corinth*. Nashville.

_____. 1972b. *Paul and the Gnostics*. Nashville.

Schnackenburg, R. 1964. Baptism *in the Thought of Paul*. Oxford.

_____. 1965. *The Moral Teaching of the New Testament*. London.

_____. 1974a. *The Church in the New Testament*. London.

_____. 1974b. *Die Johnnesbriefe*. Freiburg.

_____. 1977. "Episkopos und Hirtenamt." In *Das kirchliche Amt im Neuen Testament*, pp. 418-41. Edited by K. Kertelge.

Darmstadt.

Schneider, B. 1967. "Kata Pneûma Agiwsu,nhj (Romans 1,4)." *Bib* 48: 359-87.

Schrage, W. 1961. *Die konkreten Einzelgebote in der paulinischen Paränese*. Gütersloh.

_____. 1963. " 'Ekklesia' und 'Synagoge' . Zum Ursprung des urchristliches Kirchenbegriffs." *ZTK* 60: 178-202.

_____. 1974. "Zur Ethik der neutestamentlichen Haustafeln." *NTS* 21: 1-22.

_____. 1982. *Ethik des Neuen Testament*. Göttingen.

Schroeder, D. 1959. "Die Haustafeln des Neuen Testaments." Dissertation, University of Hamburg.

Schulz, S. 1973. "Evangelium und Welt: Hauptprobleme einer Ehik des Neuen Testament." In *Neues Testament und christliche Existenz*, pp. 483-501. Edited by H. K. Betz, L. Schottroff. Tübingen.

_____. 1976a. *Die Mitte der Schrift*. Stuttgart.

_____. 1976b. "Die Charismenlehre des Paulus. Bilanz der Probleme und Ergebnisse." in *Rechtfertigung. FS für Ernst Käsemann*, pp. 443-60. Edited by J. Friedrich, *et al*. Tübingen.

Schulze, W. A. 1958. "Ein Bischof sei eines Weibes Mann . . . Zur Exegese von 1 Tim. 3,2 und Tit. 1,6." *KD* 4: 287-300.

Schürer, E. 1973-79. *The History of the Jewish People in the Age of Jesus Christ (175 B. C.- A. D. 135)*. Rev. and ed. G. Vermes, F. Millar, M. Black. 2 Vols. Edinburgh.

Schwarz, R. *1983. Bürgerliches Christentum im Neuen Testament? Eine Sutdie zu Ethik, Amt und Recht in den Pastoralbriefen.* Klosterneuburg.

Schweizer, E. 1961. *Chruch Order in the New Testament.* London.

_____. 1962a. *Erniedrigung und Erhöhung bei Jesus und seinen Nachfolgern.* Zürich.

_____. 1962b. "Two New Testament Creeds Compared: I Corinthians 15.3-5 and I Timothy 3.16." In *Current Issues in New Testament Interpritatic,* pp. 166-77. Edited by W. Klassen. G. F. Snyder. New York.

_____. 1979. "Traditional Ethical Patterns in the Pauline and Post-Pauline Letters and their Development (Lists fo Vices and House-Tables)." In *Text and Interpretation,* pp. 195-209. Edited by E. Best, R. McL. Wilson. Cambridge.

_____. 1982. *The Letter to the Colossians.* London.

Scott,   E. F. (= Scott) The Pastoral Epistles. London, 1936.

Scroggs, R. 1966. *The Last Adam.* Oxford.

Seeberg, A. 1903. *Der Katechismus der Urchristenheit.* Leipzig.

Sell,   J. 1982. The *Knowledge of the Truth? Two Doctrines.* Frankfurt.

Selwyn, E. G. 1946. *The First Epistle of St. Peter.* London.

Siber,   P. 1971. *Mit Christus Leben.* Zürich.

Sidl,   F. 1963. "Die Kirche als Lebensprinzip der menschlichen Gesellschaft in den Briefen des Neuen Testament." Dissertation, University of Wien.

Simonsen, H. 1980. "Christologische Traditionselemente in den

Pastoralbriefen." In Die paulinische Literatur und Tehologie, pp. 51-62.Edited by S. Pedersen. Denmark.
Simpson, E. K. (= Simpson) The Pastoral Epistles?The Greek Text with Introduction and Commentary. London, 1954.
Smalley, S. S. 1964. "The Delay of the Parousia." JBL 83: 41-54.
Spencer, A. D. B. 1974. "Eve at Ephesus (Should Women be Ordained as Pastors according to the First Letter to Timothy 2:11-15?)." JETS 17: 215-22.
Spicq,   C. 1952. L' Epîtres aux Hébreux. Paris.
_____. 1968. "1 Tim. V.23." In Melanges F.-J. Leenhardt, pp. 143-50. Geneva.
_____. (= Spicq) Saint Paul: Les Epîtres Pastorales. Paris, 1969.
Stagg,   E. And F. 1978. Women in the World of Jesus. Philadelphia.
Stanley, D. M. 1961. Christ's Resurrection in Pauline Soteriology. Rome.
_____. 1963. "Paul' s Interest in the Early Chapters of Genesis." AnBib 17/I: 241-52.
Stauffer, E. 1955. Christ and the Caesars. London.
Stelzenberger, J. 1961. Syneidesis im Neuen Testament. Paderborn.
Stendahl, K. 1966. The Bible and the Role of Women. Philadelphia.
Stenger, W. 1974. "Timotheus und Titus als literarische Gestalten (Beobachtungen zur Form und Funktion der Pastoralbiefe.)." Kairos 16:252-67.
_____. 1975. "Textkritik als Schicksal." BZ 19: 240-47.
_____. 1977. Der Christushymnus 1 Tim 3,16: eine strukturanalytische

     Untersuchung. Frankfurt/Bern.
Stöger, A. 1965. "Die Christologie der paulinischen und von Paulus abhängigen Briefe." *Theologische Jahrbuch* 8 : 279-99.
Strange, J. F. 1970. "A Critical and Exegetical Study of 1 Tim. 3:16: An Essay in *Traditionsgeschichte.*" Ph.D. dissertation, Drew University.
Streeter, B. H. 1929. *The Primitive Church.* London.
Strobel, A. 1965. "Der Begriff des 'Hauses' im griechischen und römischen Privatrecht." *ZNW* 56: 91-100.
_____. 1969. "Schreiben des Lukas? Zum sprachlichen Problem der Pastoralbriefe." *NTS* 15: 191-210.
Stuhlmacher, P. 1966. *Gerechtigkeit Gottes bei Paulus.* Göttingen.
_____. 1968a. "Christliche Verantwortung bei Paulus und seinen Schülern, *EvT* 28: 165-86.
_____. 1968b. *Das paulinische Evangelium.* I. Göttingen.
Sweet, J. P. M. 1981. "Maintaining the Testimony of Jesus: the Suffering of Christians in the Revelation of John." In *Suffering and Martyrdom in the New Testament,* pp. 101-117. Edited by W. Horbury, B. McNeil. Cambridge.
Swigghem, D. van. 1955. *Het missionair karakter van de christelijke gemeente volgens de brieven van Paulus en Petrus.* Kampen.
Tachau, P. 1972. *"Einst" und "Jetzt" im Neuen Testament.* Göttingen.
Tannehill, R. C. 1967. *Dying and Rising with Christ.* Berlin.
Taylor, V. 1939. *Jesus and His Sacrifice.* London.
_____. 1953. *The Names of Jesus.* London.

Theissen, G. 1974. "Soziale Schichtung in der korinthischen Gemeinde." *ZNW* 65: 232-72.
_____. 1975. "Legitimation und Lebensunterhalt: Ein Beitrag zur Soziologie urchristlicher Missonare." *NTS* 21: 192-221.
_____. 1982. *The Social Setting of Pauline Christianity*. Edinburgh.
Thiselton, A. C. 1978a. "Keeping up with Recent Studies: II. Struoturalism and Biblical Studies." *ExpTim* 89: 329-35.
_____. 1978b. "Realized Eschatology at Corinth." *NTS* 24: 510-26.
Thrall, M. E. 1967. "The Pauline Use of συνείδησις?" *NTS* 14: 118-25.
Thurén, J. 1970. "Die Struktur der Schlusspar?nese 1 Tim 6:3-21." *TZ* 26: 241-53.
Thyen, H. 1970. *Studien zur Sündenvergebung*. Göttingen.
Torm, F. 1932. *Die Pszchologie der Pseudonzmität im Hinblick auf die Literatur des Urchristentums*. Gütersloh.
Towner, P. H. (= NTS). "The Dimensions and Sigificance of the Present Age in the Eschatology of the Pastoral Epistles." Forthcoming in *NTS*.
Trites, A. A. 1977. *The New Testament Concept of Witness*. Cambridge.
Trummer, P. 1970. "*Einehe* nach den Pastoralbriefe. Zum Verständnis der Termini *mias gunaikos anér und henos andros guné*." *Bib* 51: 471-84.
_____. 1978. *Die Paulustradition der Pastoralbriefe*. Frankfurt.
Turner, N. 1963. *A Grammar of New Testament Greek*. 3:

Syntax. Edinburgh.

_____. 1965. *Grammatical Insights into the New Testament*. Edinburgh.

Unnik, W. C. van. 1964. "Die Rücksicht auf die Reaktion der Nicht-Christen als Motiv in der altchristlichen Paränese." In *Judentum-Urchristentum-Kirche*, pp. 221-34. Edited by W. Eltester. Berlin.

Vawter, B. 1977. *On Genesis: A New Reading*. New York.

Vermes, G. 1975. *The Dead Sea Scrolls in English*. Middlesex.

Verner, D. C. 1983. *The Household of God and the Social World of the Pastoral Epistles*. Chico, CA.

Vielhauer, P. 1979. *Oikodome. Aufsätze zum Neuen Testament*. München.

Vögtle, A. 1936. *Die Tugend- und Lasterkataloge im Neuen Testament*. Münster.

Völkl, R. 1961. *Christ und Welt nach dem Neuen Testament*. Würzburg.

Wagner, G. 1967. *Pauline Baptism and the Pagan Mysteries*. London.

Walder, E. 1923. "The Logos of the Pastoral Epistles." *JTS* 24: 310-15.

Watson, N. M. 1960. "Some Observations on the Use of Dikaio,w in the Septuagint." *JBL* 79: 255-66.

Wegenast, K. 1962. *Das Verständnis der Tradition bei Paulus und in den Deuteropaulinen*. Neukirchen.

Weidinger, K. 1928. *Die Haustafeln*. Leipzig.

Weigandt, P. 1963. "Zur sogenannten 'Oikosformel'." *NonT* 6: 49-74.

Wendland, H.-D. 1959. *Die Botschaft an die soziale Welt*. Hamburg.
_____. 1975. *Ethik des Neuen Testaments*. Göttingen.
Wendland, P. 1904. "Swth,r. Eine religionsgeschichtliche Untersuchung." *ZNW* 5: 335-53.
_____. 1912 (refs. To 1972). *Die hellenistische-römische Kultur*. Tübingen.
Wengst, K. 1972. *Christologische Formeln und Lieder des Urchristentums*. Gütersloh.
Wenham, D. 1981. "Paul and the Synoptic Apocalypse." In *Gospel Perspectives, I*, pp. 345-75. Edited by R. T. Frandce, D. Wenham. Sheffield.
Wibbing, S. 1959. *Die Tugend- und Lasterkataloge im Neuen Testament*. Berlin.
Wiederkehr, D. 1963. *Die Theologie der Berufung in den Paulusbriefen*. Freiburg.
Wikenhauser, A. And Schmid, J. 1973. *Einleitung in das Neue Testament*. Freiburg.
Wilckens, U. 1959. *Weisheit und Torheit*. Tübingen.
Williams, D. 1977. *The Apostle Paul and Women in the Church*. Van Nuys, CA.
Wilson, J. H. 1968. "The Corinthians who Say There is No Resurrection of the Dead." *ZNW* 59: 90-107.
Wilson, R. McL. 1967a. "Gnosis, Gnosticism and the New Testament." In *Le Origini Dello Gnosticismo di Messina, 13-18 Aprile 1966*, pp. 511-27. Edited by U. Bianchi. Leiden.

_____. 1967b. "Addenda et Postscripta, I." In *Le Origini dello Gnosticismo: Colloquio di Messina, 13-18 Aprile*, pp. 691-702. Edited by U. Bianchi. Leiden.

_____. 1968. *Gnosis and the New Testament*. Oxford.

Wilson, S. G. 1976. "The Portrait of Paul in Acts and the Pastorals." In *Society of Biblical Literature 1976 Seminar Papers*, pp. 397-412. Edited by G. MacRae. Missoula.

_____. 1979. *Luke and the Pastoral Epistles*. London.

Windisch, H. 1935. "Zur Christologie der Pastoralbriefe." *ZNW* 34:213-38.

Wolbert, W. 1981. *Ethische Argumentation und Paräness in 1 Kor 7*. Düsseldorf.

Yamauchi, E. M. 1973. *Pre-Christian Gnosticism: A Survey of the Proposed Evidences*. London.

Ziesler, J. A. 1972. *The Meaning of Righteousness in Paul*. Cambridge.

_____. 1973. *Christian Asceticism*. Grand Rapids.

Zimmermann, H. 1968. *Neutestamentliche Methodenlehre*. Stuttgart.

Zimjewski, J. 1979. "Die Pastoralbriefe als pseudepigraphische Schriften: Beschreibung, Erklärung, Bewertung." in *Studien zum Neuen Testament und seiner Umwelt*, 4, pp. 97-118. Edited by A. Fuchs. Linz.

목회서신 우리에게 무엇을 교훈하는가?

2006년 9월 25일 초판 발행

저 자 • 이 한 수
발행인 • 김 수 곤
발행처 • 선 교 햇 불
등록일 • 1999년 9월 21일 / 제54호
등록주소 • 서울시 송파구 삼전동 103번지
총 판 • 선 교 햇 불
   전 화 : 02)2203-2739
   팩 스 : 02)2203-2738
   이메일 : ccm2you@gmail.com
   홈페이지 : www.ccm2u.com

ⓒ 선교햇불
- 파본은 교환해 드립니다.
- 이 출판물은 저작권법에 의해 보호를 받는 저작물이므로 무단전재와 무단복제를 금합니다.